Speth
(Hrsg.)

Betriebswirtschaftslehre

mit Rechnungswesen
und Controlling

für das Berufskolleg –
Berufliches Gymnasium
Jahrgangsstufe 12

Speth (Hrsg.)

Betriebswirtschaftslehre

mit Rechnungswesen und Controlling

für das Berufskolleg – Berufliches Gymnasium Jahrgangsstufe 12

Merkur
Verlag Rinteln

Wirtschaftswissenschaftliche Bücherei für Schule und Praxis
Begründet von Handelsschul-Direktor Dipl.-Hdl. Friedrich Hutkap †

Verfasser:

Dr. Hermann Speth, Dipl.-Hdl., Wangen im Allgäu

Hartmut Hug, Dipl.-Hdl., Argenbühl

Martina Lennartz, Dipl.-Math. oec., Argenbühl

Aloys Waltermann, Dipl.-Kfm. Dipl.-Hdl., Fröndenberg

Gernot B. Hartmann, Dipl.-Hdl., Emmendingen

* * *

6. Auflage 2016

Gesamtherstellung:
MERKUR VERLAG RINTELN Hutkap GmbH & Co. KG, 31735 Rinteln

E-Mail: info@merkur-verlag.de
lehrer-service@merkur-verlag.de
Internet: www.merkur-verlag.de

ISBN 978-3-8120-**0576-0**

Vorwort

Dieses Lehrbuch umfasst alle im Fachlehrplan „Betriebswirtschaft" für das Berufskolleg – Berufliches Gymnasium des Landes Nordrhein-Westfalen für die Jahrgangsstufe 12 geforderten Lerngebiete und Lerninhalte.

Für Ihre Arbeit mit dem vorgelegten Lehrbuch möchten wir auf Folgendes hinweisen:

- Zweck dieses Buches ist es, das komplizierte und abstrakte Stoffgebiet allen Schülerinnen und Schülern zu erschließen. Aus diesem Grund haben wir darauf geachtet, komplexe Themengebiete in kleinere Lerneinheiten mit anschließender zielgerichteter Übungsphase zu gliedern. Daneben werden Übungsaufgaben formuliert, die mehrere Stoffgebiete umspannen.
- Es wurde darauf geachtet, dass die vom Lehrplan geforderten Inhalte umfassend vorgestellt werden. Der Abschnitt „Marketing" zeichnet sich dadurch aus, dass viele moderne Marketingmaßnahmen, die im Lehrplan nicht enthalten, für das Verständnis aber wichtig sind, dargestellt werden (z. B. Analyse der Wettbewerber bei der Marktforschung, Stärken-Schwächen-Analyse eines Unternehmens, Benchmarking). Bei der Preispolitik wird auch die Preisbestimmung vom Markt her dargestellt (Target Costing).
- Solche Themenbereiche, die aus didaktisch-methodischen und prüfungsbezogenen Überlegungen heraus mit aufgenommen wurden, sich aber nicht unmittelbar aus dem Lehrplan ableiten lassen, sind als solche gekennzeichnet. Inwieweit die Lehrerin/der Lehrer dieses Vertiefungsangebot annehmen, liegt in deren Entscheidung.
- Zahlreiche Abbildungen, Schaubilder, Beispiele, Begriffsschemata, Gegenüberstellungen und Zusammenfassungen erhöhen die Anschaulichkeit und Einprägsamkeit der Informationen.
- Ein ausführliches Stichwortverzeichnis hilft Ihnen dabei, Begriffe und Erläuterungen schnell aufzufinden.
- Für die Inhalte der Jahrgangsstufe 11 steht ein Grundband (Merkurbuch 0575) und für die Inhalte der Jahrgangsstufe 13 steht ein Folgeband (Merkurbuch 0577), der auf diesem Buch aufbaut, zur Verfügung.

Wir wünschen Ihnen einen guten Lehr- und Lernerfolg!

Die Verfasser

Hinweis zur 6. Auflage

Die Texte wurden gründlich überarbeitet und wo erforderlich aktualisiert. Das Angebot an Übungsaufgaben wurde erweitert und die Thematik der einzelnen Übungsaufgaben in einer Überschrift ausgewiesen.

Wir wünschen uns weiterhin eine gute Zusammenarbeit mit allen Benutzern dieses Buches und sind für jede Art von Anregungen und Verbesserungsvorschlägen im Voraus dankbar.

Die Verfasser

Inhaltsverzeichnis

Kurshalbjahr 12.1

Kursthema: Prozess der Leistungserstellung

Kursthema: Kosten- und Leistungsrechnung

Kurshalbjahr 12.2

Kursthema: Prozess der Leistungsverwertung

Kursthema: Investition

Kursthema: Prozess der Leistungserstellung

1 Planung des Produktionsprozesses

1.1 Produktion als Kernprozess eines Industrieunternehmens[1]

Die nebenstehende Abbildung dient der Standortbestimmung des Abschnittes Leistungserstellungsprozesse. Sie hebt die Einordnung des Kernprozesses „Leistungserstellung" in das Schaubild als einer der drei Kernprozesse besonders hervor. Dieser Kernprozess ist gekennzeichnet durch ein hohes Maß an betrieblicher Wertschöpfung.

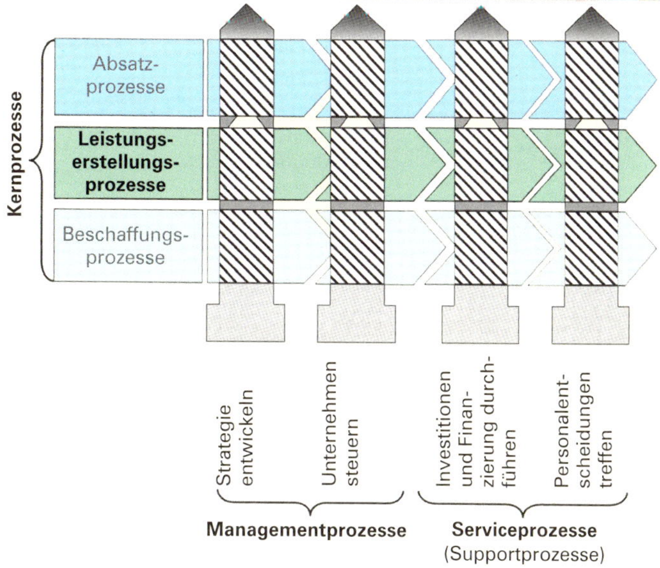

Isoliert man den Leistungserstellungsprozess aus nebenstehendem Schaubild heraus und gliedert ihn stufenweise zunächst in **Planungsprozesse, Steuerungsprozesse** und **Controllingprozesse** und diese wiederum in Teilprozesse, dann erhält man die nachfolgende Übersicht (siehe S. 16), mit deren Hilfe zugleich eine Zuordnung zwischen den einzelnen Teilprozessen und deren betriebswirtschaftlichen Inhalten möglich ist.

Die **Kernprozesse** des Produktionsbereiches werden angestoßen, wenn entweder

- ein **Kundenauftrag** aus den vorhandenen Fertigerzeugnissen nicht bedient werden kann, weil es sich um eine reine Auftragsfertigung handelt oder die Vorräte an Fertigerzeugnissen nicht ausreichend sind, oder
- weil aufgrund des Absatzplanes von einem Standarderzeugnis der Vorrat an verkaufsfähigen Einheiten ergänzt werden muss. In diesem Fall spricht man von einem **Betriebsauftrag.**

1 Zum Gesamtkonzept betrieblicher Geschäftsprozesse vgl. S. 54ff., Jahrgangsstufe 11.

Teilprozesse | **Betriebswirtschaftliche Inhalte**[1]

Planungsprozesse

Produktentstehung

- Planung des Produktprogramms* (z. B. Prozesse zur Entwicklung eines neuen Produktes,* Forschung und Entwicklung,* Prozesse der Produktgestaltung und Produktentwicklung*)
- Planung des Produktionsprogramms
- Produktdokumente,* Konstruktionszeichnung,* Grafischer Baum,* Basisstückliste,* Teileverwendungsnachweis, Basisarbeitsplan*

Produkt schützen

- Rechtsschutz der Erzeugnisse*
  - Patent, Gebrauchs- und Geschmacksmuster, Marken- und sonstige Kennzeichen, Gütezeichen

Planung des Fertigungsverfahrens

- Planung der fertigungstechnischen Rahmenbedingungen
  - nach dem Grad der Automatisierung
  - nach der Häufigkeit der Prozesswiederholung
  - nach der Anordnung der Betriebsmittel im Produktionsprozess

Steuerungsprozesse*

Menschliche Arbeit im Produktionsprozess

- Bedeutung der menschlichen Arbeit
- Arbeitsentgelt
  - Arbeitswertstudien
  - Arbeitszeitstudien
  - Entlohnungssysteme

Produktionsprozessplanung

- Bestandsarten*
- Bedarfsarten*
- Verfahren der Bedarfsermittlung*
- Bruttobedarfsrechnung*
- Nettobedarfsrechnung*
- Grobterminierung (Vorlaufverschiebung)*
- Bündelung der Bedarfe zu Losen und die Feinterminierung*
- Kapazitätsbelegungsplan/Kapazitätsausgleich*

Produktionsprozesssteuerung

- Fertigungsveranlassung*
- Fertigungsdokumente*
- Fertigungsüberwachung mithilfe der Betriebsdatenerfassung*

Controllingprozesse

Produktions-Controlling

- Maßnahmen zur Qualitätssicherung
- Kennziffern des operativen Controllings
  - Produktivität und Wirtschaftlichkeit
  - Rentabilität
- Personal-Controlling
- Öko-Controlling

1 Die mit einem Sternchen versehenen betriebswirtschaftlichen Inhalte sind nach dem Bildungsplan nicht zu behandeln. Teilweise sieht der Bildungsplan auch für die Stoffinhalte dieses Geschäftsprozesses eine andere Reihenfolge vor.

1.2 Planung des Produktionsprogramms

1.2.1 Begriffe Produktprogramm und Produktionsprogramm

Zu den strategisch bedeutsamen Festlegungen eines Industrieunternehmens[1] gehört die Entscheidung über die Zusammensetzung des Produktprogramms.[2]

> Im **Produktprogramm** sind Art und Menge der Produkte festgelegt, die ein Unternehmen anbietet.

Die **Gestaltung des Produktprogramms** kann unter **strategischen** oder **operativen Gesichtspunkten** betrachtet werden.

- Im Rahmen der **strategischen Produktprogrammplanung** wird der **Produktprogrammrahmen** hinsichtlich Art und Menge der herzustellenden Produkte festgelegt.
- Im Rahmen der **operativen Produktprogrammplanung** wird das **Produktionsprogramm (Fertigungsprogramm)**[3] bestimmt. Es legt konkret die Art und Menge der in den nächsten kurzfristigen Perioden zu produzierenden Produkte fest. Die operative Produktprogrammplanung wird in der Praxis meist als Jahres-, Quartals- und Monatsplanung durchgeführt.

> - Die **strategische Produktprogrammplanung** schafft den **Produktprogrammrahmen.**
> - Die **operative Produktprogrammplanung** legt das **Produktionsprogramm** für eine gegebene Planungsperiode nach Art, Menge und Zeitpunkt der herzustellenden Produkte fest. Das Produktionsprogramm schafft die Basis für die weitere Planung, Steuerung und Kontrolle des Produktionsprozesses.

1.2.2 Faktoren des Produktionsprogramms

1.2.2.1 Absatzwirtschaftliche Faktoren

Betrachtet man das Produktionsprogramm unter den Aspekten **Fertigungsbreite** und **Fertigungstiefe**, dann kann einerseits zwischen einem breiten und schmalen Produktionsprogramm und andererseits zwischen einer hohen und einer geringen Fertigungstiefe unterschieden werden.

(1) Produktionsprogramm unter dem Gesichtspunkt der Fertigungsbreite

Kriterien	Erläuterungen	Beispiele
Breites Produktionsprogramm	Es werden mehrere Produktarten hergestellt, die zudem in vielen Varianten angeboten werden.	Eine Möbelfabrik stellt Küchen-, Arbeits-, Wohn- und Schlafzimmermöbel her. Innerhalb der Küchenmöbel gibt es eine klassische und eine Landhausreihe. Die Fronten gibt es in verschiedenen Kunststoffdekors, in verschiedenen Holzarten sowie in vielen Farben. Entsprechend gibt es auch Varianten der Arbeits-, Wohn- und Schlafzimmermöbel.

1 Im Folgenden werden die Begriffe Industrieunternehmen und Industriebetrieb synonym verwendet.
2 Auf die Entwicklung, den Aufbau und die Zusammensetzung des Produktprogramms wird im Folgenden nicht eingegangen.
3 Die Begriffe Produktionsprogramm und Fertigungsprogramm werden im Folgenden synonym verwendet.

2 Speth u.a. - ISBN 978-3-8120-0576-0

Kriterien	Erläuterungen	Beispiele
Schmales Produktionsprogramm	Es wird nur ein Produkt oder nur wenige Produktarten hergestellt. Die Herstellung beschränkt sich auf wenige Varianten.	Eine Möbelfabrik spezialisiert sich auf die Herstellung von Einbauküchen.

(2) Produktionsprogramm unter dem Gesichtspunkt der Fertigungstiefe

Hohe Fertigungstiefe

Dies bedeutet, dass das Unternehmen im eigenen Haus einen **hohen Grad der Wertschöpfung** erzielt. Dies kommt dadurch zustande, dass auf der Beschaffungsseite überwiegend Rohstoffe beschafft werden (z.B. Walzblech, Stangenmaterial an Eisen unterschiedlicher Breite und Länge, Kunststoffgranulat usw.). Diese Rohstoffe werden zunächst zu Einzelteilen (z.B. Tischbeine), dann zu Baukastenkomponenten und letztlich zu Enderzeugnissen verarbeitet.

Eine hohe Fertigungstiefe verbindet sich mit folgenden Rahmenbedingungen:

- Das erfolgsspezifische Know-how bleibt überwiegend im eigenen Unternehmen.
- Hohes Maß an Fixkostenbelastung, weil für alle Produktionsschritte Menschen, Maschinen und Räume vorhanden sein müssen.
- Geringes Maß an Flexibilität in Bezug auf veränderte Marktanforderungen.

Geringe Fertigungstiefe

Dies bedeutet, dass im eigenen Haus nur ein **geringer Grad der Wertschöpfung** erzielt wird. Ein Großteil der Produktion und Entwicklung findet bereits beim Lieferanten statt und wird als komplette Systemkomponente (z.B. vollständiges Auspuffsystem mit Katalysator, Getriebe usw.) in das Enderzeugnis eingebaut.

Eine geringe Fertigungstiefe verbindet sich mit folgenden Rahmenbedingungen:

- Das erfolgsspezifische Know-how muss mit dem Lieferer geteilt werden. Entsprechende Rahmenvereinbarungen schützen das Unternehmen vor Missbrauch.
- Weniger fixe Kosten, da ein Großteil der Produktionsschritte entfällt und – salopp ausgedrückt – nicht mehr produziert, sondern vielmehr nur noch montiert wird.
- Hohes Maß an Flexibilität in Bezug auf veränderte Marktanforderungen, da der Lieferer einen Teil des Fixkostenrisikos trägt und es leichter ist, einen anderen Lieferer zu gewinnen als auf eine vorhandene Fertigungsausstattung umzustellen.

1.2.2.2 Produktionswirtschaftliche Faktoren

(1) Produktionsprogramm unter dem Aspekt der Fertigungsverfahren[1]

Aus **produktionswirtschaftlicher Sicht** ist ein möglichst schmales Produktionsprogramm wünschenswert. Durch die Beschränkung auf eine geringere Teilevielfalt bei gleichzeitig größeren Serien erhöht sich die Anzahl gleichartiger Arbeitsabläufe. Dies bringt eine Vielzahl von Vorteilen mit sich:

1 Fertigungsverfahren und Leistungserstellungsverfahren sind Begriffe, die synonym verwendet werden. Zu den Fertigungsverfahren siehe Kapitel 1.3.2, S. 22ff.

- Je höher die Anzahl gleichartiger Arbeitsabläufe, desto eher kommen technisch vollkommenere Leistungserstellungsverfahren zum Einsatz und damit Spezialmaschinen und einheitliche Werkzeuge.
- Die Rüstkosten verringern sich.
- Die räumliche Reihenfolge der Arbeitsstationen orientiert sich an der Folge der erforderlichen Arbeitsschritte, die innerbetrieblichen Transportwege verringern sich, ebenso wie die Bestände an Zwischenlagern.

Aus **absatzwirtschaftlicher Sicht** ist ein **breites Produktionsprogramm** wünschenswert, um einerseits die sehr individuellen Wünsche der Käufer bedarfsgerecht zu decken und andererseits Nachfrageschwankungen bei einzelnen Erzeugnissen innerhalb des Produktionsprogramms leichter ausgleichen zu können.

Da wir in einem Käufermarkt[1] leben, hat der Käufer die Marktmacht. Dieser Macht müssen sich die Hersteller beugen. Wenn aber schon eine Massenproduktion auf der Ebene des Enderzeugnisses am Markt nicht durchgesetzt werden kann, so können sie doch zumindest auf der tieferen Ebene der Baugruppen und der Einzelteile eine teilweise Massenproduktion anstreben. Durch Kombination unterschiedlicher Baugruppen erreichen die Betriebe eine Vielzahl von Erzeugnisvarianten. Beispiel hierfür ist das Konzept des Modularen Querbaukastens der Volkswagen AG. Ausführliche Informationen finden Sie hierfür im Internet.[2] Die „Zauberformel" heißt: **„Nach innen standardisieren und nach außen differenzieren"**.[3]

- Durch **Standardisierung** erreicht man die produktionstechnischen Vorteile einer zumindest teilweisen Massenproduktion auf der Ebene der Teile und Baugruppen.
- Durch **Differenzierung** wird dem Kunden ein breites Produktionsprogramm geboten.

(2) Produktionsprogramm unter dem Aspekt der Kostenstruktur

Je schmaler das Produktionsprogramm, je mehr gleichartige Erzeugnisse hergestellt werden, desto technisch vollkommener ist in der Regel das Fertigungsverfahren (z.B. Fließbandfertigung). Damit verbunden steigt der Anteil an Fixkosten und es sinkt der Anteil an variablen Kosten. Dies hat Folgen für den Fall, dass sich die Produktionsmenge verändert: Variable Kosten sinken (steigen), wenn die Produktionsmenge sinkt (steigt), fixe Kosten hingegen bleiben konstant.

Mit der **Festlegung des Produktionsprogramms entscheidet** das Unternehmen in hohem Maße über die **Kostenstruktur.**

---

1 Zu Einzelheiten siehe S. 257.

2 Zum Beispiel:
http://www.volkswagenag.com/content/vwcorp/content/de/investor relations/arum Volkswagen/MQB.html oder
http://www.auto-motor-und-sport.de/news/modularer-querbaukasten-von-vw-zehn-antworten-zum-mqb-4367514.html.

3 Darin liegt auch das Erfolgskonzept der Evolution. Zum Beispiel leben ein grönlandischer Schneehase und ein australisches Känguru in völlig unterschiedlichen Welten. Sie bewegen sich anders fort, leben in anderen Klimazonen und sehen völlig anders aus. Nach außen hat die Evolution also differenziert. Aber beide haben in ihrem Körper dieselben Standardbaugruppen (Organe) wie Herz, Magen, Leber, Niere, Lunge usw.

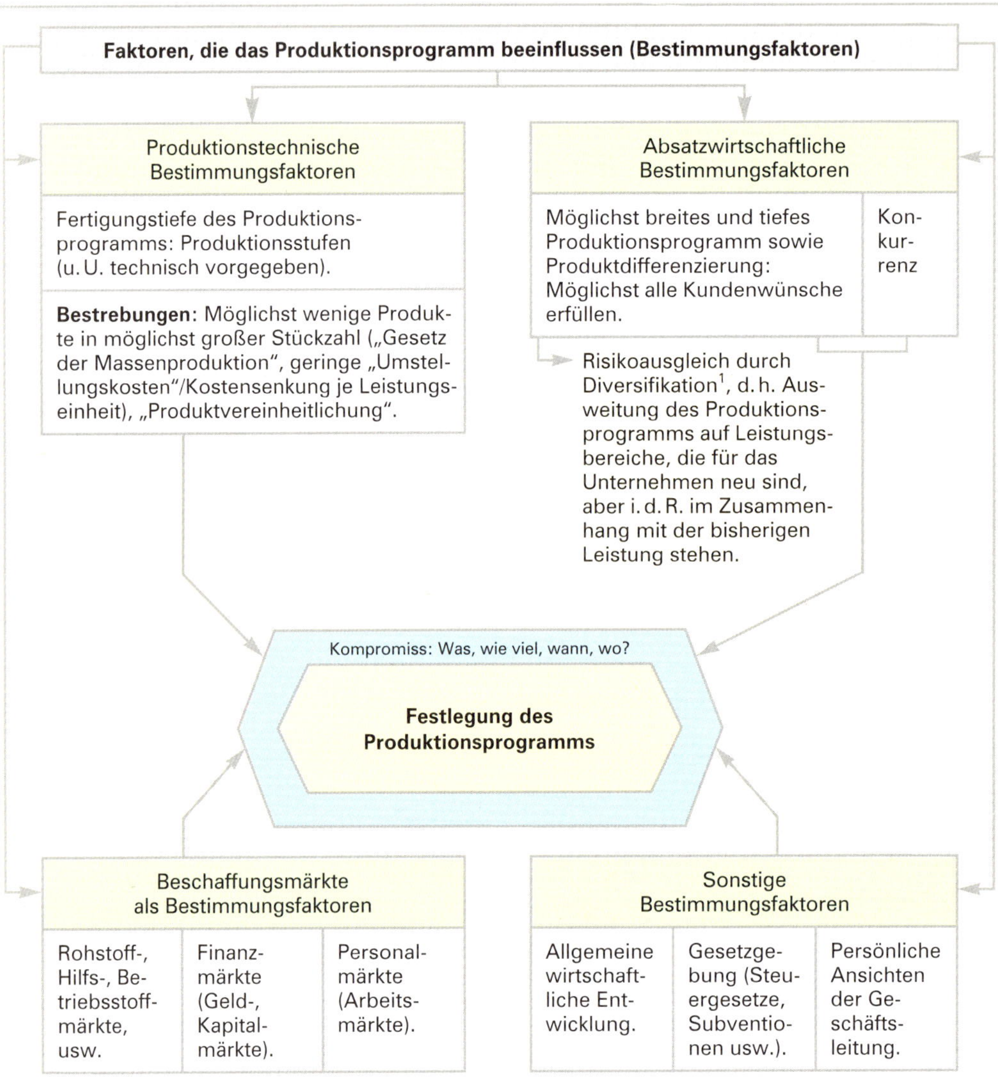

Zusammenfassung

- Das **Produktprogramm** legt die Anzahl der verschiedenen Produkte und ihre Ausführungen, die ein Industrieunternehmen anbietet, fest.
- Das **Produktionsprogramm** legt für eine gegebene Planungsperiode Art, Menge und Zeitpunkt der herzustellenden Produkte fest.

1 **Diversifikation** (lat): Abwechslung, Veränderung.

- Nach dem **Gesichtspunkt der Fertigungsbreite** kann zwischen einem **breiten** und einem **schmalen Produktionsprogramm** unterschieden werden.
- Nach dem **Gesichtspunkt der Fertigungstiefe** kann zwischen einer **hohen** und einer **geringen Fertigungstiefe** unterschieden werden.
- Die **Planung des Produktionsprogramms** hängt insbesondere von **absatz-** und **produktionswirtschaftlichen Bestimmungsfaktoren** ab.
- Die **Festlegung des Produktionsprogramms** ist immer ein **Kompromiss**.

Übungsaufgabe

1 Formen des Produktionsprogramms

1. Nennen Sie jeweils drei Argumente, die für bzw. gegen ein breites Produktionsprogramm sprechen!
2. Stellen Sie die Konsequenzen dar, die sich aus einer hohen bzw. geringen Fertigungstiefe ergeben!

1.3 Planung der fertigungstechnischen Rahmenbedingungen

1.3.1 Bestimmungsgründe bei der Festlegung der Rahmenbedingungen

Die Verfahrensweisen industrieller Fertigung sind in der Wirklichkeit äußerst vielfältig und im Grunde in jedem Industriebetrieb anders. Die Theorie kann daher nur versuchen, die charakteristischen Merkmale herauszuarbeiten.

Die **Gestaltung der Fertigungsverfahren,** also die technisch-organisatorische Durchführung der Produktion, hängt u.a. ab

vom **Produktionsprogramm**	So ist z.B. bei der Baustellenfertigung verhältnismäßig viel, bei der Massenfertigung verhältnismäßig wenig Handarbeit erforderlich. In der chemischen Industrie unterscheiden sich die Fertigungsverfahren völlig von denen der Textilindustrie und die wiederum von denen des Maschinenbaus.
von der **Höhe der Lohnkosten**	In Regionen mit niedrigem Lohnniveau sind in der Regel mehr Menschen in der Produktion beschäftigt als in Regionen mit hohen Lohnkosten.
von der **Höhe des Kapitalbedarfs**	Kapitalintensive Fertigungsverfahren, wie z.B. die Massenfertigung mit „Automaten", erfordern einen viel höheren Kapitaleinsatz als arbeitsintensive Verfahren. Sie verursachen deshalb auch **höhere Kapitalkosten** (Abschreibungs- und Zinskosten). Die erforderlichen hohen Finanzmittel müssen auf dem Kapitalmarkt beschafft werden. Je höher die Zinskosten in einem Land sind, desto geringer wird die Neigung sein, in kapitalintensive Fertigungsverfahren zu investieren.
von den **staatlichen Vorschriften**	Regierungen in den verschiedenen Ländern nehmen mit unterschiedlichen Vorschriften (z.B. Umweltauflagen, Verbot der Kinderarbeit, Arbeitsschutz) Einfluss auf die Wahl der Fertigungsverfahren.

1.3.2 Fertigungsverfahren

1.3.2.1 Fertigungsverfahren nach dem Grad der Automatisierung

(1) Handarbeit

Unter Handarbeit wird sowohl die vorwiegend körperliche Arbeit als auch die handwerkliche oder künstlerische manuelle Fertigung (Produktion) verstanden. Die schwere körperliche Arbeit wird in den hoch industrialisierten Ländern immer seltener, weil aufgrund der hohen Löhne der Einsatz kapitalintensiver Fertigungsverfahren rentabel wird. Arbeiten mit gestalterischem Inhalt (z.B. Anfertigen von Entwürfen, Modellen, Mustern) werden auch in der Industrie ihre Bedeutung behalten.

(2) Maschinenarbeit

Von Maschinenarbeit wird gesprochen, wenn dem Arbeitenden ein wesentlicher Teil der Arbeitsvorgänge – vor allem schwere körperliche Tätigkeiten – durch Maschinen abgenommen wird. Wird dem Arbeitenden lediglich die Energie für den Antrieb der Maschine abgenommen, so spricht man von **Kraftmaschinen.**

Beispiel:

Die Drehbewegungen einer Drehbank werden nicht mehr durch den Menschen, sondern mithilfe eines Elektromotors erzeugt. Das Herausarbeiten des Profils bleibt der Geschicklichkeit des Arbeitenden überlassen.

Kraftmaschinen bedürfen gut ausgebildeter Arbeitskräfte, weil das Werkzeug manuell geführt werden muss.

Ist die Maschine so konstruiert, dass sie selbst die Führung des Werkzeugs übernehmen kann, handelt es sich um eine **Arbeitsmaschine.**

Beispiel:

Eine Drehbank kann, nachdem der Arbeitende die erforderlichen Einstellungen vorgenommen hat, den Abdrehstahl selbst an dem zu drehenden Material entlangführen und das vorgeschriebene Profil herausarbeiten.

(3) Automatische Fertigung

Automation ist die vollständige mechanisierte Durchführung von Arbeiten mithilfe von Maschinen, die in der Lage sind, **selbsttätig** einen oder mehrere Arbeitsgänge ohne menschliches Zutun durchzuführen.

Die in der Fertigung (z.T. auch in der Verwaltung) eingesetzten Automaten verrichten nicht nur eine bestimmte Arbeit, sondern sie kontrollieren und korrigieren sich selbst.

Beispiel:

Eine Maschine in einer Zwirnerei ist so konstruiert, dass die gewünschte Stärke des Wollfadens vollkommen gleichmäßig und selbsttätig hergestellt wird. Da das Material der Maschine in unterschiedlichen Mengen zugeführt wird, kann eine gleichbleibende Stärke des Fadens nur erreicht werden, indem die Maschine langsamer läuft (weniger Material ansaugt), wenn die Materialmenge zu groß ist. Dagegen wird bei zu knapper Materialzufuhr ein Ausgleich durch erhöhte Geschwindigkeit (größere Ansaugmenge) herbeigeführt.

Die Automation stellt an den arbeitenden Menschen andere Anforderungen als die Maschinenarbeit:

- Die Kontrollen (z.B. Ablesen der Instrumente, Proben) können in unregelmäßigen Abständen erfolgen. Der Arbeitstakt wird von der Maschine vorgegeben.
- Die Kontrollaufgaben erfordern Konzentration und Wachsamkeit, um bei Störungen sofort eingreifen zu können.
- Die Verantwortung für Mensch und Maschine ist größer als bei manueller oder maschineller Fertigung.

1.3.2.2 Fertigungsverfahren nach der Häufigkeit der Prozesswiederholung (Fertigungstypen, Produktionstypen)

Die Unterscheidung in Fertigungstypen richtet sich danach, inwieweit ein Betrieb das **Prinzip der Massenfertigung** verwirklicht. Die nachfolgende Grafik gibt einen Überblick über die Fertigungstypen:

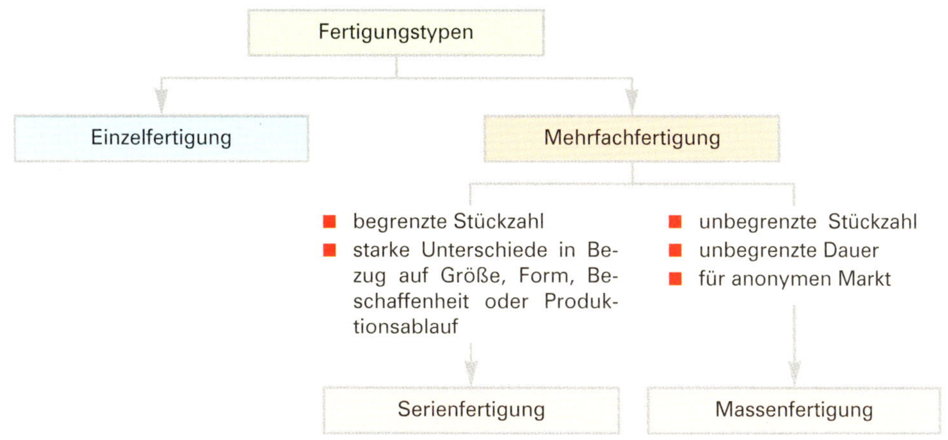

(1) Einzelfertigung

Hier wird ein bestelltes Produkt nur einmal in seiner Art gefertigt. Die Einzelfertigung ist in der Lage, individuelle Wünsche zu berücksichtigen.

Beispiele:

Anfertigen eines Maßanzugs, Konstruktion einer Spezialmaschine, Bau von Häusern, Fabriken, Schiffen, Straßen, Brücken oder Turbinen.

(2) Serienfertigung

Werden bei der industriellen Fertigung von einem Produkt größere Stückzahlen erzeugt (z.B. Werkzeugmaschinen oder Autos), spricht man von Serienfertigung. Durch den Übergang von der Einzel- zur Serienfertigung sinken die Stückkosten: Einerseits muss die Vorplanung und Arbeitsvorbereitung nicht mehr für jedes einzelne Produkt gesondert, sondern nur einmal für die ganze Serie durchgeführt werden, andererseits kann infolge der Arbeitsteilung der Einsatz der Betriebsmittel rationalisiert werden.

Bei der Serienfertigung werden die Fertigungsanlagen einmal für die Produktion der Serie vorbereitet, sodass nur ein bestimmtes Produkt während des geplanten Zeitraums gefertigt werden kann. Verlangt der Markt ein verbessertes Produkt, wird die Produktion der bisherigen Serie eingestellt und die neue Serie aufgelegt (z.B. Motorräder, Automobile). Der Übergang dieser sogenannten **Großserienfertigung** zur Massenfertigung ist fließend.

(3) Massenfertigung

Produziert ein Unternehmen ein ausgereiftes Produkt und sieht es sich einem praktisch unbegrenzt aufnahmefähigen Markt gegenüber, wird es zur **Massenfertigung** übergehen (z.B. Zigaretten, Ziegelsteine, Stahlbleche, Waschmittel, Zement). Die Massenfertigung kann als **Einproduktfertigung** oder **Mehrproduktfertigung** vorkommen.

Die Mehrproduktfertigung ist in ihren Erscheinungsformen außerordentlich vielfältig, sei es als verbundene Produktion oder als Parallelproduktion.

Verbundene Produktion	Sie liegt vor, wenn mehrere Produkte, z.B. Gas, Koks und Teer aus einem Grundstoff (Kohle) in einem Produktionsprozess gewonnen werden (Kuppelproduktion).
Parallelproduktion	Sie liegt vor, wenn verschiedene Produkte in verschiedenen Betriebsteilen gefertigt werden (z.B. verschiedene Sorten Kunststoffe in getrennten Betriebsteilen).

1.3.2.3 Fertigungsverfahren nach der Anordnung der Betriebsmittel im Produktionsprozess (Fertigungsorganisation, Organisationstypen)

(1) Werkstättenfertigung

Werkstättenfertigung bedeutet die Zusammenfassung aller artgleichen Fertigungsmaschinen und Fertigungseinrichtungen in besonderen Abteilungen, z.B. Drehbänke in der Dreherei, Fräsmaschinen in der Fräserei usw. Das Werkstück wandert von Abteilung zu Abteilung, wobei es wiederholt in die gleiche Abteilung zurückkommen kann.

Das folgende Organisationsschema zeigt das Prinzip der Werkstättenfertigung.

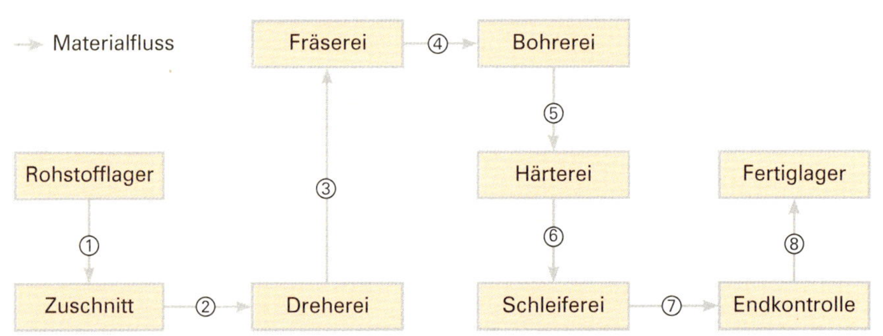

Werkstättenfertigung aus Sicht des Unternehmers	
Vorteile	**Nachteile**
■ Geeignetes Fertigungsverfahren für Einzel- und Kleinserienfertigung. ■ Große Anpassungsfähigkeit an Nachfrageänderungen, da der häufige Wechsel der Kundenaufträge hinsichtlich Art und Qualität der Produkte den Einsatz von umrüstbaren Maschinen (Universalmaschinen im Gegensatz zu Spezialmaschinen) verlangt. ■ Guter Überblick über Kapazitätsauslastung.	■ Hohe Fertigungskosten im Vergleich zur Fließfertigung aufgrund ■ langer innerbetrieblicher Transportwege, ■ ungleicher Kapazitätsauslastung der Werkstätten, ■ hoher Zwischenlagerkosten, ■ hoher Lohnkosten (Facharbeiterlöhne) und ■ hoher Kosten der Arbeitsvorbereitung (z. B. Bereitstellung der Arbeitsunterlagen, Reihenfolgeplanung, Terminplanung, Maschinenbelegungsplanung).

(2) Reihenfertigung

Gelingt es, innerhalb der einzelnen Werkstätten die Maschinen und damit die Arbeitsplätze nach dem Fertigungsablauf anzuordnen, spricht man von **Reihenfertigung**. Hier wird der Produktionsprozess in kleine und kleinste Arbeitsgänge zerlegt, die entsprechend dem Produktionsfortschritt miteinander verbunden sind.

Das folgende Organisationsschema zeigt das Prinzip der Reihenfertigung.

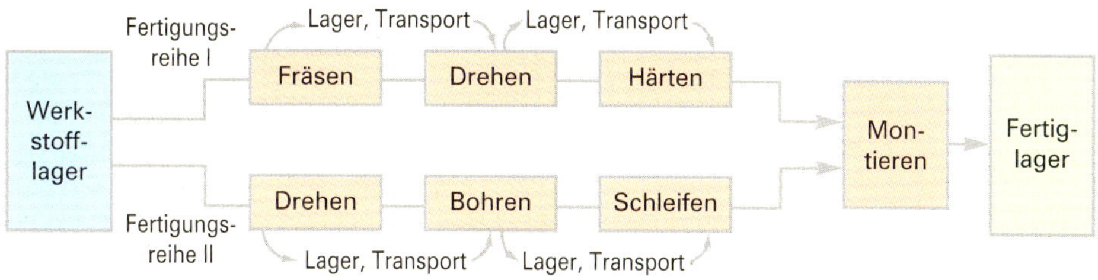

Reihenfertigung aus Sicht des Unternehmers	
Vorteile	**Nachteile**
■ Geeignetes Fertigungsverfahren für größere Serien. ■ Niedrigere Fertigungskosten gegenüber der Werkstättenfertigung aufgrund ■ kurzer innerbetrieblicher Transportwege, ■ gleichmäßiger Kapazitätsauslastung in den Fertigungsreihen, ■ niedrigerer Lohnkosten (an Spezialmaschinen ist der Einsatz angelernter Arbeitskräfte möglich), ■ niedriger Kosten für die Arbeitsvorbereitung.	■ Hohes Unternehmerwagnis (steigende Stückkosten bei zurückgehender Nachfrage aufgrund hoher fixer Kosten). ■ Mangelnde Anpassungsfähigkeit an Nachfrageänderungen. (Spezialmaschinen können entweder überhaupt nicht oder nur mit hohen Kosten umgerüstet werden, falls andere Erzeugnisse hergestellt werden sollen.)

(3) Fließfertigung

■ Begriff Fließfertigung

Die Fließfertigung ist eine Weiterentwicklung der Reihenfertigung. Wie bei der Reihenfertigung sind die Betriebsmittel bzw. Arbeitsplätze in einer zwingenden Reihe nach der Arbeitsfolge angeordnet. Der Unterschied zur Reihenfertigung besteht darin, dass die Arbeitsgänge zeitlich vorbestimmt sind. Der Arbeitende muss den vorgeschriebenen „Takt“ einhalten.

- Bei der **Fließfertigung** richtet sich die Anordnung der Maschinen und der Arbeitsplätze nach der technisch erforderlichen Bearbeitungsreihenfolge.
- Höchste Ausprägungsform der Fließfertigung ist die **Fließbandfertigung**.

■ Fließbandfertigung

Die Fließbandfertigung ist dadurch charakterisiert, dass sie, bei einem gleichmäßigen Arbeitsfluss, Arbeitsgänge in einer zeitlich bestimmten, lückenlosen Folge ausführt. Die Bearbeitungsgänge von unterschiedlicher Dauer sind daher aufeinander abzustimmen, „auszutakten“, damit das Werkstück alle Fertigungsstufen mit der gleichen, planmäßig vorgegebenen Geschwindigkeit durchläuft. Bei diesem Taktverfahren ist die Arbeit an dem sich bewegenden Werkstück in der festgesetzten Zeit auszuführen. Die Arbeitsausführung ist an den Takt (Rhythmus) gebunden.

Das folgende Organisationsschema zeigt das Prinzip der Fließbandfertigung.

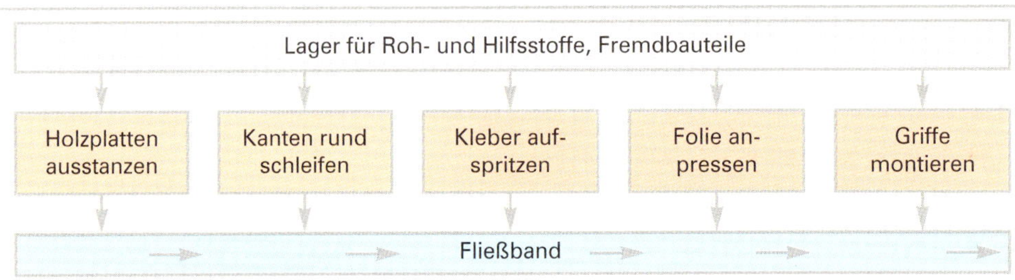

Die Fließbandfertigung galt lange Zeit als das bestmögliche Produktionsverfahren, weil sie eine hohe Arbeitsproduktivität garantiert (geringer Raumbedarf je Arbeitsplatz, schnelle Durchlaufzeiten des Materials, höchstmögliche Ausnutzung der Arbeitskapazität des Arbeitenden).

Seit Beginn der siebziger Jahre haben Gewerkschafter, Arbeitspsychologen, Soziologen und Techniker erkannt, dass die Nachteile der Fließbandarbeit überwiegen können.

Nachteile der Fließbandfertigung aus Sicht des arbeitenden Menschen:

- Der Mitarbeiter kann sich **nicht mehr mit dem Produkt identifizieren.** Er weiß häufig gar nicht mehr, welchen Anteil er am Gesamtprodukt hat. Die Arbeitsfreude kann dadurch verloren gehen.
- Die ständige Wiederholung von gleichartigen Arbeitsgängen führt zur **Monotonie.** Die einseitige Beanspruchung bei der Arbeit führt möglicherweise zu **physischen** (körperlichen) und **psychischen** (seelischen) **Belastungen.**
- Für viele Tätigkeiten am Fließband ist keine umfassende Berufsausbildung mehr notwendig. Ungelernte oder angelernte Arbeit genügt. Damit entsteht eine **neue, wenig angesehene Bevölkerungsschicht.**

Fließbandfertigung aus Sicht des Unternehmers	
Vorteile	**Nachteile**

■ Geeignetes Fertigungsverfahren für die Großserien- und Massenproduktion,
■ niedrige Fertigungskosten, weil
  ■ die Zwischenlagerung der Werkstücke verringert wird,
  ■ die Fertigungszeiten verkürzt werden,
  ■ der Ausschuss abnimmt (die Spezialisierung der Arbeitenden auf wenige Handgriffe erhöht die Geschicklichkeit),
  ■ die Lohnkosten verhältnismäßig niedrig sind (angelernte statt gelernte Arbeitskräfte).
	■ Hohes Unternehmerwagnis (steigende Stückkosten bei zurückgehender Nachfrage aufgrund hoher fixer Kosten),
	■ mangelnde Anpassungsfähigkeit an Nachfrageänderungen (geringe Flexibilität),
	■ Probleme beim „Austakten" (Abstimmen) der einzelnen Fertigungsbereiche (z. B. Fertigungsstraßen),
	■ hohe Störanfälligkeit, denn beim Ausfall eines Arbeitsplatzes muss die Fertigung gestoppt werden, falls keine Zwischenlager vorhanden sind,
	■ starke einseitige Beanspruchung des arbeitenden Menschen.

(4) Inselfertigung (Gruppenfertigung)

Die Nachteile der Fließbandarbeit führen dazu, dass immer mehr Betriebe dazu übergehen, die Fließbandfertigung durch die Inselfertigung (auch Gruppenfertigung genannt) zu ersetzen.

Bei der Inselfertigung werden Elemente der Werkstättenfertigung mit der Fließfertigung kombiniert, indem der Montageablauf in genau definierbare Arbeitsabschnitte gegliedert wird. Wie die Arbeit im einzelnen Abschnitt erledigt wird, regelt kein Einzelner, sondern die Gruppe. Die Gruppe organisiert in eigener Verantwortung den Materialabruf, die Belegung der Maschinen sowie das Arbeitstempo. Je nach Bedarf wechseln die Gruppenmitglieder – bei gegenseitiger Abstimmung – die Arbeitsplätze (Jobrotation). Diese Eigenverantwortung führt zu einer Steigerung der Arbeitsmotivation und erhöht die Produktqualität. Die Gruppen können dabei sehr unterschiedliche Produkte herstellen. Dies reicht von der Produktion bestimmter Einzel- oder Bauteile bis hin zu einem Fertigerzeugnis.

Das folgende Organisationsschema zeigt das Prinzip der Inselfertigung (Gruppenfertigung).

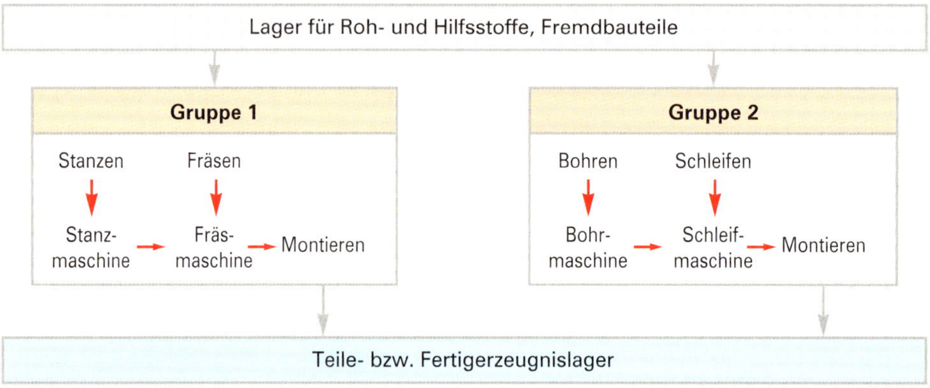

Vorteile der Inselfertigung gegenüber der Werkstättenfertigung	Vorteile der Inselfertigung gegenüber der Fließbandfertigung
■ Kürzere Transportwege, ■ schnellere Fertigungsdurchlaufzeiten, ■ niedrigere Kosten für die Zwischenlagerung, ■ übersichtlicherer Produktionsablauf, ■ überwiegender Einsatz von Spezialmaschinen.	■ Höhere Anpassungsfähigkeit an Nachfrageänderungen (höhere Flexibilität), ■ abwechslungsreichere Tätigkeiten der Arbeitskräfte, ■ bessere Motivation der Arbeitskräfte durch Übertragung von Eigenverantwortlichkeiten, ■ geringere Störanfälligkeit des Produktionsablaufs.

Nachteile der Inselfertigung sind z.B. die schwierigere Entgeltfestsetzung für die einzelnen Arbeitskräfte und der zwischen den Arbeitskräften bestehende Gruppenzwang.

1.3.3 Zusammenhang zwischen Fertigungslosen und Kosten: optimale Losgröße

Werden die einzelnen Produkte nicht kontinuierlich, sondern **mit Unterbrechungen** hergestellt, handelt es sich um **Intervallfertigung.** Innerhalb eines Intervalls werden mit den erforderlichen Fertigungsanlagen jeweils gleichartige Erzeugnisse produziert. Die Intervallfertigung ist häufig eine **Kleinserienfertigung**.

(1) Begriff und Bestimmungsfaktoren der optimalen Losgröße

Ein wichtiges Problem der Intervallfertigung ist die Bestimmung der optimalen Losgröße (Seriengröße, Auflagengröße).

> Ein **Los (Serie, Auflage)** ist die Menge, die ohne **Umrüsten der Anlage** produziert wird.

Die Wahl der Losgröße hat Auswirkungen auf die Höhe der Rüstkosten und der Lagerhaltungskosten.

Kostenfaktoren	Erläuterungen	Beispiele
Rüstkosten	Sie entstehen durch das Einrichten der Produktionsanlagen auf die Herstellung einer anderen Produktart. Rüstkosten treten je Los nur einmal auf und entstehen unabhängig von der Stückzahl der in einem Los gefertigten Produkte. Man bezeichnet sie daher auch als **auflagefixe Kosten**. Durch die Verminderung der Anzahl der durchgeführten Rüstvorgänge bzw. Erhöhung der in einem Los gefertigten Güter werden die Umrüstkosten insgesamt abgesenkt und damit auch die Losstückkosten.	■ Zinskosten, Abschreibungen, Wagniskosten oder Miete für die ruhenden maschinellen Anlagen und Räume; ■ Heiz-, Strom-, Be- und Entlüftungskosten; ■ Personalkosten während der Umrüstungszeit.
Lagerhaltungskosten	Es handelt sich um mengenabhängige Kosten. Sie steigen mit wachsender Losgröße an und sinken mit fallender Losgröße. Die Lagerhaltungskosten bezeichnet man auch als **auflagevariable Kosten**.	■ Versicherungskosten für die Lagervorräte, ■ Zinskosten für das im Lager gebundene Kapital, ■ Wagniskosten für Lagerschwund durch Güterverderb und Diebstahl, ■ Personalkosten, ■ Abschreibung der Lagereinrichtung, ■ Mietkosten.

Rüstkosten und Lagerhaltungskosten verlaufen, bezogen auf die Losgröße, entgegengerichtet, d.h., eine hohe Auflage (geringe Anzahl von Losen) führt zu niedrigen Rüstkosten, aber zu höheren Lagerkosten und umgekehrt.

Die **optimale Losgröße (Seriengröße, Auflagengröße)** ist gegeben, wenn die Summe aus Rüst- und Lagerhaltungskosten in einem bestimmten Planungszeitraum ein Minimum bildet.

(2) Berechnung der optimalen Losgröße

■ Ermittlung der auflagevariablen Lagerhaltungskosten

Die Ermittlung der **auflagevariablen Lagerhaltungskosten** (K_e) ist in der Praxis sehr schwierig. An einem sehr vereinfachenden Beispiel wird gezeigt, warum die variablen Lagerhaltungskosten auch **je Stück** steigen.

Beispiel:

Ein Unternehmen verkauft im Laufe eines Jahres 12000 Schaltelemente, deren Selbstkosten 10,00 EUR betragen. Der Lagerhaltungskostensatz[1] beträgt 30 %.

Aufgaben:

1. Berechnen Sie, wie sich die Lagerhaltungskosten für die Lagerung je Stück entwickeln, wenn der Monatsbedarf, der Zweimonatsbedarf, der Dreimonatsbedarf, der Viermonatsbedarf, der Halbjahresbedarf und der Jahresbedarf zu Beginn der jeweiligen Periode produziert und auf Lager genommen wird! Es wird eine kontinuierliche Lagerabgangsrate unterstellt.
2. Stellen Sie den Sachverhalt grafisch dar!

Lösungen:

Zu 1.: Entwicklung der Lagerhaltungskosten

Losgröße	Auflagenhäufigkeit	Durchschn. Lagerbestand in Stück	Durchschn. Lagerbestand in EUR	Lagerhaltungskosten in EUR	Lagerhaltungskosten pro Jahr und Stück in EUR
1000	12	500	5000,00	1500,00	0,125
2000	6	1000	10000,00	3000,00	0,250
3000	4	1500	15000,00	4500,00	0,375
4000	3	2000	20000,00	6000,00	0,500
6000	2	3000	30000,00	9000,00	0,750
12000	1	6000	60000,00	18000,00	1,500

Zu 2.: Grafische Darstellung

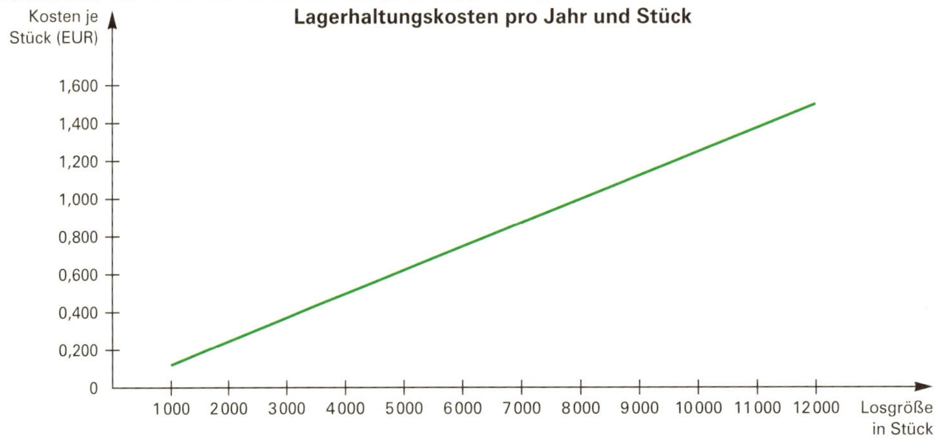

1 Der **Lagerhaltungskostensatz** gibt in Prozent an, wie hoch die Lagerhaltungskosten im Vergleich zum durchschnittlichen Wert des Lagerbestandes sind.

Ermittlung der optimalen Losgröße

Beispiel:

Ausgehend von den Daten des Beispiels von S. 30 betragen die Rüstkosten (auflagefixen Kosten) 1000,00 EUR.

Aufgaben:

1. Berechnen Sie die optimale Losgröße!
2. Stellen Sie die optimale Losgröße grafisch dar!

Lösungen:

Zu 1.: Rechnerische Ermittlung der optimalen Losgröße

Losgröße	Auflagen-häufigkeit	Rüst-kosten pro Jahr in EUR	Durchschn. Lager-bestand in Stück	Durchschn. Lager-bestand in EUR	Lager-haltungs-kosten in EUR	Gesamt-kosten in EUR
1000	12	12000,00	500	5000,00	1500,00	13500,00
2000	6	6000,00	1000	10000,00	3000,00	9000,00
3000	**4**	**4000,00**	**1500**	**15000,00**	**4500,00**	**8500,00**
4000	3	3000,00	2000	20000,00	6000,00	9000,00
6000	2	2000,00	3000	30000,00	9000,00	11000,00
12000	1	1000,00	6000	60000,00	18000,00	19000,00

optimale Losgröße

Zu 2.: Grafische Darstellung

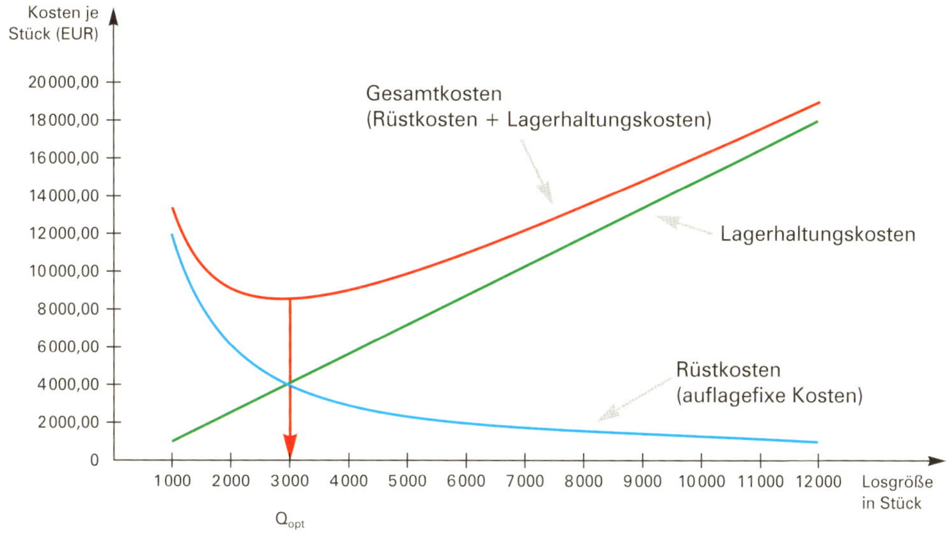

Zusammenfassung

- **Fertigungsverfahren** sind alle technischen und organisatorischen Prozesse, durch die ein Produkt hergestellt werden kann.
- Nach dem **Grad der Automatisierung** unterscheidet man folgende Fertigungsverfahren: **Handarbeit, Maschinenarbeit** und **automatische Fertigung.**
- Nach der **Häufigkeit der Prozesswiederholung** unterscheidet man folgende **Fertigungstypen (Produktionstypen): Einzelfertigung, Serienfertigung, Massenfertigung.**
- Nach der **Anordnung der Betriebsmittel im Produktionsprozess** unterscheidet man folgende **Fertigungsorganisationen (Organisationstypen): Werkstättenfertigung, Reihenfertigung, Fließfertigung und Inselfertigung.**

Übungsaufgaben

2 Arten der Fertigungsverfahren erläutern, Berechnung der optimalen Losgröße

1. Beschreiben Sie die Fertigungsverfahren nach der Häufigkeit der Prozesswiederholung!
2. Bei der Intervallfertigung tritt u.a. das Problem der optimalen Losgröße auf.

   Aufgaben:

   2.1 Erklären Sie, was unter optimaler Losgröße zu verstehen ist!

   2.2 Berechnen Sie die optimale Losgröße für Edelstahl-Handläufe unter folgenden Bedingungen:
   - Der Jahresbedarf beträgt 18000 Stück.
   - Die Herstellkosten je Einheit betragen 15,00 EUR.
   - Der Lagerhaltungskostensatz beträgt 25%.
   - Die auflagefixen Kosten betragen 2000,00 EUR.
   - Die Losgröße beträgt 1000 Stück oder ein Mehrfaches davon!
3. Erläutern Sie den Begriff Werkstättenfertigung!
4. Erklären Sie den Begriff Reihenfertigung!
5. Erläutern Sie, inwiefern die Fließfertigung (einschließlich Fließbandfertigung) eine Weiterentwicklung der Reihenfertigung ist!
6. Erklären Sie den Unterschied zwischen Fließfertigung (einschließlich Fließbandfertigung) und Reihenfertigung!
7. Erläutern Sie den Zusammenhang zwischen der Anzahl gleichartiger Erzeugnisse und der Organisation der Fertigung!
8. Veranschaulichen Sie in einer Grafik den Zusammenhang zwischen der Organisation der Fertigung und der Dauer der Durchlaufzeit!

3 Fertigungsverfahren aus einem Text ableiten, Begriffe aus Text recherchieren

Lesen Sie zunächst sorgfältig nachstehenden Textauszug:

Peter Holzer ist ein gestandener Mann. Sechs Jahre lang hat der 43-jährige Kfz-Mechatroniker im Lastwagenwerk geschuftet, zuletzt in der Nachbearbeitung und Endkontrolle. Peter Holzer weiß aber auch, was es heißt, monatelang nichts anderes zu tun, als Kotflügel zu montieren. Kotflügel, Kotflügel, nichts als Kotflügel – acht Stunden am Tag, fünf Tage die Woche, mitunter auch nachts, je nach Schicht. Alles ein geschlossener Kreislauf, monoton und ermüdend. Auch Willi Bayer mit seinen 19 Jahren weiß schon gut, was das bedeutet. Er hat Kfz-Mechatroniker gelernt und dann in einer Automobilfabrik Kabelsätze montiert. Nichts als Kabelsätze, Tag für Tag – jeder für sich, keiner für alle.

Doch jetzt ist alles anders. Hightech, die den Mitarbeiter zum Handlanger macht, sucht man vergebens. Spektakuläre Automation gibt es nicht, lediglich das induktionsgesteuerte Transportsystem, das die Karossen wie von Geisterhand über den hellgrauen Betonboden schweben lässt, mutet futuristisch an. „Verrenken" muss sich keiner mehr: Über-Kopf-Arbeit ist vorbei, sogenannte Hub-Schwenk-Plattformen und Hänge-Dreh-Plätze ermöglichen ergonomisches Arbeiten und halten die Körperbelastung deutlich geringer. Auch die Endkontrolle entfällt. Der Arbeiter ist der Letzte vor dem Kunden und zeichnet mit einem Stempel für sorgfältig erledigte Arbeit.

Im neuen Werk arbeiten auf einer Fertigungsinsel acht bis maximal zwölf Mitarbeiter, die ihre Arbeit im Wesentlichen selbst organisieren und für ihren Arbeitsabschnitt die volle Verantwortung übernehmen. Das soll für die Motivation sorgen. Nicht umsonst erwarten die Verantwortlichen, dass statistisch gesehen pro Mann und Jahr ein Verbesserungsvorschlag kommt. Zum Vergleich: In anderen Werken liegt die Quote zehnmal niedriger.

Aufgaben:

1. Arbeiten Sie heraus, von welcher Fertigungsart in Bezug auf die Anordnung der Betriebsmittel im Produktionsprozess im ersten Abschnitt des obigen Textes die Rede ist!
2. Erläutern Sie, welche Fertigungsart in Bezug auf die Häufigkeit der Prozesswiederholung vorliegt!
3. Recherchieren und erklären Sie folgende im Text erwähnten Begriffe:
   - 3.1 Hightech,
   - 3.2 Automation,
   - 3.3 ergonomisch,
   - 3.4 futuristisch,
   - 3.5 Motivation und
   - 3.6 statistisch!
4. Analysieren Sie, welches Fertigungsverfahren in Bezug auf die Anordnung der Betriebsmittel im zweiten Abschnitt des Textes beschrieben wird!

4 Ablauf der Werkstattfertigung optimieren

Die Motorenwerke Anton Thomalla GmbH muss für die Herstellung der Motoren verschiedene Werkstücke herstellen, u.a. Spannhülsen. Die Halle 3, in welcher die Werkstätten untergebracht sind, hat folgendes Layout:

Halle 3

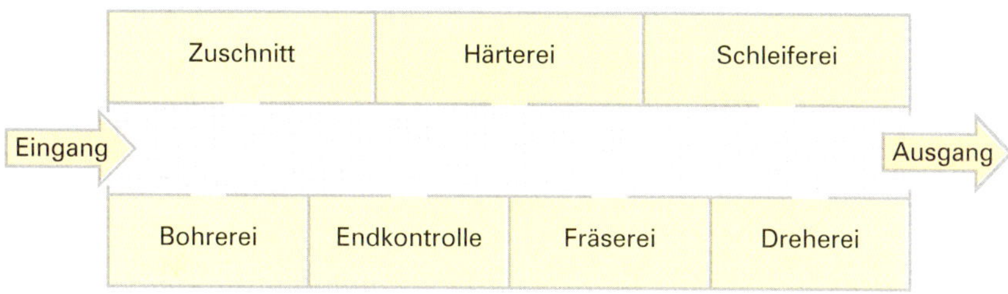

Die Spannhülsen durchlaufen zu ihrer Herstellung folgenden Ablauf:

Arbeitsgang 1: Zuschnitt
Arbeitsgang 2: Dreherei
Arbeitsgang 3: Fräserei
Arbeitsgang 4: Bohrerei
Arbeitsgang 5: Härterei
Arbeitsgang 6: Schleiferei
Arbeitsgang 7: Endkontrolle

3 Speth u.a. - ISBN 978-3-8120-0576-0

Aufgaben:

1. Übertragen Sie die Grafik von S. 33 in Ihr Heft und zeichnen Sie den Fluss des Werkstücks durch die Werkstätten der Halle 3 ein!
2. Angenommen, Sie wollen die Abläufe für die Herstellung der Spannhülsen beschleunigen und überlegen daher, die davon berührten Arbeitsplätze nach dem vorgesehenen Arbeitsablauf anzuordnen. Entwerfen Sie ein neues Layout für die Halle 3 und zeichnen Sie erneut den Materialfluss!
3. Erläutern Sie, welche Nachteile Sie dafür in Kauf nehmen müssen!

5 Vergleich Werkstattfertigung Fließfertigung, Berechnung der optimalen Losgröße

Die Weber Metallbau GmbH stellt u.a. auch Metallzäune im Baukastensystem her. In der Anlage auf S. 35 sehen Sie die Konstruktionszeichnung für das Anschlusselement des Zauns „Quadro 370“. Dieses Element gibt es in unterschiedlichen Höhen und mit unterschiedlicher Anzahl von Innenelementen.

Bisher werden die verschiedenen Modelle des Metallzauns in Serie gefertigt. Seit Jahren steigt die Nachfrage nach den Zaunelementen. Aufgrund der steigenden Seriengrößen überlegt die Geschäftsleitung daher, das Fertigungsverfahren von der eher handwerklich orientierten Werkstattfertigung auf Fließfertigung umzustellen.

Aufgaben:

1. In der kommenden Woche ist die Sitzung der Geschäftsführer, in deren Rahmen über die Änderung des Fertigungsverfahrens diskutiert und entschieden werden soll. Ihre Aufgabe in dieser Konferenz ist es, in einer vergleichenden Betrachtung die charakteristischen Merkmale der beiden Fertigungsverfahren (Werkstatt- und Fließfertigung) einander gegenüberzustellen!
2. Ein immer wiederkehrendes Thema auf diesen Sitzungen der Geschäftsführer ist auch die Diskussion über die Dimensionierung der Seriengrößen. Geschäftsführer Fred Kleiner, zuständig für die Materialwirtschaft, tendiert zu kleinen Seriengrößen und Viktor Seibold, zuständig für die Produktionswirtschaft, bevorzugt große Seriengrößen.
   2.1 Versetzen Sie sich in die Lage von Fred Kleiner und Viktor Seibold und formulieren Sie jeweils Argumente für deren Position!
   2.2 Veranschaulichen Sie die gegensätzlichen Positionen der beiden Geschäftsführer anhand einer Grafik und beschreiben Sie diese kurz!
   2.3 Unterstützen Sie Ihre theoretischen Ausführungen aus der Aufgabe 2.2 durch ein konkretes Zahlenbeispiel. Aus der Materialwirtschaft und der Kostenrechnung erhalten Sie für das „Rahmenelement 210773“ folgende Werte:

Jahresbedarf in Stück	2 000
Herstellkosten je Element	150,00 EUR
Umrüstkosten	100,00 EUR
Lagerkostensatz[1]	30,00 %

1 $\text{Lagerkostensatz} = \frac{\text{Lagerkosten} \cdot 100}{\text{durchschnittlichen Lagerwert}}$

Verwenden Sie hierzu die nachfolgende Tabelle:

Losgröße	Auflagenhäufigkeit	Rüstkosten pro Jahr in EUR	Durchschnittl. Lagerbestand in Stück	Durchschnittl. Lagerbestand in EUR	Lagerhaltungskosten in EUR	Gesamtkosten
20	100		10	1500	450	
30	66,7		15	2250	675	
50	40		25	3750	1125	
60	33,3		30	4500	1350	
80	25		40	6000	1800	
100	20		50	7500	2250	
120	16,7		60	9000	2700	
150	13,3		75	11250	3375	
200	10		100	15000	4500	
250	8		125	18750	5625	
2000	1		1000	150.000	45.000	

Anlage:

Konstruktionszeichnung Anschlusselement für Zaun „Quadro 370"

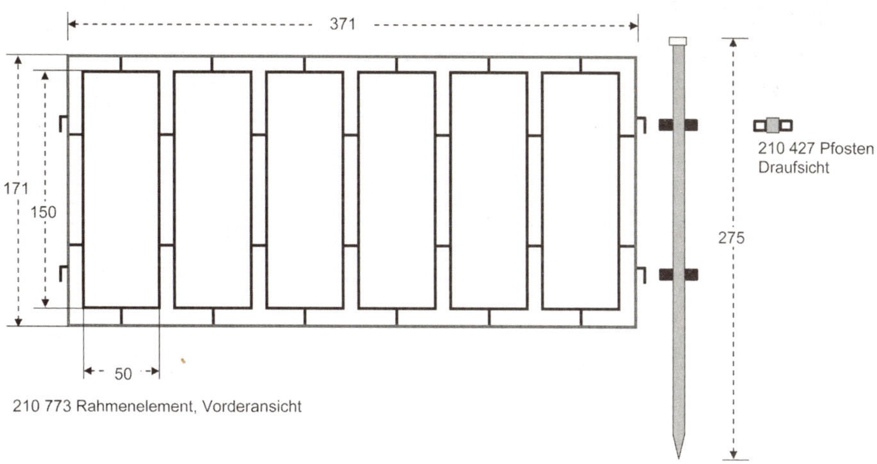

210 773 Rahmenelement, Vorderansicht

210 427 Pfosten, Vorderansicht

2 Menschliche Arbeit im Produktionsprozess

2.1 Bedeutung der menschlichen Arbeit

2.1.1 Funktionen menschlicher Arbeit im Industriebetrieb

(1) Objektbezogene Arbeitsleistung (ausführende Arbeit)

Objektbezogene Arbeitsleistungen sind alle Tätigkeiten, die unmittelbar der **Leistungserstellung,** der **Leistungsverwertung** und den **finanziellen Aufgaben** des Betriebes zuzuordnen sind.

Es sind jene Tätigkeiten, wie sie im Rahmen der Stellenbeschreibung formuliert werden, z.B. Bearbeiten von Werkstücken an einer Drehbank oder Fräsmaschine, Montagearbeit am Fließband, Einkaufen, Verkaufen, Kassieren usw.

Diese Tätigkeiten haben die Eigenschaft, dass sie – insbesondere im Produktionsbereich – zum großen Teil wiederholenden Charakter haben und damit automatisierbar sind.

(2) Dispositive Arbeitsleistung (leitende Arbeit)

Neben der rein ausführenden Arbeit ist es für das langfristige Überleben eines Unternehmens von entscheidender Bedeutung, dass die ausführenden Arbeiten durch dispositive Arbeitsleistungen unterstützt werden.

Dispositive Arbeit umfasst die **Managementleistungen.** Diese sind z.B. gekennzeichnet durch **Planung, Steuerung, Kontrolle, Entwicklung von Strategien.**

Oft scheitern – insbesondere kleinere – Betriebe nicht an der fachlichen Kompetenz des Inhabers oder an dessen Fleiß, sondern daran, dass die Bedeutung der dispositiven Arbeitsleistung unterschätzt wurde – „Er war halt kein Kaufmann!“. Zum Anforderungsprofil der Stelleninhaber für dispositive Arbeiten im Besonderen gehören:

- Branchenerfahrung,
- Kommunikationsfähigkeit,
- Führungsqualität,
- sicheres Auftreten,
- Entschlusskraft,
- visionäres, weit vorausschauendes Denken in Vernetzungen.

Insbesondere die Fähigkeit zur Menschenführung, so z.B. die richtige Wahl des Führungsstils (z.B. kooperativer Führungsstil), die Anwendung moderner Führungstechniken (z.B. Management by Objectives[1]) und eine gerechte Behandlung der Mitarbeiter tragen dazu bei, das Betriebsklima und damit die betriebliche Leistung zu verbessern.

1 Führen durch Vorgabe von Zielen.

2.1.2 Arbeitsbedingungen und Arbeitsleistung im Industriebetrieb

(1) Überblick über die Faktoren der Arbeitsleistung

Die Leistung der Mitarbeiter eines Betriebes hängt von zahlreichen Faktoren ab, die teils

- in den **Arbeitenden selbst (subjektive Bedingungen),**
- in der **Arbeitsorganisation (objektive Bedingungen)** und/oder
- in den **sozialen Bedingungen im Betrieb**

zu suchen sind.

Nebenstehende Statistik zeigt, was die Mitarbeiter von ihrer Arbeit bzw. von ihrem Unternehmen erwarten. Die Nichterfüllung dieser Erwartungen führt zur Unzufriedenheit. Unzufriedene Arbeitnehmer aber leisten weniger und sind häufiger krank (worauf die Arbeitsmediziner immer wieder hinweisen).

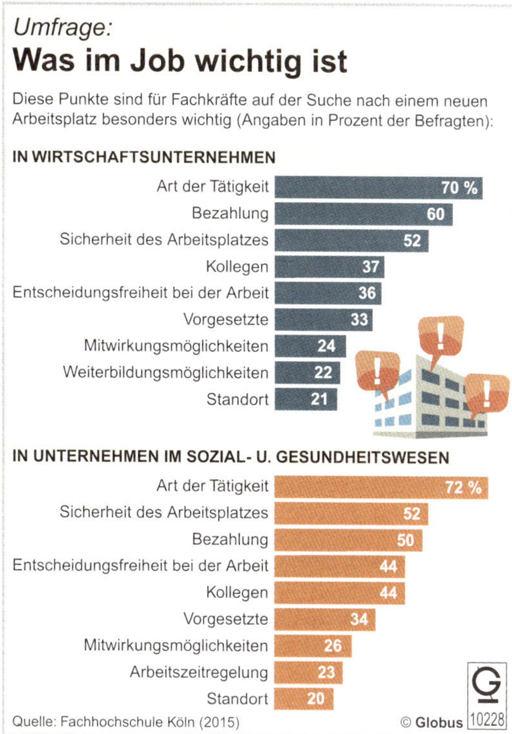

(2) Wichtige Faktoren der Arbeitsleistung

Subjektive Bedingungen

Wissen, Fähigkeiten und **Fertigkeiten**	Solche Fähigkeiten können sich die Mitarbeiter im Betrieb, in betrieblichen und außerbetrieblichen Lehrgängen, während und nach der betrieblichen Ausbildungszeit aneignen.
Seelische und körperliche Verfassung	Sie beeinflusst die Leistungsfähigkeit, wobei nicht zu verkennen ist, dass die Gesundheit der Mitarbeiter auch von objektiven und sozialen Bedingungen des Betriebes positiv oder negativ beeinflusst sein können (z. B. Stress durch übersteigertes Arbeitstempo, Ärger mit Kollegen und Kolleginnen und/oder Vorgesetzten).
Leistungswille	Die Leistungsfähigkeit des Menschen allein bringt noch keine Leistung. Vielmehr muss der Mensch auch einen bestimmten Leistungswillen mitbringen, der durch äußere Faktoren geschwächt oder gesteigert werden kann. So können z. B. soziale Anerkennung und leistungsgerechte Entlohnung den Willen zur Leistung erhöhen.

Objektive Bedingungen

Die im Betrieb zu erbringende Arbeitsleistung durch die einzelnen Mitarbeiter wird wesentlich beeinflusst von der **vorgegebenen Arbeitsorganisation.** Die beiden wichtigsten Elemente der Arbeitsorgansation sind die **Bedingungen am Arbeitsplatz** und die **Art der bereitgestellten Arbeitsmittel.**

Beispiele:

- Der **Arbeitsplatz** bestimmt in weitem Maße Wohlbefinden, Gesundheit und Arbeitsleistung des Arbeitenden. Die Gestaltung des Arbeitsplatzes erstreckt sich daher auf die Regelung der Licht-, Luft- und Temperaturverhältnisse. Lichtstärke und -farbe sowie die Farbgestaltung der Einrichtungen (z.B. Maschinen, Möbel) sollen zu einer angenehmeren Umgebung des Arbeitsplatzes beitragen. Luftfilter und Absaugvorrichtungen sollen Verunreinigungen der Luft durch Gase, Staub, Schmutz und Feuchtigkeit beseitigen. Die genannten Maßnahmen bezeichnet man heute mit dem Schlagwort „Humanisierung der Arbeitswelt“[1]. Häufiger Temperaturwechsel soll durch Klimaanlagen ausgeschaltet werden, wobei auf die jeweilige Tätigkeit der Arbeitnehmer Rücksicht zu nehmen ist (bei schwerer körperlicher Arbeit Untergrenze 12 °C, bei leichter sitzender Arbeit Obergrenze 24 °C).
- Die **Arbeitsmittel** (Werkzeuge, Maschinen, Sitzgelegenheiten) müssen den körperlichen Bedingungen des arbeitenden Menschen angepasst sein (Schlagwort: „Anpassung der Maschine an den Menschen“). Sitzhöhe, Sitzgestaltung, Arbeitsplatzhöhe und Greifraum müssen funktionsgerecht und medizinisch richtig gestaltet sein. Der Teil der Arbeitswissenschaften, der sich mit diesen Problemen befasst, heißt **Ergonomie.**

Ziel der Arbeitsorganisation muss sein, die **vorzeitige Ermüdung** der Arbeitenden **zu verhindern.** Dies wird insbesondere durch ein angemessenes Arbeitstempo erreicht. Übersteigertes Arbeitstempo – aber auch zu langsames Arbeitstempo – sind zu vermeiden. (Das Normaltempo herauszufinden, ist vor allem bei der Fließbandarbeit notwendig.)

Einer vorzeitigen Ermüdung wird auch durch eine vernünftige Pausenregelung vorgebeugt. Es ist erwiesen, dass stündliche Kurzpausen von je 3 bis 5 Minuten die Gesamtleistung der Arbeitenden wesentlich steigern helfen.

Soziale Bedingungen

Werden im Betrieb die Wünsche der Mitarbeiter nach **sozialer Anerkennung** und nach **leistungsgerechter Entlohnung** erfüllt, werden sie eher zur Leistung bereit sein, als wenn ihnen Anerkennung und die entsprechende Entlohnung verweigert werden. Auch das **gute Verhältnis** zu Kollegen, Kolleginnen und Vorgesetzten, **Aufstiegschancen** bei entsprechender Leistung sowie ein gewisses Mitspracherecht am Arbeitsplatz beeinflussen die Leistung der Arbeitskraft positiv.

Die Gesamtheit aller sozialen Bedingungen im Betrieb machen das sogenannte **Betriebsklima** aus.

(3) Leistungsangebot und Leistungsanforderung

Das **Leistungsangebot der Mitarbeiter** wird durch die **subjektiven,** die **objektiven** und die **sozialen Bedingungen** bestimmt. Entspricht das Leistungsangebot des Mitarbeiters den

1 **Humanisieren:** menschlich gestalten, menschenfreundlich machen.

Leistungsanforderungen des Betriebes, ist er mit seiner Tätigkeit zufrieden. Klaffen jedoch Leistungsangebot und Leistungsanforderung auseinander (z.B. Unter- oder Überforderung des Arbeitnehmers bzw. der Arbeitnehmerin), entsteht Unzufriedenheit, eine der wesentlichen Ursachen sozialer Konflikte im Betrieb.

2.1.3 Maßnahmen zur Erhöhung der Arbeitsplatzattraktivität

Die Erhöhung der Arbeitsplatzattraktivität wird insbesondere durch Maßnahmen der Arbeitsstrukturierung geschaffen.

Durch die **Arbeitsstrukturierung** werden **Arbeitsinhalte gestaltet** sowie das **Ausmaß der Arbeitsteilung** festgelegt, um die Stellen zu optimieren und damit den Arbeitsprozess produktiver zu gestalten.

Beispielhaft werden im Folgenden einige Maßnahmen zur Arbeitsstrukturierung vorgestellt.

(1) Jobenrichment (Arbeitsbereicherung)

Arbeitsbereicherung liegt vor, wenn Arbeitsvorgänge an einem Arbeitsplatz **qualitativ angereichert** werden. Das Jobenrichment zählt zur Humanisierung der Arbeit, weil z.B. reine Durchführungsaufgaben mit Planungs- und Kontrollaufgaben an einem bestimmten Arbeitsplatz ausgebaut und so verantwortungsvoller werden.

Beispiel:

Die Reisende A erhält die Vollmacht, Verträge abzuschließen, die Zahlungseingänge ihrer Kunden zu kontrollieren, Sonderkonditionen zu gewähren und Mängelrügen im vorgegebenen Rahmen selbst zu bearbeiten.

(2) Jobenlargement (Arbeitserweiterung)[1]

Mithilfe der Arbeitserweiterung wird eine zu weitgehende Arbeitsteilung (Spezialisierung, Arbeitszersplitterung) wieder aufgehoben, indem dem Mitarbeiter zusätzliche gleichartige (nicht die gleichen!) oder ähnlich strukturierte Aufgaben zugewiesen werden. Die **zusätzlichen Aufgaben** liegen auf der **gleichen Stufe** und besitzen den **gleichen Schwierigkeitsgrad** wie die bisherigen.

Wie der Arbeitsplatzwechsel auch, hat die Arbeitserweiterung die Aufgabe, die Arbeit abwechslungsreicher zu machen (die Monotonie zu bekämpfen) und dadurch die Arbeitszufriedenheit zu erhöhen.

Beispiel:

Bisher hat die Sachbearbeiterin A die Bestellungen für die Produktgruppe A, die Sachbearbeiterin B die Bestellungen für die Produktgruppe B und die Sachbearbeiterin C die Bestellungen für die Produktgruppe C vorgenommen. Nunmehr wird die gegebene Arbeitsmenge anders aufgeteilt: Jede Sachbearbeiterin übernimmt die Bearbeitung eines Teils der Bestellungen für die Produktgruppen A, B und C.

1 Nicht zu verwechseln mit der sogenannten „horizontalen" Arbeitserweiterung (Arbeitsergänzung), bei der eine unterbeschäftigte Arbeitskraft lediglich zusätzliche Arbeiten mit gleichem Inhalt erhält.

(3) Autonome Arbeitsgruppen (Gruppenarbeit)

Der autonomen[1] Arbeitsgruppe (zum Beispiel bei der Inselfertigung)[2] wird ein in sich mehr oder weniger **abgeschlossener Arbeitsprozess** (z. B. Montage eines Motors, einer Fabrikhalle) **übertragen.** Dabei kann der Gruppenleiter („Kontaktperson" für einen bestimmten Zeitabschnitt) von den Mitgliedern der Gruppe gewählt werden.[3]

Beispiel:

Am bekanntesten ist der 1974 begonnene Versuch des schwedischen Automobilkonzerns Volvo in seinem Zweigwerk in Kalmar, in dem das Fließband vollständig durch mehrere Montageplattformen ersetzt wurde. Die Mitarbeiter arbeiten nicht im Akkord, sondern in (teil-)autonomen Arbeitsgruppen mit bestimmten Arbeitsaufgaben (z.B. Montage der elektrischen Anlagen, der Inneneinrichtungen der Automobile). Für die Materialbeschaffung, Verteilung der Arbeit auf die Gruppenmitglieder und die Qualitätskontrolle ist die Gruppe selbst verantwortlich.

(4) Projektgruppeneinsatz

Hier werden Mitarbeiter mit unterschiedlicher Vorbildung und Erfahrung und aus unterschiedlichen Hierarchieebenen für eine bestimmte Zeit mit einer fest umschriebenen Arbeitsaufgabe, dem **Projekt,**[4] betraut. Das Projekt betrifft meistens mehrere Unternehmensbereiche, ist sehr komplex und verhältnismäßig neuartig.

Beispiele:

Bau eines Staudamms, Einführung eines neuen Produktes, Gründung eines Zweigwerks im Ausland, Durchführung einer Werbekampagne für eine neu zu importierende Südfrucht.

Die Aufgabe des Projektgruppeneinsatzes besteht darin, die am Projekt teilnehmenden Personen zu befähigen, komplexe Probleme zu lösen und ihre Teamfähigkeit zu steigern.

Rollen und Aufgaben im Projektmanagementprozess

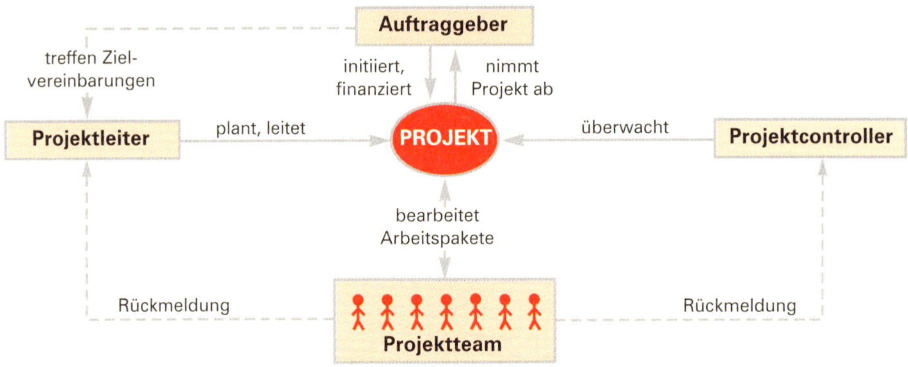

1 Autonom: selbstständig, selbstverantwortlich.

2 Siehe auch S. 27f.

3 Wird die Kontaktperson nur für eine bestimmte Zeit gewählt und danach durch ein anderes Mitglied der Gruppe ersetzt, liegt eine Form der „Jobrotation" vor.

4 Projekt (lat.): Plan, Unternehmung, Entwurf, Vorhaben.

(5) Jobrotation (Arbeitsplatzwechsel)

Die Jobrotation wird durchgeführt, damit die Mitarbeiter durch neue Aufgabengebiete im Zeitablauf ihren **Kenntnisstand** und ihre **Erfahrungsbasis erweitern,** ihre **Qualifikationen erhöhen** und somit ihre **Einsatzmöglichkeiten erleichtern** (flexibilisieren).

2.1.4 Beitrag der menschlichen Arbeit im Produktionsprozess zur Erreichung des Unternehmensziels

Die menschliche Arbeit im Produktionsprozess war und ist eine häufig genutzte Stellschraube, da sich mit ihr ein besonders großes Kostensenkungspotenzial verbindet. Mögliche Ansätze hierfür sind:

- **Verringerung der Personalkosten je hergestellter Einheit.**

Dies ist z. B. möglich durch

- Verringerung der Lohnstückkosten, z.B. durch einen höheren Grad an Automatisierung, oder Verlagerung in Niedriglohnländer,
- Verringerung der Lohnzusatzkosten, z.B. 13. Monatslohn, Urlaubsgeld, freiwillige soziale Leistungen usw.,
- Verringerung der Gemeinkosten, z.B. durch höhere Kostenbeteiligung der Mitarbeiter am Kantinenbetrieb, an den betrieblichen Sportstätten oder an den betrieblichen Parkplätzen,
- Steigerung der menschlichen Arbeitsleistung durch Spezialisierung und/oder durch Verbesserung der Arbeitsabläufe (z.B. geringere Greifräume zur Handhabung von Werkzeugen).

- **Maßnahmen, die zwar nicht die Personalkosten selbst senken, wohl aber jene Kosten, die durch das Verhalten der Mitarbeiter beeinflusst werden.**

Dies ist z. B. möglich durch

- bessere Schulung der Mitarbeiter im Umgang mit den Betriebsmitteln, insbesondere durch Sensibilisierung für die Kosten der Betriebsmittel,
- Prämien für geringeren Maschinenverschleiß, Minimierung des Ausschusses und des Verschnitts,
- Zuordnung einer persönlichen Verantwortung für bestimmte Betriebsmittel oder für bestimmte Bereiche des Lagers.

- **Ausschöpfen des in den Mitarbeitern schlummernden Wissens zur Verbesserung und Leistungssteigerung ihrer Arbeit durch Einrichtung eines betrieblichen Vorschlagswesens.**

Dies ist z. B. möglich durch

- Schaffung eines Vertrauensverhältnisses zwischen Vorgesetzten und Mitarbeitern, um die Loyalität, das Engagement und die Identifikation der Mitarbeiter zum Unternehmen zu stärken.
- Einbeziehen der Mitarbeiter bei der Einführung neuer Fertigungsverfahren, Produktionsumstellungen u. a.
- Schaffung von materiellen und/oder immateriellen Anreizen, damit die Mitarbeiter Verbesserungsvorschläge machen.

Zusammenfassung

- Menschliche Arbeit im Betrieb wird gegliedert in
  - objektbezogene Arbeitsleistung (ausführende Arbeit) und
  - dispositive Arbeitsleistung (leitende Arbeit).

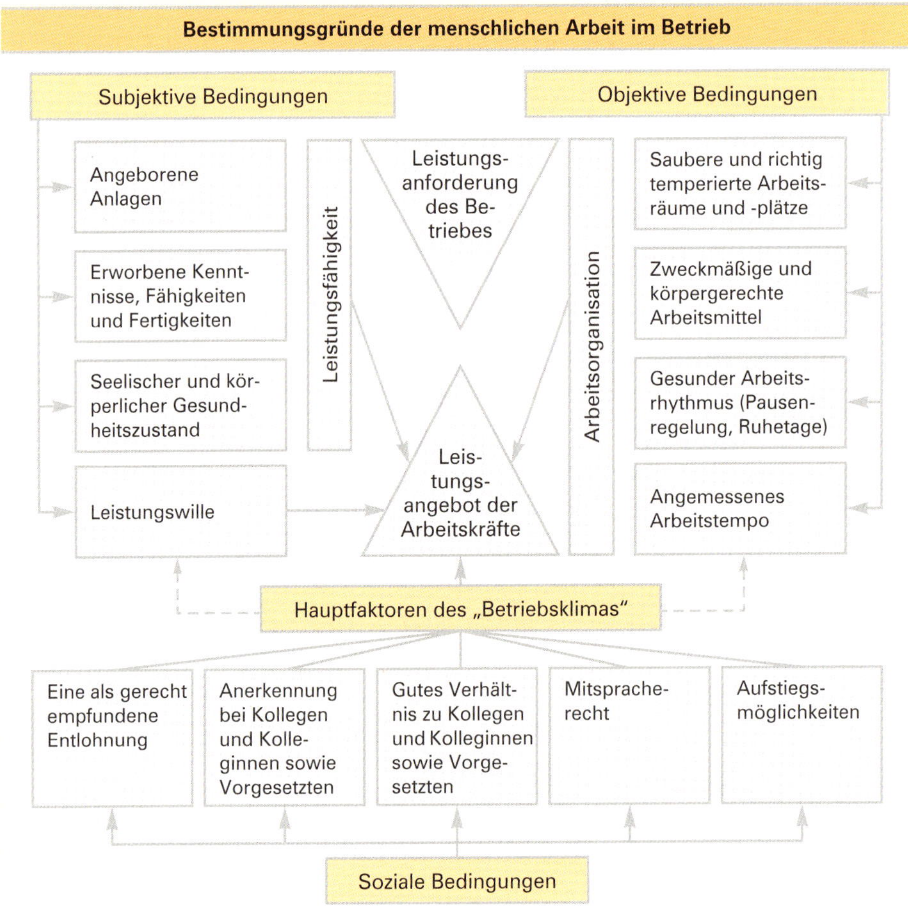

- Maßnahmen zur Erhöhung der Arbeitsplatzattraktivität:
  - Jobenrichment
  - Jobenlargement
  - Autonome Arbeitsgruppe
  - Projektgruppeneinsatz
  - Jobrotation
- Die menschliche Arbeit leistet einen besonders hohen Beitrag zur Erreichung des Unternehmensziels.

Übungsaufgabe

6 Begriffsklärungen, Beitrag der menschlichen Arbeit zum Produktionsprozess

1. Erläutern Sie den Unterschied zwischen leitender und ausführender Arbeit!
2. Nennen Sie die wesentlichen subjektiven, objektiven und sozialen Bedingungen, die die Arbeitsleistung der Mitarbeiter und Mitarbeiterinnen im Betrieb mitbestimmen!
3. Der Begriff „Betriebsklima" lässt sich nicht eindeutig definieren. Nennen Sie wesentliche Faktoren, die Ihrer Ansicht nach das Betriebsklima positiv oder negativ beeinflussen!
4. Erläutern Sie die Begriffe Jobrotation, Jobenlargement, Jobenrichment und autonome Arbeitsgruppen! Nennen Sie je ein eigenes Beispiel und begründen Sie, warum diese Arten der Arbeitsorganisation zur Mitarbeitermotivation beitragen können!
5. Skizzieren Sie Ansätze, durch welche die menschliche Arbeit im Produktionsprozess einen Beitrag zur Erreichung des (quantitativen) Unternehmenszieles beitragen kann!

2.2 Arbeitsentgelt

2.2.1 Grundsätzliches

Die Entlohnung einer Arbeitskraft wird von dieser dann als gerecht empfunden, wenn bei der Berechnung des Arbeitsentgeltes drei Kriterien berücksichtigt werden:

1. Kriterium

Anforderungen des Arbeitsplatzes

Sie bestimmen den Schwierigkeitsgrad der Arbeit an diesem Arbeitsplatz. Dieser wird möglichst objektiv ermittelt durch

Arbeitswertstudien

Die Ergebnisse der Arbeitswertstudie führen letztlich dazu, dass die Entlohnung **anforderungsgerecht** ist. Dieser Anteil der Entlohnung findet sich wieder im

→ **Grundlohn**

2. Kriterium

Persönliche Leistung der Arbeitskraft

Um die tatsächlich erbrachte Leistung der Arbeitskraft zu beurteilen und sie mit jener der anderen Arbeitskräfte vergleichbar zu machen, braucht es als Bemessungsgrundlage eine „Normalleistung". Dies wird ermittelt durch

Arbeitszeitstudien

Die Ergebnisse der Arbeitszeitstudien führen dazu, dass die Entlohnung **leistungsgerecht** ist. Dieser Aspekt der Entlohnung drückt sich aus im

→ **Leistungslohn**

3. Kriterium

Soziale Verhältnisse

Diese finden ihre Berücksichtigung durch **soziale Zuschläge**.
(Diese werden zum Teil von Unternehmen erbracht, überwiegend jedoch vom Staat durch die Anwendung unterschiedlicher Steuerklassen.)

2.2.2 Begriff und Notwendigkeit von Arbeitsstudien

Arbeitsstudien analysieren die Arbeitsprozesse in einem Unternehmen.

Aufgabe der Arbeitsstudien ist es,

- Arbeitsprozesse aller Art systematisch zu untersuchen und Verbesserungen einzuführen **(Arbeitsablaufstudien)**,[1]
- die Arbeitszeit zu ermitteln, innerhalb der die Arbeitsaufgabe bei Normalleistung ausgeführt werden kann **(Arbeitszeitstudien)**,
- die Schwierigkeitsgrade von Arbeitsaufgaben festzustellen **(Arbeitswertstudien)**.

Hauptträger der Arbeitsstudien in der Bundesrepublik Deutschland ist der „Verband für Arbeitsstudien – REFA – e. V.".[2] Die Arbeitsstudien stützen sich auf die Erkenntnisse der Arbeitswissenschaften und deren Teilgebiete wie z. B. Arbeitsphysiologie, Arbeitspsychologie, Betriebssoziologie und Arbeitspädagogik.

Die **Notwendigkeit der Arbeitsstudien** ergibt sich aus zweierlei Sicht:

- Die **Mitarbeiter** haben Anspruch auf einen Arbeitsplatz, der unfallsicher ist, der ihnen angepasst ist (z. B. griffgerechte Ausführung von Geräten und Hebeln, körpergerechte Höhenlage des Arbeitstischs usw.) und der schwere körperliche Arbeit und/oder eine Überlastung der Sinnesorgane auf ein Mindestmaß beschränkt. Außerdem führt eine objektive Bewertung der Ansprüche, die der jeweilige Arbeitsplatz an die Mitarbeiter stellt, zu einer gerechteren Entlohnung.
- Der **Betrieb** in einer marktwirtschaftlichen Ordnung muss ständig rationalisieren, d. h. Kosten sparen und/oder die Leistung erhöhen, um konkurrenzfähig zu bleiben. Die menschengerechte Gestaltung von Arbeitsplätzen und die leistungsgerechte Entlohnung tragen zur Leistungssteigerung bei.

2.2.3 Arbeitswertstudien

2.2.3.1 Begriff Arbeitswertstudien

- **Arbeitswertstudien** sind Verfahren, die den **Schwierigkeitsgrad einer Arbeit** innerhalb eines Betriebs oder eines Industriezweigs ermitteln, vergleichen und bewerten.
- Der ermittelte „Arbeitswert" dient als Grundlage einer **anforderungsabhängigen Lohndifferenzierung.**

2.2.3.2 Methoden der Arbeitsbewertung

(1) Summarische Arbeitsbewertung

Kennzeichen der summarischen Arbeitsbewertung ist, dass der Arbeitsplatz als **geschlossene Einheit,** also summarisch, erfasst und mit anderen Arbeitsplätzen im Unternehmen hinsichtlich der Schwierigkeiten und Belastungen verglichen wird. Man unterscheidet zwei Verfahren zur summarischen Arbeitsbewertung: das **Rangfolgeverfahren** und das **Katalogverfahren.**

1 Auf die Arbeitsablaufstudien wird im Folgenden nicht eingegangen.
2 REFA: frühere Bezeichnung für Reichsausschuss für Arbeitszeitermittlung.

Rangfolgeverfahren

Hierbei handelt es sich um eine **globale Bewertung** der einzelnen im Betrieb anfallenden Arbeiten von den leichtesten bis zu den schwierigsten Arbeiten. So legt z.B. eine Kommission, die aus Mitgliedern der Geschäftsleitung und des Betriebsrats bestehen kann, fest, in welcher Reihenfolge die Arbeitsplätze etwa des Portiers, eines Lohnbuchhalters, einer Sekretärin, eines Lagerbuchhalters oder eines Disponenten eingestuft werden. Das Rangfolgeverfahren ist damit eine einfache, dafür aber sehr subjektive Methode, den Arbeitsplatz zu bewerten.

Beispiel:

Arbeit A ist schwieriger als B
Arbeit A ist schwieriger als C
Arbeit B ist schwieriger als C
} Folge →
1. Arbeit A
2. Arbeit B
3. Arbeit C

Katalogverfahren

Diese Methode legt aufgrund von katalogisierten Beispielen (z.B. Lohngruppen-Definition) den Arbeitswert fest. Die Katalogbeispiele müssen eindeutig und klar beschrieben sein. Für jedes Beispiel wird ein bestimmter Arbeitswert ermittelt. Der Nachteil des Katalogverfahrens ist, dass die betriebliche Arbeitssituation aufgrund der unaufhörlichen technisch-wirtschaftlichen Weiterentwicklung sehr bald von den einmal fixierten Richtbeispielen abweicht. Hinzu kommt, dass die mannigfaltige Wirklichkeit kaum in einer begrenzten Zahl von Richtbeispielen einzufangen ist.

Beispiel:

Gruppe	Lohngruppen-Definition	Lohnschlüssel
1	Arbeiten einfacher Art, die ohne vorherige Arbeitskenntnisse nach kurzer Anweisung ausgeführt werden können und mit geringen körperlichen Belastungen verbunden sind.	75 %
2	Arbeiten, die ein Anlernen von 4 Wochen erfordern und mit geringen körperlichen Belastungen verbunden sind.	80 %
3	Arbeiten einfacher Art, die ohne vorherige Arbeitskenntnisse nach kurzer Einweisung ausgeführt werden können.	85 %
4	Arbeiten, die ein Anlernen von 4 Wochen erfordern.	90 %
5	Arbeiten, die ein Anlernen von 3 Monaten erfordern.	95 %
6	Arbeiten, die eine abgeschlossene Anlernausbildung in einem anerkannten Anlernberuf oder eine gleichzuwertende Ausbildung erfordern.	100 %
7	Arbeiten, deren Ausführung ein Können voraussetzt, das erreicht wird durch eine entsprechende ordnungsgemäße Berufslehre (Facharbeiten); Arbeiten, deren Ausführung Fertigkeiten und Kenntnisse erfordert, die Facharbeiten gleichzusetzen sind.	108 %
8	Arbeiten schwieriger Art, deren Ausführung Fertigkeiten und Kenntnisse erfordert, die über jene der Gruppe 7 wegen der notwendigen mehrjährigen Erfahrung hinausgehen.	118 %

Gruppe	Lohngruppen-Definition	Lohnschlüssel
9	Arbeiten hochwertiger Art, deren Ausführung an das Können, die Selbstständigkeit und die Verantwortung im Rahmen des gegebenen Arbeitsauftrags hohe Anforderungen stellt, die über die der Gruppe 8 hinausgehen.	125 %
10	Arbeiten höchstwertiger Art, die hervorragendes Können mit zusätzlichen theoretischen Kenntnissen, selbstständige Arbeitsausführung und Dispositionsbefugnis im Rahmen des gegebenen Arbeitsauftrags bei besonders hoher Verantwortung erfordern.	130 %

Quelle: Bröckermann, Reiner: Personalwirtschaft, 4. Aufl., S. 265.

(2) Analytisches Arbeitsbewertungsverfahren

Aufbau des Genfer Schemas

Das **analytische Arbeitsbewertungsverfahren** zerlegt zunächst die verschiedenen Tätigkeiten in ihre unterschiedlichen Anforderungen und Belastungen. Anschließend werden die aufgelisteten Anforderungen und Belastungen einer Tätigkeit jeweils für sich bewertet und die Teilwerte in Zahlen oder Punkten ausgedrückt. Die Addition der Bewertungspunkte stellt den **Arbeitswert** der Tätigkeit dar.

Auf der internationalen Tagung über Arbeitsbewertung wurde in Genf im Jahr 1950 ein allgemeines Schema für Merkmalsgruppen festgelegt **(Genfer Schema)**. Danach wird die zu bewertende Arbeit nach **vier Hauptmerkmalen** unterteilt: **Fachkönnen, Belastung, Verantwortung** und **Umwelteinflüsse**. Jedem Merkmal wird eine Höchstpunktzahl zugeteilt. So können für Fachkenntnisse höchstens 7, für Geschicklichkeit 4, für Belastung 11, für Verantwortung 10 und für Umwelteinflüsse 13 Punkte gewährt werden.

Jeweilige Punktzahl	I Fachkönnen		II Belastung		III Verantwortung			IV Umwelteinflüsse				
	Erforderliche Fachkenntnise	Geschicklichkeit	geistige Beanspruchung	körperliche Beanspruchung	für Werkstücke u. Betriebsmittel	für die Gesundheit anderer	für die Arbeitsgüte	Temperaturbeeinflussung	Öl, Fett, Schmutz und Staub	Gase, Dämpfe, Erschütterung	Unfallgefährdung	Lärm, Blendung, Lichtmangel, Erkältungsgefahr
	Berufsausbildung, Berufserfahrung	Handfertigkeit										
1	Anweisung bis 6 Wochen	gering	gering	zeitweise mittel	mittel	mittel	mittel	mittel	gering	mittel	mittel	mittel
2	Anlernen bis 6 Monate	mittel	zeitweise mittel	dauernd mittel	hoch	hoch	hoch	hoch	mittel	hoch	hoch	hoch
3	Anlernen mindestens 6 Monate und zusätzliche Berufserfahrung	hoch	dauernd mtitel	dauernd hoch	sehr hoch	sehr hoch	sehr hoch		hoch			sehr hoch
4	abgeschlossene Anlernausbildung und zusätzliche Berufserfahrung	höchste	dauernd hoch	dauernd sehr hoch		ganz außergewöhnlich			sehr hoch			
5	abgeschlossene Facharbeiterausbildung		dauernd sehr hoch	dauernd ganz außergewöhnlich								
6	abgeschlossene Facharbeiterausbildung mit besonderer Berufserfahrung		dauernd außergewöhnlich									
7	abgeschlossene Facharbeiterausbildung und höchstes fachliches Können											

Mithilfe des Genfer Schemas werden die einzelnen Arbeitsplätze dahingehend analysiert und bewertet, welche Ansprüche die einzelnen Anforderungen des Arbeitsplatzes an die geistigen und körperlichen Fertigkeiten und Fähigkeiten des Mitarbeiters stellen. Grundlage hierfür ist die **Arbeitsplatzbeschreibung**.

Beispiel für eine Arbeitsplatzbeschreibung nach dem Genfer Schema:

Auszug aus der Arbeitsplatzbeschreibung für einen Reparaturschlosser

„Bei den erforderlichen Fachkenntnissen werden eine dreijährige Handwerkerlehre und eine zwei- bis fünfjährige zusätzliche Berufserfahrung vorausgesetzt. Zur Durchführung von Reparaturen an den Produktions- und Ausrüstungsmaschinen wird eine mittlere Geschicklichkeit verlangt. Die geistige Beanspruchung ist sehr hoch, da häufige Denktätigkeit erforderlich ist. Die Arbeiten sind z.T. nur mithilfe eigener Überlegungen durchführbar (z.B. Lesen von Zeichnungen). Die Anforderungen an Muskeln sind hoch, weil Arbeiten mit anstrengender Körperhaltung anfallen. So sind z.B. schwere Werkstücke handzuhaben, Treppen und Leitern zu begehen und Arbeiten mit statischer Belastung durchzuführen.

Die Verantwortung für die Betriebsmittel ist durchschnittlich, da die Möglichkeit der Verursachung von Schäden gering ist. Jedoch besteht bei fehlerhafter Durchführung der Reparaturarbeiten eine hohe Möglichkeit zur Schädigung der Gesundheit anderer. Der Reparaturschlosser hat einen sehr großen Einfluss auf den Arbeitsablauf, da eine schnelle Durchführung von Reparaturen Stillstände und Ausschuss vermeidet.

Die Tätigkeit des Reparaturschlossers unterliegt verschiedenen negativen Umwelteinflüssen. In der Regel arbeitet er zwar nicht unter extremen Temperaturverhältnissen. Jedoch sind die Arbeiten abwechselnd in geschlossenen Räumen und im Freien durchzuführen, sodass die Erkältungsgefahr groß ist. Hinzu kommt die Blendung beim Schweißen.

Die Verschmutzung durch Öle, Fette und Rost ist hoch. Außerdem sind erhebliche Belästigungen durch Lärm und Erschütterungen bei Arbeiten an den Maschinen und in der Werkstatt gegeben …"

Mithilfe des Genfer Schemas lässt sich der Arbeitsplatz des Reparaturschlossers folgendermaßen bewerten:

Arbeitsplatzbewertungsbogen	Arbeitsplatz-Nr. 62	
Anforderungen	Bewertung	
	Höchst-punktzahl	Ist-punktzahl
I. Erforderliches Fachkönnen		
Berufsausbildung und Berufserfahrung	7	7
Geschicklichkeit	4	2
II. Anstrengung		
– geistige Beanspruchung	6	4
– körperliche Beanspruchung	5	4
III. Verantwortung		
– für Werkstücke und Betriebsmittel	3	2
– für die Gesundheit anderer	4	3
– für die Arbeitsgüte	3	2
IV. Umwelteinflüsse		
– Temperaturbeeinflussung	2	1
– Öl, Fett, Schmutz und Staub	4	3
– Gase, Dämpfe, Erschütterung	2	2
– Unfallgefährdung	2	2
– Lärm, Blendung, Lichtmangel, Erkältungsgefahr	3	3
Summe der Punkte (Arbeitswert)	45	35

Aufgrund des ermittelten Arbeitswertes kann jetzt die Höhe des Arbeitsentgelts für jeden einzelnen Arbeitsplatz festgelegt werden.

Berechnung des Lohnsatzes nach dem analytischen Verfahren

Lohn = Lohnsatz beim Arbeitswert 0 + Arbeitswert · Steigerungsfaktor

Für die **Berechnung des Lohnsatzes** werden folgende Abkürzungen verwendet: Lohnsatz: L — Arbeitswert: A Lohnsatz beim Arbeitswert 0: L_0 — Steigerungsfaktor: f	$L = L_0 + A \cdot f$
Der **Steigerungsfaktor (f)** ergibt sich, indem die Differenz zwischen minimalem Lohnsatz (L_{min}) und maximalem Lohnsatz (L_{max}) durch die Arbeitswertspanne des Betriebs dividiert wird. Die **Arbeitswertspanne** ist der Unterschied zwischen dem höchsten Arbeitswert (A_{max}) und dem niedrigsten Arbeitswert (A_{min}). Es gilt also:	$f = \frac{L_{max} - L_{min}}{A_{max} - A_{min}}$
Der **Lohnsatz beim Arbeitswert 0** kann wie folgt errechnet werden:	$L_0 = L_{min} - A_{min} \cdot f$

Beispiel:

Wir greifen auf das Beispiel der Arbeitsplatzbeschreibung für einen Reparaturschlosser zurück (S. 47). Für die Lohnberechnung liegen folgende Daten vor: minimaler Lohnsatz 9,50 EUR, maximaler Lohnsatz 20,00 EUR, Arbeitswert des Arbeitsplatzes 35, Mindestarbeitswert 10, Höchstarbeitswert 45.

Aufgabe:

Berechnen Sie den Lohnsatz bei Arbeitswert 35!

Lösung:

Berechnung des Steigerungsfaktors:	$f = \frac{20 - 9{,}50}{45 - 10} = \underline{\underline{0{,}3}}$
Berechnung des Lohnsatzes beim Arbeitswert 0:	$L_0 = 9{,}50 - 10 \cdot 0{,}3 = \underline{\underline{6{,}50}}$
Berechnung des Lohns für den Reparaturschlosser:	$L = 6{,}50 + 35 \cdot 0{,}3 = \underline{\underline{17{,}00}}$

Ergebnis:

Der Lohnsatz des Reparaturschlossers beträgt 17,00 EUR.

2.2.3.3 Bedeutung der Arbeitsbewertung

Sowohl die summarische als auch die analytische Arbeitsbewertung differenziert (unterscheidet) die Lohnhöhe nach den **Anforderungen des Arbeitsplatzes** (anforderungsabhängige Lohndifferenzierung). Insofern trägt sie zu einer gerechteren Entlohnung bei. Sie sagt aber noch nichts darüber aus, was der einzelne Mitarbeiter an seinem Arbeitsplatz tatsächlich leistet. Die **tatsächliche Arbeitsleistung** hängt vom Charakter, der Leistungsfähigkeit und vom Leistungswillen des Mitarbeiters ab. Sie kann nur insoweit bewertet werden, als sie äußerlich erkennbar ist. Merkmale sind z.B. Sorgfalt, Fleiß und Arbeitsgeschwindigkeit.

Soll die **Leistung** des einzelnen Mitarbeiters bei der Lohnfindung ebenfalls berücksichtigt werden, müssen Leistungsgrad und Istleistung ermittelt werden.

Beispiel:

Ergibt die Istleistung eines Mitarbeiters einen Leistungsgrad von 120 %, dann liegt seine Vergütung auch um 20 % über einer Vergütung bei Normalleistung.

2.2.4 Arbeitszeitstudien

2.2.4.1 Begriffe Arbeitszeitstudien und Normalleistung

Die **Arbeitszeitstudien** messen die für den einzelnen Arbeitsvorgang benötigte Zeit. Die ausgewerteten Ergebnisse bilden die Grundlage für die Einteilung der Arbeit in zeitlicher Hinsicht.

Angenommen, zwei Mitarbeiter führen an gleichartigen Maschinen dieselbe Arbeit aus, sie sind also aufgrund identischer Arbeitsbewertung derselben Lohngruppe zugeordnet. Dennoch ist es möglich, dass sie am Ende des Monats nicht den gleichen Bruttolohn erhalten. Das liegt daran, dass nicht nur die Arbeitsanforderung über die Höhe des Bruttolohnes entscheidet, sondern auch die persönliche Leistungsfähigkeit des Mitarbeiters. Um diese messen zu können, bedarf es zunächst der Festlegung einer Normalleistung.

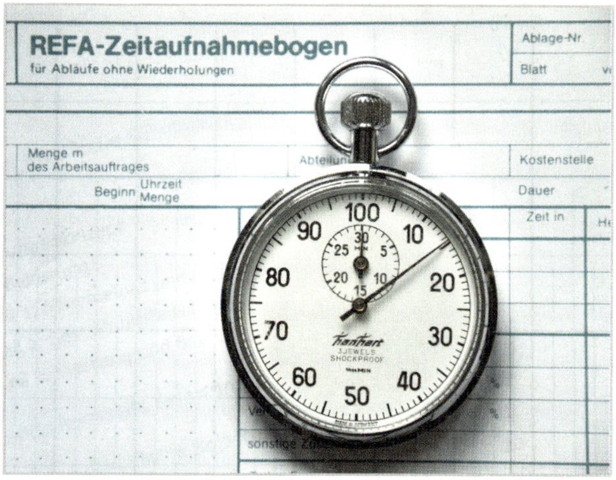

Die **Normalleistung** ist die Arbeitsleistung, die

- ein geeigneter Mitarbeiter
- nach Einarbeitung
- auf Dauer
- ohne gesundheitliche Beeinträchtigung

leisten kann.

Normalleistung und Normalzeit gehören untrennbar zueinander. Es handelt sich nur um eine andere Betrachtungsweise. Beträgt die Normalleistung pro Stunde zehn Stück, dann entspricht dies einer Normalzeit von sechs Minuten pro Stück.

Die Normalzeit für einen Arbeitsgang wird im Rahmen von Arbeitszeitstudien[1] ermittelt.

1 Bitte beachten Sie die abgebildete Uhr. REFA unterteilt eine Stunde in 60 Minuten, eine Minute jedoch in 100 HM (**H**undertstel-**M**inuten oder Centiminuten).

4 Speth u.a. - ISBN 978-3-8120-0576-0

2.2.4.2 Berechnung der Auftragszeit

(1) Struktur der Auftragszeit

Die Auftragszeit (Vorgabezeit für die Durchführung eines vollständigen Auftrags) wird unterteilt in mehrere Zeitkomponenten.

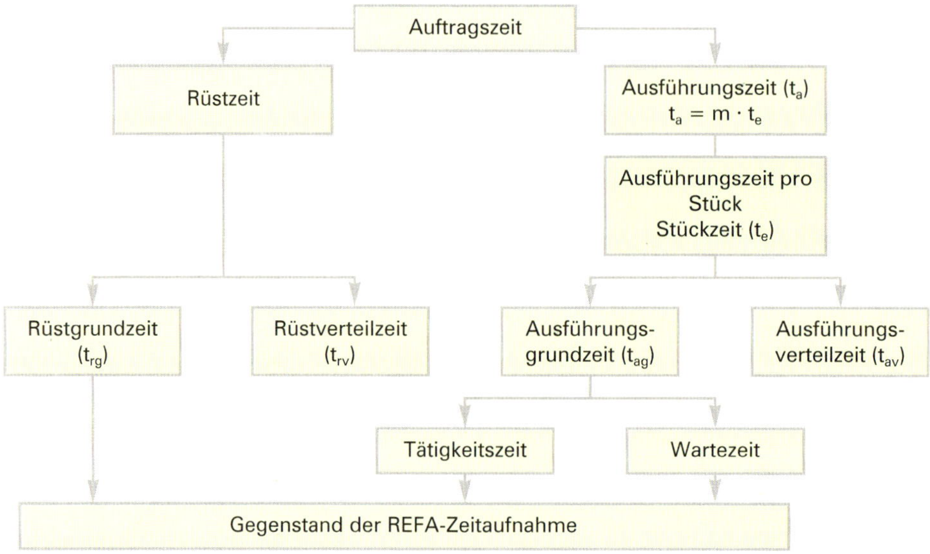

Erläuterungen:

- Die **Auftragszeit** wird zunächst unterteilt in eine **Rüstzeit** und in eine **Ausführungszeit.** Der Unterschied liegt in der **Art der Tätigkeit.** Die Rüstzeit fällt in der Regel pro Auftrag einmal an, hat vorbereitenden Charakter und dient z.B. zum Lesen der Zeichnung, zum Herrichten der Maschine, Einspannen des Werkzeugs usw.
- Die **Ausführungszeit** ist die **Bearbeitungszeit am Werkstück** (t_e für ein einzelnes Stück). Sie wiederholt sich mit der Anzahl der herzustellenden Teile (t_a für den gesamten Auftrag).
- Sowohl die Rüstzeit als auch die Ausführungszeit werden weiter zerlegt in **Grundzeit** und **Verteilzeit.** Der Unterschied liegt in der **Messbarkeit** im Rahmen der Zeitaufnahme.
- Die **Grundzeit** ist der beobachtbare und damit **messbare Teil** und bestimmt den Zeitbedarf für die **planmäßige Ausführung** des Ablaufs.
- Die **Verteilzeit** kommt **zusätzlich** vor, ist **unvermeidbar** und kann persönlich (kurzfristige Unterbrechung oder Ablenkung) oder sachlich (Beseitigung eines Hindernisses o.Ä.) bedingt sein. Sie tritt während des Ablaufs mit unterschiedlicher Dauer und Häufigkeit auf. Ihr Zeitanteil kann z.B durch Multimomentaufnahmen ermittelt werden. In der Regel wird ein Erfahrungswert als %-Satz den Grundzeiten zugeschlagen.
- Die **Wartezeit** ist eine **ablaufbedingte Unterbrechung** innerhalb der Ausführungsgrundzeit. In der Regel beobachtet der Mensch den Ablauf, ohne sich muskelmäßig zu betätigen.
- **Tätigkeitszeit** ist die Arbeitszeit des Mitarbeiters im Rahmen der Ausführungsgrundzeit.

(2) Beispiele für die Berechnung der Auftragszeit

Nachdem mit der REFA-Zeitaufnahme die Ausgangswerte für Rüst- und Ausführungsgrundzeit ermittelt wurden, kann die Vorgabezeit für einen Auftrag beliebiger Größe ermittelt werden (siehe Beispiel 1 und 2).

Beispiel 1:

Für den Arbeitsgang „Kanten entgraten" wurden aufgrund der REFA-Zeitaufnahme folgende Daten ermittelt:

Rüstgrundzeit	20,00 Minuten
Ausführungsgrundzeit	5,00 Minuten

Zur Berechnung der Auftragszeit sind weiterhin zu berücksichtigen:

Rüstverteilzeit	12 %
Ausführungsverteilzeit	15 %
Hergestellte Menge	10 Stück

Berechnung der Auftragszeit:

	Rüstgrundzeit	20,00 Minuten	
+	Rüstverteilzeit 12 %	2,40 Minuten	
=	Rüstzeit		22,40 Minuten
	Ausführungsgrundzeit	5,00 Minuten	
+	Ausführungsverteilzeit 15 %	0,75 Minuten	
=	Stückzeit	5,75 Minuten	
	Ausführungszeit (Stückzeit · Menge)		57,50 Minuten
=	**Auftragszeit**		**79,90 Minuten**

Beispiel 2:

Daten der Zeitaufnahme:

Tätigkeitszeit	3,75 Minuten
Wartezeit	1,25 Minuten
Rüstgrundzeit	20,00 Minuten

Daten der Vorgabekalkulation:

Ausführungsverteilzeit	10 %
Rüstverteilzeit	10 %
Herzustellende Menge	10 Stück

Berechnung der Auftragszeit:

	Rüstgrundzeit	20,00 Minuten	
+	Rüstverteilzeit 10 %	2,00 Minuten	
=	Rüstzeit		22,00 Minuten
	Tätigkeitszeit	3,75 Minuten	
+	Wartezeit	1,25 Minuten	
	Ausführungsgrundzeit	5,00 Minuten	
+	Ausführungsverteilzeit 10 %	0,50 Minuten	
=	Stückzeit	5,50 Minuten	
	Ausführungszeit (Stückzeit · Menge)		55,00 Minuten
=	**Auftragszeit**		**77,00 Minuten**

Zusammenfassung

- **Arbeitsstudien**

Arbeitsablaufstudien	Arbeitswertstudien	Arbeitszeitstudien
untersuchen Arbeitsabläufe mit dem Ziel, diese zu verbessern	ermitteln die Anforderungen eines Arbeitsplatzes	dienen der Ermittlung einer gerechten Vorgabezeit

- **Arbeitswertstudien** ermitteln den **Schwierigkeitsgrad** einer Arbeit und sind Grundlage für die Entlohnung an einem bestimmten Arbeitsplatz. Bewertet wird nicht die Person, sondern der Arbeitsplatz.
- **Summarische Verfahren** bewerten den Arbeitsplatz als Ganzes. Hierzu gehören das **Rangfolgeverfahren** und das **Katalogverfahren**.
- **Analytische Verfahren** bewerten den Arbeitsplatz aufgrund bestimmter Merkmale. Die vier Hauptmerkmalsgruppen des **Genfer Schemas** sind geistiges und körperliches **Können,** geistige und körperliche **Belastung, Verantwortung** und **Umwelteinflüsse.**
- Die **endgültige Lohnhöhe** eines Mitarbeiters wird ermittelt, indem die **Anforderungen** des **Arbeitsplatzes** (Grundlage sind Arbeitswertstudien) und die **Istleistung** des **Mitarbeiters** (Arbeitszeitstudien liefern hierfür als Vergleichsmaßstab die Normalleistung) verknüpft werden.
- **Arbeitszeitstudien** beruhen auf **Messungen** der **Arbeitszeit.** Sie bilden die Grundlage für die Festlegung der Normalleistung.
- Die **Auftragszeit (Vorgabezeit)** wird in **Rüstzeit** und **Ausführungszeit** eingeteilt.
- Sowohl **Rüstzeit** als auch **Ausführungszeit** werden in **Grundzeit** und **Verteilzeit** zerlegt.
- Gegenstand der **Zeitaufnahme** ist nur der beobachtbare und damit der messbare Teil der Arbeit **(Grundzeit).** Die **Verteilzeiten** fallen zwangsläufig an, sind persönlich oder sachlich bedingt, sind aber in ihrem Auftreten nicht vorhersehbar. Sie werden daher als prozentualer Zuschlag den Grundzeiten zugerechnet.

Übungsaufgaben

7 Aufgaben und Methoden von Arbeitswertstudien, Berechnung der Normalleistung und des Leistungsgrades, Ermittlung der Auftragszeit

1. Stellen Sie die Hauptaufgabe der Arbeitswertstudien dar!
2. Beschreiben Sie kurz die Methoden der Arbeitswertstudien!
3. Entscheiden Sie, welche Methode der Arbeitsbewertung Sie für die beste halten! Begründen Sie Ihre Meinung!
4. Erläutern Sie, warum die Arbeitsplatzbeschreibung eine Voraussetzung für eine gute Arbeitsplatzbewertung ist!

5. Nehmen Sie Stellung zu der Frage, ob die Mitarbeiter eines Betriebs bei der Arbeitsplatzbewertung ein Mitspracherecht besitzen sollen! Stellen Sie Argumente zusammen, die dafür bzw. dagegen sprechen!
6. Erläutern Sie, ob die Arbeitsplatzbewertung bereits etwas über die Leistung des einzelnen Arbeitnehmers aussagt!
7. Die Normalzeit für den Arbeitsgang „Tischbeine absägen auf Länge" beträgt je Stück 4 Minuten. Der Mitarbeiter Bernhard Merkle stellt im Laufe von 12 Arbeitsstunden 225 Stück her.

   Aufgaben:

   7.1 Berechnen Sie die Normalleistung für diese 12 Arbeitsstunden!

   7.2 Ermitteln Sie den Leistungsgrad, den Bernhard Merkle erreicht hat!
8. Ermitteln Sie die Auftragszeit (bei Akkordentlohnung „Vorgabezeit" genannt), wenn folgende Daten gegeben sind: Auftragsgröße 20 Werkstücke; Rüstgrundzeit 15 Minuten je Auftrag; Rüstverteilzeit 10 %; Ausführungsgrundzeit je Werkstück 12 Minuten; Ausführungsverteilzeit 5 %!

8 Notwendigkeit von Arbeitsstudien, Ermittlung des Lohnsatzes aufgrund von Arbeitswerten

1. Begründen Sie die Notwendigkeit von Arbeitsstudien aus der Sicht der Arbeitnehmer!
2. Begründen Sie die Notwendigkeit von Arbeitsstudien aus der Sicht des Betriebs!
3. Beschreiben Sie die Aufgaben der Arbeitszeitstudien!
4. Erklären Sie, warum das REFA-System von der Normal- und nicht von der Maximalleistung des Arbeitenden ausgeht!
5. In einem Industriebetrieb werden drei Arbeitsplätze mit 25, 30 und 32 Punkten gemäß dem Genfer Schema bewertet. Die niedrigste betriebliche Punktzahl beträgt 12, die höchste betriebliche Punktzahl 45. Der minimale Lohnsatz beträgt 16,00 EUR, der maximale Lohnsatz 26,56 EUR.

   Aufgaben:

   5.1 Berechnen Sie die Lohnsätze für die drei Arbeitswerte!

   5.2 Stellen Sie eine Grafik auf, in der die Abhängigkeit zwischen Lohnsatz und Arbeitswert gezeigt wird!
   (**Hinweis:** Tragen Sie auf der x-Achse den Arbeitswert, auf der y-Achse die Höhe des Lohnsatzes ein!)

2.2.5 Formen des Arbeitsentgelts

Zur Berechnung des Bruttolohns unterscheidet man verschiedene Grundformen der Entlohnung:

Zeitlohn	Leistungslohn		Beteiligungslohn
Tag-, Wochen-, Monatslohn, Monatsgehalt, Jahresgehalt	Akkordlohn	Prämienlohn	■ Leistungsbeteiligung ■ Ertrags-/Umsatzbeteiligung ■ Gewinnbeteiligung

2.2.5.1 Zeitlohn

Die Entgeltformen bei Zeitlohn sind das Gehalt und der Lohn.

- Beim **Gehalt** wird das monatliche Entgelt unabhängig von der Anzahl der Tage im Monat und der erbrachten Leistung in gleichbleibender Höhe bezahlt.

Beispiel:

Der Industriekaufmann Ufuk Suliman erhält bei der Fensterbau Gregor Zangl KG ein Monatsgehalt von 2460,00 EUR.

- Beim **Lohn** wird das monatliche Entgelt in Abhängigkeit zur Arbeitsleistung (geleistete Arbeitsstunden) gezahlt.

$$\text{Lohnsumme} = \text{geleistete Arbeitsstunden} \cdot \text{Stundenlohnsatz}$$

Beispiel:

Die Aushilfsbürokraft Moni Landmann hat im Monat Februar 90 Stunden im Baumarkt Nimm es mit GmbH gearbeitet. Der Stundenlohn beträgt 10,50 EUR. Die Lohnsumme für den Monat Februar beträgt somit 945,00 EUR.

Vorteile	Nachteile
■ Einfache Berechnung des Bruttoverdienstes. ■ Kein Zeitdruck. ■ Auf Qualität kann Rücksicht genommen werden. ■ Keine geistige und körperliche Überforderung. ■ Festes Einkommen.	■ Betrieb trägt das Risiko des Arbeitswillens und der Geschicklichkeit des Mitarbeiters. ■ Arbeitsüberwachung und verstärkte Mengen- und Qualitätskontrollen sind erforderlich. ■ Kein finanzieller Anreiz für die Mitarbeiter, die Leistung zu steigern. ■ Führt bei Mitarbeitern mit überdurchschnittlicher Leistung zu Unzufriedenheit.

2.2.5.2 Leistungslohn

2.2.5.2.1 Akkordlohn

(1) Voraussetzungen für eine Akkordentlohnung

Beim Akkordlohn erfolgt die Entlohnung ausschließlich nach der vollbrachten Leistung der Mitarbeiter, die messbar und überprüfbar sein muss. Akkordlohn wird hauptsächlich in der Produktion gezahlt, denn hier treffen die Voraussetzungen für eine Akkordentlohnung am ehesten zu:

- Der **Arbeitsumfang** muss genau festgelegt sein (z.B. Zahnräder fräsen).
- Die **Arbeitsabläufe** müssen sich wiederholen, d.h., die zu fertigende Stückzahl darf nicht zu klein sein.
- Die **Arbeitsgeschwindigkeit** muss ganz oder zumindest teilweise vom Mitarbeiter beeinflusst werden können (z.B. Fliesen legen).
- Die **Normalleistung** muss exakt ermittelt sein.

(2) Einzelakkord

Beim Einzelakkord geht es darum, die Arbeitsleistung eines einzelnen Mitarbeiters zu entlohnen.

Berechnung des Akkordrichtsatzes

Die Höhe des Akkordlohns wird zunächst durch den **Akkordrichtsatz** bestimmt. Der Akkordrichtsatz besteht aus zwei Komponenten:[1]

- dem **Grundlohn (Mindestlohn),** der meist dem Stundenlohn entspricht, den Zeitarbeiter für die gleiche oder ähnliche Arbeitsverrichtung beziehen. Der Grundlohn ist von der **Lohngruppe** abhängig, die tariflich vereinbart ist. Das Verhältnis der Lohngruppen wird über **Lohngruppenschlüssel** bestimmt.

Beispiel für einen Lohngruppenschlüssel:

Ungelernte Arbeit 80 %, angelernte Arbeit 85 %, qualifiziert angelernte Arbeit 90 %, Facharbeiter 100 %, qualifizierter Facharbeiter 110 %, bestqualifizierter Facharbeiter 125 %.

- dem **Akkordzuschlag,** der in der Regel 15 % bis 25 % des Grundlohns beträgt. Die Höhe des Akkordzuschlags ist in der Regel tariflich festgelegt.

$$\text{Akkordrichtsatz} = \text{Grundlohn} + \text{Akkordzuschlag}$$

Der Akkordzuschlag ist keine Vergütung für eine Mehrleistung, sondern für die Bereitschaft, unter Akkordbedingungen zu arbeiten.

(3) Geldakkord (Stückgeldakkord)

Beim Geldakkord wird ein fester Geldsatz pro Einheit (z. B. Stück) vergütet. Den Geldsatz bezeichnet man als **Stückgeld** oder **Stückakkordsatz.**

$$\text{Stückgeld (Stückakkordsatz)} = \frac{\text{Akkordrichtsatz}}{\text{Normalleistung/Std.}}$$

Der **Bruttolohn** errechnet sich beim Geldakkord wie folgt:

$$\text{Bruttolohn} = \text{Stückgeld (Stückakkordsatz)} \cdot \text{Stückzahl (Istleistung)}$$

Beispiel:

Der Grundlohn eines Drehers beträgt 16,00 EUR je Stunde. Es wird ein Akkordzuschlag von 20 % gezahlt. Die Vorgabezeit wurde auf 24 Minuten festgelegt.

Aufgabe:

1. Berechnen Sie den Bruttolohn je Arbeitstag für den Dreher, wenn dieser 25 Stück je Arbeitstag fertigt!
2. Berechnen Sie den effektiven Stundenlohn des Drehers, wenn der Arbeitstag 8 Stunden hat!

1 **Komponente:** Bestandteil.

Lösungen:

Zu 1.: Akkordrichtsatz:

Grundlohn je Stunde	16,00 EUR
+ Akkordzuschlag (20 %)	3,20 EUR
	19,20 EUR

Normalleistung je Stunde: $\frac{60 \text{ Min.}}{24 \text{ Min.}} = \underline{\underline{2{,}5 \text{ Stück/Std.}}}$

Stückgeld: $\frac{19{,}20 \text{ EUR}}{2{,}5 \text{ Stück}} = \underline{\underline{7{,}68 \text{ EUR/Stück}}}$

Bruttolohn je Arbeitstag: 7,68 EUR/Stück · 25 Stück = $\underline{\underline{192{,}00 \text{ EUR}}}$

Zu 2.: Effektiver Stundenlohn: 192,00 EUR : 8 Stunden = $\underline{\underline{24{,}00 \text{ EUR/Std.}}}$

(4) Zeitakkord (Stückzeitakkord)

Beim Zeitakkord wird den Beschäftigten für jedes gefertigte Stück eine im Voraus festgelegte Zeiteinheit, die **Vorgabezeit (Zeitakkordsatz, Zeitsatz),** vorgegeben und mit dem Preis pro Minute **(Minutenfaktor)** vergütet.

$$\text{Bruttolohn} = \text{Stückzahl} \cdot \text{Vorgabezeit} \cdot \text{Minutenfaktor}$$

$$\text{Vorgabezeit} = \frac{60 \text{ Minuten}}{\text{Normalleistung/Std.}}$$

$$\text{Minutenfaktor} = \frac{\text{Akkordrichtsatz/Std.}}{60}$$

Beispiel:

Es werden die im vorangegangenen Beispiel angegebenen Zahlen zugrunde gelegt.

Lösung:

Minutenfaktor: $\frac{19{,}20 \text{ EUR}}{60 \text{ Min.}} = \underline{\underline{0{,}32 \text{ EUR}}}$

Bruttolohn je Arbeitstag: 25 Stück · 24 Min. · 0,32 EUR = $\underline{\underline{192{,}00 \text{ EUR}}}$

(5) Gruppenakkord

Beim **Gruppenakkord** besteht eine Lohnvereinbarung mit einem Team (einer Arbeitsgruppe). Der gemeinsam verdiente Akkordlohn wird unter den Mitgliedern der Gruppe aufgeteilt.

Für die **Aufteilung** des Mehrverdienstes bei Teamarbeit können folgende Gesichtspunkte maßgebend sein:

- gleichmäßige Verteilung,
- Verteilung nach Lohngruppen,
- Verteilung nach Alterseinstufung oder
- Verteilung mithilfe eines Leistungsfaktors, der vom Akkordführer festgelegt wird.

Beispiel:

Die gesamte am Montageband arbeitende Belegschaft wird zu einer Gruppe zusammengefasst. Die zusammengebauten Erzeugnisse werden gezählt und verrechnet. Der „Zahlpunkt" ist in diesem Fall das Ende des Fließbands, an dem die fertigen Stücke abgenommen werden. Ein Einzelakkord ist nicht anwendbar, weil dem Einzelnen das Arbeitstempo durch das Fließband aufgezwungen wird.

Das **Zahlpunktsystem** ist eine Form des Gruppenakkords, das bei der Fließfertigung angewandt wird.

2.2.5.2.2 Prämienlohn

Bei der Prämienentlohnung wird zu einem vereinbarten Grundlohn noch eine Zulage, die **Prämie,** gewährt. Dabei ist zu unterscheiden, ob die Prämie für **qualitative** (gütemäßige) **Arbeitsleistungen** und/oder **quantitative** (mengenmäßige) **Arbeitsleistungen** gezahlt wird.

(1) Prämienlohn für qualitative Arbeitsleistungen (Arbeitsgüte)

Je nach Art der Qualität der Leistungen werden folgende Prämienarten unterschieden:

Güteprämien	Sie werden z. B. gewährt bei Verringerung des Ausschusses.
Stoffausbeuteprämien	Sie werden für eine hohe Ausbeute wertvoller Roh-, Hilfs- und Betriebsstoffe sowie Halbfabrikate gewährt.
Nutzungsprämien	Sie werden für eine gute Maschinenausnutzung gezahlt.
Ersparnisprämien[1]	Sie sollen einen Anreiz zur Einsparung von Hilfs-, Betriebs- und Rohstoffen sowie Energien geben.
Terminprämien	Sie werden bei eiligen Aufträgen gezahlt, falls die Termine eingehalten oder unterschritten werden.

(2) Prämienlohn für quantitative Arbeitsleistungen (Arbeitsmenge)

Ziel dieser Prämienzahlung ist, die mengenmäßige Arbeitsleistung zu erhöhen.

Bei diesem System erhält der Mitarbeiter neben dem Grundlohn eine Prämie von $33^1/_3$ bis 50 % des Zeitlohns, der durch Unterschreiten der Vorgabezeit erspart wird. Der Profit aus der Mehrleistung wird also zwischen Arbeitgeber und Arbeitnehmer geteilt. Die Lohnkosten je Stück nehmen mit zunehmender Leistung ab.

1 Die **Ersparnisprämien** müssen sorgfältig geplant sein. Wird z. B. eine Prämie für die Senkung des Schmiermittelverbrauchs gewährt, besteht die Gefahr, dass die Maschinen unzureichend geschmiert werden. Die Kosten des Maschinenverschleißes steigen dadurch schneller als die Ersparnis beim Schmiermittelverbrauch. Richtig hingegen ist, die sorgsame Behandlung der Maschine zu prämieren.

Beispiel:

In einem Betrieb wird 10 Stunden am Tag gearbeitet. Die Vorgabezeit je Werkstück beträgt eine Stunde. Der Stundenlohn (Grundlohn) beläuft sich auf 20,00 EUR. Die Prämie wird auf 50 % des ersparten Zeitlohns festgesetzt.

Istleistung (Stück)	Arbeitszeit (in Std.)	Ersparte Zeit (in Std.)	Grundlohn (EUR)	Prämie 50 % des Stundenlohns (EUR)	Taglohn (EUR)	Lohnstückkosten (EUR)	Stundenlohn (EUR)
10	10	–	200,00	–	200,00	20,00	20,00
12	10	2	200,00	20,00	220,00	18,33	22,00

Vorteile	Nachteile
■ Finanzieller Anreiz zur Mehrleistung, ■ Mehrleistung wird entlohnt, ■ Einsparung von Kosten, ■ reine Mehrleistung ohne Rücksicht auf die Qualität wird vermieden.	■ Streitigkeiten unter den Mitarbeitern (Gegenseitige Konkurrenz), ■ aufwendige Prämienberechnung, ■ Arbeitsklima kann belastet werden bei schlecht nachvollziehbaren Bemessungsgrundlagen.

2.2.5.3 Beteiligungslohn

(1) Ziele und Motive einer Erfolgsbeteiligung der Mitarbeiter

Betriebe haben die Möglichkeit, ihre Mitarbeiter am erwirtschafteten Erfolg zu beteiligen. Mit der Gewährung einer Erfolgsbeteiligung verfolgt der Arbeitgeber verschiedene Ziele. So möchte er z. B.

	tariflicher Arbeitslohn
+	freiwillige betriebliche Sozialleistungen
+	Erfolgsanteil
=	Gesamtvergütung

- die Leistung der Mitarbeiter belohnen,
- die Motivation der Mitarbeiter steigern,
- eine Qualitätsverbesserung erzielen,
- eine Produktivitätssteigerung erreichen,
- die Fluktuation[1] senken,
- die Identifikation der Mitarbeiter mit dem Betrieb stärken,
- das Image des Betriebs steigern.

(2) Formen der Erfolgsbeteiligung

Als Grundlage für eine betriebliche Erfolgsbeteiligung der Mitarbeiter kann

- die erbrachte Leistung,
- der erwirtschaftete Ertrag oder
- der erzielte Gewinn herangezogen werden.

1 **Fluktuation:** Schwankung, Wechsel.

Leistungsbeteiligung

Berechnungsgrundlage für eine Leistungsbeteiligung der Mitarbeiter können die Produktionsmenge, die Produktivität oder eine Kostenersparnis sein. Werden die Produktionsmenge oder Produktivität als Grundlage herangezogen, so wird eine Leistungsbeteiligung dann fällig, wenn die tatsächliche Leistung eine vorgegebene Zielgröße übersteigt. Die Höhe der Leistungsbeteiligung richtet sich in der Regel an einem Schlüssel (einer Messzahl) aus, der zu Beginn des Jahres festgelegt worden ist.

Wird die Kostenentwicklung als Grundlage der Erfolgsbeteiligung herangezogen, so werden die errechneten Sollkosten mit den entstandenen Istkosten verglichen. Liegen die Istkosten unter den Sollkosten, so erhalten die Mitarbeiter Teile der Ersparnis ausgezahlt.

Ertragsbeteiligung

Grundlage der Erfolgsbeteiligung der Mitarbeiter ist hier der erwirtschaftete Ertrag. Wichtigstes Beispiel in diesem Zusammenhang ist die Beteiligung der Mitarbeiter (mit einem zuvor festgelegten Prozentsatz) am Umsatz (Umsatzbeteiligung).

Gewinnbeteiligung

Die Gewinnbeteiligung der Arbeitnehmer kann als Barauszahlung oder als Kapitalbeteiligung erfolgen:

- Bei der **Barauszahlung** erhält der Mitarbeiter einen Anteil am Gewinn des Betriebs ausbezahlt.
- Im Fall der **Kapitalbeteiligung** erhält der Mitarbeiter eine Eigenkapitalbeteiligung (z.B. in Form von Belegschaftsaktien) am Betrieb. Die Mitarbeiter werden zu Miteigentümer am eigenen Betrieb gemacht. Man spricht dann auch von **Investivlohn.** Gegenüber der Barauszahlung hat die Kapitalbeteiligung den Vorteil, dass einerseits die Mitarbeiter Vermögen bilden können und andererseits ein wichtiger Beitrag zur Finanzierung des Betriebs geleistet wird. Mit der Eigenkapitalbeteiligung z.B. über Belegschaftsaktien nehmen die Mitarbeiter wie jeder Anteilseigner am künftigen Gewinn bzw. Verlust des Unternehmens teil. Die Folgen: Die Kündigungen nehmen ab, die Arbeitnehmer engagieren sich stärker, die Vermögensbildung in Arbeitnehmerhand wird gefördert.

Vorteile	Nachteile
■ Mitarbeiter sind am Unternehmenserfolg interessiert, ■ Bindung der Mitarbeiter an den Betrieb, ■ Leistungsanreize bestehen.	■ Unterschiede in der Leistung der Mitarbeiter werden kaum beachtet, ■ Aktienbeteiligung kann an Wert verlieren, ■ Gewinn (als Berechnungsgrundlage) ist vom Mitarbeiter nicht immer nachvollziehbar bzw. beeinflussbar.

Zusammenfassung

- **Zeitlohn**

Anwendung	▪ bei Arbeiten, die Aufmerksamkeit und Sorgfalt verlangen (Einstellarbeiten, Restaurierungen), ▪ bei Tätigkeiten, bei denen die Arbeitsgeschwindigkeit von einer Maschine bestimmt wird und vom Menschen nicht beeinflusst werden kann (Fließband mit festem Zeittakt), ▪ bei Tätigkeiten, die sich einer Leistungsmessung entziehen und überwiegend geistiger Art sind (Forschung und Entwicklung, betriebliche Schulung), ▪ bei überwachenden und kontrollierenden Tätigkeiten (Portier), ▪ Arbeiten, bei denen eine Leistungssteigerung mit erheblichen Risiken verbunden wäre (Fernfahrer).
Vorteile	▪ Einfache Berechnung des Bruttoverdienstes, ▪ gute Arbeitsqualität, ▪ kein Zeitdruck, ▪ Arbeitskraft hat festes Einkommen, ▪ keine geistige und körperliche Überforderung.
Nachteile	▪ Unternehmer trägt Risiko der Leistungsbereitschaft des Arbeitnehmers, ▪ kein finanzieller Leistungsanreiz, ▪ Leistungskontrollen sind notwendig.

- **Akkordlohn**

Anwendung	▪ Arbeitsumfang ist begrenzt, ▪ Leistung ist messbar und Normalleistung ist festgelegt, ▪ Arbeitskraft kann Arbeitsgeschwindigkeit beeinflussen, ▪ Arbeitsgang wiederholt sich.
Vorteile	▪ Finanzieller Anreiz zur Mehrleistung, ▪ Mehrleistung wird entlohnt, ▪ leichtere Kalkulation, da konstante Lohnstückkosten, ▪ Mehrleistung verbessert die Auslastung der Maschinen.
Nachteile	▪ Risiko der geistigen und körperlichen Überanstrengung, ▪ höheres Risiko durch Arbeitsunfälle, ▪ schwankendes Einkommen des Mitarbeiters, ▪ schwierigere Lohnberechnung, ▪ u.U. Minderung der Qualität der Leistung.

- Beim **Einzelakkord** erfolgt die Berechnung des Akkordlohns getrennt für jeden Mitarbeiter.
- Beim **Gruppenakkord** wird der Akkordlohn für eine ganze Gruppe ermittelt. Das Problem hierbei besteht in einer gerechten Verteilung des Gesamtlohns auf die Gruppenmitglieder.
- **Akkordrichtsatz** = Grundlohn + Akkordzuschlag.
- Der **Akkordzuschlag** ist eine Vergütung für die Bereitschaft, unter Akkordbedingungen zu arbeiten.

- Beim **Geldakkord (Stückgeldakkord)** ist die Basis der Lohnberechnung die Vergütung je Mengeneinheit.
  Bruttolohn = Stückgeld · Stückzahl (Istleistung)
- Zur Ermittlung des **Zeitakkords (Stückzeitakkords)** benötigt man folgende Werte:
  - Vergütung je Minute bei Normalleistung (Sollleistung)

    $$\text{Minutenfaktor} = \frac{\text{Akkordrichtsatz}}{60}$$

  - Vorgabezeit je Stück

    $$\text{Vorgabezeit} = \frac{\text{60 Minuten}}{\text{Normalleistung}}$$

  Mithilfe des Minutenfaktors und der Vorgabezeit lässt sich der Bruttolohn wie folgt ermitteln:
  Bruttolohn = Stückzahl · Vorgabezeit · Minutenfaktor
- Beim **Prämienlohn** wird zum vereinbarten Grundlohn noch eine **Prämie** für quantitative und/oder für qualitative Arbeitsleistungen bezahlt, z.B. für Arbeitsqualität, Verringerung des Verschnitts, Maschinennutzung oder Termineinhaltung.
- Als Grundlage für eine **betriebliche Erfolgsbeteiligung** kann die erbrachte Leistung **(Leistungsbeteiligung),** der erwirtschaftete Ertrag **(Ertragsbeteiligung)** oder der erzielte Gewinn **(Gewinnbeteiligung)** herangezogen werden.

Übungsaufgaben

9 Berechnung eines Monatslohns bei Normalleistung

Eine Näherin in einer Textilfabrik arbeitet 38 Stunden pro Woche bei monatlich 20 Arbeitstagen. Die Normalleistung beträgt 8 T-Shirts pro Stunde. Ihr Stundenlohn ist mit 10,50 EUR, der Akkordzuschlag mit 18 % festgelegt.

Aufgaben:

1. Ermitteln Sie den Akkordrichtsatz!
2. Berechnen Sie das Stückgeld!
3. Ermitteln Sie die normale Monatsleistung sowie den Monatslohn bei Normalleistung!

10 Vergleich Stundenlohn und Akkordlohn, Berechnung eines Akkordlohns, Prämienlohn und Gruppenarbeit

Die Schwarz Elektro GmbH stellt elektrische Mess- und Regelgeräte her. Hauptumsatzträger ist die Schwarz-Zeitschaltuhr, mit der die Ein- und Ausschaltzeiten von Elektrogeräten vorprogrammiert werden kann. Dieses Gerät wird in mehreren Ausführungen in größeren Stückzahlen hergestellt. Die einzelnen Bauteile werden bezogen bzw. vollautomatisch hergestellt. Die Zeitschaltuhren werden aus rund 25 Bauteilen von jeweils einem Montagearbeiter komplett zusammengesetzt.

Die Geschäftsleitung steht zurzeit vor folgenden Problemen:

- Der Absatz hat in den letzten Monaten mengenmäßig stark zugenommen. Die Lieferfristen für die Zeitschaltuhren haben sich verlängert.
- In dieser Zeit häufen sich auch die Reklamationen von Kunden. Die Zeitschaltuhren sind des Öfteren unzuverlässig.
- Ausländische Konkurrenten drücken den Preis von Zeitschaltuhren. Die Geschäftsleitung hält es für wichtig, die Lohnkosten in der Fertigung zu begrenzen.

Bisher wurden Montagearbeiter im Stundenlohn bezahlt. Es wird die Entlohnung im Akkordsystem angeregt.

Aufgaben:

1. Beschreiben Sie Vor- und Nachteile der beiden genannten Lohnformen für die Arbeitnehmer und für den Arbeitgeber!

2. Entscheiden Sie begründet unter besonderer Berücksichtigung der vorgenannten Probleme (Reklamationen, Lieferfristen, Lohnkosten), welche Lohnform für die Schwarz Elektro GmbH am besten geeignet ist!

3. Im Zusammenhang mit notwendigen Rationalisierungsmaßnahmen werden bei der Schwarz Elektro GmbH Arbeitszeitstudien nach dem REFA-System durchgeführt.

   Eine Zeitaufnahme erbrachte folgende Normalzeiten:
   - Zeit für Herrichten des Arbeitsplatzes: 15 Minuten
   - reine Arbeitszeit für das Montieren von 50 Stück: 100 Minuten
   - Zeit für das Säubern des Arbeitsplatzes: 5 Minuten
   - für Unterbrechungen persönlicher und sachlicher Art wird ein Zuschlag von 10% berechnet

   3.1 Berechnen Sie
   - die Rüstzeit,
   - die Stückzeit und
   - die Auftragszeit für einen Auftrag über 100 Stück!

   3.2 Für eine im Akkord zu entlohnende Arbeit wird bei der Schwarz Elektro GmbH eine Vorgabezeit von 12 Minuten pro Stück festgesetzt. Der Akkordrichtsatz des Arbeiters beträgt 18,00 EUR. Der Arbeiter fertigt 1000 Stück.

   3.2.1 Berechnen Sie den Bruttolohn des Arbeiters!

   3.2.2 Ermitteln Sie den Leistungsgrad des Mitarbeiters und sein effektiver Stundenlohn, wenn er zur Durchführung des Auftrags 160 Stunden benötigt!

4. Die Geschäftsleitung der Schwarz Elektro GmbH beschließt, die Montage der Zeitschaltuhren in Teamarbeit (Gruppenarbeit) fertigen zu lassen. Mehrleistung soll in Form eines Prämienlohns vergütet werden.

   4.1 Erklären Sie, was unter Prämienlohn zu verstehen ist!

   4.2 Erläutern Sie die Probleme, die bei der Bruttolohnberechnung der Mitarbeiter des Teams entstehen können!

11 Berechnung eines Akkordlohns, Bedeutung des Akkordlohns, Prämienlohn, Lohnformen und Fließbandfertigung

In der Maschinenfabrik Raimann GmbH beträgt der Grundlohn eines Arbeiters 16,20 EUR, die Vorgabezeit je Werkstück 20 Minuten. Es werden 8 Stunden je Tag gearbeitet.

Aufgaben:

1. Berechnen Sie die Akkordentlohnung eines Mitarbeiter je Tag, wenn er alternativ 24, 25, 26, 27, 28, 29 und 30 Stück je Tag herstellt und ein Akkordzuschlag von 3,24 EUR bezahlt wird!

2. Die Maschinenfabrik Raimann GmbH stellt zum 1. Oktober 20.. Franz Moosbrucker als neuen Mitarbeiter ein. Er wird als Arbeiter an der Stanzmaschine beschäftigt.

   2.1 Geben Sie drei Gründe an, warum für diese Tätigkeit Akkordlohn infrage kommen kann!

   2.2 Nennen Sie zwei mögliche Nachteile des Akkordlohns für den Arbeitnehmer!

2.3 Nennen Sie die zwei Berechnungsarten, die zur Berechnung des Akkordlohns möglich sind!

2.4 Nennen Sie zwei Tätigkeiten, für die sich der Akkordlohn besonders eignet!

2.5 Nennen Sie zwei mögliche Vorteile des Akkordlohns für den Arbeitnehmer!

2.6 Erläutern Sie, wie sichergestellt wird, dass der Verdienst des Arbeitnehmers nicht zu gering wird, wenn er die Zeitvorgaben unverschuldet überschreitet!

3. Grenzen Sie den Prämienlohn vom Akkordlohn ab!
4. Nennen Sie die Lohnformen, die sich für die Fließbandfertigung eignen!

12 Erfolgsbeteiligung der Mitarbeiter, Vermögensbildung in Arbeitnehmerhand

Lesen Sie zunächst den folgenden Artikel:

Boni bei Autobauern:

BMW und Porsche zahlen den Mitarbeitern Rekordprämien

München. Am Donnerstag hat BMW einen Rekordgewinn vermeldet, unter dem Strich verdiente der Autokonzern im vergangenen Jahr 5,3 Milliarden Euro. Das bekommen auch die Beschäftigten zu spüren. Die Münchner Nobelmarke zahlt für das Bestjahr [...] einem Sprecher zufolge die höchste jemals ausgeschüttete Erfolgsbeteiligung.

Demnach erhält ein Facharbeiter in der Gehaltsstufe ERA 5 insgesamt 8140,00 EUR, etwa das Dreifache des Monatsgehalts dieser Tarifstufe. Im Vorjahr lag die entsprechende Bonuszahlung noch bei 7630,00 EUR.

Auch bei Porsche profitieren die Mitarbeiter. Für das vergangene Jahr bekommen die Beschäftigten der VW-Tochter einen Bonus von 8200,00 EUR, wie der Porsche-Gesamtbetriebsratschef mitteilte. Wie bei BMW bedeutet das auch für Porsche die bislang höchste Sonderzahlung. Insgesamt können sich 15000 Mitarbeiter über das Extra freuen. Neu ist in diesem Jahr, dass 600,00 EUR der Summe für die Altersvorsorge der Beschäftigten bestimmt sind. [...]

Quelle: http://www.spiegel.de/wirtschaft/unternehmen/boni-bei-autobauern-bmw-und-porsche-zahlen-mitarbeitern-rekordpraemien-a-958694.html; 23.11.2014.

Aufgaben:

1. Begründen Sie, warum die Mitarbeiter am Erfolg des Unternehmens beteiligt werden sollten!
2. Erläutern Sie, welche Ziele ein Unternehmen mit der Erfolgsbeteiligung für die Mitarbeiter verfolgt!
3. Nennen Sie drei Vorteile, die mit der „Vermögensbildung in Arbeitnehmerhand" über die Gewinnbeteiligung in Form der Eigenkapitalbeteiligung verbunden sind!

3 Produktions-Controlling

3.1 Aufgaben des Produktions-Controllings

Das **Produktions-Controlling** unterstützt durch Informationen den Bereich der Produktionswirtschaft.

- Die **generelle Aufgabe** des **Produktions-Controllings** besteht darin, die Informationen aus dem Leistungserstellungsprozess so aufzubereiten und anschließend bereitzustellen, dass die Unternehmensleitung den **Entstehungsprozess von Produkten ergebnisorientiert planen, steuern** und **überwachen** kann. Ihre Informationen gewinnt das Produktions-Controlling insbesondere aus der Kostenrechnung und der Investitionsrechnung sowie aus der Aufbereitung technischer Daten.
- Aus den generellen Aufgaben lassen sich **spezielle Aufgaben** des **Produktions-Controllings** ableiten.

Aufgaben des Produktions-Controllings	Beispiele
Regelmäßige Aufgaben	Mitarbeit bei der kurz- und mittelfristigen Produktprogrammplanung, der Materialbedarfsplanung, der Produktionsprozessplanung und -kontrolle (z.B. Terminüberwachung, Kapazitätsbelegungs-, Materialeinsatz- sowie Instandhaltungsplanung und -kontrolle) sowie bei der Budgetplanung und Kontrolle des Produktionsbereichs.
Aufgaben von Fall zu Fall	Auswahl, Einführung und Weiterentwicklung eines Planungs-, Steuerungs- und Kontrollsystems, die Beurteilung von technischen Investitionen, die Mitarbeit bei Fragen der Betriebsorganisation (z.B. Arbeits- und Betriebszeitregelungen) sowie die Begleitung spezifischer Maßnahmen im Produktionsbereich (z.B. Verlegung eines Standorts, Einführung eines neuen Fertigungsverfahrens).

3.2 Qualitätsmanagement

3.2.1 Entwicklung des Qualitätsmanagements[1]

Bis in die Mitte der 60er-Jahre erfolgte die Sicherstellung der Produktqualität dadurch, dass am Ende des Produktionsprozesses von Spezialisten Prüfungen und Kontrollen vorgenommen wurden **(Qualitätskontrolle).** Fehlerhafte Produkte mussten nachgearbeitet oder gar ausgesondert werden. Dies verlangte erheblichen Aufwand, wenn z.B. ein fehlerhaftes Teil im Motorraum eines Autos eingebaut und im weiteren Produktionsfortschritt zusätzliche, fehlerfreie Komponenten hinzumontiert wurden, sodass der Zugang zum fehlerhaften Teil nur schwer möglich war. Qualitätsfortschritte wurden dadurch sichergestellt, dass die Prüfungsanforderungen strenger, also mit weniger Toleranzen formuliert wurden.

1 Vgl. Arno Gramatke, Informatik im Maschinenbau II, Quelle: www-ziw-ima.vwth-aachen.de/lehre/vorlesungen_uebungen/informatik 2/download/referat_qssoftware.pdf, Seite 4.

Der Übergang von der Qualitätskontrolle zur **Qualitätssicherung** bestand darin, dass es nunmehr Ziel war, Fehler in ihrer Entstehung von vornherein zu vermeiden. Ein wichtiger Beitrag hierfür wurde bereits in der Phase der Produktentwicklung geleistet, indem dort auf eine fertigungs- bzw. montagegerechte Konstruktion geachtet wurde. Mitte der 90er-Jahre wurde das Qualitätsdenken auf alle Prozesse des Unternehmens angewendet. Alle Mitarbeiter und auch das Management wurden in das Qualitätsmanagement einbezogen. Im Rahmen eines ganzheitlichen Ansatzes **(TQM: Total Quality Management)**[1] wurde nicht nur die Qualität der Produkte, sondern auch die der Prozesse, der Mitarbeiter und Produktionsanlagen verbessert. Somit deckt der ursprünglich aus dem technischen Bereich der Produktion stammende Anspruch an Qualität nunmehr auch den Verwaltungsbereich ab. Grafisch lässt sich diese Entwicklung im nachfolgenden Schaubild darstellen.

1950 → 1960 → 1970 → 1980 → 1990 → 2000

Qualitätskontrolle	Qualitätssicherung	Total Quality Management (TQM)
■ Qualität ist die Aufgabe von Spezialisten ■ Kontrolle am Ende des Produktionsprozesses ■ Qualitätsverbesserung durch strengere Prüfanforderungen ■ Fokus auf fehlerfreiem Erzeugnis	■ Qualität ist die Aufgabe von Spezialisten ■ Kontrolle bereits in der Phase des Entwicklungsprozesses ■ Qualitätsverbesserung durch Vorbeugung ■ Beginn des prozessorientierten Denkens ■ Fokus auf technischem Bereich	■ Einbeziehung des Managements, aller Mitarbeiter und aller Prozesse über den gesamten Lebenszyklus des Produkts ■ Fokus auf Zufriedenheit des Kunden

Nach heutigem Verständnis des Qualitätsmanagements liegt die Verantwortung für die Produkt- und Dienstleistungsqualität nicht mehr bei einer speziellen Abteilung, sondern bei jedem Mitarbeiter selbst.

3.2.2 Notwendigkeit eines Qualitätsmanagements

Nach heutigem Verständnis des Qualitätsmanagements liegt die Verantwortung für die Produkt- und Dienstleistungsqualität nicht mehr bei einer speziellen Abteilung, sondern bei jedem Mitarbeiter selbst. Als Gründe für den hohen Stellenwert des Qualitätsmanagements sind u. a. folgende Argumente zu nennen:

- Aufgrund der Globalisierung der wirtschaftlichen Verflechtungen verfügen die Kunden über ein **höheres Maß an Transparenz** in Bezug auf die **weltweit verfügbare Qualität.** Damit steigt deren Qualitätsanspruch.
- Durch die zunehmende Verflechtung unternehmensübergreifender Prozesse (Supply Chain Management) wird häufig auf die **Eingangskontrolle verzichtet** und diese auf den **Vorlieferanten übertragen.**

1 Siehe hierzu die Ausführungen auf S. 70f.

5 Speth u.a. - ISBN 978-3-8120-0576-0

- Die immer größer werdende Komplexität der Erzeugnisse kann nur beherrscht werden, wenn **alle Komponenten fehlerfrei** sind.
- Ohne **Qualitätszertifizierung** erhalten Unternehmen heute als Zulieferer kaum mehr Aufträge. Der nachvollziehbare Beweis für die Existenz eines Qualitätsmanagementsystems wird zum Überlebenskriterium und damit zu einem strategischen Wettbewerbsfaktor.
- Schlechte Qualität führt zu **Garantieansprüchen** und **Kulanzerwartungen,** u. U. zu Schadensersatzforderungen und Imageverlusten.

3.2.3 Begriffe Qualität und Qualitätsmanagement

Qualität ist kein feststehender Begriff, sondern hängt ab vom Verwendungszweck. Ob die geforderte Qualität erfüllt ist, wird über sogenannte **Qualitätsmerkmale** beurteilt.

Beispiele:

- Ein Fahrrad, das für ein Zeitfahren verwendet wird, muss ganz andere Qualitätsmerkmale erfüllen als ein Mountainbike.
- Ein Speiseapfel wird nach den Qualitätsmerkmalen Geschmack, Festigkeit, Frische beurteilt. Wird er jedoch für eine Wilhelm-Tell-Aufführung benötigt, so stehen die Merkmale Größe und Farbe im Vordergrund.

Der Begriff **Qualität** kann aus Sicht der **Qualitätskontrolle (Funktionstüchtigkeit)** oder aus Sicht der **Kunden** verstanden werden.

- Aus **Sicht der Qualitätskontrolle** (Funktionstüchtigkeit) gibt die Qualität an, in welchem Maße die **Eigenschaften einer Leistung** (eines Produkts/einer Dienstleistung) die festgelegten, vorausgesetzten oder verpflichtenden **Anforderungen erfüllt.**
- Aus **Sicht der Kunden** ist Qualität dann gegeben, wenn eine Leistung (ein Produkt, eine Dienstleistung) alle vom **Kunden gewünschten Eigenschaften** besitzt.

Die Festlegung, **welche qualitativen Ansprüche** an ein Produkt zu stellen sind, ist nur der erste und deutlich leichtere Schritt. Wichtiger und schwieriger ist es, dieses Qualitätsziel zu **erreichen** und zu **sichern.** Letzteres ist Aufgabe des Qualitätsmanagements.

- Das **Qualitätsmanagement** hat zum einen die Aufgabe, **Fehler zu vermeiden,** und zum anderen soll im Rahmen eines kontinuierlichen Verbesserungsprozesses ein beständig **höheres Qualitätsniveau** erreicht werden.
- **Qualitätsmanagement** beschäftigt sich damit,
  - die Festlegung der Qualitätspolitik und der Qualitätsziele,
  - die Qualitätsplanung,
  - die Qualitätslenkung,
  - die Qualitätssicherung und
  - die Qualitätsverbesserung

  einer Organisation aufeinander abzustimmen.

3.2.4 Kostenoptimale Strategie der Qualitätssicherung

Die gleichzeitige Verfolgung der Unternehmensziele **hohe Produktqualität** und **minimale Kosten** ist nicht durchführbar, da hierbei ein **Zielkonflikt** besteht.

Kosten, die mit steigenden Qualitätsansprüchen anfallen, bezeichnet man als **Qualitätskosten.** Man unterscheidet zwei Arten von Qualitätskosten: **Fehlerverhütungs-/Prüfkosten** und **Fehler-/Fehlerfolgekosten.**

Zwischen den Fehlerverhütungs-/Prüfkosten und den Fehler-/Fehlerfolgekosten besteht ein Zielkonflikt. Wird viel für Fehlerverhütung und Prüfung aufgewendet, nehmen die Kosten für die Fehler-/Fehlerfolgekosten ab. Die kostenoptimale Strategie der Qualitätssicherung liegt dort, wo die Summe aus den Fehlerverhütungs-/Prüfkosten und den Fehler-/Fehlerfolgekosten ihr Minimum erreichen.

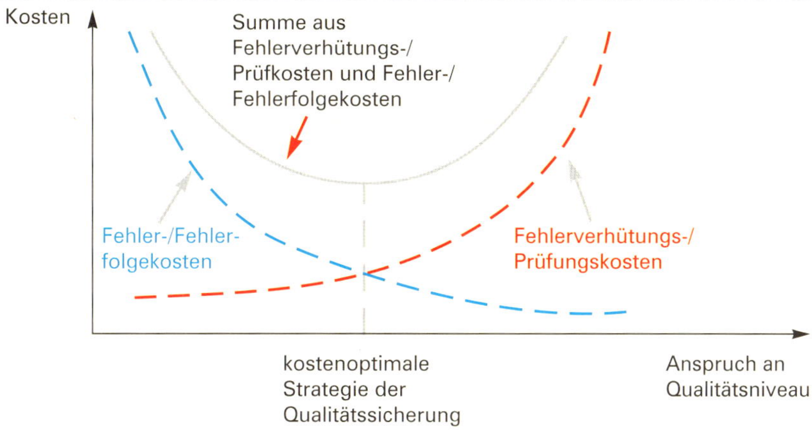

3.2.5 Maßnahmen zur Sicherung und Weiterentwicklung der Produktqualität

3.2.5.1 Einrichtung eines Qualitätsmanagementsystems nach DIN EN ISO 9001:2015

(1) Überblick

Eine wichtige Hilfestellung hierbei leisten **Qualitätsmanagementmodelle.** Zu diesen gehört das Normensystem des DIN EN ISO 9001:2015.[1] Qualitätsmanagementmodelle stellen einen Leitfaden für Unternehmen dar, um die selbst gesteckten Qualitätsziele systematisch und sicher zu erreichen.

1 Veröffentlicht im September 2015.

Aus der Schreibweise der Norm ist zu erkennen, für welchen regionalen Geltungsbereich die Norm anerkannt ist und angewendet wird:

DIN Deutsches Institut für Normung (bundesweite Anerkennung)
EN Europäische Norm (europaweite Anerkennung)
ISO International Organization for Standardization (weltweite Anerkennung)

Qualitätsmanagementsysteme werden aktuell in der Fassung DIN EN ISO 9001:2015 zertifiziert. Diese Normenreihe stellt die **Prozessorientierung** in den Vordergrund und beinhaltet als neuen Baustein den Bereich des **Risikomanagements.** Das Normensystem schafft dem Unternehmen die Gestaltungsfreiheit, sich an den eigenen Unternehmens- und Qualitätszielen, den unternehmensindividuellen Prozessen sowie an den Bedürfnissen und Erwartungen der internen und externen Kunden zu orientieren.

(2) Rahmen für stetige Verbesserung

Ein im Qualitätsmanagementsystem integrierter Regelkreis sorgt für die ständige Weiterentwicklung im Sinne eines kontinuierlichen Verbesserungsprozesses.

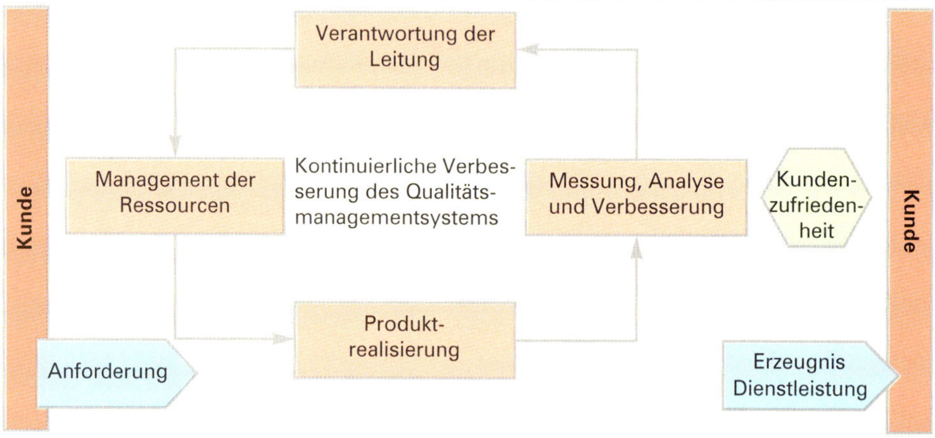

(3) Kennzeichen der Qualitätsmanagementsysteme nach DIN EN ISO 9001:2015

Kundenzufriedenheit	DIN EN ISO 9001:2015 misst der Erreichung der Kundenzufriedenheit **herausragende Bedeutung** bei. Die Wünsche und Erwartungen der Kunden lassen sich ermitteln, indem ■ die **betriebsinternen Informationen** des Vertriebs genutzt werden, ■ durch **Kundenbefragung,** ■ Forderungen nach **Garantieleistungen,** ■ **Händlerberichte,** ■ Auswertung von **Marktdaten** oder ■ Vergleich mit dem **Wettbewerb.**

	Zusätzlich sind **produktbezogene Verpflichtungen** aufgrund gesetzlicher Vorgaben, Normen zu berücksichtigen. Auf der Basis dieser beiden Informationskreise lassen sich die Anforderungen an die eigenen Produkte formulieren hinsichtlich Zuverlässigkeit, Preis, Sicherheit usw.
Verantwortung der Leitung	DIN EN ISO 9001:2015 nimmt das Unternehmensmanagement in die Pflicht und verhindert so, dass die Verantwortung für das Qualitätsmanagement an Beauftragte delegiert wird. Die Unternehmensleitung soll selbst über Qualitätspolitik und Qualitätsziele des Unternehmens entscheiden. Außerdem ist es Aufgabe der Unternehmensleitung, das QM-System in Bezug auf Eignung, Angemessenheit, Effizienz und Änderungsbedarf zu bewerten und gegebenenfalls fortzuentwickeln.
Management von Ressourcen	Kundenzufriedenheit und Unternehmenserfolg kann nur erreicht werden, wenn qualifiziertes, motiviertes Personal und eine entsprechende Infrastruktur an Gebäuden, Einrichtungen und Betriebsmitteln zur Verfügung steht. Zu Letzterem gehört insbesondere auch ein effizientes Informationssystem, das den Mitarbeitern zielgruppengerecht Auskunft gibt über den Stand der innerbetrieblichen Vorgänge.
Produkt-realisierung	Kein Unternehmen kann es sich mehr leisten, Zusagen in Bezug auf Termin, Stückzahl, Produktanforderungen und -qualität nicht einzuhalten. Daher sind die Unternehmensabläufe so zu gestalten, dass die Kunden optimal betreut und ihre Anforderungen sichergestellt werden.
Messung, Analyse und Verbesserung	Im Unternehmen müssen sowohl die Produkte und Dienstleistungen, die Wirksamkeit und Effizienz der Prozesse als auch das Qualitätsmanagement und die Organisation ständig optimiert werden. Um Verbesserungspotenziale, Schwachstellen und Fehler zu erkennen, müssen Informationen systematisch gesammelt und aufbereitet werden.

(4) Zertifizierung nach DIN EN ISO 9001:2015

Wer in einem Unternehmen ein Qualitätsmanagementsystem nach den modellhaften Anforderungen der DIN EN ISO 9001:2015 eingeführt hat, kann in einem nächsten Schritt die Überprüfung (auch **Audit** genannt) durch eine Zertifizierungsstelle beantragen.

- **Zertifizierung** ist ein Überprüfungs- und Bestätigungsverfahren durch eine unparteiische Instanz.
- Die Zertifizierung zeigt, dass sich ein entsprechend bezeichnetes Erzeugnis, Verfahren oder eine Dienstleistung in **Übereinstimmung mit einer bestimmten Norm** befindet.

Zertifizierungsstellen (auch **Auditoren** genannt) für Qualitätsmanagementsysteme sind in Deutschland beispielsweise die TÜV Zertifizierungsgemeinschaft e.V. (TÜV Cert) in Bonn, die Deutsche Gesellschaft zur Zertifizierung von Qualitätsmanagementsystemen mbH (DQS) in Berlin, der DEKRA AG Zertifizierungsdienst in Stuttgart u.a.m.

Quelle: TÜV SÜD

Zwar ist die Zertifizierung keine Pflicht, jedoch ist es z. B. in der Branche der Automobilindustrie eine Eingangsvoraussetzung für die Zulieferer. Der Nachweis einer Zertifizierung nach DIN EN ISO 9001:2015 signalisiert einem Kunden, dass die unternehmensinternen Abläufe, Prozesse und Strukturen definiert sind, dass sie funktionieren und der Betrieb sich um eine kontinuierliche Qualitätssteigerung bemüht. Halten sich alle Mitarbeiter an diese definierten Abläufe, dann ist eine qualitativ einwandfreie Leistung zu erwarten.

3.2.5.2 Konzept des Total Quality Managements (TQM)

Zerlegt man den Begriff Total Quality Management in seine Bestandteile, dann steht

- **Total** dafür, dass alle Mitarbeiter auf allen Ebenen, insbesondere auch die Kunden und Lieferanten in ein ganzheitliches Denken einbezogen werden.
- **Quality** dafür, dass die fast selbstverständliche Qualität der Produkte und Dienstleistungen eine Folge der Qualität der Arbeit und der Prozesse ist.
- **Management** dafür, dass es primär der Führungsaufgabe und der Führungsqualität des Managements bedarf, um dieses Konzept im gesamten Unternehmen lebendig sein zu lassen.

Einfach ausgedrückt beginnt Total Quality Management dort, wo ISO 9001:2015 endet, es ist die Kür nach der Pflicht. Hinter ISO 9001:2015 verbirgt sich ein **System von Normen, eine Technik des Vorgehens.** Total Quality Management ist hingegen eine **Philosophie.** Man könnte es auch mathematisch ausdrücken:

Qualität (im TQM) = Technik + Geisteshaltung

TQM setzt ein Qualitätsmanagementsystem nach ISO 9001:2015 **nicht** voraus, ist jedoch häufig in ein solches System eingebettet; so kann z. B. der durch das ISO-System definierte Fluss von Dokumenten und Informationen für das TQM genutzt und weiter verbessert werden.

Die beiden Konzepte nach DIN EN ISO 9001:2015 und Total Quality Management lassen sich schlaglichtartig einander gegenüberstellen:

Kriterien	DIN EN ISO 9001:2015	Total Quality Management
Grundgedanke	Definition, Verbesserung und Normierung der **Prozesse.**	Einrichtung **überragender Praktiken** („Business Excellence") innerhalb der Organisation, um damit anschließend überragende Ergebnisse („Best in Class") zu erzielen. Die Beherrschung von Prozessen gehört dazu, ist aber nicht alles.
Tragweite	Ziel ist die **Erlangung eines Zertifikats,** einer Bestätigung dafür, dass bestimmte Qualitätsanforderungen erfüllt sind.	Ziel ist die **Einrichtung eines kontinuierlichen Verbesserungsprozesses,** der seine Dynamik aus den Vergleichen zum Branchenführer („Best in Class") oder aus branchenübergreifenden Vergleichen („Benchmarks"[1]) gewinnt.

1 Zu Einzelheiten siehe S. 288.

Kriterien	DIN EN ISO 9001:2015	Total Quality Management
Fokus auf ...	... Erfüllung der Erwartungen der beteiligten Gruppen (z.B. Kunden, Lieferer, Mitarbeiter, Geschäftspartner, Gesellschaft) in der **Gegenwart.**	... Erfüllung der Erwartungen der beteiligten Gruppen (z.B. Kunden, Lieferer, Mitarbeiter, Geschäftspartner, Gesellschaft) in der **Zukunft.**
Verantwortung des Einzelnen	Der Verantwortungs- und Aufgabenbereich des Mitarbeiters ist durch den **jeweiligen Geschäftsprozess festgelegt.** Die Einrichtung eines Prozessverantwortlichen, Nachschulungen und Audits sichern die Stabilität der Prozesse und damit die der Qualität.	TQM ist ein langfristiges Unternehmenskonzept, das den pro-aktiven Mitarbeiter als wichtigsten Garant zur Erreichung des Qualitätsziels begreift. Proaktiv heißt z.B., dass nicht erst eine Beschwerde des Kunden notwendig ist, um eine Verbesserung einzuleiten, sondern dass der **Mitarbeiter vorausschauend nach neuen Verbesserungsmöglichkeiten sucht.** Die Verantwortung für Qualität liegt bei allen Mitarbeitern und ist unabhängig von Status und Hierarchie.

3.2.5.3 Kontinuierlicher Verbesserungsprozess (KVP) – Kaizen

(1) Begriff KVP

- Der **kontinuierliche Verbesserungsprozess** (KVP) ist ein Bündel von Maßnahmen mit dem Ziel, **Erzeugnisse** und **betriebliche Prozesse** weiterzuentwickeln und zu verbessern.
- Die Weiterentwicklung erfolgt nicht in einem Schritt oder wenigen großen Schritten, sondern in einer Vielzahl von **beständigen (kontinuierlichen) kleinen Verbesserungsschritten,** die erst in ihrer Gesamtheit zum erwünschten Erfolg führen.[1]

(2) Erläuterung des KVP-Konzepts

Im Rahmen des kontinuierlichen Verbesserungsprozesses werden die bestehenden Strukturen, Prozesse und Regelungen ständig dahingehend hinterfragt, ob sie nicht qualitativ verbessert werden könnten. Ziel ist also nicht die Umwälzung, die völlige Neuordnung, sondern die beständige Analyse, Bewertung und Verbesserung des eigenen Handelns.

Die Tabelle auf S. 72 zeigt eine Gegenüberstellung des KVP-Konzepts[2] zum Konzept der Innovation mit seinen sprunghaften Veränderungen durch neue Technologien, neue Produktionstechniken, Organisationsmodelle und Managementkonzepte.

1 Diese Vorgehensweise geht auf die insbesondere aus Japan stammende Kaizen-Philosophie (Verbesserung in kleinen Schritten [KAIZEN]) zurück.

2 Vgl. „Lean Production", Institut für angewandte Arbeitswissenschaft, Köln 1992.

	KVP-Konzept	Innovation
Zeitlicher Rahmen	stetig und ununterbrochen	kurzfristig und sprunghaft
Ziel	Streben nach detaillierter Verbesserung von Produkt und Prozess	Streben nach großen Fortschritten in kurzer Zeit
Basis	auf bestehenden Systemen und Technologien aufbauend	ständige Suche nach Entwicklung von neuen Technologien
Personaleinsatz	jeder Mitarbeiter und jede Führungskraft	Spezialisten, Konstrukteure
Erforderliche Eigenschaften	■ Anpassungsfähigkeit ■ Kollektivgeist ■ Leistungsbereitschaft	■ Kreativität ■ Individualität ■ individuelle Leistung
Devise (Leitlinie)	Erhaltung und Verbesserung	Abbruch und Neuaufbau
Investitionsmittel	geringer Kapitalbedarf	hoher Kapitalbedarf
Erfolgschance	gleichbleibend hoch	abrupt und unbeständig
Bewertungskriterien	Produktivitäts- und Qualitätskennzahlen	ergebnisorientierte Kennziffern (z. B. Umsatz, Kosten, Deckungsbeitrag)
Tendenzieller Einsatz	in langsam wachsenden Branchen	in schnell wachsenden Branchen

(3) PDCA-Kreislauf (Deming-Kreislauf)

Für den Prozess der kontinuierlichen Verbesserung und damit für ein wirksames Qualitätsmanagement-System im Sinne eines „Immer-besser-Modells“ ist die Einführung eines Plan-Do-Check-Act-Regelkreises von besonderer Bedeutung. Schematisch lässt sich dieser Regelkreis wie folgt darstellen:

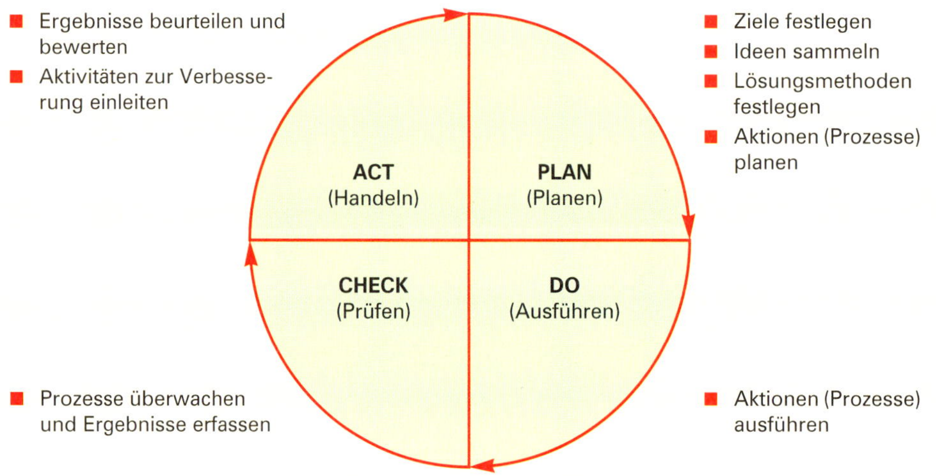

Mit jedem Durchlauf des Zyklus verbessert sich das Qualitätsniveau der Organisation und setzt damit das Ziel der kontinuierlichen Verbesserung in die Realität um.

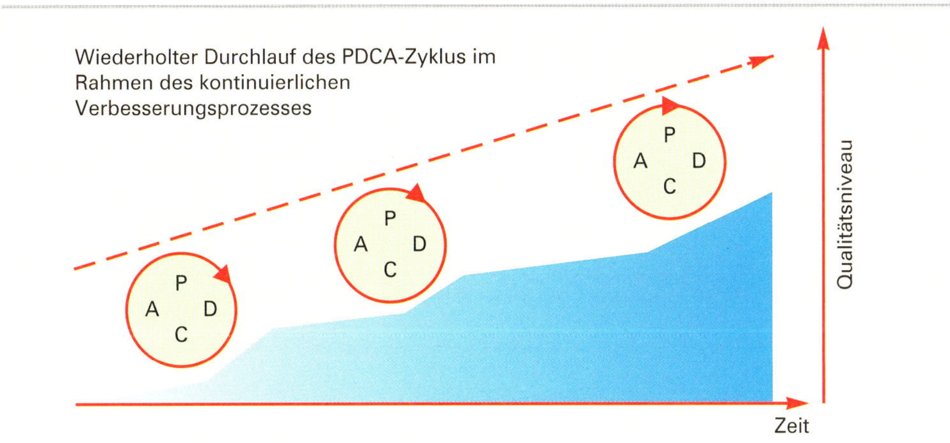

3.2.5.4 Betriebliches Vorschlagswesen

(1) Grundgedanke des betrieblichen Vorschlagswesens

Das betriebliche Vorschlagswesen ist ein zentraler Baustein des kontinuierlichen Verbesserungsprozesses (Kaizen) und damit des Total Quality Managements. Es unterstützt wirksam die ständige Verbesserung in allen Bereichen, also nicht nur die Verbesserung der Produkte, sondern auch aller Abläufe und Prozesse beginnend von der Entwicklung über die Herstellung bis zum Vertrieb der Produkte. Entwickelt wurde dieses System in Japan von Toyota.

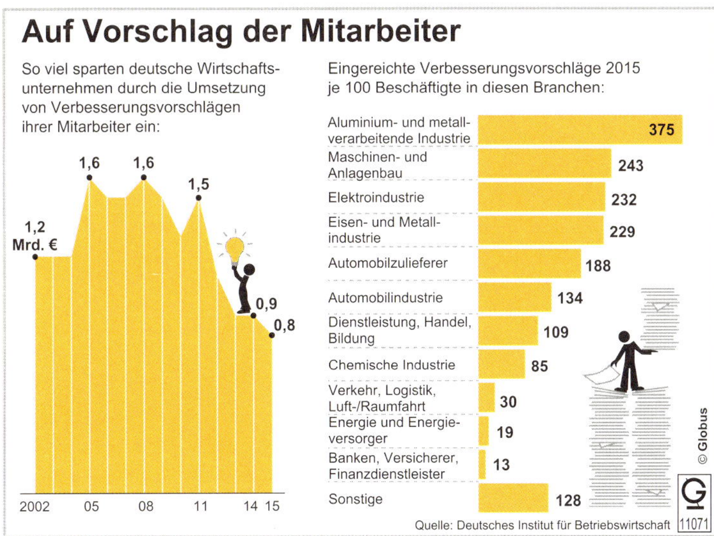

Der Erfolg des kontinuierlichen Verbesserungsprozesses liegt begründet im hohen Engagement aller Mitarbeiter, die darauf vertrauen können, mit der ständigen Rationalisierung nicht ihren eigenen Arbeitsplatz zu gefährden.

Das **betriebliche Vorschlagswesen,** das weitestgehend mit Geld motiviert, beruht auf folgenden **Grundgedanken**:

- In der Mitarbeiterschaft steckt eine enorme Kreativitätsreserve. („Keiner ist so klug wie alle.")
- Diese Kreativität stellen die Mitarbeiter dem Unternehmen nicht freiwillig zur Verfügung.
- Folglich muss für materielle und/oder immaterielle Anreize gesorgt werden, damit Mitarbeiter Verbesserungsvorschläge machen.
- Eine Institution muss diese Vorschläge beurteilen und je nach Wirkungsgrad belohnen.

Das **betriebliche Vorschlagswesen** ist eine **freiwillige Zusatzleistung** der Mitarbeiter, die **zusätzlich honoriert** wird.

(2) Schwachstellen des betrieblichen Vorschlagswesens

Schwachstellen werden vor allem dann offenbar, wenn das betriebliche Vorschlagswesen eine isolierte Stellung im Betrieb hat und nicht eingebettet ist in ein Konzept der kontinuierlichen Verbesserung und damit in ein Total Quality Management. Die Gründe hierfür sind:

- Die Denkweise beruht auf **Misstrauen gegenüber dem Mitarbeiter** und unterstellt ihm mangelnde Motivation am qualitativen Fortschritt des gesamten Unternehmens.
- Das Engagement des Mitarbeiters verschiebt sich vom Interesse an der Sache zum **Interesse an der Belohnung.**
- Beziehen sich die Verbesserungsvorschläge auf den Kollegen und/oder auf den Vorgesetzten, dann können sie zu **sozialen Spannungen** führen oder unterbleiben völlig.
- Das System lässt sich „melken". Die **Mitarbeiter sprechen sich ab** und reichen jeweils den Verbesserungsvorschlag für den Arbeitsplatz des Kollegen ein.
- Wenn Verbesserungsvorschläge unterbleiben, nur weil sie nicht mehr mit Prämien belohnt werden, werden die eigentlichen **Schwächen des Betriebs** in Bezug auf den Führungsstil, das Verhältnis zwischen Vorgesetzten und Mitarbeitern sowie deren Loyalität, Engagement und Identifikation zum Unternehmen offensichtlich.

Um aus dieser vordergründigen, prämienfixierten Haltung herauszufinden, gilt es, den Nutzen des Total Quality Managements für die einzelnen Mitarbeiter durchschaubar zu machen. Damit werden aus Betroffenen Beteiligte. In derartigen Rahmenbedingungen sind dann Verbesserungsvorschläge nicht die Ausnahme, sondern die Regel. Außerdem bemühen sich nicht Einzelne, sondern alle um Verbesserungen.

Zusammenfassung

- Die **Notwendigkeit** des **Qualitätsmanagements** ergibt sich aus
  - gesetzlichen Vorgaben (z. B. Produkthaftungsgesetz, Produktsicherheitsgesetz),
  - steigenden Ansprüchen der Kunden,
  - verschärftem Wettbewerb und
  - der eigenen Unternehmensphilosophie.
- Maßnahmen eines Qualitätsmanagements sind die Zugrundelegung der **Normenreihe DIN EN ISO 9001:2015**, das **Konzept des Total Quality Managements (TQM),** die Verwendung des **KVP-Konzepts (Kaizen)** sowie das **betriebliche Vorschlagswesen.**
  - Kennzeichen der Normenreihe **DIN EN ISO 9001:2015** sind: Kundenzufriedenheit, Verantwortung der Leitung, Management von Ressourcen, Produktrealisierung, Messung, Analyse und Verbesserung.
  - Das **TQM** ist eine auf der Mitwirkung aller Mitarbeiter beruhende Führungsmethode, die die Qualität in den Mittelpunkt stellt, um durch die Zufriedenheit der Kunden einen langfristigen Geschäftserfolg sowie einen Nutzen für die Mitarbeiter und die Gesellschaft zu erzielen.
  - Beim **kontinuierlichen Verbesserungsprozess (KVP)** erfolgt die Weiterentwicklung der Erzeugnisse und der betrieblichen Prozesse in einer Vielzahl von kleinen Verbesserungsschritten. Diese Schritte werden im Rahmen eines PDCA-Regelkreises verwirklicht.
  - Wird das **betriebliche Vorschlagswesen** in das Konzept eines Total Quality Managements eingebettet, dann verliert es seine negativen Aspekte. Aus Betroffenen werden Beteiligte. Verbesserungsvorschläge werden die Regel und liegen im ständigen Bemühen aller Mitarbeiter.
- Die **Ziele** des **Qualitätsmanagements** bestehen insbesondere darin,
  - die Produktqualität zu sichern und zu verbessern,
  - die Qualität der betrieblichen Prozesse zu steigern und damit
  - die Kundenzufriedenheit zu stärken.

Übungsaufgabe

13 Qualitätsmanagement erläutern; betriebswirtschaftliche und volkswirtschaftliche Folgen eines unzureichenden Qualitätsmanagements darstellen

1. Gegen die traditionelle Qualitätskontrolle am Ende der Fertigung wird argumentiert, dass durch dieses Verfahren keine Fehler vermieden und die Fehlerursachen nicht beseitigt werden. Nehmen Sie hierzu und zu weiteren Schwachstellen der sogenannten Endkontrolle Stellung!
2. Nennen Sie mindestens drei umgangssprachliche Qualitätsmerkmale für ein technisches Gebrauchsgut (z. B. Flachbildfernseher, Bohrmaschine, Waschmaschine usw.), das in einem Privathaushalt verwendet werden soll!
3. Nennen Sie Vorteile, die mit der Einführung eines Qualitätsmanagements, insbesondere mit dessen Zertifizierung, verbunden sind!

4. **Textauszug:**

Wir sind der Partner unserer Kunden in der Dichtungs- und Schwingungstechnologie; die Vorstellungen, Ideen und Ansprüche unserer Kunden prägen unsere Aktivitäten. Ihre Zufriedenheit sichern wir mit einem umfassenden Produktangebot und beispielhaften Serviceleistungen – dabei beziehen wir, wenn sinnvoll, auch Kooperationspartner ein.

Kundenzufriedenheit ist damit die Basis für die erfolgreiche Zukunft der Freudenberg Dichtungs- und Schwingungstechnik.

Wir sind gewohnt, auf höchster Qualitätsstufe zu fertigen und streben das Ziel der Nullfehlerqualität an.

Dadurch tragen wir zu höchster Kundenzufriedenheit bei. Im In- und Ausland arbeiten wir nach einem einheitlichen, hohen Ansprüchen genügenden Qualitätsmanagementsystem, aufbauend auf der DIN EN ISO 9001:2015. Alle unsere Standorte sind heute nach DIN EN ISO 9001:2015 zertifiziert.

Reaktionsschnelligkeit und engster Kontakt zum Kunden sowie kostengünstige, flexible Fertigung sichern die Versorgung unserer Kunden. Lieferungen von höchster Qualität, Standardgarantien von 20 Jahren nach Erstlieferung sichern unseren Kunden die Ersatzteilversorgung. Das Erreichen höchster Produktivität und hoher Zuverlässigkeit der Produktion für unsere Kunden ist das Maß, das laufend zu verbessern ist.

Aufgaben:

4.1 Nennen Sie die Textstellen, die auf TQM hinweisen!

4.2 Erläutern Sie den Begriff TQM!

4.3 Der Text nennt DIN EN ISO 9001:2015. Erklären Sie, was hierunter zu verstehen ist!

5. **Textauszug:**

FRANKFURT (dpa). Bei einem großen Automobilhersteller stehen die „Zeichen auf Sturm". Meldungen über Qualitätsmängel, zurückgehende Marktanteile und Personalabbau sorgten seit Monaten für Frust und Verunsicherung in der Belegschaft, kritisierte der Betriebsrat gestern die Unternehmensleitung. Die Arbeitnehmervertreter forderten den Vorstand zwei Tage vor der Bilanz-Pressekonferenz auf, klare Aussagen zum Erhalt von Arbeitsplätzen über die kommenden zwei Jahre hinaus zu machen. Die Pläne der Geschäftsleitung, in den nächsten Jahren unternehmensweit 5000 Arbeitsplätze abzubauen, seien der Belegschaft bekannt. Neu seien nun Presseberichte über einen geplanten Personalabbau von weiteren 10000 Stellen. …

Aufgabe:

Beurteilen Sie mithilfe des Textauszugs die betrieblichen und volkswirtschaftlichen Folgen eines unzureichenden Qualitätsmanagements!

3.3 Kennzahlen des operativen Controllings

3.3.1 Produktivität

(1) Begriff Produktivität

Die **Produktivität** ist die technische Ergiebigkeit eines Produktionsvorgangs. Sie stellt das Verhältnis von Ausbringungsmenge zu den Einsatzmengen der Produktionsfaktoren dar.

$$\text{Produktivität} = \frac{\text{Ausbringungsmenge}}{\text{Einsatzmenge}}$$

Aus dieser allgemeinen Formulierung der Produktivität lassen sich **Teilproduktivitäten** ableiten. Die wichtigsten sind die **Arbeitsproduktivität** und die **Kapitalproduktivität.**

(2) Arten der Produktivität

Arbeitsproduktivität

Bei der Arbeitsproduktivität wird die Ausbringungsmenge auf eine Arbeitsstunde bezogen.

Beispiel:

Ein Bauunternehmen erstellte im Monat April mit seinen Beschäftigten 2000 m^3 umbauten Raum, im Mai 2400 m^3. Die geleisteten Arbeitsstunden betrugen im April 3840 und im Mai 4416 Arbeitsstunden. Der Einsatz von Werkzeugen, Maschinen, Fahrzeugen, Ausstattung und Gebäude blieb unverändert (Wert 300000,00 EUR).

Die Arbeitsproduktivität berechnet sich dann wie folgt:

$$\text{Arbeitsproduktivität} = \frac{\text{Ausbringungsmenge}}{\text{geleistete Arbeitsstunden}}$$

Mit den Zahlen des Beispiels erhält man folgende Werte:

Monat	Arbeitsproduktivität	Monat	Arbeitsproduktivität
April	$\frac{2000}{3840} = \underline{\underline{0{,}52}}$	Mai	$\frac{2400}{4416} = \underline{\underline{0{,}54}}$

Das Ergebnis zeigt, dass sich die Arbeitsproduktivität im Mai erhöht hat. Da sich die Ausstattung mit z.B. Maschinen und Werkzeugen nicht geändert hat, ist die Produktivitätssteigerung ausschließlich auf die Arbeiter zurückzuführen. Gründe können sein: besseres Wetter (die Arbeitskräfte fühlen sich wohler), die Aufsicht wurde verbessert, die Arbeitskräfte befürchten Entlassungen und strengen sich daher mehr an, das Betriebsklima ist besser geworden, die im April gewonnene Routine (Gewandtheit) nach der Winterpause führte im Mai zur Leistungssteigerung.

Kapitalproduktivität

Bezieht man die Ausbringungsmenge auf das eingesetzte Sachkapital, erhält man die Kapitalproduktivität.

$$\text{Kapitalproduktivität} = \frac{\text{Ausbringungsmenge}}{\text{Sachkapital}}$$

Mit den Zahlen des Beispiels erhält man folgende Werte:

Monat	Kapitalproduktivität	Monat	Kapitalproduktivität
April	$\frac{2\,000}{300\,000} = \underline{\underline{0{,}00\overline{6}}}$	Mai	$\frac{2\,400}{300\,000} = \underline{\underline{0{,}008}}$

Die Kapitalproduktivität ist (um 20 %) gestiegen, obwohl sich am Kapitaleinsatz nichts geändert hat.

Zurechenprobleme

Produktivitätssteigerungen lassen sich nur dann einem Produktionsfaktor (z.B. Arbeit) zurechnen, wenn die Leistung aller anderen Produktionsfaktoren konstant (unverändert) bleibt. In Wirklichkeit sind Produktivitätssteigerungen i.d.R. auf die Beiträge aller Produktionsfaktoren zur Leistungserstellung zurückzuführen.

Messprobleme

Bei Mehrproduktunternehmen lässt sich die Ausbringungsmenge nicht mehr in Mengeneinheiten messen, weil verschiedene Dinge (z.B. Produktarten) nicht addiert werden können. Man behilft sich dadurch, dass man die Ausbringungsmengen mit ihren Preisen vervielfacht und den Wert der Ausbringungsmengen in Euro angibt. Produktivitätsvergleiche können jedoch nur dann vorgenommen werden, wenn mit gleichbleibenden Preisen (konstanten Preisen, Verrechnungspreisen) gearbeitet wird. Werden sowohl die Ausbringungsmenge als auch die Einsatzmenge zu konstanten Preisen angegeben, spricht man auch von **mengenmäßiger Wirtschaftlichkeit.**

3.3.2 Wirtschaftlichkeit

Wirtschaftlichkeit ist das Verhältnis erbrachter Leistung zu den für diese Leistung aufgewendeten Mitteln, also deren Kosten je Periode (z.B. je Geschäftsjahr).

$$\text{Wirtschaftlichkeit} = \frac{\text{Leistung}}{\text{Kosten}}$$

Der **Unterschied zwischen Wirtschaftlichkeit und Produktivität** besteht darin, dass die **Produktivität** ein **Mengenverhältnis** ausdrückt, während die **Wirtschaftlichkeit** ein **Wertverhältnis** darstellt. Praktisch heißt das, dass die Wirtschaftlichkeit – bewertet zu tatsächlichen Preisen – bei gleichbleibender Produktivität steigen oder fallen kann, wenn beispielsweise die Absatzpreise bei gleichbleibenden Kosten steigen bzw. fallen.

Beispiel:

Der Monatsumsatz eines Unternehmens für Antriebstechnik betrug 3192000,00 EUR. Die monatlichen Kosten beliefen sich auf 3040000,00 EUR. Die Wirtschaftlichkeitskennzahl berechnet sich wie folgt:

$$\text{Wirtschaftlichkeit} = \frac{3\,192\,000}{3\,040\,000} = \underline{\underline{1{,}05}}$$

Die Wirtschaftlichkeitskennzahl 1,05 bedeutet, dass für jeden eingesetzten Euro ein Erlös von 1,05 EUR erzielt werden konnte.

3.3.3 Rentabilität

(1) Begriff

Die **Rentabilität** ist eine Messgröße für die Ergiebigkeit eines Mitteleinsatzes.

Wichtige Messgrößen für die Ergiebigkeit eines Mitteleinsatzes sind z.B. das **Kapital** oder der **Umsatz**.

(2) Arten der Rentabilität

Kapitalrentabilität

Hierbei wird das erzielte Jahresergebnis zum Kapital in Beziehung gesetzt. Je nachdem, ob man als Bezugsgröße das Eigenkapital oder das Gesamtkapital wählt, erhält man als Kennzahl die **Eigenkapitalrentabilität** oder die **Gesamtkapitalrentabilität**. Die **Eigenkapitalrentabilität** wird häufig auch als **Unternehmerrentabilität** und die **Gesamtkapitalrentabilität** als **Unternehmensrentabilität** bezeichnet.

Eigenkapitalrentabilität (Unternehmerrentabilität)

Bei der Eigenkapitalrentabilität wird der erzielte Gewinn in Prozenten zum durchschnittlichen Eigenkapital ausgedrückt. Es soll festgestellt werden, welche Rendite das durchschnittlich eingesetzte Eigenkapital insgesamt erbracht hat.

$$\text{Eigenkapitalrentabilität} = \frac{\text{Gewinn} \cdot 100}{\varnothing\ \text{Eigenkapital}}$$

Gesamtkapitalrentabilität (Unternehmensrentabilität)

Wählt man als Bezugsgröße das durchschnittliche Gesamtkapital, dann muss der Gewinn um die angefallenen Zinsen für das Fremdkapital erhöht werden. Das ist deshalb erforderlich, weil die Fremdkapitalzinsen im Rahmen der Gewinnermittlung als Aufwendungen abgezogen wurden. Erst durch die Hinzurechnung der Zinsen für das Fremdkapital sind die in Beziehung zu setzenden Größen (Gewinn und Gesamtkapital) miteinander vergleichbar.

$$\text{Bruttogewinn}^{1} = \text{Gewinn} + \text{Fremdkapitalzinsen}$$

$$\text{Gesamtkapitalrentabilität} = \frac{\text{Bruttogewinn} \cdot 100}{\text{Ø Gesamtkapital}}$$

Auch hier muss vom durchschnittlichen Gesamtkapital ausgegangen werden.

Umsatzrentabilität

Bei dieser Kennziffer wird der Bruttogewinn auf den Umsatz bezogen. In Prozenten ausgedrückt erhalten wir:[1]

$$\text{Umsatzrentabilität} = \frac{\text{Bruttogewinn} \cdot 100}{\text{Umsatz}}$$

(3) Berechnung der Rentabilität

Beispiel:

Das durchschnittliche Eigenkapital eines Industriebetriebes beträgt in einem Geschäftsjahr 524300,00 EUR, der Gewinn 42992,60 EUR und der Umsatz 1719704,00 EUR. Im gleichen Geschäftsjahr betrug das durchschnittliche Gesamtkapital 1504741,00 EUR und die Zinsen für das Fremdkapital 68630,00 EUR.

Aufgaben:

1. Berechnen Sie die Eigenkapitalrentabilität,
2. die Gesamtkapitalrentabilität und
3. die Umsatzrentabilität!

Lösungen:

Zu 1.: Berechnung der Eigenkapitalrentabilität $\frac{42992{,}60 \cdot 100}{524300} = \underline{\underline{8{,}2\,\%}}$

Zu 2.: Berechnung der Gesamtkapitalrentabilität $\frac{111622{,}60 \cdot 100}{1504741} = \underline{\underline{7{,}42\,\%}}$

Zu 3.: Berechnung der Umsatzrentabilität $\frac{111622{,}60 \cdot 100}{1719704} = \underline{\underline{6{,}5\,\%}}$

(4) Abgrenzung: Rentabilität, Produktivität, Wirtschaftlichkeit

Rentabilität und Wirtschaftlichkeit

Die Kapitalrentabilität zeigt die Verzinsung des durchschnittlich eingesetzten Kapitals, die Wirtschaftlichkeit das Verhältnis von Leistung zu Kosten an.

Rentabilität und Produktivität

Von der Produktivität unterscheidet sich die Rentabilität dadurch, dass die **Produktivität** ein reines **Mengenverhältnis** angibt, während die **Rentabilität** eine **Wertbeziehung** darstellt.

1 Vgl. G. Wöhe/U. Döring: Einführung in die Allgemeine Betriebswirtschaftslehre, 25., überarbeitete und aktualisierte Auflage, München 2013, S. 861.

Zusammenfassung

Die Begriffe Produktivität, Rentabilität und Wirtschaftlichkeit weisen folgende Zusammenhänge auf:

- Die **Produktivität** gibt ein rein **mengenmäßiges Verhältnis** wieder und sagt nur etwas über die technische Ergiebigkeit der Produktion aus. Ob dadurch auch ein finanzieller Erfolg erzielt wird, lässt sich aus der Produktivität nicht ersehen. Allerdings wird eine unproduktive Produktion zu Verlusten führen und kann damit langfristig die Betriebsaufgabe zur Folge haben.
- Die **Wirtschaftlichkeit** setzt die Leistung zu den Kosten ins Verhältnis und zeigt damit auf, ob die erstellte Leistung zu einem Betriebsgewinn geführt hat. Es handelt sich um ein **Wertverhältnis.**
- Die **Rentabilität** ist eine **Messgröße** für die **Ergiebigkeit eines Mitteleinsatzes**. Wichtige Bezugsgrößen sind das **Kapital** und der **Umsatz.**
- Auf Dauer besteht zwischen den drei Größen **Produktivität, Wirtschaftlichkeit und Rentabilität** folgender enger **Zusammenhang:**

  Durch den technischen Fortschritt wird das mengenmäßige Ergebnis der Produktion steigen (hohe Produktivität). Die Steigerung der Produktionsmenge führt in der Regel zu einer Senkung der Kosten je Stück (Massenproduktionsgesetz) und damit zu einer höheren Wirtschaftlichkeit, die im Normalfall auch zu einer Steigerung der Rentabilität führt.

Übungsaufgaben

14 Begriffsklärungen, Berechnung der Produktivität, Wirtschaftlichkeit, Rentabilität

1. 1.1 Erklären Sie die Begriffe Produktivität und Wirtschaftlichkeit!

   1.2 Überprüfen Sie, ob sich die Produktivität und Wirtschaftlichkeit gegenläufig entwickeln können! Begründen Sie Ihre Meinung an einem Beispiel!

   1.3 Welche ökonomische Kennzahl wird wie folgt ermittelt?

   $$\frac{\text{mengenmäßige Ausbringung}}{\text{mengenmäßiger Einsatz}}$$

2. 2.1 Erklären Sie den Begriff Rentabilität!

   2.2 Machen Sie den Unterschied zwischen Rentabilität und Produktivität deutlich!

   2.3 Weisen Sie nach, dass Folgendes möglich ist: Das Unternehmen A arbeitet zwar produktiver als sein Konkurrent B, dennoch ist es unwirtschaftlicher!

   2.4 Nennen Sie Maßnahmen zur Steigerung der Arbeitsproduktivität im personellen Bereich!

3. Glaser Müller stellte zusammen mit seinen drei Gesellen im Monat Mai in 720 Arbeitsstunden 100 Fenster gleicher Größe und Qualität her, die auch verkauft wurden. Der Verkaufspreis je Stück betrug 150,00 EUR. Die Gesamtkosten der Glaserei beliefen sich im Mai auf 11 500,00 EUR. Das Eigenkapital betrug 280 000,00 EUR.

   Aufgaben:

   3.1 Berechnen Sie die Arbeitsproduktivität!

   3.2 Berechnen Sie die Wirtschaftlichkeit!

6 Speth u.a. - ISBN 978-3-8120-0576-0

4. Der Geschäftsleitung der Stehlin KG stehen folgende statistische Angaben zur Verfügung:

Monate	Mai	Juni	Juli
Leistung (umbauter Raum in m^3)	4000	4400	4850
Arbeitsstunden	3520	3696	3520
investiertes Kapital	3 Mio. EUR	3 Mio. EUR	3,2 Mio. EUR

Aufgaben:

4.1. Berechnen Sie die Entwicklung der Arbeits- und der Kapitalproduktivität für die Monate Mai und Juni!

4.2. Im Monat Juli hat das investierte Kapital zugenommen, weil ein Förderband im Wert von 200 000,00 EUR angeschafft wurde.

4.2.1 Berechnen Sie die Arbeits- und die Kapitalproduktivität für den Monat Juli!

4.2.2 Erklären Sie die Zunahme der Arbeits- und Kapitalproduktivität! Erläutern Sie in diesem Zusammenhang das Zurechenproblem!

4.3 Aus der Buchführung sind folgende Zahlen zu entnehmen:

Monate	Mai	Juni	Juli
Eigenkapital	2,00 Mio. EUR	2,05 Mio. EUR	2,10 Mio. EUR
Fremdkapital	1,00 Mio. EUR	1,00 Mio. EUR	1,10 Mio. EUR
Umsatz	1,31 Mio. EUR	1,44 Mio. EUR	1,42 Mio. EUR
Kosten	1,25 Mio. EUR	1,30 Mio. EUR	1,28 Mio. EUR
davon Zinskosten	0,24 Mio. EUR	0,24 Mio. EUR	0,27 Mio. EUR

4.3.1 Berechnen Sie die Entwicklung der Wirtschaftlichkeit von Mai bis Juli!

4.3.2 Berechnen Sie die Entwicklung der Eigenkapital- und Gesamtkapitalrentabilität von Mai bis Juli!

4.3.3 Berechnen Sie die Umsatzrentabilität in den drei Berichtsmonaten!

4.3.4 Beurteilen Sie die von Ihnen errechneten Kennzahlen!

15 Berechnung der Produktivität, Wirtschaftlichkeit und Rentabilität

1. Ein Unternehmen möchte eine neue Stanzmaschine kaufen. Ihm stehen zwei Angebote zur Auswahl:

Maschine I: Anschaffungskosten 54 000,00 EUR; Leistung pro Jahr: 41 800 Stück; erforderliche Arbeitskräfte: 2; Arbeitsstunden pro Jahr je Arbeiter: 2040; Stundenlohn: 22,00 EUR; Kosten der Maschine je Tag laut Werksangabe: 60,00 EUR; Wert des erzeugten Produkts: 3,00 EUR; Arbeitstage: 240 im Jahr.

Maschine II: Anschaffungskosten 46 000,00 EUR; Leistung pro Jahr: 33 900 Stück; erforderliche Arbeitskräfte: 1; Arbeitsstunden pro Jahr je Arbeiter: 2040; Stundenlohn: 22,00 EUR; Kosten der Maschine je Tag laut Werksangabe: 110,00 EUR; Wert des erzeugten Produkts: 3,00 EUR; Arbeitstage: 240 im Jahr.

Aufgaben:

1.1 Berechnen Sie die Arbeitsproduktivität, Wirtschaftlichkeit und Rentabilität der beiden Maschinen!

1.2. Nennen Sie Gründe, die für die Beschaffung der Maschine I bzw. der Maschine II sprechen!

2. Die Hempel GmbH liefert Plastikhauben an die Werkzeugfabrik Karl Kumme KG. Für die Lieferung der Plastikhauben ist Folgendes vereinbart:

Gelieferte Stückzahl/Jahr	200 000	300 000	400 000	500 000	600 000
Stückpreis in EUR	1,00	0,90	0,80	0,70	0,60

Für die Produktion der Plastikhauben setzt die Hempel GmbH zwei Maschinen ein.

Maschine I: Anschaffungskosten 100 000,00 EUR, Nutzungsdauer 5 Jahre. Produziert und ausgeliefert im Geschäftsjahr: 200 000 Stück.

Maschine II: Anschaffungskosten 200 000,00 EUR, Nutzungsdauer 5 Jahre. Produziert und ausgeliefert im Geschäftsjahr: 600 000 Stück.

Aufgaben:

2.1 Berechnen Sie für beide Maschinen die Kapitalproduktivität und die Wirtschaftlichkeit für das Geschäftsjahr!

2.2 Beschreiben Sie die Entwicklung der beiden Kennzahlen!

3. Die Buchführung bzw. die Kosten- und Leistungsrechnung der Remscheider Elektrogeräte AG liefert uns folgende Zahlenwerte:

Eigenkapital:		Sonstige Aufwendungen	105 Mio. EUR
– am Anfang	350 Mio. EUR	Umsatzerlöse netto	850 Mio. EUR
– am Ende	400 Mio. EUR	Jahresüberschuss	45 Mio. EUR
Aufwend. für Roh-, Hilfs- u. Betriebsstoffe	700 Mio. EUR	Fremdkapitalzinsen	8 Mio. EUR

Aufgaben:

3.1 Berechnen Sie die Umsatzrentabilität und die Unternehmerrentabilität!

3.2 Beurteilen Sie die berechneten Kennzahlen, wenn die Branchenwerte bei 2,2 bzw. 10,2 % liegen!

3.4 Personal-Controlling

Das **Personal-Controlling** hat den Führungskräften alle wichtigen personalpolitischen Informationen zu liefern, die für den personalwirtschaftlichen Entscheidungs- und Steuerungsprozess von Bedeutung sind.

3.4.1 Operatives und strategisches Personal-Controlling

3.4.1.1 Operatives Personal-Controlling

Das operative Personal-Controlling ist **kurzfristig angelegt** und orientiert sich an den **quantitativen Größen** des Tagesgeschäfts. Hierzu gehören insbesondere die Personalplanung, die Personaleinsatzplanung, die Personalentwicklung und die Personalführung.

(1) Operatives Controlling im Rahmen der Personalplanung

Wichtig sind hier Werte und Kennzahlen, welche einerseits eine grundlegende Zukunftsplanung unterstützen und andererseits Rückschlüsse liefern über die Qualität der Planung aus den Vorperioden.

Beispiele für solche Kennzahlen sind:

$$\text{Vorstellungsquote} = \frac{\text{Vorstellungen} \cdot 100}{\text{Anzahl der Bewerbungen}}$$

$$\text{Verteilung des Jahresurlaubs} = \frac{\begin{array}{c}\text{Anzahl der genommenen Urlaubstage}\\ \text{eines bestimmten Monats}\end{array} \cdot 100}{\begin{array}{c}\text{Gesamtzahl aller verfügbaren Urlaubstage}\\ \text{der Mitarbeiter}\end{array}}$$

$$\text{Fehlzeitenquote} = \frac{\text{Fehltage} \cdot 100}{\text{Arbeitstage}}$$

Weitere mögliche Kennzahlen geben z. B. Auskunft über

- Entwicklung des Personalbedarfs nach Ausbildungsstand, Geschlecht, Beruf,
- Arbeitszeitregelungen,
- Unfallhäufigkeit.

(2) Operatives Controlling im Rahmen der Personaleinsatzplanung

Aufgabe der Personaleinsatzplanung ist, jede Arbeitsstelle so zu besetzen, dass ein störungsfreier Leistungserstellungsprozess sichergestellt ist. Dementsprechend sind Kennzahlen zu bilden, die Aufschluss darüber geben, inwieweit es gelungen ist, die Personaleinsatzplanung umzusetzen.

Beispiele für solche Kennzahlen sind:

$$\text{Personaldeckungsquote} = \frac{\text{Personal-Istbestand} \cdot 100}{\text{Personal-Sollbestand}}$$

$$\text{Überstundenquote} = \frac{\text{Anzahl der geleisteten Überstunden} \cdot 100}{\text{Istarbeitsstunden}}$$

Weitere mögliche Kennzahlen geben z. B. Auskunft über

- Anzahl der Krankmeldungen, Kuren, Erziehungsurlaub,
- Arbeitsanfall und Mitarbeiterpräsenz,
- Krankheitszeitquote.

(3) Operatives Controlling im Rahmen der Personalentwicklung

Aufgabe der Personalentwicklung ist es, dafür Sorge zu tragen, dass die Mitarbeiter über jene Qualifikationen verfügen, mit deren Hilfe der Betrieb die Herausforderungen der Zukunft bewältigen kann. Dementsprechend richtet sich der Fokus des Controllings hier auf die Planung der Laufbahn, die Aus-, Fort- und Weiterbildung der Mitarbeiter, die persönlichen und sozialen Interessen und Neigungen der Mitarbeiter, Ausgestaltung der einzelnen Arbeitsplätze. Mögliche Kennzahlen in diesem Bereich geben z.B. Auskunft über

- Teilnahme an Aus- und Weiterbildungsmaßnahmen,
- Angebote an Veranstaltungen, die auf die Förderung persönlicher und sozialer Kompetenz ausgerichtet sind,
- Abwicklung von Arbeitsprozessen.

(4) Operatives Controlling im Rahmen der Personalführung

Controlling in diesem Bereich konzentriert sich auf die Arbeitsbeziehung zwischen Vorgesetztem und Mitarbeiter bzw. zwischen den Kollegen. In diesem Fall schließt Controlling nicht nur die Beurteilung der Mitarbeiter, sondern auch die der Vorgesetzten mit ein. Gute Informationsquellen liefern hierfür z.B. Beratungs- und Fördergespräche, Betriebsumfragen zur Führung oder Kooperation. Mögliche Kennziffern sind hier z.B.

- Frühfluktuationsrate,
- Anzahl der Versetzungswünsche nach kurzer Dienstdauer,
- Zufriedenheitsindex („Wie zufrieden sind Sie mit Ihrem Arbeitsplatz/Vorgesetzten?").

3.4.1.2 Strategisches Personal-Controlling

Das strategische Personal-Controlling überwindet die zeitlichen Grenzen des operativen Controllings, schaut wesentlich weiter in die Zukunft und verwendet weniger die „harten" Instrumente, wie z.B. Kennzahlen. Die Hauptaufgabe besteht darin, die Personalplanung auf die Planung des Unternehmens und dessen Interessenlage abzustimmen. Ein häufiger verwendetes Instrument des strategischen Personal-Controllings ist z.B. das Personal-Portfolio.[1] Es ordnet die einzelnen Mitarbeiter in Bezug auf ihr Leistungsverhalten und ihr Entwicklungspotenzial in eine grafische Darstellung ein.

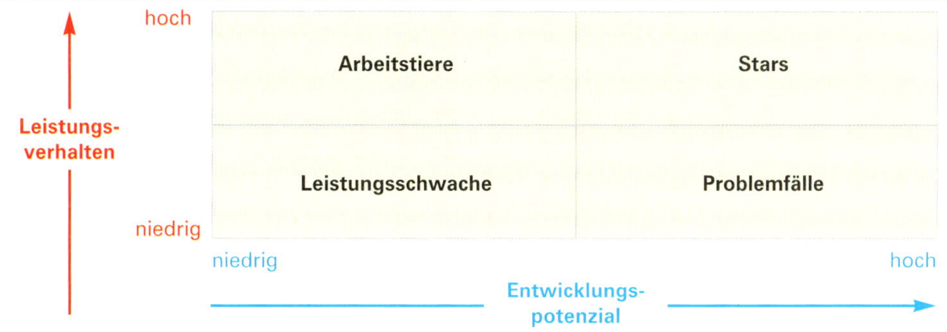

1 Zur Portfoliodarstellung siehe S. 299ff.

Diese Einordnung erlaubt die Aufdeckung von Stärken/Schwächen der Mitarbeiter sowie die Chancen und Gefahren für das eigene Unternehmen. Für die langfristige Personalplanung können hieraus Schlüsse gezogen werden, wie z. B.:

- Leistungsschwache Mitarbeiter werden entweder gefördert, auf unbedeutende Stellen versetzt oder freigesetzt.
- „Arbeitstiere" müssen u. U. zum eigenen Schutz individuell geführt werden.
- Problemfälle arbeiten unter ihren Möglichkeiten, müssen also nachhaltig gefordert werden.
- Stars erbringen hohe Leistungen und verfügen über Entwicklungspotenzial. Sie sind also in besonderem Maße zu fördern.

3.4.2 Personalabbau

3.4.2.1 Notwendigkeit von Personalabbau

In einem Betrieb kann es notwendig werden, den Mitarbeiterbestand zu verringern. Die Freisetzung kann in der **Person**[1] oder dem **Verhalten des Mitarbeiters**[1] begründet sein oder auf **dringenden betrieblichen Erfordernissen** beruhen. Geschieht die Auflösung eines Beschäftigungsverhältnisses im Rahmen des täglichen Betriebsablaufs, spricht man von **Trennung.** Die Beendigung von Beschäftigungsverhältnissen in Krisensituationen bezeichnet man als **Personalabbau.**

Die wichtigsten **Gründe für einen Personalabbau** aus **betrieblichen Erfordernissen** sind:

- Absatz- und der damit verbundene Produktionsrückgang
- Aufgabe eines oder mehrerer Produkte,
- Stilllegung einzelner Abteilungen,
- Rationalisierungsmaßnahmen.

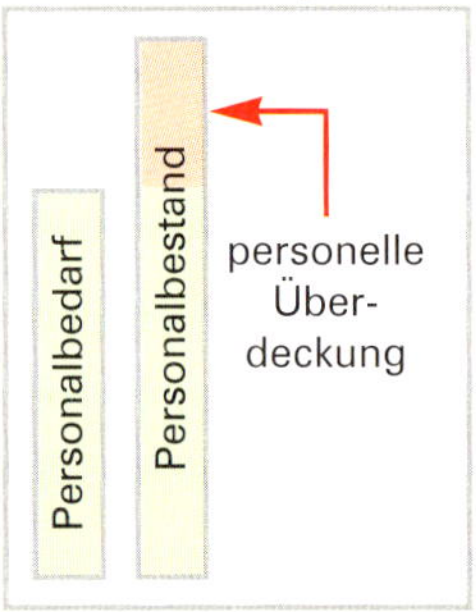

Ein Arbeitsverhältnis kann beendet werden durch

- Vertragsablauf,
- Aufhebungsvertrag,
- Kündigung.

1 Vgl. hierzu die Ausführungen auf S. 90.

3.4.2.2 Vertragsablauf und Aufhebungsvertrag

(1) Vertragsablauf

Ist der Arbeitsvertrag zeitlich befristet oder auf die Erfüllung einer bestimmten Aufgabe ausgerichtet, so endet der Arbeitsvertrag mit Ablauf der vereinbarten Frist bzw. mit Erfüllung des Auftrags.

Beispiele:

- Eine ehemalige Buchhalterin erhält einen Arbeitsvertrag für drei Monate, um eine erkrankte Mitarbeiterin zu ersetzen.
- Für die Zeit einer Umbaumaßnahme werden zwei Aushilfskräfte eingestellt.

(2) Aufhebungsvertrag[1]

Der **Aufhebungsvertrag** ist ein **Vertrag zwischen Arbeitnehmer** und **Arbeitgeber,** der das **Arbeitsverhältnis** zu einem **bestimmten Zeitpunkt** beendet.

Der entscheidende Unterschied zur Kündigung ist, dass das Arbeitsverhältnis im **gegenseitigen Einvernehmen** beendet wird. Arbeitgeber und Arbeitnehmer können den Inhalt des Aufhebungsvertrags selbst bestimmen. Die Einhaltung von Auflösungsfristen ist nicht erforderlich. Die Schutzvorschriften des Kündigungsschutzgesetzes usw. finden keine Anwendung.

Beispiel:

Dem Abteilungsleiter für den Bereich Einkauf, dem mangelnder Leistungswille vorgeworfen wird, wird ein Auflösungsvertrag mit einer Abfindung von zwei Monatsgehältern angeboten, um eine Kündigung zu vermeiden. Der Mitarbeiter stimmt zu, das Unternehmen am Monatsende zu verlassen.

Arbeitgeber und Arbeitnehmer können mit dem Aufhebungsvertrag ihren Trennungswunsch ohne Risiko eines Arbeitsrechtsstreits erfüllen. Um die Zustimmung des Arbeitnehmers zu erhalten, zahlt der Arbeitgeber oftmals eine **Abfindung**.

3.4.2.3 Kündigung

3.4.2.3.1 Begriff Kündigung

Das Arbeitsverhältnis ist normalerweise ein Dauervertrag, der mit der Kündigung endet [§ 620 II BGB].

- Die **Kündigung** ist eine **einseitige empfangsbedürftige Willenserklärung** des Arbeitgebers oder Arbeitnehmers, mit der der Arbeitsvertrag beendet werden soll. Die Kündigung muss **keine Begründung** enthalten, solange kein Kündigungsschutz besteht.[2]
- Die Kündigung muss immer **schriftlich** erfolgen [§ 623 BGB].
- Die Kündigung ist **zugegangen,** wenn sie so in den **Machtbereich des Empfängers gelangt**, dass dieser unter gewöhnlichen Verhältnissen die Möglichkeit zur Kenntnisnahme hat.

1 Man spricht auch vom **Auflösungsvertrag**.

2 Der Betriebsrat ist vor jeder Kündigung durch den Arbeitgeber unter Angabe der Kündigungsgründe zu hören [§ 102 BetrVG]. Ohne Anhörung des Betriebsrats ist die Kündigung unwirksam.

3.4.2.3.2 Arten der Kündigung

(1) Gesetzliche Kündigung (ordentliche Kündigung)

Grundkündigungsfrist

Das Arbeitsverhältnis eines Arbeitnehmers kann vom Arbeitgeber und vom Arbeitnehmer mit einer Frist von **vier Wochen** zum **Fünfzehnten** oder zum **Ende eines Kalendermonats** gekündigt werden [§ 622 I BGB].

Verlängerte Kündigungsfristen für die Arbeitgeber

Bei längerer Betriebszugehörigkeit ab dem vollendeten 25. Lebensjahr gelten für eine Kündigung durch den **Arbeitgeber** verlängerte gesetzliche Kündigungsfristen [§ 622 II BGB].[1]

Betriebszugehörigkeit ab dem 25. Lebensjahr	Kündigungsfristen zum Monatsende
ab 2 Jahre	1 Monat
ab 5 Jahre	2 Monate
ab 8 Jahre	3 Monate
ab 10 Jahre	4 Monate
ab 12 Jahre	5 Monate
ab 15 Jahre	6 Monate
ab 20 Jahre	7 Monate

Beispiel:

Die Mühlenbach-AG beschließt eine Reihe von Kündigungen. Den Betroffenen gehen die Kündigungen am 15. April zu:

(1) Carla Monti, 22 Jahre, seit 4 Jahren im Betrieb;

(2) Emil Huber, 30 Jahre, seit 7 Jahren im Betrieb und

(3) Hanna Schmidt, 42 Jahre, seit 20 Jahren im Betrieb.

Aufgabe:

Erläutern Sie, ab welchem Zeitpunkt diese Kündigungen rechtswirksam sind!

Lösung:[2]

(1) Carla Monti: Es gilt die Grundkündigungsfrist. Die Betriebszugehörigkeit wird erst ab dem 25. Lebensjahr berücksichtigt. Die Kündigung wird folglich am 15. Mai rechtswirksam.

(2) Emil Huber: Er ist ab dem 25. Lebensjahr 5 Jahre im Betrieb beschäftigt. Es gilt deshalb eine verlängerte Kündigungsfrist von 2 Monaten zum Monatsende. Die Kündigung ist frühestens zum 30. Juni rechtswirksam.

(3) Hanna Schmidt: Sie ist ab dem 25. Lebensjahr 17 Jahre im Betrieb beschäftigt. Für sie gilt eine Kündigungsfrist von 6 Monaten zum Monatsende. Es kann ihr also frühestens zum 31. Oktober rechtswirksam gekündigt werden.

(2) Vertragliche Kündigung

Die zwischen Mitarbeitern und Arbeitgebern vereinbarten Kündigungsfristen dürfen grundsätzlich **länger,** aber **nicht kürzer** als die gesetzlichen Kündigungsfristen sein.

---

1 Der Europäische Gerichtshof (EuGH) hat diese bisher im deutschen Arbeitsrecht geltende Vorschrift, Beschäftigungszeiten vor der Vollendung des 25. Lebensjahres bei der Berechnung der Kündigungsfrist nicht zu berücksichtigen, in seinem Urteil vom 19.01.2010 verworfen (Rechtssache C-555/07). Da diese Regelung jüngere Arbeitnehmer wegen ihres Alters benachteilige und somit gegen das Diskriminierungsverbot verstoße, sind deutsche Gerichte angewiesen, diese Regelungen in laufenden Prozessen vor Arbeitsgerichten nicht mehr anzuwenden. Außerdem muss der Gesetzgeber das deutsche Kündigungsrecht ändern.

2 Unter Berücksichtigung der Rechtsprechung durch den EuGH ergeben sich folgende Lösungen:
(1) 1 Monat zum Monatsende, also 31. Mai,
(2) unverändert,
(3) 30. November.

(3) Fristlose Kündigung (außerordentliche Kündigung)

Das Arbeitsverhältnis kann von jeder Vertragspartei ohne Einhaltung einer Kündigungsfrist gelöst werden, wenn ein wichtiger Grund vorliegt [§ 626 BGB]. Wenn der Betriebsrat nicht vor der Kündigung unterrichtet wird, ist diese **unwirksam.**

Beispiele:

Verstöße gegen die Schweigepflicht; Diebstahl; grobe Beleidigungen; Tätlichkeiten; Mobbing (soziale Isolierung von Kollegen durch üble Nachrede, Missachtung und Unterstellungen); ungerechtfertigte Arbeitsverweigerung.

(4) Abmahnung

Die Arbeitnehmer haben das Recht, **vor einer Kündigung** durch den Arbeitgeber eine **Abmahnung** zu erhalten.

Mit der rechtswirksamen – gesetzlich nicht geregelten – Abmahnung muss ein konkreter Vorfall oder ein bestimmtes Fehlverhalten des Mitarbeiters (z. B. fehlende unverzügliche Krankmeldung, unpünktlicher Arbeitsbeginn) missbilligt und der Mitarbeiter aufgefordert werden, dieses Fehlverhalten künftig zu unterlassen. Weiterhin müssen bei weiteren Verfehlungen der gleichen Art Rechtsfolgen (z. B. die Kündigung des Arbeitsverhältnisses) angedroht werden.

Die Abmahnung hat eine Hinweis- und Warnfunktion. Entbehrlich ist eine Abmahnung bei gravierenden Vertragsverletzungen (z. B. Diebstahl, Unterschlagung), die auch ein Grund zu einer fristlosen Kündigung sind. Auf eine Abmahnung kann dann verzichtet werden, wenn sie wenig Erfolg versprechend ist. Dies gilt insbesondere dann, wenn erkennbar ist, dass der Mitarbeiter nicht gewillt ist, seinen Arbeitsvertrag zu erfüllen.

3.4.2.3.3 Kündigungsschutz

(1) Allgemeiner Kündigungsschutz

Der allgemeine Kündigungsschutz schützt Arbeitnehmer vor **sozial ungerechtfertigter Kündigung,** wenn das Arbeitsverhältnis im gleichen Unternehmen ohne Unterbrechung länger als sechs Monate bestanden hat und das Unternehmen in der Regel mehr als zehn Arbeitskräfte (Auszubildende nicht mitgerechnet) beschäftigt.

Eine **sozial ungerechtfertigte Kündigung** ist **rechtsunwirksam.** Bei notwendigen Entlassungen müssen z. B. die Dauer der Betriebszugehörigkeit, das Lebensalter und die Unterhaltspflichten der Arbeitnehmer berücksichtigt werden [§ 1 III KSchG].

Beispiel:

Einem einzelnen Mitarbeiter am Fließband in einer Werkzeugfabrik mit 2000 Mitarbeitern wird mit der Begründung gekündigt, es läge Auftragsmangel vor.

Sozial gerechtfertigt ist eine Kündigung z. B. in folgenden Fällen [§ 1 II KSchG]:

Kündigungsgründe	Beispiele
Der Kündigungsgrund liegt in der **Person** des Arbeitnehmers.	Eine Buchhalterin ist nicht in der Lage, sich auf ein neues Softwareprogramm umzustellen. – Ein Mitarbeiter leidet unter einer schweren Krankheit, sodass er seine Arbeit auf Dauer nicht mehr ausführen kann.
Der Kündigungsgrund liegt im **Verhalten** des Arbeitnehmers.	Ein Mitarbeiter an einer Stanzmaschine produziert dauernd überdurchschnittlich viel Ausschuss. – Eine Kassiererin unterschlägt mehrere tausend Euro.
Die Kündigung ist durch **dringende betriebliche Erfordernisse** bedingt.	Personalabbau aufgrund von erforderlichen Rationalisierungsmaßnahmen. – Entlassungen aufgrund von nachhaltigem Auftragsmangel.

Der Personalabbau muss sozial gerecht verteilt werden. Die soziale Auswahl der zuerst zu entlassenden Beschäftigten darf z. B. nicht auf die Abteilung beschränkt werden, in der Personal eingespart werden soll.

(2) Besonderer Kündigungsschutz

Einen besonderen Kündigungsschutz genießen:

Auszubildende	Ihnen kann nach Ablauf der Probezeit während der Berufsausbildung nur aus einem wichtigen Grund gekündigt werden.
Betriebsratsmitglieder, Jugend- und Auszubildendenvertreter	Ihre Kündigung ist während ihrer Zugehörigkeit zum Betriebsrat bzw. zur Jugend- und Auszubildendenvertretung in der Regel unzulässig.
Frauen	Während der Schwangerschaft und bis zum Ablauf von vier Monaten nach der Entbindung besteht Kündigungsschutz.
Schwerbehinderte Menschen	Ihnen kann durch den **Arbeitgeber** ohne vorherige Zustimmung des Integrationsamtes nicht gekündigt werden. Die Kündigungsfrist beträgt mindestens vier Wochen.
Arbeitnehmer mit Elternzeit	Der Arbeitgeber darf das Arbeitsverhältnis ab 8 Wochen vor Beginn der Elternzeit und während der Elternzeit nicht kündigen.

3.4.2.3.4 Folgen des Arbeitsplatzverlustes für den Arbeitnehmer

(1) Stellenwert der (Erwerbs-)Arbeit

Da wir einen großen Teil unseres Lebens am Arbeitsplatz verbringen, hat die Arbeit einen prägenden Einfluss auf unsere Persönlichkeit. Einen Großteil unserer Bekannten und Freunde stammen aus diesem Umfeld. Wir nehmen uns wahr über unsere Qualifikation, unsere Leistung und unseren Verdienst.

Somit erfüllt die Arbeit eine ganze Reihe von psychosozialen[1] Aufgaben:

Stellenwert der (Erwerbs-)Arbeit

- Soziale (gesellschaftliche) Anerkennung.
- Regelmäßiges Einkommen, das im Regelfall die Teilhabe am gesellschaftlichen Leben (z.B. Kinobesuch, Smartphone-Gebrauch) gewährleistet.
- Ausgangspunkt für Bekanntschaften und Freundschaften.

- Stärkung des Selbstwertgefühls durch beruflichen Erfolg.
- Erweiterung von Fachwissen und Handlungskompetenz.
- Strukturierung der Tages- und Wochenabläufe sowie der gesamten Lebensplanung.

(2) Folgen des Arbeitsplatzverlustes

Verliert ein Arbeitnehmer seinen Arbeitsplatz, dann hat dies gravierende[2] Folgen:

- Plötzlich verliert er das regelmäßige, monatliche Einkommen.
- Er fürchtet um sein Ansehen bei den bisherigen Arbeitskollegen, in der Nachbarschaft, im Verein und in der Familie.
- Bei längerer Arbeitslosigkeit muss er mit Einschränkungen zurechtkommen in der Lebenshaltung, in der Urlaubsplanung, in der Wahl der Wohnung und des Kraftfahrzeugs.
- Bestehende feste Verpflichtungen kann er häufig nur durch Aufnahme von Schulden erfüllen. Dieser Möglichkeit sind jedoch sehr enge Grenzen gesetzt, da in diesem Fall die Banken ihre Kreditvergabe deutlich verringern.
- Minderwertigkeitsgefühle beeinträchtigen seine positive Selbstwahrnehmung *(„Andere sind für das Unternehmen wichtiger", „Warum gerade ich?").*
- Im Extremfall führt dies bei ihm bis hin zum sozialen Abstieg und der Aufgabe von Lebensentwürfen.

Mit dem Arbeitsplatzverlust ist für den Arbeitnehmer eine **emotionale[3] Berg- und Talfahrt** verbunden, die mit dem Trauerprozess beim Verlust eines nahen Angehörigen verglichen werden kann. Persönliche Stabilität, Grad der Qualifikation und gesamtwirtschaftliche Situation entscheiden darüber, wie lange dieser Prozess dauert.

1 **Psychologie:** Wissenschaft von den bewussten und unbewussten Vorgängen und Zuständen sowie deren Ursachen und Wirkungen.

2 **Gravierend:** schwerwiegend.

3 **Emotional:** gefühlsmäßig.

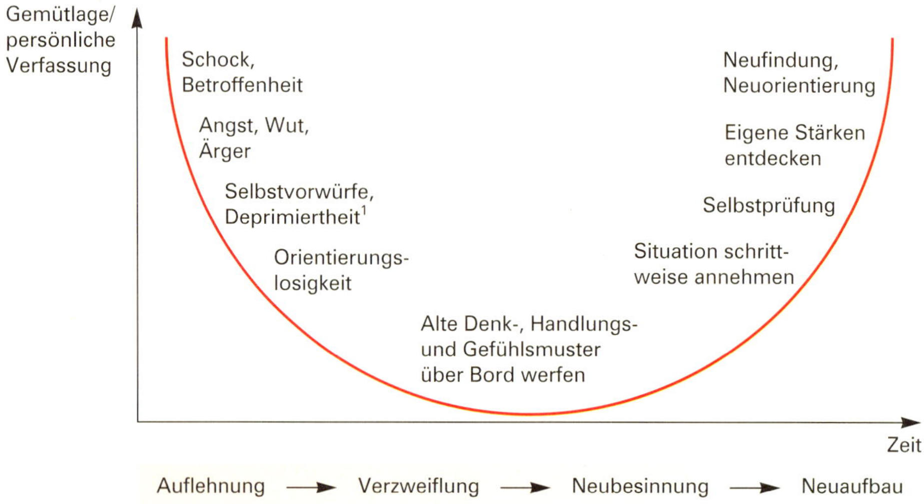

3.4.3 Möglichkeiten zur Vermeidung betriebsbedingter Kündigungen

3.4.3.1 Überblick über Maßnahmen zur Vermeidung betriebsbedingter Kündigungen

Zunächst wird die Geschäftsleitung versuchen, die Kündigung von Beschäftigungsverhältnissen zu vermeiden. Möglichkeiten sind:

- **Versetzung** zu anderen Produktionsstandorten.
- **Abbau von Überstunden.**
- **Teilung von Arbeitsplätzen,** d.h., zwei oder mehr Mitarbeiter, die bisher vollzeitbeschäftigt waren, teilen sich einen Arbeitsplatz **(Jobsharing).**
- **Teilzeitarbeit,** z.B. Halbtagsarbeit.
- **Gleitender Übergang in den Ruhestand** durch ein- oder mehrstufige Verkürzung der Arbeitszeit.
- **Einführung von Kurzarbeit** (vorübergehende Herabsetzung der üblichen betrieblichen Arbeitszeit).
- **Ausnutzung der Fluktuation,** indem freiwerdende Stellen (z.B. durch Kündigungen von Arbeitskräften, Pensionierungen, Tod) nicht mehr besetzt werden.
- **Vorzeitige Verrentung.**
- **Abschluss von Aufhebungsverträgen** (vertragliche Beendigung von Arbeitsverhältnissen, die i.d.R. mit der Zahlung von Abfindungen verbunden sind).

1 **Deprimiertheit**: Niedergeschlagenheit.

3.4.3.2 Flexibilisierung der Arbeitszeit

(1) Begriff Flexibilisierung der Arbeitszeit

Die **Flexibilisierung**[1] **der Arbeitszeit** ist eine Entkopplung der Arbeitszeiten der Mitarbeiter von den Betriebszeiten.

Beispiel:

Die Freiburger Plastikteile GmbH arbeitet 24 Stunden am Tag. Das Personal arbeitet in 3 Schichten von 06:00 Uhr bis 14:00 Uhr, von 14:00 Uhr bis 22:00 Uhr und von 22:00 Uhr bis 06:00 Uhr.

(2) Ziele der Arbeitszeitflexibilisierung

Die Ziele der Arbeitszeitflexibilisierung können unter drei Aspekten (Gesichtspunkten) betrachtet werden:

- **Individuelle Zielebene**

Auf der individuellen Zielebene geht es z.B. um die Anpassung der Arbeitszeit an die individuellen Bedürfnisse eines Mitarbeiters. Die Arbeitsmotivation nimmt zu, weil der Mitarbeiter seine Arbeitszeit freier gestalten kann.

Beispiel:

Franz Lohr arbeitet in der Forschungsabteilung eines Chemiewerkes. Er hat Gleitzeitarbeit, d.h., er kann seine tägliche Arbeitszeit innerhalb bestimmter Bandbreiten (Arbeitsbeginn 07:00 Uhr bis 09:30 Uhr, Arbeitsende 15:00 Uhr bis 17:30 Uhr) selbst bestimmen. Franz Lohr beginnt regelmäßig um 07:00 Uhr, damit er am Nachmittag noch seinen Hobbys nachgehen kann.

- **Betriebliche Zielebene**

Auf der betrieblichen Zielebene wird z.B. die Anpassung der Personalkapazität an einen möglicherweise schwankenden Bedarf, eine bessere Ausnutzung der Maschinen durch Ausdehnung der Laufzeiten sowie eine Reduzierung der Überstunden angestrebt.

Beispiel:

Die Geschäftsleitung der Maschinenfabrik Moosmann GmbH will die Maschinen besser ausnutzen. Sie möchte deswegen den Samstag als Regelarbeitstag einführen, für die Mitarbeiter jedoch die Fünftagewoche beibehalten. Es soll also ein rollierendes[2] Arbeitszeitsystem eingeführt werden, wobei die Mitarbeiter jeweils einen Arbeitstag in der Woche frei haben. Der freie Tag kann sich jeweils kontinuierlich vorwärts oder rückwärts weiterschieben.

- **Volkswirtschaftliche Zielebene**

Auf der volkswirtschaftlichen Ebene wird von der Flexibilisierung der Arbeitszeit ein Abbau der Arbeitslosigkeit erhofft, weil durch frei gewählte verkürzte Arbeitszeiten das gegebene Gesamtvolumen an Arbeit auf eine größere Zahl von Erwerbspersonen verteilt wird.

Beispiel:

Die Werkzeugfabrik Kessel GmbH beschäftigt mehrere Mitarbeiterinnen in Halbtagsarbeit, weil diese ihren familiären Verpflichtungen nachkommen wollen.

---

1 **Flexibel:** beweglich, anpassungsfähig.

2 **Rollieren:** nach bestimmten Zeitabständen regelmäßig wiederkehren.

3.4.3.3 Arbeitszeitmodelle

Flexibilisierung der Tagesarbeitszeit	■ **Gleitzeitarbeit** mit festen Kernstunden. ■ **Vertrauensarbeitszeit.** Die Mitarbeiter legen ihre Arbeitszeit (teilweise auch den Arbeitsort) eigenverantwortlich fest, um Aufgaben zu erfüllen und gegebene Ziele zu erreichen. Dieses Modell eignet sich besonders für Arbeiten im Projektbereich. ■ **Staffelarbeitszeit.** Den Mitarbeitern werden mehrere festgelegte Normalarbeitszeiten zur Wahl angeboten, z.B. entweder 08:30 Uhr bis 16:30 Uhr oder 09:30 Uhr bis 17:30 Uhr. ■ **Teilzeitarbeit** gibt es in verschiedenen Arten, z.B. als Halbtagsarbeit. ■ **Jobsharing** ist ein Arbeitszeitmodell, bei dem sich Mitarbeiter innerhalb einer vorgegebenen Arbeitszeit ihre individuelle Arbeitszeit in vom Arbeitgeber vorgegebenen Grenzen selbst einteilen. ■ **Individuelle Arbeitszeitverkürzung** oder **-verlängerung** mit oder ohne Lohnausgleich.
Flexibilisierung der Wochenarbeitszeit	■ **Teilzeitarbeit** (z.B. 3 oder 4 Tage je Woche) ■ **Rollierendes Arbeitszeitsystem.** Die Arbeitnehmer haben z.B. einen rollierenden freien Tag pro Arbeitswoche. Der freie Tag verschiebt sich wöchentlich entweder vorwärts oder rückwärts. ■ **Sonntags- und Feiertagsarbeit** mit Ruhetagen.
Flexibilisierung der Jahresarbeitszeit	■ **Sonderurlaub für Wochen oder Monate.** Diese sogenannten Sabbaticals[1] sind i.d.R. unbezahlte Urlaube. ■ **Saisonarbeit.** Diese kommt z.B. in Gärtnereien vor. ■ **Festlegung einer Gesamtjahresarbeitszeit mit variabler Verteilung auf Tage, Wochen und Monate.** Der Mitarbeiter hat ein „Arbeitszeitkonto", das nach Bedarf des Unternehmens oder nach den Bedürfnissen des Mitarbeiters mit wechselnden Tages-, Wochen- und/oder Monatsstunden „abgearbeitet" werden kann. ■ **Jährlicher Ausgleich der Mehrarbeit durch Verlängerung des Erholungsurlaubs.**
Flexibilisierung der Lebensarbeitszeit	■ **Frühverrentung.** ■ **Gleitender Übergang in den Ruhestand** durch eine ein- oder mehrstufige Verkürzung der Arbeitszeit (Teilzeitarbeit).
Schichtarbeit	Bei der Schichtarbeit wird die betriebliche Arbeitszeit auf Schichten aufgeteilt. Die einzelnen Schichten überlappen sich geringfügig, damit die Mitarbeiter Übergabegespräche führen können. Bei einem teilkontinuierlichen[2] Schichtbetrieb gibt es ■ das Zwei-Schichtsystem (z.B. Früh- und Spätschicht) und ■ das Drei-Schichtsystem (z.B. Früh-, Spät- und Nachtschicht). Für einen vollkontinuierlichen[3] Schichtbetrieb ist ein Vier- oder Fünf-Schichtsystem notwendig, damit die Mitarbeiter nicht mehr als 8 Stunden am Tag arbeiten.

1 **Sabbaticals** (engl.): kommt von Sabbat (hebr., gr., lat.) dem jüdischen Ruhetag (Samstag).
2 Es wird von Montag bis Freitag gearbeitet.
3 Es wird die ganze Woche, also auch am Wochenende und an Feiertagen, gearbeitet.

3.4.3.4 Teilzeitbeschäftigung

Teilzeitbeschäftigt ist ein Arbeitnehmer, dessen regelmäßige Wochenarbeitszeit kürzer ist als die eines vergleichbaren vollzeitbeschäftigten Arbeitnehmers [§ 2 TzBfG[1]].

Jeder Arbeitnehmer kann verlangen, dass seine vertragliche Arbeitszeit verringert wird, sofern sein Arbeitsverhältnis länger als 6 Monate bestanden hat. Der Arbeitnehmer hat dabei zunächst die freie Wahl, um wie viel er seine Arbeitszeit verringern und wie er die verbleibende Arbeitszeit verteilen will. Dieser **Anspruch auf Teilzeitarbeit** besteht jedoch nur, **soweit betriebliche Gründe nicht entgegenstehen** (z. B. wesentliche Beeinträchtigung der Organisation, der Arbeitsabläufe oder der Sicherheit des Unternehmens sowie bei Verursachung unverhältnismäßiger Kosten). **Gänzlich ausgeschlossen** bleiben Betriebe, die in der Regel **nicht mehr als 15 Arbeitnehmer** beschäftigen.

Teilzeitbeschäftigte dürfen nicht schlechter gestellt werden als Vollzeitbeschäftigteg (**Diskriminierungsverbot** [§ 4 TzBfG]).

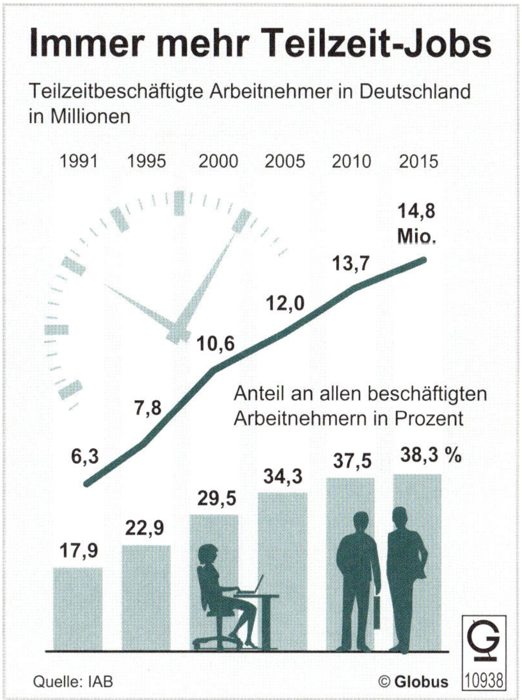

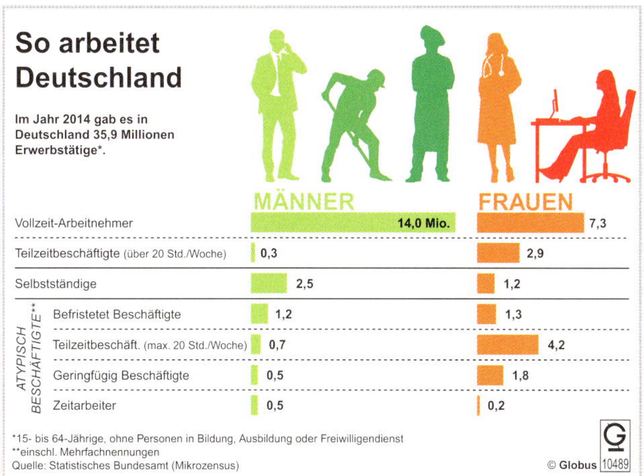

Den Entschluss eines Arbeitnehmers, seine Arbeitszeit zu verringern, unterstützt das TzBfG mit einer erleichterten Rückkehr zur verlängerten Arbeitszeit. Der Arbeitgeber muss dem Teilzeitbeschäftigten, der eine Verlängerung seiner vertraglich vereinbarten Arbeitszeit beantragt hat, bevorzugt berücksichtigen, es sei denn, dass **dringende betriebliche Gründe oder Arbeitszeitwünsche anderer teilzeitbeschäftigter Arbeitnehmer** entgegenstehen [§ 9 TzBfG].

1 **TzBfG:** Gesetz über Teilzeitarbeit und befristete Arbeitsverträge (Teilzeit- und Befristungsgesetz).

3.4.3.5 Befristete Arbeitsverträge

Befristet ist ein Arbeitsvertrag dann, wenn seine Dauer kalendermäßig bestimmt ist **(Zeitbefristung)** oder sich aus Art, Zweck oder Beschaffenheit der Arbeitsleistung ergibt **(Zweckbefristung)** [§ 3 TzBfG].

Für befristet beschäftigte Arbeitnehmer gilt ebenfalls das **Diskriminierungsverbot,** d.h., sie dürfen nicht ohne sachlichen Grund schlechtergestellt werden als ihre unbefristet beschäftigten Kollegen [§ 4 II TzBfG]. Alle Befristungen eines Arbeitsvertrags bedürfen zu ihrer Wirksamkeit der **Schriftform** [§ 14 IV TzBfG].

Liegt **kein sachlicher Grund** für die kalendermäßige Befristung eines Arbeitsvertrags vor, so ist die Befristung **bis zur Dauer von 2 Jahren** zulässig [§ 14 II, S. 1 TzBfG][1] und darf, wenn die Vertragsdauer insgesamt unter dieser Höchstgrenze bleibt, höchstens **3-mal verlängert** werden [§ 14 II TzBfG]. Ohne sachlichen Grund ist eine Befristung des Arbeitsvertrages bis zu einer Dauer von 5 Jahren möglich, wenn der Arbeitnehmer bei Beginn des befristeten Arbeitsverhältnisses das 52. Lebensjahr vollendet hat [§ 14 III TzBfG]. Höchstdauer und Zahl der möglichen Verlängerungen können durch tarifliche Vereinbarung abgeändert werden. In allen anderen Fällen sind Befristungen nur wirksam, wenn dafür ein sachlicher Grund vorliegt. In § 14 I, S. 1, Nr. 1–8 TzBfG sind einige Sachgründe aufgeführt.

Ein kalendermäßig befristeter Arbeitsvertrag endet mit Ablauf der vereinbarten Zeit, ein zweckbefristeter mit Erreichen des Zwecks, frühestens jedoch 2 Wochen nach Zugang der schriftlichen Unterrichtung des Arbeitnehmers durch den Arbeitgeber über den Zeitpunkt der Zweckerreichung [§ 15 I, S. 2 TzBfG].

3.4.3.6 Personalleasing

Eine weitere Möglichkeit der Arbeitszeitflexibilisierung ist das **Personalleasing** (Arbeitnehmerüberlassung, Leiharbeit, Zeitarbeit, Personalleihe). Gewerbsmäßige Zeitarbeitsunternehmen (Verleiher) überlassen anderen Unternehmen (den Entleihern) Arbeitskräfte. Der Arbeitsvertrag wird zwischen dem Verleiher und den Arbeitskräften abgeschlossen. Der Verleiher schließt mit dem Entleiher einen Arbeitnehmerüberlassungsvertrag ab. Das entleihende Unternehmen zahlt an den Verleiher die vereinbarten Gebühren.

Zusammenfassung

- **Personal-Controlling** beinhaltet sowohl die Bewertung der Leistung einer Arbeitskraft als auch der Arbeit der Personalabteilung selbst.
- **Operatives Personal-Controlling** orientiert sich am Tagesgeschäft und benutzt tendenziell „harte" Instrumente, wie z.B. Kennzahlen oder Indizes.
- Aufgabe des **strategischen Personal-Controllings** besteht darin, die Personalplanung mit der Unternehmensplanung zu koordinieren.

1 Das gilt nach § 14 II, S. 2 TzBfG **nicht,** wenn mit demselben Arbeitgeber **bereits zuvor** ein befristetes oder unbefristetes **Arbeitsverhältnis bestanden** hat. Allerdings ist die Befristigung möglich, wenn das **vorherige Arbeitsverhältnis länger als 3 Jahre zurückliegt** (BAG Urteil vom 06.04.2011, 7 AZR 716/09).

- Der Personalwirtschaft kommt auch die Aufgabe zu, den Personalbestand durch **Personalfreisetzungen** an die wirtschaftliche Entwicklung des Unternehmens anzupassen.
- Ein Arbeitsverhältnis kann durch **Vertragsablauf, Aufhebungsvertrag** oder **Kündigung** beendet werden.
- Der **Aufhebungsvertrag** ist ein **Vertrag zwischen Arbeitnehmer** und **Arbeitgeber,** der das **Arbeitsverhältnis** zu einem **bestimmten Zeitpunkt** beendet.
- Die **Kündigung** eines **Arbeitsvertrags** bedarf zur Rechtswirksamkeit der **Schriftform.** Die elektronische Form ist ausgeschlossen. Sie muss zur Gültigkeit als einseitiges Rechtsgeschäft dem **Vertragspartner rechtzeitig zugehen.**
- Bei der Kündigung eines Arbeitsverhältnisses unterscheiden wir die **gesetzliche** und die **vertragliche Kündigungsfrist.** Liegt ein wichtiger Grund vor, kann die Kündigung auch **fristlos** erfolgen.
- Wer länger als sechs Monate ohne Unterbrechung in einem Betrieb mit regelmäßig mehr als zehn Arbeitnehmern (Auszubildende nicht mitgerechnet) gearbeitet hat, genießt einen **allgemeinen Kündigungsschutz** gegen eine sozial ungerechtfertigte Kündigung.
- Einen **besonderen Kündigungsschutz** genießen z.B. Auszubildende, Betriebsratsmitglieder, Jugend- und Auszubildendenvertreter, werdende Mütter, schwerbehinderte Menschen und Arbeitnehmer während der Elternzeit.
- Die **negativen Wirkungen betriebsbedingter Kündigungen** lassen sich unter Umständen **vermeiden,** wenn im Vorfeld Gegenmaßnahmen getroffen werden. Hierzu gehören u.a.:
  - Weiterqualifizierung der Mitarbeiter
  - Unternehmensinterne bzw. unternehmensweite Stellenausschreibungen
  - Unternehmensexterne Stellenausschreibungen
  - Individuelle Wahl der Arbeitszeit bzw. Teilzeitarbeit
  - Vermeidung von Überstunden
  - Vorruhestand
  - Weiterbeschäftigung der Mitarbeiter in einer niedrigeren Vergütungsgruppe.
- Ziel der **Arbeitszeitflexibilisierung** ist eine Entkopplung der Arbeitszeiten der Mitarbeiter von den Betriebszeiten der Arbeitsplätze und der Maschinen.
- Die verschiedenen **Flexibilisierungsmodelle** (Arbeitszeitmodelle) unterscheiden sich vorwiegend in der Zeitspanne, in welcher der Mitarbeiter dem Unternehmen fest zur Verfügung steht – angefangen von einer Flexibilisierung der Tagesarbeitszeit bis zur Flexibilisierung der Lebensarbeitszeit.
- Beim **Personalleasing** überlassen gewerbsmäßige Zeitarbeitsunternehmen Arbeitskräfte an andere Unternehmen. Der Arbeitsvertrag wird zwischen Verleiher und Arbeitskraft geschlossen. Der Verleiher schließt mit dem Entleiher einen Arbeitnehmerüberlassungsvertrag.

Übungsaufgaben

16 Operatives und strategisches Controlling, Arbeitszeitflexibilisierung

1. Beschreiben Sie die generelle Zielsetzung des Personal-Controllings!
2. Stellen Sie den grundsätzlichen Unterschied zwischen dem operativen und dem strategischen Personal-Controlling dar!

7 Speth u.a. - ISBN 978-3-8120-0576-0

3. Entwickeln Sie Vorschläge für Kennzahlen zum operativen Controlling im Rahmen der Personalführung und der Personalentwicklung!
4. Nennen und beschreiben Sie Maßnahmen, die im Vorfeld dazu geeignet sind, betriebsbedingte Kündigungen zu vermeiden!
5 Analysieren Sie die auf S. 94 genannten Arbeitszeitmodelle im Hinblick auf ihre Eignung, zusätzliche Arbeitsplätze zu schaffen!
6. Beschreiben Sie anhand der Flexibilisierung der Jahresarbeitszeit jeweils zwei Vor- und Nachteile der Arbeitszeitflexibilisierung!

17 Stellungnahme zu Kündigungen, sozial gerechtfertigte bzw. ungerechtfertigte Kündigungen

1. Die Rheinlandmöbel GmbH produziert und verkauft Möbel aller Art. Dort arbeiten 40 Mitarbeiter, welche sich auf 30 Vollzeitstellen verteilen und vier Auszubildende.

   Aufgabe:

   Nehmen Sie Stellung zu den folgenden Kündigungen!

   1.1 Andrea Costa ist 30 Jahre alt, ledig und kinderlos. Seit acht Jahren ist sie in der Abteilung Verkauf tätig. Seit einem Bandscheibenvorfall vor zwei Jahren fehlte sie an insgesamt 156 Arbeitstagen. Mit einer Verbesserung des Gesundheitszustandes ist nicht zu rechnen. Ihr häufiges Fehlen verursacht ständig Kosten, da häufig die Personalplanung abgeändert werden muss, auch sind sehr viele Kunden verärgert, da Vorgänge durch ihre Krankheit nicht termingerecht bearbeitet wurden.

   1.2 Ulrich Haller ist 42 Jahre alt, verheiratet und hat drei kleine Kinder. Er gehört der Schwarzwaldmöbel GmbH seit sieben Jahren an und ist in der Abteilung Verkauf beschäftigt. Insgesamt zeigt er gute fachliche Leistungen. Da er aber bereits zum dritten Mal eine unzulässig lange Mittagspause (über drei Stunden) gemacht hat, kündigt ihm sein Arbeitgeber hierauf. Sein Arbeitgeber hatte ihm bis zu diesem Zeitpunkt keine Abmahnung ausgesprochen.

   1.3 Jürgen Schöllkopf ist 53 Jahre alt, verwitwet und hat vier Kinder. Er arbeitet seit 25 Jahren in der Rechnungserstellung. Aufgrund der Einführung einer vernetzten Auftragsabwicklung entfällt sein Arbeitsplatz, deshalb kündigt ihm sein Arbeitgeber. Mit ihm in der Rechnungserstellung arbeitet noch Herr Munz (29 Jahre, ledig, seit drei Jahren im Betrieb, sehr gute Leistungen).

   1.4 Helga Wöhrle ist 25 Jahre alt, ledig. Sie ist seit acht Monaten in der Abteilung Controlling tätig. Bisher hat sie stets gute Leistungen gezeigt. Sie verhält sich stets korrekt und erledigt die ihr gegebene Arbeit. Ihr Vorgesetzter, Oliver Bibel, kommt mit ihr als Person nicht klar, d.h., er findet sie unsympathisch. Deshalb soll ihr gekündigt werden.

2. Dem Mitarbeiter Albert Schön wurde fristgemäß zum 30. September gekündigt. Albert Schön hält die Kündigung für sozial ungerechtfertigt.

   2.1 Erläutern Sie, wann eine Kündigung als sozial ungerechtfertigt bezeichnet wird!

   2.2 Recherchieren Sie, an welches Gericht sich Albert Schön wenden kann, wenn die Kündigung vom Arbeitgeber nicht zurückgenommen wird!

3. Dem zwanzigjährigen Kevin Bär, der seit einem Jahr bei der Kniebis KG beschäftigt ist, wird zum 31. Dezember gekündigt. Es ist davon auszugehen, dass die Kündigung sozial gerechtfertigt ist.

   3.1 Ermitteln Sie den Tag, an dem der Arbeitgeber spätestens kündigen muss!

   3.2 Erläutern Sie, warum die Kündigung begründet werden muss!

   3.3 Stellen Sie dar, was Kevin Bär gegen die Kündigung unternehmen könnte!

   3.4 Nennen Sie zwei Gründe für eine fristlose Entlassung eines Mitarbeiters!

3.5 Kevin Bär erhielt rechtzeitig eine Abmahnung. Erklären Sie, was hierunter zu verstehen ist!

3.6 Bilden Sie einen Fall, bei dem eine Abmahnung entbehrlich ist!

4. Die Umsatzerwartungen der Werkzeugfabrik Philip Leber OHG haben sich nicht erfüllt. Die Philip Leber OHG muss sich betriebsbedingt von zwei Mitarbeitern trennen. Sie werden beauftragt zu klären, ob in den folgenden Fällen eine Kündigung durch das Unternehmen rechtswirksam erfolgen kann und welche Fristen zu beachten sind.

   Aufgaben:

   4.1 Auszubildender Ingo ist im zweiten Ausbildungsjahr zum Industriekaufmann.

   4.2 Eva Möhrle ist seit einem Jahr im Unternehmen. Sie hat eine ärztliche Bescheinigung über eine Schwangerschaft vorgelegt.

   4.3 Jens Holder, 34 Jahre, alleinstehend, ist seit 10 Jahren im Unternehmen.

   4.4 Charlotte Groß, 32 Jahre, verheiratet, keine Kinder, ist seit einem Jahr im Unternehmen.

   4.5 Philip Leber will auch Kira Hübner, 28 Jahre, alleinerziehend, 2 Kinder, seit 2 Jahren im Unternehmen, kündigen.

5. Die Mitarbeiterin Franziska Müller (28 Jahre; 5 Jahre im Unternehmen) will zum 30. Juni kündigen.

   Aufgaben:

   5.1 Ermitteln Sie ihre Kündigungsfrist!

   5.2 Geben Sie das Datum an, an dem die Kündigung dem Arbeitgeber spätestens vorliegen muss!

   5.3 Franziska Müller kündigt am 30. Mai. Geben Sie an, wann ihr letzter Arbeitstag ist!

   5.4 Dem Mitarbeiter Fabian Specht wurde fristgemäß zum 30. September gekündigt. Fabian Specht hält die Kündigung für sozial ungerechtfertigt.

   Nennen Sie die Gründe, bei denen eine Kündigung als sozial ungerechtfertigt bezeichnet wird!

6. Manuel Krimmer, 35 Jahre alt, seit 10 Jahren als Lagerist beschäftigt, nimmt sich viele Freiheiten heraus. Wiederholt hat er schon vor dem Ende der regulären Arbeitszeit (18:00 Uhr) seinen Arbeitsplatz ohne Rücksprache mit dem Vorgesetzten vorzeitig verlassen. So wieder am Freitag letzter Woche (19. Mai 20..), wo er bereits um 16:30 Uhr nicht mehr auffindbar war. Frauke Stark, die Personalleiterin, bat ihn im Rahmen eines Gesprächs, das am Montag, 22. Mai 20.. stattfand, um eine Erklärung. Manuel Krimmer hatte für sein Verhalten aber keine annehmbare Begründung. Nach Rücksprache mit dem Lagerleiter und dem Betriebsrat entscheid sich Frauke Stark, Manuel Krimmer eine Abmahnung zu erteilen.

   Aufgabe:

   Formulieren Sie eine Abmahnung für Frauke Stark!

3.5 Öko-Controlling

3.5.1 Begriff und Ziele des Öko-Controllings

(1) Begriff

Das Öko-Controlling bezieht sich auf alle umweltschutzbezogenen Aspekte im Unternehmen. Es hat deshalb die Aufgabe, ökologische Aspekte in den betrieblichen Entscheidungsprozess zu integrieren.

Das **Öko-Controlling** umfasst die Planung, Steuerung und Kontrolle sämtlicher umweltrelevanter Unternehmensstrategien.

(2) Ziele

Umweltbelastungen durch die Unternehmung sollen erkannt, reduziert oder vermieden werden durch

- die Erfassung der Wirkung des unternehmerischen Handelns auf die Umwelt,
- das Feststellen von umweltrelevanten Schwachstellen,
- eine strukturierte und organisierte Erfassung aller relevanten Informationen und
- das Entwickeln von geeigneten Strategien und ihrer Umsetzung (Implementierung) in Unternehmensentscheidungen.

Beispielhaft für die Erfassung und Reduzierung von Umweltbelastungen werden im Folgenden die **Ökobilanz** sowie **Kennzahlen für das ökologische Controlling** vorgestellt.

3.5.2 Input-Output-Bilanz (Ökobilanz)

(1) Grundlegendes

Alle aus- und eingehenden Ströme von Materialien, Rohstoffen, Fertigwaren, Produkten, Emissionen, Schadstoffen werden im Rahmen der EU-Öko-Audit-Verordnung oder durch ein betriebseigenes Erfassungssystem festgehalten. Es handelt sich hierbei um eine umweltorientierte, stetig fortzuführende Rechnung, die nicht abgeschlossen wird.

Input	Output
I. Stoffe	**I. Produkte**
1. Rohstoffe	**II. Stoffliche Emissionen**
2. Hilfsstoffe	1. Abfall
3. Betriebsstoffe	2. Abwasser
4. ...	3. ...
II. Energien	**III. Energetische Emissionen**
1. gasförmig	1. Abwärme
2. flüssig	2. Lärm
3. ...	

(2) Beispiel für eine Input-Output-Bilanz (Ökobilanz)

Vereinfachte Ökobilanz der Brauerei AG[1]

Input		31. Dezember 20..		Output
1. Rohstoffe			**1. Hauptprodukte**	
Quellwasser	93210 hl		Bier, ökologisch	39991 hl
Hopfen, ökologisch	16 t		Bier, konventionell	24689 hl
Gerste, ökologisch	1663 t		Alkoholfreie Getränke	24650 hl
Gerste, konventionell	41 t		**2. Nebenprodukte**	
Weizen, ökologisch	419 t		Malz, ökologisch	460 t
Weizen, konventionell	78 t		Hopfen, sortiert	1 t
Limonadengrundstoffe	272 t		**3. Abwasser**	38680 m³
Kohlensäure (flüssig)	68 t		**4. Reststoffe**	
2. Hilfsstoffe			Verwertbare Abfälle	2020 t
Kronenkorken	10975000 St		Sondermüll	5 t
Schraubverschlüsse	3500000 St		Restmüll	431 t
Neue Flaschen	653000 St		**5. Abgase der Feuerungsanlagen**	
Etikettenleim	5225 kg		Wasserdampf	2464 t
Etikettensätze	14475000 St		Staub/Ruß	102 kg
Getränkekisten	26595 St		CO	23 kg
Holzpaletten	500 St		CO_2	1110 t
Kühlmittel	0 kg		SO_2	539 kg
3. Betriebsstoffe			No_x	898 kg
Schmierstoffe	1712 kg		**6. Abwärme**	k.A.
Filtermittel (Kieselgur)	15 t		**7. Lärm**	k.A.
Reinigungs-/Desinfektionsmittel	62 t			
4. Energie				
Strom	1235260 kWh			
Wärme	4877350 kWh			
5. Brauchwasser	60121 m³			

Ergänzende Angaben:

- Die Brauerei AG füllt die Getränke ausschließlich in Mehrwegflaschen und -fässer ab. Der durchschnittliche Verpackungsanteil am Produktgewicht liegt bei branchenüblichen 49 %.
- Die produzierten Getränke wurden durch eigene Lastzüge ausgefahren. Die Fahrzeuge legten dabei 4,3 Mio. km zurück.

Die Ökobilanzen können – wie das folgende Beispiel zeigt – offenlegen, welche Güter in welchen Mengen für die Produktion einzelner Produkte und Produktionsprogramme eingesetzt werden müssen und wie diese Einsatzstoffe sowie die hergestellten Fertigerzeugnisse und Emissionen (Nebenprodukte) die Umwelt (z.B. die Gewässer, die Luft und Böden) belasten.

1 Aus Vereinfachungsgründen wird die Umweltbeanspruchung durch das betriebsbedingte Anlagevermögen (z.B. versiegelte Grundfläche) nicht berücksichtigt.

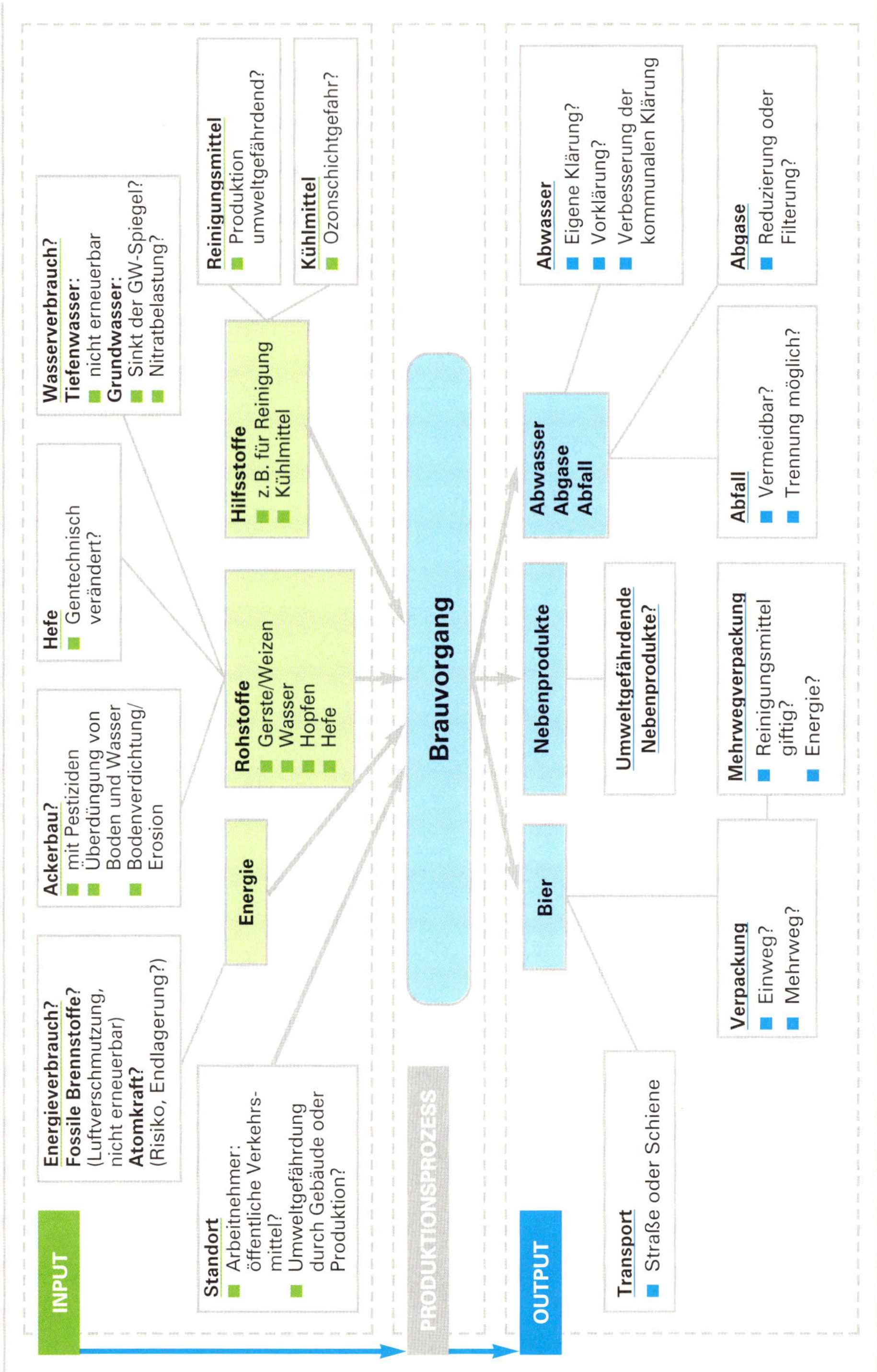

Commerzbank (Hrsg.): Ökologisches Management, Frankfurt/M. o.J., S. 7.

3.5.3 Ökologische Kennzahlen

(1) Begriff ökologische Kennzahl

Für Informationen, die Aufschluss über die Folgen des betrieblichen bzw. des volkswirtschaftlichen Handelns auf die Umwelt geben, sind Kennzahlen unabdingbar. Ökologische Kennzahlen können volkswirtschaftlich für einzelne Betriebe, ganze Branchen oder Regionen verwendet werden. Sie erfassen quantitative Sachverhalte in konzentrierter Form. Informationen zur Erstellung der Kennzahlen erhält das Controlling aus der Kostenrechnung und der Buchführung. Kennzahlen können absolut sein (z.B. Gesamtenergieverbrauch), sie können aber auch relativ sein in Bezug zu einer weiteren Größe (z.B. Abfallquote).

Ökologische Kennzahlen sind Orientierungshilfen für Umweltschutzmaßnahmen, die z.B. Auskunft über bestimmte Umweltwirkungen geben und die Aussagefähigkeit der betrieblichen Umweltberichterstattung erhöhen können.

(2) Ökologische Kennzahlen zum Beispiel der Input-Output-Bilanz von S. 101

$$\text{Materialausbeute} = \frac{\text{Ausbringungsmenge} \cdot 100}{\text{eingesetzte Rohstoffmenge}} = \frac{9\,394\,000 \text{ kg} \cdot 100}{11\,878\,000 \text{ kg}} = \underline{\underline{79\,\%}}$$

Hinweise:

Ausbringungsmengen:[1]

Bier, ökologisch	3 999 100 kg
Bier, konventionell	2 468 900 kg
Alkoholfreie Getränke	2 465 000 kg
Malz, ökologisch	460 000 kg
Hopfen, sortiert	1 000 kg
	9 394 000 kg

Eingesetzte Rohstoffmengen:

Quellwasser	9 321 000 kg
Hopfen, ökologisch	16 000 kg
Gerste, ökologisch	1 663 000 kg
Gerste, konventionell	41 000 kg
Weizen, ökologisch	419 000 kg
Weizen, konventionell	78 000 kg
Limonadengrundstoff	272 000 kg
Kohlensäure (flüssig)	68 000 kg
	11 878 000 kg

$$\text{Abfallquote} = \frac{\text{Abfallgewicht} \cdot 100}{\text{Gesamtproduktgewicht}} = \frac{2\,456\,000 \text{ kg} \cdot 100}{9\,394\,000 \text{ kg}} = \underline{\underline{26\,\%}}$$

$$\text{Energiekennzahl} = \frac{\text{eingesetzte Energiemenge} \cdot 100}{\text{Produktionsmenge}} = \frac{6\,112\,610 \text{ kWh} \cdot 100}{9\,394\,000 \text{ kg}} = \underline{\underline{0{,}65 \text{ kWh/kg}}}$$

$$\text{Wasserkennzahl} = \frac{\text{Brauchwassermenge}}{\text{Produktionsmenge}} = \frac{60\,121\,000 \text{ l}}{9\,394\,000 \text{ kg}} = \underline{\underline{6{,}4 \text{ l/kg}}}$$

$$\text{Verpackungskennzahl} = \frac{\text{Verpackungsgewicht} \cdot 100}{\text{Gewicht der verpackten Produkte}} = \text{ca. } \underline{\underline{50\,\% \text{ (Getränkeindustrie)}}}$$[2]

$$\text{Logistikkennzahl} = \text{Transportkilometer der ausgelieferten Produkte} = \underline{\underline{4{,}3 \text{ Millionen Kilometer}}}$$

1 Ein Liter Bier wird mit einem Kilogramm gleichgesetzt.

2 Die Input-Output-Bilanz liefert wegen des Mehrwegsystems hier keine geeigneten Daten.

(3) Weitere absolute und relative Kennzahlen für das ökologische Controlling

Absolute Kennzahlen

Kennzahlenart	Kennzahl
Energiekennzahl	Gesamtenergieverbrauch
Abluftkennzahl	Schwefeldioxid, Kohlenmonoxid etc.
Wasser- und Abwasserkennzahlen	Einsatzmengen einzelner Wasserarten (z. B. Trinkwasser, Grundwasser, Brauchwasser, ...)
	Mengen der Abwasserarten (z. B. Prozesswasser, Kühlwasser, Sanitärwasser, ...)
Materialkennzahlen	Rohstoffmenge
	Problemstoffmenge
Abfallkennzahlen	Abfallkennzahlen gegliedert nach Wertstoffen, Gewerbeabfällen, Sonderabfällen

Relative Kennzahlen

Kennzahlenart	Kennzahl
Energiekennzahl	$\text{Energieintensität} = \frac{\text{Energieeinsatz}}{\text{Arbeitseinsatz oder Kapitaleinsatz}}$
Übergeordnete Kennzahlen	$\text{Umweltproduktivität} = \frac{\text{Produktionsergebnis}}{\text{Umweltverbrauch}}$
	$\text{Umweltelastizität} = \frac{\text{Umweltverbrauchsänderung}}{\text{Änderung einer monetären Größe (z. B. Cashflow)}}$
	$\text{Umweltintensität} = \frac{\text{Umweltverbrauch}}{\text{Arbeitseinsatz oder Kapitaleinsatz}}$
Materialkennzahlen	$\text{Rohstoffeinsatzquote} = \frac{\text{Rohstoffeinsatz}}{\text{Materialeinsatz}}$
	$\text{Problemstoffeinsatzquote} = \frac{\text{Problemstoffeinsatz}}{\text{Materialeinsatz}}$
Abfallkennzahlen	$\text{Abfallquote} = \frac{\text{Abfallmenge}}{\text{Materialeinsatz}}$

Input-Output-Bilanzen (Ökobilanzen) und **ökologische Kennzahlen** fördern die Erkenntnis, dass sich das ökonomische Interesse an Kostenverringerung und das ökologische Interesse an sparsamen Ressourcenverbrauch ergänzen.

Zusammenfassung

- Öko-Controlling liefert **Kennzahlen** zur Steuerung und Kontrolle der für den Umweltschutz bedeutsamen Ziele, Strategien und Maßnahmen des Unternehmens.
- Öko-Controlling will die **Umweltleistung** des Unternehmens verbessern und diese Verbesserung durch entsprechende Daten gegenüber der Gesellschaft nachweisen.
- Wichtige operative Instrumente des Öko-Controllings sind die **Input-Output-Bilanz (Ökobilanz)** sowie die **ökologischen Kennzahlen.**

Übungsaufgabe

18 Notwendigkeit, Ziele und Nutzen des Öko-Controllings, Umweltkennzahlen erläutern und berechnen

1. 1.1 Erläutern Sie die Notwendigkeit für ein Öko-Controlling!
   1.2 Erläutern Sie, in welcher Phase der Planung im Unternehmen das Öko-Controlling ansetzen sollte! Belegen Sie dies mit einem Beispiel!
   1.3 Nennen Sie zwei Ziele des Öko-Controllings!

2. 2.1 Nennen Sie jeweils zwei absolute und zwei relative ökologische Kennzahlen!
   2.2 Beschreiben Sie, welchen Nutzen Kennzahlen für das Öko-Controlling haben!

3. 3.1 Die Strumpf AG hat sich auf Beinbekleidungen spezialisiert. Sie sieht ein verbessertes Markenimage durch den Nachweis einer umweltschonenden Produktion und veröffentlichte deshalb folgende Input-Output-Bilanz:

Input		**Vereinfachte Input-Output-Bilanz der Strumpf AG**	Output
1. Rohstoffe		1. Produkte	
1.1 Wollgarne	480 000	1.1 Socken (kg)	469 000
1.2 Polyamid bunt (kg)	220 000	1.2 Strumpfhosen (kg)	307 600
1.3 Polyamid reinw. (kg)	109 000	2. Verpackungen	
2. Hilfsstoffe		2.1 Produktverpackung (kg)	6 300
2.1 Farbstoff (kg)	12 000	2.2 Transportverpackung (kg)	4 300
2.2 Hilfsmittel (kg)	31 700	3. Abgänge	
2.3 Öle etc. (kg)	1 200	3.1 Mehrwegbehälter (kg)	15 600
2.4 Verpackungsmat. (kg)	10 600	3.2 Wertstoff (kg)	57 600
3. Betriebsstoffe (kg)	745 000	3.3 Müll (kg)	4 900
4. Energie (kWh)	30 958 000	4. Abwasser	
5. Brauchwasser (kg)	116 154 000	4.1 Klärwerk (kg)	92 781 000
		4.2 Rückgewinnung (kg)	9 200 000
		4.3 Dampf (kg)	18 282 000
		5. Abgase	k. A.

Aufgabe:

Ermitteln Sie die Energie-, Wasser- und Verpackungskennzahl sowie die Abfallquote!

3.2 3.2.1 Wenn die Menschen sich aus den Wechselwirkungen zwischen ihrer natürlichen und künstlichen Umwelt (Zivilisation) ergebenden ökologischen Probleme erfolgreich lösen wollen, dann müssen auch das Ökosystem und der Umweltschutz Gegenstand eines Informationssystems sein. Nehmen Sie Stellung zu dieser Aussage!

3.2.2 Beurteilen Sie, warum die Banken in steigendem Maße von ihren Kreditnehmern auch Umweltinformationen verlangen!

3.2.3 Erläutern Sie, warum bisher keine Input-Output-Bilanzen rechtsverbindlich vorgeschrieben werden!

3.2.4 Ein großes Problem der betrieblichen umweltbezogenen Kommunikationspolitik ist die Glaubwürdigkeitsproblematik.

3.2.4.1 Erläutern Sie diese Aussage!

3.2.4.2 Unterbreiten Sie einen Vorschlag, wie die Glaubwürdigkeit ökologieorientierter Kommunikationen erreicht bzw. verbessert werden kann!

3.2.5 Erläutern Sie folgende Umweltkennzahlen:

3.2.5.1 $\text{Umweltintensität der menschlichen Arbeit} = \frac{\text{Umweltverbrauch}}{\text{Arbeitseinsatz}}$

3.2.5.2 $\text{Umweltintensität des Realkapitaleinsatzes} = \frac{\text{Umweltverbrauch}}{\text{Kapitaleinsatz}}$

4 Aktuelle Veränderungen des Produktionsprozesses

Die bevorstehenden großen Veränderungen der nächsten Jahrzehnte und ihr voraussichtlicher Einfluss auf unser Privatleben, die Gesellschaft, die Arbeitswelt, die Erzeugnisse und die Produktionsprozesse vollziehen sich überwiegend noch außerhalb unseres Wahrnehmungsfeldes. Noch sind wir nicht direkt betroffen. Aber wir können die Dimensionen erahnen.

Nachfolgend finden Sie den Auszug aus einem Artikel der WirtschaftsWoche (Nr. 7 vom 12.02.2007) über die technischen, geopolitischen und gesellschaftlichen Megatrends des 21. Jahrhunderts.[1]

Sachverhalt

Versetzen Sie sich in die Rolle eines leitenden Mitarbeiters in einem modernen Industrieunternehmen. Die Geschäftsleitung will eine Vision über die strategische Ausrichtung des Unternehmens entwickeln. Hierzu sind Vertreter aus den Bereichen

- Informationstechnik und Kommunikation,
- Beschaffung,
- Produktion einschließlich Produktentwicklung,
- Vertrieb,
- Personalwirtschaft

eingeladen.

Entscheiden Sie sich für einen dieser Bereiche. Lesen Sie den nachfolgenden Artikel und erweitern Sie ggf. Ihre Informationen durch eine Recherche im Internet.

1 Durch die verkürzte Wiedergabe waren geringfügige Umformulierungen erforderlich.

Blick in die Zukunft

Megatrend Internet

Es wird weltweit ausgebaut, es wird mobil und fügt sich als eine Art unsichtbarer Service in den Alltag ein – so das Fazit einer im September veröffentlichten Studie des Pew Internet & American Life Project.

Die Mehrzahl der Experten ist optimistisch und erwartet ein kostengünstiges Internet. Zwar wird der Informationsgraben zwischen den entwickelten Ländern und der Dritten Welt in so kurzer Zeit nicht überwunden. Doch das Internet wird helfen, Talente in benachteiligten Regionen zu entdecken, sie einzubinden, und besseren Zugriff auf die Informationsschätze der Welt geben. Erstmals in der Geschichte der Menschheit wird sich damit der gesamte Pool an Intelligenz und Kreativität für Innovationen nutzen lassen.

Über das Internet verbundene Gegenstände, gekoppelt mit unerschöpflichem Speicherplatz und an menschliche Intelligenz heranreichende Analysesoftware, bereiten den Weg für neue, smarte Maschinen in Form von Robotern. Diese können nicht nur im Internet effizient nach den gerade benötigen Informationen suchen – sondern sie auch erstmals deuten. „Sie werden unsere Lebensqualität verbessern und uns von stumpfsinniger Plackerei befreien", glaubt Rob Atkinson von der Information Technology & Innovation Foundation, einem IT-Think-Tank in Washington.

Das positive Szenario lautet: Der technische Fortschritt wird vor allem den Einwohnern der entwickelten Staaten in den kommenden Jahrzehnten das Arbeiten und Leben erleichtern. Er wird ihnen helfen, effektiver zu arbeiten, um der Konkurrenz aus den früheren Billiglohnländern, die immer näher heranrücken, weiterhin einen Schritt voraus zu sein.

Die Angst vor einer Klimakatastrophe dürfte den Siegeszug des Netzes noch fördern. Wenn möglich, wird in der Zukunft überwiegend dezentral gearbeitet, mit Kollegen, Vorgesetzten und Geschäftspartnern zusammengeschaltet über das Datennetz. Die Software wandert vollständig ins Internet. Google wird Microsoft als größten Softwareanbieter der Welt ablösen. Besprechungen sind durch Videokonferenzen ersetzt, die so real wie tatsächliche Zusammenkünfte wirken.

Megatrend Klimawandel

Grönland eisfrei. Küstenstädte wie Hamburg, London und Sydney unter Wasser. In Dublin Dürre, Berlin versinkt im Sand: Der Klimabericht der Vereinten Nationen schockte die Welt mit düsteren Zukunftsszenarien. Hitzewellen am Mittelmeer und tropische Stürme über dem Atlantik sollen sich laut Studie häufen, der Meeresspiegel langfristig um bis zu sieben Meter steigen. Die Wissenschaft ist sich einig: Der Klimawandel geht in die heiße Phase. Die Prognosen über den Temperaturanstieg in diesem Jahrhundert reichen von 1,8 bis 4,0 – im Extremfall gar bis 6,4 – Grad Celsius.

Welche Auswirkungen das im Einzelnen hat, können die Forscher nur erahnen. Unstrittig ist aber, dass vor allem die Nutzung fossiler Brennstoffe zum Treibhauseffekt führt und die Politik reagieren muss. Die EU-Kommission plant bis 2020 eine Reduktion der Treibhausgase um 20 Prozent, in Nairobi beraten Vertreter aus rund 100 Ländern darüber, wie sich Wirtschaftswachstum und Klimaschutz in Einklang bringen lassen. Die UN will eine neue Umweltorganisation gründen.

Der Kampf gegen den Klimawandel kann nur mit technologischen Innovationen gewonnen werden: Solarzellen, Biogas-, Wind- und Wasserkraftanlagen, Wasserstofftechnik, hocheffiziente Kohlekraftwerke – Umwelttechnik mausert sich zu einer Wachstumsindustrie des 21. Jahrhunderts. In Deutschland könnte die Ökobranche in 15 Jahren nach einer Studie des Deutschen Instituts für Wirtschaftsforschung die Automobilwirtschaft als Leitindustrie ablösen. Dank erneuerbarer Energien werden weltweit bereits sieben Milliarden Tonnen Kohlendioxid eingespart. Ohne die Nutzung von Sonne, Biomasse, Wind und Wasser lägen die CO_2-Emissionen fast ein Viertel höher. Schätzungen sehen im Jahr 2020 ein Marktpotenzial zwischen 115 und 250 Milliarden Euro. Vielversprechend vor allem: eine neue Generation von Solarzellen, die ohne teures Silizium auskommen und den Strom billiger liefern.

Der andere Weg zum emissionsfreien Individualverkehr führt zum Auto mit einer Brennstoffzelle unter der Motorhaube. In der Brennstoffzelle werden Wasserstoff und Luftsauerstoff zusammengeführt, wobei Wasser und elektrische Energie freigesetzt werden. [...] Die Motoren werden bei diesen Autos in den Radnaben stecken. Klar ist: Beim Klimaschutz muss Europa Vorreiter sein. Joachim Schellnhuber, Chef des Potsdamer Instituts für Klimafolgenforschung: „China und Indien werden nicht auf eine kohlenstoffarme Wirtschaft umsteigen, wenn die EU nicht vorher zeigt, dass diese Betriebsweise möglich ist."

Megatrend Asien

China und Indien stellen mit zusammen 2,4 Milliarden Menschen 35 Prozent der Weltbevölkerung, aber nur sechs Prozent der Weltwirtschaft. Dennoch tragen sie schon heute zwischen 10 und 20 Prozent zum weltweiten Wirtschaftswachstum bei.

Mit dieser Dynamik werden China und Indien die Gravitationszentren der Weltwirtschaft im 21. Jahrhundert sein. [...] Die beiden aufstrebenden asiatischen Giganten werden nach Prognosen der Asian Development Bank 2050 mit zusammen 45 Prozent gewichtiger sein als die USA und Europa.

Für westliche Unternehmen bedeutet das enorme Absatzmärkte. In beiden Ländern wachsen kaufkräftige Mittelschichten von 200 bis 300 Millionen Menschen heran, die Nachfrage nach Autos, Anlagen und Maschinen aus dem Ausland steigt.

Bei Bildung, Forschung und Entwicklung schließen die beiden Länder mit Riesenschritten zu den westlichen Industrienationen auf. In wenigen Jahren werden Elitehochschulen wie Harvard oder Yale mit der Tsinghua-Universität und der Peking-Universität sowie den Indian Institutes of Technology ebenbürtige Wettbewerber haben. In den großen Städten Chinas gibt es heute bereits Schulen auf westlichem Niveau.

„China und Indien legen großes Gewicht auf die Bildung von Humankapital", sagt der Chefvolkswirt der Deutschen Bank, Norbert Walter. China will, so Pekings Planung, bis 2020 ein „innovationsorientiertes Land" werden. Spitzentechnologie soll dann nur noch in China entwickelt und nicht mehr aus dem Ausland importiert werden. „Die Chinesen wollen nicht nur Werkbank sein", sagt der frühere Präsident des Kieler Instituts für Weltwirtschaft, Horst Siebert. „Sie gehen in Richtung höherwertige Produktion." Mit der zunehmenden Wirtschaftskraft wächst der politische Einfluss der beiden Staaten. Nach den Demütigungen durch ausländische Mächte in den vergangenen Jahrhunderten steigt ihr nationales Selbstbewusstsein.

Megatrend Englisch

Englisch ist auf dem Weg zu dieser einen Weltsprache, die man mit Fremden, in der Arbeitswelt und in der Wissenschaft spricht und vor allen Dingen schreibt. Wer heute als qualifizierter Zuwanderer in Amsterdam, Dubai oder Kopenhagen arbeitet, kommt meistens schon ohne Holländisch, Arabisch oder Dänisch aus. Englisch genügt. Der Grund ist einfach. Die Globalisierung verlangt nach einer einheitlichen Verkehrs- und Geschäftssprache.

Hat Englisch denn wirklich keine Konkurrenz mehr? Über 1,1 Milliarden Menschen sprechen Chinesisch als Muttersprache, nur 322 Millionen Englisch. Selbst in seiner Heimat Europa liegt Englisch in der Zahl der Sprecher hinter der Nicht-EU-Sprache Russisch, hinter Deutsch und Französisch auf Platz vier. An der internationalen Bedeutung der Sprachen ändert das aber nichts: Der entscheidende Faktor ist das gegenwärtige wirtschaftliche Gewicht.

Hjorth-Andersen hat ausgerechnet, dass 42 Prozent des Bruttosozialprodukts der Menschheit in Ländern mit Englisch als Erst- oder zumindest als Handelssprache erwirtschaftet wird. Das Deutsche folgt mit acht Prozent auf Platz zwei vor Französisch, Spanisch, Italienisch und Chinesisch.

Der deutsche Sprachraum beginnt bereits an seinen Rändern zu schrumpfen. Große Schweizer Konzerne wie die Bank UBS, der Chemieriese Novartis und das Telekomunternehmen Swisscom haben Englisch als interne Kommunikationssprache eingeführt.

Arbeitswelt

Tatsächlich befindet sich die globale Arbeitswelt derzeit in einem radikalen Umbruch. Bis zum Ende des vorigen Jahrhunderts bestimmte noch das Paradigma der tayloristischen Massenproduktion die Struktur der Unternehmen: strenge Hierarchien, klar vorgegebene Arbeitsanweisungen, Polarität von Unternehmensleitung und Belegschaft.

Das ändert sich nun: Angetrieben von Globalisierung, technischem Fortschritt und immer individuelleren Kundenwünschen, treten an die Stelle der alten Hierarchien flexible Netzwerke und Teamstrukturen. Feste Handlungsanweisungen werden durch Zielvorgaben ersetzt. Gleichzeitig werden Stammbelegschaften reduziert, der verbleibende Kern von festen Angestellten nach Bedarf durch flexible, zeitlich befristete Beschäftigungsverhältnisse ergänzt.

Dieser Prozess, da sind sich die Experten einig, dürfte die Arbeitswelt in den kommenden Jahrzehnten ähnlich stark verändern wie im 19. Jahrhundert die industrielle Revolution. Was heute noch normal ist, wird dann zur Ausnahme: Nur 30 bis 40 Prozent der Beschäftigten, schätzt Trendforscher Matthias Horx, dürften in der Mitte des 21. Jahrhunderts noch feste Arbeitsverträge haben. Befristete Jobs und Selbstständigkeit nehmen dafür zu.

Jobwechsel und Umzüge werden zunehmen, dazwischen ist man vielleicht mal eine Zeitlang arbeitslos oder befristet angestellt. „Die Erwerbsarbeit“, so der Berliner Sozialhistoriker Jürgen Kocka, „wird elastischer, poröser, fluider.“

Der traditionelle Neun-bis-fünf-Uhr-Job stirbt aus, die Arbeitszeiten werden länger und vor allem flexibler.

Vielfach gilt das schon heute – für Wissensarbeiter und Kreativjobs sowieso, aber auch für einfache Arbeit. Beispiel Einzelhandel: Selbst in Deutschland haben die Geschäfte jetzt immer länger geöffnet, in Amerika kann man schon seit vielen Jahren rund um die Uhr shoppen. Der US-Einzelhandelsriese Wal-Mart setzt jetzt sogar noch eins drauf: Künftig soll es bei Wal-Mart gar keine festen Arbeitszeiten mehr geben, verkündete der Konzern Anfang des Jahres. Stattdessen müssen sich die Mitarbeiter bereithalten, dann an der Kasse zu stehen oder Popcorn in die Regale zu räumen, wenn der Kunde einkaufen will.

Für die Beschäftigten bedeutet das alles: Sie werden künftig immer mehr Verantwortung tragen – in den Unternehmen und auch für sich selbst. Wer in der fluiden Arbeitswelt von morgen oben schwimmen will, der muss gut vernetzt und bereit sein, immer dazuzulernen und sich weiter zu qualifizieren.

Auch das Bildungssystem wird nicht einfach so bleiben können, wie es ist. „Es gibt keine zukunftssicheren Berufe mehr“, sagt Trendforscher Horx. Entsprechend werden Schulen und Universitäten immer stärker darauf achten müssen, „weiche“ Fähigkeiten zu vermitteln, die zu Teamarbeit, Kommunikation und Selbstlernen befähigen. Studienzeiten müssen kürzer werden, um Platz zu schaffen für Weiterbildungsphasen während des Berufslebens.

Übungsaufgabe

19 Analyse des Textes

1. Arbeiten Sie ein 3-Minuten-Statement aus, in welchem Sie der Geschäftsleitung die langfristigen Auswirkungen Ihrer Erkenntnisse für den von Ihnen gewählten Arbeitsbereich darlegen!
2. Stellen Sie dar, welche Schlüsse Sie hieraus für Ihre eigene Lebensplanung ziehen!

Kursthema: Kosten- und Leistungsrechnung

I. Industrielle Kosten- und Leistungsrechnung als Vollkostenrechnung

1 Aufgaben und Gliederung des betrieblichen Rechnungswesens

1.1 Aufgaben des betrieblichen Rechnungswesens

Aufgabe des betrieblichen Rechnungswesens ist, alle betrieblichen Vorgänge zahlenmäßig zu planen, zu erfassen, zu verarbeiten und zu kontrollieren.

Aufgaben der Kosten- und Leistungsrechnung	Beispiele
Dokumentation, Kontrolle Mengen- und wertmäßige Erfassung bzw. Überwachung aller im Unternehmen auftretenden Kosten- und Leistungsströme.	■ Ermittlung der Kosten und Leistungen einer Periode. ■ Erfassung der Daten für die Investitions- und Finanzrechnung. ■ Ermittlung des Unternehmens- und Betriebsergebnisses. ■ Bewertung des Vermögens und der Schulden. ■ Ermittlung der Kosten und der betrieblichen Leistungen (Kalkulation). ■ ...
Disposition Bereitstellung von Unterlagen für unternehmerische Entscheidungen und Planungsüberlegungen.	Unterlagen für ■ Preis- und Produktpolitik. ■ Eigenfertigung oder Fremdbezug von Produkten. ■ Werbung. ■ mögliche Fertigungsverfahren. ■ Informationsgewinnung, Investitionsentscheidungen. ■ ...
Wirtschaftlichkeitskontrolle Erfassung und Zeitvergleich von Bestands- und Erfolgsgrößen, um die Wirtschaftlichkeit und Rentabilität der betrieblichen Prozesse festzustellen.	■ Berechnung von Erfolgskennzahlen wie Rentabilität, Lagerkennzahlen, Kapitalumschlag. ■ Ermittlung der Kostenstruktur und der Kostenentwicklung. ■ Entwicklung der Produktivität. ■ Kontrolle der Geschäftsprozesse durch Soll-Ist-Vergleiche. ■ ...
Rechenschaftslegung und Bereitstellung von Informationen Rechenschaftslegung und Lieferung von Informationen über die Vermögens-, Finanz- und Ertragslage des Unternehmens.	■ Veröffentlichung des Jahresabschlusses. ■ Angaben über Auftragslage. ■ Einschätzungen über die Unternehmensentwicklung. ■ Bekanntgabe von Investitionsentscheidungen. ■ ...

1.2 Gliederung des betrieblichen Rechnungswesens

Nach dem **Informationsempfänger** unterscheidet man in externes Rechnungswesen und internes Rechnungswesen.

(1) Überblick

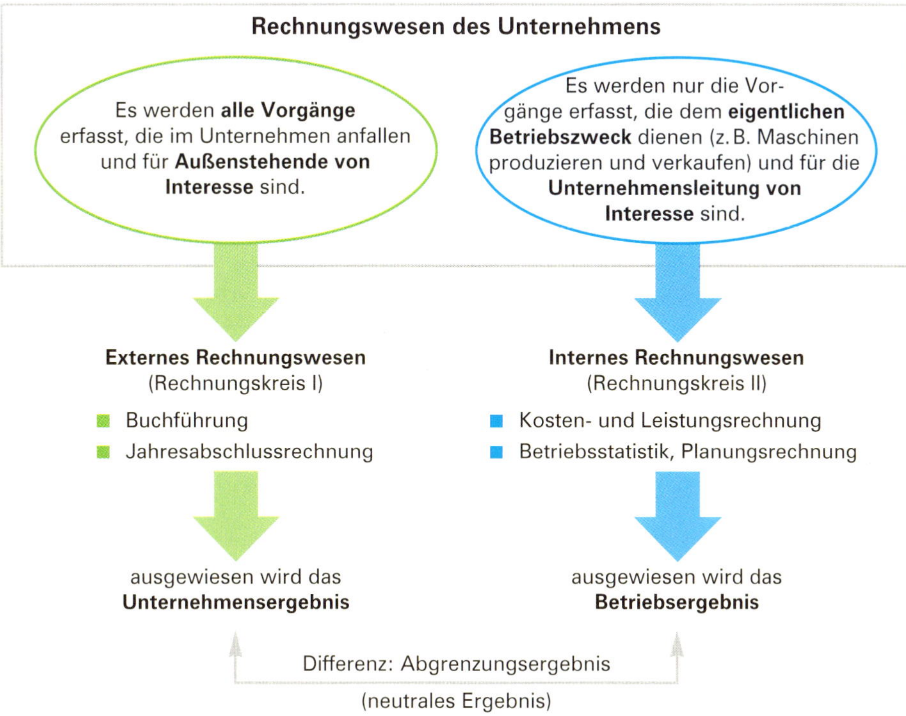

(2) Externes Rechnungswesen

Das externe Rechnungswesen informiert interessierte Außenstehende (z. B. Gesellschafter, Steuerbehörden, Banken, Gerichte) über die Vermögens-, Finanz- und Ertragslage des Unternehmens. Es ist **an gesetzliche Vorschriften gebunden**. Gesetzliche Bestimmungen finden sich insbesondere im HGB, AktG, GmbHG, EStG.

Das **externe Rechnungswesen** (Rechnungskreis I) umfasst die **Buchführung** und die **Jahresabschlussrechnung**.

Die Buchführung bildet die Grundlage für alle Teilbereiche des Rechnungswesens. Sie erfasst unter Beachtung handels- und steuerrechtlicher Vorschriften unabhängig vom Grund ihres Anfalles **alle Geschäftsvorfälle.** Diese Dokumentation liefert das Zahlenmaterial für den gesetzlich vorgeschriebenen **Jahresabschluss,** der allen Interessenten einen Einblick in die Vermögens-, Finanz- und Ertragslage des Unternehmens verschafft.

(3) Internes Rechnungswesen

Das interne Rechnungswesen dokumentiert alle innerbetrieblichen, zahlenmäßig erfassbare Unternehmensdaten einer Abrechnungsperiode und plant Alternativen für die künftige Unternehmensentwicklung. Die Informationen dienen internen Informationsempfängern (Geschäftsführern, Arbeitnehmervertretung, Mitarbeitern) zur Steuerung und Kontrolle der betrieblichen Abläufe. Sie sind Grundlage für die Produktions-, Absatz-, Investitions- und Finanzplanung. Das interne Rechnungswesen ist **nicht an gesetzliche Vorschriften gebunden.**

Das **interne Rechnungswesen** umfasst die **Kosten- und Leistungsrechnung,** die **Betriebsstatistik** und die **Planungsrechnung.**

Das interne Rechnungswesen

- erfasst alle **betrieblichen Leistungen** und die hierfür **anfallenden Kosten.**
- dient als **Grundlage für die Kalkulation** und **Kontrolle der Wirtschaftlichkeit.**
- ermittelt das **Betriebsergebnis.**
- stellt **Informationen** für **unternehmerische Entscheidungen** bereit.

Überblick[1]

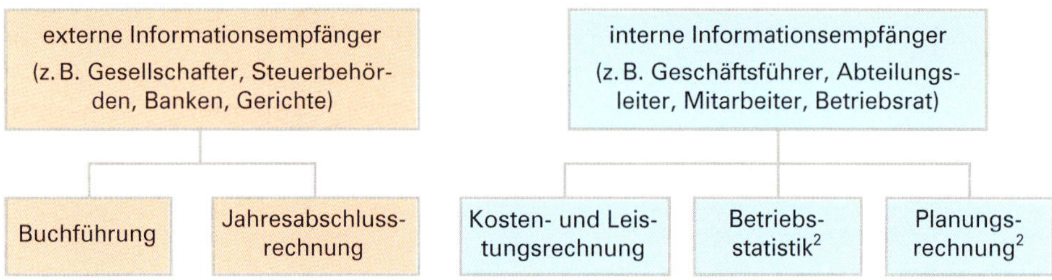

Übungsaufgabe

20 Stoffwiederholung

1. Beschreiben Sie – nach Ihrer Wahl – zwei Aufgaben des betrieblichen Rechnungswesens!
2. Grenzen Sie die Kosten- und Leistungsrechnung von der Buchführung ab!
3. Das externe und das interne Rechnungswesen haben unterschiedliche Zielsetzungen. Erläutern Sie diese Aussage!

1 Quelle: Angelehnt an Steger, I.: Kosten- und Leistungsrechnung, 3. Aufl., München 2001, S. 6.
2 Auf diese Gebiete des Rechnungswesens wird im Folgenden nicht eingegangen.

2 Kostenartenrechnung

Die **Kostenartenrechnung** hat die Aufgabe, alle Kosten einer Abrechnungsperiode nach Arten eindeutig, periodengerecht und vollständig zu erfassen.

2.1 Definition und Abgrenzung wesentlicher Grundbegriffe

Die einzelnen Teilbereiche des betriebswirtschaftlichen Rechnungswesens arbeiten mit unterschiedlichen Rechengrößen:[1]

Verwendung der verschiedenen Grundbegriffe des Rechnungswesens			
Investitionsrechnung; Finanzrechnung	Einnahmenüberschussrechnung (Steuererklärungen von Kleinunternehmern)	Buchführung (GuV-Rechnung; Jahresabschluss)	Kosten- und Leistungsrechnung
↕	↕	↕	↕
Auszahlungen Einzahlungen	Ausgaben Einnahmen	Aufwendungen Erträge	Kosten Leistungen

2.1.1 Auszahlungen und Einzahlungen

Die Summe aus **Kassenbeständen** und jederzeit verfügbaren **Bankguthaben** bezeichnet man als **Zahlungsmittelbestand.** Der Zahlungsmittelbestand ist **Teil des Geldvermögens.**

- Eine **Auszahlung** ist jeder Vorgang, bei dem der Zahlungsmittelbestand abnimmt.

Beispiele:

Barkauf von Werkstoffen, Barrückzahlung eines Darlehens, Kassenentnahmen, geleistete Anzahlungen.

- Eine **Einzahlung** ist jeder Vorgang, bei dem der Zahlungsmittelbestand zunimmt.

Beispiele:

Barverkauf von Erzeugnissen, Bareinlage von Gesellschaftern, erhaltene Anzahlungen, Aufnahme eines Barkredits.

2.1.2 Ausgaben und Einnahmen

Ausgaben und Einnahmen verändern das Geldvermögen. Als **Geldvermögen** wird die Summe aus Zahlungsmittelbestand und Bestand an Forderungen[2] abzüglich des Bestandes an Verbindlichkeiten[2] bezeichnet.

$$\text{Geldvermögen} = \text{Zahlungsmittelbestand} + (\text{Forderungen} - \text{Verbindlichkeiten})$$

1 Vgl. Wöhe, G.: Einführung in die Allgemeine Betriebswirtschaftslehre, 24. Aufl. 2010, S. 696.

2 Forderungen und Verbindlichkeiten werden hier als Geldforderungen und Geldverbindlichkeiten verstanden. Sachforderungen und Sachverbindlichkeiten werden nicht erfasst.

8 Speth u.a. - ISBN 978-3-8120-0576-0

- Eine **Ausgabe** ist jeder Geschäftsvorfall, der eine **Verminderung des Geldvermögens** hervorruft.

  Ausgabe = Auszahlung + Forderungsabgang + Schuldenzugang

Beispiele:

Kauf von Werkstoffen auf Ziel (Schuldenzugang); Eingang einer Leistung, auf die eine Anzahlung geleistet worden war (Forderungsabgang).

- Eine **Einnahme** ist jeder Geschäftsvorfall, der zu einer **Erhöhung des Geldvermögens** führt.

  Einnahme = Einzahlung + Forderungszugang + Schuldenabgang

Beispiele:

Verkauf von Waren auf Ziel (Forderungszugang); eine erhaltene Anzahlung eines Kunden wird durch die Lieferung der Leistung an den Kunden aufgehoben (Schuldenabgang).

Überblick[1]

Auszahlungen/Ausgaben		
Auszahlungen keine Ausgaben ①	Auszahlungen = Ausgaben ②	Ausgaben keine Auszahlungen ③
	Ausgaben	

① Bartilgung eines in einer früheren Periode aufgenommenen Kredits

② Kauf von Rohstoffen gegen Barzahlung

③ Betriebsstoffeinkauf auf Ziel (Die Bezahlung erfolgt z.B. nach 30 Tagen)

Einzahlungen/Einnahmen		
Einzahlungen keine Einnahmen ①	Einzahlungen = Einnahmen ②	Einnahmen keine Einzahlungen ③
	Einnahmen	

① Aufnahme eines Kredits

② Verkauf von Fertigerzeugnissen gegen Barzahlung

③ Verkauf von Handelswaren auf Ziel (Zahlungsfrist z.B. 30 Tage)

1 Vgl. Jung, Hans: Allgemeine Betriebswirtschaftslehre, 2. Auflage, München/Wien 1996, S. 994.

2.1.3 Aufwand und Ertrag

Der Begriff **Aufwand** wird in der **Buchführung** verwendet und erfasst **alle Geschäftsvorfälle,** die das **Eigenkapital mindern.** Der Begriff **Ertrag** wird ebenfalls in der **Buchführung** verwendet und erfasst **alle Geschäftsvorfälle,** die das **Eigenkapital erhöhen.** Dabei spielt es keine Rolle, ob die Ursache für die angefallenen Aufwendungen und Erträge in der Verfolgung des eigentlichen Betriebszweckes zu sehen ist oder ob es sich um Aufwendungen und Erträge handelt, die mit der Herstellung und dem Verkauf von Erzeugnissen nicht oder nur mittelbar in einem Zusammenhang stehen.

- **Aufwendungen** sind alle in Geld gemessenen **Wertminderungen des Eigenkapitals** innerhalb einer Abrechnungsperiode.
- **Erträge** sind alle in Geld gemessenen **Wertzugänge des Eigenkapitals** innerhalb einer Abrechnungsperiode.

2.1.4 Kosten und Leistungen

2.1.4.1 Begriffe Kosten, Grundkosten, neutrale Aufwendungen, Zusatzkosten

(1) Kosten

In der Kosten- und Leistungsrechnung werden nur die Aufwendungen erfasst, die ursächlich im Zusammenhang mit der Verfolgung des eigentlichen Betriebszweckes stehen, der bei Industriebetrieben in der Herstellung, der Lagerung und dem Verkauf von Gütern zu sehen ist.

Die **betrieblichen Aufwendungen** bezeichnet man als **Kosten.**

- **Kosten** sind der betriebliche und relativ regelmäßig anfallende Güter- und Leistungsverzehr innerhalb einer Abrechnungsperiode zur Erstellung betrieblicher Leistungen, gemessen in Geld.
- Aus **Sicht der Buchführung** handelt es sich um **betriebliche Aufwendungen (Zweckaufwendungen).**

(2) Neutrale Aufwendungen und Grundkosten

Die Aufwendungen der Buchführung können betrieblich bedingt sein oder mit dem eigentlichen Betriebszweck nichts zu tun haben.

- **Kosten,** die **gleichzeitig einen Aufwand** darstellen, nennt man **Grundkosten.**
- **Aufwendungen,** die **nicht betrieblich** bedingt sind oder aus anderen Gründen **nicht als Kosten verrechnet** werden sollen, bezeichnet man als **neutrale Aufwendungen.**

Art der neutralen Aufwendungen	Beispiele
Betriebsfremde Aufwendungen sind alle Aufwendungen, die mit dem eigentlichen Betriebszweck nichts zu tun haben.	Verluste aus Wertpapierverkäufen, Reparaturkosten an nicht betrieblich genutzten Gebäuden, Kursverluste bei Auslandsgeschäften, Abschreibungen auf Finanzanlagen, Aufwendungen aus Beteiligungen.
Periodenfremde Aufwendungen sind Aufwendungen, die zwar betrieblich sind, deren Verursachung aber in einer vorangegangenen Geschäftsperiode liegt.	Steuernachzahlungen, Nachzahlungen von Gehältern, Garantieverpflichtungen für Geschäfte aus dem vorangegangenen Geschäftsjahr.
Außergewöhnliche Aufwendungen sind Aufwendungen, die zwar betrieblich sind, die aber ungewöhnlich hoch oder äußerst selten anfallen.	Verluste aus Enteignungen, Verluste aus nicht durch Versicherungen gedeckten Katastrophenfällen.
Aufwendungen aus einer **Umstrukturierung des Vermögens**.	Verluste aus dem Abgang von Gegenständen des Sachanlagevermögens (Verkauf von Anlagegütern unter dem Buchwert).

- **Neutrale Aufwendungen** sind Aufwendungen, die in **keinem Zusammenhang mit dem Betriebszweck** stehen, die **nicht in der laufenden Periode** oder aber **unregelmäßig** oder in **außergewöhnlicher Höhe** anfallen.
- Die neutralen Aufwendungen werden in der **Kosten- und Leistungsrechnung** entweder **gar nicht** oder **nicht** in der in der **Buchführung ausgewiesenen Höhe** berücksichtigt.

(3) Zusatzkosten

Neben der Tatsache, dass es **Aufwendungen** gibt, die **keine Kosten darstellen,** nämlich die neutralen Aufwendungen, gibt es auch **Kosten,** die **keine Aufwendungen** sind. Es handelt sich um **Zusatzkosten**. Ein Beispiel hierfür ist der **kalkulatorische Unternehmerlohn.**[1]

Zusatzkosten sind Kosten, für die es **keine Aufwendungen** innerhalb der Buchführung gibt **(aufwandslose Kosten).**

Die Abgrenzung der Begriffe Aufwendungen und Kosten kann grafisch wie folgt dargestellt werden:

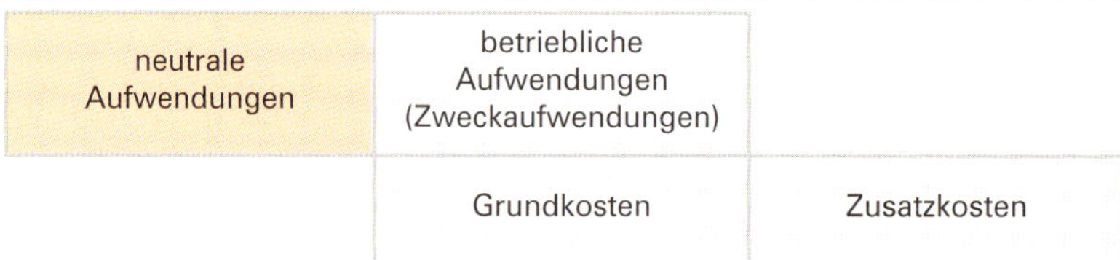

1 Zu Einzelheiten siehe S. 129f.

2.1.4.2 Begriffe Leistungen, Grundleistungen, neutrale Erträge, Zusatzleistungen

(1) Leistungen

In der Kosten- und Leistungsrechnung werden nur die Erträge erfasst, die ursächlich im Zusammenhang mit der Verfolgung des eigentlichen Betriebszweckes stehen, der bei Industriebetrieben in der Herstellung, der Lagerung und dem Verkauf der Güter zu sehen ist.

Die **betrieblichen Erträge (Zweckerträge)** bezeichnet man als **Leistungen.**

- **Leistungen** sind die betrieblichen und relativ regelmäßig anfallenden Wertzugänge gemessen in Geld.
- Aus **Sicht der Buchführung** handelt es sich um **betriebliche Erträge (Zweckerträge).**

(2) Neutrale Erträge und Grundleistungen

Die Erträge der Buchführung können betrieblich bedingt sein oder mit dem eigentlichen Betriebszweck nichts zu tun haben.

- Die **Leistungen,** die **gleichzeitig einen Ertrag** darstellen, nennt man **Grundleistungen.**
- **Erträge,** die **nicht betrieblich bedingt** sind oder aus anderen Gründen **nicht als Leistungen verrechnet** werden sollen, bezeichnet man als **neutrale Erträge.**

Art der neutralen Erträge	Beispiele
Betriebsfremde Erträge sind alle Erträge, die mit dem eigentlichen Betriebszweck nichts zu tun haben.	Erträge aus Beteiligungen, Zinserträge, Erträge aus Wertpapieren des Umlaufvermögens, Erträge aus Finanzanlagen.
Periodenfremde Erträge sind Erträge, die zwar betrieblich sind, deren Verursachung aber in einer vorangegangenen Geschäftsperiode liegt.	Steuerrückerstattungen, Eingang einer bereits abgeschriebenen Forderung.
Außergewöhnliche Erträge sind Erträge, die ungewöhnlich hoch oder äußerst selten sind.	Erträge aus Gläubigerverzicht, Steuererlass, Erträge aus Schenkungen.
Erträge aus einer **Umstrukturierung des Vermögens.**	Erträge aus dem Abgang von Vermögensgegenständen (Verkauf von Anlagegütern über dem Buchwert).

- **Neutrale Erträge** sind Erträge, die in keinem Zusammenhang mit dem Betriebszweck stehen, die nicht in der laufenden Periode oder aber unregelmäßig oder in außergewöhnlicher Höhe anfallen.
- Die neutralen Erträge werden in der **Kosten- und Leistungsrechnung** entweder **gar nicht** oder **nicht** in der in **der Buchführung ausgewiesenen Höhe** berücksichtigt.

(3) Zusatzleistungen

Neben der Tatsache, dass es **Erträge** gibt, die **keine Leistungen darstellen,** nämlich die neutralen Erträge, gibt es auch **Leistungen,** die **keine Erträge** sind. Es handelt sich um die **Zusatzleistungen.** Ein Beispiel für Zusatzleistungen sind Verkaufsprodukte, die gespendet oder verschenkt werden.

Zusatzleistungen sind Leistungen, für die es keine Erträge innerhalb der Buchführung gibt **(ertragslose Leistungen).**

Die Abgrenzung der Begriffe Erträge und Leistungen kann grafisch wie folgt dargestellt werden

neutrale Erträge	betriebliche Erträge (Zweckleistungen)	
	Grundleistungen	Zusatzleistungen

Zusammenfassung

- **Ziel des Rechnungswesens** ist, alle betrieblichen Vorgänge zu planen, zu erfassen, zu verarbeiten und zu überwachen.
- **Gliederung des Rechnungswesens** nach dem **Informationsempfänger**:
  - **Internes Rechnungswesen**
    (Kosten- und Leistungsrechnung, Betriebsstatistik, Planungsrechnung)
  - **Externes Rechnungswesen**
    (Buchführung, Jahresabschlussrechnung)
- 

GESAMTERTRAG			
Neutraler Ertrag		**Zweckertrag**	
Ertrag, dem keine Leistung gegenübersteht	Ertrag, dem Leistung in geringerer Höhe gegenübersteht	Ertrag ≙ Leistung (betrieblich bedingter Wertzugang)	
		Grundleistung Leistung ≙ Ertrag	**Zusatzleistung** Leistung, der kein Ertrag gegenübersteht
		GESAMTLEISTUNG	

Übungsaufgabe

21 Grundbegriffe und Zuordnung von Beispielen

1. Zeigen Sie die Beziehungen zwischen Ausgaben und Aufwendungen auf! Bilden Sie zu den einzelnen Beziehungen jeweils ein Beispiel!
2. Zeigen Sie die Beziehungen zwischen Einnahmen und Erträgen auf! Bilden Sie zu den einzelnen Beziehungen jeweils ein Beispiel!
3. Notieren Sie, ob folgende Vorgänge Einnahmen oder Ausgaben darstellen:

3.1	Kauf von Betriebsstoffen auf Ziel	14000,00 EUR
3.2	Verkauf von Erzeugnissen auf Ziel	5200,00 EUR
3.3	Bareinlage eines Gesellschafters	10000,00 EUR
3.4	Entnahme von Bargeld aus der Kasse für private Zwecke	2000,00 EUR
3.5	Aufnahme eines Barkredits	8500,00 EUR
3.6	Bartilgung eines in einer früheren Rechnungsperiode erhaltenen Bankkredits	7200,00 EUR

4. Erläutern Sie, wodurch sich Ausgaben und Einnahmen von Aus- und Einzahlungen unterscheiden!
5. Notieren Sie, welche der Aussage zu den Aufgaben der Kosten- und Leistungsrechnung richtig ist!
   - 5.1 Durch sie wird der Erfolg des Unternehmens im Geschäftsjahr ermittelt.
   - 5.2 Sie vergleicht aufbereitete Daten, z.B. das Gesamtergebnis, mit denen anderer Unternehmen der gleichen Branche.
   - 5.3 Sie bucht Geschäftsvorfälle aufgrund der angefallenen Belege.
   - 5.4 Sie ermittelt den betrieblichen Erfolg des Geschäftsjahres.
   - 5.5 Sie hält alle Veränderungen der Vermögens- und Kapitalwerte fest.
6. Beurteilen Sie, bei welchen der genannten buchhalterischen Begriffe es sich um Begriffe der Kostenrechnung handelt!

   Abschreibungen auf Sachanlagen; Kosten für Ausgangsfrachten; Zinsaufwendungen; Umsatzsteuer auf den Verkauf von Erzeugnissen; Arbeitgeberanteil zur Sozialversicherung; Aufwendungen für Handelswaren; Aufwendungen für Roh-, Hilfs- oder Betriebsstoffe; Aufwendungen für Kommunikation.

7. Beurteilen Sie, bei welchen der genannten buchhalterischen Begriffe es sich um Begriffe der Leistungsrechnung handelt!

   Umsatzerlöse für Handelswaren; Provisionserträge; aktivierte Eigenleistungen; Rabatt beim Einkauf von Rohstoffen; Zinserträge; andere sonstige betriebliche Erträge; Erträge aus dem Abgang von Vermögensgegenständen; Erträge aus der Herabsetzung von Rückstellungen; Umsatzerlöse für eigene Erzeugnisse.

8. Ordnen Sie die nachfolgenden Aufwandsarten den betrieblichen oder neutralen Aufwendungen zu!

   Gehaltszahlungen, Aufwendungen für Handelswaren, Verkauf eines Anlagegutes unter dem Buchwert, Abschreibungen auf Sachanlagen, hoher Forderungsausfall durch die Zahlungsunfähigkeit eines Kunden, Aufwendungen für die Altersversorgung der Arbeitnehmer, Verluste durch Brandschäden, die nicht durch eine Versicherung gedeckt sind, Arbeitgeberanteil zur Sozialversicherung, Kursverluste aus einem Exportgeschäft, Mietzahlung für die Garage des Betriebs-Lkw, Aufwendungen für Rohstoffe, Steuernachzahlung für das vergangene Geschäftsjahr, Zahlung der Grundsteuer für das Betriebsgebäude, Zahlung der Gebäudeversicherung für ein nicht betriebsnotwendiges Gebäude.

9. Ordnen Sie die nachfolgenden Ertragsarten den betrieblichen oder neutralen Erträge zu!

   Umsatzerlöse für Waren, Erträge aus Beteiligungen, Erträge aus dem Verkauf von Wertpapieren, Zinserträge, unerwarteter Eingang für eine bereits abgeschriebene Forderung, Mietertrag aus der Vermietung eines nicht betrieblich genutzten Gebäudes, Steuerrückvergütung für das vergangene Geschäftsjahr, Umsatzerlöse für eigene Erzeugnisse, Bestandsmehrung an unfertigen Erzeugnissen, Verkauf eines Anlagegutes über dem Buchwert, selbst hergestellte Regale für die Verwendung im eigenen Betrieb.

10. Bilden Sie ein Beispiel für Zusatzkosten!

2.1.5 Externe und interne Kosten

(1) Begriffsklärungen

Aus Sicht der Volkswirtschaft spiegeln die bisher ermittelten Kosten **(internen Kosten)** die tatsächlich verursachten Kosten nicht wider. Dies liegt daran, dass ein Teil der betrieblich verursachten Kosten nicht vom Unternehmen, sondern von der Gesellschaft getragen werden. Es handelt sich um **externe Kosten** oder **soziale Kosten,** die außerhalb des Unternehmens anfallen.

Externe Kosten (soziale Kosten) sind Kosten, die nicht demjenigen angelastet werden, der sie verursacht hat.

Externe Kosten sind zurückzuführen auf sogenannte **externe Effekte.** Diese liegen immer dann vor, wenn durch Produktion bzw. Konsum anderen Wirtschaftssubjekten Vorteile (externe Erträge) oder Nachteile (externe Kosten) entstehen.

Beispiele:

Externe Erträge: Umwelt erhaltende Tätigkeit der Landwirtschaft, Nutzung der Infrastruktur; Ausbildungsleistung der Unternehmen.

Externe Kosten: Stetiger Abbau nicht ersetzbarer Rohstoffe; Zerstörung der natürlichen Umwelt durch Verbauung und Verschmutzung, Entstehung von Krankheiten durch Lärm, Schmutz und Unfälle.

Als Folge dieser externen Effekte stimmen die einzel- und volkswirtschaftlichen Ertrags- bzw. Kostenrechnungen ökonomischer Aktivitäten nicht überein. So sind bei externen Erträgen die privaten Erträge des „Verursachers" geringer als die gesamtwirtschaftlichen (soziale Erträge), wohingegen bei negativen Effekten der Verursacher gesamtwirtschaftlich relevante Kosten verursacht (soziale Kosten), die nicht in seiner privaten Kostenrechnung erscheinen.

Durch ein System von **Steuern** und **Subventionen** kann man die **privaten** Kosten an die **sozialen** Kosten angleichen. Während Verursacher externer Kosten z.B. zu besteuern sind, müssten die Verursacher positiver Effekte subventioniert werden.

(2) Problem der Erfassung von externen Kosten

Der Hauptgrund für die Nichterfassung der externen Kosten ist darin zu sehen, dass die Nutzung des weitgehend „freien Gutes" Umwelt keinen Preis hat und das Marktsystem somit auch nicht die Knappheit dieses Gutes signalisiert. Vor diesem Hintergrund lenken die Marktsignale die Produzenten und Konsumenten in die falsche Richtung. Der **marktwirtschaftliche Selbststeuerungsmechanismus versagt.** Als Folge dieser externen Effekte werden beispielsweise umweltbelastende Güter mit zu niedrigen Preisen kalkuliert und angeboten, als dies bei Zurechnung mit allen durch sie verursachten Kosten – also beispielsweise inklusive der für die Beseitigung der mit ihrer Produktion bzw. mit ihrem Konsum verbundenen Umweltschäden – der Fall wäre. Durch diese verzerrte Preisbildung tritt bei zu hoher Produktion von Umweltproblemgütern eine Fehlsteuerung von Produktion und Verbrauch auf, die mit entsprechenden Umweltschäden verbunden ist.

- Da die **natürliche Umwelt** ein lebenswichtiges, aber auch knappes Gut ist, muss sie **bewirtschaftet werden,** ihre „Inanspruchnahme" also über den Preis am Markt Berücksichtigung finden.
- Die Aufgabe des Staates im Rahmen der **Umweltpolitik** besteht darin, diesen **„Defekt des Selbststeuerungsmechanismus"** zu korrigieren; denn solange der Staat als „Anwalt der Umwelt" nicht eingreift, bleiben die externen Kosten unberücksichtigt.
- Ziel dieser Politik ist also die **Internalisierung**[1] **der externen Effekte,** d.h., die Wirtschaftsrechnung muss vervollständigt werden mit der Folge, dass die Marktsteuerung wieder funktioniert.

Dem **Verursacherprinzip** folgend müssen die Kosten für die Vermeidung oder Beseitigung der Umweltbelastung demjenigen zugerechnet werden, der für die Entstehung dieser Belastung verantwortlich ist. Durch diese Zurechnung der Kosten werden umweltbelastende Güter nicht mehr mit zu niedrigen Preisen kalkuliert und angeboten, wodurch eine Fehlsteuerung von Produktion und Konsum vermieden wird. Die Internalisierung externer Effekte ist jedoch sehr problematisch, da beispielsweise der „Verursacher" der Umweltbelastung nicht immer eindeutig identifiziert werden kann. Auch die Wahl des richtigen Instrumentariums stellt die Politik vor Probleme. Zwar sind sich die Politiker und Ökonomen über das Erfordernis der Internalisierung externer Effekte durch die staatliche Umweltpolitik einig, die Meinungen über die Maßnahmen der Zielrealisation gehen allerdings weit auseinander.

1 **Internalisierung**: Zurechnung externer Effekte und dadurch verursachter sozialer Kosten auf den Verursacher.

Übungsaufgabe

22 Bedeutung der sozialen Kosten

Lesen Sie zunächst nachstehenden Textauszug und betrachten Sie die Grafik:

Süchtige kosten die Gesellschaft 60 Milliarden Euro

von Paul-Nikolas Hinz

Für das nächste Spiel setzen sie alles auf eine Karte. Pathologische Zocker, die tagelang in Spielhöllen hocken und dabei zusehen, wie die Automaten ihnen das Geld vom Konto fressen. Sie verzocken alles, im Kasino, im Wettbüro oder im Internet, sie lügen, betrügen, stehlen; sie verlieren ihren Arbeitsplatz und ihre Familien – und das nur für das nächste Spiel. Und das sind viele.

Unterschiedlichen Schätzungen zufolge leiden in Deutschland zwischen 150000 und 400000 Menschen unter Spielsucht. [...]

Doch diese Spieler verzocken nicht nur ihr eigenes Geld, sie sorgen auch für Folgekosten, die die Gesellschaft zu tragen hat – wie etwa die Behandlung psychischer Erkrankungen, Kriminalitätsbekämpfung oder Produktivitätsverluste. [...]

Bei der Alkoholsucht, unter der in Deutschland schätzungsweise zwischen 1,3 und 2,5 Millionen Menschen leiden, sind die sozialen Kosten durchaus berechenbar. Mit fast 27 Milliarden Euro, so der Hamburger Professor Michael Adams, belasten Alkoholabhängige die Gesellschaft. Sie erkranken an Leberzirrhose, verursachen Autounfälle, müssen in psychiatrischen Kliniken betreut werden.

Das Arbeitskapital der Alkoholkranken verschwindet vom Markt, sie werden arbeitsunfähig und gehen früher in Rente – rund 70000 von ihnen sterben jährlich wegen ihrer Sucht, wodurch auch wichtiges Know-how und Arbeitskraft verloren gehen.

Bei der Tabaksucht zeigt sich ein ähnliches Bild. Mindestens 33 Milliarden Euro kosten kranke Raucher und solche, die deshalb früher aus dem Job ausscheiden als ihre nichtrauchenden Kollegen. [...]

Quelle: http://www.faz.net/aktuell/wirtschaft/wirtschaftspolitik/soziale-kosten-[...]

Soziale Kosten des Glücksspiels in Deutschland (in EUR, in %)

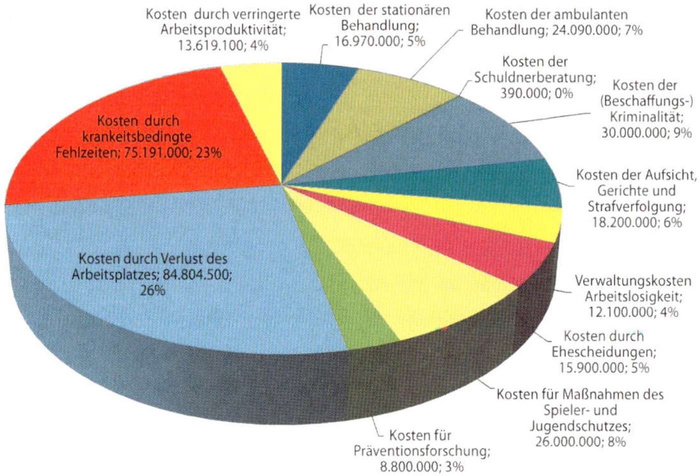

Datenquelle: Prof. Dr. Tilman Becker: Soziale Kosten des Glücksspiels in Deutschland, Juli 2011.

Aufgaben:

1. Erläutern Sie den Begriff „soziale Kosten"!
2. Diskutieren Sie im Klassenverband, welche Maßnahmen der Staat ergreifen sollte, um die sozialen Kosten zu senken!

2.2 Ergebnistabelle als Instrument zur Ermittlung des Betriebsergebnisses

2.2.1 Grundstruktur einer Ergebnistabelle

Ziel der Abgrenzungsrechnung ist es, aus den erfassten Aufwendungen und Erträgen der Buchführung die **Höhe der Kosten und Leistungen** zu ermitteln.

Für die Abgrenzungsrechnung hat sich als übliches Verfahren das sogenannte **Zweikreissystem** durchgesetzt. Die **Buchführung** stellt den **Rechnungskreis I** dar, die **Abgrenzungsrechnung** und die **Kosten- und Leistungsrechnung** den **Rechnungskreis II**. Instrument für die Darstellung der Abgrenzungsrechnung ist die **Ergebnistabelle (Abgrenzungstabelle)**.

Rechnungskreis I			Rechnungskreis II					
Erfolgsbereich			Abgrenzungsbereich				Kosten- und Leistungsrechnung	
Buchführung			unternehmensbezogene Abgrenzung		kostenrechnerische Korrekturen			
Konten	Aufw.	Erträge	Aufw.	Erträge	Aufw.	Erträge[1]	Kosten	Leistungen
⋮	⋮	⋮	⋮	⋮	⋮	⋮	⋮	⋮
Summen:								
Salden (Ergebnisse):								
	Unternehmensergebnis		Ergebnis aus unternehmensbezogener Abgrenzung		Ergebnis aus kostenrechnerischen Korrekturen		Betriebsergebnis	
			Abgrenzungsergebnis (neutrales Ergebnis)					

Um das Verständnis für die Abgrenzungstechnik zu erleichtern, werden die unternehmensbezogene Abgrenzungsrechnung und die Abgrenzung in Form der kostenrechnerischen Korrekturen zunächst getrennt behandelt und erst danach werden die beiden Stufen zusammengefasst.

2.2.2 Unternehmensbezogene Abgrenzungen

Ausgangspunkt für die unternehmensbezogene Abgrenzung der Aufwendungen und Erträge sind die Zahlen der Buchführung. Diese Werte werden **unverändert in den Rechnungskreis I** der Ergebnistabelle übernommen.

1 Die Erträge entstehen durch Einkalkulieren von Anders- und Zusatzkosten in die Verkaufspreise. Zu Einzelheiten siehe S. 127 ff.

Die eigentliche Abgrenzung erfolgt im **Rechnungskreis II.** Dabei werden die Zahlen der Buchführung, die in den Rechnungskreis I übernommen wurden, unter dem Gesichtspunkt betrieblich oder neutral sortiert.

- Die **betrieblichen Aufwendungen (Kosten)** und die **betrieblichen Erträge (Leistungen)** werden in die **Kosten- und Leistungsrechnung** des Rechnungskreises II übertragen.
- Die **neutralen Aufwendungen und Erträge** werden innerhalb des Rechnungskreises II in die Spalte **unternehmensbezogene Abgrenzung** übernommen.

Der Abgrenzung der Kosten von den Aufwendungen und der Leistungen von den Erträgen liegen **vier Grundfälle** zugrunde.

Grundfälle	Beispiele	
① Die Aufwendungen sind gleich hoch wie die Kosten.	Aufwendungen für Büromaterial Kosten für Büromaterial	12 000,00 EUR 12 000,00 EUR
② Die Aufwendungen sind keine Kosten.	Periodenfremde Aufwendungen Kosten	4 000,00 EUR 0,00 EUR
③ Die Erträge sind gleich hoch wie die Leistungen.	Erträge aus Umsatzerlösen Leistungen aus Umsatzerlösen	20 000,00 EUR 20 000,00 EUR
④ Die Erträge sind keine Leistungen.	Andere periodenfremde Erträge Leistungen	1 500,00 EUR 0,00 EUR

Rechnungskreis I			Rechnungskreis II					
Erfolgsbereich			Abgrenzungsbereich				Kosten- und Leistungsrechnung	
Buchführung			unternehmensbezogene Abgrenzung		kostenrechnerische Korrekturen			
Konten	Aufw.	Erträge	Aufw.	Erträge	Aufw.	Erträge	Kosten	Leistungen
Umsatzerlöse		20 000,00						20 000,00
And. periodenfr. Ertr.		1 500,00		1 500,00				
Büromaterial	12 000,00						12 000,00	
Periodenfr. Aufw.	4 000,00		4 000,00					

Beispiel:

Das Industrieunternehmen Max Kluge KG weist beim Jahresabschluss nebenstehende Werte aus:

Konten	Betrag
Umsatzerlöse für eig. Erzeugnisse	750 000,00
Periodenfremde Erträge	43 800,00
Zinserträge	17 950,00
Aufw. für Rohstoffe	480 000,00
Löhne	135 000,00
Mieten, Pachten	5 610,00
Büromaterial	48 950,00
Reisekosten	9 460,00
Verl. a. d. Abg. v. Vermögensgeg.	2 850,00
Periodenfremde Aufwendungen	25 750,00

Aufgabe:

Ermitteln Sie mithilfe einer Ergebnistabelle das Unternehmensergebnis, das Ergebnis aus unternehmensbezogener Abgrenzung und das Betriebsergebnis!

Beispiel: Ergebnistabelle mit unternehmensbezogener Abgrenzung

Rechnungskreis I			Rechnungskreis II					
Erfolgsbereich			Abgrenzungsbereich				Kosten- und Leistungsrechnung	
Buchführung			unternehmensbezogene Abgrenzung		kostenrechnerische Korrekturen			
Konten	Aufw.	Erträge	Aufw.	Erträge	Aufw.	Erträge	Kosten	Leistungen
Umsatzerl. f. eig. Erzeugn.		750 000,00						750 000,00
Periodenfremde Erträge		43 800,00		43 800,00				
Zinserträge		17 950,00		17 950,00				
Aufw. f. Rohstoffe	480 000,00						480 000,00	
Löhne	135 000,00						135 000,00	
Mieten, Pachten	5 610,00						5 610,00	
Büromaterial	48 950,00						48 950,00	
Reisekosten	9 460,00						9 460,00	
Verl. a. d. Abg. v. VG[1]	2 850,00		2 850,00					
Periodenfremde Aufw.	25 750,00		25 750,00					
Summen:	707 620,00	811 750,00	28 600,00	61 750,00			679 020,00	750 000,00
Salden (Ergebnisse):	104 130,00		33 150,00				70 980,00	
	811 750,00	811 750,00	61 750,00	61 750,00			750 000,00	750 000,00
	Unternehmensergebnis		Ergebnis aus unternehmensbezogener Abgrenzung		Ergebnis aus kostenrechnerischen Korrekturen		Betriebsergebnis	

Unternehmensergebnis	–	**Abgrenzungsergebnis**	=	**Betriebsergebnis**
104 130,00 EUR	–	33 150,00 EUR	=	70 980,00 EUR

Erläuterungen zur unternehmensbezogenen Abgrenzung:

- Alle betrieblichen Aufwendungen und betrieblichen Erträge werden im Rechnungskreis II als Kosten und Leistungen in die Kosten- und Leistungsrechnung übernommen (Fall ① und Fall ③). Als Saldo ergibt sich das Betriebsergebnis.
- Die neutralen Aufwendungen und Erträge werden im Rechnungskreis II in die unternehmensbezogene Abgrenzung übernommen und dadurch von der Kosten- und Leistungsrechnung abgegrenzt, weil sie das Betriebsergebnis verfälschen würden (Fall ② und Fall ④).

  Auf das Beispiel bezogen, betrifft das
  - **auf der Ertragsseite**: die **periodenfremden Erträge** sowie die **Zinserträge.**
  - **auf der Aufwandsseite**: die **Verluste aus dem Abgang von Vermögensgegenständen** und die **periodenfremden Aufwendungen**. Der Saldo ergibt das Ergebnis aus unternehmensbezogener Abgrenzung.

1 Verluste aus dem Abgang von Vermögensgegenständen liegen dann vor, wenn Vermögensgegenstände unter dem Buchwert verkauft werden (z.B. der Buchwert eines Firmen-Pkw beträgt 17 850,00 EUR. Der Erlös für den Firmen-Pkw beträgt 15 000,00 EUR. Es entsteht ein „Buchverlust“ von 2850,00 EUR).

Übungsaufgaben

23 Berechnung von Unternehmens-, Abgrenzungs- und Betriebsergebnis

Übertragen Sie die nachfolgende Ergebnistabelle in Ihr Hausheft! Berechnen Sie aufgrund der vorliegenden Werte das Unternehmensergebnis, das Betriebsergebnis und das Ergebnis aus unternehmensbezogener Abgrenzung!

Buchführung			Abgrenzungsbereich unternehmensbezogene Abgrenzung		Kosten- und Leistungsrechnung	
Konten	Aufwend.	Erträge	Aufwend.	Erträge	Kosten	Leistungen
Umsatzerlöse für eigene Erzeugnisse Aufw. für Rohstoffe ⋮						
	581 980,00	654 710,00	23 705,00	39 140,00	558 275,00	615 570,00

24 Unternehmensbezogene Abgrenzung in einer Ergebnistabelle

Die Industriewerke Holzer & Wetzel OHG weisen für den Monat Juli in der Buchführung folgende Aufwendungen und Erträge aus:

Konten	Beträge
Umsatzerlöse für eigene Erzeugnisse	1 050 000,00 EUR
Sonstige Umsatzerlöse	3 175,00 EUR
Erträge aus dem Abgang von Vermögensgegenständen	17 500,00 EUR
Erträge aus der Herabsetzung von Rückstellungen	8 500,00 EUR
Erträge aus Beteiligungen	25 820,00 EUR
Aufwendungen für Rohstoffe	580 510,00 EUR
Löhne/Gehälter	120 750,00 EUR
Arbeitgeberanteil zur Sozialversicherung	48 690,00 EUR
Abschreibungen auf Sachanlagen[1]	60 510,00 EUR
Büromaterial	28 525,00 EUR
Versicherungsbeiträge	30 970,00 EUR
Abschreibungen auf Finanzanlagen	85 480,00 EUR

Aufgaben:

1. Übernehmen Sie die angegebenen Aufwendungen und Erträge in eine Ergebnistabelle!
2. Ermitteln Sie das Betriebsergebnis, das Ergebnis aus unternehmensbezogener Abgrenzung und das Unternehmensergebnis!

1 Sofern zwischen bilanziellen Abschreibungen und kalkulatorischen Abschreibungen nicht unterschieden wird, sind die angegebenen Abschreibungen auf Sachanlagen in die KLR zu übernehmen.

2.2.3 Kostenrechnerische Korrekturen

2.2.3.1 Grundlegendes

Bei der Abgrenzung der Kosten von den Aufwendungen und der Leistungen von den Erträgen können zwei weitere Fälle auftreten:

- Für die **Kosten** fallen in der Buchführung **keine Aufwendungen** an **(Zusatzkosten)**.
- Für die **Kosten** fallen in der Buchführung nur **teilweise Aufwendungen** an **(Anderskosten)**.

- **Zusatzkosten** sind Kosten, für die es **keine Aufwendungen** innerhalb der Buchführung gibt.
- **Anderskosten** sind Aufwendungen, die in der **Kosten- und Leistungsrechnung** mit einem **anderen Betrag** als in der Buchführung angesetzt werden. Aus **Sicht der Buchführung** handelt es sich um **Andersaufwendungen**.
- **Anderskosten** und **Zusatzkosten** bilden zusammen den Umfang der **kalkulatorischen Kosten.**

2.2.3.2 Anderskosten

(1) Kalkulatorische Abschreibung

Für die **Kosten- und Leistungsrechnung (KLR)** muss die **tatsächliche Wertminderung** angesetzt werden. Für die Berechnung der Abschreibungshöhe in der **Buchführung** sind **handelsrechtliche Vorschriften** vorgegeben. Dies bedeutet, dass die Abschreibungsbeträge in erster Linie bestimmt werden durch finanzpolitische Strategien des Gesetzgebers und im Hinblick auf den tatsächlichen Werteverzehr zu hoch oder zu niedrig sein können.

Beispiel:

Ein Kombiwagen mit Anschaffungskosten von 45000,00 EUR wird buchhalterisch linear über 6 Jahre mit jeweils $16^2/_3$% abgeschrieben. Aufgrund der laufenden Preiserhöhungen muss in der Kostenrechnung von den Wiederbeschaffungskosten in Höhe von 51000,00 EUR abgeschrieben werden. Die bilanzielle Abschreibung beträgt somit 7500,00 EUR, die kalkulatorische Abschreibung 8500,00 EUR, sodass zusätzliche Kosten von jährlich 1000,00 EUR entstehen. Der bilanzielle Restwert des Kombiwagens nach dem ersten Jahr beträgt damit 37500,00 EUR, der kalkulatorische Restwert 42500,00 EUR.

Da die Berechnung der Abschreibungshöhe innerhalb der Erfolgsrechnung nach anderen Kriterien vorgenommen wird als in der KLR, ist zwischen **kalkulatorischer** und **bilanzieller Abschreibung** zu unterscheiden.

- Die **bilanzielle Abschreibung** wirkt sich in der **Buchführung** aus,
- die **kalkulatorische Abschreibung** in der **Kosten- und Leistungsrechnung**.

Kalkulatorische Abschreibungen sind Kosten, die – unabhängig von gesetzlichen Vorschriften – den **tatsächlichen** Werteverzehr des Anlagevermögens erfassen.

---

(2) Kalkulatorische Zinsen

Die **gezahlten Zinsen** für das aufgenommene **Fremdkapital** stellen einen betrieblichen Aufwand dar. Da der Unternehmer jedoch auch für das von ihm eingebrachte Eigenkapital eine Verzinsung beanspruchen kann, müssen in den Verkaufspreis auch Zinsen für das Eigenkapital eingerechnet werden. Die **kalkulatorischen Zinsen** erfassen somit die Verzinsung des **gesamten betrieblichen Kapitals,** und zwar unabhängig davon, ob es sich um Eigen- oder Fremdkapital handelt. Abgezogen werden allerdings die dem Unternehmen zinslos zur Verfügung stehenden Fremdmittel. Dieses sogenannte **Abzugskapital** setzt sich z. B. aus Verbindlichkeiten aus Lieferungen und Leistungen, aus Anzahlungen von Kunden und aus Rückstellungen zusammen.

	Gesamtes Unternehmensvermögen
–	nicht betriebliches Vermögen[1]
=	vorläufiges betriebliches Vermögen
–	Abzugskapital
=	betriebliches Kapital[2]

Kalkulatorische Zinsen sind die **Kosten** für die **Nutzung des betrieblichen Kapitals.**

(3) Kalkulatorische Wagnisse

Jede unternehmerische Tätigkeit ist mit dem Risiko des Scheiterns verbunden und kann damit zu Verlusten führen. Dieses allgemeine **Unternehmenswagnis** (z. B. Nachfrageverschiebungen, technischer Fortschritt, politische Ereignisse, Konjunkturschwankungen) kann in der KLR **nicht berücksichtigt** werden. Es wird durch den Gewinn abgegolten.

Kalkulatorisch zu erfassen sind die **einzelnen betrieblichen Wagnisse** (z. B. Forderungsausfälle, Währungsverluste, Garantieleistungen, Diebstahl, Überalterung der Erzeugnisse), sofern sie nicht durch eine Fremdversicherung abgedeckt sind.

Wagnisverluste treten in der Praxis nur von Fall zu Fall und in unterschiedlicher Höhe auf. Sie werden in der Buchführung als Aufwand gebucht und beeinflussen damit das Unternehmensergebnis. Um eine Stetigkeit in der KLR zu erreichen, werden die vorausschaubaren Einzelwagnisse ermittelt und gleichzeitig als **kalkulatorischer Wagniszuschlag** auf die Rechnungsperioden verrechnet. Auf diese Weise werden Zufallseinflüsse von der KLR ferngehalten. Sofern ein Einzelwagnis durch eine Fremdversicherung abgedeckt ist, entfällt der Ansatz eines kalkulatorischen Wagniszuschlags.

Beispiel:

Der Aufwand für vertragliche Garantieleistungen und Kulanz bei einer Möbelfabrik betrug in den vergangenen 3 Jahren 150000,00 EUR bei einem Werkstoffeinsatz von 6 Mio. EUR. Das bedeutet, dass 2,5 % des Werkstoffeinsatzes als kalkulatorischer Wagniszuschlag anzusetzen sind. Beträgt der Werkstoffeinsatz im 1. Quartal 1480000,00 EUR, so sind 37000,00 EUR an kalkulatorischen Wagnissen in die KLR einzurechnen.

Kalkulatorische Wagnisse sind Kosten für nicht versicherte Einzelwagnisse.

1 Auf der Vermögensseite zählen dazu z. B. nicht betrieblich genutzte Grundstücke, stillgelegte Betriebsanlagen.

2 Das betriebliche Kapital entspricht wertmäßig dem betrieblichen Vermögen.

2.2.3.3 Zusatzkosten

(1) Kalkulatorischer Unternehmerlohn

Die Arbeit des Unternehmers schlägt sich nicht bei allen Rechtsformen der Unternehmen als Aufwand in der Buchführung nieder. Ein Einzelunternehmer bzw. der mitarbeitende Gesellschafter einer Personengesellschaft (z.B. OHG-Gesellschafter, Komplementär) erhält für seine Arbeitsleistung kein Gehalt. Ihre Arbeit ist durch den Gewinn abgegolten. Demgegenüber zahlen vergleichbare Unternehmen aufgrund ihrer Rechtsform (z.B. GmbH) Geschäftsführergehälter, die sich als Aufwand niederschlagen.

Es ist daher – sowohl unter dem Gesichtspunkt einer exakten Kostenerfassung in der KLR als auch unter dem Gesichtspunkt der Vergleichbarkeit der Kostenstrukturen unterschiedlicher Unternehmen – unerlässlich, diese unternehmerische Tätigkeit in Geld zu bemessen und als Kosten zu erfassen. Die Höhe sollte dabei nach dem Arbeitseinsatz des Unternehmers bestimmt werden und sich am jeweils bestehenden Lohnniveau ausrichten. Dem kalkulatorischen Unternehmerlohn steht kein Aufwand gegenüber. Er stellt damit Zusatzkosten dar.

Der **kalkulatorische Unternehmerlohn** erfasst bei Einzelunternehmen und Personengesellschaften die Kosten für die Arbeitsleistung der mitarbeitenden Unternehmer. !

(2) Kalkulatorische Miete

Gelegentlich stellt ein Unternehmer Räume des Privatvermögens auch für betriebliche Zwecke zur Verfügung. Würde er solche Räume anmieten, müssten Mietkosten gezahlt werden. Obwohl keine Mietzahlungen anfallen, ist es unter kostenrechnerischen Gesichtspunkten gerechtfertigt, in der Kostenrechnung einen der ortsüblichen Miete entsprechenden Betrag (kalkulatorische Miete) anzusetzen.

Vom Unternehmer unentgeltlich überlassene Privaträume für betriebliche Zwecke sind in der Kostenrechnung mit der ortsüblichen Miete **(kalkulatorische Miete)** anzusetzen. !

2.2.3.4 Abgrenzung der Anderskosten und der Zusatzkosten in der Ergebnistabelle[1]

Der Abgrenzung der Anderskosten und der Zusatzkosten in der Ergebnistabelle liegen **zwei Grundfälle** zugrunde. Sie ergänzen die vier Grundfälle der unternehmensbezogenen Abgrenzung.[2]

1 Auf die Leistungen, für die keine oder nur teilweise Erträge anfallen, wird im Folgenden nicht eingegangen.

2 Vgl. hierzu S. 124.

9 Speth u.a. - ISBN 978-3-8120-0576-0

Grundfälle	Beispiele	
(5) Kosten und Aufwendungen fallen nicht in gleicher Höhe an.	bilanzielle Abschreibung (Aufw.)	7300,00 EUR
	kalkulatorische Abschreibung (Kosten)	8700,00 EUR
	gezahlte Zinsen (Aufwendungen)	4100,00 EUR
	kalkulatorische Zinsen (Kosten)	7200,00 EUR
(6) Kosten sind keine Aufwendungen.	Aufwendungen für Unternehmerlohn	0,00 EUR
	kalkulatorischer Unternehmerlohn	40000,00 EUR

Rechnungskreis I			Rechnungskreis II					
Erfolgsbereich			Abgrenzungsbereich				Kosten- und Leistungsrechnung	
Buchführung			unternehmensbezogene Abgrenzung		kostenrechnerische Korrekturen			
Konten	Aufw.	Erträge	Aufw.	Erträge	Aufw.	Erträge	Kosten	Leistungen
bilanz. Abschreibung	7300,00				7300,00	8700,00	8700,00	
Zinsaufwendungen	4100,00				4100,00	7200,00	7200,00	
kalk. Unternehmerl.						40000,00	40000,00	

Beispiel:

Das Industrieunternehmen Max Kluge KG weist beim Jahresabschluss nebenstehende Werte aus:

Konten	Betrag
Umsatzerlöse für eig. Erzeugnisse	547820,00
Aufw. für Rohstoffe	230400,00
Vertriebsprovisionen	20320,00
Fremdinstandhaltung	6940,00
Löhne	85000,00
Abschreibungen auf Sachanlagen	10870,00
Mieten, Pachten	12500,00
Büromaterial	46810,00
Reisekosten	9480,00
Zinsaufwendungen	6450,00

Angaben für kostenrechnerische Korrekturen:

- Statt der gezahlten Zinsen in Höhe von 6450,00 EUR werden kalkulatorische Zinsen in Höhe von 9780,00 EUR angesetzt.
- Statt der bilanziellen Abschreibungen in Höhe von 10870,00 EUR sollen kalkulatorische Abschreibungen in Höhe von 8950,00 EUR in Ansatz gebracht werden.
- Für die Abgeltung der Arbeitskraft des Komplementärs wird mit einem kalkulatorischen Unternehmerlohn in Höhe von 50000,00 EUR gerechnet.

Aufgaben:

1. Erstellen Sie eine Ergebnistabelle unter Berücksichtigung der Angaben für die kostenrechnerischen Korrekturen!
2. Ermitteln Sie das Unternehmensergebnis, das Ergebnis aus kostenrechnerischen Korrekturen sowie das Betriebsergebnis!

Lösungen:

Rechnungskreis I			Rechnungskreis II					
Erfolgsbereich			Abgrenzungsbereich				Kosten- und Leistungsrechnung	
Buchführung			unternehmensbezogene Abgrenzung		kostenrechnerische Korrekturen			
Konten	Aufw.	Erträge	Aufw.	Erträge	Aufw.	Erträge	Kosten	Leistungen
UErl. f. eig. Erzeugn.		547820,00						547820,00
Aufw. f. Rohstoffe	230400,00						230400,00	
Vertriebsprovisionen	20320,00						20320,00	
Fremdinstandhaltung	6940,00						6940,00	
Löhne	85000,00						85000,00	
Abschr. a. Sachanl.	10870,00				10870,00	8950,00	8950,00	
Mieten, Pachten	12500,00						12500,00	
Büromaterial	46810,00						46810,00	
Reisekosten	9480,00						9480,00	
Zinsaufwendungen	6450,00				6450,00	9780,00	9780,00	
Kalk. U.-Lohn						50000,00	50000,00	
Summen:	428770,00	547820,00			17320,00	68730,00	480180,00	547820,00
Salden (Ergebnisse):	119050,00				51410,00		67640,00	
	547820,00	547820,00			68730,00	68730,00	547820,00	547820,00
	Unternehmensergebnis:		Ergebnis aus unternehmensbezogener Abgrenzung:		Ergebnis aus kostenrechnerischen Korrekturen:		**Betriebsergebnis:**	

Unternehmensergebnis	–	**Abgrenzungsergebnis**	=	**Betriebsergebnis**
119050,00 EUR	–	51410,00 EUR	=	67640,00 EUR

Erläuterungen zu den kostenrechnerischen Korrekturen:[1]

■ Zu den Anderskosten ⑤

Sollen die **Abschreibungen** in der KLR anders verrechnet werden, als es dem Betrag von 10870,00 EUR in der Buchführung entspricht, dann wird zunächst der Betrag der Buchführung in Höhe von 10870,00 EUR als Aufwand in den Bereich der kostenrechnerischen Korrekturen übernommen.

Der Betrag der kalkulatorischen Abschreibungen in Höhe von 8950,00 EUR wird als Kosten in der KLR erfasst und als Ertrag bei den kostenrechnerischen Korrekturen. (Der Ertrag wird erwirtschaftet, wenn die Erzeugnisse zumindest zu kostendeckenden Preisen verkauft werden können.)

1 Für die Zuordnung einzelner Beträge in die beiden Abgrenzungsstufen gibt es keine gesetzlichen Vorschriften. Aus didaktischen Gründen (klare Abgrenzung) ordnen wir alle in der KLR anders zu verrechnenden Beträge der Stufe der kostenrechnerischen Korrekturen zu.

Sollen die **Zinsaufwendungen** in der KLR anders verrechnet werden als es dem Betrag von 6450,00 EUR in der Buchführung entspricht, dann wird zunächst der Betrag der Buchführung in Höhe von 6450,00 EUR als Aufwand in den Bereich der kostenrechnerischen Korrekturen übernommen.

Der Betrag der kalkulatorischen Zinsen in Höhe von 9780,00 EUR wird als Kosten in der KLR erfasst und als Ertrag bei den kostenrechnerischen Korrekturen. (Der Ertrag wird durch den Verkauf der Erzeugnisse erwirtschaftet, wenn zumindest kostendeckende Preise erzielt werden.)

Zu den Zusatzkosten ⑥

Da es für den **kalkulatorischen Unternehmerlohn** keinen Aufwandsposten in der Buchführung gibt, kann auch kein Aufwand in die kostenrechnerischen Korrekturen übernommen werden. Allerdings kommt der Unternehmerlohn, sofern er kostendeckend in die Preise einkalkuliert und erwirtschaftet wird, als Ertrag wieder in das Unternehmen zurück. Daher erscheint der als Kosten in der KLR zu erfassende Unternehmerlohn in Höhe von 50000,00 EUR sowohl unter den Kosten in der KLR als auch als Ertrag in der Spalte der kostenrechnerischen Korrekturen.

Überblick[1]

Aufwendungen		
neutraler Aufwand ①	Zweckaufwand = Grundkosten ②	kalk. Kosten: Zusatzkosten 3.1 ③ Anderskosten 3.2
	Kosten	

① Spende an eine gemeinnützige Einrichtung

② Rohstoffverbrauch für die Produktion

③ 3.1 Kalkulation eines Unternehmerlohns, der nicht ausbezahlt wird
3.2 Verrechnung einer kalkulatorisch höheren Abschreibung als bilanziell

Erträge		
neutraler Ertrag ①	Zweckertrag = Grundleistung ②	Zusatzleistungen ③
	Leistungen	

① Erträge aus Spekulationsgeschäften mit Wertpapieren

② Verkauf von Fertigerzeugnissen

③ Neubewertung von Rohstoffen, deren Werte über den Anschaffungskosten liegen.

1 Vgl. Jung, Hans: Allgemeine Betriebswirtschaftslehre, 2.Aufl., München; Wien 1996, S. 995.

Übungsaufgaben

25 Abgrenzung von Aufwendungen und Kosten

1. Erklären Sie den Begriff Anderskosten und nennen Sie ein Beispiel!

2. Erläutern Sie, warum in der KLR kalkulatorische Abschreibungen angesetzt und nicht die in der Buchführung erfassten bilanziellen Abschreibungen übernommen werden!

3. Begründen Sie, warum es unter kostenmäßigen Gesichtspunkten berechtigt ist, für den Einzelunternehmer und für die mitarbeitenden Gesellschafter einer OHG jeweils entsprechende Kosten für deren Arbeitsleistung anzusetzen!

4. Erläutern Sie den Zweck der Verrechnung kalkulatorischer Kosten!

5. Unterscheiden Sie Anderskosten und Zusatzkosten!

6. Bei einer KG wird für die Mitarbeit des Komplementärs ein Unternehmerlohn in der Kalkulation berücksichtigt und über die Umsatzerlöse erwirtschaftet.

   Aufgabe:

   Erläutern Sie die Auswirkungen des einkalkulierten Unternehmerlohns auf das Betriebsergebnis und das Unternehmensergebnis!

7. Am 30. Juli 20.. haben wir einen Lkw angeschafft. Die Anschaffungskosten belaufen sich auf 81 000,00 EUR. Die Nutzungsdauer beträgt 9 Jahre. Es wird linear abgeschrieben.

   In der KLR wird der Lkw von den Wiederbeschaffungskosten abgeschrieben. Die Wiederbeschaffungskosten betragen 95 625,00 EUR. Die Abschreibung erfolgt ebenfalls linear.

   Aufgabe:

   Übertragen Sie das folgende Schema in Ihr Heft und tragen Sie die ermittelten Abschreibungsbeträge ein:

Neutraler Aufwand	Zweckaufwand	Grundkosten	Zusatzkosten

8. 8.1 Ein Industrieunternehmen bucht folgende Beträge:

   Abschreibungen

bilanzielle Abschreibungen	52 700,00 EUR
kalkulatorische Abschreibungen	48 900,00 EUR

   Unternehmerlohn

gezahlter Unternehmerlohn	0,00 EUR
kalkulatorischer Unternehmerlohn	15 000,00 EUR

   Aufgabe:

   Ermitteln Sie, in welcher Höhe jeweils neutraler Aufwand oder Zweckaufwand entstanden ist bzw. in welcher Höhe Grundkosten oder Zusatzkosten entstanden sind! Verwenden Sie hierzu die folgende Tabelle:

	Buchführung		Kosten- und Leistungsrechnung	
Vorgang	Neutraler Aufwand	Zweckaufwand	Grundkosten	Zusatzkosten

   8.2 Nennen Sie die Voraussetzungen, die erfüllt sein müssen, damit bei der bilanziellen bzw. der kalkulatorischen Abschreibung die reale Kapitalerhaltung gesichert ist!

8.3 Das Emissionsgerät eines Industrieunternehmens mit einer Nutzungsdauer von 8 Jahren wird bilanziell linear von den Anschaffungskosten abgeschrieben. Der Buchwert des Emissionsgeräts am Ende des 1. Nutzungsjahres beträgt 10937,50 EUR.

Aufgaben:

8.3.1 Ermitteln Sie den Buchwert am Ende des 2. Nutzungsjahres!

8.3.2 Kalkulatorisch wird das Emissionsgerät linear vom Wiederbeschaffungswert abgeschrieben. Die kalkulatorische Nutzungsdauer beträgt 10 Jahre. Für das 2. Nutzungsjahr wird mit einer Preissteigerung von 8% gerechnet. Berechnen Sie die Höhe der kalkulatorischen Abschreibung für das 2. Nutzungsjahr und ermitteln Sie den Wertansatz des Emissionsgeräts in der KLR am Ende des 2. Nutzungsjahres!

8.4 Nennen und erklären Sie Kriterien, nach denen die bilanzielle von der kalkulatorischen Abschreibung abgegrenzt werden kann!

9. Ein Industriebetrieb weist in der Ergebnistabelle folgende kostenrechnerische Korrekturen auf:

	Kostenrechnerische Korrekturen	
	Aufwendungen	Erträge
Abschreibung auf das Betriebsgebäude	42000,00	63000,00
Abschreibung auf technische Anlagen	252000,00	189000,00
Unternehmerlohn		234000,00
	294000,00	486000,00

Aufgaben:

9.1 Ermitteln Sie das Betriebsergebnis, wenn keine unternehmensbezogene Abgrenzungen vorgenommen werden mussten! Das festgestellte Unternehmensergebnis beträgt 717000,00 EUR.

9.2 Erläutern Sie, unter welchen Voraussetzungen die kalkulatorischen Kosten zu betrieblichen Erträgen (Leistungen) werden!

9.3 Geben Sie für die Anderskosten der beiden Abschreibungsposten jeweils die Höhe der Grundkosten und neutralen Aufwendungen bzw. Zusatzkosten an!

9.4 Begründen Sie, warum Abschreibungen weder zu Auszahlungen noch zu Ausgaben führen!

10. Erläutern Sie, warum neben der Buchführung eine Kosten- und Leistungsrechnung erforderlich ist!

26 Berechnung der kalkulatorischen Zinsen

Die Kurt Metzger OHG beliefert vorwiegend Supermärkte mit haltbaren Wurstwaren. Aus dem Rechnungswesen liegen folgende Informationen vor:

Aktiva	Vorläufige Bilanz zum 31. Dez. 20.. in EUR		Passiva
Gebäude	330000,00	Gesellschafter Metzger	500000,00
Maschinen	735000,00	Gesellschafter Heinzler	220000,00
Betr.- u. Geschäftsausstattung	180000,00	Rückstellungen	75000,00
Umlaufvermögen	615000,00	Darlehen	810000,00
		Verbindl. a. Lief. u. Leist.	255000,00
	1860000,00		1860000,00

Ergänzungen zur vorläufigen Bilanz: Die kalkulatorischen Restwerte des gesamten Anlagevermögens betragen Ende 20.. 1 110 000,00 EUR. Der kalkulatorische Unternehmerlohn des Gesellschafters Kurt Metzger wird mit 70 000,00 EUR angesetzt. Die Verbindlichkeiten aus Lieferungen und Leistungen sind zutreffend angesetzt. Im Umlaufvermögen sind in Höhe von 80 000,00 EUR nicht betriebsnotwendige Wertpapiere enthalten.

Aufgabe:

Ermitteln Sie die kalkulatorischen Zinsen bei einem Zinssatz von 9%!

27 Erstellen einer Ergebnistabelle mit kostenrechnerischen Korrekturen

Die Buchführung eines Industriebetriebes weist für den Monat Mai folgende Aufwendungen und Erträge auf (Auszug):

Umsatzerlöse für eigene Erzeugnisse	470 000,00 EUR
Aufwendungen für Rohstoffe	300 000,00 EUR
Löhne, Gehälter	100 000,00 EUR
Abschreibungen auf Sachanlagen	20 000,00 EUR
Mieten, Pachten	2 000,00 EUR
Reisekosten	4 000,00 EUR
Kfz-Steuer, Verbrauchssteuern	30 000,00 EUR
Zinsaufwendungen	15 000,00 EUR

Angaben zur Kosten- und Leistungsrechnung

1. Kalkulatorische Abschreibungen auf Sachanlagen	35 000,00 EUR
2. Kalkulatorische Zinsen	36 000,00 EUR
3. Kalkulatorischer Unternehmerlohn	12 000,00 EUR

Aufgabe:

Erstellen Sie eine Ergebnistabelle und ermitteln Sie das Unternehmensergebnis, das Betriebsergebnis sowie das Ergebnis aus kostenrechnerischen Korrekturen!

28 Erstellen einer Ergebnistabelle mit kostenrechnerischen Korrekturen

In einem Industrieunternehmen sind folgende Sachverhalte gegeben:

1. Das betriebliche Kapital beträgt 2 470 000,00 EUR. Der kalkulatorische Zinssatz wird mit 8% angesetzt. Die tatsächlich gezahlten Fremdkapitalzinsen betragen im Geschäftsjahr 84 700,00 EUR.
2. Der Unternehmerlohn wird mit 120 000,00 EUR festgesetzt.
3. Der kalkulatorische Wagniszuschlag beträgt 48 000,00 EUR. Während des Geschäftsjahres sind Schadensfälle in Höhe von 72 000,00 EUR eingetreten.
4. Auf den Fuhrpark mit Anschaffungskosten in Höhe von 200 000,00 EUR werden aus steuerlichen Gründen 20% bilanzmäßig abgeschrieben.

   Die verbrauchsbedingte kalkulatorische Abschreibung beträgt 15% von den Wiederbeschaffungskosten in Höhe von 230 000,00 EUR.
5. Das Unternehmen rechnet mit einer kalkulatorischen Miete in Höhe von 30 000,00 EUR.
6. Die Umsatzerlöse für eigene Erzeugnisse betragen 500 000,00 EUR.

Stellen Sie die Vorgänge in einer Ergebnistabelle dar!

2.2.3.5 Zusammenfassende Darstellung einer Ergebnistabelle mit unternehmensbezogener Abgrenzung und kostenrechnerischen Korrekturen

Im folgenden Beispiel werden die beiden zunächst getrennt dargestellten Abgrenzungsstufen zusammengefasst.

Rechnungskreis I			Rechnungskreis II					
Erfolgsbereich			Abgrenzungsbereich				Kosten- und Leistungsrechnung	
Buchführung			unternehmens-bezogene Abgrenzung		kostenrechnerische Korrekturen			
Konten	Aufw.	Erträge	Aufw.	Erträge	Aufw.	Erträge	Kosten	Leistungen
UErl. f. eig. Erz.		1 297 820,00						1 297 820,00
Periodenfr. Erträge		43 800,00		43 800,00				
Zinserträge		17 950,00		17 950,00				
Aufw. f. Rohstoffe	710 400,00						710 400,00	
Vertriebsprovisionen	20 320,00						20 320,00	
Fremdinstandhaltung	6 940,00						6 940,00	
Löhne	220 000,00						220 000,00	
Abschr. a. Sachanl.	10 870,00				10 870,00	8 950,00	8 950,00	
Mieten, Pachten	18 110,00						18 110,00	
Büromaterial	95 760,00						95 760,00	
Reisekosten	18 940,00						18 940,00	
Verl. a. d. Abg. v. VG	2 850,00		2 850,00					
Periodenfr. Aufw.	25 750,00		25 750,00					
Zinsaufwendungen	6 450,00				6 450,00	9 780,00	9 780,00	
Kalk. U.-Lohn						50 000,00	50 000,00	
Summen:	1 136 390,00	1 359 570,00	28 600,00	61 750,00	17 320,00	68 730,00	1 159 200,00	1 297 820,00
Salden (Ergebnisse):	223 180,00		33 150,00		51 410,00		138 620,00	
	1 359 570,00	1 359 570,00	61 750,00	61 750,00	68 730,00	68 730,00	1 297 820,00	1 297 820,00
	Unternehmens-ergebnis		Ergebnis aus unternehmens-bezogener Abgrenzung		Ergebnis aus kosten-rechnerischen Korrekturen		Betriebs-ergebnis	

Unternehmens-ergebnis	–	**Abgrenzungs-ergebnis**[1]	=	**Betriebs-ergebnis**
223 180,00 EUR	–	84 560,00 EUR	=	138 620,00 EUR

1	Ergebnis unternehmensbezogene Abgrenzung (Gewinn)	33 150,00 EUR
+	Ergebnis kostenrechnerische Korrekturen (Gewinn)	51 410,00 EUR
=	Abgrenzungsergebnis	84 560,00 EUR

Übungsaufgaben

29 Erstellen einer vollständigen Ergebnistabelle

Die Buchführung eines Industriebetriebes weist folgende Quartalszahlen aus:

Konten	Beträge
Umsatzerlöse für eigene Erzeugnisse	1420000,00 EUR
Bestandsveränderungen an unfert. Erzeugnissen (Bestandsmehrung)	80700,00 EUR
Eigenverbrauch	15500,00 EUR
Periodenfremde Erträge	8500,00 EUR
Erträge aus Beteiligungen	28000,00 EUR
Zinserträge	5100,00 EUR
Aufwendungen für Rohstoffe	767900,00 EUR
Frachten und Fremdlager	31500,00 EUR
Löhne, Gehälter	204400,00 EUR
Arbeitgeberanteil zur Sozialversicherung	84370,00 EUR
Abschreibungen auf Sachanlagen	52430,00 EUR
Leasing	28910,00 EUR
Büromaterial	48700,00 EUR
Verluste aus Schadensfällen	18800,00 EUR
Grundsteuer	32850,00 EUR
Abschreibungen auf Finanzanlagen	24600,00 EUR
Zinsaufwendungen	12870,00 EUR
Kapitalertragsteuer	1900,00 EUR

Angaben zur Kosten- und Leistungsrechnung:

- In den Löhnen ist eine Lohnnachzahlung in Höhe von 24300,00 EUR enthalten. Im Arbeitgeberanteil zur Sozialversicherung entspricht das einem Betrag von 4680,00 EUR
- Kalkulatorische Abschreibungen auf Sachanlagen 41800,00 EUR
- Kalkulatorische Wagnisse 15000,00 EUR
- In dem Betrag für die Grundsteuer ist eine Steuernachzahlung in Höhe von 28000,00 EUR enthalten
- Kalkulatorische Zinsen 42800,00 EUR
- Kalkulatorischer Unternehmerlohn 34000,00 EUR

Aufgabe:

Ermitteln Sie mithilfe einer Ergebnistabelle das Unternehmensergebnis, die Abgrenzungsergebnisse und das Betriebsergebnis!

30 Erstellen einer vollständigen Ergebnistabelle

Die Buchführung eines Industriebetriebes weist folgende Quartalszahlen aus:

Konten	Beträge
Umsatzerlöse für eigene Erzeugnisse	841200,00 EUR
Erträge aus dem Abgang von Vermögensgegenständen	42200,00 EUR
Erträge aus Wertpapieren des Umlaufvermögens	21750,00 EUR
Zinserträge	4800,00 EUR
Aufwendungen für Rohstoffe	391850,00 EUR
Frachten und Fremdlager	22400,00 EUR
Löhne, Gehälter	198420,00 EUR
Arbeitgeberanteil zur Sozialversicherung	24760,00 EUR
Abschreibungen auf Sachanlagen	19540,00 EUR

Konten	Beträge
Kosten des Geldverkehrs	4700,00 EUR
Büromaterial	21890,00 EUR
Verluste aus Schadensfällen	17400,00 EUR
Grundsteuer	8890,00 EUR
Abschreibungen auf Finanzanlagen	7380,00 EUR
Zinsaufwendungen	12100,00 EUR

Angaben zur Kosten- und Leistungsrechnung:

- Die Aufwendungen für Rohstoffe werden in der KLR mit festen Verrechnungspreisen* in Höhe von 370500,00 EUR erfasst.
- Kalkulatorische Abschreibungen auf Sachanlagen 18700,00 EUR
- In den Kosten für Büromaterial ist eine Rechnung aus der vergangenen Rechnungsperiode in Höhe von 1500,00 EUR enthalten.
- Kalkulatorische Wagnisse 21100,00 EUR
- In der Grundsteuer ist eine Nachzahlung in Höhe von 2000,00 EUR enthalten.
- Kalkulatorische Zinsen 28900,00 EUR
- Kalkulatorischer Unternehmerlohn 28700,00 EUR

Aufgabe:

Ermitteln Sie mithilfe einer Ergebnistabelle das Unternehmensergebnis, die Abgrenzungsergebnisse und das Betriebsergebnis!

* **Anmerkung:** Um Schwankungen in der Kalkulation, die sich durch mehr oder weniger zufallsabhängige Preisschwankungen im Einkauf ergeben können, zu vermeiden, verwenden Industriebetriebe in der Kosten- und Leistungsrechnung auch feste Verrechnungspreise für die Werkstoffe. Diese werden nur dann verändert, wenn sich die Marktpreise entscheidend nach oben oder unten verändern.

31 Erstellen und Beurteilen einer vollständigen Ergebnistabelle

Die Holzspielwarenfabrik Fritz Kehl OHG, Köln, weist zum 1. Januar 20.. folgende zusammengefasste Eröffnungsbilanz aus:

Aktiva — Bilanz zum 1. Jan. 20.. (in TEUR) — Passiva

Aktiva		Passiva	
Anlagevermögen		**Eigenkapital**	
Bebaute Grundstücke	2000	Kapital Kehl	3000
Maschinen, Fuhrpark	2400	Kapital Kohn	2480
(davon stillgelegte Maschinen 800)		**Rückstellungen**	200
Umlaufvermögen		**Verbindlichkeiten**	
Vorräte	2500	Darlehen	3000
Sonst. Umlaufvermögen	2580	Verbindl. a. Lief. u. Leist.	800
(davon Wertpapiere 680)			
	9480		9480

Am 31. Dezember 20.. liegen folgende Zahlen der Buchführung vor (Angaben in TEUR):

Umsatzerlöse für eig. Erzeugnisse	15000	Hilfslöhne	1000
Bestandsminderung Fertigerzeugnisse	400	Gehälter	1200
Aktivierte Eigenleistungen	120	Abschreibungen auf Sachanl.	800
Zinserträge	20	Verluste a. d. Abgang von Vermögensgegenständen	340
Erträge aus Wertpapieren des UV	160	Zinsaufwendungen	240
Aufwendungen für Werkstoffe	4600	Sonstige Kosten	1940
Fertigungslöhne	3800		

Berücksichtigen Sie außerdem die folgenden Angaben:

- Die bilanziellen Abschreibungen wurden nach handelsrechtlichen Gesichtspunkten vorgenommen. Der wirkliche Werteverzehr liegt um 15 % niedriger.
- Für die geschäftsführenden Gesellschafter Kohl und Kohn ist ein kalkulatorischer Unternehmerlohn zu verrechnen. Für zwei angestellte Geschäftsführer wäre vergleichsweise eine monatliche Vergütung von je 10000,00 EUR aufzuwenden.
- Als kalkulatorische Zinsen sind 8 % vom betriebsnotwendigen Kapital in Höhe von 7000 TEUR zu verrechnen.

Aufgaben:

1. Berechnen Sie die kalkulatorischen Abschreibungen, den kalkulatorischen Unternehmerlohn und die kalkulatorischen Zinsen!
2. Ermitteln Sie mithilfe einer Ergebnistabelle das Unternehmensergebnis, das Abgrenzungsergebnis sowie das Betriebsergebnis!
3. Eine Betriebsvereinbarung sieht vor, dass die Belegschaft am Betriebsgewinn beteiligt wird. Im Betriebsrat wurden Stimmen laut, wonach die Unternehmensleitung versucht habe, das Betriebsergebnis und damit den Gewinnanteil der Belegschaft durch Berücksichtigung von Zusatzkosten zu verringern.
   Beurteilen Sie den Vorwurf unter kalkulatorischen Gesichtspunkten!

32 Analyse einer Ergebnistabelle

Die Gesellschafter der Gebrüder Bauer Instrumentenbau OHG planen eine Umstrukturierung des Rechnungswesens. Die sachliche Abgrenzung soll künftig mithilfe einer Ergebnistabelle vorgenommen werden. Für das laufende Geschäftsjahr hat die Tabelle folgendes Aussehen:

Ergebnistabelle (Zahlen in Tsd. EUR)								
Rechnungskreis I			Rechnungskreis II					
Erfolgsbereich			Abgrenzungsbereich				Kosten- und Leistungsrechnung	
Buchführung			unternehmensbezogene Abgrenzung		kostenrechnerische Korrekturen			
Konten	Aufw.	Erträge	Aufw.	Erträge	Aufw.	Erträge	Kosten	Leistungen
Umsatzerlöse f. eig. Erzeugn.		4400						4400
Bestandsveränd. FE/UE		500						500
Zinserträge		280		280				
Personalaufwend.	2600						2600	
Aufw. f. Roh-, Hilfs- u. Betriebsst.	1000						1000	
Abschr. a. Sachanl.	500				500	300	300	
Zinsaufwendungen	200				200	360	360	
Periodenfremde Erträge	50		50					
Sonst. Aufwendungen	600		200				400	
Kalk. Unternehmerlohn						300	300	
Summe	4950	5180	250	280	700	960	4960	4900
Ergebnisse	230		30		260			60
	5180	5180	280	280	960	960	4960	4960

Aufgaben:

1. Erläutern Sie für die Positionen „Abschreibungen auf Sachanlagen" und „Zinsaufwendungen", warum die im Rechnungskreis I ausgewiesenen Werte von denen im Rechnungskreis II abweichen!
2. Die „sonstigen Aufwendungen" sind ein Sammelposten für verschiedene Vorgänge. Zeigen Sie für diese Position anhand zweier Geschäftsvorfälle die Ursache für die Abweichungen zwischen den Beträgen der Geschäftsbuchführung und der Kosten- und Leistungsrechnung!
3. Begründen Sie, warum für den „kalkulatorischen Unternehmerlohn" im Rechnungskreis I kein Betrag ausgewiesen ist, jedoch im Rechnungskreis II!
4. Bei der Besprechung des Jahresergebnisses im Gesellschafterkreis fallen folgende Äußerungen:
   - „Der Betrieb arbeitet unwirtschaftlich."
   - „Für die Gesellschafter hat sich das letzte Jahr überhaupt nicht gelohnt."
   - „Die Gewinnsituation war im letzten Jahr ganz ausgezeichnet. Für die Gesellschafter gibt es keinen Anlass zur Kritik."

   Nehmen Sie zu jeder dieser Äußerungen unter Beachtung der Ergebnistabelle begründet Stellung!

2.3 Gliederung der Kosten

2.3.1 Fixe und variable Kosten

2.3.1.1 Begriffe fixe und variable Kosten sowie Gesamtkosten

Betrachtet man die Gesamtkosten einer Geschäftsperiode, so stellt man fest, dass sich ein Teil der Kosten bei einer Veränderung der Ausbringungsmenge nicht verändert, andere Kosten sich jedoch verändern. Es sind daher zwei Arten von Kosten zu unterscheiden: die **fixen Kosten** und die **variablen Kosten.**

Fixe Kosten

Fixe Kosten (K_{fix}) sind Kosten, die sich bei Änderung der Ausbringungsmenge in ihrer **absoluten Höhe nicht verändern.**[1]

Beispiele:

Miete, Gehälter der Angestellten, Abschreibungen, Versicherungsbeiträge, Grundsteuern.

Fixe Kosten fallen an, unabhängig davon, ob und wie viel ein Unternehmen produziert. Man nennt sie daher auch **Kosten der Betriebsbereitschaft.**

1 Beachten Sie die Ausführungen zu den fixen Kosten auf S. 142f.

Variable Kosten

Variable Kosten (K_v) sind die Kosten, die sich bei Änderung der Ausbringungsmenge in ihrer **absoluten Höhe verändern.**

Beispiele:

Leistungsabhängige Löhne, Verbrauch von Werkstoffen, Treibstoffen, Büromaterial, Versicherungsbeiträge, Reparaturen.

Gesamtkosten

Die Gesamtkosten (K) eines Unternehmens setzen sich zusammen aus den gesamten Fixkosten (K_{fix}) und den gesamten variablen Kosten (K_v):

$$K = K_{fix} + K_v$$

Die variablen Gesamtkosten werden berechnet: variable Kosten je Stück (k_v) · Stückzahl:

$$K_v = k_v \cdot x$$

Die Formel zur Berechnung der Gesamtkosten **(Kostenfunktion)** lautet:

$$K = K_{fix} + k_v \cdot x$$

2.3.1.2 Kapazität und Beschäftigungsgrad

Jedes Unternehmen ist bezüglich seiner räumlichen, technischen und personellen Ausstattung auf eine bestimmte Ausbringungsmenge festgelegt. Diese Ausbringungsmenge je Zeiteinheit (Tag, Monat, Jahr) nennt man **Kapazität.** Von der Kapazität ist die tatsächliche Ausbringungsmenge zu unterscheiden, die man in einem Prozentsatz zur Kapazität angibt. Diesen Prozentsatz nennt man **Beschäftigungsgrad.**

- **Kapazität** ist die Ausbringungsmenge, die bei gegebener Ausstattung erreichbar ist.[1] An der Kapazitätsgrenze beträgt der Beschäftigungsgrad 100 %.
- Der **Beschäftigungsgrad (Kapazitätsausnutzungsgrad)** drückt das prozentuale Verhältnis der tatsächlichen Ausbringungsmenge **(Beschäftigung)** zur Kapazität aus.

$$\text{Beschäftigungsgrad} = \frac{\text{tatsächliche Ausbringungsmenge} \cdot 100}{\text{Kapazität}}$$

Beispiel:

Die Kapazität beträgt pro Monat 8000 Stück eines Erzeugnisses. Im Monat Mai betrug die tatsächliche Ausbringungsmenge 6000 Stück.

Aufgabe:

Berechnen Sie den Beschäftigungsgrad in Prozent!

Lösung:

$$\text{Beschäftigungsgrad} = \frac{6000 \cdot 100}{8000} = \underline{\underline{75\,\%}}$$

1 Unter **Kapazität** versteht man die technisch bedingte obere Leistungsgrenze eines Betriebes, also die höchste Ausbringungsmenge (maximale Beschäftigung).

2.3.1.3 Kostenverläufe bei fixen und variablen Kosten

(1) Kostenverläufe bei fixen Kosten

Absolut fixe Kosten

Gesamtbetrachtung. Absolut fixe Kosten (K_{fix}) verändern sich von der Ausbringungsmenge 0 bis zur Kapazitätsgrenze nicht.

Beispiele:

Miete, Abschreibungen, Gehälter.

Stückbetrachtung. Bezieht man die angefallenen Fixkosten auf ein einzelnes Stück (k_{fix}) und untersucht, wie sich deren Höhe bei unterschiedlicher Ausbringungsmenge ändert, so ergibt sich folgender Zusammenhang: Erhöht man die Ausbringungsmenge (der Beschäftigungsgrad nimmt zu), dann verteilt sich der konstant hohe Block an Fixkosten auf eine größere Ausbringungsmenge, d.h., die Fixkosten pro Stück sinken **(Fixkostendegression).** Eine sinkende Ausbringungsmenge hat die entsprechend umgekehrte Wirkung.

$$\text{Fixkosten je Leistungseinheit } (k_{fix}) = \frac{\text{Fixkosten der Periode } (K_{fix})}{\text{Ausbringungsmenge}}$$

Beispiel: Fixkosten

Erzeugte Menge in Stück	Gesamtbetrachtung in EUR
10000	60000,00
20000	60000,00
30000	60000,00

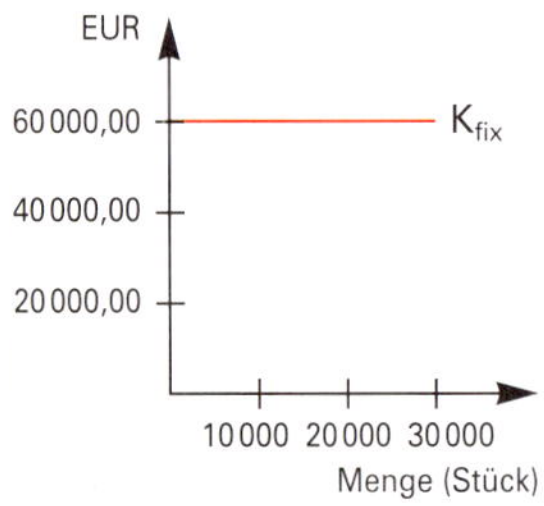

Stückbetrachtung in EUR
6,00
3,00
2,00

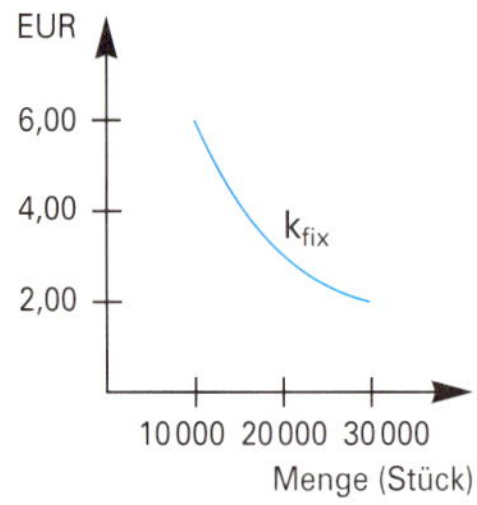

Schlussfolgerung: Ausbringungsmenge und Fixkosten pro Stück verlaufen zueinander in entgegengesetzter Richtung.

Relativ fixe Kosten (sprungfixe Kosten)

Die relativ fixen Kosten (sprungfixe Kosten) bleiben nur innerhalb einer bestimmten Ausbringungsmenge konstant.

Soll die Ausbringungsmenge gesteigert werden, dann erreicht sie irgendwann einen Punkt, von dem ab sie mit der vorhandenen technischen Ausstattung bzw. den beschäftigten Mitarbeitern nicht mehr erhöht werden kann. Es müssen neue Maschinen gekauft, zusätzliche Mitarbeiter eingestellt und/oder eine neue Fabrikhalle angemietet werden. In diesem Fall erhöhen sich die fixen Kosten sprunghaft. Die zusätzlich entstehenden Kosten nennt man **sprungfixe Kosten (intervallfixe Kosten).**

Beispiel: sprungfixe (intervallfixe) Kosten

Erzeugte Menge in Stück	Gesamtbetrachtung in EUR	Stückbetrachtung in EUR
10000	60000,00	6,00
20000	60000,00	3,00
30000	60000,00	2,00
40000	120000,00	3,00
50000	120000,00	2,40

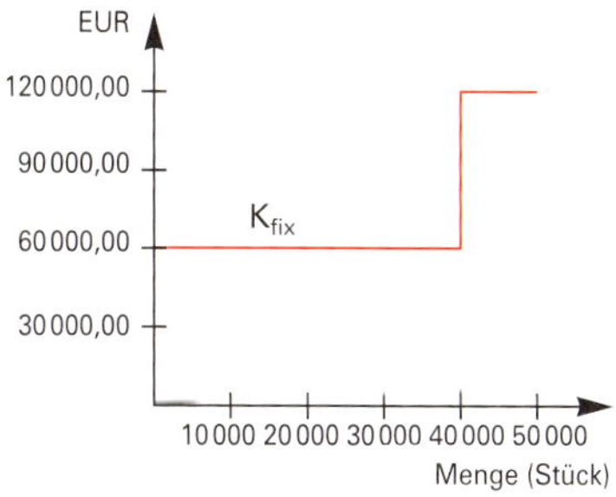

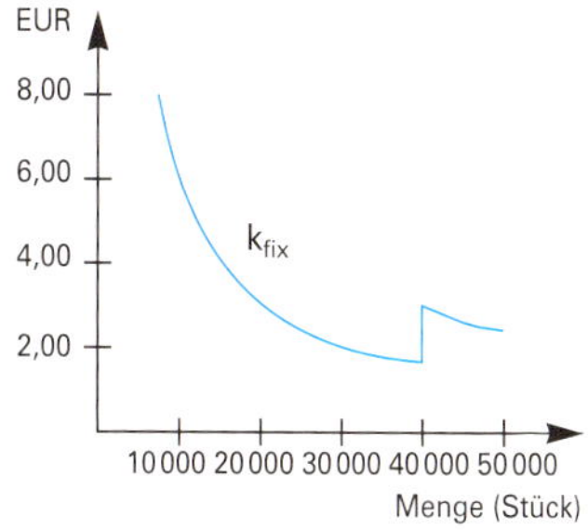

- Die absolut fixen Kosten bleiben bis zur Kapazitätsgrenze trotz Änderung der Ausbringungsmenge absolut gleich.
- Wird die bisherige Kapazitätsgrenze überschritten, springen die absolut fixen Kosten auf ein neues Niveau.
- Die auf eine Leistungseinheit umgerechneten fixen Kosten verringern sich bei steigender Ausbringungsmenge und erhöhen sich bei rückläufiger Ausbringungsmenge.

Nutzkosten und Leerkosten

Wird aufgrund geringer Beschäftigung die Kapazität nur teilweise genutzt, gliedern sich die fixen Kosten in Nutzkosten und Leerkosten auf.

Nutzkosten	Ist der Teil der Fixkosten, der bei gegebener Kapazitätsausnutzung „in Anspruch" genommen wird, d.h. **Fixkosten der genutzten Kapazität.**
Leerkosten	Sind die **Fixkosten der nicht genutzten Kapazität.**

Beispiel:

In einem Unternehmen betragen die Fixkosten einer Maschine 45000,00 EUR. Die Kapazität der Maschine ist zu 75 % ausgelastet.

Aufgabe:
Berechnen Sie Nutzkosten und die Leerkosten!

Lösung:

Nutzkosten: $\frac{45000 \cdot 75}{100} = \underline{\underline{33750{,}00 \text{ EUR}}}$

Leerkosten: 45000,00 EUR – 33750,00 EUR = $\underline{\underline{11250{,}00 \text{ EUR}}}$

Die Leerkosten machen deutlich, welcher Anteil der Fixkosten nicht genutzt wird. Sie belasten das Betriebsergebnis unnötig.

(2) Kostenverläufe bei variablen Kosten

Hinweis:

- Die Kostenveränderung kann im gleichen Verhältnis wie die Ausbringungsmenge **(proportionale Kosten),** in einem geringeren Verhältnis **(unterproportionale, degressive Kosten)** oder in einem stärkeren Verhältnis **(überproportionale, progressive Kosten)** erfolgen.
- Im Folgenden werden nur die **proportional variablen Kosten** betrachtet. Für sie wird der Begriff **variable Kosten** verwendet.

Gesamtbetrachtung. Die variablen Kosten (K_v) verändern sich im gleichen Verhältnis wie die Ausbringungsmenge.

Stückbetrachtung. Bezieht man die Summe der variablen Kosten einer Periode auf eine Leistungseinheit (k_v), dann ist der Anteil, der auf eine Leistungseinheit entfällt, bei jeder Ausbringungsmenge gleich hoch.

Beispiele:

Leistungsabhängige Löhne, Verbrauch von Werkstoffen, Treibstoffen, Büromaterial, Versicherungsbeiträge, Reparaturen.

$$\text{Variable Kosten je Leistungseinheit } (k_v) = \frac{\text{Summe der variablen Kosten } (K_v)}{\text{Ausbringungsmenge}}$$

Beispiel: variable Kosten (mit proportionalem Verlauf)

Erzeugte Menge in Stück	Gesamtbetrachtung in EUR	Stückbetrachtung in EUR
10000	50000,00	5,00
20000	100000,00	5,00
30000	150000,00	5,00

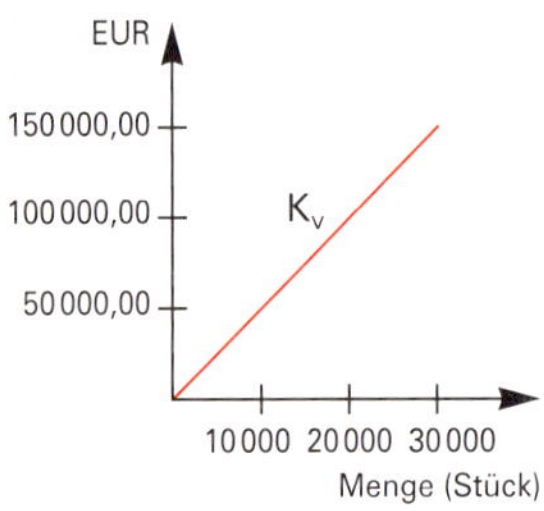

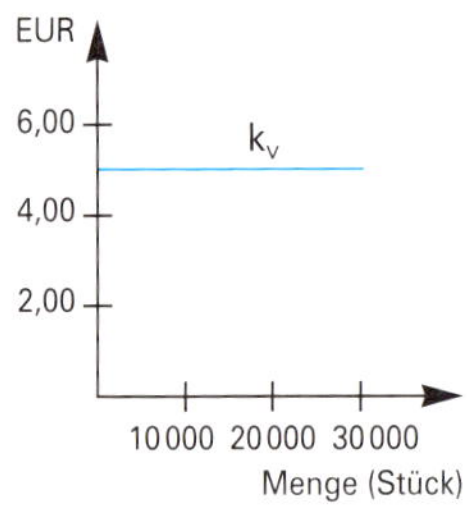

- In der Gesamtbetrachtung verändern sich die variablen Kosten im gleichen Verhältnis wie die Ausbringungsmenge.
- Auf eine Leistungseinheit (z. B. auf ein Stück) bezogen, bleiben die variablen Kosten bei jeder Ausbringungsmenge gleich hoch (konstant).

(3) Gesamtkostenverlauf

Grundlegendes

Wird ein proportionaler Verlauf der variablen Kosten angenommen, steigen die Gesamtkosten mit jeder weiteren Einheit jeweils um die konstanten variablen Stückkosten. Sie geben die Steigung der Gesamtkostenkurve an. Da der Verlauf der Steigung konstant ist, verläuft die Gesamtkostenkurve linear.

- Die mit der Änderung (Zu- oder Abnahme) um eine Einheit verbundene Kostenänderung nennt man **Grenzkosten.** Sie kennzeichnen die Steigung der Gesamtkostenkurve.
- Bei linearem Verlauf der Gesamtkosten entsprechen die **Grenzkosten** den **variablen Kosten je Einheit.**

Die Gesamtkostenkurve hat ihren **Ursprung auf der Höhe der Fixkosten** und steigt mit zunehmender Ausbringungsmenge proportional an.

Grafische Darstellung der linearen Kostenfunktion

Gesamtkostenverlauf	Stückkostenverlauf

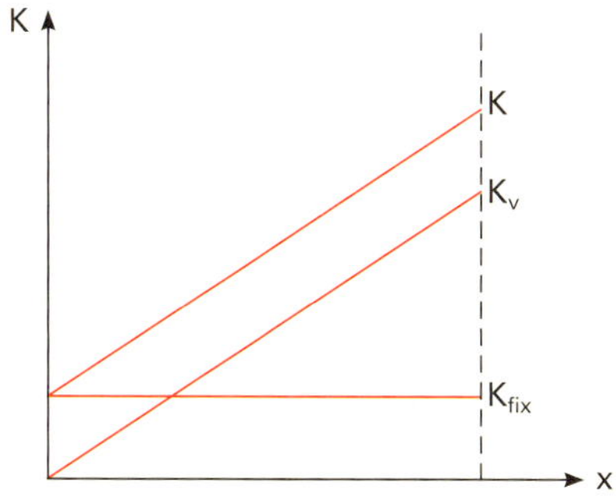

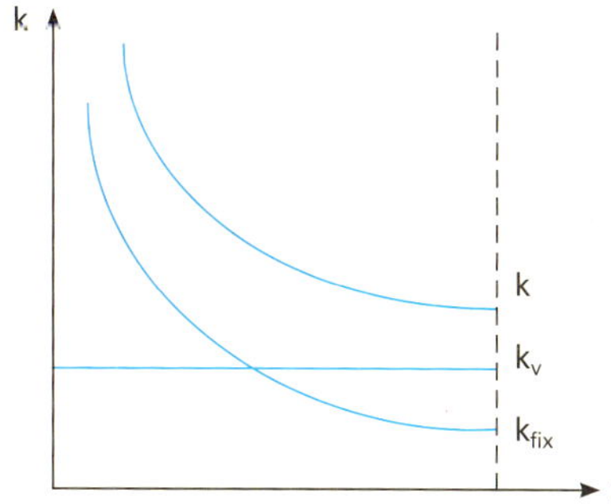

Kostenremanenz

Geht die Ausbringungsmenge in einer Unternehmung zurück, müssten theoretisch auch die Gesamtkosten entsprechend sinken. In der Praxis bleibt der Kostenabbau jedoch hinter dem Rückgang der Ausbringungsmenge zurück. Diesen Sachverhalt nennt man **Kostenremanenz.**[1]

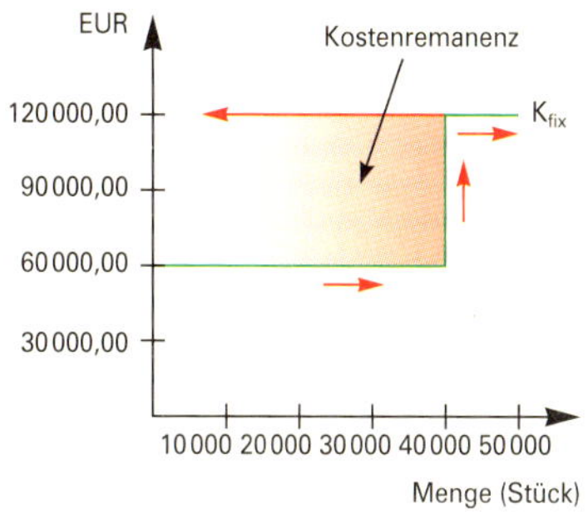

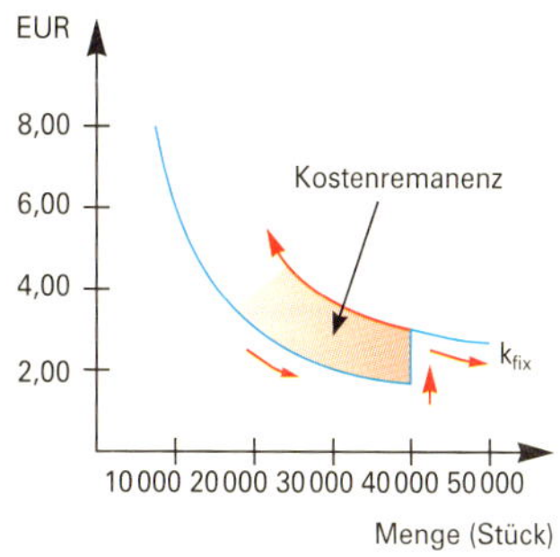

Bei den **fixen Kosten** sind hierfür insbesondere folgende **Gründe** verantwortlich:

- Einhalten der gesetzlichen Kündigungsbestimmungen und Tarifverträge für Arbeitnehmer, Sozialpläne, Abfindungszahlungen.

1 remanent (lat.): zurückbleibend.

10 Speth u.a. - ISBN 978-3-8120-0576-0

- Einhalten von Abnahmeverpflichtungen im Beschaffungsbereich.
- Verzögerungen beim Verkauf von stillgelegten Anlagen und Maschinen.
- Erhöhte Lagerkosten bei Absatzstockungen.
- Bindung an Grundmietzeit, falls Produktionsanlagen geleast werden.

Folgen der Kostenremanenz:

- Die Gesamtkostenkurve mit steigender Ausbringungsmenge hat einen anderen Kostenverlauf als bei abnehmender Ausbringungsmenge.
- Die Stückkosten steigen bei rückläufiger Ausbringungsmenge erheblich an.
- Die Unternehmung wird daran gehindert, dem sinkenden Absatz durch Preissenkungen entgegenzuwirken. Unter Umständen wird die Unternehmung zur Kostendeckung sogar dazu gezwungen, die Preise zu erhöhen.

Übungsaufgaben

33 Beschäftigungsgrad, Gesamtkosten, Stückkosten

Die Kapazität für die Produktion von Auspuffanlagen in einem Autozulieferbetrieb beträgt je Monat 15000 Stück (100% Auslastung). Die variablen Gesamtkosten je Monat betragen 945000,00 EUR. Der Fixkostenanteil je Stück beträgt bei einer Kapazitätsauslastung von 80% 52,00 EUR.

Aufgaben:

1. Ermitteln Sie die monatlichen Gesamtkosten sowie die monatlichen Stückkosten bei den angegebenen Beschäftigungsgraden! Verwenden Sie eine Tabelle!
2. Erläutern Sie den Verlauf der Stückkosten!
3. Stellen Sie dar, wie sich der Gewinn des Autozulieferbetriebs bei konstantem Verkaufspreis entwickelt!

34 Kostenverläufe

Aus der Kosten- und Leistungsrechnung eines Industrieunternehmens sind die nebenstehenden typischen Kostenverläufe entnommen:

verkaufte Menge	(1) fixe Kosten		(2) variable Kosten	
	gesamt	Stück	gesamt	Stück
0	400,00		–	
100	400,00		50,00	
200	400,00		100,00	
300	400,00		150,00	
400	400,00		200,00	
500	400,00		250,00	
600	400,00		300,00	

Aufgaben:

1. Übertragen Sie die Tabelle in Ihr Heft und berechnen Sie die Stückkosten!
2. Nennen Sie je zwei Beispiele für die aufgeführten Kostenverläufe!
3. Stellen Sie den Verlauf der beiden Kostenarten (Gesamtkosten und Stückkosten) jeweils in einem Koordinatensystem grafisch dar!

35 Fixe und sprungfixe Kosten

1. Ein Stahlwerk produziert mit zwei großen Fertigungsmaschinen täglich 195 Tonnen Stahlträger. Die Tagesleistung jeder Maschine beträgt 97,5 Tonnen. Die Investition der zweiten Maschine war erst erfolgt, nachdem die Auftragseingänge die Grenze von 97,5 Tonnen je Tag deutlich überschritten hatten. Infolge des plötzlichen Ausbleibens der Aufträge eines Großabnehmers geht die Tagesproduktion des Betriebs auf 97,5 Tonnen zurück.

Aufgaben:

1.1 Skizzieren Sie den Verlauf der fixen Maschinenkosten (Ausbringung 0 – 195 Tonnen je Tag) bei

1.1.1 Gesamtkostenbetrachtung,

1.1.2 Stückkostenbetrachtung!

1.2 Nennen Sie den Fachbegriff für einen derartigen Fixkostenverlauf!

2. Begründen Sie an einem Beispiel die Entstehung von Sprungkosten!

3. Bei modernen Industriebetrieben ist der Anteil der fixen Kosten an den Gesamtkosten in der Regel hoch.

Aufgaben:

3.1 Erklären Sie, worauf dieser Sachverhalt zurückzuführen ist!

3.2 Begründen Sie, warum diese Unternehmen verstärkt darauf achten müssen, dass die Anlagen stets gut ausgelastet sind!

36 Kostenanalyse, Berechnung der Ausbringungsmenge bei vorgegebenem Verkaufspreis

1. Ein kleiner Industriebetrieb will eine Analyse seiner Kosten durchführen. Folgende Zahlenwerte liegen vor:

Ausbringungsmenge	K_{fix}	K_v	K	k_{fix}	k_v	k
0	2 000,00	–				
100		400,00				
200		800,00				
300		1 200,00				
400		1 600,00				
500		2 000,00				

Aufgaben:

1.1 Berechnen Sie die fehlenden Werte in der Tabelle!

1.2 Nennen Sie je drei Beispiele für absolut fixe Kosten und variable Kosten!

1.3 Erklären Sie die Ursache für den Verlauf von k!

1.4 Stellen Sie den Verlauf der Gesamtkosten (K) und der Stückkosten (k) jeweils grafisch dar!

2. Die Gesamtkosten bei der Ausbringungsmenge x_1 240 Einheiten betragen 7 700,00 EUR, bei der Ausbringungsmenge x_2 260 Einheiten 8 200,00 EUR. Es treten nur absolut fixe und variable Kosten auf.

Aufgaben:

2.1 Berechnen Sie die Fixkosten und die variablen Stückkosten!

2.2 Berechnen Sie die Ausbringungsmenge, die erreicht werden müsste, wenn die Stückkosten aus Wettbewerbsgründen 28,00 EUR nicht übersteigen sollen!

37 Kostenanalyse

Ein Metall verarbeitender Betrieb weist folgende Kostensituation auf:

Monat	Produktion (Stück)	Gesamtkosten (EUR)
September	1200	444000,00
Oktober	1800	570000,00

Aufgaben:

1. Ermitteln Sie mathematisch die variablen Stückkosten!
2. Ergänzen Sie folgende Gesamtkostentabelle:

Monat	Ausbringungsmenge (Stück)	variable Kosten (EUR)	fixe Kosten (EUR)	Gesamtkosten (EUR)
September	1200			444000,00
Oktober	1800			570000,00
November	2100			

3. Im Monat Dezember sinkt die Ausbringungsmenge auf 1950 Stück ab.
   Erörtern Sie – bezogen auf die Kostensituation – die Problematik bei rückläufiger Ausbringungsmenge!

Hinweis:

Berechnung der variablen Stückkosten (k_v):

$$\text{Variable Stückkosten } (k_v) = \frac{K_2 - K_1}{x_2 - x_1} \text{ oder } \frac{\text{Kostendifferenz } (\Delta K)}{\text{Mengendifferenz } (\Delta x)}$$

Berechnung der fixen Gesamtkosten (K_{fix}):

Fixe Gesamtkosten = Gesamtkosten – (Ausbringungsmenge · variable Stückkosten)

2.3.2 Einzelkosten und Gemeinkosten

Die Gliederung der Kosten erfolgt **nach der Art der Zurechenbarkeit auf die Kostenträger.**

(1) Einzelkosten (direkte Kosten)

Einzelkosten sind Kosten, die **unmittelbar** einem **einzelnen Erzeugnis** zugerechnet werden können.

Beispiele:

Die wichtigsten **Einzelkosten** sind die **Aufwendungen für Rohstoffe** sowie die **Fertigungslöhne.** Daneben sind zu unterscheiden:

- **Sondereinzelkosten der Fertigung (SEKF):** Das sind Kosten für Sonderfertigungen oder zusätzliche Sonderwünsche der Besteller. Ferner zählen hierzu sonstige auftrags- oder serienweise erfassbare Kosten z.B. für Spezialwerkzeuge, Modelle, Stücklizenzgebühren usw.
- **Sondereinzelkosten des Vertriebs (SEKV):** Das sind insbesondere Vertreterprovisionen, Spezialverpackungen, besondere Transportkosten, Zölle.

(2) Gemeinkosten (indirekte Kosten)

Gemeinkosten sind Kosten, die gemeinsam für alle Erzeugnisse anfallen und daher **nicht unmittelbar** einem **einzelnen Erzeugnis** zugerechnet werden können.

Beispiele:

Gehälter, soziale Abgaben des Arbeitgebers, Mieten, betriebliche Steuern, Energiekosten, Werbe- und Reisekosten, Abschreibungen, Verbrauch von Betriebsstoffen, Verbrauchswerkzeuge, Instandhaltung.

- Die **Einzelkosten** können den Erzeugnissen **direkt** zugeordnet werden.
- **Gemeinkosten** fallen für alle Erzeugnisse gemeinsam an. Sie können den einzelnen Erzeugnissen nur **indirekt** zugerechnet werden.
- **Sondereinzelkosten** sind Kosten, die einzelnen Erzeugnissen, einem Auftrag oder einer Erzeugnisgruppe zugerechnet werden können.

(3) Verhalten der Einzel- und Gemeinkosten bei Änderung der Ausbringungsmenge

Ändert sich die Ausbringungsmenge, so verändern sich auch die Einzel- und Gemeinkosten. In welcher Weise sie sich ändern, hängt vom Einzelfall ab.

- Setzen sich die **Gemeinkosten** aus einem variablen und einem fixen Anteil zusammen, so verändern sich die Gemeinkosten **unterproportional** bei einer **Erhöhung** und **überproportional** bei einem **Rückgang** der Ausbringungsmenge.

  Der Grund ist, dass sich der Fixkostenanteil der Gemeinkosten

Beispiel:

Die Mietkosten für ein Auslieferungslager betragen monatlich 8000,00 EUR. Werden 16000 Einheiten einer Ware ausgeliefert, so fallen Mietkosten von 0,50 EUR je Einheit an. Werden nur 10000 Einheiten ausgeliefert, betragen die Mietkosten je Einheit 0,80 EUR.

  - bei einer **höheren Ausbringungsmenge** auf mehr Erzeugnisse verteilt, d.h., der **Gemeinkostenanteil pro Erzeugnis sinkt.**
  - bei einer **geringeren Ausbringungsmenge** auf weniger Erzeugnisse verteilt, d.h., der **Gemeinkostenanteil pro Erzeugnis steigt.**

- **Einzelkosten** sind in der Regel voll variabel.

  Sie können allerdings auch einen Fixkostenanteil enthalten. In diesem Fall ergeben sich für die Einzelkosten die gleichen Auswirkungen wie für die Gemeinkosten.

  Für dieses Lehrbuch wird vorausgesetzt:

Beispiele:

- Werden für einen Mantel 2,5 m Stoff benötigt, so sind es bei zwei Mäntel des gleichen Modells 5 m Stoff.
- Mehrfacher Import von Fertigungsmaterial, für den eine einmalige Einfuhrgenehmigung erforderlich ist.

  - Die **Einzelkosten** sind variabel.
  - Die **Gemeinkosten** können sowohl **fixe** als auch **variable Anteile** enthalten.

2.3.3 Istkosten und Normalkosten

(1) Istkosten

Istkosten sind die **tatsächlich angefallenen Kosten** einer **abgelaufenen Rechnungsperiode.**

Werden die Istkosten auf die in der gleichen Abrechnungsperiode hergestellten und abgesetzten Erzeugnisse weiterverrechnet, dann wirken sich alle Zufallsschwankungen, denen die Kosten unterliegen können (z.B. Preisschwankungen auf den Rohstoffmärkten, erhöhter Ausschuss, Großreparaturen, erhöhter Energieverbrauch, Überstunden usw.), auf die Preiskalkulation in dieser Rechnungsperiode aus.

(2) Normalkosten[1]

Normalkosten sind **Durchschnittswerte der Istkosten** mehrerer Abrechnungsperioden.

Die Durchschnittswerte gleichen die im Zeitablauf auftretenden Schwankungen der Kosten aus. Außerdem werden in die Normalkosten in der Regel auch zukünftig zu erwartende Schwankungen der Kosten (z.B. Lohnsteigerungen, Steigerung von Rohstoffpreisen) eingerechnet. Angebote werden überwiegend zu Normalkosten kalkuliert **(Vorkalkulation).** Durch den Vergleich der Normalkosten mit den Istkosten lässt sich die Kostenentwicklung in einer Rechnungsperiode kontrollieren **(Nachkalkulation).**

Übungsaufgabe

38 Kostenarten

1. Beschreiben Sie die Aufgaben der Kostenartenrechnung!
2. Nennen Sie die Kostenarten, die fixe Kosten sind!

   Frachtkosten beim Verkauf von Erzeugnissen, linearer Abschreibungsbetrag für die Lagerausstattung, Bankzinsen für einen Kontokorrentkredit, Bezugskosten beim Einkauf von Betriebsstoffen, Miete für ein Großlager, Aufwendungen für Rohstoffe, Gehälter, Vertreterprovision, Verpackungs- und Transportkosten.
3. Die variablen Kosten für eine Erzeugnisgruppe betragen bei einem Absatz von 2600 Stück 23140,00 EUR. Die fixen Kosten der Erzeugnisgruppe betragen bis zu einem Umsatz von 2800 Stück 8500,00 EUR. Der Listenverkaufspreis beträgt je Stück 14,80 EUR. Der Verlauf der variablen Kosten ist proportional.

   Aufgaben:

   3.1 Berechnen Sie den Betriebsgewinn/Betriebsverlust bei einem Absatz von
   - 3.1.1 1200 Stück bzw.
   - 3.1.2 2500 Stück!

   3.2 Berechnen Sie die jeweiligen Stückkosten!

1 Vgl. hierzu auch die Ausführungen auf S. 176.

4. Erklären Sie die Aussage des nebenstehenden Schemas!

fixe Kosten (K_{fix})	Gemeinkosten
variable Kosten (K_v)	Einzelkosten

5. 5.1 Nennen Sie das Kriterium, nach welchem die Aufgliederung der Kosten in Einzel- und Gemeinkosten erfolgt!

   5.2 Erklären Sie an zwei Beispielen den Unterschied zwischen Einzel- und Gemeinkosten!

   5.3 Erläutern Sie, warum die Unternehmen möglichst viele Kostenarten als Einzelkosten zu erfassen versuchen!

   5.4 Ordnen Sie die folgenden Kostenarten den Einzelkosten bzw. Gemeinkosten zu!
   Miete für den Ausstellungsraum, Aufwendungen für Rohstoffe, Kraftfahrzeugsteuer, freiwillige soziale Aufwendungen, Gehälter, Aufwendungen für Handelswaren, bilanzielle Abschreibungen, Werbeanzeigekosten für ein Sonderangebot, Zustellentgelt für die Lieferungen der Erzeugnisse an die Kunden, Provisionsaufwendungen, Aufwendungen für Betriebsstoffe, kalkulatorische Abschreibungen.

6. Für die Reparatur eines Elektromotors rechnet das Unternehmen mit folgenden Kosten: Materialkosten 140,20 EUR, Lohnkosten 77,50 EUR. Die angefallenen Gemeinkosten werden pauschal mit 80 % auf die Summe aus Material- und Lohnkosten aufgeschlagen. Für die Rücksendung des Elektromotors fallen Frachtkosten in Höhe von 19,70 EUR an. Die Reparatur wird zum Selbstkostenpreis ausgeführt.

   Aufgaben:

   6.1 Berechnen Sie den Reparaturpreis, den das Unternehmen seinem Kunden in Rechnung stellt!

   6.2 Berechnen Sie den Reparaturpreis, wenn das Unternehmen einen Gewinn von 12% erwirtschaften möchte!

7. Erläutern Sie den Unterschied zwischen Ist- und Normalkosten!

8. Die Verwendung der Istkosten eignet sich vor allem für die Nachkalkulation, die der Normalkosten dagegen für die Vorkalkulation.

   Aufgabe:

   Verdeutlichen Sie diese Aussage!

3 Kostenstellenrechnung

3.1 Begriff und Aufgaben der Kostenstellenrechnung

Produziert ein Unternehmen mehrere Produkte, so hat die Kostenrechnung die Aufgabe, die **anfallenden Gemeinkosten** am Ort ihrer Entstehung **zu erfassen** und auf die einzelnen Produkte **(Kostenträger)**[1] **verursachungsgerecht zuzurechnen.** Damit wird erreicht, dass den einzelnen Produkten und Dienstleistungen der Anteil an Gemeinkosten zugerechnet wird, den diese verursacht haben. Die Zurechnung erfolgt mithilfe von **Zuschlagssätzen.** Mit der Erfassung der Gemeinkosten verbunden ist eine **Kostenkontrolle.**

Die Erfassung, Verteilung und Kontrolle der Gemeinkosten übernimmt die **Kostenstellenrechnung.**

- Die **Kostenstellenrechnung** erfasst die Gemeinkostenarten an den Stellen im Betrieb, an denen sie entstanden sind.
- Eine **Kostenstelle** ist ein Teilbereich eines Betriebs zur Erfassung der Gemeinkosten am Ort ihrer Entstehung.
- Die **Kostenstellenrechnung**
  - bereitet durch die Ermittlung von Zuschlagssätzen eine angemessene **Verrechnung der Gemeinkosten auf die Kostenträger** vor.
  - ermöglicht eine **wirksame Kontrolle** der in den einzelnen Teilbereichen des Betriebs angefallenen Gemeinkosten.

3.2 Kriterien für die Bildung von Kostenstellen

(1) Grundlegendes

Die Bildung von Kostenstellen kann nach **verschiedenen Kriterien** erfolgen.

Räumlich-geografische Gesichtspunkte

Hier werden räumliche bzw. geografisch abgegrenzte Betriebsteile als Kostenstelle erfasst.

Beispiel:

Halle I, Halle II, Filiale Dresden, Filiale Hamburg, Werkstatt I, Werkstatt II.

Funktionsbereiche

Hier werden gleichartige Arbeitsgänge zu einer Kostenstelle zusammengefasst.

Beispiel:

Material-, Fertigungs-, Verwaltungs- und Vertriebskostenstelle.

1 Vgl. hierzu die Ausführungen auf S. 175.

■ **Verantwortungsbereiche**

Hier werden Organisationseinheiten zu Kostenstellen zusammengefasst. Damit wird ermöglicht, den Kostenstellenleiter für die angefallenen Kosten verantwortlich zu machen.

Beispiel:

Abteilung, Produktgruppe, Beschaffung, Werk, Vertrieb.

Im **Folgenden wird unterstellt,** dass die **Kostenstellen nach Funktionsbereichen** gebildet werden.

(2) Funktionsbereiche als Kriterium für die Bildung von Kostenstellen

Die Leistungserstellung eines Industriebetriebs vollzieht sich im Wesentlichen in den folgenden **vier Funktionsbereichen (Kostenbereichen):**

- **Material**
- Fertigung
- Verwaltung
- Vertrieb

Jedem Kostenbereich können **Teilbereiche** zugeordnet werden. So zählen z. B. zum Kostenbereich

Material
- → Einkauf
- → Warenabnahme und -prüfung
- → Materialverwaltung und Lagerung
- → Materialausgabe

3.3 Durchführung der Kostenstellenrechnung mithilfe des Betriebsabrechnungsbogens (BAB)

3.3.1 Begriff und Aufbau des Betriebsabrechnungsbogens

Technisches Mittel für die ordnungsmäßige Erfassung der angefallenen Gemeinkosten und ihre Verrechnung auf die Kostenstellen und die Kostenträger ist der **Betriebsabrechnungsbogen.**

Der **Betriebsabrechnungsbogen (BAB)** ist eine tabellarische Form der Kostenstellenrechnung.

Der **Betriebsabrechnungsbogen** hat folgende Grundstruktur:

Auf der rechten Hälfte des BABs werden horizontal die **einzelnen Kostenstellen** angeordnet. Auf der linken Seite werden vertikal die von der Kostenartenrechnung übernommenen **Gemeinkosten** aufgelistet. Bei der Verteilung der Gemeinkosten auf die Kostenstellen wird in einer Zwischenspalte ein Hinweis darauf gegeben, auf welcher Grundlage die Verteilung der jeweiligen Gemeinkostenart auf die verschiedenen Kostenstellen erfolgen soll. Man spricht daher auch von **Verteilungsgrundlage** bzw. von **Verteilungsschlüssel.**

Gemeinkostenarten	EUR	Verteilungsgrundlage	Kostenstellen			
			Material	Fertigung	Verwaltung	Vertrieb

3.3.2 Problem der Verrechnung der Gemeinkosten auf die Kostenstellen

(1) Direkte Verrechnung (Kostenstelleneinzelkosten[1])

Es gibt Gemeinkosten, die einen direkten Bezug zu den einzelnen Kostenstellen haben und sich daher auch direkt auf die einzelnen Kostenstellen verrechnen lassen. Man nennt sie **Kostenstelleneinzelkosten.**

Beispiele:

- Gehälter, Sozialkosten mithilfe von Gehaltslisten.
- Stromkosten mithilfe von Zählern.
- Abschreibungen einzelner Anlagegüter mittels Anlagendatei.
- Materialgemeinkosten mithilfe von Materialentnahmescheinen.
- Instandhaltung anhand von Belegen.

(2) Indirekte Verrechnung (Kostenstellengemeinkosten[1])

Bei einem großen Teil der Gemeinkosten wird eine direkte Verrechnung nicht möglich sein. Dann bleibt nur noch die Möglichkeit, die angefallenen Kosten mithilfe eines **Verteilungsschlüssels** auf die einzelnen Kostenstellen umzulegen. Dabei hängt die verursachungsgerechte Verteilung von der Wahl eines verursachungsgerechten Verteilungsschlüssels ab.

Der Verteilungsschlüssel sollte so gewählt werden, dass ein hohes Maß an Abhängigkeit zwischen dem Verteilungsschlüssel und den zu verrechnenden Kosten besteht. Im Idealfall – und der wird hier unterstellt – ist die Abhängigkeit proportional.

Beispiele:

- Miete nach m^2.
- Heizung nach m^3.
- Kfz-Kosten nach km.
- Unfallversicherung nach Anzahl der Beschäftigten je Kostenstelle.

- Der **BAB** ist ein abrechnungstechnisches Hilfsmittel für die Verteilung der **Gemeinkosten** auf die einzelnen Kostenstellen.
- Die **Verteilung der Gemeinkosten** erfolgt entweder
  - direkt aufgrund der einer Kostenstelle zurechenbaren Belege **(Kostenstelleneinzelkosten)** oder
  - indirekt über Verteilungsschlüssel **(Kostenstellengemeinkosten).**
- Der **BAB baut auf der Kostenartenrechnung** auf.

---

1 Man spricht auch abgekürzt von **Stelleneinzelkosten** und **Stellengemeinkosten.**

Übungsaufgabe

39 Grundlagen der Kostenstellenrechnung

1. Nennen Sie die wichtigsten Aufgaben der Kostenstellenrechnung!
2. Erläutern Sie die Begriffe Kostenstelle und Kostenbereich!
3. Nennen Sie Kriterien, die Sie bei der Bildung von Kostenstellen beachten sollten!
4. Begründen Sie, warum die Gemeinkosten auf die Kostenstellen verteilt werden!
5. Grenzen Sie die Kostenstelleneinzelkosten von den Kostenstellengemeinkosten ab!
6. Beschreiben Sie den Fall, der eintreten würde, wenn die Gemeinkosten nicht verursachungsgemäß auf die verschiedenen Produkte zugerechnet werden würde!
7. Beschreiben Sie die Grundstruktur eines Betriebsabrechnungsbogens!
8. Nennen Sie beispielhaft vier Gemeinkosten und geben Sie dafür die mögliche Verteilungsgrundlage an!
9. Formulieren Sie den Grundsatz, der bei der Wahl eines Verteilungsschlüssels beachtet werden muss!

3.3.3 Aufstellung eines einstufigen Betriebsabrechnungsbogens

3.3.3.1 Beispiel eines einstufigen Betriebsabrechnungsbogens

Beispiel:

Die Maschinenfabrik Hans Wacker GmbH produziert in einer Abteilung im Werk Bruchsal kleine Elektromotoren zum Antrieb von Bohrmaschinen.

Die Kostenartenrechnung der Hans Wacker GmbH weist für den Monat Januar folgende Gemeinkosten aus:

Betriebsstoffkosten	10000,00 EUR	Betriebssteuern	2500,00 EUR
Gehälter	9000,00 EUR	Kalk. Abschreibungen	12000,00 EUR
Sozialkosten	1300,00 EUR	Energiekosten	3000,00 EUR
Instandhaltung	11500,00 EUR	Sonstige Kosten	4800,00 EUR

Für die Erstellung des BAB ist folgender Verteilungsschlüssel zu verwenden:

Gemeinkosten	I Material	II Fertigung	III Verwaltung	IV Vertrieb
Betriebsstoffk. lt. Entnahmesch.	2700,00	5300,00	100,00	1900,00
Gehälter lt. Gehaltsliste	400,00	1000,00	5400,00	2200,00
Sozialkosten	1	2	7	3
Instandhaltung lt. Arbeitsstunden	20	84	2	9
Betriebssteuern	–	4	1	–
Kalk. Abschreibungen	1	7	3	1
Energiekosten lt. kWh	4000	40000	10000	6000
Sonstige Kosten lt. Belegen	1	6	2	3

Aufgabe:

Stellen Sie einen BAB auf und verteilen Sie aufgrund der Vorgaben die Gemeinkosten auf die einzelnen Kostenstellen!

Lösung:

Betriebsabrechnungsbogen (BAB)

Gemeinkosten	Zahlen der KLR	Verteilungs-schlüssel	Kostenstellen			
			I Material	II Fertigung	III Verwaltung	IV Vertrieb
Betriebsstoffkosten	10 000,00	Entnahmescheine	2 700,00	5 300,00	100,00	1 900,00
Gehälter	9 000,00	Gehaltsliste	400,00	1 000,00	5 400,00	2 200,00
Sozialkosten	1 300,00	1 : 2 : 7 : 3	100,00	200,00	700,00	300,00
Instandhaltung	11 500,00	Arbeitsstunden	2 000,00	8 400,00	200,00	900,00
Betriebssteuern	2 500,00	0 : 4 : 1 : 0	–	2 000,00	500,00	–
Kalk. Abschreibungen	12 000,00	1 : 7 : 3 : 1	1 000,00	7 000,00	3 000,00	1 000,00
Energiekosten	3 000,00	Kilowatt-Std.	200,00	2 000,00	500,00	300,00
Sonst. Kosten	4 800,00	1 : 6 : 2 : 3	400,00	2 400,00	800,00	1 200,00
Summe der Gemeinkosten	54 100,00	aufge-schlüsselt	6 800,00	28 300,00	11 200,00	7 800,00

Erläuterungen:

Die vertikal aufgelisteten Gemeinkosten werden der Kostenartenrechnung entnommen und **direkt** aufgrund von **Belegen** (Entnahmescheine, Gehaltslisten, Stromzähler, Arbeitsstunden) oder **indirekt** aufgrund bestimmter **Umrechnungsschlüssel,** wobei der Einfachheit halber hier teilweise Verhältniszahlen angegeben wurden, auf die Kostenstellen verrechnet.

Übungsaufgabe

40 Betriebsabrechnungsbogen: Verteilung der Gemeinkosten

Ein kleiner Industriebetrieb arbeitet mit den vier Kostenstellen Material, Fertigung, Verwaltung und Vertrieb. Laut Kostenartenrechnung sind die im Monat Oktober entstandenen Gemeinkosten den Kostenstellen wie folgt zuzuordnen:

	Zahlen der KLR	Kostenstellen			
		I Material	II Fertigung	III Verwaltung	IV Vertrieb
Stelleneinzelkosten lt. Belegen					
Betriebsstoffe	50 000,00	10 000,00	35 000,00	2 500,00	2 500,00
Gehälter	180 000,00	15 000,00	30 000,00	100 000,00	35 000,00
Fremdreparaturen	100 000,00	5 000,00	80 000,00	10 000,00	5 000,00
Kalk. Abschreibung	92 000,00	12 000,00	49 000,00	23 400,00	7 600,00
Stellengemeinkosten lt. Verteilungsschlüssel					
Hilfslöhne	36 000,00	1	4	–	1
Stromkosten	12 000,00	5 000 kWh	40 000 kWh	10 000 kWh	5 000 kWh
Betriebssteuern	49 000,00	1	3	2	1
Kalk. Unternehmerlohn	10 000,00	1	4	3	2

Aufgabe:

Ermitteln Sie die Summe der Gemeinkosten je Kostenstelle!

3.3.3.2 Ermittlung der Zuschlagssätze für die Gemeinkosten ohne Berücksichtigung von Bestandsveränderungen

(1) Wahl der Zuschlagsgrundlagen (Bezugsgrößen)

Die Festlegung der verursachungsgerechten Zuschlagsgrundlagen ist maßgebend für die richtige Verrechnung der angefallenen Gemeinkosten auf die Kostenträger. In der Regel greift man in der Praxis auf **Wertgrößen** zurück.

Es ist z. B. in der Praxis üblich, die im Materialbereich anfallenden Gemeinkosten **(Materialgemeinkosten)** entsprechend dem **Verbrauch an Fertigungsmaterial,** die in der Fertigung anfallenden Gemeinkosten **(Fertigungsgemeinkosten)** entsprechend den **Fertigungslohnkosten** auf die einzelnen Kostenträger zu verrechnen. Dabei werden die jeweiligen Gemeinkosten in Prozenten zu den gewählten Zuschlagsgrundlagen ausgedrückt und mit diesen Zuschlagssätzen werden die einzelnen Gemeinkostenarten bei der Kalkulation erfasst.

Während zwischen Materialgemeinkosten und Materialeinzelkosten sowie zwischen Fertigungsgemeinkosten und Fertigungseinzelkosten eine Abhängigkeit unterstellt werden kann, ist die Wahl der Zuschlagsgrundlage für die **Verwaltungs- und Vertriebsgemeinkosten** wesentlich problematischer. In Ermangelung geeigneter Bezugsgrößen wählt man für diese Gemeinkosten als gemeinsame Zuschlagsgrundlage die **Herstellkosten der Rechnungsperiode (Herstellkosten der Produktion).**

(2) Ermittlung der Gemeinkostenzuschlagssätze

Beispiel:

Die Kostenartenrechnung eines Industriebetriebs weist für den Monat Januar folgende Kosten aus:

Verbrauch von Fertigungsmaterial	85000,00 EUR	Sozialkosten	1300,00 EUR
Hilfsstoffkosten	6000,00 EUR	Instandhaltung	11500,00 EUR
Betriebsstoffkosten	4000,00 EUR	Betriebssteuern	2500,00 EUR
Fertigungslöhne	56600,00 EUR	Kalk. Abschreibungen	12000,00 EUR
Gehälter	9000,00 EUR	Energiekosten	3000,00 EUR
		Sonstige Kosten	4800,00 EUR

Bezugsgrößen für die Gemeinkosten:

- Die Materialgemeinkosten sind auf den Verbrauch von Fertigungsmaterial zu beziehen.
- Die Fertigungsgemeinkosten sind auf die Fertigungslöhne zu beziehen.
- Die Verwaltungs- und Vertriebsgemeinkosten sind auf die Herstellkosten der Rechnungsperiode zu beziehen.

Für die Erstellung des BAB ist folgender Verteilungsschlüssel zu verwenden:

Gemeinkostenarten	I. Material	II. Fertigung	III. Verwaltung	IV. Vertrieb
Hilfsstoffkosten lt. Entnahmescheinen	1 800,00	3 000,00	–	1 200,00
Betriebsstoffkosten lt. Entnahmescheinen	900,00	2 300,00	100,00	700,00
Gehälter lt. Gehaltsliste	400,00	1 000,00	5 400,00	2 200,00
Sozialkosten	1	2	7	3
Instandhaltung lt. Arbeitsstunden	20	84	2	9
Betriebssteuern	–	4	1	–
Kalk. Abschreibungen	1	7	3	1
Energiekosten lt. kWh	4 000	40 000	10 000	6 000
Sonstige Kosten lt. Belegen	1	6	2	3

Aufgaben:

1. Verteilen Sie aufgrund der angegebenen Verteilungsschlüssel die Gemeinkosten auf die einzelnen Kostenstellen!
2. Ermitteln Sie für jede Kostenstelle die Zuschlagssätze für die Gemeinkosten!
3. Ermitteln Sie die Selbstkosten der Rechnungsperiode (Monat: Januar)!

Lösungen:

Zu 1.: Verteilung der Gemeinkosten mithilfe des Betriebsabrechnungsbogens (BAB)

Gemeinkostenarten	Zahlen der KLR	Verteilungs-schlüssel	Kostenstellen			
			I. Material	II. Fertigung	III. Verwaltung	IV. Vertrieb
Hilfsstoffkosten	6 000,00	Entnahmescheine	1 800,00	3 000,00	–	1 200,00
Betriebsstoffkosten	4 000,00	Entnahmescheine	900,00	2 300,00	100,00	700,00
Gehälter	9 000,00	Gehaltsliste	400,00	1 000,00	5 400,00	2 200,00
Sozialkosten	1 300,00	1 : 2 : 7 : 3	100,00	200,00	700,00	300,00
Instandhaltung	11 500,00	Arbeitsstunden	2 000,00	8 400,00	200,00	900,00
Betriebssteuern	2 500,00	0 : 4 : 1 : 0	–	2 000,00	500,00	–
Kalk. Abschreibungen	12 000,00	1 : 7 : 3 : 1	1 000,00	7 000,00	3 000,00	1 000,00
Energiekosten	3 000,00	Kilowatt-Std.	200,00	2 000,00	500,00	300,00
Sonst. Kosten	4 800,00	1 : 6 : 2 : 3	400,00	2 400,00	800,00	1 200,00
Summe der Gemeinkosten	54 100,00	aufge-schlüsselt	6 800,00	28 300,00	11 200,00	7 800,00
	Zuschlagsgrundlagen:					
	Verbrauch v. Fertigungsmat.		85 000,00			
	Fertigungslöhne			56 600,00		
	Herstellkosten der Rechnungs-periode				176 700,00	176 700,00
	Zuschlagssätze[1]		8 %	50 %	6,34 %	4,41 %

1 Mit diesen Zuschlagssätzen werden im Rahmen der Kalkulation die Gemeinkosten erfasst.

Zu 2.: Ermittlung der Zuschlagssätze

■ Zuschlagssatz für die Materialgemeinkosten

Es wird unterstellt, dass die Materialgemeinkosten (MGK) vom Verbrauch an Fertigungsmaterial abhängen. Daher werden die MGK für ihre Verrechnung auf die Kostenträger in Prozenten zum Verbrauch von Fertigungsmaterial angegeben.

Verbrauch von Fertigungsmaterial	85 000,00 EUR ≙	100 %
MGK	6 800,00 EUR ≙	x %

$$x = \frac{6800 \cdot 100}{85000} = \underline{\underline{8\,\%}}$$

Der MGK-Zuschlagssatz von 8 % besagt, dass immer dann, wenn für 100,00 EUR Fertigungsmaterial verbraucht wurde, parallel und gleichzeitig 8,00 EUR Gemeinkosten im Materialbereich (z.B. Einkauf, Warenabnahme ...) anfallen.

$$\text{MGK-Zuschlagssatz} = \frac{\text{Materialgemeinkosten} \cdot 100}{\text{Verbrauch von Fertigungsmaterial}}$$

■ Zuschlagssatz für die Fertigungsgemeinkosten

Die Fertigungsgemeinkosten werden auf die aufgewendeten Fertigungslöhne bezogen. Dabei wird unterstellt, dass die anfallenden Fertigungsgemeinkosten von der Höhe der aufgewendeten Fertigungslöhne abhängen. Dies ist in der Praxis nur **bedingt der Fall,** und zwar insbesondere dann nicht, wenn der Betrieb maschinenintensiv ist.

Fertigungslöhne	56 600,00 EUR ≙	100 %
FGK	28 300,00 EUR ≙	x %

$$x = \frac{28300 \cdot 100}{56600} = \underline{\underline{50\,\%}}$$

$$\text{FGK-Zuschlagssatz} = \frac{\text{Fertigungsgemeinkosten} \cdot 100}{\text{Fertigungslöhne}}$$

In maschinenintensiven Betrieben werden in der Praxis in aller Regel die maschinenabhängigen Kosten gesondert erfasst und dafür Maschinenstundensätze errechnet.

■ Zuschlagssatz für die Verwaltungsgemeinkosten

Bei den Verwaltungs- und Vertriebsgemeinkosten wird eine Abhängigkeit von der Höhe der Herstellkosten der Rechnungsperiode unterstellt.

Berechnung der Herstellkosten der Rechnungsperiode

Verbrauch von Fertigungsmaterial	85 000,00 EUR	
+ Materialgemeinkosten (MGK)	6 800,00 EUR	
Materialkosten		91 800,00 EUR
Fertigungslöhne	56 600,00 EUR	
+ Fertigungsgemeinkosten (FGK)	28 300,00 EUR	
Fertigungskosten		84 900,00 EUR
Herstellkosten der Rechnungsperiode		176 700,00 EUR

Herstellkosten der Rechnungsperiode	176 700,00 EUR ≙	100 %
VerwGK	11 200,00 EUR ≙	x %

$$x = \frac{11200 \cdot 100}{176700} = \underline{\underline{6{,}34\,\%}}$$

$$\text{VerwGK-Zuschlagssatz} = \frac{\text{Verwaltungsgemeinkosten} \cdot 100}{\text{Herstellkosten der Rechnungsperiode}}$$

Zuschlagssatz für die Vertriebsgemeinkosten

Herstellkosten der Rechnungsperiode	176 700,00 EUR	≙ 100 %
VertrGK	7 800,00 EUR	≙ x %

$$x = \frac{7800 \cdot 100}{176700} = \underline{\underline{4{,}41\,\%}}$$

$$\text{VertrGK-Zuschlagssatz} = \frac{\text{Vertriebsgemeinkosten} \cdot 100}{\text{Herstellkosten der Rechnungsperiode}}$$

Zu 3.: Ermittlung der Selbstkosten der Rechnungsperiode (Monat: Januar)

Aufgrund der Zahlenangaben des Beispiels ergeben sich die Selbstkosten der Rechnungsperiode durch folgende Berechnung:

Herstellkosten der Rechnungsperiode	176 700,00 EUR
+ Verwaltungsgemeinkosten	11 200,00 EUR
+ Vertriebsgemeinkosten	7 800,00 EUR
Selbstkosten der Rechnungsperiode	195 700,00 EUR

Bei der Ermittlung der Zuschlagssätze wurde zugrunde gelegt, dass es sich um Zahlenwerte der vergangenen Rechnungsperiode handelt, d.h. um **Istkosten.** Die berechneten Zuschlagssätze stellen somit **Istzuschlagssätze** dar.

Zusammenfassung

- **Verrechnung der Kostenarten Einzelkosten und Gemeinkosten:**

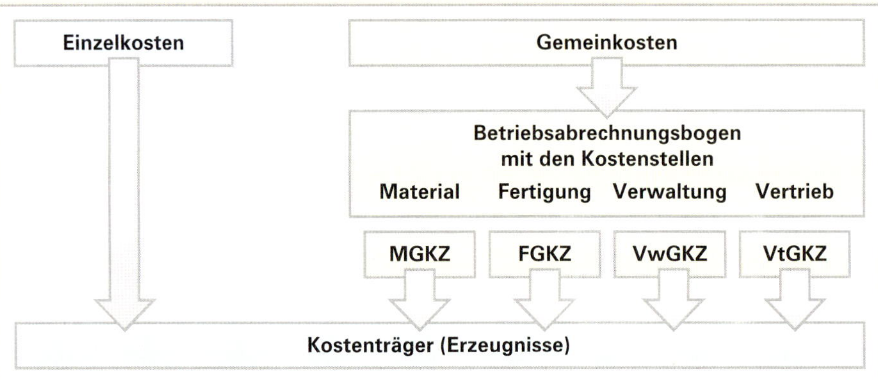

- **Berechnung der Gemeinkostenzuschlagssätze:**
  - $$\text{MGK-Zuschlagssatz} = \frac{\text{Materialgemeinkosten} \cdot 100}{\text{Verbrauch von Fertigungsmaterial}}$$
  - $$\text{FGK-Zuschlagssatz} = \frac{\text{Fertigungsgemeinkosten} \cdot 100}{\text{Fertigungslöhne}}$$
  - $$\text{VwGK-Zuschlagssatz} = \frac{\text{Verwaltungsgemeinkosten} \cdot 100}{\text{Herstellkosten der Rechnungsperiode}}$$
  - $$\text{VtGK-Zuschlagssatz} = \frac{\text{Vertriebsgemeinkosten} \cdot 100}{\text{Herstellkosten der Rechnungsperiode}}$$

- **Berechnung der Herstell- und Selbstkosten einer Rechnungsperiode:**

	Verbrauch von Fertigungsmaterial (Einzelkosten)
+	Materialgemeinkosten (MGK) lt. BAB
=	Materialkosten
+	Fertigungslöhne (Einzelkosten)
+	Fertigungsgemeinkosten (FGK) lt. BAB
=	Fertigungskosten
	Herstellkosten der Rechnungsperiode
+	Verwaltungsgemeinkosten (VerwGK) lt. BAB
+	Vertriebsgemeinkosten (VertrGK) lt. BAB
=	Selbstkosten der Rechnungsperiode

Übungsaufgaben

41 Stoffwiederholung

1. Erläutern Sie die Einordnung der Kostenstellenrechnung in den Gesamtbereich der Kosten- und Leistungsrechnung!
2. Beschreiben Sie den rechnungstechnischen Ablauf der Kostenstellenrechnung!
3. Nennen Sie die wichtigsten Kriterien bei der Einrichtung von Kostenstellen!
4. Notieren Sie die richtige(n) Aussage(n) zur Kostenstellenrechnung!
   - 4.1 Sie ermittelt für jede Kostenstelle das Betriebsergebnis.
   - 4.2 Sie gliedert die Aufwendungen auf in unternehmens- und betriebsbezogene Aufwendungen.
   - 4.3 Sie ermittelt den Verkaufspreis für ein Produkt.
   - 4.4 Sie erfasst für die einzelnen Betriebsabteilungen die Gemeinkosten.
   - 4.5 Sie errechnet für jede Kostenstelle die angefallenen Aufwendungen.
5. Das Verursachungsprinzip ist ein wichtiges Prinzip bei der Verteilung der Gemeinkostenarten. Prüfen Sie, welche Art der Verteilung am ehesten dem Verursachungsprinzip entspricht!
   - 5.1 Verteilung nach Zuschlagssätzen.
   - 5.2 Verteilung nach zuvor festgelegten Prozentsätzen.
   - 5.3 Verteilung aufgrund von Belegen.
   - 5.4 Gleichmäßige Verteilung aller Gemeinkosten auf die einzelnen Kostenstellen.

   Aufgabe:

   Übertragen Sie jeweils die richtige(n) Aussage(n) in Ihr Heft!

11 Speth u.a. - ISBN 978-3-8120-0576-0

6. Die Kostenartenrechnung eines Industriebetriebs weist für den Monat Januar folgende Kosten aus, die wie folgt aufzuteilen sind:

	Zahlen der KLR	Material	Fertigung	Verwaltung	Vertrieb
Betriebsstoffkosten	36 000,00	12 000,00	Rest	–	–
Gehälter	90 000,00	7 500,00	7 500,00	37 500,00	Rest
Sozialkosten	30 000,00	2	2	3	3
Kalk. Abschreibungen	48 000,00	2	4	3	1
Steuern	45 000,00	1	4	4	1
Sonstige Kosten	210 000,00	1	5	6	2

Verbrauch von Fertigungsmaterial: 300 000,00 EUR

Fertigungslöhne: 180 000,00 EUR

Aufgaben:

6.1 Erstellen Sie den Betriebsabrechnungsbogen!

6.2 Berechnen Sie die Herstellkosten der Rechnungsperiode!

6.3 Ermitteln Sie den Zuschlagssatz je Kostenstelle für den Monat Januar!

42 Betriebsabrechnungsbogen, Zuschlagssätze

Ein Industriebetrieb führt die vier Kostenstellen Material, Fertigung, Verwaltung und Vertrieb. Aus den Zahlen der Kosten- und Leistungsrechnung ergeben sich folgende Gemeinkostenbeträge:

	TEUR
Hilfslöhne	500
Gehälter	1 000
Gesetzlicher Sozialaufwand	500
Stromkosten	100
Raumkosten	300
Kalk. Abschreibungen auf Anlagen	500
Kalk. Zinsen auf Anlage- und Umlaufvermögen[1]	900

Aufgaben:

1. Ermitteln Sie mithilfe eines Betriebsabrechnungsbogens die Gemeinkosten der vier Kostenstellen unter Verwendung der nachfolgend genannten Schlüssel:

	Material	Fertigung	Verwaltung	Vertrieb
Hilfslöhne	40 %	40 %	12 %	8 %
Gehälter	20 %	20 %	32 %	28 %
Gesetzlicher sozialer Aufwand nach der Zahl der Mitarbeiter	160	560	152	128
Stromverbrauch im Verhältnis	2	6	1	1
Raumkosten nach Fläche in m^2	500	1 500	600	400
Anlagevermögen TEUR	1 500	3 000	300	200
Umlaufvermögen TEUR (Material- und Erzeugnisbestände)	3 000	2 000	4 000	1 000

1 **Kalkulatorische Zinsen** sind die Kosten für die Nutzung des betrieblichen Kapitals.

2. Berechnen Sie die Zuschlagssätze (auf- bzw. abgerundet auf volle Prozentsätze)!
   Zusatzangaben hierfür: Verbrauch von Fertigungsmaterial 4850 TEUR
   Fertigungslöhne 1000 TEUR

43 Betriebsabrechnungsbogen, Zuschlagssätze

Die Kostenartenrechnung eines Industriebetriebs weist für den Monat November folgende Kosten aus, die wie folgt aufzuteilen sind:

	Zahlen der KLR	Material	Fertigung	Verwaltung	Vertrieb
Hilfsstoffkosten	145 700,00	2 050,00	129 450,00	3 500,00	10 700,00
Betriebsstoffkosten	22 400,00	1 700,00	14 400,00	4 100,00	2 200,00
Gehälter	130 500,00	4 100,00	98 900,00	18 600,00	8 900,00
Sozialkosten					
Mieten, Pachten	84 200,00	650 m²	2 720 m²	330 m²	510 m²
Büromaterial	91 100,00	3	2	11	4
Sonst. betr. Kosten	70 560,00	3	4	2	3
Kalk. Abschreibungen		2	8	4	1
Aufw. f. Schadensfälle	45 800,00	2	4	2	2

Verbrauch von Fertigungsmaterial: 1 046 553,80 EUR
Fertigungslöhne: 560 702,50 EUR

Weitere Angaben

- Die Sozialkosten betragen jeweils 80 % der Gehaltssumme.
- Kalkulatorische Abschreibungen je Jahr:
  auf das Betriebsgebäude
  2 % von den Anschaffungskosten 3 100 000,00 EUR
  auf die technischen Anlagen und Maschinen
  10 % vom Buchwert 1 690 600,00 EUR
  auf den Fuhrpark
  15 % vom Wiederbeschaffungswert 600 000,00 EUR

Aufgaben:

1. Erstellen Sie den Betriebsabrechnungsbogen!
2. Berechnen Sie den Zuschlagssatz je Kostenstelle für den Monat November!
3. Ermitteln Sie die Selbstkosten der Rechnungsperiode!

44 Multiple-Choice-Aufgabe: Stoffwiederholung

1. Das Verursachungsprinzip ist ein wichtiges Prinzip bei der Verteilung der Gemeinkostenarten. Entscheiden Sie, welche Art der Verteilung am ehesten dem Verursachungsprinzip entspricht!
   1.1 Verteilung nach Zuschlagssätzen.
   1.2 Verteilung nach zuvor festgelegten Prozentsätzen.
   1.3 Verteilung aufgrund von Belegen.
   1.4 Gleichmäßige Verteilung aller Gemeinkosten auf die einzelnen Kostenstellen.

2. Nennen Sie die Aufgabe, die die Kostenstellenrechnung erfüllt!
   2.1 Sie ermittelt für jede Kostenstelle das Betriebsergebnis.
   2.2 Sie gliedert die Aufwendungen auf in unternehmens- und betriebsbezogene Aufwendungen.
   2.3 Sie ermittelt den Verkaufspreis für ein Produkt.
   2.4 Sie erfasst für die einzelnen Betriebsabteilungen die Gemeinkosten.
   2.5 Sie errechnet für jede Kostenstelle die angefallenen Aufwendungen.

Hinweis:

Übertragen Sie jeweils die richtige(n) Aussage(n) in Ihr Heft!

3.3.3.3 Ermittlung der Gemeinkostenzuschlagssätze unter Berücksichtigung von Bestandsveränderungen

(1) Grundlegendes

Bisher wurde bei der Ermittlung der Zuschlagssätze für die Verwaltungs- und Vertriebsgemeinkosten jeweils von der gleichen Bezugsgrundlage, nämlich von den in der Rechnungsperiode angefallenen Herstellkosten, ausgegangen. Bezüglich der Verwaltungsgemeinkosten ist diese Bezugsgrundlage auch durchaus gerechtfertigt, weil man davon ausgehen kann, dass sich die **Verwaltungsgemeinkosten** in Abhängigkeit zu den **Herstellkosten der Rechnungsperiode**[1] verändern.

In Bezug auf die Vertriebsgemeinkosten ist diese Beziehung jedoch nur bedingt vorhanden. Will man die Kalkulation genauer durchführen, müssen die **Vertriebsgemeinkosten** auf den Umsatz bezogen werden, genauer gesagt: auf die **Herstellkosten des Umsatzes (Herstellkosten der verkauften Erzeugnisse).** Der Grund ist darin zu sehen, dass Vertriebskosten in der Regel nur für die verkauften Erzeugnisse anfallen. Das bedeutet, die Einbeziehung der Bestandsveränderungen an fertigen und unfertigen Erzeugnissen ist erforderlich.

- **Bezugsgrundlage** für die Ermittlung des Zuschlagssatzes für die **Verwaltungsgemeinkosten** sind die **Herstellkosten der Rechnungsperiode.**
- **Bezugsgrundlage** für die Ermittlung des Zuschlagssatzes für die **Vertriebsgemeinkosten** sind die **Herstellkosten des Umsatzes (Herstellkosten der verkauften Erzeugnisse).**

1 Da nicht jeder Industriebetrieb die Verwaltungsgemeinkosten auf die Herstellkosten der Rechnungsperiode bezieht, werden in einigen Übungsaufgaben die Verwaltungsgemeinkosten auch auf die Herstellkosten des Umsatzes bezogen.

(2) Berechnung der Herstellkosten des Umsatzes

Einbeziehung von Bestandsmehrungen an fertigen Erzeugnissen[1]

Eine **Bestandsmehrung** an fertigen Erzeugnissen bedeutet, dass innerhalb der Geschäftsperiode mehr Produkte hergestellt als verkauft wurden. Ein Teil der Produkte wanderte in das Lager, wodurch sich der Lagerbestand erhöht hat. Um von den Herstellkosten der Rechnungsperiode zu den Herstellkosten des Umsatzes (Herstellkosten der verkauften Erzeugnisse) zu gelangen, müssen die Bestandsmehrungen von den Herstellkosten der Rechnungsperiode abgezogen werden:

  Herstellkosten der Rechnungsperiode (Herstellkosten der produzierten Erzeugnisse)
– Bestandsmehrungen bei fertigen Erzeugnissen
= Herstellkosten des Umsatzes (Herstellkosten der verkauften Erzeugnisse)

Einbeziehung von Bestandsminderungen an fertigen Erzeugnissen

Eine **Bestandsminderung** bedeutet, dass innerhalb der Geschäftsperiode mehr Güter verkauft wurden als hergestellt worden sind. Neben den in der Periode hergestellten Produkten wurden auch Lagerbestände verkauft. Dadurch vermindert sich der Lagerbestand. Um zu den Herstellkosten des Umsatzes zu gelangen, müssen die Bestandsminderungen zu den Herstellkosten der Rechnungsperiode hinzuaddiert werden.

  Herstellkosten der Rechnungsperiode (Herstellkosten der produzierten Erzeugnisse)
+ Bestandsminderungen bei fertigen Erzeugnissen
= Herstellkosten des Umsatzes (Herstellkosten der verkauften Erzeugnisse)

Da sich die Bestandsveränderungen bei fertigen Erzeugnissen in unterschiedliche Richtungen bewegen können und die Bestandsveränderungen bei den unfertigen Erzeugnissen in der gleichen Weise einbezogen werden müssen, wird die **Berechnung der Herstellkosten des Umsatzes** in folgendem Schema zusammengefasst:

  Herstellkosten der Rechnungsperiode (Herstellkosten der produzierten Erzeugnisse)
– Bestandsmehrungen
+ Bestandsminderungen
= Herstellkosten des Umsatzes (Herstellkosten der verkauften Erzeugnisse)

Beispiel:

Die Kostenartenrechnung eines Industriebetriebes weist für das 1. Quartal folgende Daten aus:

Verbrauch v. Fertigungsmat.	256 000,00 EUR	Fertigungsgemeinkosten	672 300,00 EUR
Materialgemeinkosten	32 000,00 EUR	Verwaltungsgemeinkosten	77 000,00 EUR
Fertigungslöhne	695 825,00 EUR	Vertriebsgemeinkosten	64 800,00 EUR

Bestandsangaben:

	Unfertige Erzeugnisse (UE)	Fertige Erzeugnisse (FE)
Anfangsbestände	175 000,00 EUR	214 000,00 EUR
Schlussbestände lt. Inventur	140 000,00 EUR	236 000,00 EUR

1 Da die Einbeziehung von fertigen und unfertigen Erzeugnissen in der gleichen Weise erfolgt, wird im Folgenden, weil das leichter vorstellbar ist, von fertigen Erzeugnissen ausgegangen.

Aufgaben:

1. Berechnen Sie für jede Kostenstelle die Zuschlagssätze für die Gemeinkosten!
2. Ermitteln Sie die Selbstkosten des Umsatzes für das 1. Quartal!

Hinweise:

Die Materialgemeinkosten sind auf den Verbrauch von Fertigungsmaterial, die Fertigungsgemeinkosten auf die Fertigungslöhne, die Verwaltungsgemeinkosten auf die Herstellkosten der Rechnungsperiode und die Vertriebsgemeinkosten auf die Herstellkosten des Umsatzes zu beziehen.

Lösungen:

Zu 1.: Berechnung der Zuschlagssätze

Gemeinkosten insgesamt	Kostenstellen			
	Material	Fertigung	Verwaltung	Vertrieb
846 100,00	32 000,00	672 300,00	77 000,00	64 800,00
	256 000,00 (≙ 100 %)	695 825,00 (≙ 100 %)	1 656 125,00 (≙ 100 %)	1 669 125,00 (≙ 100 %)
	12,5 %	96,62 %	4,65 %	3,88 %

Zu 2.: Berechnung der Selbstkosten des Umsatzes

	Verbrauch v. Fertigungsmaterial	256 000,00 EUR
+	MGK	32 000,00 EUR
+	Fertigungslöhne	695 825,00 EUR
+	FGK	672 300,00 EUR
	Herstellkosten der Rechnungsperiode	1 656 125,00 EUR
+	Bestandsminderung UE	35 000,00 EUR
–	Bestandsmehrung FE	22 000,00 EUR
	Herstellkosten des Umsatzes	1 669 125,00 EUR
+	Verwaltungsgemeinkosten	77 000,00 EUR
+	Vertriebsgemeinkosten	64 800,00 EUR
=	Selbstkosten des Umsatzes	1 810 925,00 EUR

Übungsaufgaben

45 Berechnung von Zuschlagssätzen

1. In einem Industriebetrieb werden der KLR bzw. der Buchführung folgende Zahlen entnommen: Verbrauch von Fertigungsmaterial 310 700,00 EUR, MGK 24 856,00 EUR, Fertigungslöhne 205 800,00 EUR, FGK 174 930,00 EUR, SEKF 22 900,00 EUR, VerwGK 81 310,46 EUR, VertrGK 48 047,09 EUR.

	Fertige Erzeugnisse (FE)	Unfertige Erzeugnisse (UE)
Anfangsbestand	175 600,00 EUR	25 800,00 EUR
Schlussbestand lt. Inventur	150 100,00 EUR	46 400,00 EUR

Bezugsgrundlagen: Die VerwGK sind auf die Herstellkosten der Rechnungsperiode und die VertrGK auf die Herstellkosten des Umsatzes zu beziehen.

Aufgabe:

Berechnen Sie die Zuschlagssätze für die Gemeinkosten!

2. Im BAB eines Industrieunternehmens wurden für die Kostenstellen folgende Gemeinkosten errechnet:

Material	Fertigung	Verwaltung	Vertrieb
25625,00	671646,00	247202,10	156094,67

Für den gleichen Zeitraum wurden außerdem folgende Daten ermittelt: Verbrauch von Fertigungsmaterial 205000,00 EUR, Fertigungslöhne 471000,00 EUR, Bestandsmehrung an fertigen Erzeugnissen 51000,00 EUR, Bestandsminderung an unfertigen Erzeugnissen 35000,00 EUR.

Bezugsgrundlagen: Die VerwGK sind auf die Herstellkosten der Rechnungsperiode und die VertrGK auf die Herstellkosten des Umsatzes zu beziehen.

Aufgabe:

Berechnen Sie die Zuschlagssätze für die Gemeinkosten!

46 Erstellen eines Betriebsabrechnungsbogens, Berechnung der Zuschlagssätze

In einem Industriebetrieb fallen folgende Gemeinkosten an, die wie folgt aufzuteilen sind:

	Zahlen der KLR	Verteilungsschlüssel			
		Material	Fertigung	Verwaltung	Vertrieb
Hilfs- u. Betriebsstoffkosten	67200,00	3	12	1	–
Energie	78300,00	2	5	1	1
Hilfslöhne	23800,00	3	4	–	–
Gehälter	91200,00	1	2	7	2
Sozialkosten	43510,00	4	6	7	2
Fremdreparaturen	24150,00	1	5	1	–
Steuern	63000,00	1	4	1	1
Kalkulatorische Kosten	88200,00	2	8	3	1

Verbrauch von Fertigungsmaterial: 683416,66 EUR; Fertigungslöhne 196795,08 EUR

Bestände an fertigen und unfertigen Erzeugnissen:

	FE	UE
Anfangsbestand	58600,00 EUR	18800,00 EUR
Schlussbestand lt. Inventur	45100,00 EUR	24400,00 EUR

Bezugsgrundlagen: Die VerwGK sind auf die Herstellkosten der Rechnungsperiode und die VertrGK auf die Herstellkosten des Umsatzes zu beziehen.

Aufgaben:

1. Erstellen Sie den Betriebsabrechnungsbogen!
2. Berechnen Sie den Zuschlagssatz je Kostenstelle!
3. Erstellen Sie die Gesamtkalkulation für die Selbstkosten der verkauften Erzeugnisse!

3.3.4 Aufstellung eines mehrstufigen Betriebsabrechnungsbogens

3.3.4.1 Bildung von Hilfskostenstellen

(1) Begriff Hilfskostenstellen

Der mehrstufige BAB enthält neben den bisherigen **Hauptkostenstellen** (Material, Fertigung, Verwaltung und Vertrieb), die ihre Leistungen an die Kostenträger abgeben, noch **Hilfskostenstellen** (auch **Vorkostenstellen** genannt), die ihre Leistungen an andere Kostenstellen abgeben **(innerbetriebliche Leistungsverrechnung).**

Beispiel:

Ein Elektrogerätehersteller unterhält eine Kantine, die Frühstück und einen Mittagstisch anbietet und allen Mitarbeitern offensteht. Die Hilfskostenstelle Kantine gibt ihre Leistungen somit an alle Kostenstellen ab. Die Kosten der Kantine sind daher auf alle Kostenstellen (z.B. nach der Anzahl der Mitarbeiter, die eine Mahlzeit einnehmen) aufzuteilen.

Hilfskostenstellen geben ihre Leistungen an andere Kostenstellen ab. Die auf sie entfallenden Kosten werden vor der Berechnung der Gemeinkostenzuschlagssätze auf andere Kostenstellen umgelegt.

Der mehrstufige BAB differenziert die Gemeinkosten gegenüber dem einstufigen BAB und erhöht dadurch dessen Aussagekraft.

(2) Arten von Hilfskostenstellen

Art der Hilfskostenstelle	Erläuterungen	Beispiele
Allgemeine Hilfskostenstellen	Sie dienen dem Gesamtbetrieb, d.h., ihre Leistungen werden von allen oder fast allen Kostenstellen in Anspruch genommen. Aus diesem Grund sind die Kosten der allgemeinen Hilfskostenstellen entsprechend der Inanspruchnahme auf die übrigen Kostenstellen zu verteilen.	Grundstücke und Gebäude, betriebseigene Strom- und Wasserversorgung, Werkfeuerwehr, soziale Einrichtungen (Kantine, Erholungsheim, Sportplätze).
Besondere Hilfskostenstellen	Sie geben ihre Leistungen nur an bestimmte Hauptkostenstellen weiter. Die anfallenden Kosten dieser Hilfskostenstellen sind deshalb nur auf die ihnen übergeordneten Hauptkostenstellen umzulegen. Es ist vor allem üblich, den Fertigungsstellen besondere Hilfskostenstellen (Fertigungshilfskostenstellen) vorzuschalten.	Konstruktionsbüro, Arbeitsvorbereitung, Modellfertigung für die Fertigung, Versandabteilung, Lehrwerkstätte, Werkzeugmacherei.

3.3.4.2 Umlage der Hilfskostenstellen (Vorkostenstellen) auf die Hauptkostenstellen

Die **Umlage der Hilfskostenstellen (Vorkostenstellen)** kann in Abhängigkeit von den organisatorischen Gegebenheiten durch **direkte Verrechnung (Belege)** oder **indirekte Verrechnung (Schlüssel)** erfolgen.

Die **allgemeinen Hilfskostenstellen** geben in der Regel ihre Gemeinkosten auch an die besonderen Hilfskostenstellen ab. Deshalb muss die Umlage der Gemeinkosten der allgemeinen Hilfskostenstellen vor der Umlage der Gemeinkosten der besonderen Hilfskostenstellen stattfinden.

Beispiel:

Ein erweiterter BAB weist vor der Umlage der Vorkostenstellen folgende Zahlen auf:

Gemeinkostenarten	Kosten lt. KLR	Kostenstellen						
		Allgem. Hilfskostenstelle	Material	Fertigungshilfskostenstelle	Fertigung I	Fertigung II	Verwaltung	Vertrieb
Summe der Gemeinkosten	244 100,00	15 000,00	31 000,00	33 000,00	74 000,00	50 000,00	31 850,00	9 250,00

Die Werte der allgemeinen Hilfskostenstelle werden in der Reihenfolge der oben genannten übrigen Kostenstellen im Verhältnis 2 : 2 : 3 : 4 : 3 : 1 umverteilt. Die Gemeinkostensumme der Fertigungshilfskostenstelle wird auf die Fertigungshauptkostenstellen I und II im Verhältnis 4 : 3 umgelegt.

Aufgabe:

Ermitteln Sie jeweils die Summen der Gemeinkosten in den einzelnen Hauptkostenstellen!

Lösung:

Gemeinkostenarten	Kosten lt. KLR	Kostenstellen						
		Allgem. Hilfskostenstelle	Material	Fertigungshilfskostenstelle	Fertigung I	Fertigung II	Verwaltung	Vertrieb
Summe der Gemeinkosten	244 100,00	15 000,00	31 000,00	33 000,00	74 000,00	50 000,00	31 850,00	9 250,00
Umlage der allgem. Hilfskostenstelle		→	2 000,00	2 000,00	3 000,00	4 000,00	3 000,00	1 000,00
Zwischensumme			33 000,00	35 000,00	77 000,00	54 000,00	34 850,00	10 250,00
Umlage der Fertigungshilfskostenstelle				→	20 000,00	15 000,00		
Summe			33 000,00		97 000,00	69 000,00	34 850,00	10 250,00

Übungsaufgabe

47 Mehrstufige Betriebsabrechnungsbogen

1. Die Chemischen Werke Dortmund AG haben in der ersten Stufe folgende Gemeinkostensummen für die Kostenstellen ermittelt:

	Kosten lt. KLR	Allgem. Hilfskostenstelle Wasserwerk	Material	Fertigungshilfskostenstelle Labor	Fertigung I	Fertigung II	Verwaltung	Vertrieb
Summe der Gemeinkosten	3850000,00	345000,00	600000,00	360000,00	810000,00	1250000,00	405000,00	80000,00

Die Gemeinkosten des Wasserwerkes sollen im Verhältnis des Wasserverbrauchs umgelegt werden: Material 10 m^3, Labor 60 m^3, Fertigung I 1000 m^3, Fertigung II 1200 m^3, Verwaltung 20 m^3, Vertrieb 10 m^3. Die Kosten des Labors verteilen sich auf die Fertigungshauptstellen I und II im Verhältnis 1 : 3.

Aufgabe:
Berechnen Sie jeweils die Gemeinkosten in den einzelnen Hauptkostenstellen!

2. Der erweiterte BAB der Gelsenkirchener Werkzeug GmbH weist für den Monat Oktober folgende Zahlen aus:

	Kosten lt. KLR	Allgem. Hilfskostenstelle Heizzentrale	Material	Fertigungshilfskostenstelle Arbeitsvorbereitung	Fertigung I	Fertigung II	Verwaltung	Vertrieb
Summe der Gemeinkosten	728000,00	48000,00	72000,00	72000,00	96000,00	240000,00	120000,00	80000,00

Die Gemeinkosten der Heizzentrale sind auf die anderen Kostenstellen im Verhältnis 2 : 2 : 6 : 9 : 8 : 5 umzuverteilen. Die Umverteilung der Fertigungshilfskostenstelle orientiert sich an den Fertigungsstunden. Fertigung I: 1080 Std., Fertigung II: 3920 Std.

Aufgabe:
Berechnen Sie die Gemeinkostensummen, die jeweils auf die Hauptkostenstellen entfallen!

3.3.4.3 Aufstellung eines mehrstufigen Betriebsabrechnungsbogens unter Berücksichtigung von Bestandsveränderungen mit Ermittlung der Zuschlagssätze

Beispiel:

Die Vereinigten Industriewerke GmbH stellen zwei Erzeugnisse her: Holzwaren und Metallwaren. Zur Erstellung des BAB liegen folgende Daten vor:

Gemeinkosten-arten	Zahlen der KLR	Kostenstellen							
		Allgemeiner Kostenbereich		I Material	II Fertigung			III Verwaltung	IV Vertrieb
		Kantine	Fuhrpark		Reparaturen Instandhaltung	Fertigung Holzwaren	Fertigung Metallwaren		
I. Verteilung der Gemeinkosten auf die Kostenstellen									
Hilfs- und Betriebsstoffe	66 000,00	1 400,00	800,00	1 100,00	700,00	24 000,00	36 000,00		2 000,00
Gehälter . .	64 900,00	7 200,00	4 200,00	3 700,00	5 100,00	12 000,00	11 000,00	15 400,00	6 300,00
Summe der Gemeinkosten	846 100,00	32 000,00	42 800,00	24 800,00	84 000,00	240 500,00	310 400,00	63 200,00	48 400,00
II Umlage der Kosten der allgemeinen Hilfskostenstellen									
Kantine			2	1	1	3	3	3	3
Fuhrpark				2	1	4	4	3	4
III. Umlage der Kosten der besonderen Hilfskostenstellen									
Reparaturen/Instandhaltung						2	3		

Einzelkosten: Verbrauch von Fertigungsmaterial 256 000,00 EUR, Fertigungslöhne Holzwaren 365 425,00 EUR, Fertigungslöhne Metallwaren 330 400,00 EUR.

Bestands-veränderungen: Bestandsminderung an unfertigen Erzeugnissen 35 000,00 EUR, Bestandsmehrungen an fertigen Erzeugnissen 22 000,00 EUR.

Hinweis: Die Materialgemeinkosten sind auf den Verbrauch von Fertigungsmaterial, die Fertigungsgemeinkosten auf die Fertigungslöhne, die Verwaltungsgemeinkosten auf die Herstellkosten der Rechnungsperiode und die Vertriebsgemeinkosten sind auf die Herstellkosten des Umsatzes zu beziehen.

Aufgaben:

1. Erstellen Sie den BAB anhand der vorgegebenen Daten und berechnen Sie die Zuschlagssätze auf zwei Stellen nach dem Komma!
2. Berechnen Sie die Selbstkosten des Umsatzes!

Lösungen:

Gemeinkostenarten	Zahlen der KLR	Kostenstellen: Allgemeiner Kostenbereich: Kantine	Fuhrpark	I Material	II Fertigung: Reparaturen Instandhaltung	Fertigung Holzwaren	Fertigung Metallwaren	III Verwaltung	IV Vertrieb
Hilfs- und Betriebsstoffe	66 000,00	1 400,00	800,00	1 100,00	700,00	24 000,00	36 000,00		2 000,00
Gehälter	64 900,00	7 200,00	4 200,00	3 700,00	5 100,00	12 000,00	11 000,00	15 400,00	6 300,00
⋮									
Summe der Gemeinkosten vor der Kostenumlage	846 100,00	32 000,00	42 800,00	24 800,00	84 000,00	240 500,00	310 400,00	63 200,00	48 400,00
		→	4 000,00	2 000,00	2 000,00	6 000,00	6 000,00	6 000,00	6 000,00
			46 800,00						
			→	5 200,00	2 600,00	10 400,00	10 400,00	7 800,00	10 400,00
					88 600,00	256 900,00	326 800,00		
					→	35 440,00	53 160,00		
				32 000,00		292 340,00	379 960,00	77 000,00	64 800,00
				256 000,00 (≙ 100 %)		365 425,00 (≙ 100 %)	330 400,00 (≙ 100 %)	1 656 125,00 (≙ 100 %)	1 669 125,00 (≙ 100 %)
				12,5 %		80 %	115 %	4,65 %	3,88 %

Berechnung der Selbstkosten des Umsatzes:

	Verbrauch von Fertigungsmat.	256 000,00 EUR
+	MGK	32 000,00 EUR
+	Fertigungslöhne Holzwaren	365 425,00 EUR
+	FGK Holzwaren	292 340,00 EUR
+	Fertigungslöhne Metallwaren	330 400,00 EUR
+	FGK Metallwaren	379 960,00 EUR
	Herstellkosten der Abrechnungsperiode	1 656 125,00 EUR
+	Bestandsminderung UE	35 000,00 EUR
–	Bestandsmehrung FE	22 000,00 EUR
	Herstellkosten des Umsatzes	1 669 125,00 EUR
+	Verwaltungsgemeinkosten	77 000,00 EUR
+	Vertriebsgemeinkosten	64 800,00 EUR
	Selbstkosten des Umsatzes	1 810 925,00 EUR

Übungsaufgaben

48 Mehrstufiger Betriebsabrechnungsbogen, Berechnung der Zuschlagssätze

	Kostenstellen						
	Allgem. Kostenbereich		Material-verwaltung	Fertigung		Verwaltung	Vertrieb
	Energie	Fuhrpark		Kunststoffverarbeitung	Holzverarbeitung		
Gemeink. insgesamt in TEUR	5190	5404	8700	89500	107800	65800	49500
Zuschlags-grundlagen			Verbr. von Fort. Mat. 116000	Fertigungslöhne 72764	Fertigungslöhne 126824	Herstellk. d. Rechnungsperiode	Herstellk. d. Umsatzes

Weitere Angaben

- Verteilung der Kostenstelle Energie: 1 : 2 : 4 : 5 : 1 : 2
- Verteilung der Kostenstelle Fuhrpark: 2 : 9 : 10 : 1 : 3
- Mehrbestand an Fertigerzeugnissen: 38940 TEUR.

Aufgaben:

1. Berechnen Sie in den Hauptkostenstellen jeweils die Zuschlagssätze für die Gemeinkosten!

   Bezugsgrundlagen: Die VerwGK sind auf die Herstellkosten der Rechnungsperiode und die VertrGK auf die Herstellkosten des Umsatzes zu beziehen.

2. Ermitteln Sie die Selbstkosten des Umsatzes!

49 Mehrstufiger Betriebsabrechnungsbogen, Berechnung der Zuschlagssätze

Eine Maschinenfabrik produziert zwei Maschinengruppen. Zur Erstellung des BAB liegen folgende Daten vor:

	Zahlen der KLR in EUR	Allgemeiner Kostenbereich		Material	Fertigung			Verwaltung	Vertrieb
		Energiezentrale	Kantine		Techn. Büro	Masch.-gruppe A	Masch.-gruppe B		
Gemeinkostenmaterial	52000,00				12000,00	18000,00	22000,00		
Energiekosten	32000,00								
Gehälter u. Hilfslöhne	140000,00	3	2	2	1	8	10	5	4
Sozialkosten	52500,00	3	2	2	1	8	10	5	4
Bürokosten	30000,00	1	1	1	2	2	2	5	1
Abschreibungen	96000,00								
Steuern u. Abgaben	10000,00	2	1	2	2	3	5	3	2
Umlage des allg. Kostenbereichs:									
Energiezentrale			2	1	1	6	5	3	2
Kantine				1	2	7	6	3	1
Umlage der besonderen Hilfskostenstelle:									
Technisches Büro						2	3		

Verbrauch von Fertigungsmaterial:	363302,00 EUR
Fertigungslöhne Maschinengruppe A:	105720,00 EUR
Fertigungslöhne Maschinengruppe B:	157399,20 EUR

	UE	FE
Anfangsbestände	105700,00	398510,00
Schlussbestände lt. Inventur	96900,00	423720,00

Weitere Angaben zum BAB

Die Gemeinkosten Energie sind nach kWh und die Abschreibungen sind nach den investierten Werten zu verteilen:

Kostenstellen	Verbrauchte kWh	Investierte Werte je EUR
Energiezentrale	1400	40000,00
Kantine	1200	32000,00
Material	800	24000,00
Technisches Büro	500	58000,00
Maschinengruppe A	14200	380000,00
Maschinengruppe B	13100	836000,00
Verwaltung	6100	165000,00
Vertrieb	2700	65000,00

Aufgabe:

Erstellen Sie den BAB anhand der vorgegebenen Daten und berechnen Sie die Zuschlagssätze!

Bezugsgrundlagen: Die VerwGK sind auf die Herstellkosten der Rechnungsperiode und die VertrGK auf die Herstellkosten des Umsatzes zu beziehen.

50 Mehrstufiger Betriebsabrechnungsbogen, Berechnung der Zuschlagssätze, Berechnung der Selbstkosten des Umsatzes, Zweck von Hilfskostenstellen

	Allgemeiner Bereich	Materialbereich			Fertigungsbereich		Verwaltungsbereich			Vertriebsbereich
	Reparaturabteilung		Lehrwerkstatt	Arbeitsvorbereitung	Produktion I	Produktion II	Personalabteilung	Ausbildung kfm. Angestellte	Verwaltung	
Gemeink. insgesamt in TEUR	44100	12850	8200	5748	134241	157413	21400	32550	79600	66880
Zuschlagsgrundlagen		122381			146400	130750			Herstellk. der Rechnungsperiode	Herstellk. des Umsatzes

Weitere Angaben

- Verteilung der Kostenstelle Reparaturabteilung: 1 : 1 : 2 : 6 : 4 : 1 : 0 : 2 : 1.
- Verteilung der Kostenstelle Lehrwerkstatt auf die Produktion I und II: 3 : 2.
- Verteilung der Kostenstelle Arbeitsvorbereitung auf die Produktion I und II: 3 : 1.
- Verteilung der Kostenstelle Personalabteilung auf Ausbildung kfm. Angestellte und Verwaltung: 2 : 1.
- Verteilung der Kostenstelle Ausbildung kfm. Angestellte auf die Kostenstelle Verwaltung.
- Bestandsminderung an fertigen Erzeugnissen: 17140 TEUR.

Aufgaben:

1. Berechnen Sie die Zuschlagssätze für die Gemeinkosten!

   Bezugsgrundlagen: Die VerwGK sind auf die Herstellkosten der Rechnungsperiode und die VertrGK auf die Herstellkosten des Umsatzes zu beziehen.
2. Bestimmen Sie die Selbstkosten des Umsatzes!
3. Erklären Sie, aus welchem Grund die Bildung
   3.1 von allgemeinen Hilfskostenstellen und
   3.2 die Aufteilung des Fertigungsbereichs in besondere Hilfskostenstellen sinnvoll ist!

4 Kostenträgerrechnung

4.1 Allgemeines zur Kostenträgerrechnung

Die Leistungseinheiten, für die Kosten angefallen sind, nennt man **Kostenträger,** weil sie die Kosten zu tragen haben. Als Kostenträger können, je nach der Struktur des Betriebs, einzelne **Produkte** oder **Produktgruppen** dienen.

- **Kostenträger** sind Leistungseinheiten, für die Kosten angefallen sind.
- Als Kostenträger können einzelne **Produkte** oder auch die Zusammenfassung gleichartiger Produkte zu einer **Produktgruppe** dienen.

Die Hauptaufgabe der Kostenträgerrechnung besteht darin, festzustellen, wie viel Kosten auf die einzelnen Kostenträger entfallen.

- Bezieht sich die Zurechnung der Kosten auf eine **Abrechnungsperiode** (Monat, Jahr), spricht man von **Kostenträgerzeitrechnung.** In ihr können sowohl das Betriebsergebnis insgesamt als auch die auf Kostenträger bezogenen Teilergebnisse ermittelt werden.
- Sollen die Kosten für einen **einzelnen Auftrag** (z. B. ein einzelnes Stück) berechnet werden, spricht man von **Kostenträgerstückrechnung.** Sie wird auch als **Kalkulation** bezeichnet.

Die **Kostenträgerrechnung** verteilt die **Kosten** verursachungsgerecht auf die **Kostenträger.**

4.2 Kostenträgerzeitrechnung

4.2.1 Inhalt und Aufgaben der Kostenträgerzeitrechnung

Bei der Kostenträgerzeitrechnung werden die **Selbstkosten des Umsatzes** ermittelt und den **Nettoverkaufserlösen der Rechnungsperiode** gegenübergestellt. Die **Differenz** zwischen den **Nettoverkaufserlösen** und den **Selbstkosten des Umsatzes** ergibt das **Umsatzergebnis.** Technisches Hilfsmittel zur Berechnung des Umsatzergebnisses ist das **Kostenträgerblatt.**

- Bei der **Kostenträgerzeitrechnung** werden die ermittelten **Selbstkosten des Umsatzes** den **Nettoverkaufserlösen** gegenübergestellt.
- Die **Differenz** zwischen den erzielten **Nettoverkaufserlösen** und den **Selbstkosten des Umsatzes** ergibt das **Umsatzergebnis.**

Grundlage der Kalkulation **während der Rechnungsperiode** sind die **Normalkosten.** Nach **Abschluss einer Rechnungsperiode** (z. B. eines Monats) muss festgestellt werden, ob die tatsächlich entstandenen Kosten **(Istkosten)** auch gedeckt worden sind.

4.2.2 Ermittlung der Normalkosten

Die Verrechnung der Gemeinkosten auf die Kostenträger auf der Basis von Normalkosten erfolgt mithilfe von Normalzuschlagssätzen. Diese ergeben sich z.B. aus den Durchschnittswerten der Istkostenzuschlagssätze vergangener Geschäftsperioden, unter Berücksichtigung der Preiserwartungen auf der Beschaffungsseite und der erwarteten Beschäftigung. Diese Durchschnittssätze haben den Vorteil der Stetigkeit und Verfügbarkeit. Eine solche Vorgehensweise ermöglicht eine genauere Vorkalkulation (z.B. bei der Abgabe von Angeboten, bei der Erstellung von Preislisten). Da die Einzelkosten auf der Grundlage vorhandener Stücklisten und Fertigungszeiten und den bekannten Preisen relativ problemlos kalkuliert werden können, geht es bei der Normalkostenrechnung nur um die „Normalisierung" der Zuschlagssätze für die Gemeinkosten.

Beispiel:

Für das erste Halbjahr liegen folgende monatliche Ist-Fertigungsgemeinkostensätze vor:

Januar:	57,8 %	März:	58,5 %	Mai:	62,7 %
Februar:	60,1 %	April:	59,8 %	Juni:	56,9 %

Aufgabe:

Berechnen Sie aus den sechs vorliegenden Istzuschlagssätzen den Normalzuschlagssatz für die Fertigungsgemeinkosten!

Lösung:

$$\text{Normalzuschlagssatz} = \frac{57{,}8\,\% + 60{,}1\,\% + 58{,}5\,\% + 59{,}8\,\% + 62{,}7\,\% + 56{,}9\,\%}{6} = \underline{\underline{59{,}3\,\%}}$$

4.2.3 Kostenüberdeckungen und Kostenunterdeckungen

Normalkosten > Istkosten = Kostenüberdeckung
Normalkosten < Istkosten = Kostenunterdeckung

Nach Ablauf der festgelegten Abrechnungsperiode können die **angefallenen Kosten (Istkosten)** den **vorkalkulierten Kosten (Normalkosten)** gegenübergestellt werden. In der Regel weichen die Normalkosten von den Istkosten ab. Die **Abweichungen** bei den Kosten in der Vor- und in der Nachkalkulation beruhen einerseits auf **unterschiedlichen Einzelkosten** und andererseits auf den **unterschiedlichen Zuschlagssätzen** in der Vor- und Nachkalkulation.

Sind die **Normalkosten höher als die Istkosten,** liegt eine **Kostenüberdeckung** vor. Sind die **Normalkosten niedriger als die Istkosten,** liegt eine **Kostenunterdeckung** vor.[1] Liegen erhebliche Abweichungen zwischen der Vor- und Nachkalkulation vor, so sind die Gründe für die aufgetretenen Abweichungen zu ermitteln.

- Bei der **Kostenunterdeckung** liegen die **Normalkosten unter den Istkosten,** d.h., die tatsächlich angefallenen Selbstkosten werden durch die einkalkulierten Kosten nicht mehr gedeckt.
- Bei der **Kostenüberdeckung** liegen die **Normalkosten über den Istkosten,** d.h., die einkalkulierten Selbstkosten sind höher als die wirklich angefallenen Selbstkosten.

1 Zu den Ursachen von Kostenunter- und -überdeckungen siehe S. 196.

Übungsaufgabe

51 Kostenträgerrechnung, Ist- und Normalkosten

1. Die verrechneten Gemeinkosten betragen 65850,00 EUR, die angefallenen Istkosten 62780,00 EUR.
   Berechnen Sie, ob eine Kostenüber- oder Kostenunterdeckung vorliegt!
2. Nennen Sie einen Vorteil, den die Verrechnung mit Normalkosten hat!
3. Erläutern Sie, wie sich Normalkostenrechnung und Istkostenrechnung unterscheiden!
4. Erläutern Sie den Begriff Kostenträger!
5. Nennen Sie einige Aufgaben der Kostenträgerrechnung!
6. Nennen Sie die beiden Arten der Kostenträgerrechnung und erläutern Sie kurz deren Zielsetzung!

4.2.4 Rechnerischer Ablauf der Kostenträgerzeitrechnung (Kostenträgerblatt) mit Normalkosten

Beispiel:

Die Kosten- und Leistungsrechnung eines Industrieunternehmens, das die Produkte A und B herstellt, weist für den Monat Oktober in der Vorkalkulation, in der die Gemeinkosten mit Normalzuschlagssätzen verrechnet werden, folgende Gesamtdaten auf, die sich wie folgt auf die beiden Produkte verteilen.

	Insgesamt	Produkt A	Produkt B
Verbr. v. Fertigungsmaterial	480000,00	280000,00	200000,00
Fertigungslöhne	210000,00	120000,00	90000,00
Nettoverkaufserlöse	1460000,00	820000,00	640000,00
SEKF	8100,00	8100,00	
SEKV	4800,00	3800,00	1000,00

Die Zuschlagssätze betragen: MGK 12 %, FGK 85 %, VerwGK 18 %, VertrGK 7 %.

Bezugsgrundlagen: Die VerwGK sind auf die Herstellkosten der Rechnungsperiode und die VertrGK sind auf die Herstellkosten des Umsatzes zu beziehen.

Bestände an FE und UE:

	FE		UE	
	Produkt A	Produkt B	Produkt A	Produkt B
Anfangsbestand	31400,00 EUR	17500,00 EUR	14300,00 EUR	12400,00 EUR
Schlussbestand lt. Inventur	43500,00 EUR	27700,00 EUR	11300,00 EUR	10000,00 EUR

Aufgabe:

Stellen Sie die Kostenträgerzeitrechnung (das Kostenträgerblatt) auf und berechnen Sie das Umsatzergebnis sowie die Aufschlüsselung auf die beiden Kostenträger!

12 Speth u.a. - ISBN 978-3-8120-0576-0

Lösung:

Ziffer	Bezeichnungen	Beträge der Rechn.-Periode	Produkt A	Produkt B
1	Verbrauch von Fertigungsmaterial	480 000,00	280 000,00	200 000,00
2	+ 12 % Materialgemeinkosten	57 600,00	33 600,00	24 000,00
3	**Materialkosten** (1 + 2)	537 600,00	313 600,00	224 000,00
4	Fertigungslöhne	210 000,00	120 000,00	90 000,00
5	+ 85 % Fertigungsgemeinkosten	178 500,00	102 000,00	76 500,00
6	+ Sondereinzelkosten der Fertigung	8 100,00	8 100,00	
7	**Fertigungskosten** (4 + 5 + 6)	396 600,00	230 100,00	166 500,00
8	**Herstellkosten der Rechnungsperiode** (3 + 7)	934 200,00	543 700,00	390 500,00
9	+ Bestandsminderung UE	5 400,00	3 000,00	2 400,00
10	– Bestandsmehrung FE	22 300,00	12 100,00	10 200,00
11	**Herstellkosten des Umsatzes** (8 + 9 – 10)	917 300,00	534 600,00	382 700,00
12	+ 18 % Verwaltungsgemeinkosten (von 8)	168 156,00	97 866,00	70 290,00
13	+ 7 % Vertriebsgemeinkosten (von 11)	64 211,00	37 422,00	26 789,00
14	+ Sondereinzelkosten des Vertriebs	4 800,00	3 800,00	1 000,00
15	**Selbstkosten des Umsatzes** (11 + 12 + 13 +14)	1 154 467,00	673 688,00	480 779,00
16	Nettoverkaufserlöse	1 460 000,00	820 000,00	640 000,00
15	– Selbstkosten des Umsatzes	1 154 467,00	673 688,00	480 779,00
17	= **Umsatzergebnis** (16 –15)	305 533,00	146 312,00	159 221,00

Zur Erinnerung:

Von den Herstellkosten der Rechnungsperiode zu den Herstellkosten des Umsatzes (Ziffer 8 bis Ziffer 11)

Werden **weniger Güter verkauft als hergestellt,** drückt sich diese Differenz in einer **Bestandserhöhung** aus. Die Kostenseite muss der Leistungsseite angepasst werden. Im Fall der Bestandsmehrung wurde weniger umgesetzt (Bezugsgröße: **Herstellkosten des Umsatzes**) als hergestellt (Bezugsgröße: **Herstellkosten der Rechnungsperiode**). Folge: Die Herstellkosten des Umsatzes müssen um die Kosten der nicht verkauften Erzeugnisse verringert werden **(Bestandsmehrung).** Demnach ermitteln sich die Herstellkosten des Umsatzes wie folgt:

Herstellkosten des Umsatzes = Herstellkosten der Rechnungsperiode – Bestandsmehrung

Bei einer **Bestandsminderung** sind die Verhältnisse entgegengesetzt. Daher muss der Wert der Bestandsminderung aus Sicht der Kostenrechnung zu den Herstellkosten der Rechnungsperiode **hinzuaddiert** werden. Das gilt sowohl für die fertigen Erzeugnisse als auch für die unfertigen Erzeugnisse.

Herstellkosten der Rechnungsperiode
– Bestandsmehrung
\+ Bestandsminderung
= Herstellkosten des Umsatzes

Übungsaufgabe

52 Ermittlung von Kostenabweichungen im Kostenträgerblatt

Ein Industriebetrieb stellt die Produkte A und B her. In der Vorkalkulation, in der die Gemeinkosten mit Normalzuschlagssätzen ermittelt werden, ergeben sich für den Monat Januar folgende Daten:

	Für Produkt A:	Für Produkt B:
Nettoverkaufserlöse	1120700,00 EUR	1895400,00 EUR
Verbrauch von Fertigungsmaterial	220300,00 EUR	378400,00 EUR
Fertigungslöhne	271800,00 EUR	425850,00 EUR
MGK-Zuschlagssatz	11 %	11 %
FGK-Zuschlagssatz	160 %	160 %
VerwGK-Zuschlagssatz	13 %	13 %
VertrGK-Zuschlagssatz	8 %	8 %

Bezugsgrundlagen: Die VerwGK sind auf die Herstellkosten der Rechnungsperiode und die VertrGK sind auf die Herstellkosten des Umsatzes zu beziehen.

Bestände an fertigen und unfertigen Erzeugnissen:

	A		B	
	Fertige Erz.	Unfert. Erz.	Fertige Erz.	Unfert. Erz.
Anfangsbestand	72450,00 EUR	36600,00 EUR	158900,00 EUR	120410,00 EUR
Schlussbestand lt. Inventur	51550,00 EUR	41500,00 EUR	210600,00 EUR	86300,00 EUR

Aufgabe:

Stellen Sie das Kostenträgerblatt auf und berechnen Sie das Umsatzergebnis insgesamt und bezogen auf die beiden Kostenträger!

4.2.5 Rechnerischer Ablauf der Kostenträgerzeitrechnung (Kostenträgerblatt) mit Ist- und Normalkosten – Kostenüberdeckung und Kostenunterdeckung[1]

Die Kostenüber- oder Kostenunterdeckungen lassen sich im Kostenträgerblatt feststellen, wenn man die Normalkosten den Istkosten gegenüberstellt.

Beispiel:

Zugrunde gelegt wird das Kostenträgerblatt von S. 177f. aus dem die Normalkosten der Rechnungsperiode hervorgehen. Aufgrund der Nachkalkulation ergeben sich für die Gemeinkosten die folgenden Istzuschlagssätze:

MGK 10 %	FGK 90 %	VerwGK 15 %	VertrGK 8 %

Aufgaben:

1. Ermitteln Sie die Selbstkosten des Umsatzes als Istkosten und bei Normalzuschlagssätzen!
2. Errechnen Sie die Kostenüber- bzw. Kostenunterdeckung!
3. Ermitteln Sie das Betriebsergebnis!

1 Der Einfachheit halber wird auf die Aufteilung in mehrere Produkte verzichtet.

Lösungen:

Ziffer	Bezeichnungen	Istkosten	Normalzu-schlagssätze	Normalkosten	Kostenüber-/-unterdeckungen
1	Verbrauch v. Fert.-Mat.	480 000,00		480 000,00	
2	+ 10 % Materialgemeinkosten	48 000,00	12 %	57 600,00	+ 9 600,00
3	**Materialkosten** (1 + 2)	528 000,00		537 600,00	
4	Fertigungslöhne	210 000,00		210 000,00	
5	+ 90 % Fert.-Gemeinkosten	189 000,00	85 %	178 500,00	– 10 500,00
6	+ Sondereinzelkosten d. Fertigung	8 100,00		8 100,00	
7	**Fertigungskosten** (4 + 5 + 6)	407 100,00		396 600,00	
8	**Herstellk. d. Rech.-Periode** (3 + 7)	935 100,00		934 200,00	
9	+ Bestandsminderung UE	5 400,00		5 400,00	
10	– Bestandsmehrung FE	22 300,00		22 300,00	
11	**Herstellkosten des Umsatzes** (8 + 9 – 10)	918 200,00		917 300,00	
12	+ 15 % Verw.-Gemeinkosten (v . 8)	140 265,00	18 %	168 156,00	+ 27 891,00
13	+ 8 % Vertr.-Gemeinkosten (v. 11)	73 456,00	7 %	64 211,00	– 9 245,00
14	Sondereinzelkosten des Vertriebs	4 800,00		4 800,00	
15	**Selbstkosten des Umsatzes** (11 + 12 + 13 + 14)	1 136 721,00		1 154 467,00	+ 17 746,00
16	**Nettoverkaufserlöse**	1 460 000,00		1 460 000,00	
15	– Selbstkosten des Umsatzes	1 136 721,00		1 154 467,00	
17	**Umsatzergebnis**			305 533,00	
18	+ Kostenüberdeckung			+ 17 746,00	
19	**Betriebsergebnis**	323 279,00		323 279,00	

Erläuterungen: Vom Umsatzergebnis zum Betriebsergebnis (Ziffer 17 bis 19)

Das Umsatzergebnis bei der Vorkalkulation ergibt sich durch folgende Rechnung:

Nettoverkaufserlöse – Selbstkosten des Umsatzes = Umsatzergebnis

Die Rechnung mit Normalzuschlagssätzen (Vorkalkulation) führt zu einem anderen Ergebnis als die Nachkalkulation mit Istkosten, da die **Gemeinkosten mit anderen Zuschlagssätzen** berechnet werden. Das Umsatzergebnis in der Normalkostenrechnung unterscheidet sich daher vom Betriebsergebnis in der Istkostenrechnung, und zwar um die **Differenz zwischen den Normalgemeinkosten und den Istgemeinkosten** (Kostenüber- bzw. Kostenunterdeckungen).

Da bei einer **Kostenüberdeckung** die verrechneten Normalkosten **über** den angefallenen Istkosten liegen, fällt das Umsatzergebnis niedriger aus als das mit Istkosten ermittelte Betriebsergebnis. Um im Falle einer Kostenüberdeckung vom Umsatzergebnis zum Betriebsergebnis zu gelangen, muss daher zum Umsatzergebnis eine **Kostenüberdeckung hinzuaddiert** werden.

Im vorliegenden Beispiel ergibt sich eine Kostenüberdeckung in Höhe von 17 746,00 EUR. Bei einem Umsatzergebnis in Höhe von 305 533,00 EUR (siehe Ziffer 17) führt das zu einem Betriebsergebnis in Höhe von (305 533,00 EUR + 17 746,00 EUR) 323 279,00 EUR (siehe Ziffer 19).

Bei einer **Kostenunterdeckung** sind die **Normalkosten niedriger** als die tatsächlich angefallenen **Istkosten.** Daher ist das Umsatzergebnis höher als das tatsächliche Ergebnis. Um vom Umsatzergebnis zum Betriebsergebnis zu gelangen, muss daher eine **Kostenunterdeckung vom Umsatzergebnis subtrahiert** werden.

- Umsatzergebnis + Kostenüberdeckung = Betriebsergebnis
- Umsatzergebnis – Kostenunterdeckung = Betriebsergebnis

Übungsaufgaben

53 Gegenüberstellung von Ist- und Normalkosten im Kostenträgerblatt

Ein Industrieunternehmen entnimmt der Abgrenzungstabelle folgende Zahlenwerte:

Betriebsabrechnungsbogen am Ende der Rechnungsperiode

Gemeinkosten	Material	Fertigung	Verwaltung	Vertrieb
insgesamt	85 260,60 EUR	926 670,00 EUR	309 709,27 EUR	180 663,74 EUR

Einzelkosten und Leistungen

Verbrauch von Fertigungsmaterial	897 480,00 EUR
Fertigungslöhne	671 500,00 EUR
Nettoverkaufserlöse	3 247 200,00 EUR

Normalzuschlagssätze

MGK	9 %
FGK	136,2 %
VerwGK	13 %
VertrGK	6,5 %

Bezugsgrundlagen: Die VerwGK und die VertrGK sind auf die Herstellkosten des Umsatzes zu beziehen.

Aufgaben:

1. Ermitteln Sie die Selbstkosten des Umsatzes
   1.1 als Istkosten,
   1.2 bei Normalzuschlagssätzen!
2. Berechnen Sie die Kostenüber- bzw. Kostenunterdeckung sowie das Betriebsergebnis der Abrechnungsperiode!
3. Berechnen Sie die Istzuschlagssätze!

54 Gegenüberstellung von Ist- und Normalkosten im Kostenträgerblatt

Die Kosten- und Leistungsrechnung eines Industrieunternehmens liefert für den Monat Mai folgende Kalkulationsdaten:

Einzelkosten und Leistungen

Verbrauch von Fertigungsmaterial	210 700,00 EUR
Fertigungslöhne	140 500,00 EUR
SEKF	6 500,00 EUR
SEKV	5 200,00 EUR
Nettoverkaufserlöse	792 322,00 EUR.

Zuschlagssätze	Material	Fertigung	Verwaltung	Vertrieb
Istzuschlagssätze	14 749,00 EUR	231 825,00 EUR	78 724,62 EUR	36 334,44 EUR
Normalzuschlagssätze	8 %	166 %	11,5 %	7,2 %

Bezugsgrundlagen: Die VerwGK und die VertrGK sind auf die Herstellkosten des Umsatzes zu beziehen.

Bestände an FE und UE	FE	UE
Anfangsbestand	71 700,00 EUR	18 400,00 EUR
Schlussbestand lt. Inventur	67 200,00 EUR	21 600,00 EUR

Aufgaben:

1. Ermitteln Sie die Selbstkosten des Umsatzes
   1.1 als Istkosten,
   1.2 bei Normalzuschlagssätzen!
2. Berechnen Sie die Kostenüber- bzw. Kostenunterdeckung sowie das Betriebsergebnis der Abrechnungsperiode!

55 Gegenüberstellung von Ist- und Normalkosten im Kostenträgerblatt

Die Pharmageräte AG kalkuliert mit folgenden Normalzuschlagssätzen:
MGK 12 %, FGK 140 %, VerwGK 15 %, VertrGK 10 %.

Zur Überprüfung dieser Zuschlagssätze werden die Istkosten des vergangenen Abrechnungszeitraums herangezogen:

Verbrauch von Fertigungsmaterial	460 000,00 EUR
Fertigungslöhne	318 000,00 EUR
Materialgemeinkosten lt. BAB	58 700,00 EUR
Fertigungsgemeinkosten lt. BAB	412 300,00 EUR
Vertriebsgemeinkosten lt. BAB	135 014,00 EUR
Verwaltungsgemeinkosten lt. BAB	147 288,00 EUR
Nettoverkaufserlöse	1 580 000,00 EUR

Bezugsgrundlagen: Die VerwGK sind auf die Herstellkosten der Rechnungsperiode und die VertrGK auf die Herstellkosten des Umsatzes zu beziehen.

Bestandsveränderungen:

UE: Bestandsminderung	17 100,00 EUR
FE: Bestandsmehrung	38 700,00 EUR

Aufgaben:

1. Stellen Sie in einer Gesamtkalkulation die Istkosten und die Normalkosten einander gegenüber und ermitteln Sie, welche Kostenüber- bzw. Kostenunterdeckungen sich für die einzelnen Positionen feststellen lassen!
2. Ermitteln Sie die Ist-Gemeinkostenzuschlagssätze!
3. Berechnen Sie das Betriebsergebnis der Abrechnungsperiode!

56 Abschluss eines mehrstufigen BAB, Gegenüberstellung von Ist- und Normalkosten im Kostenträgerblatt

Ein Maschinenbaubetrieb ist als Zulieferer für mehrere Maschinenfabriken tätig. Die Nettoverkaufserlöse betrugen in der vergangenen Abrechnungsperiode 2 360 000,00 EUR. Im gleichen Zeitraum fielen folgende Kosten an:

Verbrauch von Fertigungsmaterial	732 800,00 EUR
Fertigungslöhne Weichbearbeitung	240 000,00 EUR
Hartbearbeitung	292 800,00 EUR
Sondereinzelkosten des Vertriebs	20 000,00 EUR
Gemeinkosten insgesamt	914 840,00 EUR

Es wurde mit folgenden Zuschlagssätzen gerechnet: MGK 10 %, FGK Weichbearbeitung 110 %, FGK Hartbearbeitung 115 %, VerwGK 8 % und VertrGK 5 %.

Die Gemeinkosten waren im BAB wie folgt aufgeteilt:

Sozialbereich	44 640,00 EUR	Arbeitsvorbereitung	91 600,00 EUR
Materialbereich	68 700,00 EUR	Verwaltung	137 400,00 EUR
Weichbearbeitung	183 200,00 EUR	Vertrieb	114 500,00 EUR
Hartbearbeitung	274 800,00 EUR		

Der BAB des Maschinenbaubetriebs ist wie folgt aufgebaut:

	Zahlen der KLR	Sozial-bereich	Material-bereich	Arbeits-vorbereitung	Weichbe-arbeitung	Hartbe-arbeitung	Ver-waltung	Vertrieb
Summe der Gemeinkosten								

Aufgaben:

1. Verteilen Sie die Kosten des Sozialbereichs auf die übrigen Kostenstellen nach der Zahl der Beschäftigten: Material 2, Arbeitsvorbereitung 4, Weichbearbeitung 25, Hartbearbeitung 30, Verwaltung 8 und Vertrieb 3!
2. Die Kosten der Arbeitsvorbereitung sind zu gleichen Teilen auf die beiden Fertigungshauptkostenstellen aufzuteilen!
3. Ermitteln Sie auf einem Kostenträgerblatt die Istzuschlagssätze (auf eine Dezimale gerundet) sowie die Über- und Unterdeckungen und das Betriebsergebnis!

   Bezugsgrundlagen: Die Verwaltungsgemeinkosten sind auf die Herstellkosten der Rechnungsperiode und die Vertriebsgemeinkosten auf die Herstellkosten des Umsatzes zu beziehen.

   Bestände: Bei den unfertigen Erzeugnissen war der Anfangsbestand 85 000,00 EUR, der Schlussbestand 87 200,00 EUR, bei den Fertigerzeugnissen war der Anfangsbestand 52 000,00 EUR, der Schlussbestand 64 000,00 EUR.

4.3 Kostenträgerstückrechnung (Kalkulation)

4.3.1 Überblick

Die **Kostenträgerstückrechnung (Kalkulation)** ermittelt die Kosten für ein **Produkt** bzw. eine **Produktgruppe**.

Je nach der **Art der Fertigungsverfahren** (Serienfertigung, Einzelfertigung, Massenfertigung oder Sortenfertigung) werden unterschiedliche Kalkulationsmethoden angewandt.

Es ergeben sich folgende Zuordnungen:

Fertigungsverfahren	Kalkulationsmethode
Serienfertigung Es werden unterschiedliche Produkte in verschiedenen Produktionsabläufen hergestellt, die unterschiedliche Kosten verursachen. Z. B Werkzeugmaschinen, Autos, Motorräder.	**Zuschlagskalkulation** Die Einzelkosten werden den Kostenträgern direkt zugerechnet, die Gemeinkosten werden den Kostenträgern indirekt über die in den Kostenstellen ermittelten Zuschlagssätze zugeordnet.
Einzelfertigung Es werden jeweils nur aufgrund von Einzelaufträgen einzelne Produkte (meist Großobjekte) hergestellt. Z. B. Flugzeugherstellung, Schiffbau, Brückenbau.	Den einzelnen Projekten werden alle angefallenen Kosten zugerechnet. Daher ergeben sich im Allgemeinen keine Zurechnungsprobleme.
Massenfertigung Es wird ein einheitliches Produkt in großen Mengen hergestellt. Z. B. Zement- oder Kalkherstellung, Elektrizitätserzeugung.	**Divisionskalkulation** $\text{Stückkosten} = \frac{\text{Gesamtkosten}}{\text{Gesamtmenge}}$
Sortenfertigung Es werden mehrere Sorten eines Produktes hergestellt. Die Endprodukte weisen dabei bestimmte Größen-, Formen- und Beschaffenheitsunterschiede auf, die mit der gleichen, allerdings zumeist verstellbaren Produktionseinrichtung und dem gleichen Rohmaterial mit unterschiedlichen Zusatzstoffen erreicht werden. Z. B. Autoindustrie, Brauereien.	**Äquivalenzziffernkalkulation** Da die gleichen Rohstoffe verwendet werden, ergeben sich Kostenunterschiede z. B. nur durch unterschiedliche Durchlaufzeiten. Dadurch entstehen feststehende Kostenrelationen, mit deren Hilfe Äquivalenzziffern gebildet werden, mit denen man die einzelnen Sorten in gleichartige Recheneinheiten umwandeln kann. Danach kann dann wiederum die Divisionskalkulation angewandt werden.

4.3.2 Zuschlagskalkulation

4.3.2.1 Aufbau der Zuschlagskalkulation

Werden unterschiedliche Produkte hergestellt – und davon wird im Folgenden ausgegangen – ist eine **individuelle Kostenermittlung** für jedes Produkt bzw. für jede Produktgruppe erforderlich. Diese Form der Kostenträgerstückrechnung bezeichnet man als **Zuschlagskalkulation**. Da bei der Zuschlagsrechnung **alle Kosten,** die bei der Herstellung des Produktes anfallen, in die **Preisberechnung eingehen,** liegt eine **Vollkostenrechnung** vor.

Der **Verfahrensablauf einer Zuschlagskalkulation** ist folgender:

- Die **Einzelkosten** werden aus der Kostenartenrechnung **direkt** den Kostenträgern zugerechnet. Das betrifft im Wesentlichen das Fertigungsmaterial und die Fertigungslöhne.
- Die in der Kostenstellenrechnung erfassten **Gemeinkosten** werden den Kostenträgern **indirekt** über Zuschlagssätze zugeordnet.

Die nachfolgende Abbildung verdeutlicht die Zusammenhänge:

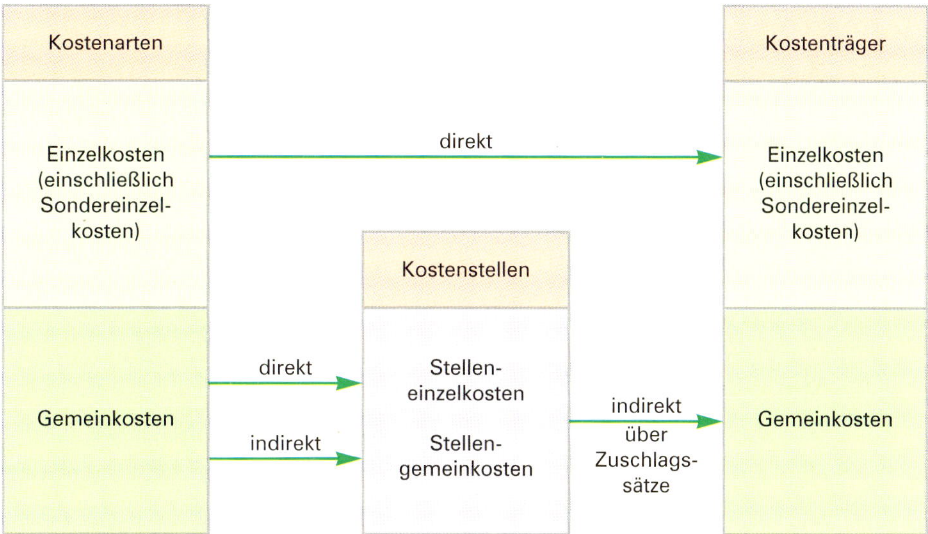

- **Einzelkosten** werden auf der Grundlage der Kostenartenrechnung **direkt** auf die **Kostenträger** verrechnet.
- **Gemeinkosten** werden direkt oder indirekt den Kostenstellen zugeschlagen und mithilfe der dort ermittelten **Zuschlagssätze** auf die **Kostenträger** verrechnet.

4.3.2.2 Anwendung der Zuschlagskalkulation als Angebotskalkulation (Vorkalkulation)

Je nach Bedarf wird die Angebotskalkulation

- als Vorwärtskalkulation,
- als Rückwärtskalkulation oder
- als Differenzkalkulation eingesetzt.

(1) Vorwärtskalkulation

Um einen Verkauf tätigen zu können, ist es in der Praxis oft notwendig, ein Angebot mit einem verbindlichen Angebotspreis abzugeben. Das Unternehmen ist dann gezwungen, vor Beginn der Produktion eine Angebotskalkulation vorzunehmen.

Bei der Angebotskalkulation wird mit **voraussichtlichen Kosten (Normalkosten)** gerechnet. Ausgehend von den Istkosten der Vergangenheit müssen daher alle bis zum Leistungsabschluss zu erwartenden Veränderungen einschließlich eines Risikozuschlags für nicht vorhersehbare Veränderungen einkalkuliert werden.

Normalkosten sind die aus den Istkosten vergangener Perioden abgeleiteten durchschnittlichen Kosten.

Bei der Berechnung der Vorwärtskalkulation werden die Einzel- und Gemeinkosten unterschiedlich ermittelt und eingerechnet:

Zu den Einzelkosten	■ Bei einer Angebotskalkulation kann der **Verbrauch von Fertigungsmaterial** aufgrund von Stücklisten ermittelt werden. Die benötigten Preise ergeben sich aus vorliegenden Preisen der Vergangenheit bzw. derzeitigen Angebotspreisen, wobei die zu erwartenden Preisänderungen zu berücksichtigen sind. ■ Die **Lohnkosten** ergeben sich aufgrund der Fertigungszeiten, bei denen auf Erfahrungen der Vergangenheit bzw. auf vorhandene Zeitvorgaben zurückgegriffen werden kann. Zu erwartende Lohnänderungen sind auch hier zu berücksichtigen.
Zu den Gemeinkosten	Die Gemeinkosten werden über Zuschlagssätze einkalkuliert. Diese werden innerhalb des Betriebsabrechnungsbogens ermittelt. Da man bei einer Angebotskalkulation nicht bis zum Abschluss der laufenden Geschäftsperiode warten kann, wird mit Normalzuschlagssätzen gearbeitet.

Beispiel:

Eine Maschinenfabrik errechnet zur Abgabe eines Angebots für eine Abfüllmaschine den Listenverkaufspreis. Es wird mit folgenden Kosten kalkuliert:

Verbrauch von Fertigungsmaterial	17200,00 EUR	SEKF	1400,00 EUR
Fertigungslöhne	21400,00 EUR	SEKV	890,00 EUR

Normalzuschlagssätze: MGK 9%, FGK 110%, VerwGK 18%, VertrGK 6%.

Bei der Angebotskalkulation der Abfüllmaschine sollen 15 % Gewinn, 7 % Vertreterprovision (vom Zielverkaufspreis), 10 % Kundenrabatt und 2 % Skonto einkalkuliert werden.

Aufgabe:

Berechnen Sie den Listenverkaufspreis (Nettoverkaufspreis)!

Lösung:

Vorwärtskalkulation

	100 %	Materialeinzelkosten	17 200,00 EUR	
	9 %	+ Materialgemeinkosten	1 548,00 EUR	
		Materialkosten		18 748,00 EUR
100 %	←	Fertigungslöhne	21 400,00 EUR	
110 %		+ Fertigungsgemeinkosten	23 540,00 EUR	
		Zwischensumme	44 940,00 EUR	
		+ Sondereinzelkosten der Fertigung (SEKF)	1 400,00 EUR	
		Fertigungskosten		46 340,00 EUR
	100 %	**Herstellkosten**		65 088,00 EUR
	18 %	+ Verwaltungsgemeinkosten	11 715,84 EUR	
	6 %	+ Vertriebsgemeinkosten	3 905,28 EUR	
		+ Sondereinzelkosten des Vertriebs (SEKV)	890,00 EUR	16 511,12 EUR
100 %	←	**Selbstkosten**		81 599,12 EUR
15 %		+ Gewinn		12 239,87 EUR
→	91 %	**Barverkaufspreis**		93 838,99 EUR
	7 %	+ Vertreterprovision		7 218,38 EUR
	2 %	+ Kundenskonto		2 062,40 EUR
90 %	100 %	**Zielverkaufspreis**		103 119,77 EUR
10 %		+ Kundenrabatt		11 457,75 EUR
100 %		**Listenverkaufspreis (Nettoverkaufspreis)**		114 577,52 EUR

Erläuterungen zur Berechnung von Gewinnaufschlag, Kundenskonto, Vertreterprovision und Kundenrabatt

Gewinnaufschlag

Nach der Berechnung der Selbstkosten geht es bei der Angebotskalkulation um den Gewinnaufschlag, der in Prozenten zu den Selbstkosten erfolgt. Da in den Zuschlagssätzen für die Fertigungsgemeinkosten die Eigenkapitalverzinsung, der Unternehmerlohn und die speziellen Risiken des Unternehmers bereits einkalkuliert sind, muss **über den Gewinn** das **allgemeine Unternehmerrisiko** abgedeckt werden.

Eine allgemeine Regel für die Festsetzung der Höhe des Gewinnaufschlags (Gewinnzuschlagssatz) kann man nicht geben. Sofern es sich um Produkte handelt, für die Marktpreise vorliegen, sind dem Unternehmen durch die Konkurrenzsituation enge Grenzen gesetzt. Bei nicht marktgängigen Produkten muss sich das Unternehmen mit Fingerspitzengefühl an den Angebotspreis herantasten, den der Markt hergibt.

Kundenskonto und Vertreterprovision

Die Kunden erwarten im Allgemeinen bei Zahlung innerhalb der Skontofrist einen Preisnachlass. Soll dieser Preisnachlass nicht zulasten des Gewinnes gehen, muss er im Angebotspreis vorher einkalkuliert werden.

Da der Kunde den Skonto vom Zielverkaufspreis berechnet, dieser also aus der Sicht des Kunden 100 % ausmacht, entspricht der Barverkaufspreis aus der Sicht des Anbieters dem verminderten Grundwert (100 % – Prozentsatz des Skontos). Der Skonto muss somit durch eine „im Hundertrechnung" auf den Barverkaufspreis aufgeschlagen werden.

Da auch eine evtl. noch anfallende Vertreterprovision den Gewinn schmälern würde, muss auch diese vorher einkalkuliert werden. Beide Prozentsätze können zusammengefasst werden. Beträgt z.B. die Vertreterprovision 7 % und der Kundenskonto 2 %, entspricht der vorläufige Verkaufspreis 91 %.

Kundenrabatt

Aus den gleichen Gründen muss auch der vom Kunden erwartete Rabatt in den Angebotspreis einkalkuliert werden. Da der Kunde den Rabatt durch eine „vom Hundertrechnung" vom Angebotspreis (Nettoverkaufspreis, Listenverkaufspreis) abzieht, muss der Anbieter ihn durch eine „im Hundertrechnung" aufschlagen. Soll z.B. der Kundenrabatt 10 % betragen, entspricht der Zielverkaufspreis bei der Angebotskalkulation 90 %.

Übungsaufgaben

57 Vorwärtskalkulation

Eine Fensterfabrik soll ein Angebot für die Lieferung eines Fensters bestimmter Größe abgeben. Bei günstigem Angebot wird die Bestellung einer größeren Menge in Aussicht gestellt.

Aufgrund der betrieblichen Unterlagen liegen folgende Kalkulationsdaten vor:

Verbrauch von Fertigungsmaterial 44,30 EUR, Fertigungslöhne 61,25 EUR, Sondereinzelkosten der Fertigung 157,66 EUR. Die Normalzuschlagssätze für die Gemeinkosten betragen: Materialgemeinkosten 6,7 %, Fertigungsgemeinkosten 157,4 %, Verwaltungsgemeinkosten 16,4 %, Vertriebsgemeinkosten 9,8 %. Außerdem sollen einkalkuliert werden: 12,5 % Gewinn, 5 % Kundenrabatt, 3 % Kundenskonto und 8 % Vertreterprovision.

Aufgabe:

Berechnen Sie den Angebotspreis!

58 Vorwärtskalkulation

Zur Herstellung einer Spezialmaschine rechnet ein Industriebetrieb mit folgenden Kosten: Verbrauch von Fertigungsmaterial 8420,00 EUR; Fertigungslöhne 3720,00 EUR. Aus der Kostenstellenrechnung werden die folgenden Zuschlagssätze (Normalzuschlagssätze) entnommen: Materialzuschlag (MGK) 10,5 %, Lohnzuschlag (FGK) 145 %, Verwaltungs- und Vertriebsgemeinkostenzuschlag 13,7 %. Die Sondereinzelkosten der Fertigung betragen 890,00 EUR.

Aufgaben:

1. Berechnen Sie die Selbstkosten!
2. Die Maschine wird unter Einrechnung von 12 % Gewinn, von 15 % Kundenrabatt und 2 % Kundenskonto angeboten.

   Berechnen Sie den Listenverkaufspreis!

59 Berechnung der Zuschlagssätze, Vorwärtskalkulation

Im BAB einer Möbelfabrik wurden für die Kostenstellen folgende Gemeinkosten errechnet:

Material	Fertigung	Verwaltung	Vertrieb
9180,00 EUR	179400,00 EUR	60955,92 EUR	37693,50 EUR

Für den gleichen Zeitraum wurden außerdem folgende Daten ermittelt: Fertigungslöhne 195000,00 EUR, Verbrauch von Fertigungsmaterial 108000,00 EUR, Bestandsmehrung an unfertigen Erzeugnissen 14000,00 EUR, Bestandsminderung an fertigen Erzeugnissen 25000,00 EUR.

Bezugsgrundlage: VerwGK und VertrGK werden auf die Herstellkosten des Umsatzes bezogen.

Aufgaben:

1. Berechnen Sie die Zuschlagssätze für die Gemeinkosten!
2. Ermitteln Sie mit den errechneten Zuschlagssätzen den Listenverkaufspreis für eine Büroanbauwand, wenn mit folgenden Daten gerechnet wird: Fertigungsmaterial 480,00 EUR, Fertigungslöhne 760,00 EUR, SEKF 120,00 EUR, Gewinnzuschlag 20 %, Kundenskonto 3 %, Vertreterprovision 9 %, Kundenrabatt 15 %!

60 Berechnung der Zuschlagssätze, Vorwärtskalkulation

Der BAB einer Lederfabrik enthält für den Monat März folgende Angaben über die Gemeinkosten:

Material	Fertigung	Verwaltung	Vertrieb
42100,50 EUR	785680,00 EUR	224035,00 EUR	173118,00 EUR

An Einzelkosten fallen an:

Verbrauch von Fertigungsmaterial	647700,00 EUR
Fertigungslöhne	561200,00 EUR

Aufgaben:

1. Berechnen Sie die Zuschlagssätze!
2. Ermitteln Sie den Listenverkaufspreis eines Auftrages, für den folgende Angaben vorliegen: Fertigungsmaterial 1040,00 EUR, Fertigungslöhne 35 Stunden zu je 78,50 EUR, Gewinnzuschlag 20 %, Vertreterprovision 5 %, Kundenskonto 2 % und Kundenrabatt 10 %!

(2) Rückwärtskalkulation (retrograde Kalkulation)

Liegt der Listenverkaufspreis aufgrund der gegebenen Markt- bzw. Konkurrenzsituation fest, so eignet sich das Kalkulationsschema in umgekehrter Richtung **von unten nach oben** zur Errechnung der aufwendbaren Materialeinzelkosten **(retrograde Kalkulation; Rückwärtskalkulation).** Dabei werden bei vorgegebenen Kalkulationsbedingungen die Materialeinzelkosten errechnet, die höchstens gezahlt werden dürfen, um den angestrebten Gewinn zu erreichen.

Beispiel:

Aufgrund der Marktsituation muss die Maschinenfabrik Ottmar Zeh OHG eine Schleifmaschine zum Listenverkaufspreis in Höhe von 127 480,00 EUR anbieten. Die Maschinenfabrik muss branchenüblich 10 % Kundenrabatt und 2 % Kundenskonto gewähren. Die einzurechnende Vertreterprovision vom Zielverkaufspreis beläuft sich auf 7 %. Es soll ein Gewinn von 15 % erzielt werden.

Es wird mit folgenden Kosten kalkuliert:

Fertigungslöhne 19 800,00 EUR, SEKF 900,00 EUR, SEKV 940,00 EUR

Zuschlagssätze lt. BAB dieser Abrechnungsperiode:

MGK 8,5 % FGK 108 % VerwGK 19 % VertrGK 6,8 %

Aufgabe:

Ermitteln Sie, wie teuer die Materialeinzelkosten höchstens sein dürfen!

Lösung:[1]

100 %		Materialeinzelkosten	27 038,94 EUR	
8,5 %		– Materialgemeinkosten	2 298,31 EUR	
108,5 %		**Materialkosten**		29 337,25 EUR
	100 %	Fertigungslöhne	19 800,00 EUR	
	108 %	+ Fertigungsgemeinkosten	21 384,00 EUR	
	208 %	Zwischensumme	41 184,00 EUR	
		+ Sondereinzelkosten d. Fertigung	900,00 EUR	
		Fertigungskosten		42 084,00 EUR
100 %		**Herstellkosten**		71 421,25 EUR
19 %		– Verwaltungsgemeinkosten	13 570,04 EUR	
6,8 %		– Vertriebsgemeinkosten	4 856,64 EUR	18 426,68 EUR
125,8 %		Zwischensumme		89 847,93 EUR
		– Sondereinzelkosten des Vertriebs		940,00 EUR
	100 %	**Selbstkosten**		90 787,93 EUR
	15 %	– Gewinn		13 618,19 EUR
91 %	115 %	**Barverkaufspreis**		104 406,12 EUR
7 %		– Vertreterprovision	8 031,24 EUR	
2 %		– Kundenskonto	2 294,64 EUR	10 325,88 EUR
100 %	90 %	**Zielverkaufspreis**		114 732,00 EUR
	10 %	– Kundenrabatt		12 748,00 EUR
	100 %	**Listenverkaufspreis (Nettoverkaufspreis)**		127 480,00 EUR

Rückwärtskalkulation

Ergebnis: Die Materialeinzelkosten dürfen höchstens 27 038,94 EUR betragen.

Allgemeiner Rechenweg:

- Stellen Sie zuerst das Kalkulationsschema von **oben nach unten** auf und tragen Sie die in der Aufgabe vorgegebenen Prozentsätze und EUR-Beträge ein.

1 Die Rechenzeichen verstehen sich aus der Sicht der Rückwärtsrechnung.

- Überlegen Sie bei jedem Rechenschritt, ob es sich bei der Rückwärtsrechnung um eine Rechnung **vom Hundert** (Kundenrabatt, Vertreterprovision, Kundenskonto) oder **auf Hundert** (Gewinn, VerwGK, VertrGK, MGK) handelt.
- **Sonderfall: Berechnung der Fertigungskosten.** Sofern Sondereinzelkosten der Fertigung vorliegen, müssen zunächst die Fertigungskosten in einer Zwischenrechnung im Rahmen einer Vorwärtskalkulation ermittelt (Fertigungslöhne + Fertigungsgemeinkosten = Zwischensumme + Sondereinzelkosten der Fertigung) und von den in der Rückwärtsrechnung ermittelten Herstellkosten subtrahiert werden.
- **Überprüfen** Sie das Ergebnis durch eine **Vorwärtskalkulation.**

Übungsaufgaben

61 Rückwärtskalkulation

Aufgrund der starken Konkurrenz können wir eine Maschine für höchstens 55000,00 EUR verkaufen. Es liegen folgende Kalkulationsdaten vor:

Fertigungslöhne	4800,00 EUR
Sondereinzelkosten des Vertriebs	300,00 EUR
Sondereinzelkosten der Fertigung	500,00 EUR

Kundenskonto	2 %	Verwaltungsgemeinkosten	10 %
Vertriebsgemeinkosten	15 %	Fertigungsgemeinkosten	450 %
Gewinnzuschlag	12,5 %	Kundenrabatt	10 %
Materialgemeinkosten	25 %	Vertreterprovision (vom Zielverkaufspreis)	3 %

Aufgabe:

Berechnen Sie die aufwendbaren Kosten für das Fertigungsmaterial!

62 Rückwärtskalkulation

Eine Druckerei erhält eine Anfrage, ob ein Posten Prospekte zu einem Nettopreis von 15500,00 EUR gedruckt werden kann.

Somit entsteht die Frage, wie viel EUR dürfen die Papierkosten höchstens betragen, wenn folgende Kosten anfallen: Fertigungslöhne 2800,00 EUR, FGK 94 %, MGK 8 %, SEKF 560,00 EUR, VerwGK 18 %, VertrGK 7 %. Der Kunde erwartet einen Nachlass von 2 % Skonto.

Aufgabe:

Berechnen Sie die höchstmöglichen Papierkosten, wenn ein Gewinn von 10 % erwirtschaftet werden soll!

63 Bestimmung der Kosten für das erforderliche Fertigungsmaterial

Der neue Wohnwagen „Family" soll den Händlern zum Listenverkaufspreis von 24450,00 EUR angeboten werden. Die Kalkulationssätze des Wohnwagenherstellers sind: 7 % Materialgemeinkosten, 110 % Fertigungsgemeinkosten, 10 % Verwaltungsgemeinkosten, 6 % Vertriebsgemeinkosten, 9 % Gewinn, 2 % Kundenskonto und 20 % Kundenrabatt. Die anfallenden Fertigungslöhne betragen 4360,00 EUR.

Aufgabe:

Ermitteln Sie die Kosten für das erforderliche Fertigungsmaterial!

(3) Differenzkalkulation

Häufig verhindert es die „Marktlage“, dass das Unternehmen weder die Kosten des Materialeinsatzes noch den Listenverkaufspreis gestalten kann. In diesem Fall muss es das Ziel der Kalkulation sein festzustellen, ob der so erwirtschaftete Gewinn ausreichend ist.

Wird die Höhe des anfallenden Gewinnes errechnet, spricht man von **Differenzkalkulation**.[1] Da sowohl die **Kosten** als auch der **Listenverkaufspreis** festliegen, muss von **beiden** Werten aus mit dem Rechenweg begonnen werden, und zwar einmal als **Vorwärtskalkulation** (von den Materialeinzelkosten bis zu den Selbstkosten) und zum anderen als **Rückwärtskalkulation** (vom Listenverkaufspreis bis zum Barverkaufspreis).

Beispiel:

Bei der Herstellung eines Wäschetrockners fielen 280,00 EUR Materialeinzelkosten und 160,00 EUR Fertigungslöhne an. Es wird mit folgenden Zuschlagssätzen gerechnet: MGK 11 %, FGK 120 %, VerwGK 10,5 %, VertrGK 6 %, SEKV 40,00 EUR.

Aufgabe:

Berechnen Sie, mit welchem Gewinn in EUR und in Prozent der Hersteller rechnen kann, wenn er 12 % Vertreterprovision (vom Zielverkaufspreis), 3 % Kundenskonto und 15 % Kundenrabatt einrechnet und einen Listenverkaufspreis von 1 259,00 EUR ansetzt!

Lösung:

100 %		Materialeinzelkosten	280,00 EUR		**Vorwärtskalkulation**
11 %		+ Materialgemeinkosten	30,80 EUR		
→		**Materialkosten**		310,80 EUR	+
	100 %	Fertigungslöhne	160,00 EUR		
	120 %	+ Fertigungsgemeinkosten	192,00 EUR		
		Fertigungskosten		352,00 EUR	
100 %	←	**Herstellkosten**		662,80 EUR	
10,5 %		+ Verwaltungsgemeinkosten	69,59 EUR		
6 %		+ Vertriebsgemeinkosten	39,77 EUR	109,36 EUR	**Berechnung des Gewinnzuschlagssatzes**
		Zwischensumme		772,16 EUR	
		+ Sondereinzelk. d. Vertriebs (SEKV)		40,00 EUR	
→	100 %	**Selbstkosten**		812,16 EUR	812,16 EUR ≙ 100 %
	x %	– Gewinn		97,47 EUR	97,47 EUR ≙ x %
85 %		**Barverkaufspreis**		909,63 EUR	$x = \frac{100 \cdot 97{,}47}{812{,}16} = 12\ \%$
12 %		– Vertreterprovision	128,42 EUR		
3 %		– Kundenskonto	32,10 EUR	160,52 EUR	
100 %	85 %	**Zielverkaufspreis**		1 070,15 EUR	
	15 %	– Kundenrabatt		188,85 EUR	**Rückwärtskalkulation**
	100 %	**Listenverkaufspreis (Nettoverkaufspreis)**		1 259,00 EUR	–

Ergebnis: Der Hersteller kann mit einem Gewinn von 12 %, das sind 97,47 EUR, rechnen.

1 Die Differenz zwischen Barverkaufspreis und Selbstkosten stellt den Gewinn/Verlust dar. Man spricht daher auch von **Gewinnkalkulation**.

Allgemeiner Rechenweg:

- Stellen Sie zuerst das Kalkulationsschema **von oben nach unten** auf und tragen Sie die in der Aufgabe vorgegebenen Prozentsätze und EUR-Beträge ein!
- Kennzeichnen Sie den Rechenweg durch Pfeile und errechnen Sie stufenweise durch **Vorwärtskalkulation** die **Selbstkosten** bzw. durch **Rückwärtskalkulation** den **Barverkaufspreis**!
- Ermitteln Sie den **Gewinn** als **Differenz zwischen dem Barverkaufspreis und den Selbstkosten!**
- Berechnen Sie anschließend den **Gewinn in Prozent zu den Selbstkosten** (Gewinnzuschlagssatz)!

Übungsaufgaben

64 Differenzkalkulation, Vorwärtskalkulation

Eine Maschinenfabrik kalkuliert eine Fräsmaschine nach folgenden Angaben:

– Verbrauch von Fertigungsmaterial	7 350,00 EUR	– MGK	12 %
– Fertigungslohn 58 Std. zu je	52,00 EUR	– FGK	15 %
– Fremdarbeiten 48 Std. zu je	95,00 EUR	– VerwGK + VertrGK	25 %
– Konstruktionszeichnung	400,00 EUR	– Kundenskonti	3 %
		– Vertreterprovision	5 %

Die Maschinenfabrik verkauft die Fräsmaschine für 24 500,00 EUR netto.

Aufgabe:

Ermitteln Sie den Gewinn in EUR und in Prozent!

65 Vorwärtskalkulation, Angleichung des Angebotspreises an ein Konkurrenzangebot, Berechnung der Selbstkosten

1. Aufgrund der Anfrage der Schreinerei Stuckenberg OHG kalkuliert die Maschinenfabrik Peter GmbH den Angebotspreis für den Schnelltrenn-Säge-Automaten UNI 9 mit folgenden Kalkulationsdaten:

Verbrauch von Fertigungsmaterial:	4 900,00 EUR			
Fertigungslöhne:	1 260,00 EUR			
Gemeinkostenzuschläge:	MGK	8,4 %	VerwGK	11 %
	FGK	106 %	VertrGK	7 %

   Es wird mit 20 % Gewinn, 4 % Vertreterprovision vom Zielverkaufspreis, 2 % Kundenskonto und 15 % Kundenrabatt gerechnet.

   Aufgaben:

   1.1 Berechnen Sie den Angebotspreis!

   1.2 Ein Konkurrenzunternehmen hat ein Angebot von 13 980,00 EUR unterbreitet.
   Ermitteln Sie, wie viel Gewinn in EUR und in Prozent verbleiben, wenn der Angebotspreis der Konkurrenz um 600,00 EUR unterboten werden soll!

2. Ein Fahrradhersteller produziert die Modelle Alpha und Beta. Die Absatzmenge für Produkt Alpha beträgt 500 Stück bei 200,00 EUR Herstellkosten je Stück. Die Absatzmenge für Produkt Beta beträgt 1 500 Stück bei 300,00 EUR Herstellkosten je Stück. Die Produktionskapazität ist damit voll ausgelastet.

   An Verwaltungsgemeinkosten sind insgesamt 71 500,00 EUR angefallen.

   In der Kostenstelle Vertrieb sind insgesamt 55 000,00 EUR Kosten aufgelaufen. Die Kostenstelle Vertrieb ist für beide Produkte tätig. Alle Produkte werden einzeln verkauft. Die Tätig-

13 Speth u.a. - ISBN 978-3-8120-0576-0

keiten im Rahmen der Verwaltungs- und Verkaufsprozesse sind bei beiden Produkten stets die gleichen. Die maximale Kapazität der Vertriebsabteilung beträgt 2500 Verkaufsvorgänge.

Aufgabe:

Berechnen Sie die Selbstkosten je Stück!

Zusammenfassung

Vergleich der Kalkulationsverfahren

Art	Vorwärtskalkulation (Verkaufskalkulation)		Rückwärtskalkulation (retrograde Kalkulation)		Differenzkalkulation	
Zweck	Ermittlung des Verkaufspreises (Angebotspreises)		Ermittlung der höchstmöglichen Kosten für das Fertigungsmaterial		Ermittlung von Gewinn/Gewinnzuschlag bei gegebenem Listenverkaufspreis und gegebenen Einzelkosten	
Rechenweg	Fertigungsmaterial		Fertigungsmaterial		Fertigungsmaterial	
	+ MGK	v. H.	– MGK	a. H.	+ MGK	v. H.
	= **Materialkosten**		= **Materialkosten**		= **Materialkosten**	
	Fertigungslöhne		Fertigungslöhne		Fertigungslöhne	
	+ FGK	v. H.	+ FGK	v. H.	+ FGK	v. H.
	+ Sondereinzelkosten der Fertigung		+ Sondereinzelkosten der Fertigung		+ Sondereinzelkosten der Fertigung	
	= **Fertigungskosten**		= **Fertigungskosten**		= **Fertigungskosten**	
	Herstellkosten		**Herstellkosten**		**Herstellkosten**	
	+ VwGK	v. H.	– VwGK	a. H.	+ VwGK	v. H.
	+ VtGK	v. H.	– VtGK	a. H.	+ VtGK	v. H.
	+ Sondereinzelkosten des Vertriebs		– Sondereinzelkosten des Vertriebs		+ Sondereinzelkosten des Vertriebs	
	= **Selbstkosten**		= **Selbstkosten**		= **Selbstkosten**	
	+ Gewinn	v. H.	– Gewinn	a. H.	+ Gewinn	v. H.
	= **Barverkaufspreis**		= **Barverkaufspreis**		= **Barverkaufspreis**	
	+ Vertreterprovision	i. H.	– Vertreterprovision	v. H.	– Vertreterprovision	v. H.
	+ Kundenskonto	i. H.	– Kundenskonto	v. H.	– Kundenskonto	v. H.
	= **Zielverkaufspreis**		= **Zielverkaufspreis**		= **Zielverkaufspreis**	
	+ Kundenrabatt	i. H.	– Kundenrabatt	v. H.	– Kundenrabatt	v. H.
	= **Listenverkaufspreis** (Nettoverkaufspreis)		= **Listenverkaufspreis** (Nettoverkaufspreis)		= **Listenverkaufspreis** (Nettoverkaufspreis)	

4.3.2.3 Kostenträgerstückrechnung als Nachkalkulation[1] mit Normal- und Istkostenzuschlagssätzen – Kostenüber- und -unterdeckung

In der **Vorkalkulation** konnte nur mit voraussichtlichen Kosten **(Normalkosten)** gerechnet werden. Nach **Fertigstellung des Auftrags** können die tatsächlich angefallenen Kosten **(Istkosten)** ermittelt und den vorkalkulierten Kosten gegenübergestellt werden **(Nachkalkulation)**.

1 Prinzipiell ist es möglich, im Rahmen der Nachkalkulation die Vorwärtskalkulation, die Rückwärtskalkulation und die Differenzkalkulation einzusetzen. Allerdings kommt in der Praxis in aller Regel nur die Differenzkalkulation zum Einsatz, da der Unternehmer insbesondere daran interessiert ist, den tatsächlich erzielten Gewinn zu erfahren.

(1) Beispiel für eine Nachkalkulation

Beispiel:

Die Nachkalkulation für die erstellte Abfüllmaschine (vgl. S. 186f.) ergab folgende Kosten:

Verbrauch von Fertigungsmaterial	17500,00 EUR	SEKF	900,00 EUR
Fertigungslöhne	19800,00 EUR	SEKV	940,00 EUR
Istzuschlagsssätze lt. BAB	MGK 8,5 %	VerwGK	19 %
dieser Abrechnungsperiode:	FGK 108 %	VertrGK	6,8 %

Der in der Angebotskalkulation auf S. 187 ermittelte Listenverkaufspreis in Höhe von 114577,52 EUR ist der verbindliche Angebotspreis.

Aufgabe:

Berechnen Sie den Gewinn und den Gewinnsatz, der an dem abgewickelten Auftrag erwirtschaftet wurde!

Lösung:

	Vorkalkulation			Nachkalkulation		
Materialeinzelkosten		17200,00 EUR			17500,00 EUR	
Materialgemeinkosten	9 %	1548,00 EUR		8,5 %	1487,50 EUR	
Materialkosten			18748,00 EUR			18987,50 EUR
Fertigungslöhne		21400,00 EUR			19800,00 EUR	
Fert.-Gemeinkosten	110 %	23540,00 EUR		108 %	21384,00 EUR	
Sondereinzelkosten der Fertigung (SEKF)		1400,00 EUR			900,00 EUR	
Fertigungskosten			46340,00 EUR			42084,00 EUR
Herstellkosten			65088,00 EUR			61071,50 EUR
Verw.-Gemeinkosten	18 %	11715,84 EUR		19 %	11603,59 EUR	
Vertr.-Gemeinkosten	6 %	3905,28 EUR		6,8 %	4152,86 EUR	
Sondereinzelkosten des Vertriebs (SEKV)		890,00 EUR	16511,12 EUR		940,00 EUR	16696,45 EUR
Selbstkosten			81599,12 EUR			77767,95 EUR
Gewinn	15 %		12239,87 EUR			16071,04 EUR
Barverkaufspreis			93838,99 EUR			93838,99 EUR
Vertreterprovision	7 %		7218,38 EUR			
Kundenskonto	2 %		2062,40 EUR			
Zielverkaufspreis			103119,77 EUR			
Kundenrabatt	10 %		11457,75 EUR			
Listenverkaufspreis (Nettoverkaufspreis)			114577,52 EUR			

Berechnung des Gewinnsatzes:

77767,95 ≙ 100 %
16071,04 ≙ x %

x = 20,67 %

Die **Nachkalkulation** dient zum einen der **Kostenkontrolle** und zum anderen ist sie Anlass, die **Abweichungen** zwischen Vor- und Nachkalkulation zu überprüfen und die Ursachen hierfür zu analysieren.

(2) Ursachen für Kostenabweichungen

Preisabweichungen

Preiserhöhungen (Preissenkungen) bei Werkstoffen bzw. Energie, Gehaltserhöhungen (Rückgang der Gehälter durch Entlassungen) oder Erhöhungen der Versicherungsbeiträge (Rückgang der Versicherungsbeiträge durch Absenken der Versicherungssummen) u.Ä. führen zu einer höheren (niedrigeren) Belastung der Kostenstellen mit Gemeinkosten und damit zu höheren (niedrigeren) Zuschlagssätzen.

Beispiel:

Bei einem Hersteller von Tiefkühlkost erhöhen sich die Strompreise um 5% gegenüber den Normalkosten. Dies führt zu erhöhten Kosten bei der Lagerhaltung der Fertigprodukte und damit zu einer Kostenunterdeckung bei den Vertriebskosten. Eine solche Kostenabweichung hat der Leiter des Vertriebs nicht zu vertreten.

Verbrauchsabweichungen

Es ist nicht immer möglich, geplante Fertigungszeiten bzw. Materialvorgaben einzuhalten. Ein Über- oder Unterschreiten der Planvorgaben führt zu steigenden oder fallenden Gemeinkosten und damit zu schwankenden Zuschlagssätzen.

Beispiel:

Bei Überlastung der Produktion fallen mehr qualitativ mangelhafte Erzeugnisse als gewöhnlich an. Damit erhöhen sich die Fertigungskosten. Es kommt zu einer Kostenunterdeckung. Diese Kostenabweichung hat der Leiter der Fertigung zu vertreten.

Änderung der Ausbringungsmenge (Beschäftigung)

Wird die Produktion z.B. ausgeweitet, so fallen mehr **Einzelkosten** wie Material- oder Lohnkosten an. Einzelkosten sind **variable Kosten.** Hier geht man davon aus, dass sich die Kosten **proportional zur Ausbringungsmenge** verhalten.

Bei den **Gemeinkosten** geht man davon aus, dass sie **variable und fixe Kosten enthalten.** Während die **variablen Kosten** bei einer Erhöhung der Ausbringungsmenge **proportional ansteigen,** bleibt der **Fixkostenanteil der Gemeinkosten unverändert.** Die Folge ist, die Gemeinkosten **steigen unterproportional** bei einer **Ausweitung der Ausbringungsmenge** (die fixen Kosten verteilen sich auf eine größere Menge) und **steigen überproportional** bei einem **Rückgang der Ausbringungsmenge** (die fixen Kosten verteilen sich auf eine geringere Menge).

Beispiel:

Bei einem Industriebetrieb betragen die Fertigungslöhne 45000,00 EUR bei einer Produktion von 1500 Stanzteilen. An Fertigungsgemeinkosten fallen 24000,00 EUR an (18000,00 EUR fix, 6000,00 EUR variabel).

Durch einen Großauftrag erhöht sich die Ausbringungsmenge im Folgemonat auf 2800 Stanzteile. Der Großauftrag wird mit dem bisher verwendeten Normal-FGK-Zuschlagssatz kalkuliert.

Aufgaben:

1. Berechnen Sie den bei der Produktion von 1500 Stanzteilen verwendeten Normal-FGK-Zuschlagsatz!
2. Berechnen Sie den bei der Produktion von 2800 Stanzteilen tatsächlich anfallenden FGK-Zuschlagssatz!
3. Berechnen Sie die Kostenabweichung bei Berücksichtigung der Fixkostendegression!

Zu 1.: Berechnung des Normal-FGK-Zuschlagssatzes

$$\text{Normal-FGK-Zuschlagssatz} = \frac{24\,000 \cdot 100}{45\,000} = \underline{\underline{53{,}33\,\%}}$$

Zu 2.: Berechnung des tatsächlichen FGK-Zuschlagssatzes bei 2800 Stanzteilen

FGK fix	=	18 000,00 EUR
FGK variabel 2 800 Stück · 4,00 EUR/Stück	=	11 200,00 EUR
Fertigungsgemeinkosten	=	29 200,00 EUR

$$\text{FGK-Zuschlagssatz} = \frac{29\,200 \cdot 100}{84\,000} = \underline{\underline{34{,}76\,\%}}$$

Ergebnis: Mit zunehmender Ausbringungsmenge sinkt der FGK-Zuschlagssatz. Wird die erhöhte Ausbringungsmenge mit dem Normal-FGK-Zuschlagssatz kalkuliert, entsteht eine Kostenüberdeckung.

Zu 3.: Höhe der Kostenabweichung bei Berücksichtigung der Fixkostendegression

	Fertigungslöhne	84 000,00 EUR	
+	53,33 % Normal-FGK	44 797,20 EUR	
=	Fertigungsgemeinkosten		128 797,20 EUR
–	Fertigungslöhne	84 000,00 EUR	
+	34,76 % Tatsächlicher FGK	29 198,40 EUR	
=	Fertigungsgemeinkosten		113 198,40 EUR
=	Kostenabweichung (Kostenüberdeckung)		15 598,80 EUR

Die beispielhaft für die Fertigungsgemeinkosten dargestellte Entwicklung der Gemeinkosten bei einer Änderung der Ausbringungsmenge gilt in gleicher Weise für die übrigen Gemeinkosten.

- Ändert sich die Ausbringungsmenge, so kommt es bei der Zuschlagskalkulation zu **Abweichungen** bei den **Zuschlagssätzen für die Gemeinkosten.**
- **Ursache der Abweichungen** ist der **Fixkostenanteil in den Gemeinkosten,** da bei der Zuschlagskalkulation unterstellt wird, dass sich auch die fixen Kosten proportional zu den Einzelkosten ändern. Fixkosten bleiben jedoch konstant.

Übungsaufgaben

66 Vor- und Nachkalkulation, tatsächlich erzielter Gewinn

Erstellen Sie zur Aufgabe 57, S. 188, eine Nachkalkulation!

Nach Fertigstellung des Auftrages und der Ermittlung der Istzuschlagssätze aufgrund des erstellten BABs ergaben sich folgende Werte: Verbrauch von Fertigungsmaterial 56,30 EUR, Fertigungslöhne 65,20 EUR, Sondereinzelkosten der Fertigung 162,68 EUR. Die Istzuschlagssätze für die Gemeinkosten betrugen: MGK 6,9 %, FGK 149,5 %, VerwGK 17,4 %, VertrGK 9,5 %.

Aufgabe:

Stellen Sie bei einem unveränderten Angebotspreis den tatsächlichen Gewinn in EUR und in Prozent fest!

67 Vor- und Nachkalkulation, tatsächlich erzielter Gewinn, Handeln bei Preiskonkurrenz

1. Für die Ermittlung des Angebotspreises für einen Kühlschrank liegen bei der Frost GmbH folgende Kalkulationsunterlagen vor:

   Verbrauch von Fertigungsmaterial 275,80 EUR, Fertigungslöhne 330,40 EUR, Normalzuschlagssätze für MGK 35 %, FGK 85 %, VerwGK 20 %, VertrGK 18 %. Der Gewinnaufschlag wird mit 25 % angesetzt. Außerdem sollen noch 10 % Rabatt und 2 % Skonto einkalkuliert werden.

   Aufgabe:

   Ermitteln Sie den Angebotspreis!

2. Erstellen Sie die Nachkalkulation!

   An Istkosten fielen an: Verbrauch von Fertigungsmaterial 260,75 EUR, Fertigungslöhne 310,80 EUR. Die Istzuschlagssätze für die Gemeinkosten betrugen: MGK 32,5 %, FGK 79,5 %, VerwGK 21,5 %, VertrGK 17,2 %.

   Aufgaben:

   2.1 Ermitteln Sie den Gewinn in EUR und in Prozent, wenn sich der Angebotspreis nicht verändert!

   2.2 Berechnen Sie, auf welchen Betrag der Listenverkaufspreis (Nettoverkaufspreis) bei sonst gleichbleibenden Kalkulationsgrundlagen im Falle einer starken Preiskonkurrenz notfalls herabgesetzt werden könnte!

68 Vor- und Nachkalkulation, tatsächlich erzielter Gewinn

Erstellen Sie zur Aufgabe 58, S. 188, eine Nachkalkulation! Die Istkostenrechnung ergab folgende Kalkulationsdaten:

Verbrauch von Fertigungsmaterial 8720,00 EUR; Fertigungslöhne 3165,00 EUR; Istzuschlagssätze: MGK 10,4 %, FGK 151 %; VerwGK/VertrGK 14,9 %. Die Sondereinzelkosten der Fertigung betrugen 795,00 EUR. Kundenrabatt und Kundenskonto wurden mit den angegebenen Prozentsätzen gewährt. Der Listenverkaufspreis betrug 29517,06 EUR.

Aufgabe:

Berechnen Sie den Gewinn in EUR und in Prozent, der tatsächlich erzielt wurde!

69 Berechnung der Istzuschlagssätze, Nachkalkulation

Erstellen Sie zur Aufgabe 59, S. 189, eine Nachkalkulation! Die Istkostenrechnung ergab folgende Kalkulationsdaten:

Gemeinkosten	Material	Fertigung	Verwaltung	Vertrieb
Istgemeinkosten	9936,00 EUR	181935,00 EUR	56910,00 EUR	36929,00 EUR

Die Einzelkosten und die Bestandsveränderungen bleiben unverändert.

Aufgaben:

1. Berechnen Sie die Istzuschlagssätze für die Gemeinkosten!
2. Führen Sie mit den errechneten Istzuschlagssätzen für die Büroanbauwand eine Nachkalkulation durch! Die übrigen Kalkulationsdaten bleiben unverändert. Es wurde ein Barverkaufspreis von 3021,48 EUR erzielt.

   Ermitteln Sie, ob der in der Vorkalkulation eingerechnete Gewinn erzielt wurde!

70 Vor- und Nachkalkulation, Kostenabweichungen, Ursachen der Kostenabweichungen

Eine Möbelfabrik stellt für die Ausstattung von zwei Büroräumen folgende Kalkulationsgrundlagen fest:

Verbrauch von Fertigungsmaterial:		9400,00 EUR		
Fertigungslöhne:		16200,00 EUR		
Normal-Gemeinkostenzuschläge:	MGK	12,4 %	VerwGK	6 %
	FGK	104 %	VertrGK	8 %

Es wird mit 18 % Gewinn und 2 % Kundenskonto gerechnet.

Aufgaben:

1. Berechnen Sie den Angebotspreis!

2. Ein Konkurrenzunternehmen hat ein Angebot von 58866,35 EUR unterbreitet.

   Ermitteln Sie den Gewinn sowie den Gewinnsatz, wenn der Angebotspreis der Konkurrenz um 800,00 EUR unterboten werden soll!

3. Überprüfen Sie die kalkulierten Normalselbstkosten für die Ausstattung der Büroräume durch Nachkalkulation mit Istzuschlagssätzen, wenn der aktuelle BAB folgende Istgemeinkosten aufweist:

Istgemeinkosten	Kostenstellen			
	I Material	II Fertigung	III Verwaltung	IV Vertrieb
Summe der Gemeinkosten	83800,00	589260,00	133620,00	163730,00

   Gesamter Verbrauch an Fertigungsmaterial: 647700,00 EUR
   Gesamte Fertigungslöhne: 561200,00 EUR

   3.1 Berechnen Sie die Istzuschlagssätze!

   3.2 Ermitteln Sie die Istselbstkosten und vergleichen Sie das Ergebnis von Angebots- und Nachkalkulation!

4. 4.1 Die Geschäftsleitung stellt fest, dass die tatsächlichen Kosten höher liegen als der kalkulierte Angebotspreis. Erläutern Sie zwei Ursachen von Kostenabweichungen, für die der jeweilige Kostenstellenleiter die Verantwortung übernehmen muss!

   4.2 Die Geschäftsleitung informiert sich beim Leiter der Kostenstelle Verwaltung, warum die Ist-Verwaltungskosten über den geplanten Verwaltungsgemeinkosten liegen.

   Der Leiter der Kostenstelle Verwaltung weist darauf hin, dass der Normal- und der Ist-Gemeinkostenzuschlagssatz gleich hoch sind. Deswegen habe er die vorliegende Kostenabweichung in der Kostenstelle Verwaltung nicht zu vertreten.

   Beurteilen Sie, ob die Aussage des Kostenstellenleiters zutreffend ist!

   4.3 Die Kostenstelle Material weist ebenfalls eine Kostenunterdeckung auf. Erläutern Sie zwei Ursachen von Kostenabweichungen, für die der Leiter der Kostenstelle keine Verantwortung übernehmen muss!

5. Die Auftragslage der Möbelfabrik ist stark ansteigend. Erläutern Sie die Auswirkungen einer ansteigenden Beschäftigung auf die Zuschlagskalkulation!

71 Bestimmung der Kosten für das Fertigungsmaterial

Die Werkzeugfabrik WEGA AG hat im Produktprogramm die Akku Schlagbohrmaschine 18 V im Programm. Aufgrund des hohen Wettbewerbsdrucks durch die fernöstliche Konkurrenz soll die Schlagbohrmaschine zum Listenverkaufspreis von 671,41 EUR angeboten werden. Aus diesem Grund dürfen die gesamten Fertigungskosten höchstens 293,50 EUR betragen. Die Kosten für das Fertigungsmaterial betragen derzeit 118,70 EUR. Die Kostenrechnungsabteilung wird beauftragt, sicherzustellen, dass trotz des niedrigen Listenverkaufspreises ein gewünschter Gewinnzuschlagssatz von 19 % erzielt werden kann.

Die WEGA AG rechnet mit folgenden Kalkulationsdaten (Normalkosten): VerwGK 4,8 %, VertrGK 2,2 %, MGK 15 %, SEKV 4,52 EUR, Kundenskonto 3 %, Kundenrabatt 17 %.

Aufgaben:

1. Berechnen Sie den Prozentsatz, um den das Fertigungsmaterial günstiger bezogen werden muss, damit der angestrebte Gewinn erreicht werden kann!
2. Die am Quartalsende ermittelten Istkosten ergeben folgende Kalkulationsdaten: MGK 18 %, Fertigungskosten 295,10 EUR, VerwGK 6,5 %, VertrGK 2,8 %, Sondereinzelkosten des Vertriebs 5,29 EUR. Beurteilen Sie das Ergebnis aus Aufgabe 1 unter Beachtung der beschriebenen Kostenentwicklung!

72 Berechnung der Fertigungsgemeinkosten und des Fertigungsgemeinkostenzuschlagssatzes

Die Electronic Düsseldorf GmbH hat u.a. das Wireless Alarmsystem WS-100 im Programm. Im Monat April fallen Fertigungslöhne in Höhe von 9400,00 EUR und Fertigungsgemeinkosten in Höhe von 10 340,00 EUR (Fixkostenanteil 65 %) an.

Im Mai werden alle Aufträge mit dem Fertigungsgemeinkostenzuschlagssatz des Monats April kalkuliert. Es kommt wegen Betriebsferien zu einem Beschäftigungsrückgang von 30 %.

Aufgaben:

1. Berechnen Sie die Höhe der Kostenabweichung für den Monat Mai!
2. Ermitteln Sie den Ist-FGK-Zuschlagssatz für den Monat Mai!

4.3.2.4 Zuschlagskalkulation mit Maschinenstundensätzen

(1) Grundlagen zur Berechnung von Maschinenstundensätzen

Durch die fortschreitende Mechanisierung der Betriebe gewinnt die Maschinenstundensatzkalkulation immer größere Bedeutung. In dem Maße wie Personal immer mehr durch Maschinen ersetzt wird, vergrößert sich der Anteil der maschinenabhängigen Gemeinkosten gegenüber den lohnabhängigen Gemeinkosten. Daher ist es im Sinne einer genaueren Kalkulation erforderlich, die **Fertigungsgemeinkosten** in die **maschinenabhängigen** und in die **lohnabhängigen Fertigungsgemeinkosten (Rest-Fertigungsgemeinkosten)** aufzuteilen.

Für die **maschinenabhängigen Fertigungsgemeinkosten** werden die **Maschinenlaufzeiten** als Bezugsgrundlage gewählt, für die **lohnabhängigen Rest-Fertigungsgemeinkosten** wie bisher die **Fertigungslöhne**.

Fertigungsgemeinkosten

Maschinenabhängige Fertigungsgemeinkosten	**Lohnabhängige Fertigungsgemeinkosten (Rest-Fertigungsgemeinkosten)**
■ kalk. Abschreibungen je Maschine ■ kalk. Zinsen für das in die Maschine investierte Kapital ■ Energiekosten der Maschine ■ Instandhaltungskosten (einschließlich Werkzeugkosten) je Maschine ■ Raumkosten der Maschine	■ Gehälter ■ Hilfslöhne ■ soziale Kosten
Zuschlagsgrundlage: Maschinenlaufzeit	**Zuschlagsgrundlage: Fertigungslöhne**

Sind in einem Betrieb **unterschiedlich teure Maschinen** vorhanden, die bei der Herstellung der einzelnen Erzeugnisse aufgrund der verschiedenartigen Produktionsverfahren **unterschiedlich lange beansprucht** werden, so ist es erforderlich, die Maschinenkosten für **jede Maschine bzw. Maschinenart** gesondert zu erfassen.

Werden die anfallenden maschinenabhängigen Gemeinkosten auf die Maschinenlaufzeit bezogen, so erhält man den **Maschinenstundensatz**.

(2) Berechnung von Maschinenstundensätzen

Der erste Schritt bei der Berechnung der Maschinenstundensätze besteht in der Ermittlung der effektiv für die Produktion der Erzeugnisse angefallenen Maschinenlaufzeit.

Maximale Laufzeit	Ausfallzeit
	Effektive Laufzeiten

Beispiel:

Für die Maschinen in einem Industriebetrieb mit 37,5-Stunden-Woche und 7,5 Stunden täglicher Arbeitszeit fallen im laufenden Jahr Stillstandszeiten durch 14 Feiertage, 22 Urlaubstage, 6 Krankheitstage sowie 35 Ausfallstunden für Instandhaltung an.

Aufgabe:

Berechnen Sie die effektive Maschinenlaufzeit!

Lösung:

	Maximal mögliche Maschinenlaufzeit (52 Wochen zu 37,5 Stunden)		1950 Std.
–	Instandhaltungszeit		35 Std.
–	Stillstandszeiten	14 Feiertage zu 7,5 Stunden	105 Std.
		22 Urlaubstage zu 7,5 Stunden	165 Std.
		6 Krankheitstage zu 7,5 Stunden	45 Std.
=	effektive Maschinenlaufzeit im laufenden Jahr		1600 Std.

Im zweiten Schritt werden zunächst die maschinenabhängigen Gemeinkosten durch die Laufzeit der Maschine/Periode dividiert. Durch die anschließende Addition der einzelnen Gemeinkosten je Maschinenstunde erhält man dann den Maschinenstundensatz.

Beispiel:

Die Anschaffungskosten der Beschichtungsmaschine belaufen sich auf 214500,00 EUR. Es wird von Wiederbeschaffungskosten in Höhe von 234000,00 EUR ausgegangen. Die Nutzungsdauer wird mit 13 Jahren angesetzt. Die jährliche Maschinenlaufzeit beträgt 1600 Stunden. Kalkulatorisch wird nach der linearen Abschreibungsmethode abgeschrieben. Es wird mit einem kalkulatorischen Zinssatz von 8% gerechnet. Für die Gesamtnutzungsdauer der Maschine werden die Instandhaltungskosten auf 62400,00 EUR geschätzt. Der Raumkostensatz beträgt pro Jahr und m^2 212,00 EUR. Die Maschine hat einen Raumbedarf von 24,50 m^2. Der Strombedarf der Maschine beträgt 45 kWh, der Strompreis 0,15 EUR je kWh.

Aufgabe:

Berechnen Sie den Maschinenstundensatz der Beschichtungsmaschine!

Lösung:

Abschreibungen je Maschinenstunde:

Für die Berechnung der Abschreibung wird die kalkulatorische Abschreibung herangezogen. Berechnungsgrundlage sind die Wiederbeschaffungskosten.

$$\text{Abschreibungsbetrag je Maschinenstunde} = \frac{234000}{13 \cdot 1600} = \underline{\underline{11{,}25 \text{ EUR}}}$$

$$\begin{array}{l}\text{Abschreibungsbetrag}\\ \text{je Maschinenstunde}\end{array} = \frac{\text{Wiederbeschaffungskosten}}{\text{Nutzungsdauer} \cdot \text{Laufzeit/Jahr}}$$

Zinskosten je Maschinenstunde:

Üblicherweise wird für die Berechnung der kalkulatorischen Zinsen das Durchschnittsverfahren benutzt, d. h., bei der Berechnung der jährlichen Zinsen wird jeweils von den halben Anschaffungskosten[1] ausgegangen.

$$\text{Zinskosten je Maschinenstunde} = \frac{214500 \cdot 8}{2 \cdot 100 \cdot 1600} = \underline{\underline{5{,}36 \text{ EUR}}}$$

$$\begin{array}{l}\text{Zinskosten}\\ \text{je Maschinenstunde}\end{array} = \frac{{}^1/_2 \text{ Anschaffungskosten} \cdot \text{kalk. Zinssatz}}{100 \cdot \text{Laufzeit/Jahr}}$$

Instandhaltungskosten je Maschinenstunde:

Die auf eine Maschine entfallenden Instandhaltungskosten (Reparaturen, Werkzeuge, Wartung) sind nicht exakt voraussehbar. Man muss daher auf die Angaben des Herstellers oder auf Erfahrungswerte der Vergangenheit zurückgreifen.

$$\text{Instandhaltungskosten je Maschinenstunde} = \frac{62400}{13 \cdot 1600} = \underline{\underline{3{,}00 \text{ EUR}}}$$

$$\begin{array}{l}\text{Instandhaltungskosten}\\ \text{je Maschinenstunde}\end{array} = \frac{\text{gesamte Instandhaltungskosten}}{\text{Nutzungsdauer} \cdot \text{Laufzeit/Jahr}}$$

1 Statt der Anschaffungskosten können auch die Wiederbeschaffungskosten angesetzt werden.

Raumkosten je Maschinenstunde:

Die Raumkosten einer Maschine sind abhängig vom Raumbedarf und vom Raumkostensatz.

- Der **Raumbedarf** einer Maschine (gemessen in m^2) umfasst die Grundfläche der Maschine, Bedienungsflächen sowie die Abstellfläche für die Werkstücke.
- Im **Raumkostensatz** werden die anteiligen Abschreibungen, Zinsen, Instandhaltungskosten für Gebäude, ferner die anteiligen Heizungs-, Licht-, Klimatisierungs- und Versicherungskosten sowie die anteiligen personellen Kosten erfasst.

$$\text{Raumkosten je Maschinenstunde} = \frac{24{,}50 \cdot 212{,}00}{1600} = \underline{\underline{3{,}25 \text{ EUR}}}$$

$$\text{Raumkosten je Maschinenstunde} = \frac{\text{Raumbedarf je Maschine} \cdot \text{Raumkostensatz je Maschine}}{\text{Laufzeit/Jahr}}$$

Energiekosten je Maschinenstunde:

Der Energieverbrauch einer Maschine ist je nach Energieart in Litern/Stunde (z.B. Diesel, Benzin), in m^3/Stunde (z.B. Gas, Dampf) oder in kWh (Strom) anzugeben. Der durchschnittliche Energieverbrauch wird vom Hersteller der Maschine in aller Regel in der Betriebsanleitung ausgewiesen. Allerdings ist in der Praxis davon auszugehen, dass der tatsächliche Energieverbrauch nicht mit 100% anzusetzen ist, da eine Maschine im Durchschnitt nicht mit der vollen Leistungsfähigkeit belastet wird.

Bei der Berechnung der Energiekosten geht man von der Annahme (Fiktion) aus, dass sich die Energiekosten proportional zu der tatsächlichen Leistungsaufnahme verhalten.

Energiekosten je Maschinenstunde[1] $= 45 \cdot 0{,}15 = \underline{\underline{6{,}75 \text{ EUR}}}$

(3) Ermittlung des Maschinenstundensatzes

Der **Maschinenstundensatz** ergibt sich aus der Addition der einzelnen maschinenabhängigen Kosten je Stunde.

Maschinenstundensatz: $11{,}25 + 5{,}36 + 3{,}00 + 3{,}25 + 6{,}75 = \underline{\underline{29{,}61 \text{ EUR}}}$

Übungsaufgabe

73 Berechnung der Maschinenkosten

1. Die Kosten- und Leistungsrechnung einer Metallwarenfabrik weist für die Maschinengruppe Formpresse folgende Daten aus:

   Das Unternehmen arbeitet mit 8 gleichartigen Formpressen. Die Anschaffungskosten einer Formpresse betragen 32600,00 EUR. Die jährliche Arbeitszeit in der Abteilung beträgt 240 Tage, die tägliche Arbeitszeit $8\,^1/_2$ Stunden. An Ausfallzeit (Leerstunden) sind für die Abteilung 220 Arbeitsstunden anzusetzen.

   Die kalkulatorische Nutzungsdauer[2] beträgt 8 Jahre. Die Wiederbeschaffungskosten je Maschine werden mit 36400,00 EUR angesetzt. Kalkulatorisch wird linear abgeschrieben.

   Als Zinssatz für das in die Maschinen investierte Kapital sind 7,5% von den halben Anschaffungskosten zu veranschlagen.

1 Eine allgemeine Formel zur Berechnung der Energiekosten je Maschinenstunde kann nicht angeboten werden.
2 Das ist die erwartete Nutzungsdauer, mit der das Unternehmen kalkuliert.

Für die Instandhaltung aller Formpressen sind jährlich 48594,00 EUR zu berücksichtigen.

Der Raumbedarf je Formpresse beträgt 32 m². Als Raumkostensatz werden je m² 164,00 EUR pro Jahr angesetzt.

Der Strombedarf für eine Formpresse beträgt 72 kWh, der Strompreis 0,16 EUR je kWh.

Aufgabe:

Berechnen Sie den Maschinenstundensatz!

2. In einer Möbelfabrik sind drei Maschinengruppen vorhanden.

Maschinen-gruppe	Anzahl	Wiederbeschaf-fungskosten/Stück	Nutzungsdauer in Jahren	kWh-Verbrauch	m²-Be-darf
Sägemaschine	10	42000,00 EUR	8	12	24
Schleifmaschine	8	28000,00 EUR	10	14	16
Hobelmaschine	14	56000,00 EUR	12	16	26

Der Quartals-BAB weist folgende Gemeinkosten aus:

Kostenstelle Werkstattgebäude (4200 m²) 37800,00 EUR
Kostenstelle Heizung (beheizte Fläche 3700 m²) 13320,00 EUR

Die kalkulatorischen Zinsen betragen 9%. Sie werden von den halben Wiederbeschaffungskosten berechnet. Die gesamten (geschätzten) Instandhaltungskosten belaufen sich bei der Maschinengruppe Sägemaschine auf 20%, bei der Maschinengruppe Schleifmaschine auf 25% und bei der Maschinengruppe Hobelmaschine auf 30% der Wiederbeschaffungskosten. Es wird die lineare Abschreibungsmethode verwendet.

Der Strompreis beträgt 0,16 EUR je kWh.

Aufgaben:

2.1 Berechnen Sie die Maschinenstundensätze, wenn jährlich je Maschine 2400 Laufstunden anfallen!

2.2 Berechnen Sie die montlichen Maschinenkosten, wenn alle Maschinen je Monat 200 Betriebsstunden gelaufen sind!

(4) Behandlung der Rest-Fertigungsgemeinkosten

Im Rahmen des BAB werden die Gemeinkosten der Fertigung aufgeteilt in maschinenabhängige Gemeinkosten und in lohnabhängige Rest-Fertigungsgemeinkosten. Als Bezugsgrundlage für die maschinenabhängigen Fertigungsgemeinkosten werden die Maschinenlaufzeiten gewählt, für die lohnabhängigen Rest-Fertigungsgemeinkosten die Fertigungslöhne.

Bei der Anwendung der Zuschlagskalkulation mit Maschinenstundensätzen ändert sich z. B. die Kostenstelle Fertigung im BAB wie folgt:

Fertigung					
Gemein-kosten	Maschinenabhängige Gemeinkosten			Lohnabhängige Gemeinkosten (Rest-Fertigungsgemeinkosten)	
	Maschine I	Maschine II	Maschine III		
Summe der Gemeinkosten	13632,00 EUR	14892,00 EUR	7728,00 EUR		21981,60 EUR
effektive Laufzeit	160 Std.	120 Std.	140 Std.	Fertigungs-löhne	28400,00 EUR
Maschinen-Std.-Satz	85,20 EUR	124,10 EUR	55,20 EUR	Rest-FGK-Satz	77,4%

- $\text{Maschinenstundensatz} = \dfrac{\text{maschinenabhängige Gemeinkosten}}{\text{effektive Maschinenlaufzeit}}$
- $\text{Rest-Fertigungsgemeinkostensatz} = \dfrac{\text{Rest-FGK} \cdot 100}{\text{Fertigungslöhne}}$

Übungsaufgabe

74 Berechnung Maschinenstundensatz, Maschinenkosten und Rest-Fertigungsgemeinkostensatz

Die Zinngießerei Clemens Altaner GmbH möchte ihre Kosten genauer erfassen und deshalb den BAB in Maschinenkosten und Rest-Fertigungsgemeinkosten aufgliedern. Die Kosten- und Leistungsrechnung weist bisher folgende Daten auf:

Ausschnitt aus dem BAB:

Kostenarten	Fertigung		
	Summe der Gemeinkosten	Maschinenkosten	Rest-Fertigungsgemeinkosten
Hilfsstoffe	571800,00		
Betriebsstoffe	223400,00		
Energiekosten	114980,00	______	
Personalkosten	739545,00		
Instandhaltungskosten	268820,00	______	
Betriebssteuern	96300,00		
Raumkosten	77245,30	______	
Abschreibungen	1591885,12	______	
Zinsen	81140,00	______	

Maschinenbestand (gleiche Kostenstruktur)	Wiederbeschaffungskosten je Maschine	Nutzungsdauer	Raumbedarf in m² je Maschine	Strombedarf in kWh je Maschine
12	62000,00	8	30	18

Die jährliche Arbeitszeit beträgt 260 Tage, die tägliche Arbeitszeit 8 Stunden. An Leerstunden sind monatlich 8 Arbeitsstunden anzusetzen.

Der Zinssatz für das investierte Kapital beläuft sich auf 7,5%. Die Anschaffungskosten je Maschine betragen 60500,00 EUR.

Die jährlichen Instandhaltungskosten betragen 4600,00 EUR je Maschine (Schätzung).

Es wird kalkulatorisch nach der linearen Abschreibungsmethode abgeschrieben.

Der Raumkostensatz je m^2 beträgt 99,20 EUR jährlich. Der Strompreis beträgt 0,19 EUR je kWh.

Aufgaben:

1. Berechnen Sie den Maschinenstundensatz je Maschine!
2. Übertragen Sie den BAB in Ihr Übungsheft. Berechnen Sie die Maschinenkosten und die Rest-Fertigungsgemeinkosten und tragen Sie die Beträge in den BAB ein! Dabei wird vorausgesetzt, dass sämtliche Maschinen die Sollleistung erbracht haben.
3. Berechnen Sie den Rest-Fertigungsgemeinkostensatz, wenn 4114506,00 EUR an Fertigungslöhnen angefallen sind!

(5) Kalkulation mit Maschinenstundensätzen

Beispiel:

Für einen Auftrag, bei dem nach den auf S. 204 ermittelten Maschinenstundensätzen nur Maschine I und Maschine II zum Einsatz kommen, ist der Selbstkostenpreis aufgrund folgender Angaben zu berechnen:

Verbrauch von Fertigungsmaterial	1 210,00 EUR	Maschine I	3 Std. zu je	85,20 EUR
Fertigungslöhne	820,00 EUR	Maschine II	2 Std. zu je	124,10 EUR

Die Zuschlagssätze betragen:	MGK	8 %	VerwGK	12 %
	Rest-FGK	77,4 %	VertrGK	8 %

Aufgabe:

Berechnen Sie die geplanten Selbstkosten des Auftrags!

Lösung:

Materialeinzelkosten	1 210,00 EUR	
8 % Materialgemeinkosten	96,80 EUR	
Materialkosten		1 306,80 EUR
Fertigungslöhne	820,00 EUR	
77,4 % Rest-FGK	634,68 EUR	
Maschine I: 3 Std. · 85,20 EUR/Std.	255,60 EUR	
Maschine II: 2 Std. · 124,10 EUR/Std.	248,20 EUR	
Fertigungskosten		1 958,48 EUR
Herstellkosten		3 265,28 EUR
12 % Verwaltungsgemeinkosten		391,83 EUR
8 % Vertriebsgemeinkosten		261,22 EUR
Selbstkosten		3 918,33 EUR

Übungsaufgaben

75 Berechnung der Gemeinkostenzuschlagssätze und der Maschinenstundensätze, Vorwärtskalkulation mit Maschinenstundensatz, Beispiele für Maschinenkosten

1. Der BAB eines Industriebetriebs weist folgende Zahlen aus:

Material	Fertigung				Verwaltung	Vertrieb
	Maschine A	Maschine B	Maschine C	Rest-FGK		
75 000,00 EUR	320 000,00 EUR	400 000,00 EUR	500 000,00 EUR	396 000,00 EUR	201 476,00 EUR	323 422,00 EUR

Verbrauch von Fertigungsmaterial:	600 000,00 EUR
Fertigungslöhne:	360 000,00 EUR

Die Laufzeit der einzelnen Maschinen beträgt:
Maschine A: 1 600 Std., Maschine B: 5 000 Std., Maschine C: 4 000 Std.

Aufgaben:

1.1 Berechnen Sie die Gemeinkostenzuschlagssätze und die Maschinenstundensätze!
Anmerkung: Die Rest-Fertigungsgemeinkosten sind auf die Fertigungslöhne, die Verwaltungs- und die Vertriebsgemeinkosten sind auf die Herstellkosten der Rechnungsperiode zu beziehen.

1.2 Für die Herstellung eines Produkts kalkuliert der Industriebetrieb zusätzlich mit folgenden Daten: Fertigungsmaterial 210,00 EUR, Fertigungslöhne 170,00 EUR, Beanspruchung von Maschine A 12 Min., Maschine B 9 Min. und Maschine C 18 Min. Des Weiteren werden eingerechnet: 25 % Gewinn, 12 % Vertreterprovision, 3 % Kundenskonto und 20 % Kundenrabatt.

Ermitteln Sie den Listenverkaufspreis!

1.3 Nennen Sie Kostenarten, die zu den maschinenabhängigen Kosten zu rechnen sind und geben Sie an, wie aus diesen der Maschinenstundensatz errechnet wird!

1.4 Erklären Sie, welche Folgen sich aus der Anwendung der Maschinenstundensatzrechnung für den Aufbau des BABs ergeben!

1.5 Erläutern Sie, wodurch sich die Herstellkosten der Rechnungsperiode von den Herstellkosten des Umsatzes unterscheiden!

2. Die Metall-Design Richter GmbH richtet nach Anschaffung einer neuen Multifunktionsmaschine eine zusätzliche Kostenstelle für die Fertigung ein.

Aufgabe:

Ermitteln Sie den Maschinenstundensatz für die Multifunktionsmaschine aufgrund folgender Angaben: Wiederbeschaffungskosten 600000,00 EUR, betriebliche Nutzungsdauer 10 Jahre, jährliche Maschinenlaufzeit je Anlage 1944 Stunden, kalkulatorischer Zinssatz 9 % p.a., Instandhaltungskosten 22770,00 EUR jährlich, jährliche Raumkosten 104,00 EUR pro m^2 bei einem Platzbedarf von 30 m^2, Energiebedarf 25 kW; Strompreis 0,15 EUR/kWh, Grundgebühr monatlich 80,00 EUR.

76 Berechnung der Gemeinkostenzuschlagssätze, Vorwärtskalkulation mit Maschinenstundensätzen

Aus der Kosten- und Leistungsrechnung eines Industriebetriebs stehen folgende Zahlen und Angaben zur Verfügung (Gemeinkosten lt. BAB):

Material	Fertigung			Verwaltung	Vertrieb
	Maschine A	Maschine B	Rest-FGK		
380000,00 EUR	159225,00 EUR	207400,00 EUR	148500,00 EUR	308688,75 EUR	228161,25 EUR

Einzelkosten: Verbrauch von Fertigungsmaterial: 304000,00 EUR
Fertigungslöhne: 135000,00 EUR

Bestände	Anfangsbestand	Schlussbestand
Unfertige Erzeugnisse	48000,00 EUR	46000,00 EUR
Fertige Erzeugnisse	57000,00 EUR	51000,00 EUR

Laufzeit der Maschinen	
Maschine A	1650 Stunden
Maschine B	1700 Stunden

Aufgaben:

1. Berechnen Sie die Gemeinkostenzuschlagssätze und die Maschinenstundensätze (Ergebnisse auf ganze Zahlen aufrunden)! Bezugsgröße für die Verwaltungsgemeinkosten und die Vertriebsgemeinkosten sind die Herstellkosten des Umsatzes und für die Rest-Fertigungsgemeinkosten die Fertigungslöhne.

2. Ein Kunde des Betriebs bestellt 150 Stück eines Produkts, dessen Herstellung (pro Stück) Maschine A 9 Min. und Maschine B 18 Min. in Anspruch nimmt. Pro Stück wird Fertigungsmaterial im Wert von 16,50 EUR benötigt, die Fertigungslöhne betragen 24,00 EUR.

   Ermitteln Sie den Listenverkaufspreis je Produkt, wenn 7,93 % Gewinn, 2 % Kundenskonto und 10 % Vertreterprovision zu berücksichtigen sind!

77 Vorwärtskalkulation, Kalkulation eines Sonderpreises, Nachkalkulation mit Maschinenstundensätzen, Kostenüber- und -unterdeckung

1. Eine Maschinenfabrik rechnet für einen neuen Maschinentyp mit folgenden Kalkulationsdaten:

Verbrauch von Fertigungsmaterial		1040,00 EUR		
Fertigungslöhne		870,00 EUR		
Gemeinkostenzuschläge:	MGK	5 %	VerwGK	9 %
	Rest-FGK	85 %	VertrGK	7 %
Nutzung von Maschinen:	Maschine A:	25 Minuten 108,00 EUR Maschinenstundensatz		
	Maschine B:	13 Minuten 78,00 EUR Maschinenstundensatz		

Gewinnzuschlag $33\frac{1}{3}$ %, Vertreterprovision 12,5 %, Kundenskonto $2\frac{1}{2}$ % und Kundenrabatt 20 %.

Aufgaben:

1.1 Berechnen Sie den Listenverkaufspreis!

1.2 Um den Absatz zu steigern, wird die Maschine zum Sonderpreis von 5421,14 EUR angeboten. Berechnen Sie, wie viel Gewinn in EUR und in Prozent dem Unternehmen verbleiben!

2. Für einen Reparaturauftrag ist der Angebotspreis unter Berücksichtigung folgender Angaben zu kalkulieren:

Verbrauch von Reparaturmaterial		195,80 EUR	Normalzuschlagssätze:	
Fertigungslöhne	2,6 Stunden zu je	45,00 EUR	– MGK	7,5 %
Maschine I	0,6 Stunden zu je	104,90 EUR	– Rest-FGK	101,8 %
Maschine II	1,3 Stunden zu je	63,50 EUR	– VerwGK	9,4 %
Gewinnzuschlag	20 %		– VertrGK	8,8 %

Aufgaben:

2.1 Berechnen Sie den Angebotspreis für den Reparaturauftrag!

2.2 Die Istkostenrechnung für den Reparaturauftrag ergab folgende Kalkulationsdaten:

Verbr. v. Rep.-Mat.		210,50 EUR	Istzuschlagssätze:	
Fertigungslöhne	2,8 Stunden zu je	46,70 EUR	– MGK	9 %
Maschine I	0,75 Stunden zu je	104,90 EUR	– Rest-FGK	104 %
Maschine II	1,2 Stunden zu je	63,50 EUR	– VerwGK	10,3 %
			– VertrGK	7 %

2.2.1 Berechnen Sie die entstandenen Selbstkosten!

2.2.2 Berechnen Sie die Kostenabweichung in EUR und in Prozent!

3. Nennen Sie zwei Gründe, warum im Allgemeinen die Kalkulation der Fertigungskosten auf der Basis von Maschinenstundensätzen genauer wird!

4.3.3 Divisionskalkulation

(1) Überblick

Die Divisionskalkulation wird in Unternehmungen verwendet, die ein einheitliches Produkt in großer Anzahl herstellen **(Massenfertigung)**. Dabei werden die Kosten je Leistungseinheit durch Division der Gesamtkosten einer Rechnungsperiode durch die in dieser Rechnungsperiode erstellten Leistungseinheiten ermittelt. Bei der Divisionskalkulation entfällt sowohl die Aufteilung der Kosten in Einzel- und Gemeinkosten als auch die Aufschlüsselung der Gemeinkosten auf Kostenstellen.

Beispiele:

Typische Betriebe für Massenfertigung sind z.B. Elektrizitäts-, Gas- und Wasserwerke sowie Betriebe der Grundstoffindustrie (z.B. Kohlegewinnung, Zement-, Kies- und Bausteinherstellung).

Die Divisionskalkulation kann durchgeführt werden als einfache Divisionskalkulation und als mehrfache Divisionskalkulation.

(2) Einfache Divisionskalkulation

Die einfache Divisionskalkulation setzt voraus, dass nur eine Erzeugnisart produziert wird. Die Selbstkosten je Leistungseinheit ergeben sich aus der Division der Gesamtkosten einer Rechnungsperiode durch die Leistungsmenge der gleichen Periode.

$$\text{Selbstkosten je Leistungseinheit} = \frac{\text{Gesamtkosten der Rechnungsperiode}}{\text{Leistungsmenge der Rechnungsperiode}}$$

Beispiel:

Ein Zementwerk produziert in einem Monat 5200 t Zement. Für diesen Monat fallen folgende Kosten an:

Verbrauch von Fertigungsmaterial	621000,00 EUR
Fertigungslöhne	167000,00 EUR
Sonstige Fertigungskosten	195000,00 EUR
Verwaltungs- und Vertriebskosten	109000,00 EUR

Aufgaben:

1. Berechnen Sie die Selbstkosten je Tonne!
2. Berechnen Sie den Listenverkaufspreis je Tonne bei 15% Gewinnzuschlag, 3% Kundenskonto, 8% Vertreterprovision vom Zielverkaufspreis und 20% Kundenrabatt!

Lösungen:

1. $$\text{Selbstkosten je Tonne} = \frac{621\,000\text{ EUR} + 167\,000\text{ EUR} + 195\,000\text{ EUR} + 109\,000\text{ EUR}}{5\,200\text{ t}} = \underline{\underline{210{,}00\text{ EUR/t}}}$$

2.

Selbstkosten	210,00 EUR
+ 15% Gewinn	31,50 EUR
Barverkaufspreis	241,50 EUR
+ 8% Vertreterprovision	21,71 EUR
+ 3% Kundenskonto	8,14 EUR
Zielverkaufspreis	271,35 EUR
+ 20% Kundenrabatt	67,84 EUR
Listenverkaufspreis (Nettoverkaufspreis)	339,19 EUR

14 Speth u.a. - ISBN 978-3-8120-0576-0

(3) Mehrfache Divisionskalkulation

Bei der mehrfachen Divisionskalkulation werden die Bestandsveränderungen im Lager berücksichtigt. Dies führt dazu, dass die Herstellkosten und die Verwaltungs- und Vertriebskosten zu trennen sind. Die Herstellkosten der Rechnungsperiode werden durch die **produzierte** Menge, die Verwaltungs- und die Vertriebskosten dieser Rechnungsperiode durch die in diesem Zeitraum **verkaufte** Menge dividiert. Dadurch wird vermieden, dass die am Lager verbliebenden Erzeugnisse mit Verwaltungs-[1] und Vertriebskosten belastet werden, die sie gar nicht verursacht haben.

$$\text{Selbstkosten je Leistungseinheit} = \frac{\text{Herstellkosten}}{\text{Produktionsmenge}} + \frac{\text{Verwaltungs- und Vertriebskosten}}{\text{verkaufte Menge}}$$

Beispiel:

Wir greifen auf das Beispiel von S. 209 zurück. Von der Produktion in Höhe von 5200 t wurden 4100 t abgesetzt.

Aufgabe:

Berechnen Sie die Selbstkosten je abgesetzter Tonne!

Lösung:

Herstellkosten	$= \frac{621\,000 \text{ EUR} + 167\,000 \text{ EUR} + 195\,000 \text{ EUR}}{5\,200 \text{ t}} =$	189,04 EUR/t
Verwaltungs- und Vertriebskosten	$= \frac{109\,000 \text{ EUR}}{4\,100 \text{ t}} =$	26,59 EUR/t
Selbstkosten		215,63 EUR/t

Erläuterungen:

Der Preis steigt an, da die Verwaltungs- und Vertriebskosten von 4100 t aufgebracht werden müssen, d.h., die Belastung je t mit Verwaltungs- und Vertriebskosten erhöht sich. Ohne die Aufteilung wäre der Angebotspreis je verkaufte t zu niedrig kalkuliert worden.

Übungsaufgabe

78 Preisberechnungen mithilfe der Divisionskalkulation

1. In einem Industrieunternehmen mit Massenfertigung entstanden in einem Monat folgende Kosten:

Roh-, Hilfs- und Betriebsstoffverbrauch	190108,00 EUR
Materialgemeinkosten	161592,00 EUR
Löhne und Gehälter	89528,00 EUR
Fertigungsgemeinkosten	100272,00 EUR
Verwaltungskosten	75200,00 EUR
Vertriebskosten	18900,00 EUR
kalkulatorische Abschreibungen	105340,00 EUR

Aufgaben:

1.1 Berechnen Sie die Selbstkosten je Produktionseinheit bei einer Produktionsmenge von 34950 Einheiten!

1 Auf eine getrennte Zuordnung der Verwaltungskosten wird hier aus Vereinfachungsgründen nicht eingegangen.

1.2. Berechnen Sie den Listenverkaufspreis bei 18 % Gewinnzuschlag, 3 % Kundenskonto, 7 % Vertreterprovision und 15 % Kundenrabatt!

1.3 Der Lagerbestand konnte in diesem Monat um 1500 Einheiten abgebaut werden.

Ermitteln Sie die Selbstkosten je Produktionseinheit, wenn die Verwaltungs- und Vertriebskosten auf die abgesetzte Menge bezogen werden!

1.4 Begründen Sie, warum bei einem Abbau des Lagerbestandes der Angebotspreis sinkt, wenn die Verwaltungs- und Vertriebskosten auf die verkaufte Menge bezogen werden!

2. Ein Getränkehersteller hat im vergangenen Geschäftsjahr 251 700 Liter Orangensaft hergestellt und in Literflaschen abgefüllt. Lt. KLR sind herbei folgende Kosten angefallen:

Verbrauch von Fertigungsmaterial einschließlich Flaschen 74 915,00 EUR; MGK 22 700,00 EUR; Fertigungslöhne 38 100,00 EUR; FGK 36 500,00 EUR; VerwK/VertrK 62 900,00 EUR; SEKV 4 000,00 EUR.

Aufgaben:

2.1 Berechnen Sie die Selbstkosten je Liter!

2.2 Ermitteln Sie den Listenverkaufspreis je Literflasche, wenn 12 % Gewinnzuschlag, 5 % Vertreterprovision, $2^1/_2$ % Kundenskonto und 25 % Kundenrabatt einkalkuliert werden!

2.3 Von der Produktion in Höhe von 251 700 Liter wurden 221 500 Liter abgesetzt.

Ermitteln Sie die Selbstkosten je Liter, wenn die Herstellkosten der produzierten Menge und die Verwaltungs- und Vertriebskosten sowie die Sondereinzelkosten des Vertriebs der verkauften Menge zugewiesen werden!

3. In einer Backwarenfabrik werden in drei aufeinanderfolgenden, abgegrenzten Produktionsstufen Backwaren hergestellt.

	Stufe I	Stufe II	Stufe III
Herstellkosten Stückzahl	63 000,00 EUR 10 500	143 000,00 EUR 13 000	48 000,00 EUR 12 000

Aufgaben:

3.1 Ermitteln Sie die Herstellkosten je Einheit!

3.2 Berechnen Sie den Listenverkaufspreis für eine Torte, falls ein Kundenrabatt von 5 % und ein Kundenskonto von 2 % gewährt wird, der Gewinn 12 % betragen soll und 15 % Verwaltungs- und Vertriebskosten anfallen!

3.3 Ermitteln Sie die Bestandsveränderungen zwischen den Produktionsstufen in EUR!

4.3.4 Äquivalenzziffernkalkulation

(1) Überblick

Fertigt ein Unternehmen mehrere Erzeugnisse, die fertigungstechnisch weitgehend ähnlich und vergleichbar sind **(Sortenfertigung),** und stehen deren Kosten für die Produktion in einem bestimmten, messbaren Verhältnis zueinander, so kann die Kalkulation mit **Äquivalenzziffern (Wertigkeitsziffern, Kostenverhältnisziffern)** durchgeführt werden.

Beispiel:

Ein Blechwalzwerk stellt verschiedene Sorten von Drähten und Blechen her; eine Textilfabrik fertigt verschiedene Stoffe; eine Papierfabrik produziert verschiedene Papierarten; eine Brauerei braut unterschiedliche Biersorten.

Der **Einsatz der Äquivalenzziffernkalkulation** setzt voraus, dass
- die **Erzeugnisse artgleich** sind,
- die **Erzeugnisse** in einem **festen Kostenverhältnis** zueinander stehen.

Bei gleichem Produktionsablauf entstehen bei der Sortenfertigung dadurch unterschiedliche Kosten je Sorte, weil z.B. unterschiedliche Materialmengen oder unterschiedliche Fertigungszeiten zur Herstellung der einzelnen Erzeugnisarten benötigt werden. Das Verhältnis der Kosten eines Produktes zu den Kosten der anderen Produkte wird mithilfe von Äquivalenzziffern ausgedrückt.

Äquivalenzziffern sind Verhältniszahlen, die das Kostenverhältnis der einzelnen Sorten (Kostenträger) zu der Bezugssorte (Richtsorte) angeben.

Die **Bezugssorte** erhält die **Äquivalenzziffer 1.** Mithilfe der Äquivalenzziffern werden die anderen Erzeugnisse anschließend in Form von Recheneinheiten auf die Bezugssorte umgerechnet.

$$\text{Rechnungseinheit} = \text{Produktionsmenge} \cdot \text{Äquivalenzziffer}$$

Die **Stückkosten je Rechnungseinheit** werden durch Division der Gesamtkosten der Produktion durch die Summe der Rechnungseinheiten ermittelt.

$$\text{Stückkosten je Rechnungseinheit} = \frac{\text{Gesamtkosten}}{\text{Rechnungseinheiten}}$$

Die **Gesamtkosten je Sorte** erhält man durch Multiplikation der Stückkosten je Rechnungseinheit mit den Rechnungseinheiten je Sorte.

$$\text{Gesamtkosten je Sorte} = \text{Stückkosten je Rechnungseinheit} \cdot \text{Rechnungseinheiten je Sorte}$$

Die Division der Gesamtkosten je Sorte durch die produzierte Menge der Sorte ergibt die **Stückkosten je Sorte.**

$$\text{Stückkosten je Sorte} = \frac{\text{Gesamtkosten je Sorte}}{\text{Produzierte Menge je Sorte}}$$

(2) Beispiel für eine Äquivalenzziffernkalkulation

Beispiel:

In einer Textilfabrik werden folgende Mengen der Stoffsorten A, B und C hergestellt:

A: 1200 t, B: 480 t, C: 960 t. Aufgrund von technischen Verbrauchsmessungen und Erfahrungen aus der Vergangenheit stehen die Kosten für die drei Stoffsorten in folgendem Verhältnis : 1 (A), 1,2 (B), 0,8 (C). Die Gesamtkosten für die drei Stoffsorten betragen 203520,00 EUR.

Aufgabe:

Berechnen Sie die Stückselbstkosten je t der einzelnen Stoffsorten!

Lösung:

Stoff-sorte	Produktions-menge (t)	Äquivalenz-ziffer	Rechnungs-einheiten (RE)	Stück-selbstkosten (EUR/t)	Gesamt-selbstkosten (EUR/Sorte)
A	1200	1,0	1200	80,00	96000,00
B	480	1,2	576	96,00	46080,00
C	960	0,8	768	64,00	61440,00
Summe			2544		203520,00

$$\text{Kosten je Rechnungseinheit} = \frac{203\,520\ \text{EUR}}{2544\ \text{RE}} = \underline{\underline{80{,}00\ \text{EUR/RE}}}$$

Übungsaufgabe

79 Berechnung der Äquivalenzziffern, Ermittlung der Selbstkosten

1. Eine Papierfabrik produziert im Monat August vier Papiersorten. Die in diesem Zeitraum entstandenen Gesamtkosten betragen 35531300,00 EUR. Die Gesamtkosten sind im Verhältnis der vor einem Jahr ermittelten Herstellkosten je t zu verteilen. Die Herstellkosten je t betragen: Sorte A: 2000,00 EUR (Äquivalenzziffer 1), Sorte B: 1500,00 EUR, Sorte C: 2400,00 EUR, Sorte D: 2700,00 EUR.

   Aufgaben:

   1.1 Berechnen Sie die Äquivalenzziffern!

   1.2 Ermitteln Sie die Selbstkosten je t jeder Sorte!

2. Für ein Blechwalzwerk, in dem die Blechsorten A, B und C in verschiedener Qualität hergestellt werden, liegen für den Monat Juni folgende Daten vor:

Blechsorte	Produktionsmenge (Stück)	Einzelkosten insgesamt (EUR)
A	3000	15155,00 EUR
B	7500	11600,00 EUR
C	3750	20300,00 EUR

   An Gemeinkosten entstanden insgesamt 16245,00 EUR. Sie sind mithilfe der errechneten Äquivalenzziffern auf die drei Blechsorten zu verteilen.

   Aufgaben:

   2.1 Berechnen Sie auf der Grundlage der Produktionsmenge die Äquivalenzziffern (Blechsorte A entspricht der Äquivalenzziffer 1)!

   2.2 Ermitteln Sie die Selbstkosten je Sorte!

   2.3 Ermitteln Sie die Selbstkosten je Stück jeder Sorte!

5 Zusammenfassung zur Kostenarten-, Kostenstellen- und Kostenträgerrechnung

Zahlenmaterial aus der Finanzbuchhaltung oder aus Hilfsrechnungen (Material- und Anlagenrechnung, Lohn- und Gehaltsbuchhaltung)

Abrechnungsstufen	Rechnungsgegenstand
Kostenartenrechnung Welche Kosten sind angefallen? (z. B. Personal-, Sach-, Zinskosten u. a.)	**Periodenrechnung** (Erfassungsrechnung)
Kostenstellenrechnung Wo sind die Kosten angefallen? (z. B. im Material-, Fertigungs-, Verwaltungs-, Vertriebsbereich)	**Periodenrechnung** (Verteilungsrechnung)
Kostenträgerrechnung Wofür sind die Kosten angefallen? (z. B. Produktart 1, Produktart 2)	**Periodenrechnung und Stückrechnung** ■ Vorkalkulation zu Normalkosten ■ Nachkalkulation zu Istkosten

Verrechnung der Kostenarten auf Kostenträger

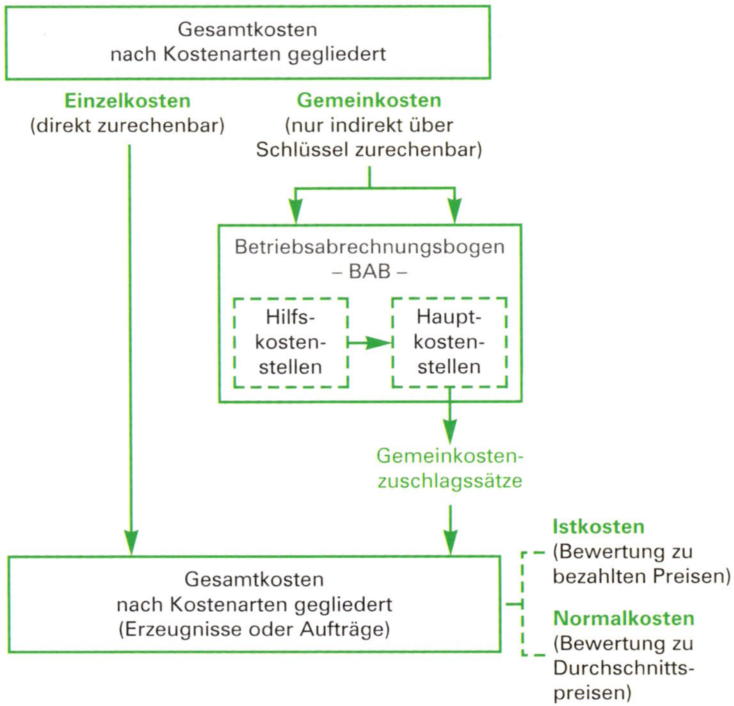

6 Kritik an der Vollkostenrechnung in Form der Zuschlagskalkulation

Wird die Zuschlagskalkulation allein als Grundlage für die Kalkulation, Preispolitik oder Produktpolitik verwendet, ist leicht nachweisbar, dass sie zu falschen Ergebnissen und Schlussfolgerungen führt und sich daher nicht als Steuerungsinstrument eines Unternehmens eignet.

Beispiel:

Ein Unternehmen kann bei Vollauslastung innerhalb einer Rechnungsperiode 1 000 Stück eines Produktes zum Nettoverkaufspreis von 50,00 EUR je Stück absetzen.

Die Stückkosten setzen sich nach der Zuschlagskalkulation zusammen aus Einzelkosten in Höhe von 16,00 EUR und einem FGK-Zuschlagssatz von 181,25 %. Die FGK haben einen Fixkostenanteil von 15 000,00 EUR und variable Gemeinkosten von 14,00 EUR.

Aufgabe:

Berechnen Sie den Gewinn der Rechnungsperiode nach der Zuschlagskalkulation!

Lösung:

Die Abrechnung der Rechnungsperiode führt zu folgendem Ergebnis:

	Nettoverkaufserlöse insgesamt		50 000,00 EUR
–	Kosten		
	Einzelkosten (1 000 Stück · 16,00 EUR)	16 000,00 EUR	
+	181,25 % FGK	29 000,00 EUR	45 000,00 EUR
=	Gewinn		5 000,00 EUR

1. Kritikpunkt: Die Anwendung der einmal auf der Basis der Vollkosten errechneten Stückkosten führt bei abweichender Ausbringungsmenge zu falschen Ergebnissen.

Wird die Veränderung der Kosten aufgrund von Schwankungen der Ausbringungsmenge nicht berücksichtigt und weiterhin mit den einmal errechneten Selbstkosten von 45,00 EUR je Stück kalkuliert, führt das zu falschen Ergebnissen, wie das in den folgenden Berechnungen gezeigt wird:

■ Fall 1: Die Ausbringungsmenge sinkt auf 600 Einheiten

Berechnung **ohne Aufteilung der Kosten** und unter Beibehaltung der einmal berechneten Stückkosten in Höhe von 45,00 EUR

	Nettoverkaufserlöse	(600 Stück · 50,00 EUR)	30 000,00 EUR
–	Gesamtkosten	(600 Stück · 45,00 EUR)	27 000,00 EUR
=	Gewinn		3 000,00 EUR

Berechnung **mit Aufteilung der Gesamtkosten in fixe und variable Kosten** und unter Berücksichtigung der Kostenveränderung bei Änderung der Ausbringungsmenge.

	Nettoverkaufserlöse	(600 Stück · 50,00 EUR)		30 000,00 EUR
–	Kosten			
	Einzelkosten	(600 Stück · 16,00 EUR)	9 600,00 EUR	
	variable Gemeinkosten	(600 Stück · 14,00 EUR)	8 400,00 EUR	
	fixe Gemeinkosten		15 000,00 EUR	33 000,00 EUR
=	Verlust			– 3 000,00 EUR

Erläuterungen:

Berechnung der Stückkosten unter Berücksichtigung der Kostenaufteilung:

Einzelkosten	16,00 EUR
variable Gemeinkosten	14,00 EUR
fixe Gemeinkosten (15 000,00 EUR : 600 Stück)	25,00 EUR
Stückkosten insgesamt	55,00 EUR

Bei einem Nettoverkaufserlös von 50,00 EUR führt das zu einem Stückverlust von 5,00 EUR. Das ergibt bei 600 Stück einen Gesamtverlust von 3 000,00 EUR.

■ Fall 2: Die Ausbringungsmenge steigt auf 1 200 Einheiten

Berechnung **ohne Aufteilung der Kosten** und unter Beibehaltung der einmal berechneten Stückkosten in Höhe von 45,00 EUR.

	Nettoverkaufserlöse	(1 200 Stück · 50,00 EUR)	60 000,00 EUR
–	Gesamtkosten	(1 200 Stück · 45,00 EUR)	54 000,00 EUR
=	Gewinn		6 000,00 EUR

Berechnung **mit Aufteilung der Gesamtkosten in fixe und variable Kosten** unter Berücksichtigung der Kostenveränderung bei Änderung der Ausbringungsmenge.

	Nettoverkaufserlöse	(1 200 Stück · 50,00 EUR)		60 000,00 EUR
–	Kosten			
	Einzelkosten	(1 200 Stück · 16,00 EUR)	19 200,00 EUR	
	variable Gemeinkosten	(1 200 Stück · 14,00 EUR)	16 800,00 EUR	
	fixe Gemeinkosten		15 000,00 EUR	51 000,00 EUR
=	Gewinn			9 000,00 EUR

Erläuterungen:

Berechnung der Stückkosten unter Berücksichtigung der Kostenaufteilung:

Einzelkosten	16,00 EUR
variable Gemeinkosten	14,00 EUR
fixe Gemeinkosten (15 000,00 EUR : 1 200 Stück)	12,50 EUR
Stückkosten insgesamt	42,50 EUR

Bei einem Nettoverkaufserlös von 50,00 EUR beträgt der Stückgewinn 7,50 EUR. Beim Verkauf von 1 200 Stück ergibt das einen Gesamtgewinn von 9 000,00 EUR.

- Die Annahme, dass sich die Gemeinkosten im gleichen Verhältnis wie die Einzel- und Herstellkosten ändern ist nur richtig, wenn der Fixkostenanteil bei den Gemeinkosten null bzw. gering ist.
- Die Zurechnung der Gemeinkosten auf die Kostenträger in Form von Zuschlagssätzen ist insbesondere bei hohen Zuschlagssätzen problematisch.
- Wird eine Aufteilung des Kostenblocks in fixe und variable Kosten nicht berücksichtigt, führt das hinsichtlich des Stückkostensatzes zu falschen Kalkulationsgrundlagen.

2. Kritikpunkt: Bei Schwankungen der Ausbringungsmenge führt die Vollkostenrechnung zu falschen Empfehlungen in der Preispolitik.

Werden die Gesamtkosten als Grundlage für die Preispolitik verwendet, führt die Vollkostenrechnung aufgrund des beschriebenen Verhaltens der Fixkosten z.B. bei sinkender Ausbringungsmenge zu steigenden Stückkosten und daher zu einer Erhöhung der Stückpreise, obwohl die Marktsituation eine Preissenkung verlangt. Durch Erhöhung der Preise wird ein weiterer Absatzrückgang zu erwarten sein. Bei einer höheren Ausbringungsmenge gilt der umgekehrte Zusammenhang.

Erkenntnis:

Die undifferenzierte Rechnung mit Vollkosten führt zu einer falschen Preispolitik.

3. Kritikpunkt: Die Vollkostenrechnung kann zu falschen Entscheidungen bei der Produktpolitik führen.

Beispiel:

Ein Unternehmen verkauft zwei Produkte (Produkt A und B).

Die Gesamtkosten betragen nach der Zuschlagskalkulation beim Produkt A 32 000,00 EUR und beim Produkt B 58 000,00 EUR. Gliedert man die jeweiligen Gesamtkosten auf in variable Kosten (Einzelkosten und variable Gemeinkosten) und Fixkosten, so ergeben sich folgende Werte: variable Kosten Produkt A 18 000,00 EUR, Produkt B 30 000,00 EUR, fixe Gemeinkosten 42 000,00 EUR. Die Nettoverkaufserlöse betragen beim Produkt A 30 000,00 EUR, beim Produkt B 90 000,00 EUR.

Die fixen Kosten sollen auf Produkt A und B im Verhältnis 1 : 2 auf die beiden Produktarten verteilt werden.

Aufgaben:

1. Berechnen Sie das Betriebsergebnis ohne und mit Aufteilung in fixe und variable Kosten!
2. Begründen Sie, ob ein Produkt, das mit Verlust verkauft wird, aus dem Produktprogramm ausscheiden sollte!

Lösungen:

Zu 1.: Berechnung des Betriebsgewinns

- **Zuschlagskalkulation**

	Produkt A	Produkt B
Nettoverkaufserlöse	30 000,00 EUR	90 000,00 EUR
– Gesamtkosten	32 000,00 EUR	58 000,00 EUR
= Verlust/Gewinn	–2 000,00 EUR	+ 32 000,00 EUR

- **Aufteilung der Gesamtkosten in variable und fixe Kosten**

	Produkt A	Produkt B
Nettoverkaufserlöse	30 000,00 EUR	90 000,00 EUR
– variable Kosten	18 000,00 EUR	30 000,00 EUR
Zwischensumme	12 000,00 EUR	60 000,00 EUR
– fixe Kosten	14 000,00 EUR	28 000,00 EUR
Verlust/Gewinn	–2 000,00 EUR →	32 000,00 EUR
		– 2 000,00 EUR
= Betriebsgewinn:		30 000,00 EUR

Ergebnis: Beim Produkt A entsteht ein Verlust von 2000,00 EUR, beim Produkt B ein Gewinn von 32000,00 EUR. Dadurch beträgt der Gesamtgewinn des Unternehmens 30000,00 EUR.

Zu 2.: Ausscheiden aus dem Produktprogramm

■ **Empfehlung nach der Zuschlagskalkulation**

Das Produkt A muss als Verlustbringer aus Sicht der Vollkostenrechnung aus dem Produktprogramm herausgenommen werden, da ansonsten der Gesamtgewinn geschmälert wird.

■ **Empfehlung bei Aufteilung der Kosten in fixe und variable Anteile**

Beispiel:

Wir greifen auf das Ausgangsbeispiel zurück.

Aufgabe:

Bestimmen Sie den Betriebsgewinn, wenn das Produkt A aus dem Produktprogramm ausscheidet!

Lösung:

	Nettoverkaufserlöse bei Produkt B	90000,00 EUR
–	variable Kosten	30000,00 EUR
=	Zwischensumme	60000,00 EUR
–	fixe Kosten (insgesamt)[1]	42000,00 EUR
=	Betriebsgewinn	18000,00 EUR

Ergebnis: Durch das Ausscheiden des Produktes A aus dem Produktprogramm hat sich die Gewinnsituation des Unternehmens um 12000,00 EUR verschlechtert. Das ist genau der Betrag, um den die Nettoverkaufserlöse des Produktes A die variablen Kosten übersteigen. In dieser Höhe konnte nämlich das Produkt A an der Deckung der fixen Kosten beteiligt werden.

Eine **undifferenzierte Anwendung der Vollkostenrechnung** führt zu einer **falschen Produktpolitik.**

Übungsaufgabe

80 Mängel der Vollkostenrechnung

1. Nennen Sie Gründe, warum die Vollkostenrechnung als Instrument der Unternehmenssteuerung nicht geeignet ist!
2. Zeigen Sie auf, welche Kostenart für die Mängel der Vollkostenrechnung verantwortlich ist!
3. Begründen Sie, warum ein Artikel, bei dem sich auf der Basis der Vollkostenrechnung ein Verlust ergibt, nicht gleich aus dem Produktprogramm ausscheiden muss!

1 Durch das Ausscheiden eines Produktes verändert sich die Höhe der Fixkosten insgesamt **zunächst** nicht.

II. Kosten- und Leistungsrechnung als Teilkostenrechnung

1 Abgrenzung der Teilkostenrechnung von der Vollkostenrechnung

Die Ausführungen unter Kapitel 6, S. 215ff. haben deutlich gemacht, dass die **Mängel, die der Vollkostenrechnung anhaften,** in den **Fixkosten begründet** liegen. Soll die Kostenrechnung in erster Linie als **Instrument der Unternehmenssteuerung** betrachtet werden, liegt es nahe, zunächst auf eine **Verrechnung der Fixkosten zu verzichten** und diese erst bei der Ergebnisermittlung wieder einzubeziehen. Eine solche Rechnung, die zunächst auf einen Teil bei der Weiterverrechnung der Kosten verzichtet, nennt man im Gegensatz zur Vollkostenrechnung eine **Teilkostenrechnung.**

Die **Teilkostenrechnung** geht von einer Aufgliederung der Kosten in **fixe Kosten** und **variable Kosten** aus.

Eine weitverbreitete Form der Teilkostenrechnung ist die **Deckungsbeitragsrechnung.**[1]

2 Aufbau der Deckungsbeitragsrechnung

Bei der Deckungsbeitragsrechnung werden **Deckungsbeiträge** ermittelt. Diese ergeben sich, indem man von den **Nettoverkaufserlösen** der Produkte die **variablen Kosten** abzieht. In Höhe der Deckungsbeiträge sind die Produkte an der Deckung der noch nicht verrechneten Fixkosten beteiligt.

Das **Grundschema der Deckungsbeitragsrechnung** lautet:

	Nettoverkaufserlöse
–	variable Kosten
=	Deckungsbeitrag

- **Nettoverkaufserlöse** sind die Erlöse, die dem Unternehmen nach Abzug der Umsatzsteuer und etwaiger Erlösschmälerungen (z.B. Kundenrabatt, Kundenskonto, Vertreterprovision) tatsächlich verbleiben.[2]
- Der **Deckungsbeitrag** ist der Überschuss der Nettoverkaufserlöse über die variablen Kosten.
- Der **Deckungsbeitrag** gibt an, welchen Beitrag ein Kostenträger zur **Deckung** der **fixen Kosten** leistet.

Übungsaufgabe

81 Grundlagen der Deckungsbeitragsrechnung

1. Erläutern Sie den Begriff Deckungsbeitrag!
2. Erklären Sie, bei welchen wichtigen Unternehmensaufgaben die Deckungsbeitragsrechnung sinnvolle Hilfestellung leisten kann!

1 Für den Begriff „Deckungsbeitragsrechnung“ wird in der betriebswirtschaftlichen Literatur auch der Begriff **„Direct Costing“** verwandt.

2 Der Nettoverkaufserlös entspricht dem Barverkaufspreis im Kalkulationsschema.

3. Begründen Sie, worin Sie den entscheidenden Unterschied zwischen der Vollkostenrechnung und der Deckungsbeitragsrechnung sehen!
4. Notieren Sie außerhalb des Buches, welche Aussage über den Deckungsbeitrag richtig ist!
   4.1 Er deckt höchstens die fixen Kosten ab.
   4.2 Er steigt, wenn bei konstanten Stückerlösen die variablen Stückkosten steigen.
   4.3 Er sinkt, wenn bei konstanten Stückerlösen die variablen Stückkosten steigen.
   4.4 Er errechnet sich als Differenz zwischen den variablen Kosten und den Selbstkosten.
   4.5 Verrechnete Gemeinkosten minus Istgemeinkosten ergibt den Deckungsbeitrag.

3 Deckungsbeitragsrechnung als Stückrechnung

Beispiel:

Aus Wettbewerbsgründen ist ein Hersteller gezwungen, den Listenverkaufspreis für ein Trimmgerät auf 816,32 EUR festzusetzen. Den Sportartikelgroßhändlern werden 25 % Rabatt und 2 % Skonto eingeräumt. Die variablen Kosten betragen 400,00 EUR.

Aufgaben:

1. Berechnen Sie den Deckungsbeitrag je Stück!
2. Stellen Sie den Deckungsbeitrag je Stück grafisch dar!

Lösungen:

Zu 1.: Berechnung des Deckungsbeitrags

	Listenverkaufspreis (netto)	816,32 EUR
–	25 % Rabatt	204,08 EUR
	Zielverkaufspreis	612,24 EUR
–	2 % Skonto	12,24 EUR
	Nettoverkaufserlös (Barverkaufspreis)	600,00 EUR
–	variable Kosten	400,00 EUR
	Deckungsbeitrag	200,00 EUR

Zu 2.: Grafische Darstellung

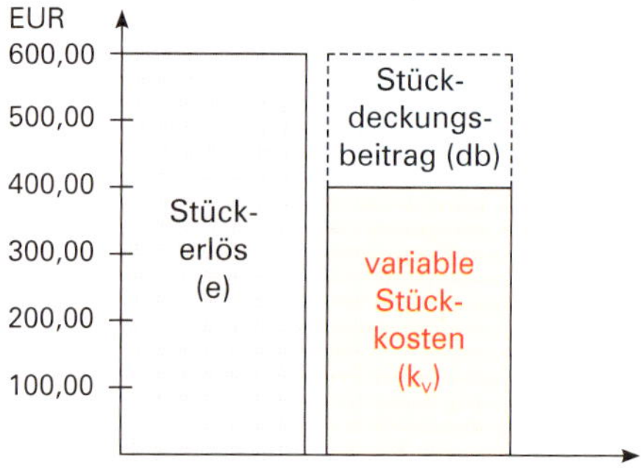

	Nettoverkaufserlös je Stück (Barverkaufspreis je Stück)
–	variable Kosten je Stück
	Deckungsbeitrag je Stück

Erläuterung:

Der Deckungsbeitrag besagt, dass je Trimmgerät 200,00 EUR zur Deckung der Fixkosten zur Verfügung stehen. Ob der Deckungsbeitrag ausreicht, um neben der Deckung der fixen Kosten auch einen **Stückgewinn** zu erzielen, bleibt offen. Sicher ist aber, dass jeder Preis, der **über** den **variablen Kosten** liegt, zur Deckung der fixen Kosten beiträgt. Insofern dient der **Stückdeckungsbeitrag** als **Entscheidungshilfe** für die **Annahme oder Ablehnung von Aufträgen.**

- Jeder Deckungsbeitrag trägt zur Verbesserung des Betriebsergebnisses bei.
- Ob ein Stückgewinn erzielt wird und gegebenenfalls in welcher Höhe, kann nicht bestimmt werden.

Übungsaufgabe

82 Stückdeckungsbeitragsrechnung

Aus Wettbewerbsgründen ist ein Betonwerk gezwungen, den Listenverkaufspreis für ein Bauelement auf 2448,96 EUR festzusetzen. Den Bauunternehmen werden 25 % Rabatt und 2 % Skonto eingeräumt. Die variablen Kosten betragen 1200,00 EUR.

Aufgaben:

1. Berechnen Sie den Deckungsbeitrag sowie den Stückdeckungsbeitragssatz!
2. Stellen Sie den Deckungsbeitrag je Stück grafisch dar!
3. Beschreiben Sie die Rolle des Stückdeckungsbeitrags bei der Entscheidung über die Annahme oder Ablehnung eines Auftrages!
4. Arbeiten Sie das Hauptproblem bei der Anwendung der Deckungsbeitragsrechnung heraus!
5. Die Kosten- und Leistungsrechnung eines Industriebetriebs liefert uns folgende Zahlen:

   Der Listenverkaufspreis je Stück beträgt 1297,84 EUR. Dem Großhandel werden folgende Bedingungen gewährt: Kundenrabatt ?, Kundenskonto $2\,^1/_2$ %. Die variablen Kosten betragen 260,00 EUR je Stück. Es wird ein Deckungsbeitrag von 625,78 EUR erzielt.

   Aufgaben:

   5.1 Berechnen Sie den Kundenrabatt in EUR und in Prozent, der bei dem vorgegebenen Listenverkaufspreis höchstens gewährt werden kann!

   5.2 Um den Marktanteil zu erhöhen, begnügt sich der Industriebetrieb für eine Werbeaktion mit der Deckung der variablen Kosten. Es wird mit den Bedingungen aus der Aufgabe 5.1 kalkuliert. Ermitteln Sie den Listenverkaufspreis für das Sonderangebot!
6. Die Teilkostenrechnung eines Unternehmens weist für ein bestimmtes Produkt folgende Ergebnisse aus:

   Aufgaben:

   6.1 Nettoverkaufserlös > variable Stückkosten.

   6.2 Nettoverkaufserlös < variable Stückkosten.

   6.3 Nettoverkaufserlös = variable Stückkosten.

   6.4 Stückdeckungsbeitrag = 0,00 EUR.

   Notieren Sie außerhalb des Buches, bei welchem Ergebnis das Produkt nicht mehr verkauft werden sollte!
7. Die Selbstkosten für eine Küchenmaschine betragen 540,00 EUR. Die Deckungsbeitragsrechnung ermittelt variable Kosten in Höhe von 290,00 EUR.

   Aufgabe:

   Begründen Sie, unter welcher Voraussetzung es langfristig sinnvoll ist, die Küchenmaschine in das Produktprogramm aufzunehmen!

4 Deckungsbeitragsrechnung als Periodenrechnung

4.1 Berechnung des Betriebsergebnisses

Bei der Deckungsbeitragsrechnung als Periodenrechnung werden zur Ermittlung des Betriebsergebnisses die fixen Kosten in einem Block von der Summe der Deckungsbeiträge abgezogen.

Ihr liegt folgendes Berechnungsschema zugrunde:

Erzeugnis A	**Erzeugnis B**	**usw.**
Nettoverkaufserlöse – variable Kosten	Nettoverkaufserlöse – variable Kosten	
= Deckungsbeitrag von Erzeugnis A	= Deckungsbeitrag von Erzeugnis B	→ Summe der Deckungsbeiträge – fixe Kosten[1]
		= Betriebsergebnis (Betriebsgewinn/Betriebsverlust)

Beispiel:

Die KLR eines Industrieunternehmens liefert uns für den Monat Juni für die Erzeugnisse A und B folgende Zahlen:

	Erzeugnis A	Erzeugnis B
Produktions- und Absatzmenge	300 Stück	400 Stück
Nettoverkaufserlös je Stück	500,00 EUR	750,00 EUR
Variable Kosten je Stück	160,00 EUR	505,00 EUR
Fixe Kosten des Unternehmens für den Monat Juni	150000,00 EUR	

Aufgaben:

1. Berechnen Sie den Deckungsbeitrag je Erzeugnis und die Deckungsbeiträge insgesamt!
2. Ermitteln Sie das Betriebsergebnis für den Monat Juni!
3. Berechnen Sie den Stückdeckungsbeitragssatz für das Erzeugnis A sowie den Gesamtdeckungsbeitragssatz!

Lösungen:

Zu 1. und 2.: Berechnung der Deckungsbeiträge und des Betriebsergebnisses

	Erzeugnis A	Erzeugnis B	Gesamtbeträge
Nettoverkaufserlöse (E)	150000,00 EUR	300000,00 EUR	450000,00 EUR
– variable Kosten (K_v)	48000,00 EUR	202000,00 EUR	250000,00 EUR
Deckungsbeiträge (DB)	102000,00 EUR	98000,00 EUR	200000,00 EUR
– fixe Kosten (K_{fix})			150000,00 EUR
Betriebsergebnis (Gewinn)			50000,00 EUR

1 Die fixen Kosten lassen sich bei einem Mehrproduktunternehmen nicht verursachungsgerecht auf die einzelnen Produkte aufteilen.

Zu 3.: Berechnung der Stück- und Gesamtdeckungsbeitragssätze

Der Deckungsbeitragssatz[1] gibt an, welcher Teil der Nettoverkaufserlöse in Prozent zur Deckung der fixen Kosten bereitsteht. Der Deckungsbeitragssatz kann als **Stückdeckungsbeitragssatz (db-Satz)** oder als **Gesamtdeckungsbeitragssatz (DB-Satz)** definiert werden.

$$\text{db-Satz} = \frac{\text{db} \cdot 100}{\text{Nettoverkaufserlöse/Stück}} \qquad \text{DB-Satz} = \frac{\text{DB} \cdot 100}{\text{Nettoverkaufserlöse/Zeitraum}}$$

$$\text{db-Satz für das Erzeugnis A} = \frac{340 \cdot 100}{500} = 68\,\% \qquad \text{DB-Satz} = \frac{200\,000 \cdot 100}{450\,000} = 44{,}44\,\%$$

Die Gewinnermittlung bei der Deckungsbeitragsrechnung lässt sich schematisch wie folgt darstellen:[2]

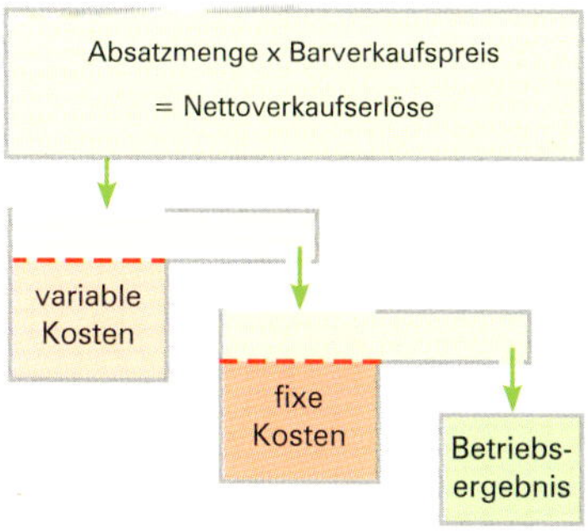

Nettoverkaufserlöse (Gesamterlöse)
− variable Kosten

= Deckungsbeiträge (Gesamtdeckungsbeitrag)
− fixe Kosten

= Betriebsergebnis

Übungsaufgaben

83 Deckungsbeitragsrechnung als Periodenrechnung

Ein Motorenwerk stellt von einem Motor drei verschiedene Modelle her. Die KLR liefert uns für den Monat Mai folgende Zahlen:

	Modell 1	Modell 2	Modell 3
Verbr. v. Fertigungsmaterial/Stück	900,00 EUR	780,00 EUR	410,00 EUR
Fertigungslöhne/Stück	420,00 EUR	525,00 EUR	190,00 EUR
variable Gemeinkosten/Stück	360,00 EUR	305,00 EUR	280,00 EUR
Summe d. variablen Kosten/Stück	1 680,00 EUR	1 610,00 EUR	880,00 EUR
produzierte u. verkaufte Anzahl	300 Stück	400 Stück	700 Stück
Nettoverkaufserlöse je Stück	2 910,00 EUR	2 200,00 EUR	1 510,00 EUR

Die Fixkosten im Monat Mai betragen 820 000,00 EUR.

Aufgaben:

1. Ermitteln Sie das Betriebsergebnis für den Monat Mai!
2. Berechnen Sie den Stückdeckungsbeitragssatz für das Modell 1!
3. Bestimmen Sie den Gesamtdeckungsbeitragssatz!

1 Der Deckungsbeitragssatz kann auch als **Deckungsbeitragsfaktor** formuliert werden:

$$\text{db-Faktor} = \frac{\text{db}}{\text{Nettoverkaufserlöse/Stück}} \qquad \text{DB-Faktor} = \frac{\text{DB}}{\text{Nettoverkaufserlöse/Zeitraum}}$$

2 Vgl. Zdrowomyslaw, Norbert/Götze, Wolfgang: Kosten-, Leistungs- und Erlösrechnung, München/Wien 1995, S. 461.

84 Deckungsbeitragsrechnung als Periodenrechnung, Betriebsergebnis

Die Hohmann AG stellt drei verschiedene Typen von Gartenstühlen her. Für den Monat Oktober legt die Kosten- und Leistungsrechnung folgende Zahlen vor:

	Typ A	Typ B	Typ C
Nettoverkaufserlöse je Stück	120,00 EUR	85,00 EUR	76,00 EUR
variable Stückkosten	85,00 EUR	69,00 EUR	65,00 EUR
Verkaufsmengen in Stück	1500	3500	5200

Die fixen Kosten der Rechnungsperiode werden mit 95000,00 EUR veranschlagt.

Aufgaben:

1. Berechnen Sie für jeden Typ den Deckungsbeitrag je Stück!
2. Ermitteln Sie für jeden Typ die Deckungsbeiträge der Rechnungsperiode!
3. Stellen Sie unter dem Gesichtspunkt der erzielten Stückdeckungsbeiträge eine Rangfolge der Erzeugnisarten auf!
4. Führen Sie die Betriebsergebnisrechnung der Periode durch!
5. Stellen Sie den Stückdeckungsbeitrag für den Kostenträger A grafisch dar!
6. Der Produktionsleiter weist auf Rationalisierungsmöglichkeiten in der Produktion hin und empfiehlt der Geschäftsleitung, die Produktion auf zwei Modelle zu begrenzen. Begründen Sie rechnerisch, ob die Geschäftsleitung diesem Vorschlag folgen soll!

4.2 Ermittlung des Break-even-Points (Gewinnschwelle)

(1) Begriffsbestimmung des Break-even-Points

Die Deckungsbeitragsrechnung legt die Frage nahe, bei welcher Warenmenge die Fixkosten durch Deckungsbeiträge gedeckt sind. Da an diesem Punkt der Betrieb von der Verlustzone in die Gewinnzone tritt, nennt man ihn die **Gewinnschwelle (Nutzenschwelle)** oder auch, da die Deckungsbeitragsrechnung ihren Ursprung im angelsächsischen Raum hat, **Break-even-Point (BEP).**

Die **Gewinnschwelle (Nutzenschwelle)** liegt bei der Ausbringungsmenge, bei der die Gesamtkosten bzw. Stückkosten gleich dem Gesamterlös bzw. Stückerlös ist.

Umgesetzt auf die Deckungsbeitragsrechnung bedeutet dies, dass der **Break-even-Point erreicht** ist, wenn bei einem Produkt **alle Kosten abgedeckt** sind und der **Deckungsbeitrag bei null** ist. Die Formel hierfür lautet:

$$\text{Break-even-Point} = \frac{K_{fix}}{db} \text{ oder } \frac{K_{fix}}{e - k_v}$$

(2) Beispiel für die Berechnung und grafische Darstellung der Gewinnschwelle und des Gewinnmaximums

Beispiel:

Ein Industriebetrieb stellt Zubehörteile (Plastikbausätze) für Modelleisenbahnen her. Monatlich können maximal 1000 Packungen (Inhalt 10 Bausätze) erzeugt werden. Es wird nur auf Bestellung gearbeitet.

- An **fixen Kosten** fallen monatlich an: für Gehälter 9000,00 EUR, für Miete 1600,00 EUR, für Nebenkosten (Heizung, Licht, Reinigung) 400,00 EUR, für die Verzinsung des investierten Kapitals 3000,00 EUR und für die Abschreibung der Spritzgussmaschinen und der Werkzeuge 6000,00 EUR. Die fixen Kosten betragen also insgesamt 20000,00 EUR.
- Die **variablen Kosten** betragen 30,00 EUR je Verkaufspackung. Sie setzen sich aus den Roh- und Hilfsstoffkosten (6,00 EUR), den Akkordlöhnen (22,00 EUR) und den Energiekosten (2,00 EUR) zusammen.
- Der Absatzpreis je Verkaufspackung beträgt 55,00 EUR.

Aufgaben:

1. Berechnen Sie in Intervallen von jeweils 100 Verkaufspackungen für die Herstellung von 100 bis 1000 Verkaufspackungen die anfallenden Gesamtkosten, die Stückkosten, den Gesamtgewinn bzw. -verlust und den Stückgewinn bzw. -verlust! Erstellen Sie hierzu eine Kosten-Leistungs-Tabelle!
2. Berechnen Sie die Gewinnschwelle (Break-even-Point)!
3. Stellen Sie E, K, K_v und K_{fix}, k, k_v und e grafisch dar!

Lösungen:

1.

Menge der Verkaufspackungen (x)	fixe Gesamtkosten in EUR (K_{fix})	variable Gesamtkosten in EUR (K_v)	Gesamtkosten in EUR (K)	Gesamterlös (abgesetzte Menge x Preis) (E)	Gewinn (schwarze Zahlen) bzw. Verlust (rote Zahlen) (G/V)	variable Stückkosten in EUR (k_v)	fixe Stückkosten in EUR (k_{fix})	Stückkosten in EUR (k)	Stückerlös in EUR (e)	Stückverlust bzw. Stückgewinn (g/v)
100	20000,00	3000,00	23000,00	5500,00	17500,00	30,00	200,00	230,00	55,00	175,00
200	20000,00	6000,00	26000,00	11000,00	15000,00	30,00	100,00	130,00	55,00	75,00
300	20000,00	9000,00	29000,00	16500,00	12500,00	30,00	66,67	96,67	55,00	41,67
400	20000,00	12000,00	32000,00	22000,00	10000,00	30,00	50,00	80,00	55,00	25,00
500	20000,00	15000,00	35000,00	27500,00	7500,00	30,00	40,00	70,00	55,00	15,00
600	20000,00	18000,00	38000,00	33000,00	5000,00	30,00	33,33	63,33	55,00	8,33
700	20000,00	21000,00	41000,00	38500,00	2500,00	30,00	28,57	58,57	55,00	3,57
800	20000,00	24000,00	44000,00	44000,00	--	30,00	25,00	55,00	55,00	--
900	20000,00	27000,00	47000,00	49500,00	2500,00	30,00	22,22	52,22	55,00	2,78
1000	20000,00	30000,00	50000,00	55000,00	5000,00	30,00	20,00	50,00	55,00	5,00

2. $x = \frac{20000}{55 - 30} = \underline{\underline{800 \text{ Stück (Gewinnschwelle)}}}$

15 Speth u.a. - ISBN 978-3-8120-0576-0

3.

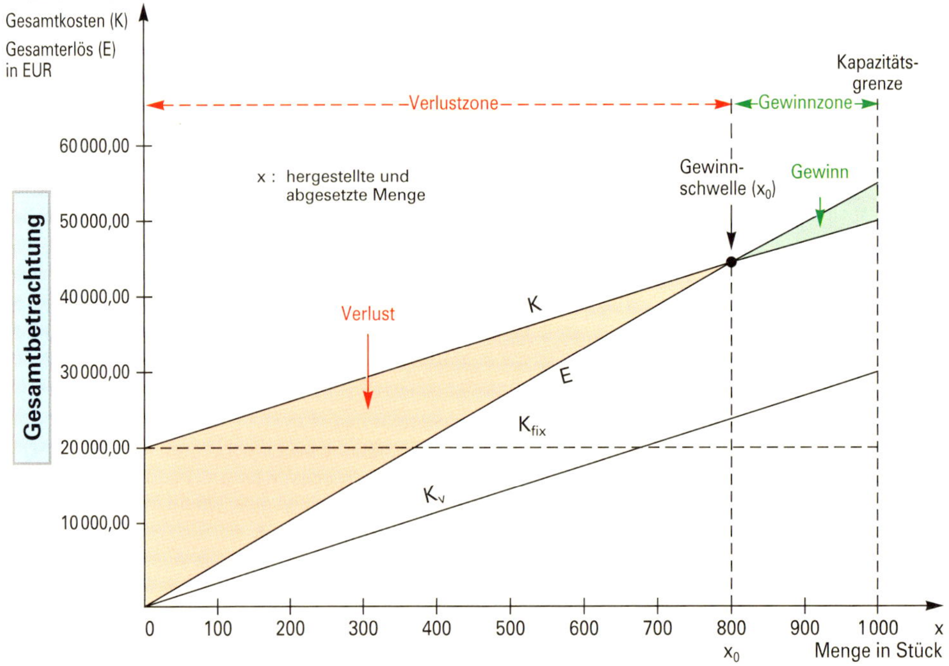
Gesamtkosten (K)
Gesamterlös (E)
in EUR
Gesamtbetrachtung
Kapazitäts-
grenze
Verlustzone
Gewinnzone
60 000,00
50 000,00
40 000,00
30 000,00
20 000,00
10 000,00
x : hergestellte und
abgesetzte Menge
Gewinn-
schwelle (x_0)
Gewinn
Verlust
K
E
K_{fix}
K_v
0
100
200
300
400
500
600
700
800
900
1 000
x
x_0
Menge in Stück

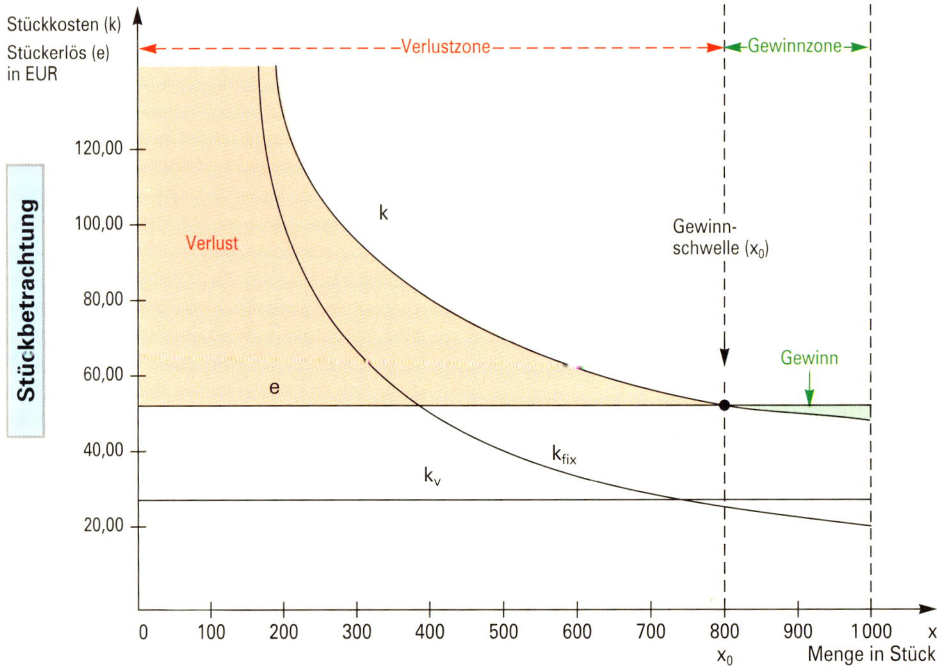
Stückkosten (k)
Stückerlös (e)
in EUR
Stückbetrachtung
Verlustzone
Gewinnzone
120,00
100,00
80,00
60,00
40,00
20,00
Verlust
k
Gewinn-
schwelle (x_0)
Gewinn
e
k_{fix}
k_v
0
100
200
300
400
500
600
700
800
900
1 000
x
x_0
Menge in Stück

(3) Break-even-Point als Umsatzgröße

Als Mengengröße hat der Break-even-Point nur bei Einproduktunternehmen eine sinnvolle Aussagekraft. In Mehrproduktunternehmen muss er als Umsatzgröße ermittelt werden (Break-even-Umsatz [BEU]). Als Umsatzgröße soll der Break-even-Point die praktische Frage klären, bei welchem Umsatz ein Unternehmen, das sich in der Gewinnzone befindet, an die Gewinnschwelle stößt.

Beispiel:

Der Einfachheit halber greifen wir auf unser bekanntes Beispiel von S. 225f. zurück und gehen davon aus, dass das Unternehmen in der Abrechnungsperiode einen Umsatzerlös von 55 000,00 EUR erzielt.

Aufgabe:

Ermitteln Sie den Break-even-Umsatz (BEU)!

Lösung:

Bei der Gewinnschwelle müssen die fixen Kosten durch die erzielten Deckungsbeiträge ausgeglichen werden. Bei einem Stückerlös von 55,00 EUR entsteht ein Deckungsbeitrag je Stück von 25,00 EUR. Das entspricht einem Stückdeckungsbeitragssatz von 45,45...% (Stückdeckungsbeitragsfaktor 0,4545...). Den auf den Umsatz bezogenen Break-even-Point erhält man daher, wenn man die fixen Kosten durch den Prozentsatz des Deckungsbeitrags dividiert.

$$\text{Break-even-Umsatz} = \frac{20\,000}{\frac{45{,}45\ldots}{100}} = \frac{20\,000}{0{,}4545\ldots} = \underline{\underline{44\,000{,}00}}$$

Ergebnis: Beim Umsatz von 44 000,00 EUR erreicht das Unternehmen den Break-even-Umsatz. Er entspricht der Menge von 800 Einheiten.

$$\text{Break-even-Umsatz} = \frac{K_{fix}}{\frac{\text{Deckungsbeitrag}}{\text{Erlös}}}$$

(4) Einfluss von Preisänderungen und/oder Kostenänderungen auf die Gewinnschwelle (Break-even-Point)

Aus der Formel auf S. 224 erkennt man, dass bei einer Erhöhung des Angebotspreises (e) die Gewinnschwelle im Vergleich zur Ausgangssituation früher und bei einer Herabsetzung des Angebotspreises (e) die Gewinnschwelle später erreicht wird. Bei einer Kostenänderung ist es umgekehrt. Steigen die Kosten, wird die Gewinnschwelle im Vergleich zur Ausgangssituation später, bei einer Kostensenkung wird die Gewinnschwelle früher erreicht.

Beispiel 1:

Wir gehen davon aus, dass bei sonst gleichen Bedingungen der Angebotspreis für eine Verkaufspackung im Beispiel auf S. 225f. aufgrund der Konkurrenzsituation von 55,00 EUR auf 50,00 EUR herabgesetzt werden muss.

Aufgabe:

Berechnen Sie die Veränderung der Gewinnschwelle!

Lösung:

Da der Preis sinkt, sinkt der Divisor in der Berechnungsformel. Daher wird der Wert für x (Absatzmenge an der Gewinnschwelle) größer, d.h., die Gewinnschwelle wird im Vergleich zur Ausgangssituation später erreicht.

$$x = \frac{20\,000}{50 - 30} = \frac{20\,000}{20} = \underline{\underline{1\,000}}$$

Ergebnis: Die Gewinnschwelle ist (von ursprünglich 800 Verkaufseinheiten) auf 1000 Mengeneinheiten gestiegen.

Beispiel 2:

Wir gehen davon aus, dass die Materialkosten (k_v) aufgrund weiterer Rationalisierungsmaßnahmen von bisher 30,00 EUR auf 26,50 EUR gesenkt werden konnten. Der Verkaufspreis für eine Verkaufspackung beträgt 55,00 EUR.

Aufgabe:

Berechnen Sie die Veränderung der Gewinnschwelle!

Lösung:

Da die variablen Kosten (k_v) sinken, steigt der Divisor in der Berechnungsformel. Daher wird der Wert für x (Absatzmenge an der Gewinnschwelle) kleiner, d.h., die Gewinnschwelle wird im Vergleich zur Ausgangssituation früher erreicht.

$$x = \frac{20\,000}{55 - 26{,}5} = \frac{20\,000}{28{,}5} = \underline{\underline{701{,}75\ldots}}$$

Ergebnis: Die Gewinnschwelle ist (von ursprünglich 800 Verkaufseinheiten) auf rd. 702 Mengeneinheiten gesunken.

Übungsaufgaben

85 Gewinn in Abhängigkeit von der Ausbringungsmenge

Die Hartmut Hug KG in Argenbühl stellt Spielpuppen für Kinder her. Eine Puppe wird für 80,00 EUR verkauft. Bei vollkommener Ausnutzung der Kapazität können insgesamt 500 Puppen produziert werden. Die Produktion erfolgt nur nach Bestellung. Die Kostenstruktur verläuft linear.

Die monatlichen Fixkosten betragen 10000,00 EUR. Die variablen Stückkosten betragen konstant 40,00 EUR.

Menge	Gesamtkosten			Stückkosten			Gesamterlös	Gesamt-	
x	K_{fix}	K_v	K	k_{fix}	k_v	k	E	gewinn	verlust
100	10000,00				40,00				
200									
300									
400									
500									

Aufgaben:

1. Ergänzen Sie die angegebene Tabelle!
2. Berechnen Sie die Gewinnschwelle (Break-even-Point)!
3. Ermitteln Sie das Gewinnmaximum!
4. Berechnen Sie die Produktionsmenge, bei der ein Gewinn von 3520,00 EUR erzielt wird!
5. Stellen Sie die Funktionen E, K, K_v und K_{fix} sowie die Funktionen k, k_v und e grafisch dar! Beschriften Sie Ihre Zeichnung!

86 Break-even-Point – Berechnung und grafische Darstellung, Ermittlung der Preisstrategie für wirtschaftliches Arbeiten.

1. Die MOTRE KG stellt ein Brettspiel her, welches zum herrschenden Marktpreis von 12,00 EUR/Stück absetzbar ist. Es wurden 16000 Stück hergestellt. Die Fixkosten der Abrechnungsperiode betragen 60000,00 EUR, der variable Kostenanteil beträgt 6,00 EUR je Stück.

   Aufgaben:

   1.1 Ermitteln Sie die Gewinnschwelle!

   1.2 Bestimmen Sie den Gesamtgewinn bei Verkauf sämtlicher Spiele!

   1.3 Ermitteln Sie, wie sich die Gewinnschwelle verändert, wenn die variablen Kosten aufgrund von Lohnerhöhungen 7,00 EUR betragen!

2. In der Marketing-Abteilung der RAWA GmbH wird darüber diskutiert, ob Kochtöpfe im Rahmen einer Sonderaktion angeboten werden sollen. Der variable Kostenanteil pro Stück beträgt 25,00 EUR. Die Kochtopfaktion verursacht zusätzliche Fixkosten in Höhe von 180000,00 EUR. Bei unterschiedlichen Angebotspreisen werden folgende Absatzmengen erwartet:

Preis/Stück	erwartete Absatzmenge
30,00 EUR	30000 Stück
35,00 EUR	20000 Stück
40,00 EUR	8000 Stück

   Aufgabe:

   Weisen Sie nach, bei welcher Preisstrategie das Unternehmen wirtschaftlich arbeitet!

3. Die Gustav Plau AG stellt im Abrechnungszeitraum I nur das Produkt A her. Dazu liegen folgende Daten vor:

   - Kapazität 16000 Stück
   - variable Stückkosten 70,00 EUR
   - Fixkosten 450000,00 EUR
   - Stückerlös 120,00 EUR

   Aufgaben:

   3.1 Berechnen Sie den Break-even-Point!

   3.2 Ermitteln Sie die Produktionsmenge, wenn ein Betriebsgewinn von 150000,00 EUR erreicht werden soll!

   3.3 Stellen Sie in einer nicht maßstabsgetreuen Skizze die Gewinnschwellenmenge und die Höhe des geplanten Gewinns dar. Achten Sie auf die vollständige Beschriftung Ihrer Zeichnung!

   3.4 Im nächsten Abrechnungszeitraum wird einem langjährigen Kunden für seinen Auftrag über 700 Stück ein Vorzugspreis von 105,00 EUR je Stück eingeräumt.
   Berechnen Sie, wie viel Stück von A im nächsten Abrechnungszeitraum zusätzlich gefertigt und zum üblichen Stückpreis von 120,00 EUR verkauft werden müssen, wenn der Betriebsgewinn von 150000,00 EUR gehalten werden soll!

87 Deckungsbeitragsrechnung, Absatzänderungen

Die Bauschreinerei Rolf Becker & Co. KG führt in ihrem Sortiment Fenster, Türen und Garagentore. Die Kostenrechnungsabteilung hat für den Monat Dezember folgendes Zahlenmaterial zusammengestellt:

Werke	Produkte	Stück	Nettoverkaufserlöse in EUR	Variable Kosten in EUR
I	Fenster	250	300 000,00	126 000,00
II	Türen	100	240 000,00	162 000,00
III	Garagentore	30	108 000,00	28 500,00

Aufgaben:

1. Bestimmen Sie für das Produkt Türen rechnerisch den Deckungsbeitrag insgesamt und je Stück!
2. Im November brachte die Türenproduktion einen Gesamtdeckungsbeitrag von 50 700,00 EUR. Weisen Sie rechnerisch nach, um wie viel Prozent sich der Absatz im Monat Dezember verändert!
3. Berechnen Sie den Break-even-Point für das Produkt Garagentore! Die fixen Kosten von Werk III betragen 66 000,00 EUR.
4. Die Bauschreinerei möchte an dem Verkauf der Garagentore monatlich einen Gewinn von 40 000,00 EUR erzielen.

   Aufgabe:

   Berechnen Sie, wie viel Garagentore die Bauschreinerei monatlich verkaufen müsste, um das Gewinnziel zu erreichen!
5. Stellen Sie in einem Koordinatensystem (x-Achse: 2 Stück ≙ 1 cm; y-Achse: 10 000,00 EUR ≙ 1 cm) die Entwicklung der Kosten und der Verkaufserlöse für das Produkt Garagentore dar! Kennzeichnen Sie die Zonen für den Gewinn, den Verlust, die variablen Kosten und die Gewinnschwelle!
6. Markieren Sie für das Produkt Garagentore in der Grafik aus Aufgabe 5 den Deckungsbeitrag sowie den Gewinn

   6.1 bei einer Absatzmenge von 14 Stück,

   6.2 bei einer Absatzmenge von 30 Stück!

88 Betriebsergebnis, Gewinnschwelle, Absatzpolitik

Ein Zweigwerk der Holzwerke Brettle GmbH stellt ausschließlich Holzpaletten her. In der Planungsrechnung wird davon ausgegangen, dass man bei einer Kapazitätsauslastung von zwei Dritteln einen Umsatz von 1,4 Mio. EUR pro Monat und einen Deckungsbeitrag von 672000,00 EUR pro Monat erzielen kann. Die Fixkosten betragen 840 000,00 EUR. Es wird ein linearer Gesamterlös und Gesamtkostenverlauf angenommen.

Aufgaben:

1. Ermitteln Sie das Betriebsergebnis!
2. Berechnen Sie den erforderlichen Gesamterlös, um die Gewinnschwelle zu erreichen!
3. Berechnen Sie das maximal erreichbare Betriebsergebnis!
4. Der Leiter des Zweigwerks hat in den letzten Wochen Aufträge zu nicht kostendeckenden Preisen angenommen. Der Eigentümer der GmbH Bernd Brettle, hätte dagegen solche Aufträge abgelehnt. Beurteilen Sie die unterschiedlichen Auffassungen aus kostenrechnerischer Sicht!

5 Teilkostenrechnung als betriebswirtschaftliche Entscheidungshilfe bei Produktions- und Absatzplanung

5.1 Deckungsbeitragsrechnung als Instrument zur Bestimmung von Preisuntergrenzen

(1) Bestimmung der kurzfristigen und langfristigen Preisuntergrenze

Die Tatsache, dass ein positiver Deckungsbeitrag zur Deckung der Fixkosten beiträgt, kann das Unternehmen dazu nutzen, die Deckungsbeitragsrechnung als Instrument der Preispolitik einzusetzen. Kurzfristig kann das Unternehmen nämlich den Preis so absenken, dass lediglich die variablen Kosten abgedeckt sind.[1] Für eine kurze Zeit kann es die fixen Kosten außer Acht lassen, denn diese fallen an, ob ein Verkauf getätigt wird oder nicht. Die **Summe der variablen Kosten** ist damit die **kurzfristige Preisuntergrenze (absolute Preisuntergrenze).** Liegt der erzielte Stückpreis unter den variablen Kosten, sollte die Produktion des Erzeugnisses eingestellt bzw. ein Auftrag abgelehnt werden.

Langfristig kann ein Unternehmen nicht mit Verlusten produzieren, es muss zumindest kostendeckend arbeiten. Die **langfristige Preisuntergrenze** wird daher durch die **Stückkosten** bestimmt.

- Die **kurzfristige (absolute) Preisuntergrenze** liegt bei dem Preis, bei dem der Stückerlös die **variablen Kosten je Einheit** abdeckt. Der Deckungsbeitrag ist in diesem Fall gleich null.

$$e = k_v$$

- Die **langfristige Preisuntergrenze** liegt bei dem Preis, bei dem der Stückerlös die entstandenen **Stückkosten je Einheit** abdeckt.

$$e = \frac{K_{fix}}{\text{erzeugte Menge}} + k_v$$

Beispiel:

Ein Industrieunternehmen stellt nur ein Erzeugnis her. Für den Monat Februar weist die KLR folgende Daten aus: variable Stückkosten 60,00 EUR, Fixkosten 115 000,00 EUR, Produktionsmenge 7 000 Stück.

Aufgaben:

1. Ermitteln Sie die kurzfristige Preisuntergrenze!
2. Berechnen Sie die langfristige Preisuntergrenze!

Lösungen:

Zu 1.: Kurzfristige Preisuntergrenze: 60,00 EUR

Zu 2.: Langfristige Preisuntergrenze:

$$\frac{115\,000{,}00\text{ EUR}}{7\,000\text{ Stück}} + 60{,}00\text{ EUR} = 76{,}43\text{ EUR/Stück}$$

1 Auf die liquiditätsbezogene Preisuntergrenze wird auf S. 315 eingegangen.

Wird die Ausbringungsmenge erhöht, muss die **Fixkostenproblematik beachtet** werden, d. h. steigt die Ausbringungsmenge nimmt der Fixkostenanteil je Einheit ab. Die Stückkosten sinken. Bei einer Verringerung der Ausbringungsmenge tritt der umgekehrte Effekt ein.[1]

(2) Vorteile und Gefahren der Bestimmung von Preisuntergrenzen

Vorteile

Aus den Formeln ist zu erkennen, dass die **langfristige Preisuntergrenze** mit **zunehmender Ausbringungsmenge absinkt (Degressionseffekt der Fixkosten),** während die **kurzfristige Preisuntergrenze** von der **jeweiligen Ausbringungsmenge unabhängig** ist.

Eine Preissenkung bei einzelnen Erzeugnissen bzw. Erzeugnisgruppen kann das Unternehmen dazu nutzen, auf sein Produktprogramm aufmerksam zu machen. Es hofft darauf, dass die niedrig kalkulierten Erzeugnisse Auslöser dafür sind, dass die Kunden auch die übrigen Erzeugnisse des Produktprogramms bestellen. Auf diese Weise erreicht das Unternehmen eine Umsatz- und Gewinnsteigerung.

Durch die Vorgabe von Preisuntergrenzen bzw. festgelegten Deckungsbeiträgen wird die **Absatzpolitik des Unternehmens flexibler** (beweglicher). So muss z. B. der Reisende für sein Produktprogramm lediglich sein vorgegebenes Deckungssoll erreichen. Er ist also in der Lage, auf das Marktgeschehen einzugehen und in schlechten oder umkämpften Absatzgebieten geringere Preise in Kauf zu nehmen, sofern es ihm gelingt, in guten Absatzgebieten Preise zu erzielen, die über dem vorgegebenen Deckungsbeitrag liegen. Bei richtiger Anwendung können so Marktchancen besser wahrgenommen werden.

Gefahren

Die große **Gefahr der Deckungsbeitragsrechnung als Stückrechnung** liegt darin, dass das Unternehmen insgesamt ein **zu niedriges Preisniveau akzeptiert.** Die Deckungsbeitragsrechnung verführt dazu, dass sich der Verkauf lediglich an einem positiven Deckungsbeitrag orientiert, ohne dabei genau zu wissen, ob die fixen Kosten insgesamt gedeckt sind bzw. ob ein Gewinn erwirtschaftet wird. Es besteht die Gefahr, den Blick auf „einen Teil der Kosten bzw. auf den Gewinn zu vernachlässigen". Erst die Deckungsbeitragsrechnung als Zeitrechnung offenbart dann, ob ein Betriebsgewinn oder ein Betriebsverlust erwirtschaftet wurde.

- Durch die **Vorgabe von Preisuntergrenzen** bzw. festgelegten Deckungsbeiträgen wird die **Absatzpolitik des Unternehmens flexibler** (beweglicher).
- Bei der Deckungsbeitragsrechnung besteht die **Gefahr,** eine zu **nachgiebige Preispolitik** zu betreiben und eine vollständige Kostendeckung zu vernachlässigen.

Übungsaufgaben

89 Deckungsbeitrag, Preisuntergrenzen

1. Stellen Sie dar, wie die Begriffe „kurzfristige Preisuntergrenze" und „langfristige Preisuntergrenze" bestimmt sind!

1 Wiederholen Sie hierzu die Ausführungen auf S. 196f.

2. Entscheiden Sie begründet, ob ein Industriebetrieb langfristig überleben kann, wenn er die Preise für seine Erzeugnisse an der langfristigen Preisuntergrenze ausrichtet!

3. Die Kostenrechnung eines Industriebetriebs liefert uns für den Monat Januar folgende Zahlen:

	Erzeugnis A	Erzeugnis B
Produktions- und Absatzmenge	700 Stück	1300 Stück
Lieferverkaufspreis je Stück	580,00 EUR	410,00 EUR
Kundenrabatt	10 %	12 %
Kundenskonto	3 %	2 %
variable Kosten je Stück	280,00 EUR	302,00 EUR
fixe Kosten	98500,00 EUR	

Aufgaben:

3.1 Bestimmen Sie den Deckungsbeitrag für die Erzeugnisse A und B!

3.2 Errechnen Sie das Betriebsergebnis!

3.3 Nennen Sie die absolute Preisuntergrenze für die Erzeugnisse A und B!

3.4 Erläutern Sie, warum die Ausbringungsmenge keinen Einfluss auf die kurzfristige Preisuntergrenze hat!

90 Preisuntergrenzen, Kapazitätsänderungen, Preispolitik

Eine Maschinenfabrik stellt Abfüllmaschinen her. Vom Typ A werden im Monat Januar 10 Maschinen hergestellt. Hierfür sind folgende Kosten (linearer Kostenverlauf) in den einzelnen Kostenstellen angefallen:

Gesamtkosten / Kostenstellen	Einzelkosten	Gemeinkosten	
		fixe Kosten	variable Kosten
Material	170000,00 EUR	10000,00 EUR	18000,00 EUR
Fertigung	80000,00 EUR	35000,00 EUR	24000,00 EUR
Verwaltung/Vertrieb		15000,00 EUR	

Die Maschine des Typs A erzielt einen Nettoverkaufspreis von 36000,00 EUR. Von der Maschine A können maximal 10 Stück je Monat hergestellt werden.

Aufgaben:

1. Ermitteln Sie die kurzfristige Preisuntergrenze je Maschine des Typs A!
2. Berechnen Sie die langfristige Preisuntergrenze!
3. Die Maschinenfabrik plant eine Erweiterungsinvestition zur Herstellung des Maschinentyps A. Die Kapazität erhöht sich dadurch um 20 %.

   Die Kostenstruktur ändert sich wie folgt: Die fixen Kosten steigen um 40 %, die variablen Kosten sinken um 25 %.

   3.1 Berechnen Sie die neuen Stückkosten je Maschine!

   3.2 Bestimmen Sie den Gewinn, der sich dadurch je Maschine ergibt!

   3.3 Ermitteln Sie die Gewinnschwelle für den Fall, dass der Nettoverkaufserlös für die Maschine A um 15 % sinkt!
4. Die Preispolitik ist abhängig von der Entwicklung der Beschäftigung. Erläutern und begründen Sie die Preispolitik, die Sie umsetzen würden, wenn

   4.1 die Beschäftigung sinkt,

   4.2 die Beschäftigung steigt!

91 Vergleich Produkteliminierung Vollkostenrechnung und Deckungsbeitragsrechnung, Preisuntergrenze

Sachverhalt

Die Geschäftsleitung der Kleiderfabrik Pforzheim GmbH vermutet, dass die Produktion der Hosen mit Verlust verbunden ist. Sie möchte deshalb herausfinden, ob sie nicht besser die Produktion der Hosen einstellen sollte.

Entscheidungshilfe hierzu erwartet sie von den Ergebnissen der Kosten- und Leistungsrechnung.

Am Ende eines Rechnungsabschnitts stehen folgende Zahlen zur Verfügung:

Einzelkosten	Hosen	Jacken
Verbrauch von Fertigungsmaterial	25 000,00 EUR	45 000,00 EUR
Fertigungslöhne	35 000,00 EUR	70 000,00 EUR
Sondereinzelkosten des Vertriebs	5 000,00 EUR	–

Gemeinkosten	fix	variabel
Materialstelle	2 000,00 EUR	1 500,00 EUR
Fertigungsstelle Hosen	18 000,00 EUR	14 000,00 EUR
Fertigungsstelle Jacken	53 000,00 EUR	35 000,00 EUR
Verw.- und Vertriebsstelle	25 000,00 EUR	–

Hergestellt wurden 2 100 Hosen, die zu 55,00 EUR/Stück und 3 500 Jacken, die zu 85,00 EUR/Stück verkauft wurden. Auf beide Produkte wurden 15 % Rabatt gewährt.

Aufgaben:

1. Überprüfen Sie mithilfe der Vollkostenrechnung, ob die Vermutung der Geschäftsleitung bezüglich der Hosen zutrifft!

   Kalkulieren Sie mit einem Material-Gemeinkostenzuschlagssatz von 5 % und einem Verwaltungs- und Vertriebs-Gemeinkostenzuschlagssatz von 8 %!

2. Stellen Sie eine Deckungsbeitragsrechnung für beide Produkte auf!

   Beurteilen Sie das Ergebnis dahingehend, ob die Hosen aus der Produktion genommen werden sollten!

   Verteilen Sie die variablen Materialgemeinkosten auf die Produkte Hosen und Jacken im Verhältnis 1 : 2!

3. Ermitteln Sie die kurzfristige Preisuntergrenze für die Hosen!

4. Erläutern Sie, welche Aufgaben nur die Vollkostenrechnung und welche nur die Teilkostenrechnung erfüllen kann!

5.2 Deckungsbeitragsrechnung als Instrument zur Entscheidungsfindung über die Annahme eines Zusatzauftrages

Zusatzaufträge sind solche Aufträge, die **unterhalb der derzeitigen Verkaufspreise** angenommen werden. Bei **nicht ausgelasteter Produktionskapazität** kann unter bestimmten Bedingungen das Betriebsergebnis verbessert werden.

Ein Zusatzauftrag führt dann zu einer Verbesserung des Betriebsergebnisses, wenn die Nettoverkaufserlöse höher liegen als die variablen Kosten des Auftrages. Die fixen Kosten können außer Betracht bleiben, da sie ja unabhängig davon anfallen, ob der Zusatzauftrag angenommen wird oder nicht. Der erzielbare Deckungsbeitrag ist das Kriterium für die Annahme oder Ablehnung des Zusatzauftrages.

- Für die Annahme bzw. die Ablehnung eines Zusatzauftrages gilt:
  - Deckungsbeitrag > 0 ⟶ Annahme des Zusatzauftrages
  - Deckungsbeitrag < 0 ⟶ Ablehnung des Zusatzauftrages
- Zusatzaufträge tragen zur besseren Produktionsauslastung und zur Arbeitsplatzerhaltung bei.

Beispiel:

Im laufenden Monat ist folgende Produktions- und Absatzsituation gegeben:

	Erzeugnis I	Erzeugnis II
Nettoverkaufserlös	198,00 EUR	270,00 EUR
variable Stückkosten	112,00 EUR	120,00 EUR
fixe Kosten insgesamt	150 000,00 EUR	
Absatzmenge	700 Stück	950 Stück
Kapazität	900 Stück	1 200 Stück

Das Unternehmen hat die Möglichkeit, von Erzeugnis II 210 Stück zum Festpreis von 180,00 EUR als Sondermodell zu verkaufen.

Aufgabe:

Prüfen Sie, ob sich die Hereinnahme des Zusatzauftrages lohnt!

Lösung:

	Erzeugnis I	Erzeugnis II	Zusatzauftrag
Nettoverkaufserlöse	138 600,00 EUR	256 500,00 EUR	37 800,00 EUR
– variable Kosten	78 400,00 EUR	114 000,00 EUR	25 200,00 EUR
Deckungsbeitrag	60 200,00 EUR	142 500,00 EUR	12 600,00 EUR
– fixe Kosten	150 000,00 EUR		
Betriebsgewinn ohne Zusatzauftrag	52 700,00 EUR		
+ Deckungsbeitrag Zusatzauftrag	12 600,00 EUR		
Betriebsgewinn mit Zusatzauftrag	65 300,00 EUR		

Ergebnis: Die Hereinnahme des Zusatzauftrages lohnt sich, da dadurch der Betriebsgewinn um 12 600,00 EUR gesteigert werden kann.

Hinweis:

Sofern ein positiver Deckungsbeitrag erzielt werden kann, würde sich die Hereinnahme des Zusatzauftrages auch im Fall eines Betriebsverlusts lohnen. Ein positiver Deckungsbeitrag trägt dann dazu bei, den Betriebsverlust zu verringern.

Übungsaufgaben

92 Deckungsbeitragsrechnung, Zusatzauftrag

Ein Industrieunternehmen produziert drei verschiedene Erzeugnisse. Die KLR gibt uns hierfür folgende Daten an:

	Erzeugnis I	Erzeugnis II	Erzeugnis III
Nettoverkaufserlöse	1420,00 EUR	3390,00 EUR	7710,00 EUR
variable Stückkosten	1600,00 EUR	2910,00 EUR	5850,00 EUR
Absatzmenge	20 Stück	30 Stück	15 Stück
Kapazität	25 Stück	50 Stück	30 Stück
fixe Kosten insgesamt		45100,00 EUR	

Das Unternehmen erhält einen Zusatzauftrag über 12 Stück des Erzeugnisses III zum Festpreis von 6200,00 EUR. Das Industrieunternehmen nimmt den Zusatzauftrag aus arbeitsmarktpolitischen Gründen an.

Aufgaben:

1. Berechnen Sie den Betriebsgewinn bzw. Betriebsverlust!
2. Unterbreiten Sie einen Vorschlag zur Produktionsprogrammplanung!
3. Stellen Sie dar, unter welchen Voraussetzungen es sinnvoll ist, Zusatzaufträge anzunehmen, wenn dafür eine Kapazitätserweiterung erforderlich ist!

93 Betriebsergebnis, Zusatzauftrag

Ein Industrieunternehmen produziert drei verschiedene Typen einer Kaffeemaschine. Die KLR ermittelt für den Monat Juli folgende Zahlen:

	Typ A	Typ B	Typ C
produziert und verkauft	6500 Stück	9750 Stück	10400 Stück
Nettoverkaufserlös je Stück	58,50 EUR	88,40 EUR	104,00 EUR
variable Stückkosten	49,40 EUR	73,45 EUR	89,70 EUR

Aufgaben:

1. Berechnen Sie für jeden Typ den Deckungsbeitrag je Stück und den Deckungsbeitrag insgesamt!
2. Ermitteln Sie das Betriebsergebnis für den Monat Juli, wenn die Fixkosten insgesamt 241150,00 EUR betragen!
3. Begründen Sie rechnerisch, ob es unter wirtschaftlichen Gesichtspunkten empfehlenswert ist, einen Zusatzauftrag von 3900 Stück von Typ B anzunehmen, wenn entsprechend von Typ C dann 3900 Stück weniger produziert werden können!

4. Kostensteigerungen beim Typ C führen zu einer Erhöhung der variablen Stückkosten um 2,30 EUR. Von einem Exporteur kommt gleichzeitig ein Zusatzauftrag über 5000 Kaffeemaschinen des Typs C. Der Exporteur verlangt einen Preisabschlag von 12% auf den Nettoverkaufspreis.

   Berechnen Sie den zusätzlichen Betriebsgewinn/-verlust und begründen Sie, ob das Industrieunternehmen den Auftrag annehmen soll!

94 Entscheidung über Zusatzauftrag und Preis

Die Geschäftsleitung der Kunststoffwerke Erler GmbH beschließt, die Deckungsbeitragsrechnung einzuführen. Das Unternehmen erwartet für das kommende Quartal folgende Daten:

	Produkt A	Produkt B
Absatzmenge	350 Stück	800 Stück
Nettoverkaufserlös je Stück	450,00 EUR	325,00 EUR
variable Kosten je Stück	300,00 EUR	200,00 EUR
fixe Kosten	74 000,00 EUR	

Aufgaben:

1. Ermitteln Sie das voraussichtliche Betriebsergebnis mithilfe der Deckungsbeitragsrechnung!
2. Mit der Absatzmenge des Produktes A ist die Kapazität des Produktbereichs A nicht ausgelastet. Daher kann noch ein Zusatzauftrag über 40 Einheiten A angenommen werden.

   Bestimmen Sie die Preisuntergrenze für diesen Zusatzauftrag, wenn aus diesem Auftrag noch ein zusätzlicher Gewinn von 2000,00 EUR erwirtschaftet werden soll!
3. Die Deckungsbeitragsrechnung ermöglicht eine marktorientierte Mengenplanung und Preispolitik. Begründen Sie diese Aussage!

95 Kosten- und Erlösfunktionen, Deckungsbeitragsrechnung

Im Zweigwerk der Möbelfabrik Sitzer GmbH werden ausschließlich Regale hergestellt. Die Kapazitätsgrenze liegt bei 1750 Stück pro Monat. Der durchschnittliche Verkaufspreis je Regal beträgt 161,00 EUR. Für das erste Quartal liegen folgende Kostendaten vor:

Monat	Produzierte und verkaufte Menge (Stück)	Gesamtkosten
Oktober	780	100 100,00 EUR
November	1 170	127 400,00 EUR
Dezember	1 365	

Kosten und Erlöse verlaufen linear.

Aufgaben:

1. Berechnen Sie, bei welcher Stückzahl das Zweigwerk der Sitzer GmbH die Gewinnschwelle erreicht!
2. Ermitteln Sie die langfristige (durchschnittliche) Preisuntergrenze eines Regals. Gehen Sie davon aus, dass die Kapazität voll augelastet ist.
3. Berechnen Sie das Betriebsergebnis des Zweigwerks für das erste Quartal. Legen Sie die Daten von 1. zugrunde!

4. Im Monat Januar erhält die Sitzer GmbH das Angebot einer Möbelhauskette 120 Regale mit einem Nachlass von 25 % gegenüber dem üblichen Verkaufspreis abzunehmen. Die Möbelhauskette war bisher nicht Kunde der Sitzer GmbH.

   Da die Kapazität voll ausgelastet ist, kann der Zusatzauftrag nur mit Überstunden der Belegschaft bewältigt werden. Der Überstundenzuschlag beträgt 20 %, der Lohnanteil an den variablen Kosten 26,00 EUR.

   Berechnen Sie, wie sich die Annahme des Auftrags auf das Betriebsergebnis auswirkt!
5. Erklären Sie, worauf es zurückzuführen ist, dass das Betriebsergebnis bei einem Anstieg der produzierten und verkauften Regale überproportional wächst!
6. Führen Sie jeweils ein weiteres Argument an, welches für bzw. gegen die Annahme des Auftrags der Möbelhauskette spricht!

5.3 Optimierung des Produktionsprogramms

5.3.1 Optimierung des Produktionsprogramms bei freien Kapazitäten

(1) Problemstellung

Dem Unternehmer stellt sich immer die Frage, welche Produkte er in sein Produktionsprogramm aufnehmen soll, welchen Produkten im Falle von Produktionsengpässen der Vorrang einzuräumen ist und welche Produkte eliminiert werden müssen. Generell gilt, dass die Entscheidung zugunsten der Produkte zu fällen ist, die den höchsten Deckungsbeitrag liefern. Im Falle von Produktionsengpässen muss allerdings zwischen den absoluten und relativen Deckungsbeiträgen unterschieden werden. Insofern ist die Deckungsbeitragsrechnung auch eine **wichtige Entscheidungshilfe** bei der **Auswahl** und der **Ablauffolge des Produktionsprogramms.**

(2) Produktionsentscheidung nach absoluten Deckungsbeiträgen

Geht man davon aus, dass bei noch nicht voll ausgelasteter Kapazität noch weitere Produkte abgesetzt werden können, dann stellt sich die Frage, welche Produkte vorrangig produziert werden sollen. Mit anderen Worten, es muss eine Rangfolge der Produktion festgelegt werden.

Bei **nicht voll ausgelasteter Kapazität** ist den Produkten der Vorrang einzuräumen, mit denen je Stück der höchste Deckungsbeitrag erwirtschaftet wird. Die Produktionsabfolge orientiert sich an der Höhe des **absoluten Deckungsbeitrags** (Deckungsbeitrag je Stück).

Beispiel:

Die Maschinenfabrik Sauter KG stellt vier verschiedene Motorentypen (A, B, C und D) zu folgenden Bedingungen her:

Motorentyp	Nettoverkaufserlös je Stück	variable Stückkosten	(absoluter) Stückdeckungsbeitrag
A	7120,00 EUR	2790,00 EUR	4330,00 EUR
B	13510,00 EUR	8220,00 EUR	5290,00 EUR
C	5090,00 EUR	2910,00 EUR	2180,00 EUR
D	18870,00 EUR	14330,00 EUR	4540,00 EUR

Aufgabe:

Ermitteln Sie, in welcher Rangfolge die Produktion der einzelnen Motoren erfolgt!

Lösung:

Rangfolge	Höhe des Deckungsbeitrags je Stück	Motorentyp
I	5 290,00 EUR	B
II	4 540,00 EUR	D
III	4 330,00 EUR	A
IV	2 180,00 EUR	C

Ergebnis: Die Rangfolge, in der die einzelnen Motorentypen produziert werden, lautet: B, D, A, C.

Übungsaufgabe

96 Produktförderung, Produkteliminierung

Ein Industriebetrieb verfügt über freie Kapazität. Er fertigt die Produkte A, B und C. Das Produkt C ist bei den Kunden besonders gefragt. Eine Erhöhung von Produktion und Absatz lässt die Marktsituation zu. Eine Kapazitätserweiterung ist derzeit finanziell nicht zu stemmen. Die Geschäftsleitung fragt daher bei der Abteilung Kostenrechnung an, ob es kostenrechnerisch sinnvoll ist, die Produktion des Produkts A einzustellen und die freie Kapazität zur Produktion des Produkts C zu nutzen.

Die Kosten- und Leistungsrechnung liefert folgende Daten:

	Produkt A	Produkt B	Produkt C
Nettoverkaufserlöse	33,60 EUR	58,80 EUR	95,20 EUR
variable Stückkosten	25,20 EUR	39,20 EUR	60,20 EUR
Absatzmenge	1 400 Stück	3 000 Stück	2 100 Stück
Kapazität	1 500 Stück	6 000 Stück	2 700 Stück

Die fixen Kosten des Industriebetriebs betragen insgesamt 82 000,00 EUR.

Aufgaben:

1. Begründen Sie, warum die Geschäftsleitung das Produkt A zugunsten des Produkts C eliminieren möchte!
2. Prüfen Sie die Anfrage der Geschäftsleitung aus Sicht der Kostenrechnung und unterbreiten Sie der Geschäftsleitung einen Vorschlag!

5.3.2 Optimierung des Produktionsprogramms bei Vorliegen eines Engpasses

(1) Überblick

Ist in einem Teilbereich des Betriebs, den alle Produkte durchlaufen müssen, die Kapazitätsgrenze erreicht, entsteht ein Engpass. Die Produktionsmenge kann dann nicht in der Weise gesteigert werden, wie es von der Absatzseite her möglich wäre **(Engpass in der Produktion)**. In diesem Fall gilt:

> Bei **voll ausgelasteter Kapazität** müssen die Deckungsbeiträge auf **eine Einheit der Engpasskapazität** umgerechnet werden.

Die neuen Fragestellungen lauten:

- Wie lange wird die **Engpassabteilung** von den einzelnen Produkten während des Produktionsprozesses **in Anspruch genommen?**
- Welcher Deckungsbeitrag wird je beanspruchte Zeiteinheit von den einzelnen Produkten erzielt **(relativer Deckungsbeitrag)?**

Beachte:

Eine weitere Ursache für eine Engpasssituation kann darin bestehen, dass ein für die Produktion benötigter Rohstoff nicht rechtzeitig in dem benötigten Umfang beschafft werden kann **(Engpass bei der Beschaffung).** Allerdings ändert sich in diesem Fall die Problemsituation nicht grundlegend, da sich auch in diesem Fall das Produktionsprogramm am relativen Deckungsbeitrag ausrichtet.

(2) Engpass in der Produktion

Beispiel:

Bei der Maschinenfabrik Gottfried Sauter KG durchlaufen alle Motorentypen die Abteilung Qualitätsprüfung. Diese Abteilung bildet mit 2400 Stunden pro Monat den betrieblichen Engpass. Für die Qualitätsprüfung werden folgende Prüfzeiten aufgewendet:

	Motorentypen			
	A	B	C	D
Prüfzeiten in Minuten	30	40	15	20

Es sind die absoluten Stückdeckungsbeiträge von dem Beispiel auf S. 238 zugrunde zu legen.

Aufgaben:

1. Berechnen Sie den relativen Deckungsbeitrag und ermitteln Sie die Rangfolge der Motorentypen bei der Produktionsentscheidung!
2. Bestimmen Sie das optimale Produktionsprogramm, wenn im Monat Juni folgende absetzbare Mengen möglich sind:

	Motorentypen			
	A	B	C	D
absetzbare Menge (Stück)	1 260	1 500	2 280	2 460

3. Berechnen Sie den im Monat Juni erzielten Betriebsgewinn, wenn Fixkosten in Höhe von 23 071 800,00 EUR anfallen!

Lösungen:

Zu 1.: Berechnung der relativen Deckungsbeiträge und die Rangfolge der Motorentypen bei der Produktionsentscheidung

Zunächst muss der absolute Stückdeckungsbeitrag auf eine Einheit der Engpasskapazität (hier: 1 Stunde) umgerechnet werden. Das Ergebnis ist der **relative Deckungsbeitrag** pro Stunde.

$$\text{Relativer Deckungsbeitrag} = \frac{\text{absoluter Stückdeckungsbeitrag}}{\text{verbrauchte Engpasseinheit (z. B. je Stunde, Stück)}}$$

Motorentyp	Prüfzeit je Motor	verbrauchte Engpasseinheit je Stück	(absoluter) Stückdeckungsbeitrag	relativer Deckungsbeitrag je Stunde	Rangfolge
A	30 Min.	30/60[1]	4 330,00 EUR	8 660,00 EUR	III
B	40 Min.	40/60	5 290,00 EUR	7 935,00 EUR	IV
C	15 Min.	15/60	2 180,00 EUR	8 720,00 EUR	II
D	20 Min.	20/60	4 540,00 EUR	13 620,00 EUR	I

Ergebnis: Die Rangfolge, in der die einzelnen Motorentypen produziert werden, lautet: D, C, A, B.

Zu 2.: Bestimmung des optimalen Produktionsprogramms

Rang	Motorentyp	absetzbare Menge		geprüfte Stücke je Stunde		Prüfzeit insgesamt in Stunden		Produktionsmenge in Stück (optimales Produktionsprogramm)
I	D	2 460	:	3	=	820		2 460
II	C	2 280	:	4	=	570		2 280
III	A	1 260	:	2	=	630		1 260
						2 020		
IV	B	1 500		1,5	x	380	=	570
						2 400		

Erläuterungen:

Die Motorentypen D, C und A können in der absetzbaren Menge produziert werden. Dafür werden in der Engpassabteilung Qualitätsprüfung 2 020 Stunden benötigt. Für den mit dem niedrigsten relativen Deckungsbeitrag ausgestatteten Motorentyp B, der bei der absetzbaren Menge von 1500 Stück 1 000 Prüfstunden benötigen würde (1 500 Stück : 1,5 Stück/Std.), verbleibt nur noch eine Prüfzeit von 380 Stunden. In dieser Zeit können lediglich 570 Motoren (1,5 Stück/Std. · 380 Std. restliche Prüfzeit) dieses Motorentyps geprüft werden. Damit können auch nur 570 Stück dieses Motorentyps produziert werden.

Zu 3.: Berechnung des Betriebsgewinns

Motorentyp	produzierte Motoren	absoluter Stückdeckungsbeitrag	Deckungsbeitrag insgesamt
A	1 260 Stück	4 330,00 EUR	5 455 800,00 EUR
B	570 Stück	5 290,00 EUR	3 015 300,00 EUR
C	2 280 Stück	2 180,00 EUR	4 970 400,00 EUR
D	2 460 Stück	4 540,00 EUR	11 168 400,00 EUR

	Summe aller Deckungsbeiträge	24 609 900,00 EUR
–	Fixkosten	23 071 800,00 EUR
	Betriebsgewinn	1 538 100,00 EUR

- Liegt in einem Teilbereich der Produktion ein Engpass vor, so sind die Deckungsbeiträge je verbrauchter Engpasseinheit (relative Deckungsbeiträge) zu ermitteln.
- Die Entscheidung, in welcher Menge eine Erzeugniseinheit produziert wird, richtet sich nach der Höhe des relativen Deckungsbeitrags.

1 Pro Stunde können 2 Motoren geprüft werden.

16 Speth u.a. - ISBN 978-3-8120-0576-0

(3) Engpass bei der Beschaffung

Beispiel:

Eine Maschinenfabrik produziert Verpackungsmaschinen in vier verschiedenen Ausführungen. Für alle vier Maschinentypen werden Kugellager benötigt, die nur von einem Unternehmen bezogen werden können. Der Einstandspreis je Kugellager beträgt 7200,00 EUR.

Die folgende Tabelle enthält die benötigte Menge an Kugellagern je Maschine, die Summe der übrigen variablen Kosten und die Nettoverkaufspreise je Maschine.

Maschinen-ausführung	Kugellager je Maschine	übrige variable Kosten	Nettoverkaufs-erlöse
I	6	24000,00 EUR	69900,00 EUR
II	4	31400,00 EUR	61760,00 EUR
III	1	14700,00 EUR	22110,00 EUR
IV	5	18600,00 EUR	57200,00 EUR

Aufgaben:

1. Berechnen Sie die gesamten variablen Kosten je Maschine!
2. Ermitteln Sie den Deckungsbeitrag je Maschine!
3. Bestimmen Sie den Deckungsbeitrag je Engpasseinheit!
4. Stellen Sie die Reihenfolge des gewinnoptimalen Produktionsprogramms auf, wenn kurzfristig nur 15 Kugellager bezogen werden können!

Lösungen:

Zu 1. bis 3.:

Maschinen-ausführung	gesamte variable Kosten je Maschine	Deckungsbeitrag je Maschine	Stückdeckungsbeitrag/ Engpasseinheit
I	67200,00 EUR	2700,00 EUR	450,00 EUR
II	60200,00 EUR	1560,00 EUR	390,00 EUR
III	21900,00 EUR	210,00 EUR	210,00 EUR
IV	54600,00 EUR	2600,00 EUR	520,00 EUR

Lösungsschritte am Beispiel der Maschinenausführung I:

1. Schritt. Berechnung der gesamten variablen Kosten je Maschine

	6 Kugellager zu je 7200,00 EUR =	43200,00 EUR
+	übrige variable Kosten	24000,00 EUR
		67200,00 EUR

2. Schritt:

	Nettoverkaufserlöse	69900,00 EUR
–	variable Kosten	67200,00 EUR
=	Stückdeckungsbeitrag	2700,00 EUR

3. Schritt: Stückdeckungsbeitrag/Engpasseinheit $= \frac{2700}{6} = \underline{\underline{450{,}00 \text{ EUR}}}$

Zu 4.: Die Reihenfolge des gewinnoptimalen Produktionsprogramms lautet: Maschine IV (5 Kugellager), Maschine I (6 Kugellager), Maschine II (4 Kugellager).

Maschine III kann mangels eines Kugellagers nicht produziert werden.

Übungsaufgaben

97 Optimierung des Fertigungsprogramms bei Engpass

In einer Möbelfabrik werden vier verschiedene Formen von Wohnzimmertischen (A, B, C, D) hergestellt. Für den Monat November liefert die KLR folgende Zahlen:

	Wohnzimmertische			
	A	B	C	D
Nettoverkaufserlöse je Stück	1 080,00 EUR	940,00 EUR	510,00 EUR	280,00 EUR
variable Stückkosten	720,00 EUR	690,00 EUR	370,00 EUR	115,00 EUR
absetzbare Stückzahlen	700 Stück	220 Stück	320 Stück	200 Stück
Zeitbedarf je Stück in der Engpassstufe	30 Minuten	12 Minuten	15 Minuten	20 Minuten
Fertigungsstd. insgesamt in der Engpassstufe	360 Stunden			
Fixe Gesamtkosten	279 900,00 EUR			

Aufgaben:

1. Berechnen Sie die relativen Deckungsbeiträge!
2. Bestimmen Sie das optimale Produktionsprogramm!
3. Ermitteln Sie den Betriebsgewinn im Monat November, wenn die gesamten Fixkosten 279 900,00 EUR ausmachen!
4. Stellen Sie die wichtigsten Merkmale der Deckungsbeitragsrechnung und der Vollkostenrechnung einander gegenüber!

98 Optimierung des Fertigungsprogramms bei Zusatzauftrag

Ein Industrieunternehmen stellt drei Produkte (A, B und C) her. Der Produktionsplan für die 24. Woche enthält folgende Daten:

Produktart	geplante Stückzahl	Stückzeit in Minuten	variable Stückkosten	Nettoverkaufserlös je Stück
A	240	30	40,00 EUR	56,00 EUR
B	120	40	64,00 EUR	90,00 EUR
C	50	48	84,00 EUR	120,00 EUR

Die Fixkosten betragen insgesamt 6 100,00 EUR. In der Montageabteilung, die die Engpassstufe darstellt, stehen pro Woche 240 Arbeitsstunden zur Verfügung.

Aufgaben:

1. Ermitteln Sie den absoluten Deckungsbeitrag je Stück sowie insgesamt für jede Produktart und berechnen Sie den Betriebsgewinn!
2. Für die 25. Woche ist folgendes Produktionsprogramm vorgesehen: A 120 Stück, B 30 Stück, C 200 Stück.

   Vor Beginn der Produktion fragt ein Kunde an, ob 200 Stück von dem Sondermodell D zum Stückpreis von 60,00 EUR kurzfristig geliefert werden können. Der Auftrag kann nur ganz oder gar nicht angenommen werden. Die variablen Stückkosten betragen hierfür 46,00 EUR und die Stückzeit beträgt 24 Minuten. Die Produktion des Sondermodells muss in der 25. Woche durchgeführt werden.

2.1 Ermitteln Sie, ob das Industrieunternehmen diesen Auftrag annehmen soll (rechnerischer Nachweis)!

2.2 Erstellen Sie, sofern der Auftrag angenommen wird, das neue Produktionsprogramm für die 25. Woche!

99 Optimierung des Fertigungsprogramms bei Engpass

In einem Betrieb weist die kurzfristige Erfolgsrechnung des Vormonats folgende Daten aus:

	Gesamt	Produkt A	Produkt B	Produkt C
Nettoverkaufserlöse	2362000,00	780000,00	936000,00	646000,00
variable Kosten	1197200,00	468000,00	312000,00	417200,00
Deckungsbeitrag	1164800,00	312000,00	624000,00	228800,00
fixe Kosten	910000,00			
Betriebsgewinn	254800,00			
hergestellte Stückzahl		1560	2080	1040
Fertigungszeit pro Stück		25 Min.	30 Min.	15 Min.
Verfügbare Kapazität:	2600 Stunden			

Aufgaben:

1. Berechnen Sie, wie viel Prozent die freie Kapazität im Vormonat betrug!
2. Ermitteln Sie den Deckungsbeitrag je Erzeugnis und Produktionsstunde und geben Sie die Reihenfolge der Förderungswürdigkeit der Produkte an:
   2.1 bei freier Kapazität und
   2.2 bei einer Engpasssituation!
3. Bestimmen Sie das Betriebsergebnis bei einer Kapazitätsausnutzung von 1170 Stunden und einer entsprechenden Programmbereinigung, wenn die bisherigen Stückzahlen nicht erhöht werden können!
4. Angenommen, die Kapazität beträgt 1690 Stunden.
   4.1 Ermitteln Sie das Betriebsergebnis!
   4.2 Geben Sie an, wie viel Stück von den einzelnen Produkten hergestellt werden!
5. Berechnen Sie das Betriebsergebnis bei einer Kapazitätsauslastung von 90%, wenn das Produkt mit dem höchsten relativen Deckungsbeitrag zusätzlich hergestellt würde! Berücksichtigen Sie zur Lösung das Ergebnis von 1.

100 Optimierung des Produktionsprogramms bei Rohstoffengpass

Eine Schokoladenfabrik stellt vier Sorten Schokolade her (A, B, C, D). Für alle vier Sorten wird Kakao benötigt, der jedoch aufgrund von Ernteausfällen nur in beschränktem Umfang bezogen werden kann. Die Einkaufsabteilung erhielt insgesamt 960 kg Kakao zu 36,00 EUR/kg. Im vergangenen Quartal konnten von jeder Schokoladensorte 30000 Tafeln zu je 100 g abgesetzt werden.

Die folgende Tabelle enthält (je 100-g-Tafel) die benötigte Menge Kakaobutter (in Gramm), die Summe der übrigen variablen Kosten und die Nettoverkaufserlöse:

Sorte	Menge Kakao	übrige variable Kosten	Nettoverkaufspreis
A	30 g	1,20 EUR	2,82 EUR
B	20 g	1,44 EUR	2,76 EUR
C	5 g	1,80 EUR	2,10 EUR
D	10 g	1,08 EUR	1,92 EUR

Aufgaben:

1. Berechnen Sie die gesamten variablen Kosten je 100-g-Tafel!
2. Ermitteln Sie den Deckungsbeitrag je 100-g-Tafel!
3. Bestimmen Sie den Deckungsbeitrag je Engpasseinheit!
4. Stellen Sie das gewinnoptimale Produktionsprogramm auf!

101 Optimierung des Fertigungsprogramms bei Preisdifferenzierung

Die Herzog GmbH hat ihre Produktpalette um das Steckspiel mit dem Markennamen „Stick" erweitert. Das Produkt „Stick" wird als Standardkasten vertrieben. Im vergangenen Geschäftsjahr verkaufte die Herzog GmbH ausschließlich im Inland über den Fachhandel 56000 Kästen mit einem durchschnittlichen Nettoverkaufserlös von 25,00 EUR je Stück.

In einer Sitzung der Geschäftsleitung behauptet der Leiter des Rechnungswesens, dass „Stick" ein „Flop" sei; die anderen Produkte müssten „Stick" mitfinanzieren. Zum Beweis seiner Aussage legt er folgende Kostenanalyse aus dem vergangenen Geschäftsjahr vor:

Gesamte proportional-variable Kosten für „Stick"	812 000,00 EUR
Fixe Kosten der Produktions- und Verpackungsmaschinen, die ausschließlich dem Produkt „Stick" zuzuordnen sind:	388 000,00 EUR
Von den Fixkosten des Unternehmens wurden im Rahmen der Vollkostenrechnung auf das Produkt „Stick" verteilt:	700 000,00 EUR

Aufgaben:

1. Begründen Sie, ob es falsch war, „Stick" in das Produktionsprogramm aufzunehmen! Belegen Sie Ihre Auffassung rechnerisch!
2. Erörtern Sie, welche Argumente unabhängig von Kostengesichtspunkten dagegen sprechen könnten, das Produkt „Stick" aus dem Produktionsprogramm zu nehmen!
3. Im Exportbereich ließe sich ein zusätzlicher Absatz von 22000 Kästen „Stick" pro Jahr bei einem Nettoverkaufserlös von 18,50 EUR pro Stück erzielen.

   Prüfen Sie, ob die Herzog GmbH unter dem Gesichtspunkt der Gewinnmaximierung diese Strategie der Preisdifferenzierung realisieren sollte!

5.4 Entscheidung über Eigenfertigung oder Fremdbezug (Make or Buy)

5.4.1 Entscheidung bei noch freien Produktionskapazitäten

Im Fall noch freier Produktionskapazitäten muss ein Unternehmen prüfen, ob es nicht kostengünstiger wäre, bisher fremdbezogene Vorprodukte/Erzeugnisse künftig zur Auslastung der Kapazitäten selbst herzustellen. In den Vergleich dürfen nur die variablen Herstellkosten einbezogen werden, da die anteiligen Fixkosten auch bei Fremdbezug weiterhin entstehen.

Beispiel:

Ein Industriebetrieb hat noch freie Kapazität. Die Geschäftsleitung überlegt daher, ob sie das Getriebe für die neue Maschine selbst herstellen oder von einem Zulieferer beziehen soll. Folgende Daten liegen vor:

Fremdbezug:	Bareinkaufspreis 148,00 EUR je Stück, Frachtkosten pauschal 1 % des Bareinkaufspreises.
Eigenfertigung:	Verbrauch von Fertigungsmaterial 30,00 EUR, variable MGK 8 %, Fertigungslöhne 45,00 EUR, variable FGK 62 %.

Aufgabe:

Entscheiden Sie, ob sich die Eigenfertigung lohnt!

Lösung:

Kosten bei Fremdbezug

	Bareinkaufspreis	148,00 EUR
+	1 % Frachtkosten pauschal	1,48 EUR
=	Einstandspreis je Getriebe	149,48 EUR

Kosten bei Eigenfertigung[1]

	Materialeinzelkosten	30,00 EUR
+	8 % variable MGK	2,40 EUR
	Fertigungslöhne	45,00 EUR
+	62 % variable FGK	27,90 EUR
=	Variable Herstellkosten je Getriebe	105,30 EUR

Eigenfertigung oder Fremdbezug?

	Einstandspreis je Getriebe bei Fremdbezug	149,48 EUR
–	variable Herstellkosten je Getriebe bei Eigenfertigung	105,30 EUR
=	Kostenvorteil bei Eigenfertigung	44,18 EUR

Ergebnis: Bei der Eigenfertigung entsteht gegenüber dem Fremdbezug ein Kostenvorteil in Höhe von 44,18 EUR. Die Eigenfertigung ist daher vorteilhafter.

Bei **freier Kapazität** ist die Eigenfertigung dem Fremdbezug dann vorzuziehen, wenn die variablen Herstellkosten unter dem Einstandspreis bei Fremdbezug liegen.

1 Die fixen Kosten sind durch die bisherige Beschäftigung bereits in voller Höhe abgedeckt. Relevante Kosten sind daher ausschließlich die variablen Kosten.

5.4.2 Entscheidung bei notwendigen Kapazitätserweiterungen

Bei **ausgelasteter Kapazität** müssen neben den variablen Kosten auch die **zusätzlich entstehenden fixen Kosten** der Kapazitätserweiterung einbezogen werden.[1]

Die Frage, ob die Eigenfertigung Kostenvorteile bringt, hängt im Wesentlichen von der Ausbringungsmenge ab. Es gilt daher, die Ausbringungsmenge zu ermitteln, bei der die Kosten der Eigenfertigung und die Kosten des Fremdbezugs gleich hoch sind.

Diese Ausbringungsmenge bezeichnet man als **kritische Menge**. Sie wird wie folgt berechnet:

$$\text{Kosten bei Fremdbezug } (K_{FB}) = \text{Kosten bei Eigenfertigung } (K_{EF})$$
$$k \cdot x = k_v \cdot x + K_{fix}$$

Vor der kritischen Menge ist der Fremdbezug, danach die Eigenfertigung günstiger.

Beispiel:

Wir greifen auf das Beispiel von S. 246 zurück. Da die Kapazität ausgelastet ist, müsste im Fall der Eigenfertigung die Kapazität für die Getriebefertigung erweitert werden. Es wäre mit Anschaffungskosten in Höhe von 720 000,00 EUR zu rechnen. Die Nutzungsdauer für die neue Anlage läge bei 8 Jahren. Ferner würden zusätzliche Fixkosten für Instandhaltung, Versicherung usw. in Höhe von 4 500,00 EUR entstehen.

Aufgaben:

1. Entscheiden Sie, ob sich die Eigenfertigung bei einer Fertigungsmenge von 2000 Getrieben pro Jahr lohnt!
2. Bestimmen Sie rechnerisch und grafisch die kritische Menge, ab der sich die Eigenfertigung lohnt!

Lösungen:

Zu 1.: Kosten bei Fremdbezug

Einstandspreis je Getriebe	149,48 EUR
Einstandspreis von 2 000 Getrieben	298 960,00 EUR

Kosten bei Eigenfertigung

Var. Herstellkosten je Getriebe	105,30 EUR
Var. Herstellkosten von 2 000 Getrieben	210 600,00 EUR
+ kalk. Abschreibung	90 000,00 EUR
+ zusätzliche Fixkosten	4 500,00 EUR
	305 100,00 EUR

Ergebnis: Bei der Eigenfertigung entsteht bei einer Fertigungsmenge von 2000 Getrieben gegenüber dem Fremdbezug ein Kostennachteil in Höhe von 6 140,00 EUR. Die Eigenfertigung lohnt sich nicht.

1 Lt. Bildungsplan nicht zu behandeln ist die Eigenfertigung zulasten eines anderen Produkts, wodurch Opportunitätskosten (Verzichtskosten) entstehen würden.

Zu 2.: Berechnung der kritischen Menge

$$K_{FB} = K_{EF}$$
$$149{,}48x = 105{,}30x + 94\,500$$
$$44{,}18x = 94\,500$$
$$x = \underline{\underline{2\,138{,}98}}$$

Ergebnis: Die Eigenfertigung ist erst ab einer Fertigungsmenge von 2139 Getrieben lohnend.

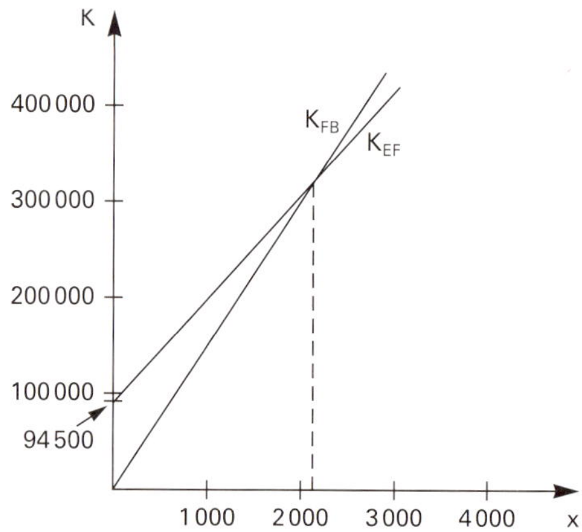

Bei einer **erforderlichen Kapazitätserweiterung** ist die Eigenfertigung dem Fremdbezug dann vorzuziehen, wenn die variablen und die zusätzlich entstehenden fixen Kosten unter den Kosten des Fremdbezugs liegen.

Neben den rein kostenrechnerischen Entscheidungskriterien sind z.B. noch folgende **weitere Entscheidungskriterien** hinsichtlich Eigenfertigung oder Fremdbezug zu beachten:

- Qualität und Zuverlässigkeit des Lieferanten
- Abhängigkeit von Lieferanten
- Verlust von Know-how bei vollständigem Outsourcing[1]
- Beschäftigung der eigenen Mitarbeiter
- mittelfristige Entwicklung der eigenen Kapazitätsauslastung

Übungsaufgaben

102 Deckungsbeitragsrechnung, Eigenfertigung oder Fremdbezug

Ein Baumaschinenhersteller plant aufgrund noch freier Kapazität ein bisher fremdbezogenes Motorengehäuse selbst herzustellen. Die Produktion des Motorengehäuses verursacht folgende Kosten: Materialkosten 195,00 EUR, variable MGK 7,5%, Fertigungslohn je Stunde 43,80 EUR, variable FGK 101%, Sondereinzelkosten der Fertigung 132,50 EUR, Produktionszeit je Motorengehäuse 50 Minuten. Der Einstandspreis des Zulieferers für das Motorengehäuse beträgt 564,95 EUR. Der Nettoverkaufserlös des Motorengehäuses beläuft sich auf 634,95 EUR.

Aufgaben:

1. Berechnen Sie die Gesamtkosten der Eigenproduktion für das Motorengehäuse!
2. Beurteilen Sie, ob sich die Eigenfertigung der Motorengehäuse lohnt!
3. Nennen Sie drei Entscheidungskriterien, die trotz eines Kostenvorteils gegen einen Fremdbezug sprechen!

1 **Outsourcing**: Fremdvergabe.

103 Ermittlung des Break-even-Points, Deckungsbeitragsrechnung, Eigenfertigung oder Fremdbezug

Ein Industrieunternehmen hat folgende Kostenstruktur ermittelt:

Nettoverkaufserlöse insgesamt	1 503 000,00 EUR
Fixkosten insgesamt	551 986,00 EUR
maximale Kapazität	14 400 Stück
Beschäftigungsgrad	85 %
variable Selbstkosten je Stück	64,79 EUR
variable Herstellkosten je Stück	52,20 EUR

Aufgaben:

1. Ermitteln Sie den Break-even-Point!
2. Berechnen Sie den gegenwärtigen Stückgewinn und das Betriebsergebnis mittels einer Deckungsbeitragsrechnung!
3. Ein Zulieferer bietet weitere benötigte Stücke zu einem Preis von 56,40 EUR je Stück an, wobei noch 1,15 EUR Bezugskosten hinzukommen. Entscheiden Sie mit Begründung zwischen Eigenfertigung und Fremdbezug!
4. Eine Maschinenfabrik bietet für unsere inzwischen abgenutzte eine moderne Anlage an. Die variablen Herstellkosten je Stück belaufen sich dann bei Vollauslastung auf 40,50 EUR. Die Fixkosten der Produktion pro Monat würden allerdings auf 674 836,00 EUR steigen.

   Als Alternative käme eine Maschine infrage, die die gleiche Kostenstruktur aufweist wie die alte Anlage. Die Verwaltungs- und Vertriebsgemeinkosten sind in beiden Fällen gleich. Bestimmen Sie, ab welcher Planmenge die modernere Anlage kostengünstiger ist!

104 Eigenfertigung oder Fremdbezug bei einem Verlustprodukt

Im Zweigwerk des Autozulieferers Gustav Heine KG werden verschiedene Typen von Radkappen gefertigt.

Produkt	Radkappe A	Radkappe B	Radkappe C
Deckungsbeitrag pro Stück	26,00 EUR	10,00 EUR	30,00 EUR
Produktions- und Absatzmenge in Stück	3 900	2 500	8 100
Anteil an den Fixkosten	25 %	14 %	61 %

Die gesamten Fixkosten betragen 280 000,00 EUR pro Jahr. Der Preis von Radkappe A beläuft sich auf 40,00 EUR.

Aufgaben:

1. Ermitteln Sie die Deckungsbeiträge, das Betriebsergebnis je Produkt und das Betriebsergebnis insgesamt!
2. Die Gustav Heine KG überlegt, die Produktion des Verlustproduktes einzustellen. Dadurch könnten der Anteil der fixen Kosten für die Radkappe B um 80 % abgebaut werden.

   Berechnen Sie, wie sich das Betriebsergebnis durch diese Maßnahme verändern würde!
3. Die Produktion der Radkappe B wird nicht eingestellt. Die Radkappe B wird ausschließlich an die Autosport GmbH verkauft. Die Autosport GmbH würde langfristig von Radkappe B zwischen 7 000 und 8 000 Stück pro Jahr beziehen, wenn der bisherige Stückpreis (40,00 EUR) um 10 % gesenkt würde.

Da die bisherige Kapazität für die Produktion der Radkappe B nicht ausreicht, fallen durch die Annahme des Auftrages zusätzliche Fixkosten in Höhe von 5800,00 EUR/Jahr an. Die variablen Stückkosten würden sich dadurch nicht ändern.

Bestimmen Sie die Mindestabnahmemenge, die von der Autosport GmbH zugesagt werden müsste, damit die Radkappe B keinen negativen Beitrag zum Betriebsergebnis leistet!

4. Die Kapazitätserweiterung wird nicht durchgeführt. Eine Alternative wäre der komplette Fremdbezug der Radkappe B. Es liegt ein Angebot zum Preis von 50,00 EUR pro Stück vor. Die bisherigen Fixkosten für die Radkappe B könnten in diesem Falle nur um 45 % abgebaut werden.

   Berechnen Sie, bis zu welcher Menge der Fremdbezug vorteilhaft ist!

105 Break-even-Point, Fixkostenproblematik, Preisuntergrenze

Der Unternehmer Gscheidle hat ein besonders leistungsfähiges Gerät zum Empfang von Satelliten-Sendern entwickelt. Er will es in seiner Fabrik, der Gscheidle AG, bauen. Die maximale Jahresproduktion beträgt 3500 Stück. Bei einem Beschäftigungsgrad von 50 % entstehen Gesamtkosten von 900 000,00 EUR, bei der erwarteten Auslastung von 90 % 1 020 000,00 EUR. Verkauft werden die Empfangsgeräte für 490,00 EUR/Stück.

Aufgaben:

1. Berechnen Sie den Break-even-Point und den maximalen Gesamtgewinn!
2. Da sich das Produkt gut verkauft, entschließt sich die Gscheidle AG, die Produktionskapazität um 50 % zu erhöhen. Dadurch steigen die Fixkosten um 40 %.
   2.1 Erklären Sie diesen unterproportionalen Anstieg an zwei Beispielen!
   2.2 Berechnen Sie den neuen Break-even-Point!
   2.3 Das Risiko hat sich durch diese Investition verändert. Weisen Sie das anhand der vorliegenden Zahlen nach!
3. Die ursprünglich sehr positive Entwicklung setzt sich nicht weiter fort, da viele Konkurrenten „die Preise verderben".

   Bestimmen Sie den Preis, bis zu welchem die Gscheidle AG bei der gegebenen Kostenstruktur mithalten kann, wenn sie auf Dauer mit einer 70 %igen Auslastung der erhöhten Kapazität rechnet!

III. Vollkostenrechnung und Teilkostenrechnung als sich ergänzende Rechnungssysteme

Mit der Vollkostenrechnung und der Deckungsbeitragsrechnung wurden zwei verschiedene Abrechnungssysteme der Kosten- und Leistungsrechnung vorgestellt. In der nachfolgenden Übersicht sind die **wichtigsten Zielsetzungen** der **beiden Kostenrechnungssysteme** zusammengestellt.

Vollkostenrechnung	Deckungsbeitragsrechnung
■ Es werden alle **angefallenen Kostenarten** auf die Kostenträger verrechnet. ■ Ziel der Vollkostenrechnung ist es, die Herstell- und Selbstkosten für die einzelnen Kostenträger zu ermitteln. Um alle Kostenarten auf die einzelnen Kostenträger aufteilen zu können, gliedert sie die Kostenarten nach der Zurechenbarkeit der Kostenarten auf die Kostenträger in **Einzelkosten** und **Gemeinkosten** auf. ■ Für die **langfristige Produktions- und Absatzentscheidung** ist von Bedeutung, dass die Selbstkosten erwirtschaftet werden. Daher werden jeweils alle Kosten in die Kostenträger eingerechnet. ■ Die Vollkostenrechnung ist geeignet für die **Preisbildung von Auftragsfertigungen** (öffentliche und private Auftraggeber), für **Preiskontrollen** (Erlöse – Selbstkosten – Vergleiche), für die **Ermittlung von Inventurwerten für die Handels- und Steuerbilanz** und für die **Ergebnisermittlung.** ■ Die Vollkostenrechnung geht von der innerbetrieblichen Kostenstruktur aus und ermittelt für die einzelnen Leistungseinheiten einen Preis. Das Unternehmen versucht dann, diesen **Preis am Markt durchzusetzen.** Der **Preis wird als Funktion der Kosten gesehen.** ■ In der Vollkostenrechnung lautet die **Fragestellung: Wie viel muss der Betrieb für jede Produktionseinheit mindestens erhalten, um die mit der Produktion direkt und indirekt verbundenen Kosten (Gesamtkosten) zu erwirtschaften?** ■ Die Vollkostenrechnung liefert mit zeitlicher Verzögerung Informationsmaterial über die Vergangenheit. Sie kann damit **keine kurzfristigen Entscheidungshilfen** bereitstellen.	■ Es wird nur **ein Teil der angefallenen Kosten** auf die Kostenträger verrechnet. ■ Die Gesamtkosten werden aufgespalten, und zwar in einen Teil, der durch die Produktion entstanden ist **(variable Kosten)** und in einen Teil, den die Aufrechterhaltung der Betriebsbereitschaft verursacht hat **(fixe Kosten).** ■ Da für die **kurzfristige Produktions- und Absatzentscheidung** nur die variablen Kosten von Bedeutung sind, wird nur dieser Kostenbestandteil auf die Kostenträger verrechnet. ■ Die Deckungsbeitragsrechnung ist geeignet, **Preisuntergrenzen** zu bestimmen, das **Produktionsprogramm zu optimieren** und die **Anpassung des Betriebs an Beschäftigungsschwankungen** zu erleichtern. ■ Die variablen Kosten werden von den erzielten Umsatzerlösen subtrahiert. Die Deckungsbeitragsrechnung sieht die Umsatzerlöse als Bezugsgröße an. Sie geht von den erzielten Umsatzerlösen aus und subtrahiert hiervon die Kosten. Damit wird die **Marktorientierung** dokumentiert und ein retrograder Rechenweg ausgelöst. ■ In der Deckungsbeitragsrechnung lautet die **Fragestellung: Wie viel muss der Betrieb bei gegebener Betriebsbereitschaft mindestens erhalten, um die variablen Stückkosten für diese Produktionseinheit ersetzt zu bekommen?** ■ Durch die Orientierung der Deckungsbeitragsrechnung an den Umsatzerlösen kann sie **kurzfristige Entscheidungshilfen** anbieten. ■ Die Deckungsbeitragsrechnung ist **ein brauchbares Verfahren** im Rahmen der Preispolitik und Produktpolitik.

Erkenntnis:

Die Kostenrechnung kann die vielfältigen Aufgaben der modernen Wirtschaftspraxis (Entscheidungsvorbereitung, Kostenkontrolle, Preisbildung und Preiskontrolle, Inventurbewertung, Ergebnisermittlung und Bereitstellung von Informationsdaten) nur in der Form einer **Kombination** von **Voll- und Deckungsbeitragsrechnung** bewältigen.

Wiederholungsaufgaben zur Vollkosten- und Deckungsbeitragsrechnung

106 Vergleich Zuschlagskalkulation, Deckungsbeitragsrechnung, Produkteliminierung, Zusatzauftrag

Die Sportgerätefabrik Spogefa GmbH hat sich auf die Fabrikation von Tennisschlägern spezialisiert. Gefertigt werden die Modelle Miniwing, Woodwing und Graphitwing.

In der letzten Rechnungsperiode wurden 1000 Miniwing, 2000 Woodwing und 1500 Graphitwing hergestellt und verkauft. Dies entsprach einer Auslastung von ca. 70% der Fertigungskapazität.

Die Einzelkosten und Verkaufspreise betrugen:

	Fertigungsmaterial EUR/Stück	Fertigungslöhne EUR/Stück	Nettoverkaufserlöse EUR/Stück
Miniwing	20,00	30,00	80,00
Woodwing	25,00	40,00	120,00
Graphitwing	40,00	60,00	210,00

Das Unternehmen ist in die drei Kostenbereiche Material, Fertigung und Verwaltung/Vertrieb unterteilt.

Die Gemeinkosten verteilen sich in der letzten Rechnungsperiode gemäß Betriebsabrechnungsbogen auf diese Kostenbereiche wie folgt:

Materialbereich	13000,00 EUR (davon fix 100%)
Fertigungsbereich	160000,00 EUR (davon fix 80%)
Verwaltungs-/Vertriebsbereich	100600,00 EUR (davon fix 50%)

Aufgaben:

1. Ermitteln Sie die Gemeinkostenzuschlagssätze für den Material-, Fertigungs- und Verwaltungs-/Vertriebsbereich!
2. Berechnen Sie das Betriebsergebnis der letzten Abrechnungsperiode insgesamt und je Kostenträger! Wählen Sie dazu eine geeignete tabellarische Form!
3. Herr Abele, der Verkaufsleiter der Spogefa GmbH, schlägt vor, den Verlustartikel Miniwing einzustellen.
   3.1 Weisen Sie Herrn Abele rechnerisch nach, um welchen Betrag sich das Betriebsergebnis des Unternehmens in der Abrechnungsperiode verändert, wenn die Unternehmensleitung seinem Vorschlag folgt!
   3.2 Erläutern Sie die Ursache der von Ihnen gefundenen Ergebnisveränderung!
   3.3 Führen Sie zwei Argumente an, weshalb die Sportgerätefabrik den Tennisschläger Miniwing im Produktprogramm belässt, unabhängig vom Ergebnis Ihrer Rechnung!
4. Ein Auslandskunde ist bereit, 500 Woodwing zum Nettoverkaufserlös von 110,00 EUR/Stück abzunehmen. Herr Abele lehnt ab, da der Nettoverkaufserlös nicht die Selbstkosten decken würde.

   Prüfen Sie rechnerisch, ob der Auftrag angenommen werden sollte, um das Betriebsergebnis insgesamt zu verbessern!
5. Die Unternehmensleitung der Spogefa GmbH erwägt, den Kostenbereich Verwaltung/ Vertrieb in zwei getrennte Kostenbereiche mit eigenen Zuschlagssätzen aufzuteilen. Der Versand erfolgt mittels Bahn frei Haus einschließlich Verpackung.

   Nennen Sie jeweils drei typische Kostenstellen des Verwaltungs- und Vertriebsbereiches!
6. Nennen Sie zwei Hauptmängel der Vollkostenrechnung und erläutern Sie diese mithilfe von Beispielen!

107 Kosten- und Erlösfunktionen, Deckungsbeitragsrechnung

Der Autozulieferer Meurer OHG hat einen neuartigen Ölfilter entwickelt. Die Nachfrage nach diesem Bauteil ist im letzten Monat gestiegen.

	Mai	Juni
Beschäftigungsgrad	71 %	91 %
Gesamtkosten	1 200 000,00 EUR	1 400 000,00 EUR

Die Kapazitätsgrenze für den Ölfilter liegt bei 200 000 Stück pro Monat. Der Verkaufspreis beträgt 9,90 EUR je Stück. Kosten- und Erlösverlauf sind linear.

Aufgaben:

1. Ermitteln Sie den Beschäftigungsgrad, bei dem die Gewinnschwelle erreicht wird!
2. Bestimmen Sie den maximalen Stückgewinn!
3. Stellen Sie den Sachverhalt grafisch dar (20 000 Stück = 1 cm; 3,00 EUR = 1 cm)!
4. Die Meurer OHG produziert auch drei verschiedene Wischerblätter als Ersatzteile für den Handel. Hierfür liegen folgende Daten vor:

Typ	A	B	C
Verkaufspreis (EUR)	19,50	30,20	17,40
Fertigungszeit (Min.)	6	12	8
sonstige variable Stückkosten (EUR)	9,10	15,60	6,60

Die Lohnkosten je Fertigungsstunde betragen 48,00 EUR.

4.1 Ein Großhändler bestellt insgesamt 1 200 Wischerblätter. Von jedem Typ verlangt er eine Mindestmenge von 260 Stück. Die Kapazität der Meurer OHG ist für die Ausführung des Auftrags ausreichend.
Ermitteln Sie aus Sicht der Meurer OHG die optimale Zusammensetzung dieses Auftrags.

4.2 Von jedem Typ Wischerblätter können pro Monat 13 000 Stück abgesetzt werden. Für die Produktion stehen 3 900 Fertigungsstunden zur Verfügung.
Bestimmen Sie das optimale Produktionsprogramm!

4.3 Für das Wischerblatt Typ A soll eine Sonderaktion gestartet werden.
Bestimmen Sie die kurzfristige Preisuntergrenze!

4.4 Erläutern Sie, ob für das Wischerblatt Typ A mit dem vorliegenden Daten eine langfristige Preisuntergrenze berechnet werden kann!

108 Begriffserklärungen, Kostenanalyse, Produktprogramm

Sachverhalt

1. Die INTER AG erzielte im Monat Mai mit Ledergeldbörsen bei einem Nettoverkaufserlös von 6,40 EUR/Stück einen Gesamtumsatz von 115 200,00 EUR. Die Selbstkosten beliefen sich dabei auf 107 220,00 EUR. Vollkostendeckung wird bei einer Absatzmenge von 10 400 Stück/Monat erreicht. Der relative Stückdeckungsbeitrag liegt bei 19,20 EUR/Stunde.

Aufgaben:

Berechnen Sie

1.1 den Stückdeckungsbeitrag,

1.2 die gesamten Fixkosten,

1.3 die kurzfristige Preisuntergrenze,

1.4 die Fertigungszeit/Stück in Minuten und

1.5 die Gewinnschwellenmenge nach einer Preiserhöhung um 10%!

2. Die nebenstehende Grafik leistet Hilfestellung bei verschiedenen betriebswirtschaftlichen Fragestellungen:

Aufgabe:

Erläutern Sie kurz zwei betriebswirtschaftliche Problemstellungen, die mit einer solchen Grafik dargestellt werden können!

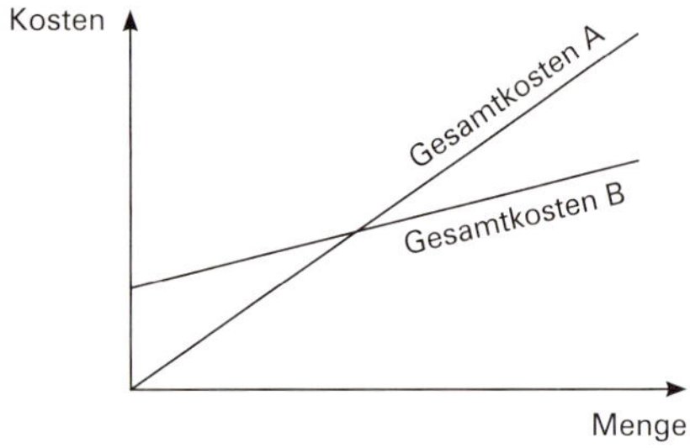

3. Im Werk II werden auf einer Maschine die Produkte P1 und P2 hergestellt, für die folgende Werte bekannt sind:

	P1	P2
Stückdeckungsbeitrag in EUR	160,00	150,00
Bearbeitungszeit je Stück in Minuten	25	20

Bei voller Auslastung der Kapazität kann für jedes Produkt genau die maximale Absatzmenge produziert werden.

Auf dieser Maschine könnte auch das Produkt P3 hergestellt werden. Das Produkt würde die Maschine 20 Minuten je Stück beanspruchen und könnte zu einem Barverkaufserlös von 200,50 EUR abgesetzt werden. Eine Kapazitätserweiterung ist in absehbarer Zeit nicht möglich.

Aufgabe:

Berechnen Sie die variablen Kosten, die das Produkt P3 maximal verursachen darf, damit sich die Aufnahme ins Produktprogramm lohnt!

Kurshalbjahr 12.2

Kursthema: Prozess der Leistungsverwertung

1 Marktsituation

1.1 Einbettung des Absatzprozesses (Prozess der Leistungsverwertung) in das Gesamtsystem betrieblicher Geschäftsprozesse

Die nachfolgende Abbildung dient der Standortbestimmung des **Kernprozesses Absatz (Prozess der Leistungsverwertung)**.

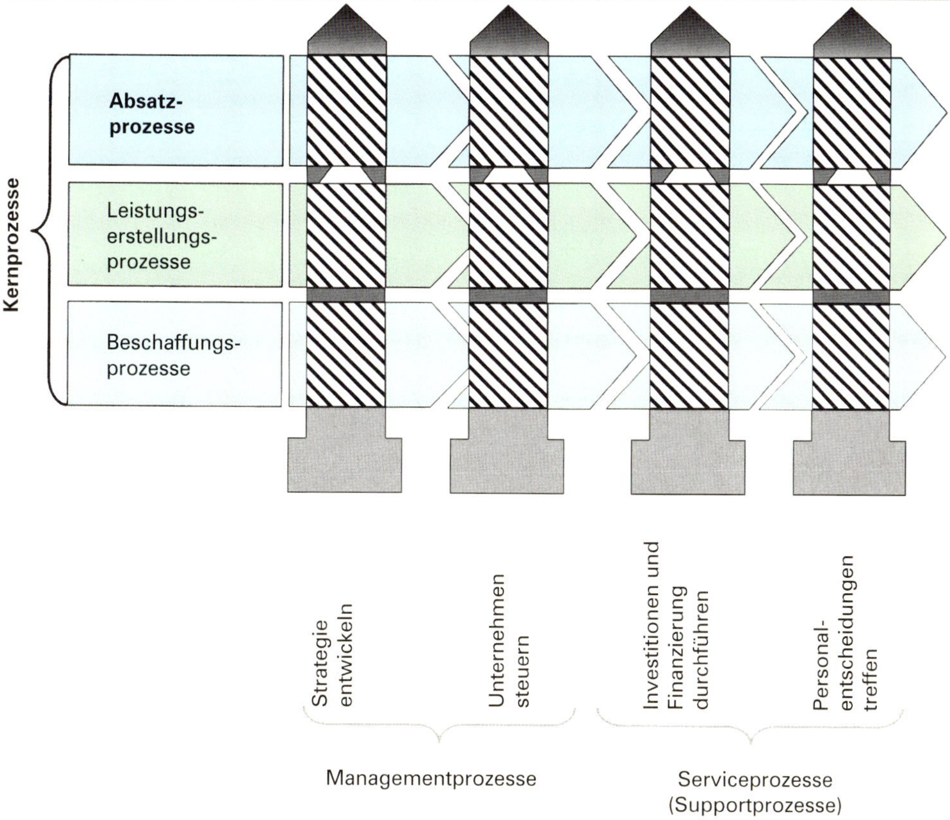

Isoliert man den Kernprozess **Absatz** aus obigem Schaubild heraus und gliedert ihn stufenweise zunächst in **Planungsprozesse, Steuerungsprozesse** und **Controllingprozesse** und diese wiederum in ihre einzelnen Teilprozesse (Subprozesse), dann erhält man die auf S. 256 abgebildete Übersicht, mit deren Hilfe zugleich eine Zuordnung zwischen den einzelnen Teilprozessen und deren betriebswirtschaftlichen Inhalten möglich ist.

	Teilprozesse	Betriebswirtschaftliche Inhalte
Planungsprozesse	Marktsituation	■ Marketing als Unternehmenskonzeption ■ Kundenerwartungen ■ Wettbewerbssituation ■ Marktforschung ■ Marketingstrategie ■ Marketinginstrumente
	Produktpolitik	■ Produkt-Lebenszyklus ■ Portfolio-Analyse ■ Markenpolitik ■ Entscheidungen zum Produktprogramm
	Preispolitik	■ Arten der Preispolitik ■ Preispolitische Strategien
	Distributionspolitik	■ Absatz über direkte Absatzwege ■ Absatz über indirekte Absatzwege
	Kommunikationspolitik	■ Werbung ■ Verkaufsförderung ■ Public Relations ■ Neuere Formen der Kommunikationspolitik ■ Grenzen der Werbung
	Marketingkonzept	■ Marketingmix
	After-Sales-Prozesse	■ Kundenbindungskonzepte ■ Customer Relationship Management
Steuerungsprozesse	Abwicklung von Kundenaufträgen[1]	■ Anfrage, Angebot ■ Auftragseingang, Auftragsdurchführung ■ Buchen der Ausgangsrechnung ■ Zahlungseingang ■ Buchen des Zahlungseingangs
	Umgang mit Vertragsstörungen[1]	■ Annahme- und Abnahmeverzug ■ Nicht-Rechtzeitig-Zahlung ■ Sicherung und Durchsetzung von Ansprüchen
Controllingprozesse	Absatz-Controlling	■ Werbeerfolgskontrolle ■ Kennzahlenanalyse

1 Diese Steuerungsprozesse wurden bereits im Kurshalbjahr 11.2 behandelt.

1.2 Marketing als Unternehmenskonzeption auf Käufermärkten[1]

1.2.1 Grundlagen des Marketings

Grundaufgabe eines jeden Unternehmens ist es, den Absatz seiner Ideen, Waren und Dienstleistungen so zu organisieren, dass es auf dem gewählten Markt erfolgreich ist.

(1) Entwicklung der Marketingkonzeption

Derzeit beobachtet man auf den Märkten einen stetig wachsenden Überhang des Leistungsangebots. Die Ursachen liegen in

- der zunehmenden Sättigung der Bedürfnisse der Konsumenten,
- dem technischen Fortschritt,
- der demografischen Entwicklung mit ihren sinkenden Bevölkerungszahlen und
- der Liberalisierung der globalen Märkte.

Die Märkte entwickeln sich vom **Verkäufermarkt** zum **Käufermarkt.**

- Der **Verkäufermarkt** ist ein Markt, in dem die Nachfrage nach Gütern größer ist als das Güterangebot. Es besteht ein **Nachfrageüberhang.** Die **Marktmacht** hat der **Verkäufer.**
- Der **Käufermarkt** ist ein Markt, in dem das Angebot an Gütern größer ist als die Nachfrage nach Gütern. Es besteht ein **Angebotsüberhang.** Die **Marktmacht** hat der **Käufer.**

Der Wandel vom Verkäufer- zum Käufermarkt führt dazu, dass weniger die Produktion und ihre Gestaltung, sondern der Absatz der erzeugten Produkte zur Hauptaufgabe der Unternehmen wird. Während zu Zeiten des Verkäufermarktes vorrangig die Verteilung der Erzeugnisse das Problem war, kommt es nun darauf an, den Absatzmarkt systematisch zu erschließen. Dies erfordert, dass alle Unternehmensaufgaben auf die Bedürfnisse der Abnehmer ausgerichtet werden. Für diese Führungskonzeption wird das aus dem Amerikanischen übernommene Wort **Marketing**[2] verwendet.

(2) Begriff Marketing

Die Marketingkonzeption besagt, dass der Schlüssel zur Erreichung des gesetzten Unternehmensziels darin liegt, die Bedürfnisse und Wünsche des Kunden zu ermitteln und diese dann wirksamer und wirtschaftlicher zufriedenzustellen als die Mitbewerber. Oberstes **Ziel des Marketings** ist die **Kundenzufriedenheit.**

Schlagworte zum Marketing

- Erfülle Kundenbedürfnisse auf profitable Art!
- Entdecke Kundenwünsche und erfülle sie!
- Wir richten es, wie Sie es wollen!
- Bei uns sind Sie der Boss!

1 Die Ausführungen dieses und der nachfolgenden Kapitel lehnen sich an die folgende Literatur an:
Nieschlag, R./Dichtl, E./Hörschgen, H.: Marketing, 19. Aufl., Berlin 2010.
Meffert, H.: Marketing, Grundlagen marktorientierter Unternehmensführung, 9. Aufl., Wiesbaden 2005.

2 **Marketing** (engl.): Markt machen, d. h. einen Markt für seine eigenen Produkte schaffen bzw. ausschöpfen.

17 Speth u.a. - ISBN 978-3-8120-0576-0

Ein zufriedener Kunde

- kauft mehr und bleibt länger „treu“,
- kauft bevorzugt vom gleichen Unternehmen, wenn dieses neue oder verbesserte Produkte bringt,
- denkt und spricht gut über das Unternehmen und seine Produkte,
- beachtet Marken, Werbe- und Preisangebote der Mitbewerber weniger stark,
- bietet dem Unternehmen gern neue Ideen zu Produkt und Service an.

- **Marketing** ist eine Konzeption, bei der alle Aktivitäten eines Unternehmens konsequent auf die Erfüllung der Kundenbedürfnisse ausgerichtet sind.
- Ziel der Marketingkonzeption ist die **Kundenzufriedenheit.**

1.2.2 Marketingziele

(1) Notwendigkeit von Zielformulierungen

Ziele beschreiben einen angestrebten Zustand in der Zukunft.

Wichtige Aufgaben von Zielformulieren sind:

Orientierung geben	Ziele geben die Marschrichtung vor. Das Engagement der Mitarbeiter findet eine Richtung, alle ziehen am gleichen Strang. Sind die zur Verfügung stehenden Ressourcen (Arbeitskraft, Kapital, Zeit) knapp, dann helfen die Zielformulierungen, die knappen Mittel so zu verteilen, dass der höchste Nutzen erzielt wird. 
Kontrolle vornehmen	Durch einen Vergleich der formulierten Ziele mit den erreichten Ergebnissen kann der Unternehmenserfolg kontrolliert und beurteilt werden.
Lenkung erreichen	*„Nichts macht erfolgreicher als der Erfolg“.* Wird das Erreichen von realistischen (!) Zielen verknüpft mit Belohnungen (Provisionen, Gewinnbeteiligung, Beförderung), dann fördert dies die Motivation der Mitarbeiter im eigenen Unternehmen.

(2) Begriff Marketingziele

Marketingziele beschreiben eine angestrebte künftige Marktposition, die durch **abgestimmte Marketinginstrumente** erreicht werden soll.

(3) Anforderungen an die Formulierung von Marketingzielen

Ein Marketingziel ist umfassend formuliert, wenn es hinsichtlich der folgenden vier Anforderungen genau bestimmt ist. Diese vier Anforderungen werden am Beispiel des Ziels **Absatzsteigerung** dargestellt:

Anforderungen	Fragestellungen	Beispiel
Zielinhalt	**Was** soll erreicht werden?	Der **Absatz** unserer **E-Bikes** soll **gesteigert** werden.
Zielausmaß	**Wie viel** soll erreicht werden?	Wir wollen den Absatz unserer E-Bikes **um 15 %** steigern.
Zeithorizont	**Bis wann** soll das Ziel erreicht werden?	**Bis zum Ende des nächsten Jahres** wollen wir den Absatz unserer E-Bikes um 15 % steigern.
Geltungsbereich	**Wo** soll dieses Ziel erreicht werden?	Bis Ende des nächsten Jahres wollen wir den Absatz unserer E-Bikes **im Inland** um 15 % steigern.

(4) Beispiele für die Formulierung von Marketingzielen

Marketingziele	Zielformulierung (Beispiele)	Erläuterungen
Absatzsteigerung	Bis zum Ende des nächsten Jahres wollen wir den Absatz unserer E-Bikes im Inland um 15 % steigern.	Die Absatzsteigerung wird gemessen am Absatz des vergangenen Jahres, ausgedrückt in Prozent. $\textbf{Absatzsteigerung} = \frac{\text{Absatzsteigerung (Stück, Liter ...)} \cdot 100}{\text{Absatz des vergangenen Jahres}}$
Marktanteil	Bis Ende des Jahres 20.. wollen wir im Inland für unsere Mountainbikes einen Marktanteil von 20 % erreicht haben.	Er ist der Anteil des eigenen Absatzes (Absatzvolumen[1]) gemessen am Gesamtabsatz aller Unternehmen auf einem Teilmarkt innerhalb einer Periode (Marktvolumen[1]), ausgedrückt in Prozent. $\textbf{Marktanteil (mengenorientiert)} = \frac{\text{Absatzvolumen} \cdot 100}{\text{Marktvolumen}}$ $\textbf{Marktanteil (wertorientiert)} = \frac{\text{Umsatz} \cdot 100}{\text{Gesamtumsatz des Marktes}}$
Bekanntheitsgrad	Wir wollen innerhalb von 3 Jahren in unserer Region einen Bekanntheitsgrad von 25 % erzielen.	Er besagt, welche Wertschätzung die Kunden dem Produkt, der Dienstleistung und der Marke entgegenbringen. Die Steigerung des Bekanntheitsgrades drückt sich in Merkmalen wie Werte, Motive, Einstellungen oder Interessen der Kunden aus. Aus deren Kenntnis kann man Rückschlüsse ziehen auf die Bedürfnisse der Kunden. Und daraus wiederum lassen sich Aussagen ableiten über das künftige Kundenverhalten.

1 Zu Einzelheiten siehe S. 285f.

Marketing-ziele	Zielformulierung (Beispiele)	Erläuterungen
		$$\textbf{Bekanntheitsgrad} = \frac{\text{Anzahl der Befragten, die einen Gegenstand kennen}}{\text{Anzahl aller Befragten}} \cdot 100$$ Maggi, Coca-Cola und Nivea haben z.B. einen Bekanntheitsgrad von nahezu 100 %. Allerdings: Der Bekanntheitsgrad sagt nur etwas darüber aus, wie viele der Befragten einen Gegenstand (Produkt, Marke, Unternehmen) kennen. Es sagt noch nichts darüber aus, ob die Befragten auch eine positive Einstellung gegenüber diesem Gegenstand haben. (Zum Beispiel kann ein Automobilunternehmen auch deswegen bekannt werden, weil eine umfangreiche Rückrufaktion aufgrund eines Konstruktionsfehlers erforderlich war. In diesem Fall wäre ein hoher Bekanntheitsgrad negativ.)
Kunden-bindung	Innerhalb von 5 Jahren wollen wir in unserem Webshop eine Wiederkäuferrate von 30 % erreichen.	Die Kennzahlen zur Kundenbindung sagen etwas aus über die **Beziehungsqualität** der Kunden zu einem Produkt. Die Komplexität dieses Zieles bedingt, dass es nur über ein Bündel an Kennzahlen zu fassen ist, z. B. $$\textbf{Wiederkäuferrate} = \frac{\text{Anzahl jener, die den Gegenstand wiederholt gekauft haben} \cdot 100}{\text{Anzahl jener, die den Gegenstand gekauft haben}}$$ Die **Empfehlungsrate** lässt sich erfassen in einer Skalenfrage mit einer Bandbreite von 0–10: *„Wie wahrscheinlich ist es, dass Sie unser Unternehmen weiterempfehlen?"* **Kundenfluktuationsrate**[1] $= \frac{\text{Anzahl der Neukunden} \cdot 100}{\text{Ø Anzahl der Kunden pro Jahr}}$

Zusammenfassung

- In einem **Verkäufermarkt** ist die Nachfrage nach Gütern größer als das Angebot. Die **Marktmacht** hat der **Verkäufer**.
- In einem **Käufermarkt** ist das Angebot an Gütern größer als die Nachfrage. Die **Marktmacht** hat der **Käufer**.
- **Marketing** ist eine Konzeption, bei der alle Aktivitäten eines Unternehmens konsequent auf die Erfüllung der Kundenbedürfnisse ausgerichtet sind.
- **Ziel** der Marketingkonzeption ist die **Kundenzufriedenheit**.
- **Marketingziele** beschreiben eine angestrebte künftige Marktposition.
- **Marketingziele** sind **umfassend formuliert**, wenn sie nach **Inhalt** (Was?), **Ausmaß** (Wie viel?), **Zeithorizont** (Bis wann?) und **Geltungsbereich** (Wo?) genau bestimmt sind.

1 **Fluktuation**: Schwankung; **flukturieren**: schnell wechseln.

Übungsaufgabe

109 Grundlagen, Ziele des Marketings

1. Nennen Sie Gründe, die für das Entstehen des Marketings maßgebend waren!
2. Charakterisieren Sie den Begriff Marketing!
3. Ein Ziel ist konkret formuliert, wenn es Aussagen enthält über Zielinhalt, Zielausmaß, Zeithorizont und Geltungsbereich.

   Aufgaben:

   Formulieren Sie konkrete Marketingziele

   3.1 für einen asiatischen Newcomer auf dem Markt für Smartphones!

   3.2 für die Filiale einer Parfümeriekette in der Fußgängerzone einer Großstadt!

   3.3 Schlagen Sie Maßnahmen vor, die geeignet sind, das in Aufgabe 4.2 formulierte Ziel zu erreichen!

1.3 Kunden als zentrale Marktteilnehmer

1.3.1 Kundenanalyse

Um das Unternehmen auf die verschiedenen Absatzbedingungen der Kundengruppen ausrichten zu können, brauchen die Unternehmen Informationen über ihre Kunden.[1] In der nachfolgenden Übersicht werden beispielhaft Bereiche angeführt, über die Informationen benötigt werden.[2] Aus den gewonnenen Daten erstellt das Unternehmen dann ein **Kundenprofil.** Das Kundenprofil hat besondere Bedeutung für den **Absatz der Waren,** für die **Risikosituation des Unternehmens** und es zeigt die **Abhängigkeit des Unternehmens von einzelnen Abnehmern** auf.

Bereiche (Beispiele)	Benötigte Informationen	
	Privatpersonen	**Unternehmen**
Wer sind unsere Käufer und welche potenziellen Käufer kaufen nicht bei uns?	Wohnort, Alter, Beruf, Familienstand, Einkommens- und Besitzverhältnisse u. Ä.	Unternehmensgröße, Wirtschaftszweig, Abnehmerstufe (Hersteller, Wiederverkäufer, Großverbraucher), Unternehmensform, finanzielle Ausstattung (z. B. anhand von Bilanzen) u. Ä.
Welche Größenordnungen liegen bei den verschiedenen Kundengruppen vor?	■ Zahl der potenziellen Kunden (Personen, Haushalte). ■ Wie entwickelt sich die Zahl der Jugendlichen, Arbeitnehmer, Rentner, Haushalte, …? ■ Welche Veränderungen der Lebensbedingungen sind zu erwarten? ■ …	■ Anzahl der Unternehmen als potenzielle Kunden. ■ Gliederung der Unternehmen nach Größe, Rechtsform, Branche, … ■ Entwicklung der Gesamtwirtschaft, von bestimmten Branchen, Einfluss der Globalisierung, … ■ Welche Teilmärkte sind bereits gesättigt? ■ …

1 Die Erfassung der Kundendaten wird aufgrund des Lehrplans im Kapital 7 „After-Sales-Prozesse" dargestellt. Siehe S. 377ff.

2 Zuständig für die Erfassung der Daten ist die Marktforschung. Vgl. hierzu Kapitel 1.5, S. 281 ff.

Bereiche (Beispiele)	Benötigte Informationen	
	Privatpersonen	**Unternehmen**
Welches Kaufverhalten haben die Kunden entwickelt?	■ Welche Mengen, Qualitäten, Preislagen, Größen, Einheiten usw. werden bevorzugt? ■ Wie hoch ist der durchschnittliche Kaufbetrag? ■ Wann kaufen die Kunden (Stunde, Wochentag, Monat, Jahreszeit)? ■ Wie bzw. durch wen lassen sich die Betroffenen zu Einkäufen anregen? ■ Welche Gewohnheiten bestehen beim Verbrauch/Gebrauch der erworbenen Güter? ■ ...	■ Welche Unternehmen kommen als Abnehmer in Betracht? ■ Wer ist für den Einkauf zuständig (Anzahl der entscheidenden Personen, Abteilungen, ...)? ■ Bestehen kapitalmäßige Verflechtungen oder sonstige Bindungen an andere Unternehmen? ■ Welchen Jahresbedarf hat ein bestimmter Abnehmer? Wie viel wurde bisher von uns bezogen? ■ Wo hat ein potenzieller Kunde bisher eingekauft? Bestehen langfristige Verträge? ■ Wie verhält es sich mit der Zahlungsmoral des Kunden? ■ ...

1.3.2 Erwartungen der Kunden

Erwartungen der Kunden sind Vorstellungen darüber, welche Eigenschaften eines Produktes und/oder Handlungsweisen eines Geschäftspartners wünschenswert sind.

Schätzt der Kunde z. B. in einem besonderen Maße Verlässlichkeit in der Einhaltung von Vereinbarungen, dann ist der günstigste Preis für ihn nur ein Nebenkriterium für den Vertragsabschluss. Unabhängig von den vielfältigen und individuell sehr unterschiedlich bedeutsamen Erwartungen, gibt es solche, die für eine auf Dauer angelegte Geschäftsbeziehung unabdingbar sind.

Erwartungen, die in aller Regel für Kunden bedeutsam sind	Erläuterung
Verlässlichkeit	Wenn die Kunden die Erfahrung machen, dass sie sich auf das Handeln des Unternehmens verlassen können, werden sie es ihm mit Vertrauen und langfristiger Partnerschaft danken. Das gegenseitige Vertrauensverhältnis wird zum „Klebstoff" für die Geschäftsbeziehung. Es lässt sich nicht einfordern, sondern muss immer wieder durch verlässliches Verhalten gesichert werden. Vertrauen in den Geschäftspartner ist z. B. unerlässlich in Just-in-time-Situationen, in denen der Kunde seine Lagervorräte auf nur noch wenige Stunden reduziert.
Aufrichtigkeit	Aufrichtigkeit ist die Übereinstimmung von Tun und Reden. Aufrichtig handelt, wer seine eigene, innere Überzeugung vertritt, ohne sich zu verstellen. Solche Menschen bezeichnet man auch als **integer**. Gegenbegriffe zur Aufrichtigkeit sind Heuchelei, Schmeichelei und Käuflichkeit.

Erwartungen, die in aller Regel für Kunden bedeutsam sind	Erläuterung
	Kunden erkennen sehr schnell den schmalen Grat, der ein aufrichtiges Kompliment, eine höfliche Nettigkeit von einer geschmeichelten Anbiederung trennt.
Fairness	Fairness bedeutet, den Geschäftspartner als Partner zu achten. Insbesondere die Tatsache, dass ein Unternehmen sich in aller Regel gegen Wettbewerber durchsetzen muss, macht es nicht leicht, fair zu sein – weder gegenüber den Kunden noch gegenüber den Wettbewerbern. Fairness ist jedoch eine Zündschnur, die sehr lange brennt. Unfaire Ellenbogenmentalität gegenüber Wettbewerbern (z.B. durch Dumpingangebote) trifft nicht nur den Wettbewerber, sondern letztlich auch das eigene Unternehmen. Unfaires Verhalten gegenüber dem Kunden (z.B. durch Schaffen von Zeitdruck beim Vertragsabschluss) führt dazu, dass letzterer sich über den Tisch gezogen fühlt. Ein solcher Kunde ist als Referenz verloren und das Image des eigenen Unternehmens geschädigt.

1.3.3 Kaufentscheidungsprozess

1.3.3.1 Träger der Kaufentscheidungen

Für die Erklärung des Käuferverhaltens bei Kaufentscheidungen ist die **Art und Anzahl der beteiligten Entscheidungsträger** von grundlegender Bedeutung. So ist zu unterscheiden zwischen dem Kaufverhalten

- **privater Haushalte** und **Unternehmungen bzw. öffentlichen Institutionen** sowie
- **individuellen** und **kollektiven Kaufentscheidungen**.

Werden die beiden Kriterien kombiniert, so ergeben sich folgende vier **Grundtypen von Kaufentscheidungen**:

	Haushalt	**Unternehmung bzw. Institution**
Individuum	Kaufentscheidungen des Konsumenten	Kaufentscheidungen des Repräsentanten
Kollektiv	Kaufentscheidungen von Familien	Kaufentscheidungen des Einkaufsgremiums (Buying Center)

Quelle: Meffert, H.; Marketing, 9. Aufl., Wiesbaden 2005, S. 101.

1.3.3.2 Phasen des Kaufentscheidungsprozesses

Anhand zahlreicher Konsumentenberichte über das Kaufverhalten haben Kaufverhaltensforscher „Phasenmodelle" zur Beschreibung des Kaufprozesses entwickelt. Die entwickelten „Phasenmodelle" beziehen sich in der Regel auf komplexe Kaufprozesse, z.B. einen Autokauf, den Kauf einer Waschmaschine, einer Eigentumswohnung u.Ä.

Im Folgenden wird ein Modell vorgestellt, bei dem der Käufer im Laufe des Kaufprozesses fünf Phasen durchläuft **(Fünf-Phasen-Modell des Kaufprozesses)**:

Das Modell macht deutlich, dass der Kaufprozess schon vor dem tatsächlichen Kaufakt beginnt und auch noch danach Auswirkungen hat. Es legt dem Verkäufer nahe, sich stärker auf den gesamten Kaufprozess als nur auf die Kaufentscheidung des Käufers zu konzentrieren.

Selbstverständlich durchläuft der Käufer nicht bei jedem Kaufprozess alle fünf Phasen. Es ist möglich, dass der Käufer manche Phasen überspringt oder sie in veränderter Reihenfolge durchläuft.

Im Folgenden wird aufgrund des Bildungsplans von den fünf Phasen des Kaufprozesses lediglich die Phase der Kaufentscheidung dargestellt.

Beispiel:

So kommt eine Person beim Kauf ihres gewohnten Geschirrspülmittels von der Problemerkennung direkt zur Kaufentscheidung und lässt die Phasen Informationssuche und Alternativenbewertung aus.

1.3.3.3 Typen von Kaufentscheidungen

Es gibt unterschiedliche Typen von Kaufentscheidungen. So bestehen beträchtliche Unterschiede zwischen dem Kauf einer Tube Zahnpasta, eines Mountainbikes, eines PCs oder einer Eigentumswohnung. Während bei einem komplexen und teuren Kauf in der Regel viele Faktoren zu berücksichtigen und viele Personen am Kauf beteiligt sind, sind z. B. beim Kauf von Gütern des täglichen Bedarfs nur wenige Faktoren von Wichtigkeit. Im Folgenden werden vier Typen von Kaufentscheidungen vorgestellt: die echte, die habituelle[1], die impulsive[2] und die limitierte[3] Kaufentscheidung.

(1) Echte und habituelle Kaufentscheidungen

Nach der **Bedeutung bzw. dem Wert des gekauften Gutes** unterscheidet man in echte und in habituelle Kaufentscheidungen.

■ Echte Kaufentscheidungen

Eine echte Kaufentscheidung liegt vor, wenn sich der Käufer intensiv mit dem Kauf beschäftigt und er erhebliche Unterschiede zwischen den Produkten erkannt hat. Eine intensive Beschäftigung mit dem Kauf liegt vor, wenn das Anschaffungsgut teuer und mit Risiken behaftet ist sowie selten gekauft wird. In der Regel fehlen hier dem Käufer ausgeprägte Kenntnisse über das Produkt, und er hat großen Lernbedarf.

1 **Habituell**: gewohnheitsmäßig, ständig.
2 **Impulsiv**: aus einer augenblicklichen Eingebung heraus handelnd.
3 **Limitieren**: begrenzen, einschränken.

Für die Marketingstrategie des Verkäufers bedeutet dies:

- Er muss Marktstrategien entwickeln, die dem Käufer helfen, **die besonderen Leistungsmerkmale des betreffenden Produktes zu erkennen.**
- Er muss **genügend hochwertige Informationen** zur Verfügung stellen und sich darum bemühen,
- durch **rationale Argumente** zu überzeugen.
- Unterstützt wird diese Strategie durch ein **herausragendes Service- und Beratungsangebot.**

Habituelle Kaufentscheidungen

Bei vielen Produkten ist die Beschäftigung der Käufer mit dem Kauf gering und bedeutende Unterschiede zwischen den Produkten sind kaum vorhanden. Zu diesen Produkten zählen insbesondere die Güter des täglichen Bedarfs (z. B. Salz, Butter, Waschmittel usw.). Beim Kauf solcher Produkte geht der Käufer in den Laden und nimmt irgendeine Marke. Wenn der Käufer immer zur selben Marke greift, geschieht dies aus Gewohnheit und selten aufgrund von Markentreue. Der Käufer durchläuft in diesem Fall nicht die Phasen der Problemerkennung, Informationssuche und Bewertung der Alternativen, sondern trifft unmittelbar seine Kaufentscheidung.

Für die Marketingstrategie des Verkäufers bedeutet dies:

- Die **Produkte müssen in ausreichender Menge am vertrauten Ort** verfügbar sein (z. B. übliches Regal im Supermarkt).
- Der Käufer muss den **Kaufvorgang rasch und unkompliziert** abwickeln können (z. B. erleichtert ein identischer Aufbau des Verkaufsraums bei demselben Filialisten die Orientierung und verkürzt die Suchzeit, genügend Scannerkassen verringern die leidige Wartezeit, unterschiedliche Zahlungsmöglichkeiten (Bargeld, EC-Karte) ermöglichen Zusatzkäufe.
- **Gleichbleibende Produktqualität** überzeugt den Käufer, die richtige Wahl getroffen zu haben.
- **Nachhaltige Werbung,** gelegentliche Verkaufsförderungsmaßnahmen und Sonderaktionen **stabilisieren die Entscheidung im Bewusstsein des Käufers.**

(2) Impulsive und limitierte Kaufentscheidungen

Nach dem **Grad der Intensität,** mit dem der **Käufer den Kauf vorbereitet,** unterscheidet man in impulsive und limitierte Kaufentscheidungen.

Impulsive Kaufentscheidungen

Bei impulsiven Kaufentscheidungen reagiert der Käufer spontan auf bestimmte Reize am Point of Sale. Die Kaufentscheidung ist rein affektgesteuert.[1] Eine Informationsaufnahme und -verarbeitung oder eine Bewertung von Alternativen erfolgt nicht.

Beispiele:

Kauf eines modischen T-Shirts, das im Schaufenster ausgestellt ist. Kauf einer Saftpresse nach einer Warenvorführung.

Für die Marketingstrategie des Verkäufers bedeutet dies:

- Er spricht den Käufer in erster Linie **auf der emotionalen Ebene** an, z. B. durch ansprechende Produktgestaltung, Warenvorführung mit Probiermöglichkeit.

1 **Affektiv:** gefühlsbetont.

- Er **erhöht den Entscheidungsdruck** auf den Käufer durch
  - eine **mengenmäßige Begrenzung** („Nur solange Vorrat reicht" oder im Internet „Fünf Interessenten sehen gerade dieses Angebot an"),
  - durch eine **zeitliche Begrenzung** („Nur heute"),
  - durch einen **besonders attraktiven Preis** oder
  - durch **Kombinationsangebote** (mehrere, sich ergänzende Produkte in einem Kombipaket zu einem einmalig günstigen Kombipreis).

Limitierte Kaufentscheidungen

Beschäftigt sich ein Käufer intensiv mit den zur Auswahl stehenden Produkten und bemerkt hierbei, dass ausgeprägte Produktunterschiede fehlen, wird er sich ziemlich schnell zum Kauf entscheiden. Man spricht in diesem Zusammenhang von einer limitierten Kaufentscheidung. Für den Erwerb des Produktes ist in solchen Fällen häufig ein günstiges Angebot oder die Bequemlichkeit eines bestimmten Kaufortes bzw. -zeitpunktes ausschlaggebend.

Beispiel:

Kauf eines industriell gefertigten Parkettbodens. Die Beschäftigung des Konsumenten mit dem Kauf ist dabei intensiv, weil das Produkt teuer ist und selten gekauft wird, doch er geht wahrscheinlich davon aus, dass die meisten Pakettböden unterschiedlicher Hersteller in einer bestimmten Preisklasse gleich gut sind.

Für die Marketingstrategie des Verkäufers bedeutet dies:

- Da der Käufer nur über begrenzte Produktinformationen verfügt, fällt die **Entscheidung aufgrund von Schlüsselinformationen,** wie z. B. Bequemlichkeit des Einkaufs, Preis oder Produktanmutung.
- **Attribute**[1] wie
  - lange Öffnungszeiten,
  - ausreichende Parkplätze,
  - Dauertiefpreise,
  - attraktives Markensortiment,
  - computerunterstützte Animation des Produktnutzens (z. B. Silvesterfeuerwerk)

  sind deshalb gut wahrnehmbar herauszustellen.

1.3.4 Marktsegmentierung

(1) Begriff und Vorteile der Marktsegmentierung

Märkte, wie wir sie kennen, sind zusammengesetzt aus unterschiedlichen Kundengruppen mit unterschiedlichen Bedarfsstrukturen. Der Kunde ist informierter, kritischer und sieht sich einem Überangebot an Waren gegenüber. Er kann es sich leisten, wählerisch zu sein. Folge: Die Elemente des Gesamtmarktes sind in Bezug auf ihre Struktur, ihre Bedürfnisse und ihr Verhalten sehr inhomogen.[2]

1 **Attribut:** Eigenschaft.

2 **Homogen:** gleich beschaffen; **inhomogen:** nicht gleichartig. Ein **inhomogener Markt** ist ein solcher, bei dem sehr unterschiedliche Marktteilnehmer sehr unterschiedliche Bedürfnisse haben, z.B. Kfz-Markt. Beispiel für einen **homogenen Markt:** Mineralöl (Super bleifrei – egal welcher Marke – hat eine Oktanzahl von 95), Bier (gebraut nach Reinheitsgebot von 1516).

Diesen Markt mit **einem** Marketingmix[1] zu bearbeiten, führt zu **hohem Streuverlust** und dazu, dass das verfügbare **Marketingbudget sehr ineffizient eingesetzt** wird. Diese Inhomogenität zu beseitigen, das ist der Ansatzpunkt der Marktsegmentierung.

Marktsegmentierung bedeutet

- die **Aufteilung des inhomogenen Gesamtmarktes in Teilmärkte.** Ein Teilmarkt ist dadurch gekennzeichnet, dass die Konsumenten **intern eine homogene Gruppe** bilden.
- die Bearbeitung dieser Teilmärkte mithilfe eines **gezielt darauf abgestimmten Marketingmix.**

Marketingmix A für Marktsegment 1	Marketingmix B für Marktsegment 2
Marketingmix C für Marktsegment 3	Marketingmix D für Marktsegment 4

Beispiel:[2]

Ein differenziertes Marketing bedient die Kundengruppen in den einzelnen Marktsegmenten mit jeweils eigenen Angeboten. Ein Beispiel hierfür ist der Volkswagenkonzern. Die Palette umfasst die Marken Audi, VW, Skoda, Seat, Lamborghini, Porsche, Bugatti und Bentley. Die Preise beginnen knapp unter 9 000,00 EUR für den Seat Mii und reichen bis 2,3 Millionen EUR für den Bugatti Veyron 16.4 Super Sport World Record Edition.[3]

Welche Vorteile bringt die Marktsegmentierung mit sich?

- Die Unternehmen können die Strukturen und die Gesetzmäßigkeiten auf dem Teilmarkt besser durchschauen.
- Prognosen über die künftige Marktentwicklungen sind besser zu treffen.
- Das Marketingbudget wird wirkungsvoller eingesetzt.
- Zwischen den Bedürfnissen der Zielgruppe und der angebotenen Leistung wird ein hohes Maß an Übereinstimmung erreicht.
- Da die Marketingaktivitäten präziser auf die Zielgruppe ausgerichtet werden können, steigt deren Zufriedenheit. Dies ist die Grundvoraussetzung für eine längerfristige Kundenbindung.

(2) Kriterien zur Marktsegmentierung

Bei der Segmentierung des Marktes kann nach verschiedenen Kriterien vorgegangen werden. In der betriebswirtschaftlichen Literatur wird die Marktsegmentierung üblicherweise nach

- geografischen,
- psychografischen,
- soziodemografischen und
- verhaltensbezogenen

Merkmalen vorgenommen.

1 Vgl. hierzu Kapitel 6, S. 374 ff.

2 Vgl. Kreutzer, Praxisorientiertes Marketing, 3. Auflage, Wiesbaden, 2010, S. 170 f.

3 Quelle: http://www.auto-motor-und-sport.de/einzeltests/bugatti-veyron-16-4-super-sport-schnellstes-serienauto-der-welt-mit-1200-ps-4043880.html; 15.04.2014.

Bereiche	Beispiele
Geografische Marktsegmentierung Der Markt wird nach räumlichen Gesichtspunkten aufgegliedert.	Aufteilung nach Bundesländern, Großstädten, Regierungsbezirken, Wohngebietstypen (gekennzeichnet durch homogene Lebensstile und Kaufverhaltensmuster) u. Ä.
Psychografische Marktsegmentierung Der Markt wird nach gleichartigen Käuferschichten aufgegliedert. Erfasst wird die gleichartige Käuferschicht, indem übereinstimmende Persönlichkeitsmerkmale ermittelt werden.	Persönlichkeitsmerkmale sind etwa die allgemeine grundsätzliche Einstellung der Verbraucher, die Persönlichkeitsstruktur der Konsumenten, ihre Wertvorstellungen, ihre Interessen, ihre soziale Orientierung, ihre Risikobereitschaft, Lebensstil, Nutzenerwartungen u. Ä.
Soziodemografische Marktsegmentierung Der Markt wird nach demografischen und sozioökonomischen Kriterien aufgedeckt.	■ **Demografische Kriterien,** wie Geschlecht, Alter, Familienstand, soziale Schicht, Haushaltsgröße, Zahl der Kinder usw. ■ **Sozioökonomische Kriterien,** wie Ausbildung, Beruf, Einkommen usw. Die Datenbank microdialog der Deutschen Post Direkt ist ein Beispiel für eine soziodemografische Marktsegmentierung (siehe unten).
Verhaltensbezogene Merkmale	■ **Produktbezogene Verhaltensmerkmale,** wie Markentreue, Kaufrhythmus, bevorzugte Packungsgröße, Kauf bestimmter Preisklassen, Reaktion auf Sonderangebote usw. ■ **Einkaufsstättenwahl,** wie Einkauf im Fachgeschäft, beim Discounter, Supermarkt; Geschäftstreue u. Ä.

(3) Nutzung der Marktsegmentierung am Beispiel microdialog

Angesichts der Betonung der Individualität in unserer heutigen Zeit ist das „Einordnen in Schubladen", das mit dem Konzept der Segmentierung verbunden ist, nicht ganz ungefährlich. Die Beschreibung der einzelnen Marktsegmente ist nicht in Stein gemeißelt, sondern muss in bestimmten Abständen auf die aktuelle Gültigkeit überprüft werden. Erst wenn die Auswahlkriterien für ein hinreichend homogenes Marktsegment festgelegt sind, kann die Dienstleistung von Adressverlagen oder die **mikrogeografische Datenbank microdialog** der **Deutsche Post Direkt**[1] in Anspruch genommen werden.

Kurzinformation zu microdialog

Microdialog wurde 2001 von der Deutsche Post Direkt entwickelt und ist eine der vollständigsten mikrogeografischen Datenbanken Deutschlands. Menschen mit ähnlichen Kaufgewohnheiten und Verhaltensmustern wohnen oft in räumlicher Nähe zueinander. Deutschlandweit werden daher durchschnittlich 6,6 Haushalte zu sogenannten **Mikrozellen** zusammengefasst und bewertet nach Lifestyle, Konsum- und Informationsverhalten. Die zu den Mikrozellen gespeicherten soziodemografischen Konsum-, Struktur- und regionalen Daten ermöglichen eine treffsichere Bestimmung der Zielgruppen. Dadurch optimiert **microdialog** die Direktwerbung, minimiert Streuverluste und damit die Kosten der Werbung (weniger Druckkosten, Porto).

1 Quelle: https://www.deutschepost.de/de/m/microdialog.html; 12.04.2016.

Anwendungsbeispiel: Adressenauswahl für Neukundenakquisition

Ausgangssituation	Ein Fitnessstudio möchte neue Kunden werben.
Vorgehen	Das Fitnessstudio legt Auswahlkriterien zur Festlegung des Marktsegments fest, z. B. - Alter zwischen 25 und 45 Jahren - mittlere bis hohe Kaufkraft - Entfernung des Wohnorts vom Fitnessstudio: maximal 15 km Über POSTWURFSPEZIAL[1] werden diese Selektionskriterien vom Auftraggeber der Datenbank microdialog mitgeteilt. Diese ermittelt die Adressen der potenziellen Kunden und stellt diese dem Auftraggeber wiederum zur Verfügung.
Lösung	Mittels personalisierter Adresse oder Teiladressierung („An die Bewohner dieses Hauses" oder „An die Fitnessfreunde") wird im Umkreis von 15 km um das Fitnessstudio die Werbung zugestellt.

Zusammenfassung

- Um die **Unternehmensaktivitäten** konsequent auf die **Bedürfnisse der Kunden** ausrichten zu können, benötigt das Unternehmen Informationen über die **Kundenstruktur** (Wer sind die Käufer? Über welches **Einkommen** verfügen sie? Welche **Kaufgewohnheiten** haben sie? usw.)
- **Erwartungen des Kunden** sind Vorstellungen darüber, welche Eigenschaften des Produktes und/oder des Geschäftspartners für ihn wünschenswert sind. Unabdingbar sind Verlässlichkeit, Aufrichtigkeit und Fairness.
- **Träger von Kaufentscheidungen** kann ein Individuum oder ein Kollektiv sein.
- Gewöhnlich unterscheidet man **vier Typen von Kaufentscheidungen**
  - echte Kaufentscheidungen,
  - habituelle Kaufentscheidungen,
  - impulsive Kaufentscheidungen,
  - limitierte Kaufentscheidungen.
- Unter **Marktsegmentierung** versteht man
  - die **Aufteilung eines inhomogenen Gesamtmarktes in Teilmärkte.** Ein Teilmarkt ist dadurch gekennzeichnet, dass die Konsumenten **intern eine homogene Gruppe** bilden.
  - die Bearbeitung dieser Teilmärkte mithilfe eines **gezielt darauf abgestimmten Marketingmix.**
- Die **Marktsegmentierung** erfolgt nach
  - **geografischen** (Stadt, Land),
  - **psychografischen** (Wertvorstellungen, Interessen),
  - **soziodemografischen** (Geschlecht, Alter, Ausbildung, Einkommen) und
  - **verhaltensbezogenen** Merkmalen (Markentreue, Kaufrhythmus, Wahl der Einkaufsstätte).

1 Quelle: http://www.deutschepost.de/de/p/teiladressiert.html; 12.04.2016. POSTWURFSPEZIAL ist ein Dienstleistungsangebot der Deutschen Post, das die Verteilung von Werbemitteln und Prospekten an ausgewählte Haushalte unterstützt.

Übungsaufgabe

110 Marktsegmentierung

1. 1.1 Erklären Sie, was man unter Marktsegmentierung versteht!
   1.2 Begründen Sie, warum Marktsegmentierung notwendig ist!
   1.3 Nennen Sie drei Vorteile der Marktsegmentierung!
2. Suchen Sie im Internet die Webseiten jener Automarken, die zum Volkswagenkonzern gehören und verschaffen Sie sich einen Überblick über die Modelle der einzelnen Marken. Bilden Sie nach eigenem Ermessen drei Teilmärkte. Beschreiben Sie die Kriterien, die für diese Teilmärkte gelten. Ordnen Sie diesen Teilmärkten die passenden Automodelle der verschiedenen Marken zu!
3. Beschreiben Sie, worin das Hauptziel der Marktsegmentierung besteht!

1.4 Wettbewerbssituation

1.4.1 Begriff Markt[1]

Der **Markt** ist der Ort, an dem Angebot und Nachfrage aufeinandertreffen.

- Den **Anbietern** bietet der Markt die Möglichkeit, ihre Güter entsprechend ihren Zielvorstellungen anzubieten und sich über die Nachfrage zu informieren.
- Den **Nachfragern** bietet der Markt die Möglichkeit, sich über das Angebot zu informieren und ihre Kaufentscheidung unter Berücksichtigung der Nutzenmaximierung zu treffen.

Über den Markt erfolgt ein **Ausgleich** zwischen den **entgegengesetzten** Interessen von Anbietern und Nachfragern, da sich als Ergebnis des Marktgeschehens **ein** Preis **(Gleichgewichtspreis)** bildet, über den die unterschiedlichen Zielsetzungen der Marktteilnehmer „ausbalanciert“ werden **(Selbststeuerungsmechanismus des Marktes)**.

Anbieter versuchen auf dem Markt ihre Güter abzusetzen. Dabei streben sie nach Gewinnmaximierung.

M A R K T

Nachfrager versuchen auf dem Markt ihre Nachfragepläne zu verwirklichen. Sie streben nach Nutzenmaximierung.

1 Zum Thema Marktformen und dem Entscheidungsverhalten der Teilnehmer innerhalb bestimmter Wettbewerbssituationen siehe VWL-Lehrbuch, hier Merkurbuch 0585, Volkswirtschaftslehre für das Berufskolleg – Berufliches Gymnasium, S. 150ff.

1.4.2 Marktpositionierung (Bestimmung des Zielmarktes)

(1) Markteintritt

Erste Aufgabe einer Unternehmung, die mit einem Produkt in einen Markt eindringen möchte, ist die Bestimmung des relevanten Marktes (Zielmarktes).

Der **relevante Markt (Zielmarkt)** ist die Gesamtheit der möglichen Käufer für ein Produkt.

Ist der Zielmarkt definiert, gilt es, diesen zu analysieren. Hierbei sind insbesondere folgende Fragen zu klären:

Fragen	Beispiele
Wie hoch sind die **Markteintrittsschranken** für einen Interessenten? Hohe Markteintrittsbarrieren erschweren den Markteintritt.	Hohe Markteintrittsbarrieren sind z.B. spezifisches Know-how; Patente; hoher Kapitalbedarf für die Produktion und/oder Vermarktung; hohe Kundenloyalität; Kontrolle über Beschaffungsmärkte oder Absatzkanäle (spezielles Vertriebssystem); niedriges Preisniveau.
Wie hoch sind die **Marktaustrittsbarrieren** für die sich im Zielmarkt befindlichen Unternehmen? Hohe Marktaustrittsbarrieren erschweren den Markteintritt.	Hohe Marktaustrittsbarrieren sind z.B. Sozialkosten durch Personalabbau; langlebiger und spezialisierter Maschinenpark; langfristige Bereitstellung von Ersatzteilen; Vertragsstrafen bei Bruch von Kauf- und Lieferverträgen; Imageverlust durch Aufgabe des Geschäftsbereichs; Geschäftsbereich ist ein schwer verzichtbarer Teil eines Produktprogramms usw.
Besitzt ein **Konkurrent** auf dem Zielmarkt eine **ausgeprägte Marktmacht?**	Der Markt wird von einem Markenartikel mit hohem Bekanntheitsgrad und treuen Kunden beherrscht. Ein neuer Anbieter muss große Anstrengungen im Bereich Werbung, Service, Produktdifferenzierung unternehmen. Dies erfordert einen hohen Kapitaleinsatz.
Kann das auf dem Zielmarkt zu platzierende Produktangebot **Marktgeltung** beanspruchen und vergleichsweise **hohe Preise** erzielen?	Der potenzielle Anbieter muss die Akzeptanz der bisherigen Güter durch die Kunden analysieren und überprüfen, ob sein Produkt eine echte Innovation darstellt, für die die Kunden bereit sind, einen hohen Preis zu zahlen. Außerdem ist zu prüfen, ob man mit dem Produkt in einem wachsenden oder einem bereits gesättigten Markt eindringen möchte.

(2) Strategien für eine Marktpositionierung[1]

Eine Unternehmung, die in einen Markt eindringt, kann z. B. folgende vier Marktpositionen anstreben: Marktführer, Herausforderer, Mitläufer oder Nischenbesetzer.[2]

Marktführer	Der Marktführer hält in der Regel den größten Anteil am relevanten Markt (ca. 40 %), ist führend bei Preisänderungen, innovativen Produkten, im Vertriebsnetz und bei der Absatzförderung. Die Konkurrenz orientiert sich an ihm, sie fordert ihn heraus, kopiert ihn oder meidet ihn.
Herausforderer	Unternehmen, die im Zielmarkt den zweitgrößten Anteil am relevanten Markt halten (ca. 30 %), bezeichnet man als Herausforderer. Sie können entweder den Marktführer bekämpfen – beispielsweise durch aggressives Streben nach Marktanteilsgewinnen – oder sich als Mitläufer mit ihrer Stellung begnügen und alle gewagten Marketingstrategien vermeiden.
Mitläufer	Von einem Mitläufer wird gesprochen, wenn sein Anteil am relevanten Markt ca. 20 % beträgt. Jeder Mitläufer möchte den Zielmarkt durch individuelle Wettbewerbsvorteile (z. B. Standort, Service, Qualität, Finanzierung) ansprechen. Mitläufer sind durch die Herausforderer ständig gefährdet. Der Mitläufer darf sich daher nicht passiv verhalten oder ausschließlich den Marktführer kopieren. Auch der Mitläufer muss eine Wachstumsstrategie für sich festlegen – allerdings eine, die nicht zu Vergeltungsaktionen der Konkurrenz führt.
Nischenbesetzer	Nischenbesetzer sind kleinere Unternehmen mit einem Anteil am relevanten Markt von ca. 10 %, die sich auf bestimmte Teilmärkte beschränken. Durch Spezialisierung besetzen sie Marktnischen, die von den größeren Unternehmen entweder übersehen oder vernachlässigt wurden.

1.4.3 Wettbewerberanalyse

(1) Beurteilung der Wettbewerber

Bevor ein Unternehmen in den Markt eintritt bzw. sich mit seinen Produkten neu positioniert, muss es die Wettbewerber analysieren. Dabei reicht es nicht aus, lediglich die aktuell auf dem Markt agierenden Konkurrenten in die Untersuchung einzubeziehen. Es gilt vielmehr, auch potenzielle Wettbewerber sowie Unternehmen, die Substitutionsprodukte[3] herstellen und vertreiben, zu analysieren.

1 Eine andere Möglichkeit der Marktpositionierung ist z. B. das Streben nach Kostenführerschaft (kostengünstigster bzw. preisgünstigster Anbieter), Qualitätsführerschaft, Innovationsführerschaft u. Ä. Siehe hierzu auch Kapitel 1.6 Marketingstrategie, S. 289 ff.

2 Die Ausführungen lehnen sich an Kotler, P./Bliemel, F.: Marketing-Management, 8. Auf., Stuttgart 1995, S. 597ff. an.

3 **Substitution**: Stellvertretung.
Beispiel Behälterglasindustrie. Die in diesem Wirtschaftszweig agierenden Unternehmen stehen nicht nur mit ihresgleichen im Wettbewerb, sondern auch mit solchen, die Blechdosen (z. B. Bierdosen), Kartons (z. B. Milch), Aluminiumbehältnisse (z. B. Fruchtsaft) und Plastikgebinde (z. B. Joghurt) vermarkten.

Für die **Beurteilung der Wettbewerber** sind vor allem folgende Kriterien von Bedeutung:[1]

Beurteilungskriterien	Beispiele
Marketingressourcen und -fähigkeiten	■ Art und Qualität der Produkte ■ Breite und Tiefe des Produktprogramms ■ Altersstruktur der Produkte ■ Anteil der Neuproduktentwicklung ■ Qualität des Services, Kundendienst ■ Image des Unternehmens ...
Produktionsressourcen und Forschungspotenzial	■ Auslastung und Flexibilität der Produktion ■ Ausmaß der Rationalisierungsanstrengungen ■ Technischer Stand und Automatisierungsgrad der Fertigung ■ Qualität und Innovationsgrad der Forschung ■ Anzahl der Patentanmeldungen und Lizenzbeziehungen ■ Standortvor- und -nachteile ...
Finanzkraft und Rentabilität	■ Entwicklung der Bilanzen ■ Verzinsung des investierten Kapitals ■ Höhe der Fremdfinanzierung ■ Gewinnsituation ■ Möglichkeiten zur Finanzierung des weiteren Wachstums ...
Fähigkeiten des Managements	■ Qualität der Führungskräfte und Mitarbeiter ■ Umsatz und Kosten je Mitarbeiter ■ Effektivität der Organisationsstruktur ■ Umfang von Aus- und Weiterbildung ■ Qualität der Informationssysteme ■ EDV-technische Durchdringung des Unternehmens ...

Quelle: Nach Nieschlag, R., Dichtl, E., Hörschgen, H.: Marketing, 19. Aufl., Berlin 2002, S. 108.

(2) Analyse der Wettbewerbssituation in der Branche

Es reicht nicht aus, lediglich die aktuell auf dem Markt agierenden Konkurrenten in die Untersuchung einzubeziehen. Neben dem Konkurrenzkampf mit den direkten Mitbewerbern in der Branche ist die Wettbewerbssituation eines Unternehmens noch geprägt von

- der Bedrohung durch neue Konkurrenten in der Zukunft,
- den Ausweichmöglichkeiten der Kunden auf Substitutionsprodukte,
- der Zahl und Macht der Lieferanten und
- der Zahl und dem Bedarf der Abnehmer.

Ein Unternehmen, das sich langfristig am Markt behaupten will, muss daher nicht nur seine Kundenstruktur und die Mitbewerberstruktur analysieren, sondern die gesamte Wettbewerbssituation betrachten.[2]

1 Die Daten werden im Rahmen der Marktforschung erhoben. Vgl. hierzu Kapitel 1.5, S. 281 ff.

2 Dem Schema liegt das Konzept der Wettbewerbsstrategie von Porter zugrunde. Die Grafik ist angelehnt an Nieschlag, R., Dichtl, E., Hörschgen, H.: Marketing, 19. Aufl., Berlin 2002,S. 189.

18 Speth u.a. - ISBN 978-3-8120-0576-0

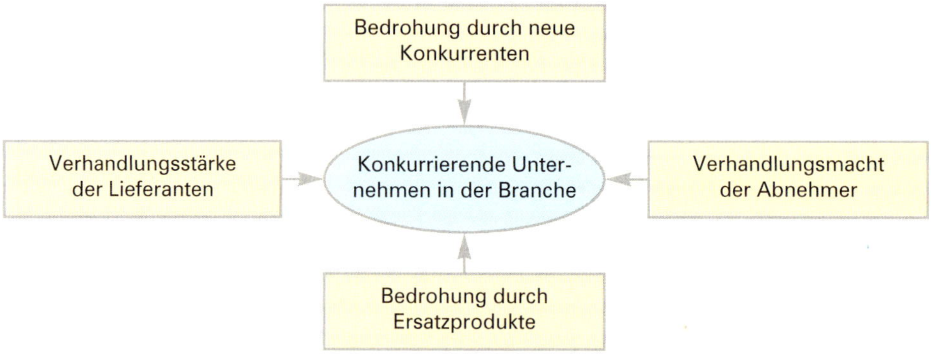

1.4.4 Bestimmung der eigenen Marktsituation durch SWOT-Analyse

1.4.4.1 Grundlegendes

Um die eigene Marktsituation zu bestimmen, ist es jetzt erforderlich, die erfassten Daten der wichtigsten Wettbewerber mit denen des eigenen Unternehmens zu vergleichen und zu bewerten. Dabei werden auf der Grundlage eines Bewertungssystems (z.B. Schulnotenskala) die ausgewählten Kriterien gesichtet und beurteilt, und zwar zum einen für das eigene Angebot/Unternehmen und zum anderen für die wichtigsten Wettbewerber. Durch diese Gegenüberstellung lässt sich ein **Stärken-Schwächen-Profil** des eigenen Unternehmens im Verhältnis zu wichtigen Wettbewerbern erstellen.

Werden die Stärken und Schwächen eines Unternehmens mit der möglichen Entwicklung des Marktes konfrontiert, kommt es zu einer **Chancen-Risiken-Analyse.** Durch die Auswertung der Chancen-Risiken-Analyse hat das Unternehmen die Möglichkeit, rechtzeitig entsprechende strategische Entscheidungen vorwegzunehmen. Eine Kombination der Ergebnisse von Stärken-Schwächen-Analysen mit der Chancen-Risiken-Analyse ermöglicht die **SWOT-Analyse** (**S**trengths, **W**eaknesses, **O**pportunities, **T**hreats).[1]

1 Strength: Stärke; weakness: Schwäche; opportunity: (günstige) Gelegenheit; threat: Bedrohung.

1.4.4.2 Stärken-Schwächen-Analyse

Die **Stärken-Schwächen-Analyse** beinhaltet die Bewertung der wesentlichen Vorteile (Stärken) und Nachteile (Schwächen) eines Unternehmens im Vergleich zu seinen wichtigsten Wettbewerbern.

Potenziale	Beurteilung
Unternehmensführung ■ Unternehmenskultur und -philosophie ■ Ziele und erkennbare Strategien ■ System der Mitarbeiter-Motivation ■ …	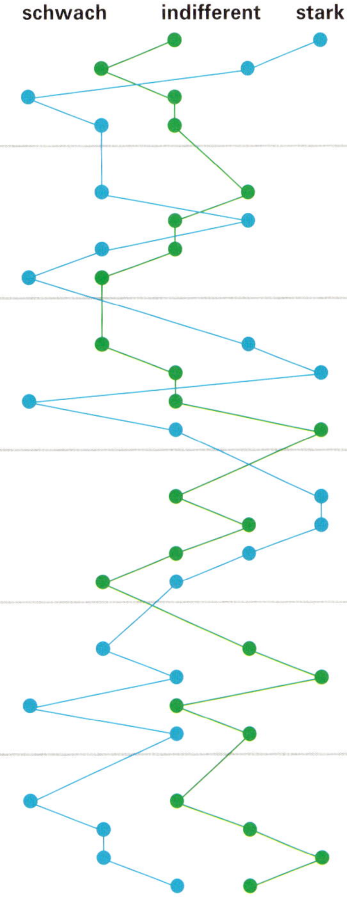
Produktion ■ Fertigungstechnische Ausstattung ■ Elastizität der Produktionsanlagen ■ Qualität der Fertigungsplanung/-steuerung ■ …	
Forschung und Entwicklung ■ Intensität und Wirksamkeit der F&E ■ Know-how ■ Einführung neuer Kommunikationstechnologien ■ …	
Marketing ■ Organisation des Vertriebs ■ Standort der Vertriebsniederlassung ■ Stellung der Produkte im Lebenszyklus ■ …	
Personal ■ Altersstruktur der Belegschaft ■ Ausbildungsstand ■ Qualifikation/Motivation der Führungskräfte ■ …	
Finanzen ■ Eigenkapitalausstattung ■ Finanzieller Überschuss ■ Möglichkeiten der Fremdfinanzierung ■ …	

Legende: ● Eigenes Unternehmen ● Wichtiges Konkurrenzunternehmen

Quelle: Nieschlag, R.; Dichtl, E.; Hörschgen, H.: Marketing, 19. Aufl., Berlin 2002, S. 114.

Ziel der Stärken-Schwächen-Analyse ist es, auf den jeweiligen Geschäftsfeldern **wettbewerberbezogene Handlungsspielräume** aufzuzeigen. Zur Durchführung der Stärken-Schwächen-Analyse empfiehlt sich eine **dreistufige Vorgehensweise**:

- Festlegung, Erfassung und Bewertung der **eigenen strategischen Potenziale** (z.B. der finanziellen, technischen und organisatorischen Ausstattung sowie der Verfügbarkeit von Ressourcen wie Energie, Rohstoffen, Infrastruktur u.Ä.).

- Ermittlung der **Stärken und Schwächen der wichtigsten Wettbewerber**.
- Visualisierung der Resultate dieser Gegenüberstellung anhand eines **Stärken-Schwächen-Profils**.

Über die Stärken-Schwächen-Analyse gelingt es, die eigenen Hauptstärken herauszuarbeiten, auf denen eine erfolgreiche Strategie aufgebaut werden kann. Zudem werden die Hauptschwächen deutlich, die zur Vermeidung von Misserfolgen beseitigt werden müssen.

1.4.4.3 Chancen-Risiken-Analyse

Im Rahmen der Chancen-Risiken-Analyse versucht das Unternehmen, mögliche Entwicklungen aus dem Markt und aus dem weiteren Umfeld (z. B. technischer Fortschritt, politisch-rechtliche Gegebenheiten, ökonomische Situation, gesellschaftspolitische Lage) aufzudecken. Eine solche Analyse versetzt ein Unternehmen in die Lage, rechtzeitig strategische Entscheidungen vornehmen zu können. Außerdem kann das Unternehmen seine Möglichkeiten nutzen, die negativen Ereignisse zu verhindern, d. h. ihrem Eintreten (z. B. durch Lobbyarbeit) aktiv entgegenzuwirken.

Aufgabe der **Chancen-Risiken-Analyse** ist es, die Entwicklungen aus dem Markt und dem weiteren Umfeld aufzudecken, die die Stärken und Schwächen des Unternehmens betreffen.

Beispiel: Chancen und Risiken für einen Automobilhersteller

Chancen	Risiken
■ Entwicklung eines Kompaktwagens mit extrem niedrigem Benzinverbrauch ■ Entwicklung eines Autos mit extrem niedrigen Abgaswerten bei gleichzeitig hoher Leistung ■ Entwicklung eines leistungskräftigen elektrischen Autos mit hoher Reichweite und leichten Batterien ■ Attraktivitätsverlust der öffentlichen Verkehrsmittel	■ Entwicklung eines Kompaktwagens mit extrem niedrigem Benzinverbrauch und Abgaswerten durch einen Konkurrenten ■ Zunehmende Verbraucherakzeptanz von einfachen Fahrzeugen zu niedrigen Preisen von Wettbewerbern aus „Niedriglohnländern" ■ Drastische Geschwindigkeitsbeschränkungen und Einführung autofreier Tage ■ Anhaltende Treibstoffverknappung in Verbindung mit Mineralölsteuererhöhungen

Quelle: Meffert, H.: Marketing-Grundlagen marktorientierter Unternehmensführung, 9. Aufl., Wiesbaden 2000, S. 66.

1.4.4.4 Ziele der SWOT-Analyse

Die SWOT-Analyse führt die Stärken-Schwächen-Analyse und die Chancen-Risiken-Analyse in einer Matrix zusammen. Durch deren Analysen können die Entscheidungen der Unternehmensführung präziser getroffen werden.

Die **SWOT-Analyse** stellt sicher, dass für anstehende Marketingentscheidungen alle Daten aus Unternehmung, Markt und Umfeld erfasst werden. Sie ist ein wichtiges Instrument, um Marketingstrategien zu entwickeln.

Beispiel: SWOT-Analyse des Volkswagen Konzerns (beispielhaft)

Unternehmens-externe Faktoren / Unternehmens-interne Faktoren	Chancen	Risiken
Stärken	① ■ Starke Nachfragebelebung bei verbrauchsgünstigen TDI-(Diesel-)Motoren als Folge einer drastischen Mineralölsteuererhöhung ■ Nachfrageverlagerung von Oberklasse- zu Mittelklasse-Pkw aufgrund wachsender Preissensibilität der Verbraucher (Downsizing)	② ■ Die chinesische Regierung erlaubt zahlreichen Konkurrenten den Aufbau von Fabriken in China ohne weitere Auflagen ■ Schwächen der Marke Volkswagen aufgrund umfassender Verwendung von Gleichteilen bei allen Konzerngesellschaften. VW, Seat und Skoda werden austauschbar (Mehrmarkenstrategie wird zu einem Risiko statt zu einer Chance)
Schwächen	③ ■ Starkes Markenanteilswachstum leistungsstarker Sport- und Fun-Pkw ■ Nachfragesteigerung bei zweisitzigen, elektrisch betriebenen Stadtautos aufgrund technischer Innovationen außerhalb des Unternehmens	④ ■ Starkes Nachfragewachstum in der Kompaktwagenklasse in den USA aufgrund steigender Benzinpreise und schlechter Wirtschaftsentwicklung. Geringe Partizipation am US-Marktwachstum wegen niedrigem VW-Marktanteil in den USA

Quelle: Meffert, H.: Marketing-Grundlagen marktorientierter Unternehmensführung, 9. Aufl., Wiesbaden 2000, S. 68.

Erläuterungen (beispielhaft):

- Es kann z. B. festgestellt werden, dass die Kompetenzen des Unternehmens genau die Entwicklung und spezifischen Anforderungen des Marktes treffen (siehe Feld 1). In diesem Fall hat das Unternehmen alle Anstrengungen zu unternehmen, die Chance zu einem Durchbruch in neue Marktdimensionen zu nutzen.
- Die Analyse kann aber auch deutlich machen, dass eine bestimmte Marktchance nicht genutzt werden kann, weil sie die Ressourcen des Unternehmens übersteigt oder mit dem spezifischen Ressourcenprofil der Unternehmung nicht vereinbar ist (siehe Feld 3).

Zur SWOT-Analyse ist **kritisch anzumerken,** dass sie vor allem dazu geeignet ist, einzelne Geschäftsfelder eines Unternehmens zu beurteilen. Sie ermöglicht jedoch keine aussagefähige Gesamtanalyse über die verschiedenen Tätigkeitsbereiche des Unternehmens und deren zukünftige Entwicklung im Markt. Ein Verfahren, das eine Gesamtübersicht eines Unternehmens erlaubt, stellt die **Portfolio-Analyse** dar.[1]

1 Siehe Kapitel 2.3, S. 299 ff.

1.4.5 Benchmarking

(1) Begriff Benchmarking

Der Ansatz des Benchmarkings vergleicht die eigene Leistungsfähigkeit in Bezug auf Produkte, Prozesse, strategisches Vorgehen usw. mit den aus Kundensicht **besten Unternehmen (Best-practice-Unternehmen)**. Für die Abbildung des Best-practice-Unternehmens setzt man vielfach Kennzahlen ein. Der Vergleich der Kennzahlen offenbart den Abstand zum Best-practice-Unternehmen, die sogenannte „Leistungslücke". Benchmarking bedeutet im Management, einen Referenzpunkt zur Selbsteinschätzung zu finden.[1]

- **Benchmarking** ist ein Planungsinstrument, das dazu dient, das **eigene Unternehmen** mit dem **besten Mitbewerber** (Best-practice-Unternehmen) zu vergleichen.
- Bei der Gegenüberstellung mit dem Best-practice-Unternehmen vergleicht man z. B. **Produkte, Dienstleistungen, Produktionsverfahren, Prozesse** und **Methoden.**
- Für den Vergleich setzt man vielfach **Kennzahlen** ein.

(2) Anlass und Ziele des Benchmarkings

Der **Anlass für Benchmarking-Studien** liegt in der Regel in der Vermutung, dass zwischen der eigenen Leistungsfähigkeit und der der Wettbewerber Leistungslücken bestehen. Solche Leistungslücken können z. B. in der Kostenstruktur, im Faktor Zeit bei der Neuentwicklung von Produkten, in der Produktqualität, bei den Prozessabläufen u. Ä. liegen.

Ziel des Benchmarkings ist es, von den „Klassenbesten" zu lernen und deren Leistungen für das eigene Unternehmen nutzbar zu machen, um so selbst zum besten Unternehmen aufzusteigen. Durch die ständigen und systematischen Vergleiche soll im Unternehmen eine dauerhaft kreative Unruhe geschaffen werden, die große Sprünge im Leistungsniveau auslöst.

Zusammenfassung

- Das Eindringen eines Unternehmens mit einem Angebot in einen Zielmarkt ist umso einfacher, je **niedriger** die **Markteintrittsbarrieren** und die **Marktaustrittsbarrieren** sind.
- Grundsätzlich kann ein Unternehmen im Markt z. B. folgende **vier Marktpositionen** anstreben:
  - Marktführer
  - Herausforderer
  - Mitläufer
  - Nischenbesetzer
- Wichtige **Kriterien zur Beurteilung der Wettbewerber** sind
  - Marketingressourcen und -fähigkeiten
  - Produktionsressourcen und Forschungspotenzial
  - Finanzkraft und Rentabilität
  - Fähigkeiten des Managements
- Die **Stärken-Schwächen-Analyse** beinhaltet die Bewertung der wesentlichen Vorteile (Stärken) und Nachteile (Schwächen) eines Unternehmens im Vergleich zu seinen wichtigsten Wettbewerbern.

1 **Benchmark** bedeutet „Referenzpunkt" in der Geodäsie, also in der Erd-, Land- und Feldmessung.

- Ziel der **Chancen-Risiken-Analyse** ist, die Entwicklung auf dem Markt und dem weiteren Umfeld aufzudecken, die die Stärken und Schwächen des Unternehmens betreffen.
- Die Kombination der Ergebnisse von Stärken-Schwächen-Analyse und Chancen-Risiken-Analyse ermöglicht die **SWOT-Analyse.** Sie ist ein wichtiges Instrument, um Marketingstrategien zu entwickeln.
- Das **Benchmarking** ist ein Planungsinstrument. Es dient dem systematischen, meist kennzahlengestützten Vergleich des eigenen Unternehmens mit den besten Mitbewerbern (Best-practice-Unternehmen). Benchmarking ist als **ständiger Prozess** einzurichten.

Übungsaufgaben

111 Wettbewerbssituation

1. Erläutern Sie, warum Unternehmen eine Wettbewerberanalyse betreiben!
2. Nennen Sie vier Bereiche, auf die sich eine Wettbewerberanalyse beziehen kann und bilden Sie zu jedem Bereich zwei Beispiele!
3. Erläutern Sie den Unterschied zwischen der Wettbewerberanalyse und der Analyse der Wettbewerbssituation!

112 SWOT-Analyse, Benchmarking

1. 1.1 Analysieren Sie für die nachfolgenden Abbildungen jeweils die beiden Quadranten, die Ihrer Meinung nach am wichtigsten für das Unternehmen sind!

Abbildung 1:

Abbildung 2:

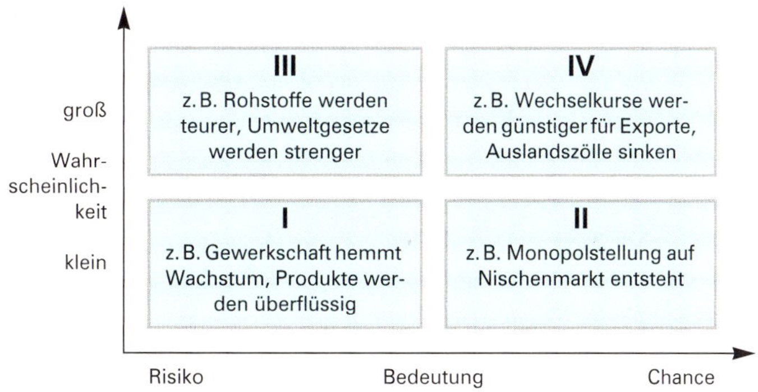

1.2 Beschreiben Sie den Inhalt der Stärken-Schwächen-Analyse!

1.3 Analysieren Sie das auf S. 275 abgebildete Stärken-Schwächen-Profil!

1.4 Weisen Sie nach, dass die Stärken-Schwächen-Analyse durch die Chancen-Risiken-Analyse ergänzt wird!

2. 2.1 Beschreiben Sie die Bedeutung der SWOT-Analyse!

2.2 Zur Beschreibung der strategischen Situation eines Unternehmens kann eine SWOT-Matrix erstellt werden.

	S Auflistung der Stärken/Strengths	**W** Auflistung der Schwächen/Weaknesses
O Auflistung der Gelegenheiten/Opportunities	**SO-Situation:**	**WO-Situation:**
T Auflistung der Bedrohungen/Threats	**ST-Situation:**	**WT-Situation:**

Quelle: Nieschlag, R.; Dichtl, E.; Hörschgen, H.: Marketing, 19. Aufl., Berlin 2002, S. 117.

Aufgabe:

Ordnen Sie den vier Situationen die Ihrer Meinung nach richtige Marketingstrategie zu und formulieren Sie diese jeweils!

3. Für eine Produktgruppe hat eine SWOT-Analyse das nachfolgende Ergebnis erbracht:

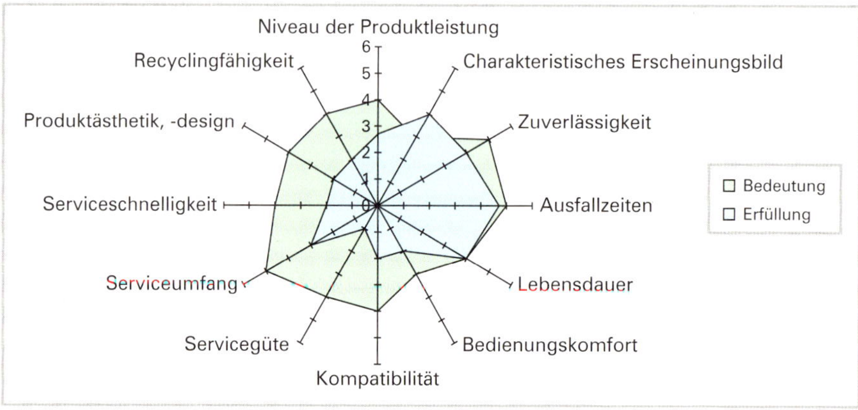

Quelle: Godefroid, P.: Investitionsgüter-Marketing, Ludwigshafen 1995, S. 149.

Aufgabe:

Interpretieren Sie das Ergebnis der SWOT-Analyse für die Produktgruppe!

4. 4.1 Erläutern Sie den Begriff Benchmarking!

4.2 Vergleichen Sie Wettbewerberanalyse und Benchmarking!

1.5 Marktforschung

1.5.1 Begriff Marktforschung und die Träger der Marktforschung

(1) Begriff Marktforschung

Unternehmen, die ohne grundlegende Kenntnisse der Märkte und ohne sinnvolle Abstimmung der Marketinginstrumente Produkte auf den Markt bringen, laufen Gefahr, auf ihren Produkten ganz oder teilweise „sitzen zu bleiben".

Werden hingegen **vor** dem Verkauf der Produkte Marktinformationen (z.B. über Kundenwünsche, Kaufkraft der Kunden, Verhalten der Konkurrenten, die Lage auf den Beschaffungsmärkten und allgemeine Marktdaten) beschafft, sind die Aussichten wesentlich besser, die Absatzpläne zu verwirklichen.

- **Marktforschung** ist die systematische Erforschung, Beschaffung und Aufbereitung von Marktinformationen.
- Marktforschung geschieht durch **Marktanalyse**, **Marktbeobachtung** und **Marktprognose.**

Marktanalyse

Die **Marktanalyse** untersucht die Marktgegebenheiten zu einem **bestimmten Zeitpunkt.**

Eine Marktanalyse wird z.B. vorgenommen, wenn **neue Produkte** oder **weiterentwickelte Produkte** auf den Markt gebracht werden sollen. **Untersuchungsgegenstände** sind z.B.:

- Anzahl der Personen, Unternehmen und Verwaltungen, die als Käufer infrage kommen,
- Einkommens- und Vermögensverhältnisse der mutmaßlichen Käufer,
- persönliche Meinung der (möglichen) Käufer zum angebotenen Produkt,
- Beschaffung von Daten über die Konkurrenzunternehmen, die den zu untersuchenden Markt bereits beliefern (z.B. deren Preise, Lieferungs- und Zahlungsbedingungen, Qualitäten der angebotenen Erzeugnisse, Werbung).

Marktbeobachtung

- Die **Marktbeobachtung** hat die Aufgabe, Veränderungen auf den Märkten **laufend** zu erfassen und auszuwerten.
- Beobachtet werden zum einem die vorhandenen bzw. neu zu gewinnenden **Kunden**, und zum anderen das **Verhalten der Konkurrenzunternehmen**.

Die **Fragestellungen** lauten z. B.:

- Wie entwickelt sich die Zahl der Nachfrager, wie die mengen- und wertmäßige Nachfrage nach einem bestimmten Produkt?
- Wie entwickeln sich die Einkommen, wie die Vermögensverhältnisse der Abnehmer?
- Wie verändert sich die Einstellung der Käufer zum angebotenen Produkt?
- Wie reagieren die Konkurrenzunternehmen auf absatzpolitische Maßnahmen (z.B. Preisänderungen, Werbemaßnahmen)?

Ziel der Marktbeobachtung ist die Ermittlung von Tendenzen, Veränderungen sowie Trends innerhalb eines bestimmten Zeitraums.

Marktprognose

Marktanalyse und Marktbeobachtung haben letztlich den Zweck, das **Marktrisiko zu vermindern.** Dies ist nur möglich, wenn die Gegenwartsentscheidungen der Geschäftsleitung auf Daten beruhen, die die zukünftige Entwicklung auf den Märkten mit einiger Sicherheit aufzeigen können.

> **Marktprognosen** sind Vorhersagen über künftige Entwicklungen am Absatzmarkt, z.B. über den Absatz bestimmter Produkte oder Leistungen.

(2) Träger der Marktforschung

Die Träger der Marktforschung sind die Großbetriebe mit ihren wissenschaftlichen Stäben, wissenschaftliche Institute und vor allem Marktforschungsinstitute.

Marktforschungsinstitute sind gewerbliche Einrichtungen und Unternehmen, die sich im Auftrag von Industrie und Handel der Meinungsforschung und der Marktforschung widmen.

Beispiele:

EMNID-Institut GmbH & Co. KG, Bielefeld; Institut für Demoskopie Allensbach GmbH, Allensbach (Bodensee); INFRA-TEST-Marktforschung, Wirtschaftsforschung, Motivforschung, Sozialforschung GmbH & Co. KG, München.

1.5.2 Datenerhebungsverfahren

(1) Begriffsdefinitionen

Informationen über Marktdaten (z.B. über die Kunden eines Unternehmens) können unmittelbar am Markt erhoben oder es kann auf bereits vorhandenes Datenmaterial zurückgegriffen werden. Im ersten Fall spricht man von **Primärforschung**[1] **(Feldforschung).** Sie ermittelt **Primärdaten.** Im zweiten Fall spricht man von **Sekundärforschung**[2] **(Schreibtischforschung).** Sie geht von Daten aus, die häufig bereits für andere Zwecke ermittelt worden sind. Man bezeichnet diese Daten als **Sekundärdaten.**

1 **Primär:** an erster Stelle stehend, vorrangig.
2 **Sekundär:** an zweiter Stelle stehend, zweitrangig.

- Eine **Primärforschung (Feldforschung)** liegt vor, wenn unmittelbar am Markt Informationen gezielt zu einer bestimmten Fragestellung gewonnen und anschließend ausgewertet werden.
- Eine **Sekundärforschung (Schreibtischforschung)** liegt vor, wenn aus bereits vorhandenen Zahlenmaterialien (Daten) Informationen zu einer bestimmten Fragestellung gewonnen und anschließend ausgewertet werden.

(2) Primärforschung

Die Primärforschung gewinnt die Informationen direkt an ihrem Entstehungsort. Voraussetzung für die Gewinnung von Marktinformationen (z.B. über die Kunden) ist eine möglichst umfassende und genaue Planung aller erforderlichen Einzelschritte.

Der **Ablauf einer Primärerhebung** umfasst vier Phasen:

Phasen	Erläuterungen	Beispiele
Phase der Problemformulierung	Es ist zu klären, worin das Marketingproblem besteht. Anschließend sind die Erhebungsziele zu formulieren.	Rückgang von Bestellungen und Umsatzeinbruch. Erhebungsziel: Rückgewinnung von Kunden.
Phase der Informationsgewinnung	Auswahl der Methoden, mit denen die gewünschten Daten gewonnen werden sollen.	Befragung der Kundenmeinung über das Image des Unternehmens, der Qualität und Aktualität der Produkte mithilfe von Fragebögen und Interviews.
Phase der Informationsverarbeitung	Die gewonnenen Informationen werden aufbereitet, ausgewertet, interpretiert und dokumentiert.	Die Produkte haben mindere Qualität und sind technisch veraltet. Außerdem fehlt ein modernes Design.
Phase der Ergebnispräsentation	Die dokumentierten Ergebnisse werden den zuständigen Entscheidungsträgern präsentiert.	Der Geschäftsführung werden die Informationen mit einem Vorschlag zur Verbesserung der Produkte präsentiert.

(3) Sekundärforschung

Gegenstand der Sekundärforschung ist die Beschaffung und Zusammenstellung des bereits vorhandenen Datenmaterials. Die Daten können aus **internen und externen Informationsquellen** stammen. Diese Form der Informationsgewinnung ist im Vergleich zur Gewinnung von Primärdaten schneller und kostengünstiger. Außerdem erweitert die Verfügbarkeit weltweiter elektronischer Netze (z.B. Internet) und Datenbanken die Möglichkeiten der Sekundärforschung, bei vergleichweise geringen Kosten, erheblich. Darüber hinaus sind bestimmte Daten (z.B. volkswirtschaftliche Gesamtgrößen, Branchenkennziffern, Entwicklungszahlen) auf anderem Wege für das einzelne Unternehmen praktisch nicht zugänglich.

1.5.3 Methoden der Informationsgewinnung

Methoden der Informationsgewinnung sind alle **Erhebungsinstrumente,** mit denen **Primärdaten** erfasst werden.

Im Folgenden werden drei Methoden der Informationsgewinnung skizziert:

- **Beobachtung,**
- **Befragung,**
- **Panelerhebung.**

<table>
<tr><td>Beobach-tung</td><td colspan="2">Bestimmte Tatbestände (z. B. Sachverhalt, wie Anzahl der Kunden, oder Verhalten von Personen, wie Verweildauer vor Werbeplakat) werden im Augenblick ihres Auftretens erfasst, ohne dass der Beobachtete darüber informiert wird.
Der Vorteil der Beobachtung liegt darin, dass die Handlungen des Beobachteten völlig unbeeinflusst sind vom Beobachter.
Die Nachteile der Beobachtung liegen darin, dass die Wahrnehmungen des Beobachtenden subjektiv sind und damit Verzerrungen unterliegen können. Zudem ist die Beobachtung nicht geeignet, bestimmte Sachverhalte wie Meinungen, Präferenzen[1] und Einstellungen zu erfassen.</td></tr>
<tr><td rowspan="3">Befragung</td><td colspan="2">Ausgewählte Personen werden durch gezielte Fragen zur Herausgabe von Informationen veranlasst. Damit lassen sich auch Tatbestände erfassen, die nicht beobachtbar sind. Zwei wichtige Voraussetzungen müssen gegeben sein:
■ Auskunftswilligkeit, d. h., der Befragte muss bereit sein, aufrichtig zu antworten (und z. B. nicht durch Nonsens-Antworten die Befragung zu unterlaufen).
■ Auskunftsfähigkeit, d. h., die Fragen müssen so formuliert sein, dass der Adressat sie auch versteht (nicht: „Wie beurteilen Sie die Response-time unseres Kundendienstes?“), der Befragte muss das Problem beurteilen und sich gegebenenfalls ausdrücken können.</td></tr>
<tr><td>schriftlich</td><td>mündlich</td></tr>
<tr><td>Die Versuchspersonen füllen den zugesandten Fragebogen aus und schicken diesen zurück.
Nachteilig ist, dass bei Verständnisproblemen klärende Rückfragen nicht möglich sind. Zudem lässt sich nicht ausschließen, dass der Fragebogen von einer anderen als der Zielperson oder „in Gruppenarbeit“ ausgefüllt wird.
Um die Auskunftswilligkeit und die Rücklaufquote zu erhöhen, muss gegenüber dem Teilnehmer begründet werden, welchen Nutzen er aus der Befragung zu erwarten hat. Es kann z. B. den Teilnehmern auch eine Belohnung in Aussicht gestellt werden („Unter allen Teilnehmern verlosen wir ...“).</td><td>Die Informationen werden durch einen Interviewer im Rahmen eines Gespräches erhoben. Dieser füllt im Beisein des Befragten den standardisierten Fragebogen aus. Diese Art der Befragung empfiehlt sich insbesondere bei der Erhebung komplexer Fragestellungen, die unter Umständen erst durch zusätzliche Erklärungen des Interviewers eindeutig beantwortet werden können.
Mögliche Nachteile sind, dass sowohl die Befragungssituation (z. B.: Zeitpunkt, Ort) als auch die Person des Interviewers (z. B. Sprachstil, Sympathie, Alter, Geschlecht) die Antworten und damit die Qualität des Ergebnisses beeinflussen können.</td></tr>
<tr><td>Panel-erhebung</td><td colspan="2">Hierbei werden dieselben Personen in bestimmten Zeitbeständen zu demselben Sachverhalt befragt.
Damit lassen sich Veränderungen in der Wahrnehmung und Auffassung der Zielpersonen erfassen.</td></tr>
</table>

1 **Präferenz:** Vorrang, Vorzug.

1.5.4 Marktgrößen

(1) Grundlegendes

Die reine Verkaufsleistung eines Unternehmens gibt noch keinen hinreichenden Aufschluss über seine Position am Markt. Die Tatsache, dass der Umsatz des Unternehmens steigt, lässt sich einerseits auf einen allgemeinen Wirtschaftsaufschwung zurückführen, andererseits kann dies auch darauf zurückzuführen sein, dass das eigene Unternehmen denen der Konkurrenz Marktanteile abgerungen hat. Um die Marktsituation als Ganzes oder auch die Positionierung des eigenen Unternehmens am Markt besser beurteilen zu können, liefert die quantitative Marktforschung Marktkennzahlen.

Hierzu gehören die Kennzahlen

- **Marktpotenzial,**[1]
- **Marktvolumen,**
- **Absatzpotenzial** und
- **Absatzvolumen.**

Die ersten zwei Kennzahlen charakterisieren den Markt, die beiden anderen die Situation des eigenen Unternehmens. Weitere wichtige Erkenntnisse lassen sich dadurch gewinnen, indem man die oben bezeichneten Kennzahlen zueinander in Beziehung setzt.

(2) Marktpotenzial, Marktvolumen, Absatzpotenzial, Absatzvolumen

Marktgrößen	Kurzbeschreibungen	Erläuterungen
Marktpotenzial	Als Marktpotenzial bezeichnet man die Menge der Erzeugnisse (Sach- oder Dienstleistungen) für eine bestimmte Produktgattung, die langfristig abgesetzt werden kann, bis der Markt gesättigt ist.	Es handelt sich um eine theoretische Zielgröße, welche die absolute Aufnahmefähigkeit des Marktes zeigt, wenn alle potenziellen Kunden über die erforderliche Kaufkraft verfügen und ein Kaufbedürfnis besteht. Das Marktpotenzial wird in erster Linie durch folgende Faktoren bestimmt: ■ die Zahl möglicher Nachfrager, ■ die Bedarfsintensität, ■ die Markttransparenz,[2] ■ die Marktsättigung und ■ die Marketingaktivitäten der Anbieter.
Marktvolumen	Das Marktvolumen kennzeichnet die gegenwärtige realisierte Absatzmenge einer ganzen Branche für eine bestimmte Produktgattung.	Es handelt sich um den Teil des Marktpotenzials, den alle Wettbewerber dieser Branche zusammen tatsächlich erzielt haben.

1 **Potenzial:** möglich; die bloße Möglichkeit bezeichnend.

2 **Transparent:** durchsichtig; **Markttransparenz:** Marktübersicht (z. B. der Käufer und Verkäufer).

Marktgrößen	Kurzbeschreibungen	Erläuterungen
Absatzpotenzial	Das Absatzpotenzial ist diejenige Menge, welche ein Unternehmer für sich als realistisch betrachtet.	Es handelt sich ebenfalls – wie beim Marktpotenzial – um eine theoretische Zielgröße, allerdings beschränkt auf die Möglichkeit eines Unternehmens. Die Höhe des Absatzpotenzials wird beeinflusst durch ■ das bisherige Absatzvolumen, ■ die gegebene Produktionskapazität, ■ die vorhandene Kaufkraft, ■ das Verhalten der Konkurrenten auf dem Markt und ■ den Preis und die Produktqualität im Vergleich zu Konkurrenzprodukten.
Absatzvolumen	Das Absatzvolumen kennzeichnet die gegenwärtige realisierte Absatzmenge eines Unternehmens für eine bestimmte Produktgattung.	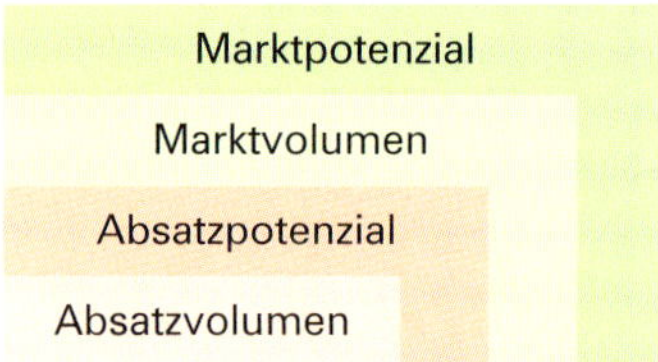

(3) Zusammenhang zwischen Marktpotenzial, Marktvolumen, Absatzpotenzial und Absatzvolumen

Gliedert man die bisher angesprochenen Begriffe danach auf, ob sie den **Gesamtmarkt** betreffen oder ob sie sich auf das Unternehmen beziehen, so können folgende Zusammenhänge festgestellt werden:

Bezugsgröße: gesamter Markt	**Marktpotenzial** Möglicher Gesamtabsatz bis zur Sättigung des Marktes	**Marktvolumen** Tatsächlicher Gesamtabsatz auf dem Markt
Bezugsgröße: einzelnes Unternehmen	**Absatzpotenzial** Möglicher Absatz eines Unternehmens	**Absatzvolumen** Tatsächlicher Absatz eines Unternehmens
	Theoretische Zielgröße	Realisierte Größe

Weitere Erkenntnisse lassen sich dadurch gewinnen, indem diese Größen zueinander in Beziehung gesetzt werden, z. B.

$$\text{Sättigungsgrad des Marktes} = \frac{\text{Marktvolumen} \cdot 100}{\text{Marktpotenzial}} \qquad \text{Marktanteil} = \frac{\text{Absatzvolumen} \cdot 100}{\text{Marktvolumen}}$$

Zusammenfassung

- Die **Marktforschung** bedient sich wissenschaftlicher Methoden, um die Gegebenheiten und die Entwicklung auf den Absatzmärkten zu erforschen und die gewonnenen Daten aufzubereiten.
- Marktforschung geschieht durch **Marktanalyse** (Momentaufnahme eines Zustandes) oder durch **Marktbeobachtung** (Erfassung und Auswertung von Veränderungen im Laufe der Zeit).
- Ziel der Marktforschung ist es, Aussagen über die künftige Entwicklung auf dem Absatzmarkt zu treffen **(Marktprognose)**.
- Die erforderlichen Daten können erhoben werden über
  - **Primärforschung** (Feldforschung), d. h., Daten werden zu dem genau dem vorgesehenen Zweck unmittelbar am Markt erhoben.
  - **Sekundärforschung** (Schreibtischforschung), d. h., Daten werden gewonnen, indem bereits vorhandenes (bei anderer Gelegenheit angefallenes) Datenmaterial ausgewertet wird.
- Zu den **Quellen der Sekundärforschung** gehören:
  - **unternehmensinterne Quellen,** wie z. B. Absatzstatistik, Vertreterberichte usw.
  - **unternehmensexterne Quellen,** wie z. B. Berichte des statistischen Bundesamtes, Berichte von Verbänden, wissenschaftliche Einrichtungen.
- **Methoden zur Informationsgewinnung** im Rahmen der Primärforschung sind:
  - **Beobachtung** (planmäßige Erhebung der Daten im Augenblick ihres Auftretens),
  - **Befragung** (schriftliche oder mündliche Befragung ausgewählter Personen zu bedeutsamen Tatbeständen) und
  - **Panelerhebung** (derselbe Personenkreis wird in bestimmten Zeitabständen zu demselben Sachverhalt befragt).
- Die **Marktsituation** wird durch folgende Marktgrößen gekennzeichnet:
  - **Marktpotenzial** (absetzbare Menge aller Unternehmen bis zur Sättigung des Marktes),
  - **Marktvolumen** (tatsächlich abgesetzte Menge aller Unternehmen),
  - **Absatzpotenzial** (absetzbare Menge des eigenen Unternehmens bis zur Marktsättigung),
  - **Absatzvolumen** (tatsächlich abgesetzte Menge des eigenen Unternehmens),
  - **Marktanteil** (Prozentsatz, der angibt, wie groß die eigene Absatzmenge ist gemessen an der tatsächlichen Absatzmenge aller Unternehmen) und
  - **Sättigungsgrad des Marktes** (Prozentsatz, der angibt, wie hoch die abgesetzte Menge aller Unternehmen ist gemessen am Marktpotenzial).

Übungsaufgaben

113 Marktforschung – Grundlagen

1. Um eine Entscheidung treffen zu können, soll Marktforschung betrieben werden. Informationen können mithilfe der Primärforschung oder mithilfe der Sekundärforschung beschafft werden.

   Aufgaben:

   1.1 Erläutern Sie die Begriffe Primärforschung und Sekundärforschung!

   1.2 Begründen Sie, welche der beiden oben genannten Methoden kostengünstiger ist!

1.3 Erklären Sie, aus welchen Gründen vor Primärerhebungen zunächst Sekundärerhebungen vorgenommen werden sollten!

1.4 Beschreiben Sie den Ablauf einer Primärforschung!

1.5 Beschreiben Sie jeweils an einem Beispiel die Vor- und Nachteile der internen und der externen Informationsbeschaffung!

1.6 Grenzen Sie die Begriffe Markt- und Absatzpotenzial sowie Markt- und Absatzvolumen ab!

1.7 Erlären Sie den Begriff Marktanteil eines Unternehmens! Verdeutlichen Sie Ihre Ausführungen mit einem selbst gewählten Beispiel!

2. Der französische Käsehersteller Dubois S.A. möchte die neue Käsesorte „Tête de Chèvre" auf den deutschen Markt bringen. Um die Absatzchancen zu untersuchen, wird intensive Marktforschung betrieben.

Aufgaben:

2.1 Erläutern Sie, warum die Marktforschung die Grundlage für Entscheidungen im Marketing liefert!

2.2 Nennen und erläutern Sie kurz zwei Methoden der Marktforschung!

2.3 Nennen Sie vier Merkmale der neuen Käsesorte, die den Verkaufserfolg fördern könnten!

2.4. Erläutern Sie, warum der Käsehersteller vor allem Primärforschung betreiben muss!

2.5 Begründen Sie, warum die Dubois S.A. zunächst vor allem Marktanalyse (und nicht Marktbeobachtung) betreiben muss!

114 Befragung

1. Stellen Sie die Vor- und Nachteile einer persönlichen, telefonischen und schriftlichen Befragung einander gegenüber!

2. Erläutern Sie den Unterschied zwischen einer Befragung und einer Panelerhebung!

3. Gesetzt den Fall, eine Fluggesellschaft führt eine Befragung durch und richtet die folgenden sechs Fragen an die Flugreisenden:

3.1 *„Wie hoch ist Ihr auf die nächsten hundert EUR aufgerundetes Jahreseinkommen?"*

3.2 *„Fliegen Sie gelegentlich oder öfter?"*

3.3 *„Finden Sie unsere Fluggesellschaft angenehm? Ja ( ) Nein ( )"*

3.4 *„Wie viele TV-Werbespots von Fluggesellschaften haben Sie diesen Monat und im Vormonat gesehen?"*

3.5 *„Welche Eigenschaften sind, wenn Sie Fluggesellschaften beurteilen, besonders herausragend und bestimmend?"*

3.6 *„Halten Sie es für richtig, wenn die Regierung das Fliegen besteuert und damit vielen Menschen diese Erfahrung vorenthält?"*

Aufgabe:

Beurteilen Sie die Fragestellungen!

1.6 Marketingstrategie

1.6.1 Einbettung der Teilprozesse des Marketings in ein ganzheitliches Marketingkonzept

Die Bewältigung der Marketingaufgabe durch Schaffung eines **ganzheitlichen Marketingkonzeptes** ist ein Prozess, der sich in eine Folge von Teilprozessen gliedern lässt.

Die Formulierung der **Marketingziele**[1] bildet das Fundament eines ganzheitlichen Marketingkonzeptes. Zur Erreichung der Ziele ist die Wahl einer passenden **Marketingstrategie** notwendig. Darunter versteht man mittel- bis langfristig wirkende Grundausrichtungen der Marketingaktivitäten eines Unternehmens. Deren Umsetzung erfolgt durch den Einsatz von passgenau abgestimmten **Marketinginstrumenten.**[2] Im Rahmen des **Marketing-Controllings** wird der Erfolg des Marketingkonzeptes überprüft.

Die Erfüllung des Marketingkonzeptes von der Formulierung der Marketingziele bis zum Marketing-Controlling stellt sicher, dass Veränderungen auf den Märkten und die sich daraus ergebenden Chancen und Risiken rechtzeitig erkannt werden. Dadurch werden die Voraussetzungen geschaffen, dass auf neu auftretende bzw. sich verändernde Marktsituationen angemessen reagiert wird, z.B. durch Formulierung neuer Ziele, durch Anpassung der Strategie bzw. durch veränderten Einsatz der Marketinginstrumente.

1.6.2 Begriff Marketingstrategie

Will sich ein Unternehmen auf Dauer am Markt behaupten, benötigt es einen strategischen Wettbewerbsvorteil. Dies ist eine Eigenschaft, die ein Unternehmen positiv von den Wettbewerbern unterscheidet und es im Vergleich zu diesen in eine überlegene Position bringt. Diese Eigenschaft muss:

- vom Kunden **wahrnehmbar** sein,
- sie muss ihm **wichtig** sein und
- ihm einen **dauerhaften Nutzenvorteil** bringen.

Verborgene Eigenschaften (z.B. ein Joghurt ohne Konservierungsstoffe und künstliche Aromen), die nicht ausdrücklich deklariert werden, sind ungeeignet, um einen Wettbewerbsvorteil zu erzielen. Entsprechendes gilt für Eigenschaften, die leicht kopiert werden können.

1 Siehe Kapitel 1.2.2, S. 258.
2 Siehe Kapitel 1.7, S. 293f.
3 Siehe Kapitel 6, S. 374ff.
4 Für den Begriff Marketing-Controlling wird auch der Begriff **Absatz-Controlling** verwendet. Siehe Kapitel 8, S. 382ff.

19 Speth u.a. - ISBN 978-3-8120-0576-0

Marketingstrategien sind **geplante Verhaltensweisen,** mit denen ein Unternehmen sich gegenüber den Wettbewerbern und Kunden positioniert, um sich einen **dauerhaften, gewinnbringenden Wettbewerbsvorteil** zu sichern.

Es lassen sich drei Arten von Marketingstrategien unterscheiden:

Preis-Mengen-Strategie (Strategie der Kostenführerschaft)	**Präferenzstrategie** (Strategie der Differenzierung)	**Nischenstrategie** (Konzentration auf Schwerpunkte)

1.6.3 Arten von Marketingstrategien

1.6.3.1 Preis-Mengen-Strategie (Strategie der Kostenführerschaft)

Diese Strategie zielt darauf ab, **unter den Wettbewerbern der kostengünstigste** zu sein. Die Festlegung auf diese Strategie kann sich ergeben aufgrund

- **natürlicher Vorteile** (z. B. günstiger Standort, günstiger Zugang zu Rohstoffen oder Energie),
- konsequenter **Verschlankung aller Prozesse,**
- **Degression der Stückkosten** bei **steigenden Produktionsmengen.**

Wählt ein Unternehmen diese Strategie, dann muss es konsequent jene Kostenarten kontrollieren und – soweit möglich – senken, die Hauptbestandteil an den Gesamtkosten sind. Die Kostenführerschaft innerhalb einer Branche kann im Grunde nur **ein** Unternehmen innehaben. Ist diese Position besetzt, dann bedeutet dies für potenzielle Wettbewerber eine erhebliche Markteintrittsbarriere. Bemühen sich mehrere Unternehmen um die Kostenführerschaft, dann führt dies häufig zu einer für diese Unternehmen nachteiligen Preissenkungsspirale.

Merkmale der Strategie	■ Die Produkte haben **keine herausragenden Alleinstellungsmerkmale,**[1] sind also beliebig austauschbar. ■ Die Ansprüche an **Qualität und Service** beschränken sich auf die Einhaltung von **Mindeststandards.** ■ Die **Kunden reagieren sensibel**[2] **auf Preisvorteile** (Preiskäufer). ■ Die Kostenstruktur ist so, dass **Kostensenkungspotenziale vorhanden** sind.
Risiken der Strategie	■ Kostenführerschaft verlangt **ständige Anpassung** an die **neueste Technik** und die **kontinuierliche Verschlankung der Prozesse.** ■ Ständige **Kostensenkungsprogramme rauben** den Mitarbeitern **die Motivation** und werden von ihnen als **Belastung** empfunden. ■ Hat ein Wettbewerber genügend Kapital und war er bisher mit einem verwandten Sortiment am Markt, dann kann er diese **Strategie leicht kopieren** und es kommt zu **ruinösen Preiskämpfen.**

1 **Alleinstellungsmerkmal:** Produktmerkmal, mit dem sich ein Erzeugnis deutlich von dem der Wettbewerber unterscheidet.
2 **Sensibel:** empfindsam.

Beispiel ALDI:

Seine Antriebskräfte für den Erfolg sind:

- **Kostendegression.** Bedingt durch hohe Stückzahlen und weltweitem Angebot (20% preiswerter als Wal-Mart, $^1/_3$ billiger als traditionelle Supermärkte, Filialen auf 3 Kontinenten, in 20 Ländern).[1]
- **schlanke Abläufe** (wenig Befüllung der Regale durch Mitarbeiter, Warenpositionierung teilweise in Transportverpackung auf Paletten, rasche Bezahlprozesse durch Scannerkassen).
- **Verzicht auf qualifiziertes Verkaufspersonal.**
- **einheitliche Flächenaufteilung** in allen Märkten.
- **schlichte Ladengestaltung.**
- **geringe Sortimentsvielfalt** und Konzentration auf **Schnelldreher.**[2]
- **keine erklärungsbedürftigen Produkte,** die die Beratungskapazität des Personals binden könnten.
- Attraktivität durch **konstantes Kernprogramm** mit Gütern des täglichen Bedarfs und **rollierendes Nebenprogramm** je nach Saison.

1.6.3.2 Präferenzstrategie (Strategie der Differenzierung)

Die Präferenzstrategie zielt darauf ab, sich durch **besondere Merkmale** von den Wettbewerbern abzuheben, um auf diese Weise aus Sicht des Kunden den Status der „Einmaligkeit" zu erreichen. Im Vergleich zur Strategie der Kostenführerschaft stehen die Kosten nicht im Zentrum. Das heißt aber nicht, dass sie vernachlässigt werden dürfen.

Merkmale der Strategie	■ **Strenge Personalauswahl** von überwiegend qualifizierten Fachkräften, fortlaufende Weiterbildung der Mitarbeiter. ■ **Innovations- und Technologieführer.** ■ **Einzigartige Produkte** in Bezug auf verwendetes Material, Qualität der Verarbeitung und Design. ■ **Hoher Preis.** ■ **Exzellenter Service** und perfekte Abwicklung aller Prozesse (z.B. pünktliche, rasche Lieferung, attraktive Verpackung, sorgfältige Auftragsabwicklung, kompetente Ansprechpartner). ■ Aufbau und Pflege einer **starken Marke** (Markenkäufer).
Risiken der Strategie	■ Trotz der starken Kundenbindung müssen die **Kosten permanent beobachtet** werden. Nimmt der Kunde den zusätzlichen Nutzen als geringer wahr gegenüber dem erhöhten Preis, dann wird die Treue schnell instabil und der Kunde wandert zum Wettbewerber. ■ Die oben aufgeführten, **differenzierenden Merkmale** müssen vom Pionier **ständig weiterentwickelt** werden, weil ein Nachfolger aus den Fehlern des Pioniers lernen kann, über einen besseren Marktüberblick verfügt und damit einen Teil der Kosten für Produktentwicklung und Marktforschung vermeiden kann.

1 Quelle: http://www.cio.de/strategien/methoden/893620/index2.html; 07.04.2014.

2 **Schnelldreher:** Produkte mit sehr kurzer Lagerdauer und damit einer hohen Umschlagshäufigkeit.

Beispiel Vorwerk:

Seine Antriebskräfte für den Erfolg sind:

- **besondere Produktfunktionen** (z. B. **Thermomix**[1] vereint die Funktionen von mehr als 12 Küchenmaschinen in einem und kann wiegen, mixen, zerkleinern, mahlen, kneten …).
- **besondere Produkteigenschaften** wie Design, hohe Materialqualität, starke Leistung, Langlebigkeit.
- **flächendeckender Kundendienst** über eigene Service-Center.
- sehr gutes **Markenimage.**
- **besondere Serviceleistungen** wie Kochvorführungen und Kochevents.

Gelingt es einem Unternehmen, die Merkmale der Präferenzstrategie zu erfüllen, so sorgt dies für eine **starke emotionale Bindung der Kunden** an den Anbieter bzw. an die Marke. Potenzielle Wettbewerber sehen sich starken Markteintrittsbarrieren gegenüber, weil sie erst durch aufwendige Überzeugungsarbeit die starke Kundenbindung auflösen und den Kunden erobern können. Gegenüber „ihrer" Marke sind die Kunden weniger preisempfindlich; dies wiederum erhöht die Gewinnspanne des Unternehmens.

1.6.3.3 Nischenstrategie (Konzentration auf Schwerpunkte)

Beziehen sich die Strategien der Kostenführerschaft und der Differenzierung in der Regel auf den Gesamtmarkt, so konzentriert sich der Nischenanbieter darauf, die Bedürfnisse einer besonderen Abnehmergruppe, eines räumlich begrenzten Marktes oder einer schmalen Produktlinie bestmöglich zu erfüllen. Der Wettbewerbsvorteil des Nischenanbieters entsteht dadurch, dass er in dieser Rolle die Anforderungen des Teilmarktes besser erfüllen kann als der Anbieter, der auf dem Gesamtmarkt agiert.

Die Rolle des Nischenanbieters ist typisch für kleinere und mittlere Unternehmen. Häufig werden sie auch als **„hidden champions"** bezeichnet. Innerhalb der Nische hat der Anbieter wieder die Wahl zwischen Kostenführerschaft und Differenzierung. Somit gelten die bereits oben beschriebenen Voraussetzungen und Nachteile – je nach Wahl der Strategie auch für den Nischenbesetzer.

Die Festlegung auf eine Nische kann so weit gehen, dass Produkt und Markt verschmelzen. Ohne dieses Produkt gäbe es den Nischenmarkt nicht.

Beispiele für Nischenanbieter:

- **Porzellanmanufaktor Meissen** (Die Preise sind enorm hoch, dennoch finden sich Sammler in aller Welt. Die Porzellanmanufaktur gehört zu den bekanntesten deutschen Luxusmarken.).
- **Glashütte Original** (Hersteller edler Uhren).
- **Morgan Motor Company** (Kleiner, britischer Autohersteller von [nostalgischen] Sportwagen. Die Rahmenkonstruktion besteht aus Eschenholz).
- **Subaru** (Kleiner, hochprofitabler japanischer Hersteller von Fahrzeugen mit Allradantrieb.).
- **LEGO.**
- **Herrenknecht** (Hersteller von Tunnelbohrmaschinen).
- **Berghorizonte** (Spezialreiseveranstalter für Trekking und Privatreisen).

---

1 Quelle: http://thermomix.vorwerk.de/de/thermomix/funktionen/; 07.04.2014.

1.6.4 Struktureller Zusammenhang der Marketingstrategien

Die Marketingstrategien lassen sich in ihren Beziehungen zueinander wie folgt darstellen:

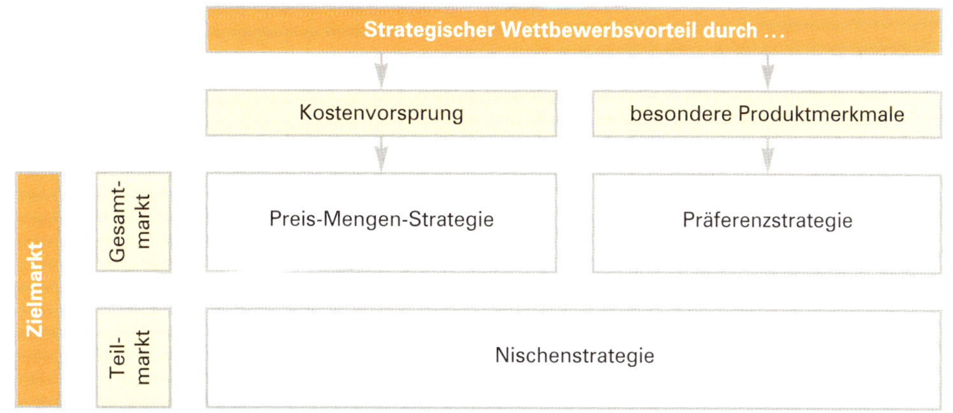

1.7 Marketinginstrumente

Nach der Formulierung der Marketingziele und der Wahl der hierzu passenden Marketingstrategie sind die Marketinginstrumente daraufhin abzustimmen. Die Marketinginstrumente bestehen aus vier Entscheidungsfeldern.

Entscheidungsfeld	Überblick[1]
Produktpolitik[2]	Zur Produktpolitik gehören alle Entscheidungen, die das Leistungsangebot des Unternehmens umfassen, insbesondere: ■ Bestimmung der Produktstandorte innerhalb des Produkt-Lebenszyklus und des Portfolios. ■ Markenpolitik. ■ Produktprogramm.
Preispolitik[3]	Die Preispolitik fällt alle Entscheidungen, die mit der Gestaltung des Preises in Verbindung stehen, insbesondere: ■ Preisfestsetzung und Preisanpassung in Abhängigkeit von der Kosten-, Abnehmer-, Konkurrenz- und Marktsituation. ■ Preispolitische Strategien.
Distributions-politik[4]	Die Distributionspolitik entscheidet darüber, auf welchem Weg die Leistungen vom Ort ihrer Erstellung zum Kunden gelangen, insbesondere: ■ Möglichkeiten auf den direkten und indirekten Absatzwegen. ■ Neue Vertriebswege.

1 Die Aufzählungen innerhalb dieser Spalte beziehen sich nur auf jene Inhalte, die im Bildungsplan vorgegeben sind.

2 Siehe Kapitel 2, S. 296ff.

3 Siehe Kapitel 3, S. 314ff.

4 Siehe Kapitel 4, S. 338ff.

Entscheidungsfeld	Überblick
Kommunikations-politik[1]	Zur Kommunikationspolitik gehören die Entscheidungen darüber, auf welche Weise das Unternehmen mit seinen Kunden in Verbindung tritt, insbesondere: ■ Werbung. ■ Verkaufsförderung. ■ Öffentlichkeitsarbeit. ■ Neuere Formen der Kommunikationspolitik. ■ Beachtung gesetzlicher Beschränkungen.

Je nach Marktsituation des Unternehmens müssen diese vier Instrumente innerhalb eines **Marketingmix**[2] kombiniert werden. Es muss wohlüberlegt werden, welches Instrument mit welchen anderen wie lange und in welcher Stärke eingesetzt werden muss, damit die absatzpolitischen Ziele bestens erreicht werden.

Sinnbildlich gesprochen: Welches der Instrumente die Melodieführung übernimmt und welches eher begleitende Aufgaben hat, das hängt ab von der Art des eigenen Unternehmens (Händler, Hersteller von Konsumgütern oder Investitionsgütern), vom Produkt selbst und der Marktsituation.

Beispiele:

- Es gibt Märkte, da hängt die Kaufentscheidung stark an den begleitenden Finanzierungsmöglichkeiten. Damit dominieren die Entscheidungen der Preispolitik, z.B. beim Autokauf auf Kredit oder durch Leasing.
- In anderen Fällen spielen der Service und die laufende Wartung und damit die Entscheidungen innerhalb der Produktpolitik die erste Geige (z.B. Kauf einer vollständigen PC-Ausstattung + Netzwerk).

Marketingmix ist das abgestimmte Zusammenspiel von Marketinginstrumenten.

Zusammenfassung

- Zu einem ganzheitlichen Marketingkonzept gehören
  - die Formulierung der **Marketingziele,**
  - die Wahl der passenden **Marketingstrategie,**
  - der Einsatz der darauf abgestimmten **Marketinginstrumente (Marketingmix),**
  - die Durchführung des **Marketing-Controllings.**
- Durch einen **strategischen Wettbewerbsvorteil** unterscheidet sich ein Unternehmen von seinen Wettbewerbern und gerät gegenüber diesen in eine überlegene Position.
- Ein Wettbewerbsvorteil muss für den Kunden **wahrnehmbar** und **wichtig** sein und ihm einen **dauerhaften Nutzenvorteil** bringen.
- **Marketingstrategien** sind geplante Verhaltensweisen, welche den Wettbewerbsvorteil dauerhaft sichern.

1 Siehe Kapitel 5, S. 355ff.
2 Siehe Kapitel 6, S. 374ff.

- Zu den Marketingstrategien gehören
  - **Preis-Mengen-Strategie** (Strategie der Kostenführerschaft),
  - **Präferenzstrategie** (Strategie der Differenzierung),
  - **Nischenstrategie** (Konzentration auf Schwerpunkte).
- Die **Marketinginstrumente** bestehen aus den Entscheidungsfeldern
  - **Produktpolitik,**
  - **Preispolitik,**
  - **Distributionspolitik** und
  - **Kommunikationspolitik.**

Übungsaufgabe

115 Teilprozesse des Marketingkonzepts, Zusammenhang zwischen Marketingziel und Marketingstrategie

1. Die Bewältigung der Marketingaufgabe im Rahmen eines ganzheitlichen Marketingkonzeptes vollzieht sich in mehreren Teilprozessen.

   Aufgabe:

   Nennen Sie diese Teilprozesse in ihrer chronologischen Abfolge und geben Sie ihre grundlegenden Aufgaben an.

2. Gegeben sind die nachfolgenden Marketingziele.

   Aufgabe:

   Wählen Sie zu den genannten Zielen eine hierzu passende Marketingstrategie und begründen Sie jeweils Ihre Entscheidung!

Marketingziel	passende Marketingstrategie	Begründung
Steigerung des Absatzes		
Sicherung/ Erhöhung des Marktanteils		
Erhöhung des Gewinns		
Steigerung des Bekanntheitsgrades		
Kundenbindung		

2 Produktpolitik

2.1 Begriff Produkt

Das **Produkt** stellt die Leistung (Sachgüter und/oder Dienstleistungen) eines Anbieters dar, die dieser erbringt, um die Bedürfnisse und Ansprüche der Abnehmer zu befriedigen.

Die Gesamtheit der Leistungen eines Unternehmens bildet dessen **Produktprogramm.** Der ökonomische Erfolg eines Anbieters ist umso größer, je besser die von ihm angebotene Leistung die Bedürfnisse der Nachfrager befriedigen.

Inwieweit das Produkt den Bedürfnissen entspricht, ist immer auch eine subjektive Entscheidung der Nachfrager. Insoweit umfasst das Produkt einen **Grundnutzen (objektiven Nutzen),** z.B. ein T-Shirt dient der Bekleidung, und einen **Zusatznutzen (subjektiven Nutzen),** z.B. das T-Shirt einer bestimmten Marke befriedigt das Modebewusstsein bzw. das Geltungsstreben des Trägers.

Grundnutzen
+
Zusatznutzen
=
Produktnutzen für den Kunden

> Aus der **Sicht des Marketings** stellt ein **Produkt** (Sachgüter und/oder Dienstleistungen) eine **Summe von nutzenstiftenden Eigenschaften** dar.

2.2 Konzept des Produkt-Lebenszyklus

(1) Grundlegendes zum Konzept des Produkt-Lebenszyklus

Hat ein Unternehmen ein neues Produkt entwickelt, steht es vor der Frage, mit welchen Marketingmaßnahmen es am Markt eingeführt und anschließend begleitet und gefördert werden soll. Die betriebswirtschaftliche Theorie hat hierzu das Konzept des Produkt-Lebenszyklus entwickelt, das die „Lebensdauer" eines Produkts in verschiedene Phasen einteilt, und für jede der Phasen ein entsprechendes **Marketingziel** vorschlägt.

> Das **Modell des Lebenszyklus von Produkten** möchte den „Lebensweg" eines Produkts, gemessen an Umsatz und Gewinnhöhe, **zwischen der Markteinführung** des Produkts und dem **Ausscheiden aus dem Markt** darstellen.

(2) Phasen des Produkt-Lebenszyklus

Der **Lebenszyklus eines Produkts** lässt sich in **vier unterscheidbare Phasen** gliedern.

- **Einführungsphase**

Die Einführungsphase beginnt mit dem Eintritt des Produkts in den Markt. In dieser Phase dauert es einige Zeit bis die Kunden ihr bisheriges Konsumverhalten geändert haben und das Produkt am Markt eingeführt ist. In diesem Stadium werden zunächst **Verluste** oder nur **geringe Gewinne** erwirtschaftet, da das Absatzvolumen niedrig und die Aufwendungen für die Markteroberung hoch sind. Handelt es sich um ein wirklich neues Produkt, gibt es zunächst noch keine Wettbewerber.

Um dem Produkt den Durchbruch auf dem Markt zu ermöglichen, ist die **Werbung** das wirksamste Instrument. Daneben gilt es, das Verkaufsnetz auszubauen. Das neue Produkt wird meist nur in der **Grundausführung** hergestellt.

Marketingziel in der **Einführungsphase** ist, das **Produkt bekannt zu machen** und Erstkäufe herbeizuführen.

Wachstumsphase

Die Wachstumsphase tritt ein, wenn die Absatzmenge rasch ansteigt. Die Mehrheit der infrage kommenden Kunden beginnt zu kaufen. Die Chance auf hohe Gewinne lockt neue Konkurrenten auf den Markt. Die **Preise** bleiben aufgrund der regen Nachfrage **stabil** oder **fallen nur geringfügig.** Da sich die Kosten der Absatzförderung auf ein größeres Absatzvolumen verteilen und zudem die Fertigungskosten aufgrund der größeren Produktionszahlen sinken, **steigen die Gewinne** in dieser Phase.

Die Werbung wird in dieser Phase noch nicht nennenswert herabgesetzt. In der Produktpolitik wird in der Regel so verfahren, dass die **Produktqualität verbessert, neue Ausstattungsmerkmale** entwickelt und das **Design aktualisiert** wird.

Marketingziel in der **Wachstumsphase** ist, einen **größtmöglichen Marktanteil**[1] zu erreichen.

Reife- und Sättigungsphase

Die Reife- und Sättigungsphase lässt sich in drei Abschnitte untergliedern. Im ersten Abschnitt **verlangsamt sich das Absatzwachstum,** im zweiten Abschnitt kommt es zur **Marktsättigung,** sodass der Umsatz in etwa konstant bleibt. Im dritten Reifeabschnitt wird der **Prozess des Absatzrückgangs** eingeleitet. Die Kunden fangen an, sich anderen Produkten zuzuwenden. Dies führt in der Branche zu Überkapazitäten und löst einen verschärften Wettbewerb aus. Die Gewinne gehen zurück. Die schwächeren Wettbewerber scheiden aus dem Markt aus.

Die Wettbewerber versuchen in der Reife- und Sättigungsphase insbesondere durch **Produktmodifikationen**[2] wie Qualitätsverbesserungen (z. B. bessere Haltbarkeit, Zuverlässigkeit, Geschmack, Geschwindigkeit), **Verbesserung der Produktausstattung** (z. B. Schiebedach, heizbare Sitze, Klimaanlage) und/oder **Differenzierung des Produktprogramms** (z. B. Schokolade mit unterschiedlichem Geschmack, Formen, Verpackungen) neue Nachfrager zu gewinnen. Daneben werden **preispolitische Maßnahmen** (z. B. Sonderverkauf, hohe Rabatte, Hausmarken zu verbilligten Preisen) und servicepolitische Maßnahmen (z. B. Einrichtung von Beratungszentren, kürzere Lieferzeiten, großzügigere Lieferungs- und Zahlungsbedingungen) ergriffen. Außerdem werden **spezielle Werbemaßnahmen** eingesetzt, um bestehende Präferenzen[3] zu erhalten bzw. neue aufzubauen.

1 **Zur Erinnerung:** Der **Marktanteil** ist die Absatzmenge, die ein Unternehmen an der gesamten Absatzmenge des Marktes für ein Produkt hat, ausgedrückt als Prozentsatz.

2 **Modifikation:** Abwandlung, Veränderung. Vgl. hierzu auch die Ausführungen auf S. 312.

3 **Präferenz:** Bevorzugung (z. B. bestimmte Produkte und/oder Verkäufer).

- **Marketingziel** in der **Reife- und Sättigungsphase** ist, einen **größtmöglichen Gewinn** zu erzielen, indem die Umsatzkurve „gestreckt“ wird, bei gleichzeitiger **Sicherung des Marktanteils.**
- Da die hohen Kosten der Markteinführung und des Wachstums weitestgehend entfallen, verspricht diese Phase eine **hohe Rentabilität.**

Rückgangsphase (Degenerationsphase)

In der Rückgangsphase **sinkt die Absatzmenge** stark ab und **Gewinne** lassen sich nur noch **in geringerem Umfang** bzw. gar **nicht mehr erwirtschaften.** Die Anzahl der Wettbewerber sinkt. Die übrig gebliebenen Anbieter **verringern systematisch ihr Produktprogramm,** die Werbung wird zunehmend eingeschränkt, die **Distributionsorganisation wird ausgedünnt.** Starke Preissenkungen können sinnvoll sein.

Als Ursachen für einen Rückgang der Absatzzahlen können der technische Fortschritt, ein veränderter Verbrauchergeschmack oder Änderungen in der Einkommensverteilung, die ihrerseits zu Verschiebungen der Bedarfsstrukturen führt, angesehen werden.

Marketingziel in der **Rückgangsphase** ist, die **Kosten zu senken** und gleichzeitig den **möglichen Gewinn** noch „mitzunehmen“.

(3) Gesamtdarstellung

Den Beginn und das Ende der einzelnen Abschnitte festzulegen ist Ermessenssache. Je nach Produkttyp ist die Dauer der einzelnen Phasen und der Verlauf der Umsatz- und Gewinnkurven unterschiedlich. Der abgebildete Kurvenverlauf ist daher als ein Spezialfall unter verschiedenen möglichen Verläufen anzusehen.

Umsatz- und Gewinnverlauf[1] im Produkt-Lebenszyklus

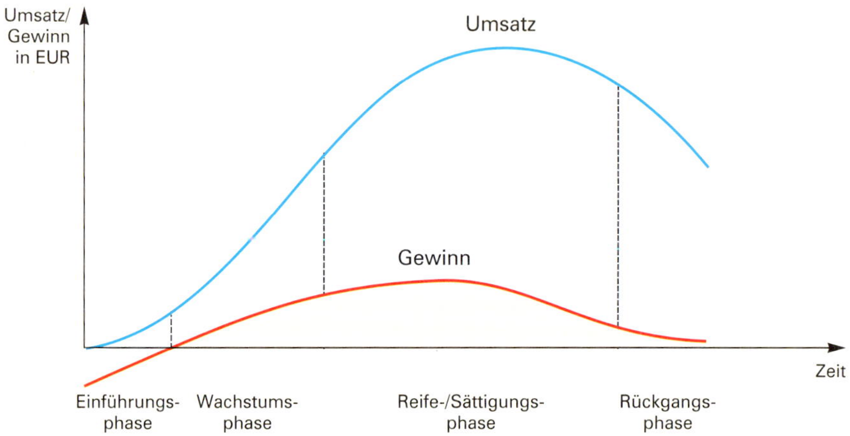

1 Der **reale** Gewinn errechnet sich als Differenz zwischen dem Umsatz zu konstanten Preisen und den Kosten zu konstanten Preisen.

Die charakteristischen Merkmale der Produkt-Lebenszyklus-Phasen sind in der nachfolgenden Übersicht zusammengestellt.[1]

	Phasen des Produkt-Lebenszyklus			
Merkmale	**Einführungsphase**	**Wachstumsphase**	**Reife- und Sättigungsphase**	**Rückgangsphase**
Umsatz	gering	schnell ansteigend	Spitzenabsatz	rückläufig
Kosten	hohe Kosten pro Kunde	durchschnittliche Kosten pro Kunde	niedrige Kosten pro Kunde	niedrige Kosten pro Kunde
Gewinne	negativ	steigend	hoch	fallend
Konkurrenten	nur einige	Zahl der Konkurrenten nimmt zu	gleichbleibend, Tendenz nach unten setzt ein	Zahl der Konkurrenten nimmt ab
Marketingziele	Produkt bekannt machen, Erstkäufe herbeiführen	größtmöglicher Marktanteil	größtmöglicher Gewinn bei gleichzeitiger Sicherung des Marktanteils	Kostensenkung und „Gewinnmitnahme“
Marketinginvestitionen	sehr hoch	hoch (degressiv ansteigend)	mittel (sinkend)	gering
Kernbotschaft der Werbung	neu, innovativ	Bestätigung des Verhaltens	verlässlich, bewährt	Schnäppchen

2.3 Portfolio-Analyse

2.3.1 Konzept der Portfolio-Analyse

Die Portfolio-Analyse[2] sieht das Unternehmen als eine Gesamtheit von strategischen Geschäftseinheiten (SGE).

- Eine **strategische Geschäftseinheit (SGE)** umfasst eine genau abgrenzbare Gruppe von Produkten, für die es einen eigenen Markt und spezifische Konkurrenten gibt.
- Die **Portfolio-Methode** untersucht die gegenwärtige Marktsituation einer strategischen Geschäftseinheit sowie deren Entwicklungsmöglichkeit und stellt dies grafisch dar.
- Mithilfe der Portfolio-Methode lassen sich **Strategien** entwickeln, mit deren Hilfe das Management eines Unternehmens entscheidet, welche **strategischen Geschäftseinheiten** gefördert, welche erhalten und welche abgebaut werden.

Um die Position der strategischen Geschäftseinheit im Unternehmen bzw. am Markt zu erfassen, wird üblicherweise eine **unternehmensexterne Erfolgsgröße** (z. B. Marktvolumen, Marktwachstum) auf der Ordinate und ein **unternehmensinterner Faktor** (z. B. Marktanteil, relative Wettbewerbsvorteile) auf der Abszisse eingetragen. Durch eine

1 Die Tabelle ist angelehnt an Kotler, P., Bliemel, F.: Marketing-Management, 8. Aufl., Stuttgart 1995, S. 586.

2 **Portfolio** (hier): schematische Abbildung zusammenhängender Faktoren im Bereich der strategischen Unternehmensführung.

Untergliederung der beiden Komponenten (z.B. hoch, niedrig) ergeben sich in der Darstellung verschiedene Felder-Matrizen (z.B. bei zwei Untergliederungspunkten vier Felder-Matrizen).

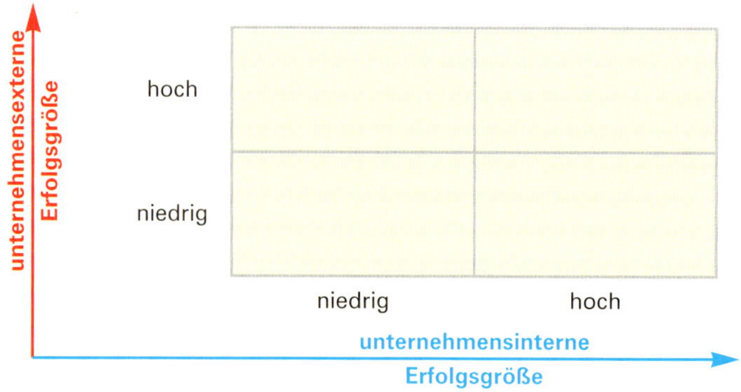

2.3.2 Marktwachstum-Marktanteil-Portfolio[1]

(1) Aufbau

Die **Vier-Felder-Portfolio-Matrix,** die dem Marktwachstum-Marktanteil-Portfolio zugrunde liegt, gliedert die SGE nach den Kriterien **Marktanteil** und **Marktwachstum** in eine Matrix ein. In der Matrix können die einzelnen SGE vier grundlegend unterschiedliche Positionen einnehmen, die in der Portfolio-Terminologie mit den Bezeichnungen **Questionmarks, Stars, Cashcows** und **Poor Dogs** belegt werden.

- Die **horizontale Achse** zeigt den (relativen) **Marktanteil der strategischen Geschäftseinheit** auf, d.h. den eigenen Marktanteil im Verhältnis zu dem größten Konkurrenten. Der Marktanteil dient als Maßstab für die Stärke des Unternehmens im Markt.
- Die **vertikale Achse** zeigt den **Grad der Wachstumsphase** der Produkte an.

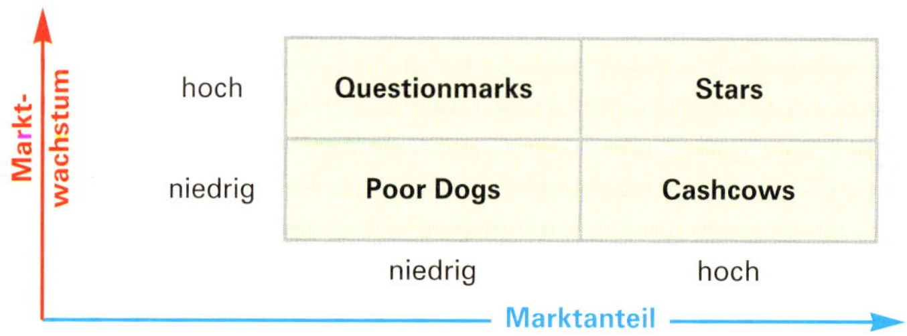

1 Dieser Portfolio-Ansatz wurde von dem amerikanischen Beratungsunternehmen „Boston-Consulting-Group" entwickelt.

(2) Darstellung des Modells im Einzelnen

■ Questionmarks (Fragezeichen)

Strategieempfehlung:
Offensivstrategie

Hierunter versteht man Produkte, die neu auf dem Markt sind. Der relative Marktanteil ist (noch) gering. Man verspricht sich bei ihnen gute Wachstumschancen. Sie sollen daher besonders stark gefördert werden, was bedeutet, dass die Questionmarks einen hohen Finanzmittelbedarf haben. Der Begriff „Fragezeichen" ist äußerst treffend, denn die Unternehmensleitung muss sich nach einer gewissen Zeit fragen, ob sie weiterhin viel Geld in diese SGE stecken oder den fraglichen Markt verlassen soll.

■ Stars (Sterne)

Strategieempfehlung:
Investitionsstrategie

Aus dem anfänglichen „Fragezeichen", das Erfolg hat, wird ein „Star". Ein „Star" ist der Marktführer in einem Wachstumsmarkt. Er erfordert umfangreiche Finanzmittel, um mit dem Marktwachstum Schritt halten zu können. Im Allgemeinen bringen „Stars" schon Gewinne. Die generelle Strategie heißt, den Marktanteil leicht zu erhöhen bzw. zu halten.

■ Cashcows (Kühe, die bares Geld bringen)

Strategieempfehlung:
Abschöpfungsstrategie

Da der Markt kaum wächst, kommt es darauf an, durch gezielte Erhaltungsinvestitionen die erreichte Marktposition zu halten. Dadurch lassen sich Finanzmittel erwirtschaften. Cashcows stellen deshalb die Finanzquelle eines Unternehmens dar. Man lässt sie so lange „laufen", wie sie noch Gewinn bringen.

■ Poor Dogs (arme Hunde)

Strategieempfehlung:
Desinvestitionsstrategie[1]

Sie weisen nur noch einen geringen Marktanteil und eine geringe Wachstumsrate auf. Es bestehen keine Wachstumschancen mehr. Die Produktion der Poor Dogs sollte eingestellt werden.

Beachte:

Der **Marktanteil** und das **Marktwachstum eines Produkts** sind immer auch aus der **Sicht der Mitbewerber** zu sehen.

- Wird z. B. ein Produkt von einem Unternehmen neu in den Markt eingeführt (Questionmark), so trifft es in aller Regel auf gleichartige Produkte von Mitbewerbern, die bereits auf dem Markt sind und dort eventuell schon die Stellung eines Stars besitzen. Das neue Produkt muss sich daher seinen Marktanteil erobern, indem es Mitbewerber teilweise oder ganz aus dem Markt drängt oder sich einen neuen Markt schafft.

  Umgekehrt muss sich ein Produkt, das bereits als Cashcow auf dem Markt ist, gegen „Angriffe" der Mitbewerber behaupten, die neue Produkte auf den Markt bringen.

- Bei der Auswahl der Marketingstrategie hat das Unternehmen somit immer zu berücksichtigen, dass der Mitbewerber mit einer Gegenstrategie antwortet, damit sich seine Produkte am Markt behaupten können.

1 **Desinvestition**: Verringerung des Bestandes an Gütern.

(3) Beziehungen zwischen der Portfolio-Analyse und dem Konzept des Produkt-Lebenszyklus

Die folgende Darstellung zeigt, dass durch die Portfolio-Analyse das Konzept des Produkt-Lebenszyklus ergänzt wird. Die Matrix zeigt den Zusammenhang zwischen den beiden Konzeptionen sowie die inhaltliche Aussage des Marktwachstum-Marktanteil-Portfolios auf.

Marktwachstum	Marktanteil: niedrig	Marktanteil: hoch
hoch	**„Fragezeichen“** **Lebenszyklus:** Einführungs- bzw. frühe Wachstumsphase **Strategie:** Offensivstrategie **Planungsziel:** Marktanteil des Produkts erhöhen oder Aufgabe	**„Sterne“** **Lebenszyklus:** Wachstumsphase **Strategie:** Investitionsstrategie **Planungsziel:** Marktanteil halten bzw. leicht ausbauen
niedrig	**„Arme Hunde“** **Lebenszyklus:** Späte Reife- bzw. Degenerationsphase oder Flops in der Einführungsphase **Strategie:** Desinvestitionsstrategie **Planungsziel:** Abbau des Marktanteils bzw. Aufgabe des Produkts	**„Melkkühe“** **Lebenszyklus:** Reifephase **Strategie:** Abschöpfungsstrategie **Planungsziel:** Marktanteil halten bzw. leicht ausbauen

(4) Generelle Zielsetzung des Modells

Nachdem das Unternehmen alle seine strategischen Geschäftseinheiten in die Marktwachstum-Marktanteil-Matrix eingeordnet hat, gilt es festzustellen, ob das Portfolio ausgeglichen ist.

Das Portfolio ist dann **ausgeglichen,** wenn das Wachstum eines Unternehmens gesichert ist und ein Risikoausgleich zwischen den verschiedenen SGE besteht. Ein Portfolio wäre dann **nicht ausgeglichen,** wenn in der Matrix zu viele „arme Hunde“ oder „Fragezeichen“ bzw. zu wenig „Sterne“ und „Melkkühe“ existieren.

Ziel eines Unternehmens muss es sein, die einzelnen **SGE so zu positionieren,** dass es zu einer möglichst optimalen Kombination von **„kapitalliefernden“ SGE** (Stars und Cashcows) in **zurückgehenden Märkten** und **„kapitalverbrauchenden“ SGE** (Questionsmarks) in **Wachstumsmärkten** kommt. Nur in diesem Fall kann der Unternehmenserfolg langfristig als gesichert angesehen werden.

(5) Beurteilung des Marktwachstum-Marktanteil-Portfolios

Vorteile	Nachteile
Der Unternehmensleitung wird z.B. dazu verholfen, ■ zukunfts- und strategieorientiert zu denken, ■ die aktuelle Geschäftssituation zu erfahren, ■ Chancen und Risiken zu erkennen, ■ die Planungsqualität zu steigern, ■ die Kommunikation zwischen der Unternehmensleitung und den einzelnen strategischen Geschäftseinheiten zu verbessern, ■ die anstehenden Probleme schneller auszumachen, ■ die schwachen Geschäftseinheiten zu eliminieren und die vielversprechenden durch gezielte Investitionen zu fördern.	■ Eine Eingliederung der SGE in die Matrix hängt von der Gewichtung der einzelnen Faktoren ab und diese ist teilweise subjektiv. Man kann also eine SGE in eine gewünschte Position hineinmanipulieren. ■ Es kann geschehen, dass sich die Unternehmensleitung zu stark auf die Wachstumsmärkte konzentriert und dabei andere Geschäftseinheiten vernachlässigt. ■ Die Verflechtungen zwischen den einzelnen SGE bleiben völlig unberücksichtigt. Es kann somit riskant sein, für eine SGE unabhängige, von den übrigen Bereichen „losgelöste" Entscheidungen zu treffen. Eine solche Entscheidung kann nämlich für eine SGE eine positive und für eine andere SGE eine negative Wirkung haben.

Zusammenfassung

- Aus der Sicht des Marketings stellt ein **Produkt** eine Summe von **nutzenstiftenden Eigenschaften** dar.
- Produktpolitische Entscheidungen orientieren sich am **Lebenszyklus eines Erzeugnisses.** Das Nachfolgeprodukt muss am Markt eingeführt werden, solange sich das aktuelle Erzeugnis noch in der Reifephase befindet.
- Die **Portfolio-Analyse** ist ein Instrument der strategischen Planung. Sie ergänzt die Erkenntnisse aus der Lebenszyklusanalyse und unterstützt die Unternehmensleitung bei programmpolitischen Entscheidungen.

Übungsaufgaben

116 Produkt-Lebenszyklus

1. Erklären Sie, welche Zielsetzung das Konzept des Produkt-Lebenszyklus verfolgt!
2. Zeigen Sie an einem Beispiel, wie der Lebenszyklus eines Produkts verlängert werden kann!
3. Die Lebensmittel Schelzig AG hat einen neuen Vollmilch-Schoko-Riegel auf den Markt gebracht. Der Schoko-Riegel hat die Einführungsphase glänzend überstanden und befindet sich jetzt am Beginn der Wachstumsphase.

   Aufgabe:

   Formulieren Sie mindestens drei Marketingstrategien, die in der Wachstumsphase von Bedeutung sind!

117 Portfolio-Analyse

1. Beschreiben Sie die Grundidee der Portfolio-Methode!
2. Skizzieren Sie die Grundaussage der vier strategischen Geschäftseinheiten des Marktwachstum-Marktanteil-Portfolios!
3. Beschreiben Sie die generelle Strategie, die in den einzelnen Matrix-Feldern jeweils angemessen ist!
4. Die acht Kreise in dem vorgegebenen Marktwachstum-Marktanteil-Portfolio symbolisieren die acht Geschäftseinheiten der Chemie Leverkusen AG.

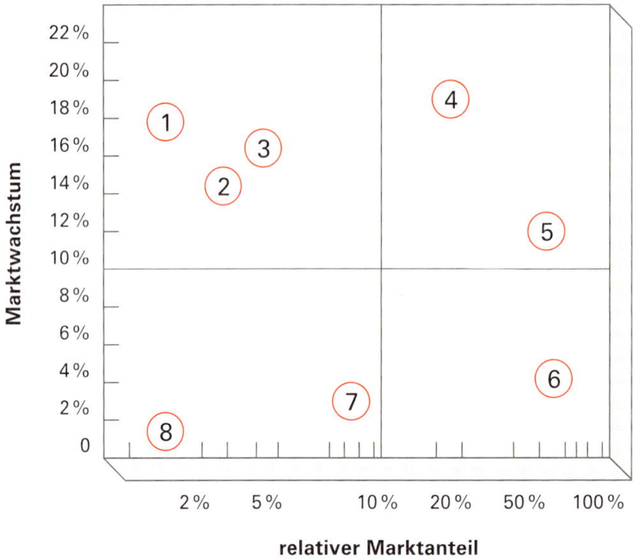

Hinweis:

- Die **vertikale Achse** zeigt das jährliche Marktwachstum der einzelnen Märkte.
- Die **horizontale Achse** zeigt den Marktanteil im Verhältnis zu dem des Marktführers.

Aufgabe:

Bewerten Sie die langfristigen Erfolgsaussichten der Chemie Leverkusen AG!

5. Übertragen Sie das Portfolio von Aufgabe 4 (ohne Kreise) in Ihr Heft. Tragen Sie anschließend die folgenden Daten der Limonadenwerke Leberer GmbH in das Portfolio ein:

Nr.	Produkt	Marktanteil	Marktwachstum
1	Zitronengetränk	40 %	16 %
2	Orangengetränk	5 %	14 %
3	Multivitaminsaft	2 %	12 %
4	Grapefruitsaft	8 %	5 %
5	Apfelsaft	20 %	6 %

Aufgaben:

5.1 Beurteilen Sie das Produktprogramm der Limonadenwerke Leberer GmbH!

5.2 Formulieren Sie Empfehlungen für die zukünftig anzuwendenden Marketingstrategien!

6. Erklären Sie, worin sich das Marktwachstum-Marktanteil-Portfolio von der Theorie der Lebenszyklen der Produkte unterscheidet!

118 Produkt-Lebenszyklus und Portfolio-Analyse

Die Möbelfabrik Paaß GmbH stellt auch Büromöbel verschiedener Arten her. Die Marketingabteilung analysiert das Produkt-Portfolio die Möbelfabrik Paaß GmbH, um sinnvolle Strategien in Bezug auf die zukünftige Produktpolitik zu entwickeln. Aus Übersichtsgründen wird im Folgenden nur das Produkt-Portfolio der Regalsysteme betrachtet.

Die folgenden Daten stehen Ihnen als Mitarbeiter der Marketingabteilung zur Verfügung:

Produktgruppe	Eigener Marktanteil	Marktanteil des Hauptkonkurrenten	Relativer Marktanteil	Marktwachstum	Umsatz in Mio. EUR
Regalsystem „Basic“	6,4 %	8,9 %	0,7	4,5 %	12
Regalsystem „Trend“	4,5 %	3,7 %	1,2	4,8 %	17
Regalsystem „Design“	9,3 %	6,6 %	1,4	2,1 %	24
Regalsystem „Boss“	8,7 %	2,4 %	3,6	1,3 %	22
Regalsystem „Luxus“	6,2 %	2,2 %	2,8	3,9 %	14

Das durchschnittliche Marktwachstum bei Regalsystemen beträgt 3,2 %.

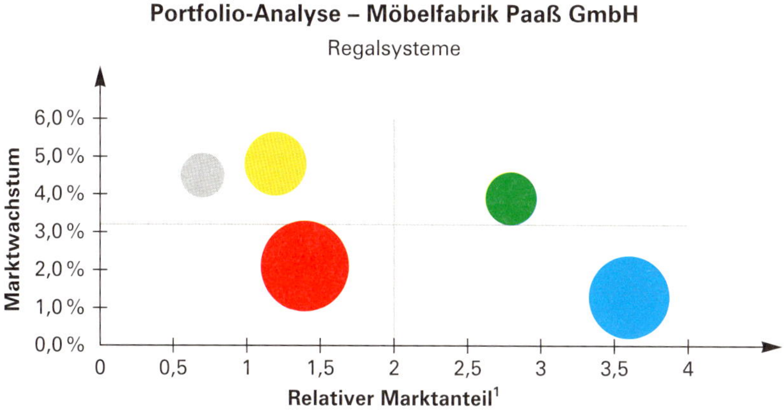

Aufgaben:

1. Nennen Sie das Regalsystem, das durch den roten Kreis dargestellt wird!
2. Erläutern Sie, in welcher Phase des Produkt-Lebenszyklus sich das Regalsystem „Design“ befindet!
3. Geben Sie als Mitarbeiter der Marketingabteilung eine begründete Empfehlung für eine Portfolio-Strategie im Hinblick auf die Regalsysteme „Boss“ und „Luxus“ ab!

1 Der **relative Marktanteil** ist der eigene Marktanteil bezogen auf den Marktanteil des Hauptkonkurrenten, z. B. für das Regalsystem „Basic“ $\frac{6{,}4\,\%}{8{,}9\,\%} = \underline{\underline{0{,}7}}$.

20 Speth u.a. - ISBN 978-3-8120-0576-0

2.4 Markenpolitik

2.4.1 Begriff Marke und Aufgaben der Markierung

Sollen sich die eigenen Produkte von denen anderer Hersteller unterscheiden, kann man eine Marke entwickeln, d.h. ein Kennzeichen (insbesondere Wörter, Abbildungen, Zahlen), das den Ursprung und die Qualität eines Produktes oder einer Dienstleistung zum Ausdruck bringen soll. In den Augen der Konsumenten sollen die Produkte des Unternehmens von denen der Konkurrenz abgegrenzt werden können.

- Die **Marke** soll dem Abnehmer eine „Produktpersönlichkeit" bieten, die leicht im Gedächtnis behalten werden kann und leicht identifizierbar ist.
- Die **„Produktpersönlichkeit"** wird dadurch geschaffen, dass das Produkt über einen langen Zeitraum in immer gleichbleibender Aufmachung und mit unveränderter oder verbesserter Qualität angeboten wird.

2.4.2 Ausgewählte Markenstrategien

Marketing-strategien	Erläuterungen	Beispiele
Einzelmarken-strategie	Jedes Produkt eines Unternehmens wird unter einer eigenen Marke angeboten. Die Produkte werden jeweils durch Einzelmarkenstrategien vermarktet.	*Unternehmen Procter & Gamble:* Meister Proper, Pampers, Ariel, Wick, Always. *Unternehmen Ferrero:* Nutella, Duplo, Giotto, Raffaelo.
Markenfamilien-strategie	Bei der Markenfamilienstrategie werden mehrere Produkte unter einer Marke geführt. Eine wesentliche Voraussetzung für den Erfolg dieser Strategie besteht darin, dass die Produkte eine gewisse Ähnlichkeit zueinander aufweisen.	*Unternehmen Beiersdorf:* Nivea-Produkte wie Creme, Seife, Hautlotion, Haarshampoo. *Unternehmen Suchard:* Milka-Produktfamilie wie Tafelschokolade, Schokoriegel, Pralinen, Osterhasen, Nikoläuse.
Dachmarken-strategie	Bei dieser Strategie bietet ein Unternehmen alle Produkte unter einer einheitlichen Marke – der Dachmarke – an. Das Unternehmen beabsichtigt damit, das Vertrauen und die Sympathie der Konsumenten gegenüber dem Unternehmen zu nutzen.	*Bosch* (von der Dieseleinspritzpumpe bis zur Geschirrspülmaschine), *Siemens* (Küchengeräte usw.), *Boss* (Bekleidung), *Allianz* (Versicherungen), *Fachmarktkette Obi* u.Ä.
Mehrmarken-strategie	Bei dieser Strategie deckt das Unternehmen das gleiche Marktsegment mit mehreren Marken ab. Demzufolge werden in jedem Produktbereich parallel mindestens zwei auf den Gesamtmarkt ausgerichtete Marken geführt.	*Unternehmen Procter & Gamble:* Ariel und Dash auf dem Markt für Waschmittel. *Unternehmen Volkswagen AG:* In der Kompaktklasse werden z.B. die Marken VW, Skoda und Seat geführt.

Marketing-strategien	Erläuterungen	Beispiele
Markentransfer-strategie	Bei dieser Strategie wird eine am Markt bestens eingeführte Produktmarke auf andere Produktbereiche übertragen.	*Camel* hat seine ursprüngliche Tabakmarke auf Bekleidung, Uhren, Schuhe ausgeweitet. Der *Automobilhersteller Porsche* vertreibt, ausgehend vom Stammsegment Pkw, unter anderem Brillen, Reisegepäck, Parfüm, Schreibgeräte.

2.4.3 Nutzen der Markierung für den Hersteller

Aus Sicht des Anbieters (Herstellers) bringt die Markierung von Produkten und Dienstleistungen insbesondere folgenden Nutzen:

Präferenzbildung[1] und Differenzierung gegenüber Wettbewerbern	Die Markierung grenzt das Produkt von den Konkurrenzprodukten ab (Differenzierungsfunktion) und dient so der Präferenzbildung bei den Konsumenten für das Produkt.
Stärkung der Kundenbindung	Durch die Markenbildung sollen immer mehr Kunden die Produkte aufgrund ihrer Zufriedenheit wieder kaufen. Diese Markentreue verstärkt die Kundenbindung und erhöht letztlich die Planungssicherheit des Unternehmens.
Ermöglicht differenzierte Marktbearbeitung	Dadurch, dass einzelne Marktsegmente mit verschiedenen, zielgruppenspezifischen Marken besetzt werden, wird eine differenzierte Marktbearbeitung möglich.
Plattform für neue Produkte	Starke Marken bieten eine Plattform für neue Produkte. Neue Produkte lassen sich deutlich leichter platzieren.
Schafft preispolitischen Spielraum	Der Markenartikel soll dem Unternehmen einen preispolitischen Spielraum verschaffen. Dieser ist umso größer, je besser es gelingt, eine Marke im Vergleich zu konkurrierenden Angeboten als „etwas Einzigartiges" darzustellen.
Ermöglicht Wertsteigerung des Unternehmens	Gelingt es, Marken bekannt zu machen, kann dies zur Bildung eines positiven Firmenimages beitragen. Marken stellen einen Wert an sich dar und sind damit Kapital des Unternehmens. Erhöht sich der Wert der Marke, führt dies zu einer Wertsteigerung des Unternehmens. Dies erklärt auch, warum bekannte Markenartikelunternehmen zu einem Vielfachen ihres bilanziellen Buchwertes verkauft werden könnten.

1 **Präferenz:** Vorrang.

2.4.4 Nutzen der Markierung für den Kunden

Die Markierung von Produkten und Dienstleistungen hat **aus Sicht des Kunden** insbesondere folgende **Funktionen**:

- Die Marke erleichtert dem Kunden die **Identifizierung des Produktes** und gibt ihm eine **Orientierungshilfe** bei der Auswahl von Leistungen.
- Der Marke wird aufgrund ihrer Bekanntheit und Kompetenz **Vertrauen** entgegengebracht.
- Die Marke erbringt häufig den Nachweis von **Sicherheit** während der Gebrauchs-, Verbrauchs- und Entsorgungsphase. Diese Sicherheit ergibt sich aus der **Qualitätsvermutung.**
- Darüber hinaus kann die Marke für den Konsumenten eine **Image-** beziehungsweise **Prestigefunktion** in seinem sozialen Umfeld erfüllen.

Durch die Markierung wird das Produkt zum **Markenartikel.** Ein Markenartikel zeichnet sich insbesondere durch folgende Merkmale aus: gleichbleibende Aufmachung und Menge, unveränderte oder verbesserte Qualität, Verbraucherwerbung, hoher Bekanntheitsgrad, flächenmäßige Verfügbarkeit der Ware, Einfluss des Herstellers auf die Preisgestaltung, in der Regel gleiche Verkaufspreise.

Zusammenfassung

- Die **Marke** soll dem Abnehmer eine „Produktpersönlichkeit" bieten, die leicht behalten werden kann und leicht identifizierbar ist.
- Wichtige **Markenstrategien** sind die
  - Einzelmarkenstrategie,
  - Markenfamilienstrategie,
  - Dachmarkenstrategie,
  - Mehrmarkenstrategie,
  - Markentransferstrategie.
-

Nutzen der Marke aus Anbietersicht	Nutzen der Marke aus Nachfragersicht
▪ Präferenzbildung und Differenzierung gegenüber Wettbewerbern ▪ Kundenbindung ▪ Erleichterte Marktbearbeitung ▪ Plattform für neue Produkte ▪ Preispolitischer Spielraum ▪ Ermöglicht Wertsteigerung des Unternehmens	▪ Orientierungshilfe ▪ Vertrauen ▪ Sicherheit ▪ Qualitätsvermutung ▪ Prestige

Übungsaufgabe

119 Markenpolitik

1. Stellen Sie den Grund dar, warum Unternehmen versuchen, für ihre Produkte eine „Marke" aufzubauen!
2. Beschreiben Sie, wodurch ein Markenartikel gekennzeichnet ist! Nennen Sie drei Beispiele!

3. Erstellen Sie, möglichst in Gruppenarbeit, zur Markenstrategie eine Übersichtstabelle nach folgendem Muster!

Strategietyp / Aspekt	Einzelmarke	Mehrmarke	Markenfamilie	Dachmarke
Merkmal				
Chancen				
Ricikon				

2.5 Entscheidungen zum Produktprogramm

2.5.1 Überblick

Bei der Erstellung eines Produktprogramms sind insbesondere folgende zentrale Fragestellungen zu lösen:

- Mit welchen neuen Produkten kann die Position des Unternehmens am Markt gefestigt werden **(Produktinnovation)?**
- Mit welchen Anpassungen kann die Produktlebenskurve verlängert werden **(Produktmodifikation, Produktvariation)?**
- Welches Erzeugnis soll aus dem Produktprogramm entfernt werden **(Produkteliminierung)**?

2.5.2 Produktinnovation

(1) Begriff Produktinnovation

Produktinnovation ist die **Änderung des Produktprogramms** durch Aufnahme neuer Produkte.

Die Motivation hierzu liegt darin, dass einerseits dem **technischen Fortschritt** Rechnung getragen werden muss, andererseits muss auf **veränderte Kundenwünsche** reagiert werden.

Die Produktinnovation begegnet uns in Form

- der **Produktdiversifikation** und
- der **Produktdifferenzierung.**

(2) Produktdiversifikation[1]

Produktdiversifikation ist die **Erweiterung des Produktprogramms** durch Aufnahme weiterer Produkte.

Um die Wirkung der produktpolitischen Maßnahmen zu veranschaulichen, wird angenommen, dass ein Hersteller die beiden Erzeugnisgruppen A und B produziert mit den jeweiligen Varianten A_1 und A_2 bzw. B_1, B_2 und B_3.

Das Erzeugnisangebot erhält eine Ausweitung in der Breite, hier die Erzeugnisgruppe C mit den Varianten C_1 und C_2. Die Angebotspalette wird gezielt ausgedehnt durch neue Produkte auf neuen Märkten. Damit erhält das Unternehmen ein weiteres „Standbein" auf dem Markt. Diese Handlungsstrategie beruht auf der Erkenntnis, dass eine Risikostreuung notwendig ist und dadurch erreicht wird, dass der Umsatz aus mehreren voneinander unabhängigen Quellen geschöpft wird. Die Produktdiversifikation ist das wirksamste und nachhaltigste Mittel zur Wachstumssicherung des Unternehmens.

Grafisch lässt sich damit die Produktdiversifikation gegenüber der Ausgangssituation wie folgt darstellen:

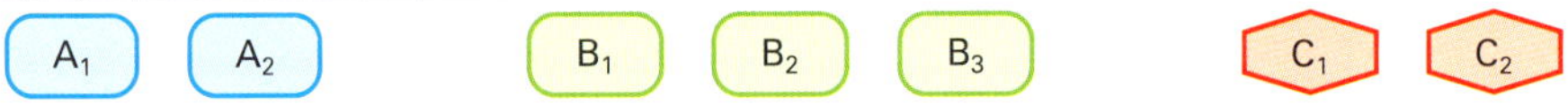

Es ist üblich zwischen horizontaler, vertikaler und lateraler Diversifikation zu unterscheiden.

Horizontale Diversifikation

Hierbei wird die Angebotspalette um Produkte der gleichen Fertigungsstufe erweitert. Die Vorteile liegen darin, dass

- häufig dieselben Absatzkanäle genutzt werden können,
- die Markenbezeichnung sich problemlos und glaubwürdig auf das neue Produkt übertragen lässt, und dass
- die Kunden dem Hersteller die Kompetenz auch für das zusätzliche Produktfeld quasi von vornherein schon zutrauen.

Beispiele:

Ein Hersteller von Skiern bietet nunmehr auch Tennisschläger an. Ein Hersteller von klassischer Hautcreme führt in seinem Angebot auch Parfüms, Shampoos, Seifen. Der Hersteller von Backpulver erweitert sein Produktprogramm um Trockenhefe, Fertigteige, Backzubehör.

Vertikale Diversifikation

In das Angebot werden Leistungen einer vor- und/oder nachgelagerten Fertigungsstufe aufgenommen.

Beispiele:

Eine Kleiderfabrik gründet eigene Modefachgeschäfte. Eine Handelskette für Öko-Produkte erwirbt zur Sicherung des Qualitätsstandards auch eigene landwirtschaftliche Betriebe.

1 **Diversifikation:** Veränderung, Vielfalt.

Laterale[1] Diversifikation

Zwischen dem bisherigen und dem neuen Produkt besteht kein sachlicher Zusammenhang. Es handelt sich somit um eine Form der Quasi-Innovation. Besonders durch diese Form der Diversifikation wird das Ziel der Risikostreuung und der Erschließung neuer Wachstumsfelder verwirklicht.

Beispiele:

Ein Hersteller von Backpulver erwirbt Brauereien. Ein Autohersteller bietet auch die Finanzierung an.

(3) Produktdifferenzierung

Begriff Produktdifferenzierung

Bei der **Produktdifferenzierung** wird eine **Mehrzahl von Produkten** mit variierenden Merkmalen auf den Markt gebracht, um eine **zusätzliche** Nachfrage zu schaffen, wobei die Hauptcharakteristika der Produkte **gleichartig** bleiben.

Die Produktdifferenzierung lässt sich grafisch im Vergleich zur Ausgangssituation wie folgt darstellen:

Die Motivation für die Produktdifferenzierung liegt darin, dass bisher noch nicht erreichte Käuferschichten durch die verschiedenen Produktvarianten eines bereits auf dem Markt vorhandenen Produkts angesprochen werden können, welches in der Regel auf derselben Fertigungsapparatur hergestellt werden kann. Es handelt sich um eine Ausweitung des Erzeugnisangebots in die Tiefe, da das bisherige Erzeugnis nicht ersetzt, sondern durch weitere ergänzt wird. Das Basisprodukt wird in seinem wesentlichen Zweck nicht verändert. Wenn die Möglichkeiten der sachlichen Differenzierung begrenzt sind, erfolgt häufig eine Differenzierung des Produkts über Dienstleistungen, um sich von den Erzeugnissen der Konkurrenz abzuheben und Präferenzen zu schaffen, z.B. über besondere Leistungen des Kundendienstes, über Finanzdienstleistungen, kürzere Lieferzeiten.

Arten der Produktdifferenzierung

Vertikale Produktdifferenzierung. Das Produkt unterscheidet sich **qualitätsmäßig** von den anderen Varianten. Auf diese Weise schöpfen z.B. Automobilhersteller durch Differenzierung in unterschiedliche Ausstattungsvarianten die Kaufkraft zahlungskräftiger Käufer ab. Insbesondere diese Art der Produktdifferenzierung lässt sich vorteilhaft mit der Preisdifferenzierung verknüpfen, wenn die Mehrkosten für das qualitativ bessere und prestigeträchtigere Erzeugnis (Premium-Version) mit deutlichen Mehrerlösen verbunden werden können.

Horizontale Produktdifferenzierung. Hier erfolgt die Differenzierung **innerhalb eines Qualitätsniveaus** durch unterschiedliche Farben, Formen, Materialien (z.B. Eis, Schokolade, Stoffe).

1 **Lateral**: seitlich.

2.5.3 Produktmodifikation (Produktvariation)

Bei der **Produktmodifikation (Produktvariation)** wird das **Produkt verändert** (modifiziert), um es in den Augen der Verbraucher weiterhin attraktiv erscheinen zu lassen.

Grafisch lässt sich die Produktmodifikation gegenüber der Ausgangssituation folgendermaßen darstellen:

Das Produkt B_3 hat neue Eigenschaften, es wurde modifiziert.

Die Motivation für die Produktmodifikation ergibt sich durch die Änderung des Nachfrageverhaltens in einem Marktbereich (z.B. verbesserte Produkte der Konkurrenz, Änderung des Geschmacks). Ziel ist es, die Lebensdauer für ein Erzeugnis möglichst zu verlängern. Die mühsam aufgebauten positiven Einstellungen der Käufer zu einem Produkt lassen sich mit relativ geringem Aufwand auch auf das Nachfolgemodell übertragen. Es handelt sich um **keine Ausweitung des Erzeugnisangebots.**

Beispiel:

Ein Pkw-Modell erhält durch eine andere Anordnung der Scheinwerfer ein verändertes Aussehen. Das Modell mit der alten Scheinwerferanordnung wird vom Markt genommen.

2.5.4 Produkteliminierung

Produkteliminierung ist die Herausnahme von Erzeugnissen und/oder Dienstleistungen aus dem Produktprogramm.

Grafisch ergibt sich bei der Eliminierung einer Variante folgende Situation:

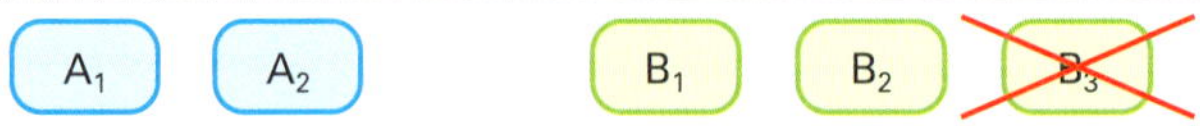

Der Eliminierung unterliegen insbesondere Produkte in der Endphase des „Lebenszyklus“ oder jene, die sich nach der Markteinführung als Flops erwiesen haben. Die gezielte Aufgabe eines Erzeugnisses, insbesondere die Bestimmung des richtigen Zeitpunktes, ist eine produktpolitische Entscheidung, die in ihrer Schwierigkeit im Vergleich zu den anderen Maßnahmen leicht unterschätzt wird. Ohne bewusste Eliminierung auf der Basis einer systematischen Programmüberwachung würde die Angebotspalette eines Unternehmens immer größer werden mit verheerenden Folgen für die Kostenstruktur. Wenige „Stammabnehmer“ für ein bestehendes Produkt, der Glaube, durch ein umfangreiches Programm „Kompetenz“ beweisen zu müssen, sind emotionale Gründe für eine Verschiebung der Eliminierung. Verspätete Korrekturen sind schwieriger, teurer (Bevorratung von Ersatzteilen), bedeuten Imageverluste und belasten die Zukunftsperspektiven des Unternehmens.

Zusammenfassung

- Die Änderung des Produktprogramms durch Aufnahme neuer Produkte bezeichnet man als **Produktinnovation.**
- Bei der Erstellung des Produktprogramms sind insbesondere folgende zentrale Fragestellungen zu lösen.
  - Mit welchen weiteren Produkten **(Produktdiversifikation)** bzw. mit welchen Produktveränderungen **(Produktdifferenzierung)** kann die Position des Unternehmens am Markt gefestigt werden?
  - Mit welchen Anpassungen kann die Produktlebenskurve verlängert werden **(Produktmodifikation, -variation)?**
  - Welches Erzeugnis soll aus dem Produktprogramm entfernt werden **(Produkteliminierung)?**

Übungsaufgaben

120 Entscheidungen zum Produktprogramm

1. Erläutern Sie die folgenden Maßnahmen der Produktpolitik: Produktdifferenzierung, Produktinnovation, Produkteliminierung!
2. Bilden Sie jeweils ein Beispiel von horizontaler, vertikaler und lateraler Diversifikation!
3. Ein Unternehmer erzeugt als einziges Produkt ein Vitamingetränk, das in Portionsfläschchen zu drei Stück pro Packung über Fitnesscenter vertrieben wird.

   Aufgabe:

   Geben Sie jeweils ein konkretes Beispiel dafür an, wie das Unternehmen Produktdifferenzierung, Mehrmarkenpolitik und Produktdiversifikation durchführen könnte!
4. Ein Unternehmen produziert Futter für Haustiere. In der letzten Rechnungsperiode wurde das Vogelfutter „Schrill" eliminiert.

   Aufgabe:

   Nennen Sie Gründe, die zu dieser Maßnahme geführt haben könnten!

121 Entscheidungen zum Produktprogramm

Die Angebotspalette der Flügge GmbH setzt sich aus eigenen Erzeugnissen (Dübel) und Handelswaren (Bohrmaschinen) zusammen. In einer Abteilungsleiterkonferenz wird über eine Verbesserung des Produktprogramms gesprochen. Unter anderem fallen folgende Fachbegriffe: Produktpflege, Produktfortschreibung, Produkterweiterung.

Aufgaben:

1. Erklären Sie diese Begriffe (eventuell mithilfe einer Internetrecherche) und bilden Sie je ein eigenes Beispiel!
2. In der Konferenz wird weiterhin über die Vor- und Nachteile eines breiten oder tiefen Produktprogramms gesprochen.

   2.1 Erläutern Sie die Vor- und Nachteile!

   2.2 Erklären Sie, nach welchem Gestaltungsprinzip sich das Angebotsprogramm der Flügge GmbH zusammensetzt!

3. Die Leiterin der Vertriebsabteilung, Frau Lanz, möchte das Angebotsprogramm erweitern. Sie schlägt vor, nicht nur Plastikdübel herzustellen, sondern auch Gips- und Metalldübel. Die Kapazität des Unternehmens müsse allerdings erweitert werden.
   3.1 Nennen Sie die Bezeichnung für diese Erweiterung der Angebotspaletten!
   3.2 Erklären Sie, welchen Zweck bzw. welche Zwecke Frau Lanz mit ihrem Vorschlag verfolgt!
   3.3 Nennen Sie weitere Arten der Produktvielfalt!
4. In der genannten Konferenz sagt Frau Lanz, dass das Angebotsprogramm keine feststehende Größe sein dürfe. Es müsse vielmehr immer wieder infrage gestellt und verändert werden.

   Begründen Sie, warum sich die Unternehmensleitung ständig überlegen muss, ob das Angebotsprogramm bereinigt und durch die Aufnahme neuer Produkte ergänzt werden soll!
5. Der Leiter des Fertigungsbereichs, Herr Moll, meint, dass die Aufgabe eines Erzeugnisses leichter sei als die Aufnahme neuer Erzeugnisse in das Produktprogramm.

   Begründen Sie diese Aussage!
6. In der im Sachverhalt beschriebenen Konferenz sagt Frau Lanz: *„Je umfangreicher unser Service-Angebot ist, desto größer wird unser preispolitischer Spielraum."*
   6.1 Prüfen Sie diese Aussage auf ihre Richtigkeit!
   6.2 Unterbreiten Sie Vorschläge, wie der Kunden-Service der Flügge GmbH gestaltet werden könnte!

3 Preispolitik

3.1 Begriff Preispolitik

Ein zentrales Problem der Preispolitik besteht in der Frage, welche Kriterien (z.B. Kosten, Wettbewerber, Verhalten der Kunden) ein Verkäufer bei der Bestimmung des Angebotspreises berücksichtigen soll. Diese Frage stellt sich einem Investitionsgüterhersteller, der z.B. eine Mobilfunkanlage im Wert von 300 Mio. EUR verkauft, ebenso wie einem kleinen Einzelhändler, der den Preis für eine Zahnbürste festlegen muss und sich für 1,20 EUR entscheidet.

Preispolitik ist das Bestimmen der Absatzpreise.

Zur Preispolitik gehören auch die **Gestaltung der Preisnachlässe** (Rabatte, Boni und Skonti) und die **Einräumung von Kundenzielen** (Zahlungsbedingungen). Die Erhöhung der Preisnachlässe kommt einer Senkung der Absatzpreise gleich und umgekehrt. Die Verlängerung der Kundenziele (Kundenkredit) entspricht einer Preissenkung. Besonders im internationalen Handel spielt die Kreditgewährung als absatzpolitisches Mittel oft eine größere Rolle als die Höhe der Angebotspreise.

3.2 Arten der Preispolitik

Für die Preisfindung haben sich insbesondere vier Entscheidungskriterien als nützlich erwiesen:

- die kostenorientierte Preisfindung,
- die nachfrageorientierte (abnehmerorientierte) Preisfindung,
- die konkurrenzorientierte (wettbewerbsorientierte) Preisfindung und
- die marktorientierte Preisfindung.

3.2.1 Kostenorientierte Preispolitik

(1) Kostenbestimmte Preisuntergrenze

Sollen im Unternehmen **alle anfallenden** Kosten auf die Erzeugnisse (Kostenträger) verteilt werden, so spricht man von einer **Vollkostenrechnung.** Werden hingegen zunächst nur solche Kosten berücksichtigt, die in einem direkten Verursachungszusammenhang mit den Kostenträgern stehen **(variable Kosten),** handelt es sich um eine **Teilkostenrechnung.**

Das nachfolgende Beispiel stellt eine Kalkulation auf Teilkostenbasis dar.[1]

Beispiel:

Ein Industrieunternehmen stellt nur ein Erzeugnis her. Für den Monat Februar weist die KLR folgende Daten aus: variable Kosten 78,00 EUR, Fixkosten 149500,00 EUR, Produktionsmenge 8400 Stück.

Aufgaben:

1. Ermitteln Sie die kurzfristige Preisuntergrenze!
2. Berechnen Sie die langfristige Preisuntergrenze!

Lösungen:

Zu 1.: Kurzfristige Preisuntergrenze: 78,00 EUR

Zu 2.: Langfristige Preisuntergrenze:

$$\frac{149\,500 \text{ EUR}}{8\,400 \text{ Stück}} + 78 \text{ EUR} = 95{,}80 \text{ EUR/Stück}$$

(2) Liquiditätsorientierte Preisuntergrenze

Die Festlegung einer liquiditätsorientierten Preisuntergrenze geht von der Prämisse[2] aus, die ständige Zahlungsbereitschaft des Unternehmens zu sichern. Führen also große Teile der fixen Kosten zu ständigen Ausgaben, so sind diese – unter Liquiditätsgesichtspunkten – in den Mindestpreis einzukalkulieren. Auf den Ersatz des Teils der fixen Kosten, der kurzfristig nicht zu Ausgaben führt, kann dagegen vorübergehend verzichtet werden.

Beispiele:

Gehälter, soziale Kosten, Miete für eine Werkshalle, Leasingrate für Maschinen, Versicherungsbeiträge.

---

1 Zur Kalkulation im Rahmen der Vollkostenrechnung siehe S. 184f. Zur kurz- und langfristigen Preisuntergrenze siehe auch S. 231f.

2 **Prämisse:** Voraussetzung.

3.2.2 Nachfrageorientierte (abnehmerorientierte) Preispolitik

(1) Überblick

Um eine nachfrageorientierte Preispolitik betreiben zu können, bedarf es zuverlässiger Informationen über die Wechselwirkung zwischen der Höhe des Preises und der zu erwartenden Nachfrage. Mithilfe einer **Preis-Absatz-Funktion** wird die Veränderung der Nachfragemenge nach einem Gut bei variierenden Preisen erfasst.

In den nachfolgenden Beispielen werden die Daten der Preis-Mengenentwicklung jeweils vorgegeben. Es werden zwei abnehmerorientierte preispolitische Maßnahmen (Entscheidungen) vorgestellt:

- die Festlegung der **preispolitischen Obergrenze** und
- die **Preisdifferenzierung.**

(2) Festlegung der preispolitischen Obergrenze

Bei Preisänderungen ist im Normalfall mit folgenden Nachfragerreaktionen zu rechnen: Bei Preiserhöhungen springen die Kunden ab, bei Preissenkungen werden neue Kunden gewonnen (preisreagible Nachfrage).

Beispiel:

Ein Unternehmen bietet nur ein Produkt an. Aufgrund exakter Marktforschung kennt es die Reaktionen seiner Kunden auf Preisänderungen. Es stellt fest, dass es sich einer normalen Nachfrage gegenübersieht, d.h., bei Preiserhöhungen nimmt die mengenmäßige Nachfrage ab, bei Preissenkungen nimmt sie zu.

Die fixen Kosten belaufen sich auf 10000,00 EUR je Periode, die variablen Kosten auf 6,00 EUR je Stück. Der Verkaufserlös beträgt 10,00 EUR je Stück. Die Preis-Mengenentwicklung (Nachfragefunktion) ist der nachfolgenden Tabelle (Spalte 1 und 2) zu entnehmen.

Aufgabe:

Ermitteln Sie die preispolitische Obergrenze!

Lösung:

Erlös/St. in EUR	Absetzbare Menge	Umsatz in EUR	Kosten K_{fix}: 10000,00 EUR K_v: 6,00 EUR/St.	Gewinn/ Verlust in EUR
13,00	2000	26000,00	22000,00	4000,00
12,50	2500	31250,00	25000,00	6250,00
12,00	3000	36000,00	28000,00	8000,00
11,50	3500	40250,00	31000,00	9250,00
11,00	4000	44000,00	34000,00	10000,00
10,50	4500	47250,00	37000,00	10250,00
10,00	5000	50000,00	40000,00	10000,00
9,50	5500	52250,00	43000,00	9250,00
9,00	6000	54000,00	46000,00	8000,00
8,50	6500	55250,00	49000,00	6250,00

Ergebnis:

Den maximalen Gewinn in Höhe von 10 250,00 EUR erzielt das Unternehmen bei einem Preis von 10,50 EUR pro Stück.

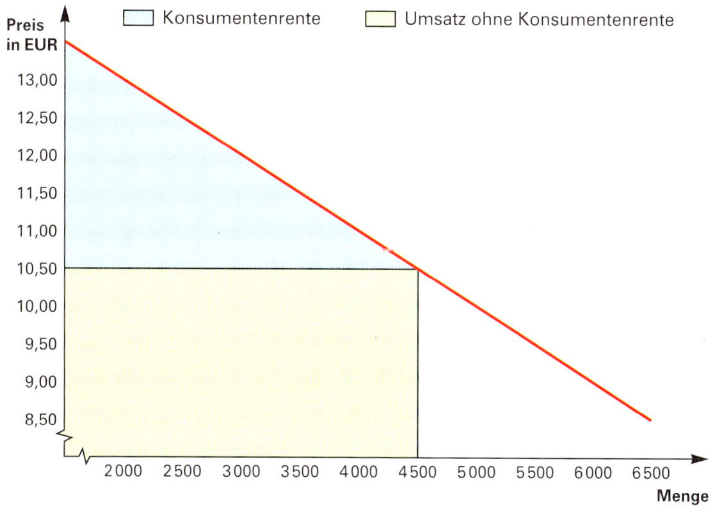

Die nebenstehende Grafik veranschaulicht die Situation des anbietenden Unternehmens. Dabei kennzeichnet das grün ausgedruckte Rechteck das Umsatzvolumen, das von dem Unternehmen bei Anwendung der preispolitischen Obergrenze erreicht wird. Hierbei geht dem Unternehmen jedoch ein erheblicher Umsatz verloren. Es ist aus der Grafik ersichtlich, dass es eine ganze Reihe von Konsumenten gibt, die bereit wären, einen höheren Preis als die einheitlich verlangten 10,50 EUR zu bezahlen. So wären z.B. zu einem Preis von 12,00 EUR 3000 Stück abzusetzen gewesen. Die Differenz zwischen dem höheren Preis, den einige Konsumenten bereit wären zu zahlen, und dem verlangten Preis bezeichnet man als **Konsumentenrente.** Diese Kunden haben keine Veranlassung, diesen höheren Preis zu bezahlen, solange sie zu dem günstigeren Preis einkaufen können. Die Konsumentenrente geht dem anbietenden Unternehmen verloren.

(3) Preisdifferenzierung

Begriff Preisdifferenzierung und die Auswirkungen von Preisdifferenzierungen

Die **Preisdifferenzierung** hat das Ziel, die Konsumentenrente abzuschöpfen, indem das anbietende Unternehmen Teilmärkte bildet, auf welchen unterschiedliche Preise verlangt werden.

Die Bildung der **Teilmärkte (Marktsegmente)** setzt voraus, dass es gelingt, jene Kunden, die bereit sind, den höheren Preis zu bezahlen, am Übergang zum günstigeren Marktsegment zu hindern. Die Abgrenzung der Teilmärkte wird in erheblichem Maße dadurch erleichtert, dass sich die Konsumenten nicht konsequent rational verhalten, sondern sich relativ freiwillig in teurere Marktsegmente einordnen (z.B. bei Preisdifferenzierung in Verbindung mit Produktdifferenzierung).

Beispiel 1:

Angenommen, es gelingt, aus dem Gesamtmarkt (vgl. S. 316) zwei Teilmärkte zu bilden, auf welchen ein Preis von 12,00 EUR (Teilmarkt I) und ein Preis von 10,50 EUR (Teilmarkt II) verlangt werden kann.

Aufgaben:

1. Ermitteln Sie, ob durch die Bildung von zwei Teilmärkten eine Gewinnsteigerung eintritt!
2. Stellen Sie den Sachverhalt grafisch dar!

Lösungen:

Zu 1.:

	Erlöse ohne Preisdifferenzierung in EUR	Erlöse mit 2 Teilmärkten und differenzierten Preisen in EUR	
Umsatzerlös	47 250,00	TM I (3000 · 12,00) TM II (1500 · 10,50)	36 000,00 15 750,00 51 750,00
Kosten	37 000,00		37 000,00
Gewinn	10 250,00		14 750,00
Gewinnsteigerung			4 500,00

Zu 2.:

Erläuterung:

Zumindest ein Teil der Konsumentenrente kann nunmehr abgeschöpft werden. Ein Vergleich der alten mit der neuen Situation lässt sich durch nebenstehende Grafik veranschaulichen.

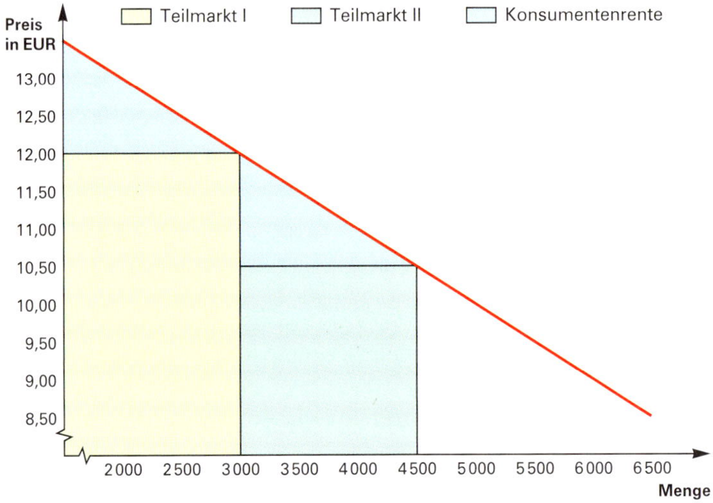

Beispiel 2:

Die zweifache Preisdifferenzierung (siehe Beispiel 1) wird noch durch ein Billigsegment erweitert. In diesem Segment wird ein Erlös von 9,00 EUR erzielt. Lt. Nachfragefunktion werden damit zusätzlich 1500 Erzeugnisse an Kunden verkauft, die nicht bereit waren, 10,50 EUR zu bezahlen.

Aufgabe:

Ermitteln Sie die Gewinnsteigerung!

	Erlöse ohne Preisdifferenzierung in EUR	Erlöse mit 2 Teilmärkten in EUR	Erlöse mit 3 Teilmärkten in EUR
Umsatzerlös	47 250,00	TM I 36 000,00 TM II 15 750,00 51 750,00	TM I 36 000,00 TM II 15 750,00 TM III 13 500,00 65 250,00
Kosten	37 000,00	37 000,00	46 000,00
Gewinn	10 250,00	14 750,00	19 250,00
Gewinnsteigerung[1]		4 500,00	9 000,00

Arten der Preisdifferenzierung

Begriffe	Beispiele
Preisdifferenzierung in Verbindung mit Produktdifferenzierung	Relativ geringfügige Produktunterschiede mit erheblich unterschiedlichem Prestigewert, z. B. Ausstattung, Lackierung, PS-Zahl eines Pkw
Preisdifferenzierung nach Abnehmergruppen oder nach Verwendungszweck	Strom für private Haushalte – Strom für gewerbliche Verbraucher; normale Fahrkarten – Schülerfahrkarten; Alkohol – Spiritus; Dieselkraftstoff – Heizöl
Räumliche Preisdifferenzierung	Pkw-Preise im Ausland günstiger als im Inland Benzin an Autobahntankstellen
Zeitliche Preisdifferenzierung	Tarifstruktur der Deutschen Telekom AG Tag-/Nachtstrom
Zeitlich gestaffelte Preisdifferenzierung	Ein erfolgreiches Buch wird zunächst als Leinenband, dann in Halbleinen und anschließend als Taschenbuch verkauft
Preisdifferenzierung durch Bildung von Herstellerpräferenzen	Schaffung eines Markennamens, Bildung von Erst- und Zweitmarken, Herstellermarke, Händlermarke
Preisdifferenzierung nach Abnahmemenge	Großabnehmer erhalten Sonderpreise im Vergleich zu Kleinabnehmern, insbesondere im Energiesektor (Aluminiumherstellung)

3.2.3 Konkurrenzorientierte (wettbewerbsorientierte) Preispolitik

Unter **konkurrenzorientierter (wettbewerbsorientierter) Preispolitik** ist das Ausrichten des eigenen Preises an den Preisstellungen der Konkurrenten zu verstehen.

Aufgrund des Bildungsplans wird die wettbewerbsorientierte Preispolitik an der **„Preispolitik auf oligopolistischen Märkten“** und an der **„Nutzung des monopolistischen Preisspielraums auf polypolistischen Märkten“** dargestellt.[2]

1 Die Gewinnsteigerung wird gegebenenfalls geschmälert durch den unternehmerischen Aufwand, die beiden Teilmärkte gegeneinander abzugrenzen.

2 Da diese Marktformen im Fach Volkswirtschaftslehre behandelt werden, wird hier auf die Darstellung dieser Marktformen verzichtet.

3.2.3.1 Preispolitik auf oligopolistischen Märkten

(1) Begriffe

- Beim **Oligopol** treten auf dem Markt nur **wenige Anbieter** und/oder **wenige Nachfrager** auf. Der **einzelne Oligopolist** hat somit einen **großen Anteil** am **Gesamtangebot** bzw. an der **Gesamtnachfrage** auf dem Markt.
- Das Oligopol kann auf einem **vollkommenen Markt** oder auf einem **unvollkommenen Markt** auftreten.

Im Folgenden beschränken wir uns auf die Darstellung der Preisbildung des Angebotsoligopols auf einem unvollkommenen Markt **(unvollkommenes Angebotsoligopol),** da diese Marktform – neben dem Polypol auf dem unvollkommenen Markt – in der Realität am häufigsten anzutreffen ist (z.B. Märkte für Mineralöl, Automobile, Waschmittel, Zigaretten).

(2) Preisbildung des unvollkommenen Angebotsoligopols

Beim Angebotsoligopol ist der Marktanteil der einzelnen Anbieter so groß, dass er auf den **Marktpreis Einfluss nehmen** kann. Jeder Anbieter besitzt dabei einen mehr oder weniger großen **autonomen (monopolistischen) Bereich,** der es ihm gestattet, **Preispolitik** zu betreiben, ohne dass die Konkurrenz reagiert oder reagieren muss. Wird der Bereich überschritten, muss der Anbieter mit einer Reaktion der Konkurrenten rechnen.

Beispiel:

Sachverhalt:

Angenommen, in einer Volkswirtschaft teilen sich drei Autohersteller den Kraftfahrzeugmarkt mit drei verschiedenen Typen.

Dem **Anbieter A** ist es gelungen, bei einem Teil der Käufer durch Werbung, Formgestaltung und Leistung die Vorstellung zu erwecken, dass sein Auto besonders robust, preiswert und wirtschaftlich sei. Sein Preis liegt bei 5000 GE.	Der zweite **Anbieter B** kann einen Preis von 6000 GE verlangen, weil er eine gehobene Käuferschicht davon zu überzeugen verstand, dass sein Autotyp auch verwöhnten Ansprüchen genügt.	Der dritte **Anbieter C** schließlich wendet sich mit seinem Produkt an die schwächeren Einkommensschichten und fordert einen Preis von 4000 GE.

Preisspielraum des Oligopolisten am Beispiel des Anbieters A:

- Unter den gegebenen Bedingungen kann Anbieter A seinen Preis nicht höher als 6000 GE festsetzen, denn bei einem Preis von 6000 GE und darüber würde er alle seine Kunden verlieren, weil diese nunmehr den Wagen des Anbieters B kaufen.
- Senkt A seinen Preis auf 4000 GE, so gewinnt er alle Kunden des C, weil diese nun den (zumindest vermeintlich) besseren Wagen kaufen wollen.
- Bei Preisen zwischen 4000 und 6000 GE befindet sich das Unternehmen A also in der Situation des Mengenanpassers. Zwischen diesen Preisen ist – behalten die Konkurrenzunternehmen ihre Preise bei – das Unternehmen in seiner Preisgestaltung mehr oder weniger frei. Eine Preiserhöhung des Anbieters A von 5000 GE auf z.B. 5500 GE wird zwar einen Verlust an Kunden bringen, weil mancher sich jetzt entschließt, etwas mehr und länger zu sparen, um dann

den Wagen des Unternehmens B zu kaufen. Senkt A seinen Preis von 5000 GE auf beispielsweise 4500 GE, können zwar Kunden gewonnen werden, aber nicht allzu viele, da der Preis von 4500 GE für die meisten Käufer des C-Typs immer noch zu hoch ist.

Mögliche Reaktion der Konkurrenten:

Diese Aussagen gelten nur, wie bereits gesagt, wenn die Konkurrenten des A ihre Preise unverändert lassen. Setzt nämlich B seinen Preis auf 5500 GE herunter, nachdem A im Vorfeld den Preis auf 5500 GE angehoben hat, verliert A einen Großteil seiner Kunden an B, falls er seinen Preis nicht ebenfalls zurücknimmt. Weitere Preissenkungen von A und B müssten endlich auch den Anbieter C veranlassen, seinen Preis zu reduzieren, wenn er nicht seinerseits seine Kunden an A und B abgeben will.

Preis-Absatz-Kurve des Oligopolisten

Die Preis-Absatz-Kurve des Oligopolisten wird in Wirklichkeit geschwungen verlaufen. Auch wird er bei einer Preiserhöhung über 6000 GE nur allmählich Kunden verlieren, bei einer Preissenkung unter 4000 GE nur allmählich Kunden hinzugewinnen.

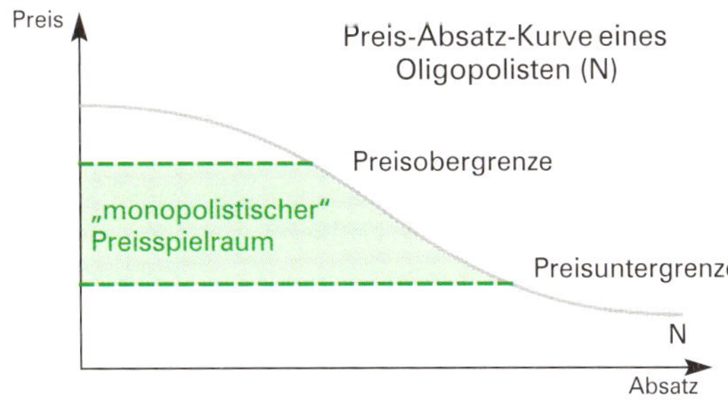

- Bei der Preisbildung des unvollkommenen Angebotsoligopols muss ein Anbieter (Oligopolist) sowohl die **Reaktion der Nachfrager** als auch die (wahrscheinliche) **Reaktion der Konkurrenten** berücksichtigen.
- Aufgrund von Präferenzen, die ein Produkt bei den Kunden besitzt, hat der Oligopolist einen **„monopolistischen" Preisspielraum,** innerhalb dessen er eine **eigenständige Preispolitik** betreiben kann.
- **Überschreitet** der Oligopolist die **Preisobergrenze** erheblich, verlieren die Präferenzen ihre Wirkung und das **Produkt verliert Marktanteile.**
- **Unterschreitet** der Oligopolist die **Preisuntergrenze** erheblich, gewinnen die Präferenzen an Bedeutung und das **Produkt gewinnt Marktanteile** hinzu.

(3) Mögliche Strategien der Anbieter beim unvollkommenen Angebotsoligopol

Da die Anbieter in einem unvollkommenen Angebotsoligopol bei ihrer Preispolitik mit Reaktionen der Konkurrenten rechnen müssen, gibt es auf solchen Märkten für die Anbieter bezüglich des Preises prinzipiell zwei Strategien: **Verdrängungswettbewerb oder Kooperation.**

21 Speth u.a. - ISBN 978-3-8120-0576-0

Verdrängungs-wettbewerb	Löst ein Anbieter einen Preisunterbietungsprozess („Preiskampf") aus und senken daraufhin alle übrigen Anbieter ebenfalls die Preise, so führt dies bei allen Anbietern zu einer Gewinnminderung bzw. zu Verlusten, ohne dass sich die Marktanteile der einzelnen Anbieter wesentlich ändern. Der „Preiskrieg" ist nur dann von „Erfolg" gekrönt, wenn ein Konkurrent, weil er die geringeren Preise durch eine Kostenreduktion nicht auffangen kann, aus dem Markt ausscheidet. In diesem Fall können die verbleibenden Anbieter ihre Marktanteile ausweiten mit entsprechenden Gewinnmöglichkeiten.
Kooperations-strategie	Werden Preisänderungen vorgenommen, übernimmt ein Unternehmen die **Preisführerschaft.** Die übrigen Anbieter verstehen dies dann als Signal, die Preise ebenfalls zu erhöhen oder zu senken **(Parallelverhalten).** Häufig wechselt die Preisführerschaft zwischen den Anbietern ab (z.B. bei Benzinpreiserhöhungen, Erhöhungen der Gaspreise usw.). Teilweise kann es auch zu **Preisabsprachen** („Frühstückskartell", „Gentlemen's Agreement") kommen. Preisabsprachen sind gesetzlich verboten.

Weil auf oligopolistischen Märkten ein Preiswettbewerb nicht ohne Risiko ist und dazu führen kann, dass alle Anbieter Nachteile erleiden, wird der Preis als Wettbewerbsinstrument häufig ausgeschaltet und durch absatzpolitische Maßnahmen (z.B. Kundendienst, Garantien, Qualität, Werbung) ersetzt. Oligopolistische Märkte sind daher häufig von **Preisstabilität** geprägt.

3.2.3.2 Nutzung des monopolistischen Preisspielraums auf polypolistischen Märkten

(1) Begriff unvollkommenes Polypol

Ein **unvollkommenes Polypol** ist durch **viele Anbieter** (Polypolisten) und **viele Nachfrager** gekennzeichnet. Der einzelne Anbieter bzw. Nachfrager hat dabei nur einen geringen Anteil am Gesamtangebot bzw. an der Gesamtnachfrage.

Beim **unvollkommenen Polypol** haben die Nachfrager gegenüber den Anbietern und/ oder deren Erzeugnissen bzw. Handelswaren bestimmte **Präferenzen** (Bevorzugungen), so z.B.:

Sachliche Präferenzen	Die Käufer haben sachliche Präferenzen, wenn die Güte (Qualität) der angebotenen Waren oder Erzeugnisse unterschiedlich ist. Vielfach spielt auch die persönliche Meinung der Kunden eine erhebliche Rolle, obwohl die angebotenen Güter objektiv gleichwertig sind. **Beispiel:** Eine Gruppe von Bierliebhabern „schwört" auf das „Gänsebier", die andere auf das „Felsenbier". In diesem Fall besitzen die beiden Bierhersteller ein „Meinungsmonopol", das ihnen gestattet, für ihre Biere unterschiedliche Preise zu verlangen.

Persönliche Präferenzen	Diese liegen beispielsweise vor, wenn die Kunden einen Anbieter deswegen bevorzugen, weil er ihnen persönlich bekannt und besonders sympathisch ist oder weil die Bedienung sehr geschickt und der Service einwandfrei ist.
Räumliche Präferenzen	Hier ziehen die Käufer den nächstliegenden Anbieter aus Bequemlichkeit, aus Gründen der Zeit- und Transportkostenersparnis oder wegen der Besichtigungsmöglichkeit der Erzeugnisse und Waren vor Ort vor. **Beispiel:** Der „Laden um die Ecke" ist schneller und bequemer erreichbar als der möglicherweise preisgünstigere Supermarkt am Rand der Stadt.
Zeitliche Präferenzen	In diesem Fall ist ein Anbieter deshalb für eine Vielzahl von Kunden attraktiv, weil er schneller und/oder pünktlicher als seine Mitbewerber zu liefern imstande ist. **Beispiel:** Im Textilgeschäft am Ort kann man den gekauften Anzug gleich mitnehmen, auf den im Versandhaus bestellten Anzug muss man u.U. einige Tage warten.
Fehlende Markttransparenz	Häufig führt fehlende Markttransparenz (Mangel an Informationen über die angebotenen Sachgüter und Dienstleistungen) zu Präferenzen. Aber die fehlende Markttransparenz ist an sich schon ein Faktor, der zur Unvollkommenheit der Märkte beiträgt, weil insbesondere die privaten Verbraucher nicht in der Lage sind, bei der Vielzahl der angebotenen Waren in den Besitz der notwendigen Informationen über Güte und Preise zu gelangen.

(2) Monopolistischer Preisspielraum eines einzelnen Anbieters beim unvollkommenen Polypol

Die Summe aller möglichen Präferenzen, die ein Anbieter bei seinen Kunden besitzt, bezeichnet man als **akquisitorisches**[1] **Kapital.** eines Unternehmens. Je stärker dieses akquisitorische Kapital ist, desto größer ist die Möglichkeit des Anbieters Preispolitik zu betreiben. Allerdings gibt es für den einzelnen Anbieter eine Ober- und eine Untergrenze für den preispolitischen Spielraum.

- Die **obere Preisgrenze** ist dann erreicht, wenn der Preisnachteil – im Vergleich zum Preis der Konkurrenten – der Höhe des akquisitorischen Kapitals entspricht. Wird die obere Preisgrenze überschritten, wandern alle Kunden zur Konkurrenz ab und der Anbieter verliert seinen gesamten Absatz.
- Unterschreitet der Anbieter die **untere Preisgrenze,** wechseln alle Nachfrager von der Konkurrenz zu ihm über. Da der Polypolist aber nur über einen geringen Marktanteil verfügt, kann er die Nachfrage nicht befriedigen und die Kunden nicht langfristig binden.

1 **Akquisition**: Erwerbung, Anschaffung.

Zwischen der oberen und der unteren Preisgrenze **(monopolistischer[1] Bereich)** kann der Anbieter beim unvollkommenen Polypol **Preispolitik** betreiben.

Eine **Preissenkung** innerhalb des monopolistischen Preisspielraums führt zu einer **Absatzsteigerung,** weil neue Kunden aufgrund des geringen Preises gewonnen werden können. Eine **Preiserhöhung** führt zu einem **Absatzrückgang,** weil einige der bisherigen Nachfrager das Produkt nicht mehr oder nur in eingeschränktem Umfang kaufen. Ob und in welchem Umfang die Preisveränderung zu einem höheren oder geringeren Umsatz führt, hängt von der **Preiselastizität der Nachfrage**[2] ab.

Das **Ausmaß des Preisspielraums** (monopolistischer Bereich) hängt vom **Umfang des akquisitorischen Kapitals** ab. Die Unternehmen sind daher bemüht, mithilfe verschiedener absatzpolitischer Maßnahmen (Marketingmaßnahmen) das akquisitorische Kapital zu erhöhen. Beispielsweise dient die **Werbung** u. a. dazu, die „Meinung" der Kunden zu beeinflussen. Mithilfe der **Produktgestaltung** (z. B. Qualitätsverbesserung, Formgebung, Verpackungsgestaltung, Einführung von Markenzeichen) sollen die sachlichen Präferenzen verstärkt werden. Durch die Wahl geeigneter **Absatzmethoden** kann die Kundennähe vergrößert werden.

(3) Darstellung des monopolistischen Preisspielraums anhand eines Beispiels

Beispiel:

Der Besitzer einer Hühnerfarm hat es verstanden, sich durch den Verkauf „naturfrischer" Eier einen guten Ruf zu schaffen, weil seine Legehennen auf eigenen Wiesen freien Auslauf haben. Seine Preis-Absatz-Kurve (Nachfragekurve) hat folgende Gestalt:

x (angebotene Eier in 1000 Stück)	P (Preis je Stück) in Geldeinheiten (GE)	U (Umsatz = P · x)	Grenzerlös (Umsatzzuwachs je 10000 Stück) in Geldeinheiten (GE)	**Grenzerlös je Stück** in Geldeinheiten (GE)	**Grenzkosten je Stück** in Geldeinheiten (GE)
0	0,25	—			
10	0,25	2500	2500	0,25	0,15
20	0,25	5000	2500	0,25	0,15
30	0,25	7500	2500	0,25	0,15
40	0,24	9600	2100	0,21	0,15
50	0,22	11000	1400	0,14	0,15
60	0,175	10500	– 500	– 0,05	0,15
70	0,13	9100	– 1400	– 0,14	0,15
80	0,11	8800	– 300	– 0,03	0,15
90	0,10	9000	200	0,02	0,15
100	0,10	10000	1000	0,10	0,15
110	0,10	11000	1000	0,10	0,15

1 Der Anbieter (Polypolist) kann wie ein Monopolist den Preis selbstständig festlegen.
Theoretisch liegt ein **Monopol** vor, wenn nur ein einziger Anbieter oder Nachfrager auf dem Markt ist.

2 Die **direkte Preiselastizität** der Nachfrage ist das Verhältnis einer prozentualen Nachfrageänderung für ein bestimmtes Gut zu einer prozentualen Preisänderung dieses Gutes.

Erläuterungen:

- Den **Umsatz (Erlös)** erhält man, indem man die Absatzmenge mit dem Stückpreis multipliziert.
- Der **Grenzerlös (Grenzumsatz)** ist der Umsatzzuwachs je Produktionseinheit (hier je 10000 Stück).
- Der **Grenzerlös je Stück** ergibt sich, indem man den Grenzerlös durch 10000 Stück dividiert.
- Die **Grenzkosten je Stück** sind der Kostenzuwachs je Produktionseinheit.
- Grenzerlös (Umsatzzuwachs), Grenzerlös je Stück und Grenzkosten je Stück sind Differenzwerte. Sie sind deshalb in der Tabelle und in der nachstehenden Abbildung als **Zwischenwerte** eingetragen.

Preis-Absatz-Kurve beim unvollkommenen Polypol

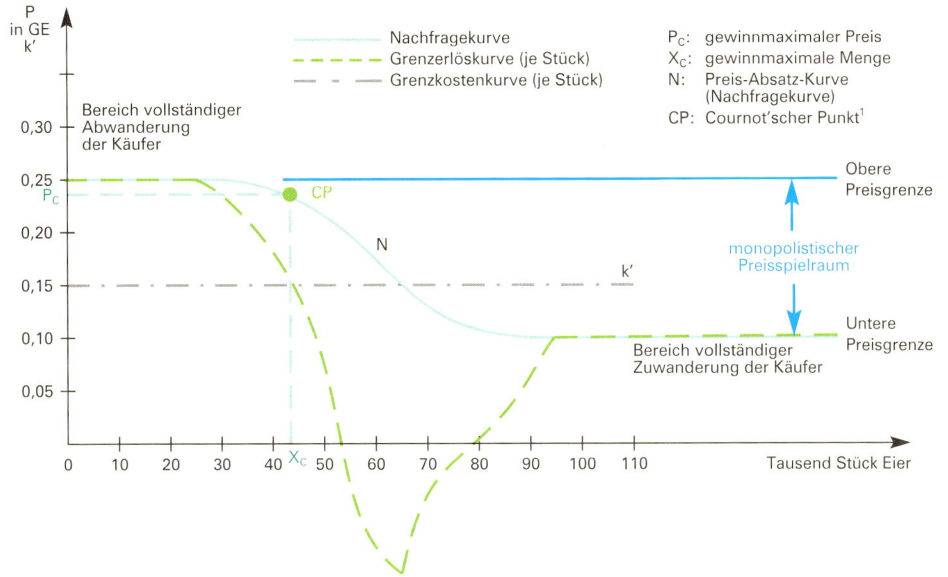

Erläuterungen:

- Die **„doppelt geknickte" Preis-Absatz-Funktion** in der obigen Abbildung bringt zum Ausdruck, dass der Polypolist bei heterogener Konkurrenz einen mehr oder weniger großen monopolistischen Spielraum besitzt, innerhalb dessen er Preispolitik betreiben kann, ohne dass seine Konkurrenten zu stark reagieren.
- Der **monopolistische Preisspielraum** des Anbieters liegt zwischen 0,25 GE und 0,10 GE. Würde er seinen Preis höher als 0,25 GE festsetzen, verlöre er alle Kunden an die Konkurrenz. Läge sein Absatzpreis unter 0,10 GE, gewänne er alle Kunden.
- Treibt der Polypolist Preispolitik, so liegt sein **Gewinnmaximum** bei der Ausbringungs- und Verkaufsmenge, bei der die **Grenzkosten dem Grenzerlös gleich** sind.
- Ist der **zusätzliche Umsatz höher als die zusätzlichen Kosten,** muss bei weiterer Ausbringung der **Gesamtgewinn steigen.** Betragen z. B. der zusätzliche Umsatz (die Grenzerlöse) 2500 GE, die zusätzlichen Kosten (die Grenzkosten) jedoch nur 1500 GE, so nimmt der Gesamtgewinn um

1 Der Punkt, der die gewinnmaximale Preis-Mengen-Kombination darstellt, bezeichnet man als Cournot'scher Punkt. ANTOINE AUGUSTIN COURNOT, 1801 – 1877, war französischer Wirtschaftswissenschaftler. Er gilt als wichtigster Begründer der mathematischen Schule der Volkswirtschaftslehre. COURNOT untersuchte vor allem die Preisbildung des Monopols und Oligopols.

1 000 GE zu (bzw. der Gesamtverlust um 1 000 GE ab). Wird die Beschäftigung (die Ausbringung) weiter erhöht, steigt der Gesamtgewinn so lange, bis der Grenzumsatz den Grenzkosten gleich ist. Ist der **zusätzliche Umsatz niedriger als die zusätzlichen Kosten,** muss der **Gesamtgewinn sinken.**

- In diesem Beispiel wird der polypolistische Anbieter einen Preis von ca. 0,23 GE verlangen, weil bei diesem Preis die Bedingung Grenzkosten pro Stück (0,15 GE) gleich Grenzerlös pro Stück (0,15 GE) erfüllt ist (Cournot'scher Preis).

3.2.4 Marktorientierte Preisbildung am Beispiel Target Costing

(1) Grundüberlegung des Target Costing[1]

Bei der **kostenorientierten Preisfindung** werden die Produktpreise **„cost-plus" kalkuliert,** d. h., zu den unternehmungsspezifischen Selbstkosten wird ein Gewinnaufschlag addiert, zu dem die Produkte am Markt abzusetzen sind. Für das **Target Costing** dagegen stellt der **Markt** den **Ausgangspunkt der Kalkulation** dar. Im Mittelpunkt steht die Frage: *Wie viel darf das Produkt kosten und wie kann das Unternehmen diesen Preis im Hinblick auf seine Kostenstruktur erreichen?*

Der Markt – das sind Kunden und Mitbewerber – bestimmt somit über die Kundenwünsche und den Marktpreis den betrieblichen Kombinationsprozess, d. h. die Produkte, die Technologie und die Ressourcen.

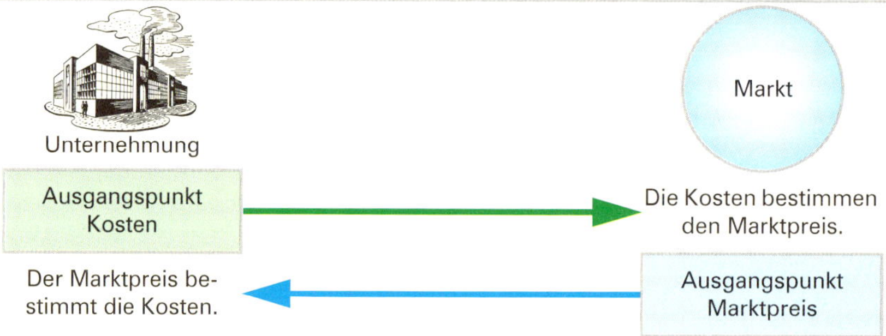

Target Costing bedeutet, eine marktpreisorientierte Kostenpolitik zu betreiben.

(2) Vorgehensweise

Die Vorgehensweise im Rahmen des Target Costing umfasst folgende Schritte:

- **Ermittlung der Kundenanforderungen an das neue Produkt**

Auf dieser Stufe gilt es, die einzelnen Funktionen des geplanten Produktes festzulegen und zu bewerten, welche Bedeutung die Kunden den einzelnen Funktionen beimessen.

1 Beim **Target Costing** handelt es sich um einen Ansatz des Kostenmanagements, der 1965 von der Toyota Motor Company entwickelt wurde und seit den 70er-Jahren in Japan weite Verbreitung fand. In der englischsprachigen Literatur wurde das Target Costing erst in den 80er-Jahren von japanischen Autoren beschrieben, bevor dieses Konzept Anfang der 90er-Jahre auch in Deutschland Eingang in die wissenschaftliche Literatur fand.

Funktionen, die der Kunde nur in geringem Umfang fordert und damit für diese kein Geld ausgibt, sind zurückzunehmen; Funktionen, die der Kunde besonders schätzt und daher bereit ist, dafür Geld auszugeben, sind verstärkt zu berücksichtigen.

Die von den Kunden gewünschten Funktionen werden über Marktforschung ermittelt.

Ermittlung des Target Price

Neben den Kundenwünschen ermittelt die Marktforschung gleichzeitig den Preis, den die potenziellen (möglichen) Kunden für einzelne Produktfunktionen bereit sind zu zahlen. Aus diesen Daten wird anschließend – unter Berücksichtigung der Wettbewerberprodukte – der voraussichtliche **Target Price (Absatzpreis, Zielpreis)** bestimmt. Der Target Price wird in der Regel über das gesamte Produktleben angesetzt.

Der **Target Price** ist der für das Produkt am Markt zu erzielende Preis.

Ermittlung der Target Costs (Zielkosten)

Zunächst wird vom Zielverkaufspreis der geplante Gewinn[1] **(Target Profit)** abgezogen. Auf diese Weise werden die Kosten ermittelt, die der Markt erlaubt **(Allowable Costs)**.[2] Diesen Allowable Costs stellt man dann die im Unternehmen voraussichtlich anfallenden Kosten **(Drifting Costs**[3] oder **Standard Costs** genannt) gegenüber. Die Drifting Costs sind jene Kosten, die für ein Produkt auf der Grundlage der im Unternehmen zurzeit gegebenen und für die Zukunft angenommenen Bedingungen erwartet werden.

Sind die Allowable Costs niedriger als die Drifting Costs, kann der **Kostenreduktionsbedarf** ermittelt werden. Die Differenz zwischen Drifting Costs und Allowable Costs bezeichnet man als **Target Gap (Ziellücke)**. Wird von den Drifting Costs der Target Gap abgezogen, erhält man rechnerisch die Kosten, die einzuhalten sind, um wettbewerbsfähig zu sein.[4] Die einzuhaltenden Kosten bezeichnet man als **Target Costs (Zielkosten)**. Welche Target Costs letztlich vom Unternehmen angesetzt werden, hängt von der eigenen Kostenstruktur, von den Wettbewerbern und von der angestrebten Position des Unternehmens im Markt ab.

Target Price (Zielpreis) – Target Profit (geplanter Gewinn)	
Allowable Costs (vom Markt erlaubte Kosten) Target Gap (Ziellücke)	← Spanne für die Festlegung der Target Costs (Zielkosten)
Drifting Costs (erwartete Selbstkosten)	

1 Der geplante Gewinn bezieht sich in der Regel auf das gesamte Produktleben.

2 Die Allowable Costs werden **retrograd** (rückläufig) von dem erzielbaren Marktpreis aus berechnet.

3 Die Drifting Costs werden **progressiv** aus dem geplanten Leistungsprozess abgeleitet. Es handelt sich dabei um eine Vollkostenrechnung.

4 Werden die Target Costs genau in Höhe der Allowable Costs festgelegt, bedeutet dies, dass die vom Absatzmarkt ausgehenden Kostenvorgaben 1 : 1 in das Unternehmen als Kostenziele übernommen werden.

- Der **Target Profit** ist die geplante Gewinnvorgabe.
- **Allowable Costs** (marktseitig erlaubte Kosten) sind die auf der Basis der Kundenanforderungen und Wettbewerberprodukte höchstens zulässigen Kosten.
- Die im Unternehmen errechneten Selbstkosten (Prognosekosten) bezeichnet man als **Drifting Costs (Standard Costs).**
- Die Differenz zwischen den Drifting Costs und Allowable Costs ergibt den **Target Gap** (Ziellücke).
- Die **Target Costs (Zielkosten)** sind die geplanten Gesamtkosten, die bei der Produktion des Produktes höchstens anfallen dürfen.

Kostenvorgaben für Produktion und Absatz

Hat die Beurteilung der Produktvorschläge gezeigt, dass die Target Costs erreichbar sind, werden die auf das Gesamtprodukt bezogenen Target Costs aufgespalten. Dadurch können Kostenvorgaben z.B. für einzelne Produktionsschritte, Werkstoffe, technische Anlagen und Vertriebsformen abgeleitet werden **(Zielkostenaufspaltung).** Ziel dieser Maßnahme ist es, zu weiteren Kostenreduktionen zu gelangen. Kosteneinsparungen können z.B. dadurch erreicht werden, dass mithilfe einer Wertanalyse die Produktentwicklung und die Produktionsabwicklung (z.B. Eigenfertigung und/oder Fremdbezug von Vorprodukten) variiert werden bzw. ein Produktredesign vorgenommen wird, um wenig gefragte, aber kostenintensive Leistungen zu reduzieren.

Das **Target Costing** ist ein **Kostenmanagementsystem,** das auf die Kosten der Produktentwicklung, der Produktion und des Absatzes strategisch Einfluss nimmt.

Den Grundaufbau des Target Costing verdeutlicht das Schaubild auf S. 329.

Kostenkontrolle

Nach Ablauf jeder Rechnungsperiode sind die Ist-Target-Costs den geplanten (Soll-)Target-Costs gegenüberzustellen. Weichen Soll- und Istkosten voneinander ab, sind die Abweichungsursachen zu ermitteln. Gleichzeitig gilt es, Maßnahmen zu ergreifen, um die geplante Gesamtzielerreichung noch sicherzustellen.

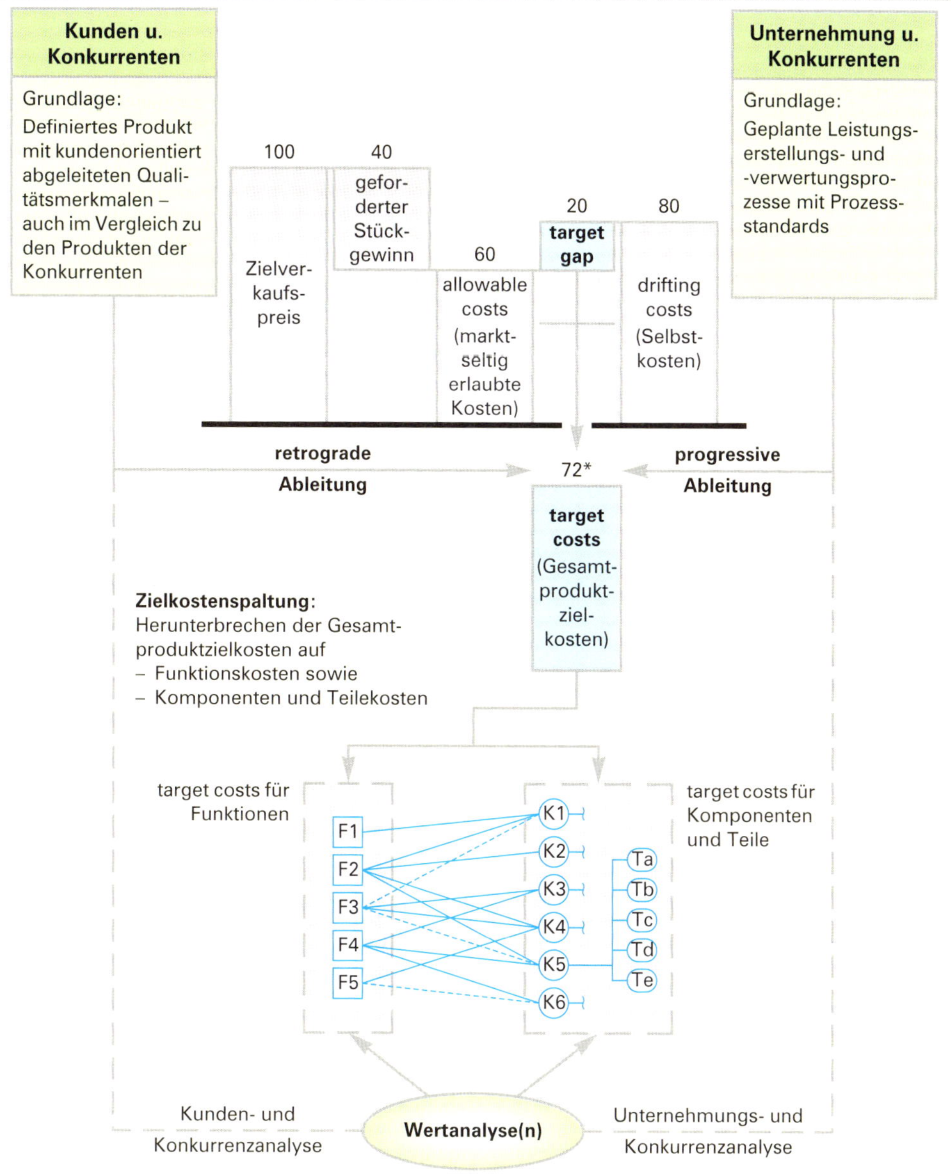

* Die Geschäftsleitung entscheidet, die Kosten betragen 72. In diesem Fall sinkt der erwartete Stückgewinn auf 28.

Quelle: Hahn, D., Laßmann, G.: Produktionswirtschaft – Controlling industrieller Produktion, 3. Aufl., Heidelberg, S. 272.

3.3 Preispolitische Strategien

(1) Begriff Preisstrategien

Preisstrategien gehören zu den langfristigen Unternehmensentscheidungen. Sie orientieren sich nicht an einem bestimmten Anhaltspunkt, sondern verfolgen eine generelle Preiszielsetzung, z.B. grundsätzlich mit einem hohen bzw. niedrigen Preis auf den Markt zu gehen.

Preisstrategien bedeuten ein planvolles Vorgehen zur Durchsetzung eines bestimmten Preisniveaus auf dem Markt.

(2) Arten von Preisstrategien

Hochpreisstrategie

Bei der Hochpreisstrategie versucht der Anbieter langfristig einen hohen Preis für seine Produkte zu erzielen, indem er die Produkte mit einer „Prämie" ausstattet, z.B. gleichbleibend hoher Qualitätsstandard, hohes Image, Distribution in Exklusivläden bzw. Beratungszentren, langfristige Garantiezeiten für Ersatzteile, Reparaturservice innerhalb 24 Stunden u.Ä. Diese Art der Hochpreisstrategie bezeichnet man als **Prämienpreisstrategie.** Voraussetzung für diese Preisstrategie ist, dass das Produkt eine Alleinstellung hat und die Preiselastizität der Nachfrage zumindest sehr gering ist.

Beispiele:

Champagner, Hummer, Kaviar, Tafelsilber, Rolls-Royce, Porsche, Rolex-Uhren, Cartier-Schmuck, Bogner-Kleidung usw.

Eine Sonderart der Hochpreisstrategie stellt die **Skimming-Strategie**[1] dar. Diese Preisstrategie setzt, insbesondere bei Innovationsgütern, den Einführungspreis hoch an, um die Forschungs- und Entwicklungskosten schnell abzudecken. Das Unternehmen senkt den Preis aber jedesmal, wenn der Absatz zurückgeht, um jeweils die nächste Schicht preisbewusster Kunden für sich zu gewinnen. Ziel dieser Preisstrategie ist das Abschöpfen des Marktes.

Die Skimming-Strategie ist unter folgenden Bedingungen sinnvoll:

- Es besteht eine ausreichend große Kundenzahl, die bereit ist, das Produkt zu einem hohen Preis zu erwerben.
- Die kleine Absatzmenge bringt trotz hoher Stückkosten eine höhere Gewinnspanne.
- Der hohe Einführungspreis lockt keine weiteren Konkurrenten auf den Markt.
- Der hohe Preis unterstützt den Anspruch, dass die Ausstattungselemente des Produkts eine Alleinstellung einnehmen.

Niedrigpreisstrategie

Bei der Niedrigpreisstrategie strebt der Anbieter an, dass der geforderte Preis dauerhaft unter dem Preis vergleichbarer Produkte liegt. Ziele einer Niedrigpreisstrategie können sein: Verdrängung von Wettbewerbern, Verhinderung des Markteintritts neuer Anbieter,

1 **To skim**: abschöpfen, absahnen.

Auslastung der Kapazität, Aufbau eines Niedrigpreisimages. Die Niedrigpreisstrategie wird vor allem zur Verkaufsförderung (Promotion) von Massenwaren, die keinen hohen Serviceanspruch haben, herangezogen. Diese Art von Preisstrategie bezeichnet man als **Promotionspreispolitik.**[1]

Beispiele für Unternehmen, die eine Niedrigpreisstrategie betreiben, sind:

Aldi, Norma, OBI, H&M, Ratiopharm (Herstellung von Generika).[2]

Die **Penetrationspreispolitik,**[3] als eine Sonderart der Niedrigpreisstrategie, versucht mit kurzfristig niedrigen Preisen für neue Produkte schnell einen hohen Marktanteil zu erreichen. Nach der Markteinführung werden die Preise dann angehoben.

Die Festsetzung eines niedrigen Preises ist zweckmäßig,

- wenn die Preissensibilität[4] des Marktes hoch ist,
- niedrige Preise ein Marktwachstum stimulieren und
- ein niedriger Preis den Markteintritt von Konkurrenten verhindert.

Zusammenfassung

- Unter der **Preispolitik** versteht man das Herab- oder Heraufsetzen der Absatzpreise mit der Absicht, den Absatz und/oder Gewinn zu beeinflussen.
- Die **Preispolitik** kann
  - **kostenorientiert,**
  - **abnehmerorientiert,**
  - **konkurrenzorientiert** oder
  - **marktorientiert**

  ausgerichtet sein.
- **Kostenorientierte Preispolitik**

  Sie richtet sich an den betrieblichen Daten aus, d.h., die angefallenen Kosten bestimmen den Verkaufspreis. Es sind insbesondere zwei Berechnungsmethoden zu unterscheiden: die **Vollkostenrechnung** und die **Teilkostenrechnung.**
- **Nachfrageorientierte (abnehmerorientierte) Preispolitik**

  Sie bestimmt den Preis mithilfe der Preis-Absatz-Funktion eines Produkts, d.h., es wird die Veränderung der Nachfragemenge nach dem Produkt bei variierenden Preisen erfasst. Abnehmerorientierte preispolitische Maßnahmen (Entscheidungen) sind z.B.: (1) die Festlegung der preispolitischen Obergrenze und (2) die Preisdifferenzierung.
- **Konkurrenzorientierte Preispolitik**
  - Beim **Oligopol** treten auf dem Markt nur wenige Anbieter und/oder wenige Nachfrager auf.
  - Ein **unvollkommenes Angebotsoligopol** liegt vor, wenn auf einem unvollkommenen Markt wenige Anbieter vielen Nachfragern gegenüberstehen.

1 **Promotion:** Förderung.

2 Werden Medikamente, deren Schutzrechte abgelaufen sind, in der gleichen Zusammensetzung wie das Original hergestellt, so spricht man von Generikapräparaten.

3 **Penetration** (lat.): Durchdringung, Durchsetzung.

4 **Sensibilität:** Empfindlichkeit; sensibel: empfindsam, feinfühlig.

- **Oligopolisten** müssen bei Preisänderungen zum einen die **Reaktion der Nachfrager** und zum anderen die **Reaktion ihrer Konkurrenten** berücksichtigen.
- Innerhalb **bestimmter Preisgrenzen** kann der Oligopolist eine **eigenständige Preispolitik** betreiben.
- Mögliche **Strategien der Anbieter** beim unvollkommenen Angebotsoligopol sind:
  –

kooperative Strategie		
Preisstarrheit	Preisführerschaft (evtl. mit Parallelverhalten)	Abgestimmtes Verhalten (Preisabsprachen)

  –

nicht kooperative Strategie
Verdrängungswettbewerb über einen „Preiskrieg".

- Ein **unvollkommenes Polypol** liegt vor, wenn sich auf einem unvollkommenen Markt **viele Anbieter** und **viele Nachfrager** mit jeweils **geringen Marktanteilen** gegenüberstehen.
- Der **Polypolist** besitzt beim unvollkommenen Polypol einen **„monopolistischen" Spielraum,** innerhalb dessen er **Preispolitik** betreiben kann, ohne dass seine Konkurrenten reagieren.
- Die **Preis-Absatz-Kurve** eines Polypolisten auf dem unvollkommenen Markt weist zwei Knicke auf **(doppelt geknickt).** Sie gibt an, welche Menge dieser Anbieter absetzen kann, wenn er unterschiedliche Preise festsetzt.
- Der **Polypolist** wird in der Regel versuchen, durch Einsatz verschiedener absatzpolitischer Intrumente (Marketingmaßnahmen) seinen **„monopolistischen" Preisspielraum** zu vergrößern.

Preis-Absatz-Kurve

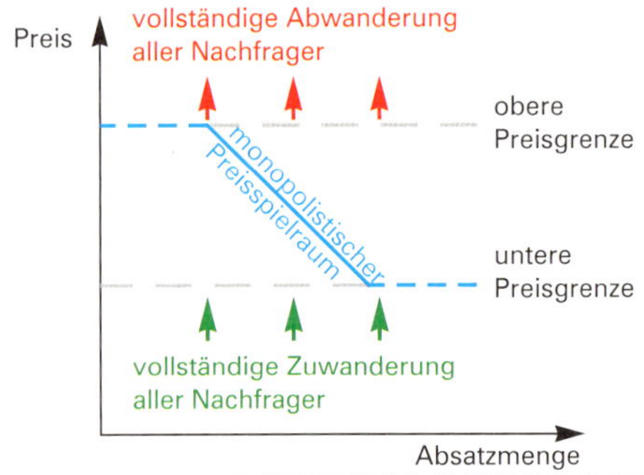

- **Marktorientierte Preispolitik**
  - Bei der marktorientierten Preispolitik wird zunächst der Bedarf für das geplante Produkt sowie der erzielbare Marktpreis ermittelt und erst danach werden die anfallenden Kosten kalkuliert. Die Markt- und Kundenorientierung erfolgt somit vor der Produktentwicklung. Ein Instrument für eine marktorientierte Preispolitik ist das **Target Costing.**
  - Das Target Costing ist ein **Kostenmanagementsystem,** das auf die Kosten der Produktentwicklung, der Produktion und des Absatzes strategisch Einfluss nimmt.

- Unter **preispolitischen Strategien** versteht man ein planvolles Vorgehen zur Durchsetzung eines bestimmten Preisniveaus auf dem Markt.

- Als **grundsätzliche Preisstrategien** können gewählt werden:
  - **Hochpreisstrategie (Prämienstrategie).** Sie versucht langfristig einen hohen Preis für die Produkte zu erzielen, indem die Produkte mit einer „Prämie" ausgestattet werden. Eine besondere Art der Hochpreisstrategie ist die **Skimming-Strategie.**
  - **Niedrigpreisstrategie (Promotionspreispolitik).** Hier versucht der Unternehmer, dass der Preis für sein Produkt dauerhaft unter dem Preis vergleichbarer Produkte liegt. Eine besondere Art der Niedrigpreisstrategie ist die **Penetrationspreispolitik.**

Übungsaufgaben

122 Deckungsbeitrag – Preisuntergrenze

1. Stellen Sie dar, wie der Begriff „liquiditätsorientierte Preisuntergrenze" bestimmt ist!
2. Die Kostenrechnung eines Industriebetriebes liefert uns für den Monat Januar folgende Zahlen:

	Erzeugnis A	Erzeugnis B
Produktions- und Absatzmenge	980 Stück	1 820 Stück
Listenverkaufspreis je Stück	812,00 EUR	574,00 EUR
Kundenrabatt	14 %	17 %
Kundenskonto	3 %	2 %
Vertreterprovision zum Zielverkaufspreis	4,5 %	6,5 %
variable Kosten je Stück	392,00 EUR	424,00 EUR
fixe Kosten	137 900,00 EUR	

Aufgaben:

2.1 Bestimmen Sie den Deckungsbeitrag für die Erzeugnisse A und B!

2.2 Berechnen Sie das Betriebsergebnis!

2.3 Nennen Sie die absolute Preisuntergrenze für die Erzeugnisse A und B!

123 Preisuntergrenze

Eine Maschinenfabrik stellt Abfüllmaschinen her. Vom Typ A werden im Monat Januar 14 Maschinen hergestellt. Hierfür sind folgende Kosten (linearer Kostenverlauf) in den einzelnen Kostenstellen angefallen:

Gesamtkosten / Kostenstellen	Einzelkosten	Gemeinkosten	
		fixe Kosten	variable Kosten
Material	221 000,00 EUR	13 000,00 EUR	23 400,00 EUR
Fertigung	104 000,00 EUR	45 500,00 EUR	31 200,00 EUR
Verwaltung/Vertrieb		19 500,00 EUR	

Die Maschine des Typs A erzielt einen Nettoverkaufspreis von 36 800,00 EUR. Von der Maschine A können maximal 14 Stück je Monat hergestellt werden.

Aufgaben:

1. Ermitteln Sie die kurzfristige Preisuntergrenze je Maschine des Typs A!
2. Berechnen Sie die langfristige Preisuntergrenze!
3. Die Maschinenfabrik plant eine Ersatzinvestition zur Herstellung des Maschinentyps A. Die Kapazität erhöht sich dadurch auf 16 Maschinen.

   Die Kostenstruktur ändert sich wie folgt: Die fixen Kosten steigen um 35 %, die variablen Kosten sinken um 20 %.

   3.1 Berechnen Sie die neuen Stückkosten je Maschine!

   3.2 Ermitteln Sie den Gewinn, der sich dann je Maschine ergibt!

   3.3 Berechnen Sie, ab welcher Stückzahl die Maschinenfabrik Gewinn erzielt, wenn der Nettoverkaufserlös für die Maschine A um 12 % sinkt!

124 Preispolitik

Die Kalle OHG stellt Spielzeugautos her. Sie produziert und verkauft jährlich 12000 Spielzeugautos. Die Autos werden zu einem Einheitspreis angeboten, der wie folgt kalkuliert wird:

Materialeinzelkosten 10,06 EUR, Fertigungseinzelkosten 7,00 EUR, Materialgemeinkosten 5%, Fertigungsgemeinkosten 180%, Verwaltungs- und Vertriebsgemeinkosten 20%. Der Gewinnzuschlag beträgt 5%.

Aufgaben:

1. Stellen Sie dar, welche Art Preispolitik die Kalle OHG betreibt!
2. Berechnen Sie den Barverkaufspreis je Spielzeugauto!
3. Dieter Kalle, einziger unbeschränkt haftender Gesellschafter, möchte den Verkaufspreis (Barverkaufspreis) auf 41,80 EUR anheben. Die Abteilung „Marktforschung" warnt: Der (mengenmäßige jährliche) Absatz wird von bisher 12000 Stück auf 11000 Stück zurückgehen. (Kostensituation bei 11000 Stück: Die fixen Kosten betragen 175000,00 EUR monatlich, die variablen Kosten 20,00 EUR je Stück.)
   - 3.1 Nennen Sie Beispiele für fixe und variable Kosten!
   - 3.2 Erläutern Sie, wie Dieter Kalle entscheidet, wenn er vorrangig das Ziel vor Augen hat, einen möglichst großen Marktanteil zu erobern! Belegen Sie Ihre Antwort durch einen rechnerischen Nachweis!
   - 3.3 Erläutern Sie, wie Dieter Kalle entscheidet, wenn er nach dem kurzfristigen Gewinnmaximierungsprinzip handelt! Belegen Sie Ihre Antwort durch einen rechnerischen Nachweis!
   - 3.4 Erklären Sie, ob die Entscheidung zu 3.3. anders ausfällt, wenn aufgrund der Preiserhöhung der Absatz
     - 3.4.1 um 2000 Stück,
     - 3.4.2 um 3000 Stück zurückgeht!
   - 3.5 Beurteilen Sie, ob im Fall 3.3 zwischen den Zielen „Gewinnmaximierung" und „Vergrößerung des Marktanteils" Zielkonflikt oder Zielharmonie besteht! Begründen Sie Ihre Aussage rechnerisch!
4. Nennen Sie die Art Preispolitik, die die Kalle OHG betreibt, wenn sie ihre Entscheidungen von den Reaktionen ihrer Abnehmer abhängig macht!

125 Preispolitik

1. Ein Unternehmen steht vor der Entscheidung, eine Zahncreme unter neuer Marke einzuführen.

   Aufgaben:

   - 1.1 Nennen Sie die Kriterien, nach welchen ein Marktpreis bestimmt werden könnte!
   - 1.2 Stellen Sie dar, für welchen Weg der Preisbestimmung Sie sich einsetzen würden?
2. Die Unternehmen können nicht in jedem Fall eine eigenständige Preispolitik betreiben.

   Aufgaben:

   - 2.1 Beschreiben Sie, welche Preispolitik ein Unternehmen auf einem vollkommenen Markt und auf einem oligopolistischen Markt betreiben kann!
   - 2.2 Nennen Sie preispolitische Zielsetzungen, die ein Unternehmen mit seiner Preispolitik verfolgen kann!
3. Erläutern Sie, was unter einer räumlichen, zeitlichen und einer Preisdifferenzierung in Verbindung mit einer Produktdifferenzierung zu verstehen ist!

   Aufgabe:

   Bilden Sie jeweils ein Beispiel!
4. Beschreiben Sie, was unter umweltorientierter Preispolitik zu verstehen ist!

126 Preispolitik bei unterschiedlichen Marktformen

1. Erklären Sie, warum auf oligopolistischen Märkten i.d.R. Ruhe an der „Preisfront" herrscht!
2. Erläutern Sie, warum das Modell des Angebotspolypolisten auf unvollkommenem Markt auch auf das mögliche Verhalten eines Angebotsoligopolisten auf unvollkommenem Markt anwendbar ist!
3. Angenommen, auf dem Markt für Universallexika befinden sich nur zwei Anbieter (Verlage), und zwar der Arnold-Verlag und der Brecht-Verlag. Die Nachfrage ist polypolistisch.

   Der Arnold-Verlag kann zurzeit in einer Periode 3000 Lexika (1 Lexikon umfasst 12 Bände) zu einem Preis von je 2500 GE verkaufen. Seine Grenzkosten (proportional-variablen Kosten) betragen 1 000 GE je Lexikon.

   Der Arnold-Verlag sieht sich zwei möglichen linearen Nachfragekurven gegenüber:

■ Preis-Absatz-Kurve, wenn der Brecht-Verlag auf Preisänderungen des Arnold-Verlags entsprechend reagiert

Preis	3750 GE	1250 GE
Lexika	1500 Stück	4500 Stück

■ Preis-Absatz-Kurve, wenn der Brecht-Verlag auf Preisänderungen des Arnold-Verlags nicht reagiert

Preis	3000 GE	1500 GE
Lexika	2000 Stück	5000 Stück

Aufgaben:

3.1 Zeichnen Sie die beiden möglichen Preis-Absatz-Kurven des Arnold-Verlags, die dazugehörigen Grenzerlöskurven (Grenzumsatzkurven) sowie die Grenzkostenkurve!

Lösungshinweis:

x-Achse: 1 cm ≙ 1 000 Lexika (= 1 PE, d.h. Produktionseinheit);
y-Achse: 1 cm ≙ 500 GE.

3.2 Der Arnold-Verlag muss damit rechnen, dass der Brecht-Verlag seinen Absatzpreis stabil hält, wenn er seinen Absatzpreis anhebt. Andererseits muss der Arnold-Verlag davon ausgehen, dass bei einer eigenen Preissenkung der Brecht-Verlag in gleicher Weise reagiert.

3.2.1 Stellen Sie die vermuteten Entscheidungen des Brecht-Verlags dar!

3.2.2 Zeichnen Sie die „geknickte Preis-Absatz-Kurve" des Arnold-Verlags!

3.3 Beim Arnold-Verlag sind die proportional-variablen Kosten (Grenzkosten) um 50% gestiegen. Unterbreiten Sie einen Vorschlag, wie der Arnold-Verlag entscheiden sollte, wenn sein oberstes Unternehmensziel die Gewinnmaximierung ist und der Brecht-Verlag nicht reagiert!

3.4 Angenommen, der Arnold-Verlag hat die Absicht, seinen Konkurrenten (den Brecht-Verlag) vom Markt zu verdrängen. Er will notfalls auf die Deckung seiner fixen Kosten verzichten, unter keinen Umständen jedoch auf die Deckung seiner variablen Kosten, die sich zurzeit auf 1 250 GE belaufen.

3.4.1 Unterbreiten Sie einen Vorschlag, für welchen Absatzpreis sich der Arnold-Verlag entscheiden sollte, wenn er unter den oben genannten Bedingungen einen möglichst hohen Marktanteil „erobern" möchte und der Brecht-Verlag auf seine Maßnahme entsprechend reagiert!

3.4.2 Ermitteln Sie, wie viel Exemplare der Arnold-Verlag unter den oben genannten Bedingungen absetzen könnte, wenn der Brecht-Verlag nicht reagieren würde!

127 Preispolitik beim Polypol

Ein Polypolist auf unvollkommenem Markt sieht sich folgender Preis-Absatz-Situation gegenüber:

- Bei einem Absatzpreis von 120 GE je PE (Produktionseinheit) kann er maximal 12 PE absetzen. Erhöht er den Preis über 120 GE, verliert er alle Kunden an die Konkurrenz.
- Bei einem Absatzpreis von 60 GE und darunter gewinnt er alle Kunden.
- Der monopolistische Spielraum des Angebotspolypolisten liegt somit zwischen 120 GE und 60 GE. Die Nachfrage nach seinen Erzeugnissen verhält sich normal und ist linear:

Absatzpreis (P)	120*	110	100	90	80	70	60**
Nachgefragte Menge in Stück (PE)	12	16	20	24	28	32	36

* höchstens; ** mindestens

- Die proportional-variablen Stückkosten (Grenzkosten) belaufen sich auf 30 GE.
- Die fixen Kosten betragen 1000 GE je Periode. Die Kapazitätsgrenze des Polypolisten liegt bei 44 Stück je Periode.

Aufgaben:

1. Erstellen Sie eine Tabelle mit folgenden Spalten:
   (1) PE (Produktionseinheiten, produzierte und verkaufte Mengeneinheiten)
   (2) P (Absatzpreis)
   (3) U (Umsatz, Erlös)
   (4) U' (Grenzerlös je 4 PE)
   (5) U'/PE (Grenzerlös je Produktionseinheit)
   (6) K_{fix} (fixe Kosten)
   (7) K_v (variable Kosten)
   (8) K'/PE (Grenzkosten je PE)
   (9) K (Gesamtkosten)
   (10) Gew/Verl (Gewinn bzw. Verlust)

   Lösungshinweis: Berechnen Sie die erforderlichen Werte jeweils für **4** Produktionseinheiten (PE), in der Spalte (1) also für 0, 4, 8, 12 usw. bis einschließlich **60** PE.

2. Zeichnen Sie die Preis-Absatz-Kurve, die Grenzumsatzkurve und die Grenzkostenkurve des Polypolisten!

   Lösungshinweis: Teilen Sie die Koordinaten wie folgt ein:
   x-Achse: 1 cm ≙ 6 PE; y-Achse: 1 cm ≙ 20 GE.

3. Stellen Sie die gewinnmaximale Absatzmenge und den gewinnmaximalen Absatzpreis fest!
4. Unterbreiten Sie einen Vorschlag, für welchen Absatzpreis sich der Polypolist entscheiden sollte, wenn er nach Umsatzmaximierung strebt! (Begründung!)
5. Erläutern Sie, wie die Preisentscheidung des Polypolisten ausfällt, wenn sein oberstes Unternehmensziel die Vollbeschäftigung (Erhaltung der Arbeitsplätze) ist! (Begründung!)
6. Angenommen, der Polypolist kann seine Kapazität unter sonst gleichbleibenden Bedingungen auf 60 PE ausweiten. Unterbreiten Sie einen Vorschlag, für welchen Absatzpreis er sich entscheiden wird, wenn er nach Gewinnmaximierung strebt! (Begründung!)
7. Nennen Sie Faktoren, von denen die Entscheidung eines nach Gewinnmaximierung strebenden Polypolisten abhängt, seinen monopolistischen Preisspielraum auszunutzen!

128 Preisstrategien

Ein Hersteller von Skibindungen beabsichtigt, eine neuartige elektronische Skibindung auf den Markt zu bringen.

Aufgaben:

1. 1.1 In der Einführungsphase plant das Unternehmen, eine Abschöpfungsstrategie anzuwenden. Erläutern Sie diesen Begriff!

   1.2 Erläutern Sie, welche Gründe das Unternehmen zur Wahl dieser preispolitischen Strategie veranlasst haben könnte!
2. Vergleichen Sie die Skimming-Strategie mit der Prämienpreisstrategie!
3. Stellen Sie dar, ob es Ihrer Meinung nach im vorliegenden Fall sinnvoll wäre, dem Unternehmen zu raten, eine Penetrationspreispolitik zu betreiben! Begründen Sie Ihre Meinung!
4. Nennen Sie die Ziele, die mit einer Niedrigpreisstrategie verbunden sind!
5. Bei der Preisfestsetzung kann es für das Unternehmen vorübergehend sinnvoll sein, die Preise unter die allgemein angekündigte und geforderte Preisfestsetzung abzusenken.

   Erklären Sie die Richtigkeit dieser Aussage anhand von zwei selbst gewählten Beispielen!

129 Preisbildung bei Target Costing

1. Erläutern Sie anhand des Schaubilds von S. 329 den Aufbau des Target Costing!
2. Nennen Sie zwei zentrale Vorteile des Target Costing!
3. Erläutern Sie die nachstehende Abbildung!

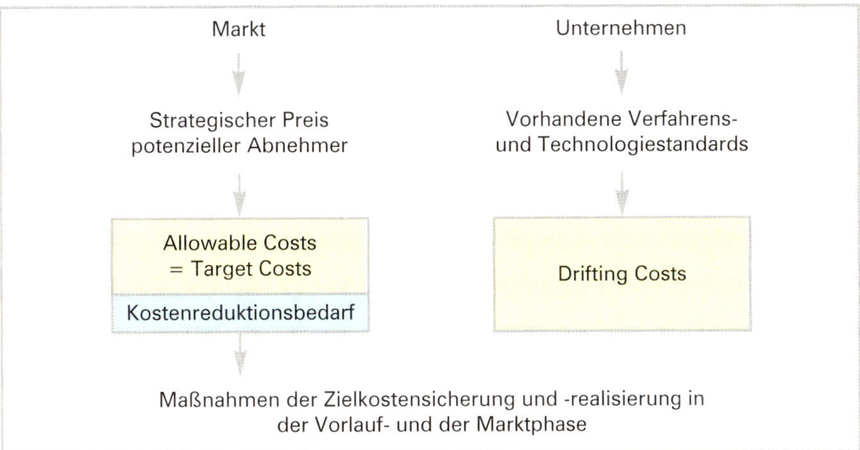

Quelle: Burger, A.: Kostenmanagement, 3. Aufl., München/Wien, S. 72.

4. Nennen Sie die Möglichkeiten, die ein Unternehmen hat, wenn die Allowable Costs durch die Drifting Costs deutlich überschritten werden!
5. Nennen Sie zwei Gründe, warum die Target Costs von den Allowable Costs abweichen können!
6. Erklären Sie, worin Sie den Hauptzweck des Target Costing sehen!

22 Speth u.a. - ISBN 978-3-8120-0576-0

130 Preispolitik

1. Aktive Preispolitik kann ein Anbieter nur betreiben, wenn der Absatzmarkt unvollkommen ist, es sei denn, der Anbieter ist Monopolist.

   Aufgabe:

   Weisen Sie die Richtigkeit dieser Behauptung nach!

2. Prüfen Sie folgende Aussage auf ihre Richtigkeit: Je geringer die Zahl der Anbieter auf einem Markt, desto größer ist ihr preispolitischer Spielraum!

3. Erläutern Sie, warum der Preispolitik bei polypolistischer und oligopolistischer Konkurrenz nach oben und nach unten Grenzen gesetzt sind!

4 Distributionspolitik

4.1 Begriff Distributionspolitik

Die **Distributionspolitik**[1] legt fest, auf welchem Weg das Produkt an den Käufer herangetragen werden kann.

Absatzweg	Erläuterungen	Beispiele
direkter Absatz	Er ist gegeben, wenn der Hersteller seine Produkte **unmittelbar** – ohne Zwischenhändler – **an die Verbraucher** vertreibt.	Verkaufsniederlassung des Herstellers → Verbraucher
indirekter Absatz	Er ist gegeben, wenn der Hersteller seine Produkte unter **Einschaltung des Handels** vertreibt.	Hersteller → Z. B. Händler → Verbraucher

4.2 Absatz über direkte Absatzwege

Beispielhaft wird im Folgenden der Absatz über

- **Handlungsreisende,**
- **Verkaufsniederlassungen,**
- **Vertriebsgesellschaften** und den
- **E-Commerce**

dargestellt.

1 **Distribution**: Verteilung.

4.2.1 Handlungsreisender

Bei Mitarbeitern, die im Außendienst tätig sind, handelt es sich in der Regel um Handlungsreisende.

(1) Begriff Handlungsreisender

Handlungsreisende[1] sind **kaufmännische Angestellte,** die damit betraut sind, außerhalb des Unternehmens Geschäfte **im Namen** und **für Rechnung des Arbeitgebers** zu vermitteln oder abzuschließen (vgl. § 55 I HGB).

Reisende sind weisungsgebundene Angestellte des Arbeitgebers. Sie schließen also **in fremdem Namen** und für **fremde Rechnung** Geschäfte (z. B. Kaufverträge) ab. Ist nichts anderes vereinbart, sind die Reisenden nur ermächtigt zum **Abschluss von Kaufverträgen** und zur **Entgegennahme von Mängelrügen.** In diesem Fall spricht man von **„Abschlussreisenden".**

Zur **Einziehung des Kaufpreises** (zum sog. „Inkasso") sind Handlungsreisende nur befugt, wenn hierzu vom Arbeitgeber ausdrückliche Vollmacht erteilt wurde **(„Inkassoreisende")** [§ 55 III HGB].

(2) Beispiel: Geschäftsablauf bei einem Handlungsreisenden mit Abschluss- und Inkassovollmacht

Beispielhaft für den Geschäftsablauf beim Einsatz eines Handlungsreisenden wird nachfolgend der Geschäftsablauf bei einem Handlungsreisenden mit Abschluss- und Inkassovollmacht dargestellt:

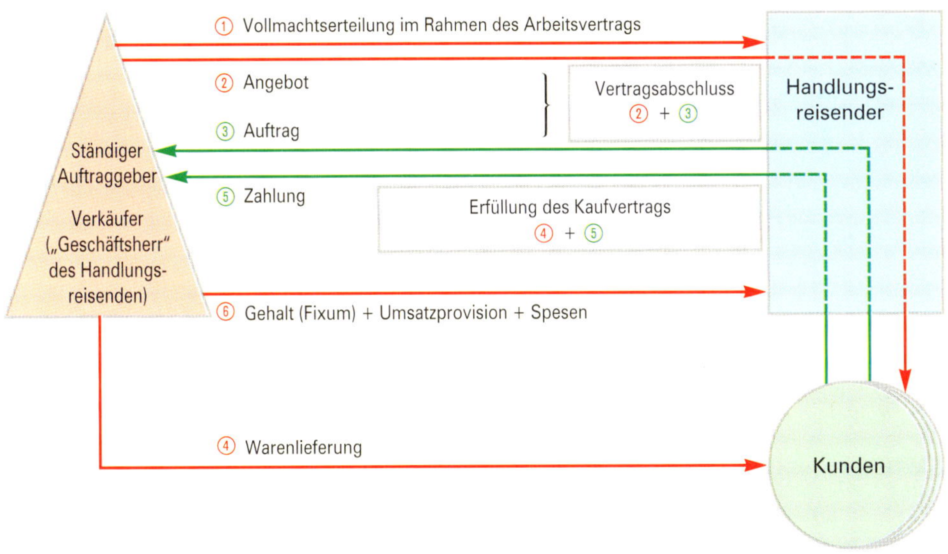

1 Das HGB spricht vom Handlungsgehilfen.

(3) Rechte und Pflichten des Handlungsreisenden

Auf die Handlungsreisenden treffen alle Merkmale der kaufmännischen Angestellten zu. Wie alle Angestellten erhalten die Reisenden in aller Regel ein **festes Gehalt (Fixum).**[1] Darüber hinaus steht den Handlungsreisenden als zusätzlicher Leistungsanreiz eine **Umsatzprovision** zu. Daneben werden ihnen die **Spesen** (Auslagen) erstattet.

Handlungsreisende (kurz „Reisende" genannt) haben folgende **Aufgaben**:

- Erhaltung des bisherigen Kundenstamms,
- Werbung neuer Kunden (Erweiterung des Kundenstamms),
- Information der Kunden (z.B. über Neuentwicklungen, neue Produkte, Preisentwicklung),
- Information des Geschäftsherrn (Arbeitgebers) über die Marktlage (z.B. Berichte über Kundenwünsche),
- Entgegennahme von Mängelrügen.

(4) Bedeutung

Der **Vorteil** der Handlungsreisenden als eigene „Absatzorgane" ist vor allem darin zu sehen, dass bei guter Geschäftslage die Provisionskosten je Verkaufseinheit (z.B. Stück, kg, Dutzend) verhältnismäßig niedrig sind. Als weisungsgebundene Angestellte stehen die Handlungsreisenden außerdem dem Betrieb ständig zur Verfügung.

Von **Nachteil** ist, dass bei zurückgehendem Absatz der Arbeitgeber hohe fixe Kosten zu tragen hat, da die Gehälter nicht ohne Weiteres gekürzt werden können.

4.2.2 Verkaufsniederlassungen und Vertriebsgesellschaften

Verkaufsniederlassungen	Großunternehmen können eigene Verkaufsniederlassungen einrichten. Diese stellen „Verkaufsfilialen" dar. Preis- und verkaufspolitische Anweisungen erteilt die Zentrale.
Vertriebsgesellschaften	Es können auch eigene Vertriebsgesellschaften (meist in der Rechtsform der GmbH) gegründet werden. Sie sind zwar rechtlich selbstständig, wirtschaftlich jedoch vom Gesamtunternehmen abhängig.

4.2.3 Electronic Commerce

(1) Begriff E-Commerce

Electronic Commerce bezeichnet Geschäftsvorgänge, bei denen die Beteiligten auf elektronischem Wege, insbesondere auf dem Weg über das Internet, ihre Geschäfte anbahnen und abwickeln.

1 Das **Fixum** (das feste Gehalt); Mz.: die Fixa.

Man unterscheidet dabei verschiedene **Partner-Transaktionen**:

B2C	Business to Consumer. Die Geschäftsbeziehung berührt auf der Verkäuferseite ein Unternehmen, auf der Käuferseite eine Privatperson.
B2B	Business to Business. Beide Partner sind Unternehmen.
B2A/B2G	Business to Administration/Business to Government, z.B. Steuererklärungen, Steuervoranmeldungen über das Programm **Elster** (**El**ektronische **St**euer**er**klärungen), Anträge auf Erlass eines Mahnbescheides, Ausschreibungen für Handwerksleistungen.

(2) Arten des E-Commerce

Der elektronische Commerce kann in verschiedenen Ausbaustufen betrieben werden. Die verschiedenen Ausbaustufen werden im Folgenden kurz dargestellt.

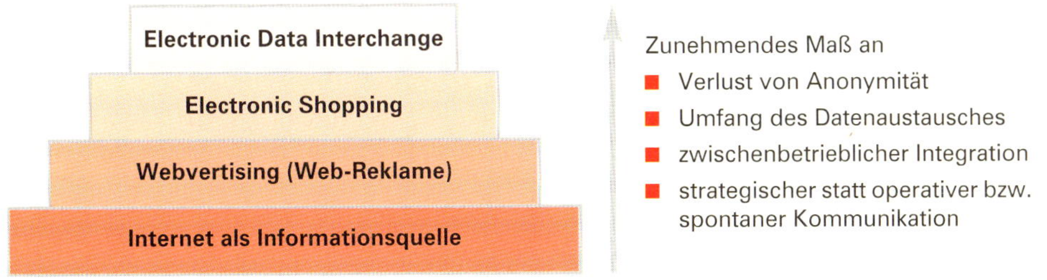

- **Internet als Informationsquelle**
  - **Spezialisierte Informationsanbieter.** Beispiele hierfür sind die Fahrplanauskünfte der Deutschen Bahn AG, Telefonnummern, Wetterdienste, Börsen- und Wirtschaftsinformationen.
  - **Portale** sind Eingangspforten ins Internet, die z.B. von Providern erstellt werden (z.B. T-Online) oder auch von Suchmaschinen (z.B. Google).

- **Webvertising**

  Dies setzt sich zusammen aus Web-Advertising (Web-Reklame). Hierbei wird das Internet genutzt als Instrument zur Information der Kunden und zur Kommunikation mit ihnen als systematisch geplanter Teil der betrieblichen Kommunikationspolitik. Das Unternehmen stellt seine Produkte im Internet dar, bietet E-Mail- und Kontaktadressen, Gästebücher und ein Forum zum Austausch von Meinungen und Fragen an.

- **Electronic Shopping**

  Hierbei werden Produkte über das Internet an private Endkunden (B2C) oder an Unternehmen verkauft (B2B). Der Vertrieb erfolgt dabei über den traditionellen Weg via Post bzw. die Paketdienste oder ebenfalls über das Internet, z.B. bei Software.

- **Electronic Data Interchange**

  Dies ist ein Verfahren des zwischenbetrieblichen Datenaustausches. Erkennt z.B. das Warenwirtschaftssystem des Kunden die Notwendigkeit einer Nachbestellung, dann werden die Bestelldaten direkt in das Warenwirtschaftssystem des Verkäufers eingeschleust. Eingriffe von Hand entfallen auf beiden Seiten. Dies führt zu einer Verringerung der Personalkosten und der Vermeidung von Übertragungsfehlern. Bisher allerdings werden solche Transaktionen vorwiegend innerhalb geschlossener Netze durchgeführt. Offene Netze, wie das Internet, verfügen noch nicht über die erforderlichen Sicherheitsstandards.

(3) Vorteile/Nachteile des Electronic Shoppings

	für Käufer	für Verkäufer
Vorteile	■ permanente Öffnungszeiten ■ rasche Suche nach Produkten durch Shop-eigene Suchmaschinen ■ umfangreiches Angebot ■ bequem von zu Hause aus erreichbar, keine Fahrten notwendig, keine Parkplatzsuche, Ware wird ins Haus gebracht ■ einfache Preisvergleiche	■ weltweites Absatzgebiet ■ Kundeninformationen als Basis für „one-to-one"-Marketing fallen quasi als Abfallprodukt an ■ aufwendige Warenpräsentation und Ladeneinrichtung entfällt
Nachteile	■ in Deutschland noch weitgehend Befangenheit bezüglich der Sicherheit beim Zahlungsvorgang ■ Einkaufserlebnis entfällt ■ kein Berühren des Produkts möglich ■ keine persönliche Produktberatung durch qualifiziertes Verkaufspersonal	■ hohe Unsicherheit ■ hohe Anfangsinvestitionen

4.3 Absatz über indirekte Absatzwege

Beispielhaft wird im Folgenden der Absatz über

- **Vertragshändler,**
- **Franchising,**
- **Handelsvertreter**[1] und den
- **Kommissionär**

dargestellt.

4.3.1 Vertragshändler

Der **Vertragshändler** ist ein **rechtlich selbstständiger Händler,** der sich vertraglich dazu verpflichtet, die Ware für einen Hersteller in **eigenem Namen** und auf **eigene Rechnung** zu verkaufen.

1 Handelsvertreter und Kommissionäre bezeichnet man auch als **Absatzmittler.** Im Gegensatz zu den Handlungsreisenden sind sie selbstständige Kaufleute. Sie tragen ihre Geschäftskosten selbst und erhalten vom Hersteller entweder eine Umsatzprovision oder eine Gewinnspanne von ihrem Warenverkauf.

In der Regel wird dem Vertragshändler vom Hersteller das Recht eingeräumt, dass er die Waren innerhalb eines bestimmten Gebiets allein verkaufen kann. Der Vertragshändler erhält dadurch einen Gebietsschutz (Exklusivvertrieb) und kann den bekannten Namen des Herstellers für die Werbung nutzen. Im Gegenzug verzichtet dann der Vertragshändler häufig darauf, Konkurrenzprodukte zu verkaufen.

Beispiel:

Eine Bäckerei wird Vertragshändler für Jakobs-Kaffee und verzichtet gleichzeitig darauf, Kaffee von anderen Herstellern zu verkaufen. Der Kaffeehersteller stellt die Kaffeemaschinen und das Kaffeegeschirr.

Als rechtlich selbstständiger Händler erzielt der Vertragshändler durch den Warenverkauf eine Gewinnspanne. Er erhält keine Provision vom Hersteller.

4.3.2 Franchising

(1) Begriff Franchising

Franchising sind vertraglich geregelte Kooperationen zwischen rechtlich selbstständigen Unternehmen. Es ist ein besonderes Vertriebsbindungssystem, das in der Praxis zahlreiche (mehrere hundert) Ausprägungsformen besitzt.

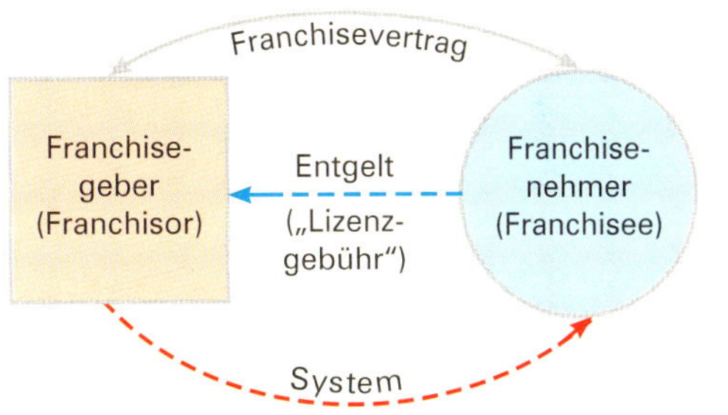

Der Franchisevertrag (im Grunde ein ganzes Bündel vereinbarter Rechte und Pflichten) wird zwischen dem **Franchisegeber** (meist ein Hersteller) und dem **Franchisenehmer** (z. B. ein Handels- oder ein sonstiger Dienstleistungsbetrieb) abgeschlossen.

(2) Merkmale des Franchisings

Das Franchising geht über das reine Alleinvertriebssystem hinaus. Folgende Merkmale, die nicht vollständig auf jedes System zutreffen müssen, sind zu nennen:

- die Franchisenehmer bleiben **rechtlich selbstständig** und handeln in **eigenem Namen** und auf **eigene Rechnung**;
- der Franchisegeber erteilt dem Franchisenehmer das Recht, gegen Entgelt (beim Handel meist in die Warenpreise einkalkuliert) seine **Marke** und seine **Symbole**, seine **Marktkenntnisse** und seine **Waren** absatzpolitisch zu verwerten;
- der Franchisenehmer verpflichtet sich, die **Absatz- und Betriebsorganisationsrichtlinien** des Franchisegebers zu befolgen;
- der Franchisegeber hat **Kontroll- und Weisungsrechte**; er verpflichtet sich andererseits, den Franchisenehmer zu beraten und zu unterstützen;
- alle Franchisenehmer treten auf dem Markt einheitlich (z. B. Aufmachung der Ladengeschäfte) auf, sodass der **Eindruck eines Filialsystems** erweckt wird.

Die individuelle Art der Ausgestaltung der genannten (und auch anderer) Merkmale des Franchisings bezeichnet man als **Franchising-System** oder kurz als **„System"**. Ein Unternehmen, das ein Franchising-System entwickelt, weiterentwickelt und vergibt, bezeichnet man deshalb als **Systemanbieter**.

(3) Leistungen aus dem Franchisevertrag

Der **Franchisegeber** entwickelt die Produkt-, Sortiments-, Verpackungs- und Servicekonzeption (z. B. Garantieleistungen, Kundendienst) und stellt sie dem Franchisenehmer zur Verfügung. Er führt Marktforschungsmaßnahmen durch, schult die Inhaber und Mitarbeiter der Franchisenehmerbetriebe, entwickelt Verkaufsförderungsaktionen und führt diese durch, gibt Richtlinien für das Rechnungswesen oder übernimmt die Aufgaben des Rechnungswesens (Buchführung, Statistik, Kalkulation).

Der **Franchisenehmer** setzt sein eigenes Kapital ein, entrichtet seine Franchisegebühren, beteiligt sich an den allgemeinen Kosten (z. B. Kosten der Werbung), setzt seine Arbeitskraft allein für den Franchisegeber ein und pflegt die Beziehungen zu den Kunden.

(4) Arten des Franchisings

Nach dem **Leistungsangebot** wird unterteilt in:

Dienstleistungsbezogenes Franchising

Hier ruht das Schwergewicht des Franchisings auf den vom Franchisenehmer zu erbringenden Dienstleistungen.

Beispiele:

Wäschereigewerbe, Gebäudereinigungen, Autowäschereien, Betriebs- und Steuerberatungen, Finanzierungsgesellschaften, Privatschulen, Reisebüros, Reparaturwerkstätten, Gaststätten.

Sachleistungsbezogenes Franchising

Produkt-Franchising	Betriebs-Franchising
Das Produkt-Franchising deckt sich teilweise mit dem Vertragshändlersystem. Der Vertrieb der Ware steht im Vordergrund. Es fehlt ein umfassendes Organisationskonzept („System").	Die Franchisenehmer treten nach außen wie ein Filialsystem auf. Es besteht ein umfassendes Organisationskonzept („System").

(5) Vor- und Nachteile des Franchisings

Vorteile	Nachteile
■ Absatzwirksames, weil einheitliches und werbewirksames Absatzkonzept; ■ Stärkung von Kleinunternehmen zu marktstarken Gruppen; ■ rationelle (kostensparende) Nutzung einer zentralen EDV-Organisation; ■ umfassende Beratung und Unterstützung der Franchisenehmer durch den Franchisegeber; ■ rasche Durchdringung des Marktes, weil Franchising Aufbaukapital spart; ■ erleichtert Möglichkeit, sich selbstständig zu machen, da ausgereiftes Systemwissen vollständig zur Verfügung gestellt wird.	■ Gefahr der Marktsättigung durch immer gleichbleibendes und als uniform empfundenes Angebot; ■ beim Franchising zwischen Hersteller und Einzelhandel wird der Großhandel ausgeschaltet; ■ starke Abhängigkeit des Franchisenehmers; deswegen Gefahr, dass Waren auch von anderen Lieferern bezogen werden; Gründung von verbundunabhängigen Unternehmen durch die Franchisenehmer, um sich aus der Vertriebsbindung teilweise zu lösen; ■ verstärkte Tendenz zur Monotonie der Märkte, damit geringer Wettbewerb.

4.3.3 Handelsvertreter

(1) Begriff Handelsvertreter

- **Handelsvertreter** sind **selbstständige Gewerbetreibende,** die ständig damit betraut sind, **im Namen** und **für Rechnung eines anderen Unternehmers** Geschäfte zu vermitteln oder abzuschließen (vgl. § 84 I, S. 1 HGB).
- Der Handelsvertreter wird aufgrund eines **Vertretungsvertrags (Agenturvertrags)** tätig. Der Vertretungsvertrag ist auf **Dauer** ausgerichtet.

Je nachdem, ob eine Vermittlungs- oder Abschlussvertretung vereinbart ist, unterscheidet man **Abschlussvertreter** und **Vermittlungsvertreter**. Zahlungen dürfen die Vertreter nur dann entgegennehmen, wenn sie die **Inkassovollmacht (Einzugsvollmacht)** besitzen. Für den Einzug von Forderungen erhalten die Vertreter i.d.R. eine **Inkassoprovision**. Verpflichten sich die Vertreter dazu, für die Verbindlichkeiten ihrer Kunden einzustehen, erhalten sie hierfür eine **Delkredereprovision**[1] [§ 86b HGB].

(2) Beispiel: Geschäftsablauf bei einem Abschlussvertreter ohne Inkassovollmacht

1 **Delkredere** (lat., it.): (wörtl.) vom guten Glauben; hier: Haftung für die Bezahlung einer Forderung.

(3) Rechte und Pflichten [§§ 84ff. HGB]

Rechte der Handelsvertreter	Pflichten der Handelsvertreter
■ Recht auf Bereitstellung von Unterlagen ■ Recht auf Provision ■ Ausgleichsanspruch nach Beendigung des Vertragsverhältnisses ■ Anspruch auf Ersatz von Aufwendungen ■ Gesetzliches Zurückbehaltungsrecht	■ Sorgfaltspflicht ■ Bemühungspflicht ■ Benachrichtigungspflicht über Geschäftsvermittlungen bzw. -abschlüsse ■ Interessenwahrungspflicht ■ Schweigepflicht über Geschäfts- und Betriebsgeheimnisse ■ Einhaltung der Wettbewerbsabrede

(4) Kostenvergleich von Handlungsreisendem und Handelsvertreter

Beispiel:

Ein Unternehmen steht vor der Wahl, entweder Handlungsreisende oder Handelsvertreter einzusetzen. Die Handlungsreisenden erhalten ein Fixum von insgesamt 12000,00 EUR im Monat und 4% Provision, die Handelsvertreter lediglich 8% Umsatzprovision. Es stellt sich die Frage, von welchem Umsatz an sich der Einsatz von Reisenden lohnt.

Grafische Lösung

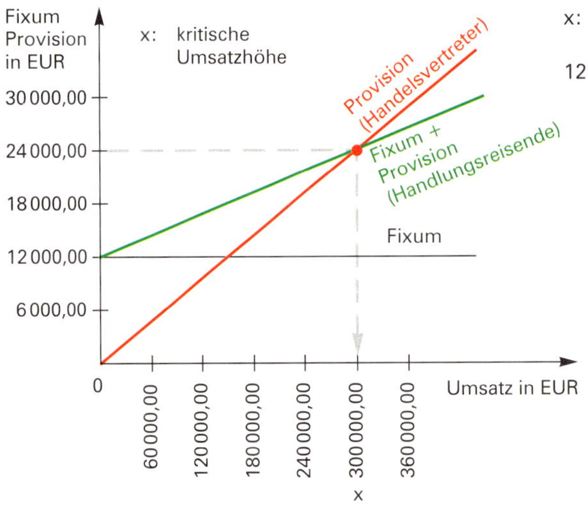

Mathematische Lösung

x: gesuchter Umsatz (kritische Umsatzhöhe)

$$
\begin{aligned}
12000 + 0{,}04\,x &= 0{,}08\,x \\
0{,}04\,x &= 12000 \\
4\,x &= 1200000{,}00 \\
x &= \underline{\underline{300000{,}00}}
\end{aligned}
$$

Liegt der Umsatz über 300 000,00 EUR monatlich, lohnt sich der Einsatz von Handlungsreisenden; liegt er darunter, ist der Einsatz von Handelsvertretern kostengünstiger.

Die Entscheidung, ob Handelsvertreter oder Handlungsreisende eingesetzt werden sollen, hängt – neben anderen Faktoren – auch davon ab, wie hoch der erwartete bzw. geplante Umsatz ist.

(5) Bedeutung

Der **Vorteil** des **Einsatzes von Handelsvertretern** ist, dass sie – im Gegensatz zu den Handlungsreisenden – in der Regel in ihren Absatzgebieten ansässig sind. Sie haben somit einen engen Kontakt zur Kundschaft. Von Vorteil ist ferner, dass bei möglichen Absatzrückgängen die Vermittlungskosten (Provisionen) je Verkaufseinheit konstant bleiben, weil die Handelsvertreter in aller Regel lediglich Provisionen, aber keine Fixa erhalten.

Von **Nachteil** kann für den Auftraggeber sein, dass bei starken Umsatzerhöhungen die Provisionskosten höher sind als beim Einsatz von Handlungsreisenden.

4.3.4 Kommissionär

(1) Begriff Kommissionär

Kommissionäre sind – soweit sie nach Art oder Umfang über einen in kaufmännischer Weise eingerichteten Geschäftsbetrieb verfügen – als **selbstständige Kaufleute** damit betraut, gewerbsmäßig Waren oder Wertpapiere in **eigenem Namen** und auf **Rechnung eines anderen** (des Kommittenten)[1] zu kaufen oder zu verkaufen [§ 383 HGB].

Kommissionäre können nach dem Kommissionsvertrag in einem Dauervertragsverhältnis zum Kommittenten stehen. Sie können aber auch von Fall zu Fall Aufträge annehmen.

(2) Beispiel: Geschäftsablauf bei einem Verkaufskommissionär mit Auslieferungslager

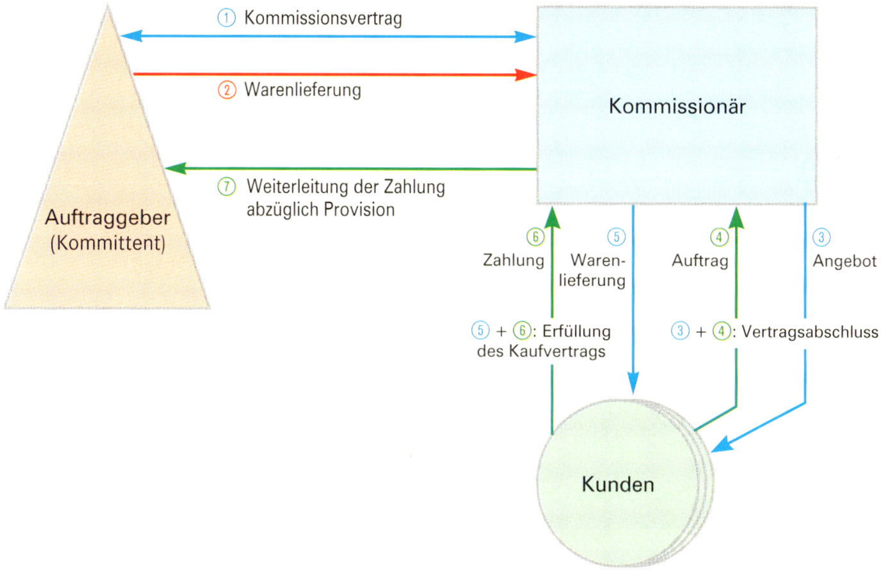

1 **Kommittent:** Auftraggeber (lat. committere: beauftragen). Kommission: Geschäftsbesorgung.

(3) Arten der Kommissionäre

Nach der Art der Aufgabe, die ein Kommissionär übernimmt, unterscheidet man in Einkaufskommissionär und in Verkaufskommissionär.

Einkaufs-kommissionäre	Sie sind beauftragt, in **eigenem Namen** und für **fremde Rechnung** Waren oder Wertpapiere zu **kaufen.** Die Einkaufskommissionäre erwerben zunächst grundsätzlich das Eigentum an der Ware bzw. an den Wertpapieren. Sie müssen dann das Eigentum durch ein besonderes Rechtsgeschäft auf den Kommittenten übertragen.
Verkaufs-kommissionäre	■ Sie sind beauftragt, in **eigenem Namen** und für **fremde Rechnung** Waren oder Wertpapiere zu **verkaufen.** Die Verkaufskommissionäre sind **nicht** Eigentümer der Ware bzw. der Wertpapiere, dürfen aber das Eigentum auf Dritte übertragen. Die Forderung aus dem Verkauf der Kommissionsware bzw. der Wertpapiere müssen die Kommissionäre an den Kommittenten **abtreten.**[1] ■ Im Außenhandel unterhalten orts- und branchenkundige Kommissionäre für die zu verkaufenden Güter besondere **Kommissionslager,** die auch als **Konsignationslager** bezeichnet werden.

(4) Rechte und Pflichten

Rechte der Kommissionäre	Pflichten der Kommissionäre
■ **Recht auf Provision** ■ Anspruch auf **Ersatz von Aufwendungen** ■ **Selbsteintrittsrecht,** d.h., die Kommissionäre können Waren oder Wertpapiere, die sie einkaufen sollen, aus eigenen Beständen liefern. Waren und Wertpapiere, die sie verkaufen sollen, dürfen sie selbst übernehmen (kaufen). ■ **Gesetzliches Pfandrecht**	■ **Sorgfalts- und Haftpflicht** ■ **Befolgungspflicht** ■ **Benachrichtigungspflicht** über den vollzogenen Ein- oder Verkauf ■ **Abrechnungspflicht.** Die Verkaufskommissionäre müssen den Rechnungsbetrag abzüglich ihrer Provision abführen. Den Einkaufskommissionären steht der Einkaufspreis zuzüglich Provision zu.

(5) Bedeutung von Kommissionären

- Der Absatz über einen Kommissionär hat vor allem im **Außenhandel** eine hohe Bedeutung.
- Der Kommissionär kennt sein **Absatzgebiet,** die **Kaufvorlieben** der Kunden und ihre **wirtschaftlichen Verhältnisse**.
- Der Kommissionär stellt dem Auftraggeber (Kommittenten) eine ausgebaute **Verkaufsorganisation** zur Verfügung.
- Stellt der Kommissionär ein Lager zur Verfügung, kann der Auftraggeber seine **Produkte in Kundennähe** bringen und spart hierbei in der Regel Lagerkosten.
- Der Kommissionär schließt die Geschäfte in eigenem Namen ab, muss hierbei jedoch die **Weisungen des Auftraggebers befolgen,** insbesondere in Bezug auf die Preise. Der Auftraggeber gibt somit das Geschäft „nicht aus der Hand".

1 Die grundlegenden Rechtsvorschriften zur rechtsgeschäftlichen Abtretung (Zession) von Forderungen finden Sie in den §§ 398ff. BGB.

- Der **Auftraggeber** tritt nach Außen (gegenüber dem Käufer der Ware) **nicht in Erscheinung,** was aus Wettbewerbsgründen vor allem im Ausland von Bedeutung sein kann.
- Der Absatz der Waren über einen Kommissionär verursacht vergleichsweise **niedrige Kosten.**
- Ein **Nachteil für den Auftraggeber** ist, dass er das **Absatzrisiko trägt,** denn die nicht verkaufte Ware muss wieder zurückgenommen werden.

Zusammenfassung

- Die **Distributionspolitik** beschäftigt sich mit der Frage, durch welche **Absatzorgane** und auf welchem **Absatzweg** das Produkt zu den Kunden gelangen soll.
- Nach den Absatzwegen unterscheidet man zwischen **direkten Absatzwegen** und **indirekten Absatzwegen.**
  - Zu den **direkten Absatzwegen** zählt der Verkauf über
    - Handlungsreisende,
    - Verkaufsniederlassungen,
    - Vertriebsgesellschaften,
    - E-Commerce.
  - Zu den **indirekten Absatzwegen** zählt der Verkauf über
    - Vertragshändler,
    - Franchising,
    - Handelsvertreter,
    - Kommissionäre.
-

Merkmale	Handlungsreisende	Handelsvertreter	Kommissionäre
Begriff	Fest angestellte Mitarbeiter eines Unternehmens; streng weisungsgebunden; vermitteln oder schließen Geschäfte in fremdem Namen und für fremde Rechnung ab.	Selbstständige Gewerbetreibende, die ständig damit betraut sind, für ihre Auftraggeber Geschäfte zu vermitteln oder in fremdem Namen und für fremde Rechnung abzuschließen.	Selbstständige Gewerbetreibende, die gewerbsmäßig ständig oder fallweise für ihre Auftraggeber Waren oder Wertpapiere verkaufen und/oder einkaufen, und zwar in eigenem Namen, aber für fremde Rechnung.
Rechtsstellung	Keine Kaufleute, keine Firma, keine Handelsbücher.	Kaufleute, sofern die Art ihres Geschäftsbetriebs oder ihr Geschäftsumfang eine kaufmännische Einrichtung erfordert. Ist dies der Fall, müssen sie sich ins Handelsregister eintragen lassen.	
Arten	■ Vermittlungsreisende ■ Abschlussreisende	■ Vermittlungsvertreter ■ Abschlussvertreter	■ Einkaufskommissionäre ■ Verkaufskommissionäre
Art des Vertrags	Arbeitsvertrag (Dienstvertrag)	Vertretungsvertrag (Agenturvertrag)	Kommissionsvertrag
Rechte	Alle Rechte der kaufmännischen Angestellten	■ Recht auf Vergütung ■ Ausgleichsanspruch ■ Recht auf Bereitstellung von Unterlagen ■ Ersatz von Aufwendungen ■ gesetzliches Zurückbehaltungsrecht	■ Recht auf Vergütung ■ Selbsteintrittsrecht ■ gesetzliches Pfandrecht ■ Ersatz von Aufwendungen

Merkmale	Handlungsreisende	Handelsvertreter	Kommissionäre
Pflichten	■ alle Pflichten der kfm. Angestellten ■ Mängelrügen entgegennehmen ■ Reisebericht erstellen ■ bei Inkassovollmacht – einkassieren – abrechnen	■ Sorgfalts- und Haftpflicht ■ Bemühungspflicht ■ Benachrichtigungspflicht ■ Interessenwahrungspflicht ■ Schweigepflicht ■ Einhaltung der Wettbewerbsabrede	■ Sorgfalts- und Haftpflicht ■ Befolgungspflicht ■ Benachrichtigungspflicht ■ Abrechnungspflicht
Vergütung	■ Gehalt (Fixum) ■ Umsatzprovision ■ Spesenersatz	■ Umsatzprovision ■ Inkassoprovision ■ Delkredereprovision	■ Umsatzprovision ■ Delkredereprovision

Übungsaufgaben

131 Handlungsreisender – Handelsvertreter

Die Geschäftsleitung der Kolb & Co. KG steht vor der Entscheidung, entweder Handelsvertreter oder Handlungsreisende einzusetzen. Für die Handlungsreisenden muss sie monatlich insgesamt 20000,00 EUR Fixum zahlen. Die Handlungsreisenden erhalten 4% Umsatzprovision, die Handelsvertreter 9%. Der erwartete Monatsumsatz beträgt durchschnittlich 500000,00 EUR.

Aufgaben:

1. Weisen Sie rechnerisch nach, ob der Einsatz von Handlungsreisenden oder von Handelsvertretern kostengünstiger ist!
2. Ermitteln Sie zeichnerisch den kritischen Umsatz!
3. Nennen Sie Gründe, die – unabhängig von Kostenüberlegungen –
   3.1 für die Einstellung von Handlungsreisenden,
   3.2 für den Einsatz von Handelsvertretern sprechen!
4. Herr Schnell ist als Handlungsreisender bei der Kolb & Co. KG beschäftigt. Über das Gesetz hinausgehende Vollmachten wurden Schnell nicht erteilt. Der Kunde Knetz reklamiert bei Schnell frist- und formgerecht eine Lieferung. Schnell sagt einen Preisnachlass von 20% zu. Beim Kunden Knurr kassierte er eine Rechnung der Kolb & Co. KG in Höhe von 850,00 EUR.
   4.1 Begründen Sie, ob Schnell berechtigt war, die Mängelrüge entgegenzunehmen und einen Preisnachlass zu gewähren!
   4.2 Begründen Sie weiterhin, ob Schnell die 850,00 EUR einkassieren durfte!

132 Handelsvertreter – Kommissionär

Die Pralinen-Auer KG in Kurstadt setzt Handelsvertreter ein. Unter anderen ist Frau Marie Braun Handelsvertreterin der Pralinen-Auer KG. Sie schließt ohne Wissen ihres Auftraggebers einen weiteren Agenturvertrag mit der Schoko-Kern OHG ab.

Aufgaben:

1. Erläutern Sie, was unter einem Agenturvertrag zu verstehen ist!
2. Begründen Sie, ob Marie Braun einen Agenturvertrag mit der Schoko-Kern OHG abschließen durfte!

3. Marie Brauns Geschäfte gehen so gut, dass sie zwei Untervertreterinnen und einen Untervertreter „einstellte“, denen sie Umsatzprovision und Delkredereprovision bezahlt.
   3.1 Erläutern Sie den Begriff Delkredereprovision!
   3.2 Begründen Sie, ob der Einsatz von Untervertreterinnen und -vertretern durch Marie Braun rechtlich zulässig ist!
4. Daniel Knigge ist Bezirksvertreter im Raum Offenbach. Anfangs hat er sehr viel gearbeitet und für seinen Auftraggeber einen großen Kundenstamm aufgebaut. Nun ist er nicht mehr so fleißig, aber die von ihm einst geworbenen Kunden bestellen immer noch direkt bei der Pralinen-Auer KG.
   4.1 Die Geschäftsleitung der Pralinen-Auer KG verweigert die Provisionszahlung. Prüfen Sie, ob die Geschäftsleitung im Recht ist!
   4.2 Die Geschäftsleitung der Pralinen-Auer KG kündigt den mit Daniel Knigge abgeschlossenen Agenturvertrag. Ermitteln Sie die Ansprüche, die Daniel Knigge hat!
5. Bei der Pralinen-Auer KG überlegt man sich auch, Kommissionäre statt Handelsvertreter einzusetzen.
   5.1 Definieren Sie den Begriff Kommissionär!
   5.2 Nennen Sie Vor- und Nachteile der Pralinen-Auer KG, wenn statt Handelsvertretern Verkaufskommissionäre eingesetzt werden!
6. Die Pralinen-Auer KG entschließt sich dazu, mit einigen Kommissionären zusammenzuarbeiten. Dem Kommissionär Hannes Bergmann wird für eine Großhandelspackung Pralinen ein Preislimit von 120,00 EUR gesetzt. Da die Pralinen reißenden Absatz finden, verlangt Hannes Bergmann von seinen Abnehmern 128,00 EUR je Verkaufspackung, führt jedoch an die Pralinen-Auer KG nur 120,00 EUR abzüglich Provision und bare Auslagen ab.

   Die Pralinen-Auer KG erfährt von dem höheren Verkaufspreis und verlangt von Hannes Bergmann, dass er seiner Abrechnung die 128,00 EUR je Verkaufspackung zugrunde legt. Hannes Bergmann hingegen sagt, dass er von seinem Selbsteintrittsrecht Gebrauch gemacht habe und daher nur verpflichtet sei, die 120,00 EUR je Verkaufspackung abzurechnen.
   6.1 Erläutern Sie den Begriff Selbsteintrittsrecht!
   6.2 Prüfen Sie, ob Hannes Bergmann im Recht ist!

133 Kostenvergleich Handlungsreisender – Vertreter

Die Lux-GmbH rechnet aufgrund der erstellten Marktprognose mit einer beträchtlichen Umsatzsteigerung. Aus diesem Grund soll der bisherige Absatzweg, Verkauf der Geschirrspülmaschinen durch Handelsvertreter, überdacht werden. Es soll untersucht werden, ob der Einsatz von Handlungsreisenden sinnvoll ist.

- Kosten für Handelsvertreter: 9 % Umsatzprovision.
- Kosten für Handlungsreisende: monatliche fixe Kosten (Fixum und Spesen) 3 500,00 EUR und 3 % Umsatzprovision.

Aufgaben:

1. Berechnen Sie den kritischen Umsatz!
2. Ermitteln Sie rechnerisch die Kosten der beiden Absatzmittler bei einem geschätzten Jahresumsatz von 1,0 Mio. EUR!
3. Erläutern Sie vier Gesichtspunkte, die außer den Kosten bei der Entscheidung für den günstigsten Absatzmittler zu berücksichtigen sind!
4. Schlagen Sie der Geschäftsleitung den nach Ihrer Meinung für den Verkauf der neuen Geschirrspülmaschinen geeignetsten Absatzmittler vor. Berücksichtigen Sie dabei Ihre Lösungen zu den Aufgaben 2 und 3!

134 E-Commerce, Franchising

Textauszug:

Electronic Commerce gehört längst auch zum deutschen Grundwortschatz. Weniger bekannt sind dagegen die verschiedenen Varianten der Geschäfte im Netz. Insider reden von

- Business-to-Business, kurz B2B, wenn sie den Geschäftsverkehr zwischen den Unternehmen meinen,
- Business-to-Consumer, kurz B2C, wenn es um die Geschäfte zwischen Unternehmen und Konsumenten geht, und
- Business-to-Public Authorities/Administration, wenn über die elektronischen Beziehungen zwischen Unternehmen und öffentlichen Verwaltungen oder Institutionen gesprochen wird. [...]

Auch für Deutschland sehen die Prognosen gut aus. Laut Prognose des HDE für das Jahr 2015 wird der Einzelhandel in Deutschland im Jahr 2015 mit E-Commerce 43,6 Millionen Euro erwirtschaften.[1]

Der überwiegende Teil der Umsätze im Netz entfällt heute übrigens schon auf die Geschäfte der Unternehmen untereinander (B2B). Doch auch der Verkauf an Privathaushalte (B2C) blüht, vor allem, weil die Produktpalette immer bunter wird. Längst ordern die Verbraucher nicht mehr nur Hard- und Software per Mausklick, sondern auch Eintrittskarten, Mode, Haushaltsgeräte und sogar Nahrungsmittel und Getränke.

Ob B2B oder B2C – für beides gibt es inzwischen viele Erfolgsbeispiele. [...]

Quelle: iwd vom 23. September 1999.

Aufgaben:

1. 1.1 Erläutern Sie den Begriff E-Commerce!
   1.2 Erklären Sie die im Textauszug beschriebenen Arten des E-Commerce!
   1.3 Erläutern Sie die Zahl 2 im B2B!
   1.4 Stellen Sie Vorteile dar, die der Einkauf im Internet bietet!
   1.5 Nennen Sie zwei Vorteile und zwei Nachteile, die dem Verkäufer aus dem Angebot seiner Produkte und Dienstleistungen im Internet entstehen können!
2. 2.1 Nennen und beschreiben Sie mindestens fünf wesentliche Merkmale des Franchisings!
   2.2 Nennen Sie Ihnen bekannte Franchising-Systeme!
   2.3 Unterscheiden Sie die Franchising-Systeme nach dem Leistungsangebot!
   2.4 Arbeiten Sie – eventuell in Gruppen – wesentliche Vor- und Nachteile des Franchisings heraus, und zwar
      2.4.1 für den Franchisegeber,
      2.4.2 für den Franchisenehmer,
      2.4.3 für die Kunden des Franchisenehmers!

135 Fallstudie Handlungsreisender – Vertreter

I. Sachverhalt[2]

Der Sport-Burr KG ist es gelungen, ein neues Sportgerät zu entwickeln, das eine Kombination zwischen Ski und Schlitten darstellt. An einen gepolsterten Sitz werden ein Paar Skier mithilfe von Gelenken so montiert, dass die Skier durch Gewichtsverlagerung verkantet werden können. Auf diese Weise erzielt man mit dem neuen Gerät ein Fahrverhalten, das dem Parallelschwingen des Skifahrers ähnlich ist. Die Sport-Burr KG nennt das neue Gerät „Snow-Swinger". Es wird weltweit patentiert.

1 Quelle: http://statista.com/statistik/daten/studie/3979/umfrage/e-commerce-umsatz-in-deutschland-seit-1999/; 18.05.2015.

2 Verfasser sind Werner Dorsch und Eckhard Klett.

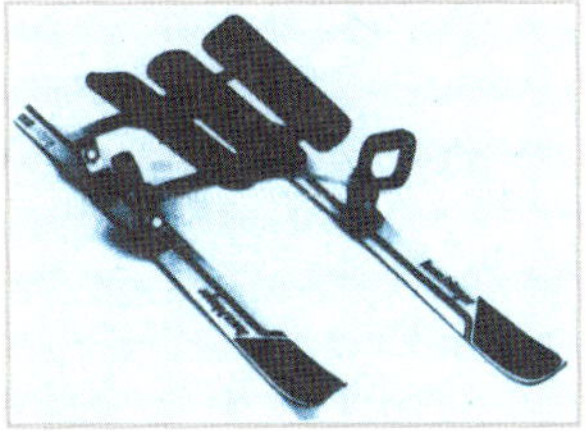

Für den „Snow-Swinger" wurde ein möglicher Zielverkaufspreis ab Werk von 250,00 EUR ermittelt. Der empfohlene Ladenverkaufspreis soll 390,00 EUR betragen.

Da der Markt für Skier inzwischen eine gewisse Sättigung erreicht hat, setzt die Unternehmensleitung auf die Einführung des „Snow-Swinger" große Hoffnungen. Um beim Absatz des „Snow-Swinger" ein optimales Ergebnis zu erzielen, will die Unternehmensleitung bei der Aufstellung ihres Absatzplans deshalb auch die Effektivität[1] der bisherigen Verkaufsform überprüfen.

Die Produkte wurden bisher durch Reisende der Sport-Burr KG unmittelbar an den Einzelhandel verkauft. Man war der Meinung, dass der Reisende aufgrund seines Angestelltenverhältnisses, seiner Weisungsgebundenheit und seiner festen, geregelten Arbeitszeit die höchsten Leistungen erbringt. Außerdem erschien es als Vorteil, dass er ein festes Gehalt bezieht und dass man ihm durch die Gewährung einer Umsatzprovision einen Leistungsanreiz schaffen kann.

Schon seit einiger Zeit ist die Unternehmensleitung mit dem von den Reisenden erzielten Ergebnis nicht mehr zufrieden. In einer Konferenz der Unternehmensleitung vertritt der Leiter der Marketingabteilung folgende Meinung:

„Die Leistungsintensität[2] bedingt wesentlich den wirtschaftlichen Erfolg des Absatzwegs. Ein Handelsvertreter kann als selbstständiger Unternehmer im Gegensatz zum Handlungsreisenden nur Einkommen erzielen, wenn er Umsätze tätigt, denn er erhält als Vergütung nur Provision. Er muss also unablässig für die von ihm vertretenen Unternehmen Geschäfte vermitteln. Sein eigenes geschäftliches Interesse treibt ihn zu immer neuen Bemühungen bei der Kundenbearbeitung. Er hat den ständigen Zwang zum Umsatz im Nacken. Der Erfolg ist ihm wichtiger als die Arbeitszeit."

Dagegen wendet der Leiter der Einkaufsabteilung ein, dass nach seiner Erfahrung Handelsvertreter am liebsten Großkunden bearbeiten und kleine Abnehmer wegen der geringen Provisionserwartung gern vernachlässigen.

Die Unternehmensleitung muss in dieser Frage zu einer Entscheidung kommen, da bereits feststeht, dass der Verkauf über Handlungsreisende ausgereizt ist. Der Absatz des „Snow-Swinger" erfordert daher entweder eine Ausweitung der eigenen Absatzorgane oder die Übertragung des Absatzes an Handelsvertreter.

Sie sind Sachbearbeiter in der Marketingabteilung der Sport-Burr KG und sollen unter Berücksichtigung der nachfolgenden Zusatzangaben der Unternehmensleitung einen Vorschlag machen!

II. Zusatzangaben

1. Absatzprognose

Das Institut für Absatzförderung e.V., Köln, hat im Auftrag der Sport-Burr KG die Umsatzerwartungen der beiden Absatzorgane Handlungsreisender und Handelsvertreter ermittelt. Nach diesen Marktforschungsergebnissen hat die Sport-Burr KG in den ersten drei Jahren mit folgenden Umsätzen zu rechnen:

Gesamtumsatz 1.–3. Jahr	
Handlungsreisender	5200 Stück
Handelsvertreter	4320 Stück

1 **Effektivität** (lat.): Leistung.

2 **Intensität:** Stärke.

23 Speth u.a. - ISBN 978-3-8120-0576-0

2. Kostenerwartungen

Sport-Burr KG – Abteilung Rechnungswesen	Handlungsreisender	Handelsvertreter
Einmalige Investition	200000,00 EUR	40000,00 EUR
Fixkosten jährlich	100000,00 EUR	60000,00 EUR
Variable Stückkosten	90,00 EUR	110,00 EUR

3. Entscheidungsbewertungstabelle

Anforderungen des Unternehmens	Diesen Anforderungen entspricht	
	der Handlungsreisende (Punkte)	der Handelsvertreter (Punkte)
1. Unmittelbarer Kontakt Hersteller – Einzelhändler	...	...
2. Einsatzbereitschaft	...	...
3. Möglichkeit zur Marktbeobachtung	...	...
4. Ansehen beim Kunden (Image)	...	...
5. Möglichkeit zum Vertrieb von Komplementärartikeln[1]	...	...
6. Branchenkenntnis	...	...
7. Möglichkeit zur Tätigkeitskontrolle	...	...
8. Weisungsgebundenheit	...	...
9. Eigeninteresse am Umsatz	...	...
10. Marktausschöpfung	...	...
11. Voller Einsatz für ein Produkt	...	...
12. Gewissenhaftigkeit	...	...
Gesamtpunkte	...	...

4. Gewinnerwartung der Alternativen

	Handlungsreisender	**Handelsvertreter**
Umsatzerwartung in Stück	...	...
Preis/Stück in EUR	...	...
Erlöse in EUR	...	...
Investitionen in EUR	...	...
Fixkosten in EUR (3 Jahre)	...	...
Variable Stückkosten in EUR	...	...
Gesamtkosten in EUR	...	...
Gesamt-Stückkosten in EUR	...	...
Gewinn pro Stück in EUR	...	...
Gesamtgewinn in EUR	...	...

III. Aufgaben

1. Verwenden Sie die unter 3. vorgegebene Entscheidungsbewertungstabelle[2] und gewichten Sie Ihre Bewertung durch die Vorgabe von jeweils 0–3 Punkten!

   Bearbeitungshinweis: Beachten Sie dabei die Zusatzangaben Nr. 1 und Nr. 2!

2. Berechnen Sie den voraussichtlichen Gesamtgewinn (4.), wenn sich die Sport-Burr KG für die Beibehaltung der Handlungsreisenden entscheidet!

3. Berechnen Sie den voraussichtlichen Gesamtgewinn, wenn die Sport-Burr KG künftig den Absatz über Handelsvertreter wählt!

1 **Komplementärgüter** sind sich **gegenseitig ergänzende Güter** wie z. B. Bohrer und Bohrmaschine, Bleistift und Radiergummi.

2 Sofern Sie nicht Eigentümer des Schulbuches sind, übertragen Sie bitte zur Lösung der Fallstudie das Schema Nr. 3 und Nr. 4 in Ihr Hausheft.

5 Kommunikationspolitik[1]

- Zur **Kommunikationspolitik** gehören alle marketingpolitischen Maßnahmen, die das Unternehmen und seine Produkte in der Öffentlichkeit darstellen und bekannt machen.
- Die **Kommunikationspolitik** setzt sich aus
  - der **Werbung,**
  - der **Verkaufsförderung,**
  - der **Öffentlichkeitsarbeit** und
  - neueren Formen der Kommunikationspolitik **(Sponsoring, Product-Placement, Eventmarketing, Co-Branding** und **soziale Netzwerke)** zusammen, wobei die Grenzen mitunter fließend sind.

5.1 Werbung

5.1.1 Begriff und Grundsätze der Werbung

(1) Begriff Werbung

Werbung sind alle Maßnahmen mit dem Ziel, bestimmte Botschaften an Personen heranzutragen, um auf ein Erzeugnis und/oder eine Dienstleistung aufmerksam zu machen und Kaufwünsche zu erzeugen.

(2) Grundsätze der Werbung

Klarheit und Wahrheit	Die Werbung muss für den Kunden klar und leicht verständlich sein. Sie sollte sachlich unterrichten, die Vorzüge eines Artikels eindeutig herausstellen, keine Unwahrheiten enthalten und nicht täuschen. Falsche Informationen (Versprechungen) führen zu Enttäuschungen und langfristig zu Absatzverlusten. Eine irreführende Werbung ist verboten [§ 5 UWG].
Wirksamkeit	Die Werbung muss die Motive der Umworbenen ansprechen, Kaufwünsche verstärken und letztlich zum Kauf führen. Eine wichtige Voraussetzung für eine wirksame Werbung ist eine genaue Bestimmung der Zielgruppe.
Einheitlichkeit, Stetigkeit, Einprägsamkeit	Die Werbung sollte stets einen gleichartigen Stil aufweisen (bestimmte Farben, Symbole, Figuren, Slogans), um beim Kunden einen Wiedererkennungseffekt zu erzielen. Durch die regelmäßige Wiederholung der Werbebotschaft wird deren Einprägsamkeit erhöht.

1 Unter **Kommunikation** versteht man die Übermittlung von Informationen von einem Sender zu einem Empfänger.

Wirtschaftlichkeit	Die Aufwendungen der Werbung finden ihre Grenzen in ihrer Wirtschaftlichkeit. Die Werbung ist dann unwirtschaftlich, wenn der auf die Werbung zurückzuführende zusätzliche Ertrag niedriger ist als der Aufwand.
Soziale Verantwortung	Die Werbung darf keine Aussagen oder Darstellungen enthalten, die gegen die guten Sitten verstoßen oder ästhetische, moralische oder religiöse Empfindungen verletzen. Die rechtliche Umsetzbarkeit von Werbemaßnahmen hängt insbesondere von den Bestimmungen des Gesetzes gegen den unlauteren Wettbewerb [UWG] ab.

Um den Erfolg der Werbung sicherzustellen und um die Werbemaßnahmen kontrollieren zu können, ist für jede Form der Werbung das Aufstellen eines Werbeplans notwendig.

5.1.2 Wirkungsweise der Werbung

Der Amerikaner Elmo Lewis entwickelte bereits vor über 100 Jahren ein vierstufiges Modell, das die Wirkungsweise einer Werbemaßnahme vereinfachend, aber anschaulich beschreibt. Dieses Modell ist bekannt unter der Bezeichnung **AIDA-Formel.** Die Grundidee besteht darin, dass sich die Werbewirkung schrittweise in Stufen entfaltet. Die Buchstaben von **AIDA** stehen für die Unterteilung der Kaufentscheidung in diese vier Stufen. In jeder Stufe wird der Kunde durch gezielte Maßnahmen im Sinne der erwünschten Kaufentscheidung beeinflusst.

	Stufen	Maßnahmen innerhalb der Stufe
A	**Attention** Aufmerksamkeit gewinnen	Interesse gewinnt man, indem man Emotionen weckt, z.B. durch Bilder oder kurze Filmsequenzen schöner Menschen, niedlicher Tiere, staunender Kinderaugen, Musik, Logos, kurze Texte.
I	**Interest** Interesse wecken	Es gilt, die gewonnene Aufmerksamkeit auszubauen und umzuwandeln in ein Interesse. Der Umworbene soll verweilen, sich mit der Werbung beschäftigen. Daher verknüpft sich die Werbung an dieser Stelle häufig mit einem Witz, einer Geschichte, einem Rätsel, einer Andeutung. Das Interesse wird weiter transportiert, indem man dem Umworbenen zeigt, wie gerade dieses und kein anderes Produkt der Werbefigur (z.B. Fotomodel, Sportler, Kind) einen klaren Nutzen bringt, z.B. Schönheit, Wohlstand, Erfolg, Ansehen, Fitness, Freude, günstiger Preis.
D	**Desire** (Besitz)wunsch auslösen	Dem Umworbenen wird vermittelt, dass nicht nur die Werbefigur, sondern auch er selbst schön, wohlhabend, erfolgreich, fit usw. sein kann – wenn er denn das Produkt kauft. Er bekommt daher rationale (z.B. Preis, technische Daten) oder emotionale (z.B. Status, Erfolg, geliebt werden) Gründe zum Kauf dieses Produktes genannt.
A	**Action** (Kauf-)Aktion bewirken	Der Umworbene muss in seinem Bewusstsein gestärkt werden, mit dem Kauf die richtige Entscheidung zu treffen. Die konkrete Handlung muss gefördert werden, z.B. durch Angabe einer Internetadresse, durch ein tatsächliches Übergabeangebot o.Ä.

Jede der Stufen setzt die erfolgreiche Überwindung der vorherigen Stufe voraus. So kann der Besitzwunsch nicht geweckt werden, wenn nicht zuvor das Interesse und – noch früher – die Aufmerksamkeit gewonnen wurde.

5.1.3 Werbeplan

(1) Überblick

Im Werbeplan sind insbesondere folgende Fragen zu beantworten:

- Welche **Art der Werbung** soll durchgeführt werden?
- Welche **Werbemittel** und **Werbeträger** sind einzusetzen?
- Welche Beträge können für die Werbung eingesetzt werden **(Werbeetat)**?
- Welche **Streuzeit** wird festgesetzt?
- Welche **Streugebiete** und **Streukreise** sind auszuwählen?

(2) Arten der Werbung

Beispielhaft werden im Folgenden zwei Formen der Werbung angeführt.

Werbung nach der Anzahl der Umworbenen

Direktwerbung	Massenwerbung
Einzelne Personen, Unternehmen, Behörden werden unmittelbar angesprochen, z.B. durch Werbebriefe, Reisende.	■ Die **gezielte Massenwerbung** möchte eine bestimmte Gruppe durch die Werbung ansprechen (z.B. eine Berufs- oder Altersgruppe, die Nichtraucher, die Autofahrer). ■ Die **gestreute Massenwerbung** wird mithilfe von Massenmedien (Rundfunk, Fernsehen, Zeitungen) betrieben.

Werbung nach der Anzahl der Werbenden

Phasen	Erläuterungen	Beispiele
Alleinwerbung	Ein Unternehmen wirbt für seine Produkte.	*„Innovation ist Tradition seit über 100 Jahren"*, Maschinenbau Gelber AG.
Verbundwerbung	Mehrere Unternehmen führen gemeinsam eine Werbeaktion durch.	*„Danke Wasserkraft"*, Verband der Stromwirtschaft. Das Einkaufszentrum Gänsbühl wirbt: *„10 % Rabatt in allen Geschäften!"*
Gemeinschaftswerbung	Hier tritt ein ganzer Wirtschaftszweig als Werber auf.	Der Bundesverband der Deutschen Heizungsindustrie (BDH) wirbt mit dem Slogan *„Unsere Branche weist in die Zukunft"*.

(3) Werbemittel und Werbeträger

Werbemittel

Werbemittel sind Kommunikationsmittel (z.B. Wort, Bild, Ton, Symbol), mit denen eine Werbebotschaft dargestellt wird (z.B. Anzeige, Rundfunkspot, Plakate usw.).

Je nachdem, **welche Sinne angesprochen** werden sollen, gliedert man die Werbemittel in:

optische Werbemittel	Sie wirken auf das Sehen des Umworbenen (z. B. Plakate, Anzeigen, Schaufensterdekorationen, E-Mails und Short Message Service [SMS]).
akustische Werbemittel	Sie sprechen das Gehör an (z. B. Verkaufsgespräch, Werbevorführungen, Werbespots im Radio).
geschmackliche Werbemittel	Hier soll der Kunde durch eine Kostprobe von der Güte der Ware überzeugt werden. Die Kostproben sprechen den Geschmackssinn an.
geruchliche Werbemittel	Sie wirken auf den Geruchssinn der Kunden (z. B. Parfümproben).

Werden die verschiedenen Werbemittel kombiniert (z. B. Lebensmittelproben können gesehen und gekostet werden, Stoffproben können gesehen und gefühlt werden), so spricht man von **gemischten Werbemitteln.** Sie sind besonders werbewirksam, weil sie verschiedene Sinne des Menschen ansprechen.

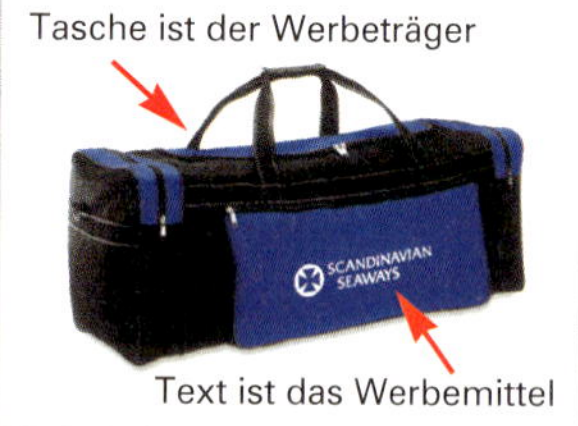

Werbeträger

Der **Werbeträger** ist das Medium, durch das ein Werbemittel an den Umworbenen herangetragen werden kann.

Wichtige Werbeträger (Streumedien) sind:

Werbeträger

- **Printmedien**
  - Zeitungen, Zeitschriften
  - Werbebriefe, Kundenzeitschriften
  - Prospekte, Kataloge
- **Hörfunk**, **Fernsehen**, **Kino**
- **Plakatanschlagstellen**, **Nah- und Fernverkehrsmittel**, **Bandenwerbung**
- **Internet**, **CD-Werbung**
- **Werbegeschenke** z. B. Einkaufstasche mit Firmenaufdruck

(4) Streuzeit

Das Festlegen der **Streuzeit** besagt, dass in der Werbeplanung Beginn und Dauer der Werbung sowie der zeitliche Einsatz der Werbemittel und Werbeträger bestimmt werden.

Grundsätzlich hat ein Unternehmen drei Möglichkeiten für die zeitliche Planung von Werbeaktionen:

- **einmalig** bzw. **zeitlich begrenzt** und intensiv zu werben,
- **regelmäßig** zu werben (pro Tag, pro Woche, pro Monat),
- in **unregelmäßigen Abständen** kurz, aber intensiv zu werben.

Vergleicht man die Wirkung von kurzzeitigen Werbeaktionen mit Werbeaktionen, die über einen längerfristigen Zeitraum angelegt sind, so gilt: Je länger und je häufiger geworben wird, desto schneller treten wirtschaftliche Werbewirkungen ein.

Die **Vergessenskurve** aus der Lernforschung zeigt, dass binnen weniger Stunden 50 % der empfangenen Informationen bereits wieder vergessen sind.

Vergessenskurve bei Werbeabbruch nach einmaliger Veröffentlichung

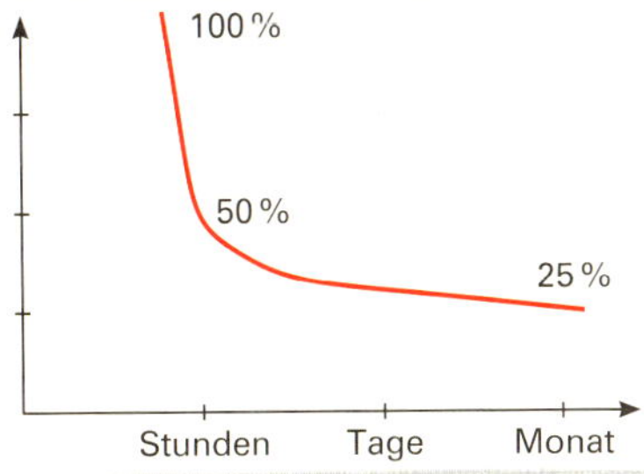

(5) Streukreis und Streugebiet

- Der **Streukreis** beschreibt den Personenkreis, der umworben werden soll. Der Personenkreis wird häufig noch nach **Zielgruppen** (z. B. Berufs-, Alters-, Kaufkraftgruppen, Geschlecht) untergliedert.
- Das **Streugebiet** (Werbeverbreitungsgebiet) ist das Gebiet, in welchem die Werbemaßnahmen durchgeführt werden sollen.

Streugebiete sind deswegen festzulegen, weil Art und Umfang des Bedarfs in den einzelnen Gebieten (beispielsweise sei auf die andersartigen Bedürfnisse von Stadt- und Landgemeinden hingewiesen) unterschiedlich sein können.

Ein **Beispiel für einen einfachen Werbeplan** finden Sie auf S. 360.

(6) Werbeetat

Da die Werbung in manchen Wirtschaftszweigen erhebliche Mittel verschlingt – der Prozentsatz der Werbekosten am Umsatz liegt in der deutschen Wirtschaft zwischen 1 % und 20 % –, ist ein genauer Haushaltsplan (Etat, Budget) für die Werbung aufzustellen. Die Höhe des Werbeetats kann sich nach der jeweiligen Finanzlage des Unternehmens, nach dem Werbeaufwand der Konkurrenz oder nach dem erwarteten Werbeerfolg richten.

Richtet sich der Werbeetat nach der jeweiligen Finanzlage des Unternehmens, die wiederum eng mit dem Umsatz zusammenhängt, spricht man von **zyklischer**[1] **Werbung.** Das bedeutet, dass bei steigenden Umsätzen mehr, bei fallenden Umsätzen weniger geworben wird. Diese zyklische Werbung ist jedoch im Allgemeinen wenig sinnvoll, weil gerade dann geworben wird, wenn der Umsatz ohnedies steigt, die Werbung jedoch unterlassen wird, wenn der Umsatz fällt.

Aus diesem Grund wird die **antizyklische Werbung** empfohlen. Sinkt der Umsatz, werden die Werbeanstrengungen verstärkt, steigt der Umsatz, werden sie verringert. Die antizyklische Werbung erfüllt den Zweck, einen gleichbleibenden Absatz und Gewinn zu sichern.

Ist der Werbeetat festgelegt, ist die Frage zu klären, wie die zur Verfügung stehenden Werbegelder auf die einzelnen Produktgruppen aufzuteilen sind. Hier kann das Unternehmen auf die **Portfolio-Analyse** zurückgreifen, und die Geldmittel nach der Marktsituation der einzelnen Produktgruppen zuordnen.

1 **Zyklus:** regelmäßig wiederkehrende Erscheinung.

Beispiel: Werbeplan einschließlich der Werbeetatplanung für das 2. Quartal

Ulmer Büromöbelwerke KG

Nr.	Werbeträger/ Werbemittel[1]	Reichweite in Tsd.	Umfang/ Dauer	Anzahl der Werbemaßnahmen	Kosten für 1000 Kontakte	Kosten für Gestaltung/Druckvorlagen/Dekoration insg.	Kosten für Werbeverbreitung insg.	Werbedispositionen:[2]		
								April	Mai	Juni
1.	Anzeigen Titel/Ausgaben									
	1.1 Tageszeitung	180	$^1/_4$ Seite	10	8,40	1800,00	16920,00	2	2	3
	1.2 Anzeigenblatt	210	$^1/_2$ Seite	4	5,10	2200,00	6484,00	1	1	1
2.	Prospekte Titel/Ausgaben									
	2.1 Gewerbliche Büromöbel	22	6 Seiten	2	5,40	7200,00	7437,60	1		
	2.2 Schulmöbel für Kinderzimmer	22	4 Seiten	2	4,10	4400,00	4580,40			1
3.	Hörfunk Sender									
	3.1 Regio TV 1 3.2 Regio TV 2	3300 2400	30 Sekunden 45 Sekunden	5 8	1,12 1,30	380,00 290,00	2228,00 2786,00	1 2	1 2	1 2

1 Der Werbeplan kann problemlos um weitere Werbeträger/Werbemittel erweitert werden.

2 Soll der Werbeplan für ein ganzes Jahr gelten, ist die Spalte „Werbedispositionen" auf 12 Monate zu erweitern.

5.1.4 Bedeutung der Werbung

Die wichtigsten Argumente für und gegen die Werbung werden im Folgenden einander gegenübergestellt.

Argumente für die Werbung	Argumente gegen die Werbung
Die Werbung hilft, den Absatz zu sichern und zu steigern. Sie trägt damit zur Erhaltung bzw. Wiedergewinnung der Vollbeschäftigung bei.	Die Werbung verbraucht Milliardenbeträge, die für dringendere volkswirtschaftliche Aufgaben ausgegeben werden könnten.
Die Werbung informiert den Kunden über neue Entwicklungen.	Die Werbung suggeriert und manipuliert den Verbraucher. Sie verführt ihn zu Kaufentschlüssen.
Die Werbung kann ihren Zweck, nämlich den Kunden zum Kaufentschluss zu bringen, nur durch verstärkten mengenmäßigen Einsatz der Werbemittel erreichen.	Die Werbung ist selten kreativ (schöpferisch), häufig einfallslos und primitiv.
Die Werbung trägt dazu bei, den Absatz zu steigern. Aufgrund des Gesetzes der Massenproduktion sinken die Stückkosten und damit die Preise.	Die Überfülle an Werbebotschaften führt dazu, dass sie bei den Umworbenen überhaupt nicht mehr ankommen. Die Wirkung der Werbung ist gering. Es ist daher besser, die Preise zu senken und auf die Werbung zu verzichten.
Die Werbung fördert die Konkurrenz, weil sie die Markttransparenz erhöht.	Die Werbung gefährdet den Wettbewerb, weil es sich nur finanzstarke Unternehmen leisten können, ständig riesige Summen für die Werbung auszugeben.

5.2 Verkaufsförderung

(1) Begriff

- Die Verkaufsförderung hat das Ziel, durch **Maßnahmen am Ort des Verkaufs (Point of Sale)** den Umsatz anzukurbeln.
- Die Aktionen sind **kurzfristig** und dienen der **Profilierung des Unternehmens.**

(2) Salespromotion[1]

Sie beinhaltet in der Regel eine enge Zusammenarbeit zwischen Händler und Hersteller – zu beiderseitigem Vorteil. Während der Hersteller durch die persönliche Ansprache der Zielgruppe (in der Regel Stammkunden des Händlers) wenig Streuverlust erleidet, profitiert der Händler vom Image einer großen Herstellermarke. Der Spielraum möglicher Salespromotion-Aktionen ist dabei sehr vielfältig. In der Regel lassen sich jedoch umsatz-, produkt- und imagebezogene Zielvorstellungen harmonisch miteinander verbinden.

1 **Salespromotion** (engl.): Verkaufsförderung; **promote** (engl.): fördern, befördern, vorantreiben.

Beispiel:

Eine Parfümerie lädt zu einer Typ- und Hautberatung ein und hat als Berater einen Visagisten eines Kosmetikherstellers im Haus.

In einem Haushaltswarengeschäft demonstriert ein bekannter Koch im Rahmen einer Kochvorführung die Verwendung von Küchengerätschaften eines bestimmten Herstellers. Zugleich werden Bücher dieses Kochs verkauft und zudem führt das Haushaltswarengeschäft eine Umtauschaktion „Alt gegen Neu“ für Kochtöpfe dieses Herstellers durch. Jeder Kochtopf – gleich welcher Marke – wird beim Kauf eines neuen Kochtopfs dieses einen Herstellers mit 8,00 EUR vergütet.

(3) Merchandising

Der englische Begriff „merchandise“ bedeutet Warenvertrieb, Verkauf, Vertriebsstrategie. Häufig wird der Begriff inzwischen mit dem gleichgesetzt, was man international als „Licensing“ bezeichnet. Dies ist ein Marketingkonzept, bei welchem rund um ein Hauptprodukt Ableger desselben (Storys, Figuren, CDs, Trikots, Schlüsselanhänger, Fahnen usw.) vertrieben werden. Vorreiter dieses Konzeptes war der Walt Disney-Konzern. Heute handelt es sich bei dem Hauptprodukt in der Regel um einen Kinofilm. Dies ist der klassische Bereich des Merchandising. Inzwischen sind auch andere Bereiche wie der Sport (Formel 1, Bundesliga), Autohersteller oder auch der Kulturbereich (Musicals) angesichts der Kürzung öffentlicher Mittel davon betroffen.

Der Kerngedanke besteht darin, durch Merchandising zusätzlich Produkte zu vermarkten, indem von beliebten bzw. bekannten Charakteren oder Produkten deren besondere Qualitätsvorstellung und Image auf die Ablegerprodukte übertragen werden. Ein positives Image wird also von einem Medium auf ein anderes übertragen.

Indem auf die Nebenprodukte die Imagevorstellungen des Hauptproduktes übertragen werden, kann dessen Hersteller von der Popularität des Hauptproduktes profitieren. Die äußert sich in einer rascheren Akzeptanz, einem größeren Umsatz und ermöglicht damit preispolitische Spielräume nach oben.

Beispiele:

So trägt der Fan eines Bundesligaclubs einen Schal „seines“ Vereins, der Besucher des Musicals ein T-Shirt, das es nur dort zu kaufen gibt und das Kind schläft in der Bettwäsche mit Motiven von Harry Potter. Und auch die Lebensmittelindustrie verwendet Packungsaufdrucke oder beigefügte Plastikfiguren, um ihre Produkte attraktiver zu machen.

5.3 Public Relations (Öffentlichkeitsarbeit)

(1) Begriff

Die **Public Relations** wirbt für den guten Ruf, das Ansehen eines Unternehmens oder einer Unternehmensgruppe in der Öffentlichkeit (Verbraucher, Lieferer, Kunden, Gläubiger, Aktionäre, Massenmedien, Behörden usw.).

Mithilfe der Öffentlichkeitsarbeit soll z. B. gezeigt werden, dass ein Unternehmen besonders fortschrittlich, sozial oder ein guter Steuerzahler ist oder dass es die Belange des Umweltschutzes in besonderem Maße berücksichtigt.

Wie sich das Erscheinungsbild (das Image) eines Unternehmens in der Öffentlichkeit und bei der Belegschaft darstellt, hängt auch von dem vom Management geschaffenen **Unternehmensleitbild** ab. Hierunter versteht man die Einmaligkeit („Persönlichkeit") eines Unternehmens, die dieses in seiner Umwelt (z. B. bei seinen Kunden, Lieferern, Kapitalgebern, bei den Bürgern, den politischen Parteien usw.) und bei seinen Mitarbeitern unverwechselbar macht. Aus dem Unternehmensleitbild leitet sich die **Corporate Identity** ab.[1]

(2) Instrumente der Public-Relations-Politik

Instrumente der Public-Relations-Politik sind u. a. die Abhaltung von Pressekonferenzen, Tage der offenen Tür, Einrichtung von Sportstätten und Erholungsheimen, Spenden, Zeitungsanzeigen *(„Unsere Branche weist die Zukunft")* oder Rundfunk- und Fernsehspots *(„Es gibt viel zu tun, packen wir's an!").* Eine gute Öffentlichkeitsarbeit bereitet den Boden für andere absatzpolitische Maßnahmen vor. So „kommt" z. B. die Werbung besser „an". Mögliche Preiserhöhungen werden akzeptiert, wenn die Gründe hierfür bekannt sind.

5.4 Neuere Formen der Kommunikationspolitik

(1) Sponsoring

Sponsoring basiert auf dem Prinzip des gegenseitigen Leistungsaustauschs. So stellt ein Unternehmen Fördermittel nur dann zur Verfügung, wenn es hierfür eine Gegenleistung vom Gesponserten (z. B. die Duldung von Werbemaßnahmen) erhält.

Beim **Sponsoring** stellt der Sponsor dem Gesponserten Geld oder Sachmittel zur Verfügung. Dafür erhält er Gegenleistungen, die zur Erreichung der Marketingziele beitragen sollen.

Die wichtigsten **Sponsoringarten** sind:

Sportsponsoring	Der Sport bietet ein positiv besetztes Erlebnisumfeld mit Eigenschaften wie dynamisch, sympatisch und modern. Dieses Imageprofil möchte der Sponsor auf sein Unternehmen übertragen.
Kultur- und Kunstsponsoring	Es umfasst die Förderung von Bildender Kunst, Theater, Musik, Film und Literatur. Arten der Förderung können die Unterstützung einzelner Künstler, einer Ausstellung oder eines Konzerts bis hin zur Errichtung eines eigenen Museums sein.
Sozialsponsoring	Hier wird vor allem die gesellschaftliche Verantwortung eines Unternehmens in den Vordergrund gestellt. Ein Unternehmen kann z. B. direkte Zahlungen an Sozialorganisationen oder Ausbildungsstätten leisten, eine eigene Stiftung gründen oder eine Kampagne zur Unterstützung eines sozialen Projekts starten.
Ökosponsoring	Es konzentriert sich vor allem auf die Unterstützung von Umweltschutzorganisationen, die Ausschreibung von Umweltpreisen oder das Starten von Natur- und Artenschutzaktionen.

1 **Corporate Identity** ist das Erscheinungsbild eines Unternehmens in der Öffentlichkeit und bei seinem Personal. Je höher der Grad der Corporate Identity ist, desto mehr können sich die Belegschaftsmitglieder mit dem Unternehmen identifizieren.

(2) Product-Placement

Beim **Product-Placement** werden Produkte werbewirksam in die Handlung eines Kino- oder Fernsehfilms, eines Videos oder eines Rundfunkprogramms integriert, wobei das Marketing verschleiert wird, der Auftraggeber dafür aber bezahlen muss.

Das platzierte Produkt wird als notwendige Requisite[1] in die Handlung z. B. eines Spielfilms eingebunden. Das Produkt wird im Gebrauch oder beim Verzehr von bekannten Schauspielern gezeigt, wobei die Marke für den Zuschauer deutlich erkennbar ist. Als Beispiel ist hier die Platzierung des BMW Z3 im James Bond Film „Golden Eye" zu nennen.

Ziel des Product-Placements ist es, über das positive Image des ausgewählten Programms und der darin auftretenden Schauspieler einen Imagetransfer auf das Werbeobjekt zu erreichen. Der Bekanntheitsgrad von bereits eingeführten Marken soll dabei erhöht und neu eingeführte Produkte sollen vorgestellt werden.

Im besten Fall soll das Product-Placement z. B. durch Auslösen eines neuen Modetrends direkt den Absatz eines Produktes fördern.

(3) Eventmarketing

Beim **Eventmarketing** werden Veranstaltungen (Events) zur erlebnisorientierten Darstellung des Unternehmens und seiner Produkte genutzt.

Eine zielgruppenspezifische Mixtur aus Show-, Musik-, Mode- und/oder Sportaktionen, dekoriert mit populären Persönlichkeiten als Publikumsmagnet, entfaltet eine aufnahmewillige Kommunikationsbasis. Das Ereignis soll aus dem üblichen Rahmen herausstechen. Die Reizüberflutung und Informationsüberlastung der Zielgruppe durch klassische Werbeformen wird spielerisch umgangen und in eine das Image fördernde Meinungsbildung gelenkt.

Wenn es darum geht, gefühlsbetonte und nachhaltige Eindrücke zu erzielen, ist das Marketing-Event mit seiner Konzeption aus Information, Emotion, Aktion und Motivation das Erfolgsmodell erlebnisorientierter Begegnungskommunikation. Eine mediale Berichterstattung, häufig in Anzeigeblättern, erhöht die Wirkung solcher Veranstaltungen.

Eventmarketing ist eine erlebnisorientierte Darstellung des Unternehmens und seiner Produkte in einer Mixtur aus Showaktionen, die den Erwartungshorizont der Zielgruppe treffen.

(4) Co-Branding[2]

- **Co-Branding** ist eine **langfristige Markenpolitik zweier oder mehrerer Markenartikler** zur Vermarktung einer **gemeinsamen Leistung** oder eines **gemeinsamen Produkts.**
- Außerhalb des Co-Branding bleiben die beteiligten Markenartikler **eigenständige isolierte Marken.**

1 **Requisit:** Zubehör für eine Bühnenaufführung oder Filmszene.

2 Vom **Product-Placement** unterscheidet sich das **Co-Branding** dadurch, dass eine längerfristige Kooperation zwischen den Markenartiklern besteht.

Mit dem Co-Branding versuchen die großen Markenartikler, sich gegen die Konkurrenz der No-Name-Hersteller zu behaupten. Außerdem wird mit dem Co-Branding ein doppelter Qualitätsanspruch geschaffen und es werden Kosten eingespart durch die Aufteilung der Werbekosten für das gemeinsame Produkt.

Beispiele:

Fruity Smarties. In den bunten Linsen steckt statt üblicher Schokolade Goldbärchengummi. Es handelt sich um eine Markenverbindung von Nestlé und Haribo.

Für Jogger haben Nike und Philips gemeinsam ein „Portable Sport Audio" entwickelt, dessen Gehäuse besonders robust, spritzwassergeschützt und klein ist.

(5) Internet als aktueller Kommunikationsweg

Durch das Internet haben sich die Märkte dynamisch verändert.[1] Sie sind nicht mehr räumlich, sachlich oder zeitlich begrenzt, vielmehr in allen drei Aspekten weit ausgedehnt. Das schafft einen erheblichen Anpassungszwang hin zu einer **dialogorientierten Kommunikation**. Das sind alle Kommunikationswege, die einen direkten individuellen Kontakt ermöglichen.

Das Ziel besteht darin, die potenziellen Kunden aus der Anonymität herauszuholen und sie direkt adressierbar zu machen. Dafür eignen sich einerseits die herkömmlichen Preisausschreiben oder Gewinnspiele, wenn es um die Erlangung von Adressen geht, aber auch der **Unternehmensauftritt in sozialen Netzwerken,** wo sich bereits Millionen von Kunden tummeln, die auch noch freiwillig ihre Daten über ihre Profile oder durch ihr Verhalten preisgeben (z. B. „Gefällt mir"-Button). Mittels systematisch geplanter Interaktionen in den sozialen Netzwerken werden die Kundeninformationen gewonnen und analysiert, um daraus gezielte Leistungsangebote zu entwickeln.

Das Internet ermöglicht es dem Kunden, über die traditionellen Kommunikationskanäle hinaus, aktuelle, kaufentscheidende Informationen über die Marktangebote zu beschaffen. Dieses veränderte Kundenverhalten zwingt die Unternehmen, ihre Marketingkonzepte und -instrumente an diese neu aufgestellte Zielgruppe anzupassen. Diese Zielgruppe – **Generation Internet** oder auch **Digital Natives** genannt –

- wuchs auf in der digitalen Welt,
- ist vertraut im Umgang mit interaktiven Medien,
- ist gut informiert,
- sucht in der Regel zunächst über Google,
- meint Wikipedia, wenn es von einem Lexikon spricht, und nicht Brockhaus,
- spielt lieber online statt am Wohnzimmertisch,
- liest die Onlineversion der Zeitung statt das Printmedium und
- ist über zahlreiche Absatzkanäle zu erreichen.

1 Vergleiche hier und im Folgenden: Meffert, Burmann, Kirchgeorg: Marketing, 10. Auflage, Wiesbaden 2008.

Im Internet sind verschiedene Arten von Mitwirkungsmöglichkeiten der Nutzer zu unterscheiden:

- Zum einen gibt es den **aktiv suchenden Nutzer**. Dieser sucht (z. B. über Google) gezielt nach einem bestimmten Produkt und landet in der Regel auf der Homepage eines Unternehmens.
- Ein **aktiv annehmender Nutzer** nutzt z. B. das Angebot, das ihm – unter Umständen in völlig anderem Zusammenhang – in Form eines Werbebanners oder als getarnte Information auf dem Bildschirm erscheint. Das ist der Typ Nutzer, der uns in den sozialen Netzwerken begegnet.
- Ein **aktiv lesender Nutzer** ist notwendig beim Versand von E-Mail-Newsletters. Diese setzen voraus, dass der Nutzer den regelmäßigen Bezug veranlasst hat, weil er über die neusten Entwicklungen in einem bestimmten Bereich informiert werden will (z. B. Angebote von Hotels oder aktuelle Analysen des DAX).

Beispiel: Hornbach Baumarkt

Wenn Unternehmen auf Facebook nicht nur Produkte bewerben, sondern interessante Geschichten erzählen, werden sie nicht selten dafür belohnt.

- **Der Hornbach Hammer (Agentur: Heimat)**[1]

  Die Geschichte begann mit einem Facebook-Beitrag Anfang Juni 2013: Dort verkündete Hornbach, das Unternehmen habe einen Panzer gekauft. Was es damit vorhatte, wurde in den folgenden Tagen erst nach und nach verraten. Hornbach wollte aus dem Panzer 7 000 Hämmer herstellen. Die erste Verkaufsrunde fand ausschließlich auf Facebook statt, innerhalb von weniger als fünf Minuten war die limitierte Stückzahl ausverkauft. Danach waren die Hämmer auch in den Hornbach-Läden und im Onlineshop erhältlich – und innerhalb von zwei Stunden ausverkauft.

  Ziel der Kampagne war die Steigerung der Bekanntheit, außerdem sollte der Online- und Offline-Traffic erhöht werden und ein direkter Austausch mit den Kunden stattfinden. Die Anzahl der Fans stieg um 15 Prozent.

- **„Mach was gegen Hässlich"**

  Im Jahr 2014 lief die Geschichte „Mach was gegen Hässlich". Fernsehspots wurden geschaltet und auf der Facebook-Seite von Hornbach erhielt der Nutzer das Angebot, „Mach was gegen Hässlich"-Projekt-Säcke bei seinem Hornbach Markt abzuholen und damit Hässlich einzupacken. Seine Ideen und die Ergebnisse wiederum konnte er in Facebook zeigen.

  Das **Spannende für die Nutzer**: Es entstand ein spielerischer und fesselnder Wettbewerb um die besten Ideen. Die Kunden inspirierten sich gegenseitig und besuchten die Webseite, um sich über den aktuellen Stand und die Feedbacks zu informieren.

  Die **Vorteile für Hornbach**: Die Verwirklichung der Ideen benötigte Material und Werkzeug – von Hornbach! Die Kaufbereitschaft wurde gesteigert, ebenso die Vertrautheit mit der Marke.

Allen diesen Aktionen ist gemeinsam, dass die Hersteller bzw. Händler die Andersartigkeit des Umgangs mit den Kunden innerhalb der sozialen Netzwerke nicht nur akzeptieren, sondern genau darauf setzen. Der Kunde ist nicht nur Suchender im Internet, sondern er gestaltet es aktiv mit. Die herkömmlichen Marketingkonzepte und -instrumente, deren Informationsfluss im Wesentlichen nur in einer Richtung verläuft, wären in dieser Situation untauglich.

1 http://www.internetworld.de/bildergalerie/geschichten-erzaehlen-facebook-369573.html?seite=3; 19. 04. 2016.

Zusammenfassung

- Die **Werbung** hat zum Ziel, bisherige und mögliche (potenzielle) Abnehmer auf die eigene Betriebsleistung (Waren, Erzeugnisse, Dienstleistungen) aufmerksam zu machen und Kaufwünsche zu erhalten bzw. zu erzeugen.
- Die Wirkungsweise der Werbung lässt sich mithilfe der **AIDA-Formel** beschreiben.
- Die **Verkaufsförderung** hat das Ziel, durch Maßnahmen am Ort des Verkaufs (Point of Sale) den Umsatz anzukurbeln.
  - Unter **Salespromotion** versteht man verkaufsfördernde Maßnahmen, bei denen in der Regel Händler und Hersteller zusammenarbeiten. Zielgruppe können daher der Handel sein (Verkäuferschulung, Beratung, Schaufensterdekoration, Displaymaterial) oder auch der Endkunde (Beratung, Produktproben, Preisausschreiben).
  - **Merchandising** bedeutet, dass ein Nebenprodukt (Figur, CD, Bettwäsche, Schlüsselanhänger, Bekleidung usw.) rund um ein Hauptprodukt (Sportler, Roman- oder Filmfigur) vertrieben wird.
- Die **Public Relations** werben für den guten Ruf (das „Image“) eines Unternehmens.
- Zu den **neueren Formen der Kommunikationspolitik** gehören z. B. das **Sponsoring**, das **Product-Placement**, das **Eventmarketing**, das **Co-Branding** und die **sozialen Netzwerke.**

Übungsaufgaben

136 Werbung – Verkaufsförderung – Public Relations

Die Lorenz OHG in Wuppertal stellt Haushaltsgeräte her. Weil der Absatz an Geschirrspülmaschinen stagniert, soll die Produktpalette erweitert werden.

Aufgaben:

1. Die Geschäftsleitung der Lorenz OHG beschließt, einen neuen, energiesparenden „Ökospüler“ auf den Markt zu bringen.
   1.1 Schlagen Sie der Geschäftsleitung begründet drei Werbemittel bzw. -medien vor, die geeignet sind, das neue Produkt erfolgreich auf den Markt zu bringen!
   1.2 Die Werbung sollte bestimmten Grundsätzen genügen. Nennen Sie drei wichtige Werbegrundsätze!
   1.3 In der Diskussion über die durchzuführenden Werbemaßnahmen fallen auch die Begriffe Streukreis und Streugebiet. Erläutern Sie diese Begriffe!
   1.4 Nach Meinung der Geschäftsleitung soll vor allem Massenwerbung und Alleinwerbung betrieben werden. Nennen Sie noch weitere Arten der Werbung a) nach der Zahl der Umworbenen und b) nach der Anzahl der Werbenden!
   1.5 Begründen Sie, warum die Lorenz OHG die unter 1.4 genannten Werbearten bevorzugt!
2. Die Geschäftsleitung der Lorenz OHG prüft, ob auch Maßnahmen der Verkaufsförderung ergriffen werden sollen.
   2.1 Erläutern Sie, welche Maßnahmen zur Verkaufsförderung gehören!
   2.2 Schlagen Sie der Geschäftsleitung der Lorenz OHG Maßnahmen aus dem Bereich Salespromotion vor, um den Absatz des „Ökospülers“ zu fördern!
3. Zur Absatzförderung trägt auch die Öffentlichkeitsarbeit – also Maßnahmen der Public Relations – bei.

   Begründen Sie diese Aussage!

4. Ein Autohändler plant eine Werbeaktion zur Vorstellung des „Autos des Jahres".

   Aufgaben:

   4.1 Stellen Sie ein Veranstaltungsprogramm auf für ein Marketing-Event in der Ausstellungshalle und auf dem Freigelände des Automobilhändlers!

   4.2 Beschreiben Sie, wie Ihr Veranstaltungsprogramm die Aspekte Information, Emotion, Aktion und Motivation an die Zielgruppe vermitteln will!

5. Verfolgen Sie auszugsweise die abendliche TV-Werbung!

   Aufgaben:

   5.1 Greifen Sie ein einfaches Beispiel heraus und erklären Sie daran die Stufen des AIDA-Modells!

   5.2 Achten Sie auf die verwendeten Werbefiguren, das Thema, die Farbgestaltung, die Musikuntermalung. Stellen Sie dar, mit welchen Maßnahmen in den einzelnen Stufen die Kaufentscheidung beeinflusst wurde!

137 Neuere Formen der Kommunikationspolitik

1. Erläutern Sie den Begriff Product-Placement und nennen Sie die Bedingungen, unter welchen Sie es einsetzen würden!

2. Erläutern Sie den Begriff Sponsoring und nennen Sie wichtige Arten des Sponsorings!

3. Begründen Sie, warum die Ermittlung und Nutzung von Kundendaten ein Wettbewerbsvorteil für ein Unternehmen ist!

4. 4.1 Begründen Sie, warum die traditionellen Marketingkonzepte durch die neusten Entwicklungen in der digitalen Welt des Internets wenig wirksam sind!

   4.2 Zeigen Sie unterschiedliche Möglichkeiten des direkten Dialoges in Abhängigkeit vom Kundenverhalten auf!

5. Wählen Sie einen unternehmenseigenen Internetauftritt (z.B. OTTO, OBI) und vergleichen Sie diesen mit dem Auftritt desselben Unternehmens innerhalb von Facebook! Beschreiben Sie, welche Unterschiede Sie feststellen können!

5.5 Gesetzliche Beschränkungen der Werbung

5.5.1 Datenschutz

Bei der Informationsgewinnung und -nutzung, die sich bei der Verwendung aktueller Kommunikationswege über das Internet ergeben, muss auf die datenschutzrechtlichen Belange Rücksicht genommen werden. Tatsächlich bleibt der Datenschutz häufig auf der Strecke. Völlig freiwillig geben die Nutzer persönliche Daten und Fotos preis, ohne sich über mögliche Konsequenzen Gedanken zu machen. Die Betreiber sozialer Netzwerke lassen sich zumeist weitreichende Rechte an den eingestellten Daten und Bildern einräumen.

Doch **das Internet vergisst nichts!** Eingestellte Informationen können von Dritten kopiert und an anderer Stelle eingestellt werden. Eine Löschung der Eintragungen ist zumeist nicht einfach und die Möglichkeit hierfür bewusst schwer aufzufinden. Um sich nicht von der Gewissenhaftigkeit der Betreiber abhängig zu machen, sollte der Nutzer im Internet selbst die notwendige Sorgfalt walten lassen.

5.5.2 Gesetz gegen den unlauteren Wettbewerb [UWG]

5.5.2.1 Zweck des Gesetzes [§ 1 UWG][1]

Das UWG dient dem Schutz der Mitbewerber, der Verbraucher sowie der sonstigen Marktteilnehmer vor unlauteren geschäftlichen Handlungen.

- **Mitbewerber:** Das sind alle Unternehmen, die als Anbieter oder Nachfrager von Waren oder Dienstleistungen mit anderen Unternehmen in direktem Wettbewerb stehen.
- **Verbraucher:** Das sind die Käufer, die die Produkte oder Dienstleistungen beziehen.
- **Sonstige Marktteilnehmer:** Das sind (neben den Mitbewerbern und Verbrauchern) alle Unternehmen, die als Anbieter oder Nachfrager von Waren oder Dienstleistungen tätig sind.

Das Gesetz schützt zugleich die **Interessen der Allgemeinheit** an einem unverfälschten Wettbewerb.

5.5.2.2 Unlautere geschäftliche Handlungen

(1) Begriff unlautere geschäftliche Handlungen

Unlautere geschäftliche Handlungen sind **unzulässig** [§ 3 I UWG].

- Unlauter handelt, wer **gegen eine gesetzliche Vorschrift** verstößt und der Verstoß geeignet ist, die **Interessen** von Mitbewerbern, Verbrauchern und sonstigen Marktteilnehmern **spürbar zu beeinträchtigen** [§ 3a UWG].
- Ebenfalls unlauter sind **geschäftliche Handlungen gegenüber Verbrauchern,** wenn sie **nicht** der **unternehmerischen Sorgfalt entsprechen** und dazu geeignet sind, das wirtschaftliche **Verhalten des Verbrauchers wesentlich zu beeinflussen.**

  Im Anhang des Gesetzes werden geschäfltiche Handlungen aufgeführt, die stets unzulässig sind **(„Schwarze Liste").**

(2) Unlautere geschäftliche Handlungen gegenüber Mitbewerbern (Beispiele)

Es werden Waren oder Dienstleistungen angeboten, die eine **Nachahmung der Waren oder Dienstleistungen eines Mitbewerbers** sind [§ 4, Nr. 3 UWG].	Ein Produkt soll vortäuschen, dass es sich um ein Markenprodukt handelt. Dazu werden das Produkt und das Markenprodukt nachgeahmt. Lediglich der Preis unterscheidet sich vom Original (z. B. gefälschte Rolex-Uhren, gefälschte Lacoste-T-Shirts).
Waren, Dienstleistungen, Tätigkeiten oder die persönlichen und geschäftlichen Verhältnisse eines Mitbewerbers werden **herabgesetzt oder verunglimpft** [§ 4, Nr. 1 UWG].	■ Ein Lebensmittelhändler behauptet wahrheitswidrig von einem Konkurrenten, dass dessen „Bio-Gemüse" nicht von einem Bio-Bauer stamme, sondern von einem Landwirt, der das Gemüse mit Fungiziden[2] und Pestiziden[3] spritze. ■ Der Autohändler Ron Winienz erzählt ständig seinen Kunden, dass der Pleitegeier auf dem Dach des gegenüberliegenden Autohauses säße.

1 Die Ausführungen berücksichtigen die **Zweite Änderung des Gesetzes gegen den unlauteren Wettbewerb [UWG] vom 5. November 2015.** Ziel der Gesetzesänderung ist die Umsetzung der Vorgaben der EU-Richtlinie 2005/29/EG.

2 **Fungizid** (lat.): Mittel zur Pilzbekämpfung.

3 **Pestizid** (lat.): Mittel zur Schädlingsbekämpfung.

24 Speth u.a. - ISBN 978-3-8120-0576-0

(3) Aggressive geschäftliche Handlungen (Beispiele)

Die Verbraucher oder sonstige Marktteilnehmer werden in einer Weise **unzulässig beeinflusst,** die ihre Fähigkeit zu einer informierten Entscheidung wesentlich beeinträchtigt [§ 4a I, Nr. 3 UWG].	Bei einer sogenannten „Kaffeefahrt" werden die Teilnehmer während der Verkaufsveranstaltung nicht aus dem Raum hinausgelassen. Teilnehmer, die nicht kaufen wollen, werden vor allen Anwesenden mit folgender Bemerkung bloßgestellt: *„Kostenlos mitfahren tun Sie, aber kaufen wollen Sie nicht!"*
Die **geschäftliche Unerfahrenheit,** insbesondere von Kindern und Jugendlichen, wird **ausgenutzt** [§ 4a II, S. 2 UWG].	Kurznachrichten auf dem Handy durch einen Betreiber, die zu einem Rückruf auffordern. *„Ruf mich zurück, du kannst gewinnen."*
Die **Entscheidungsfreiheit** des Verbrauchers oder sonstiger Marktteilnehmer wird durch **aggressive Handlungen erheblich beeinträchtigt** [§ 4a I, Nr. 3 UWG].	Auf der Webseite eines Wellnesshotels erfolgt die Einblendung: *„Gerade sehen sich fünf Interessenten diese Zimmerkategorie an. Im Augenblick sind noch drei Zimmer frei."* Der Konsument hat somit keine Möglichkeit, das Angebot sachlich und in Ruhe zu prüfen.

5.5.2.3 Irreführende geschäftliche Handlungen

- **Unlauter** handelt, wer eine **irreführende geschäftliche Handlung** vornimmt, die geeignet ist, den Verbraucher oder sonstigen Marktteilnehmer zu einer geschäftlichen Entscheidung zu veranlassen, die er andernfalls nicht getroffen hätte.
- Eine geschäftliche **Handlung ist irreführend,** wenn sie **unwahre Angaben** enthält oder sonstige zur **Täuschung geeignete Angaben** enthält [§ 5 I UWG].

Unlautere Handlungen	Beispiele
Es werden **unwahre und/oder irreführende Angaben** über die geschäftlichen Verhältnisse des eigenen Unternehmens verbreitet [§ 5 I, Nr. 3 UWG].	Die Bezeichnung „Größte Goldschmiede Deutschlands" ist dann unlauter, wenn es Konkurrenten mit höherem Umsatz gibt. Kann aber nachgewiesen werden, dass das eigene Unternehmen tatsächlich den höchsten Umsatz in der Bundesrepublik Deutschland erzielt, ist die Bezeichnung zulässig.
Unlauter handelt auch, wer **irreführend wirbt.** Z.B. die Herabsetzung eines Preises gilt nur für eine unangemessen kurze Zeit [§ 5 IV UWG].	Ein Schuhgeschäft bietet Wanderschuhe zu 120,00 EUR an. Nach 3 Tagen setzt es den Preis auf 99,00 EUR herab. In den Zeitungsanzeigen des Schuhgeschäfts steht zu lesen: „Wanderschuhe der Marke G&W für nur 99,00 EUR statt 120,00 EUR." Nach zwei Tagen wird der Preis der Wanderschuhe wieder auf 120,00 EUR heraufgesetzt.
Die Ware wird **nicht in angemessenem Umfang** zur Befriedigung der zu erwartenden Nachfrage **vorgehalten** („Lockvogelangebote") [Anhang (zu § 3 IV), Nr. 5 UWG]. Angemessen ist im Regelfall ein Vorrat von zwei Tagen.[1]	Eine Lebensmittelkette bietet in ihren Prospekten vom 15. Juli frische Pfifferlinge zum Preis von 4,99 EUR je Körbchen an. Jede Filiale erhält nur 10 Körbchen. Bereits eine halbe Stunde nach Geschäftsöffnung sind die Pfifferlinge ausverkauft.

1 Vgl. hierzu www.vz-nr.de/welche-Rechte-Sie-haben.

Unlautere Handlungen	Beispiele
Die Entscheidungsfähigkeit des Verbrauchers wird dadurch beeinflusst, dass ihm eine **wesentliche Information vorenthalten** wird [§ 5a II UWG].	Der Vertreter verschweigt dem Kunden beim Kauf einer Schlagbohrmaschine, dass in wenigen Tagen ein wesentlich verbessertes Modell auf den Markt kommt.

5.5.2.4 Unlautere vergleichende Werbung

Grundsätzlich ist eine vergleichende Werbung zulässig. Sie ist dann **nicht zulässig,** wenn **unlauter vergleichend** geworben wird.

Unlauter ist die vergleichende Werbung z.B. dann, wenn sie

- sich nicht auf Waren oder Dienstleistungen für den **gleichen Bedarf** oder **dieselbe Zweckbestimmung** bezieht [§ 6 II, Nr. 1 UWG].

Beispiel:

„Unser Reparaturservice ist freundlicher als bei Y: Bei jeder Reparatur erhalten Sie eine Tasse Kaffee oder Tee."

- den **Ruf** des von einem **Mitbewerber verwendeten Kennzeichens** in unlauterer Weise **ausnutzt** oder **beeinträchtigt** [§ 6 II, Nr. 4 UWG].

Beispiel:

„Die Möbel der Marke ‚Wertgut' sind gegenüber unseren Möbeln von minderer Qualität."

5.5.2.5 Unzumutbare Belästigung

Eine **geschäftliche Handlung,** durch die ein Marktteilnehmer in **unzumutbarer Weise belästigt wird,** ist unzulässig [§ 7 I UWG].

- Eine unzumutbare Belästigung liegt z.B. bei einer erfolgten Werbung vor, obwohl erkennbar ist, dass der Empfänger diese Werbung nicht wünscht [§ 7 II, Nr. 1 UWG].

Beispiel:

Frau Sonntag hat an ihrem Briefkasten ein Schild mit der Aufschrift „Bitte keine Werbung einwerfen". Dennoch findet sie im Briefkasten täglich einen Werbeprospekt eines ortsansässigen Handelshofs vor.

- Eine unzumutbare Belästigung ist z.B. auch anzunehmen
  - bei einer Werbung mit **Telefonanrufen** gegenüber Verbrauchern **ohne** deren **Einwilligung** [§ 7 II, Nr. 1 UWG],
  - bei einer Werbung unter Verwendung von **automatischen Anrufmaschinen, Faxgeräten** oder **elektronischer Post** (E-Mails), **ohne** dass eine **Einwilligung** des Adressaten (Empfängers) vorliegt [§ 7 II, Nr. 3 UWG] oder

- bei der Werbung mit Nachrichten, bei der die **Identität**[1] **des Absenders verschleiert** oder verheimlicht wird oder bei der keine gültige Adresse vorhanden ist, an die der Empfänger eine Aufforderung zur Einstellung solcher Nachrichten richten kann [§ 7 II, Nr. 4 UWG].

Beachte:

Die **Werbung per Brief ist immer möglich.**

Briefkastenwerbung mit Werbewurfsendungen (Werbebriefe, Handzettel, Prospekte u. Ä.) ist grundsätzlich zulässig. Hat allerdings der Empfänger einer individuell gestalteten Briefwerbung den Werbenden aufgefordert, von weiteren Werbesendungen abzusehen, ist dieser Wunsch zu respektieren. Auch der Aufkleber am Briefkasten muss beachtet werden, mit dem sich eine Person gegen den Einwurf von Werbematerial und Anzeigenblättern wehrt.

5.5.2.6 Rechtsfolgen bei Verstößen gegen die Wettbewerbsbestimmungen

Beseitigungs- und Unterlassungsanspruch	Wer eine nach § 3 oder § 7 UWG unzulässige geschäftliche Handlung vornimmt, kann auf **Beseitigung** und bei Wiederholungsgefahr auf **Unterlassung** in Anspruch genommen werden (Näheres siehe § 8 UWG).
Schadensersatz	Wer vorsätzlich oder fahrlässig eine nach § 3 oder § 7 UWG unzulässige geschäftliche Handlung vornimmt, ist den Mitbewerbern zum Ersatz des daraus entstehenden Schadens verpflichtet (Näheres siehe § 9 UWG).
Gewinnabschöpfung	Wer vorsätzlich eine nach § 3 oder § 7 UWG unzulässige geschäftliche Handlung vornimmt und hierdurch Gewinne erzielt, kann auf Herausgabe dieses Gewinns an den Bundeshaushalt in Anspruch genommen werden (Näheres siehe § 10 UWG).

Zusammenfassung

- **Unlautere Wettbewerbshandlungen,** die geeignet sind, den Wettbewerb zum Nachteil der Mitbewerber, der Verbraucher oder der sonstigen Marktteilnehmer nicht nur unerheblich zu beeinträchtigen, sind **unzulässig.**
- Das UWG verbietet
  - unlautere geschäftliche Handlungen
  - irreführende geschäftliche Handlungen
  - unlautere vergleichende Werbung
  - unzumutbare Belästigungen
- **Rechtsfolgen** bei Verstößen gegen die Wettbewerbsbestimmungen sind:
  - Beseitigungs- und Unterlassungsanspruch,
  - Schadensersatzanspruch,
  - Anspruch auf Gewinnabschöpfung.

1 **Identität:** vollkommene Gleichheit, hier: das Wesen der Person.

Übungsaufgaben

138 Prüfung geschäftlicher Handlungen

Prüfen Sie, ob die folgenden Maßnahmen zulässig sind und begründen Sie Ihre Meinung!

1. Der Rentner Paul Ihle nimmt an einer Verkaufsveranstaltung teil. Er wurde hierzu vom Veranstalter kostenlos in ein Ausflugslokal gefahren und zu Kaffee und Kuchen eingeladen. Nach der Verkaufsveranstaltung, auf der ein Orientteppich angeboten wurde, lehnt Herr Ihle einen Kauf ab. Der Verkäufer erklärt ihm, dass er in diesem Fall von seinem Unternehmen angewiesen worden ist, für die Rückreise einen Fahrkostenanteil von 20,00 EUR zu erheben.
2. Die Preise der Winterpullover werden um 10% reduziert. Auf den Preisschildern sind die alten Preise rot durchgestrichen und die neuen Preise daneben geschrieben.
3. Das Lebensmittelhaus Elke Eckert e.Kfr. wirbt mit dem Slogan: „Das Gemüse der Gärtnerei Friedrich Holle GmbH hat eine mindere Qualität gegenüber unserem Gemüse."
4. Der Baumarkt Schöne GmbH bietet den Hochdruckreiniger K 3500 T50 zu 259,90 EUR an. Nach zwei Tagen setzt er den Preis auf 199,90 EUR herab. In der Zeitungsanzeige steht folgender Text: „Hochdruckreiniger K 3500 T50 für nur 199,90 EUR statt 259,90 EUR."
5. Das Haushaltswarengeschäft Hans Holler GmbH bietet in seinem Prospekt vom 20. Mai 20.. einen elektrischen Kochtopf für 9,90 EUR an. Das Haushaltswarengeschäft hat einen Vorrat von drei Kochtöpfen. Bereits eine Stunde nach Geschäftseröffnung sind die Kochtöpfe ausverkauft.
6. Ein Lederwarengeschäft wirbt im Schaufenster mit folgendem Plakat: „Gewinnen Sie 1000,00 EUR bei unserem Gewinnspiel. Teilnahmeberechtigt ist, wer einen Kassenbeleg vorweisen kann."
7. Ein Versicherungsunternehmen versendet Faxbriefe an alle Verbraucher in Bayern, die eine Fax-Nummer besitzen. Es bietet darin eine Lebensversicherung an.

139 Grenzen der Werbung

1. Begründen Sie, warum der Werbung Grenzen gesetzt werden müssen!
2. Beurteilen Sie, ob in den folgenden Fällen verbotene (weil irreführende) oder vergleichende Werbung vorliegt:
   2.1 Prospekt: „Sie finden im ganzen Umkreis kein Geschäft mit besser geschultem Personal."
   2.2 Plakat: „Das strahlendste Weiß meines Lebens."
   2.3 Anzeige: „Unser Auto ist das sicherste der Welt."
   2.4 Werbebrief: „... die Mayer & Co. OHG ist nicht mehr leistungsfähig, weil sie überschuldet ist. Bestellen Sie bei uns!"
   2.5 Zeitungsanzeige: „Sonderangebot! 5 Waggons Apfelsinen eingetroffen!" (In Wirklichkeit waren es fünf Kisten.)
   2.6 Anzeige: „ Räumungsverkauf!" (Anmerkung: Der Umzug findet in vier Wochen statt.)
3. Das Großhandelsunternehmen Elektro-Lux OHG verkauft nicht nur an Einzelhändler, sondern auch an private Verbraucher. Die Preise sowie die Liefer- und Zahlungsbedingungen sind für Letztverbraucher und Wiederverkäufer die gleichen.

   Dem Konkurrenzunternehmen der Elektro-Lux OHG, der Elektrogroßhandlung Strom & Söhne KG, ist das Verhalten der Elektro-Lux OHG ein Dorn im Auge.

   Je ein Vertreter der Geschäftsleitungen der beiden Unternehmen treffen sich und tauschen wirtschaftliche Argumente aus, wobei es natürlich hauptsächlich um die Frage geht, ob das Verhalten von Elektro-Lux gegen das UWG verstößt oder nicht.

   Aufgabe:

   Übernehmen Sie die Rollen der beiden Vertreter der Geschäftsleitungen!

6 Entwicklung eines Marketingkonzepts (Marketingmix)

(1) Begriff

Ein **Marketingkonzept** ist die individuelle Art und Weise, wie ein Unternehmen das Marketinginstrumentarium einsetzt. Die jeweilige Kombination der Marketinginstrumente bezeichnet man als **Marketingmix**.

(2) Produktidee, -planung und -einführung

Beispiel:

Die Seifenfabrik Gabriele Schwarz e.Kfr. hat bereits von mehreren Großhändlern – die ihrerseits die Erfahrungen der Einzelhändler wiedergaben – gehört, dass die Seife „Omega" deswegen nicht den gewünschten Erfolg gehabt hätte, weil sie a) zu teuer, b) ohne spezifischen Duft und c) in einer wenig ansprechenden Verpackung angeboten würde.

Die Marketingleitung der Seifenfabrik Gabriele Schwarz e.Kfr. plant daher, eine „neue" Seife gleichen Namens zu entwickeln, zu testen und – bei entsprechendem Erfolg – baldmöglichst auf den Markt zu bringen. Dies sollte nicht allzu schwer sein, denn „in der Schublade" befinden sich genügend Vorschläge zur Gestaltung von Seifen (Produktideen), die von der eigenen Entwicklungsabteilung erarbeitet wurden.

Im Rahmen der Produktentwicklung wird zunächst eine Auswahl aus den verschiedenen Produktvorschlägen (Produktideen) getroffen (Ideenselektion). Man entscheidet sich für den Vorschlag D, d.h. für eine Seife, die vor allem Männer ansprechen soll. Die Wirtschaftlichkeitsanalyse ergibt, dass der zu erwartende Umsatzzuwachs höher als der Kostenzuwachs sein wird, wenn statt der „alten" Seife das „neue" Erzeugnis auf den Markt kommt.

Marktuntersuchungen haben ergeben, dass Kosmetikprodukte für Männer häufig von Frauen gekauft und danach verschenkt werden. Die Werbebotschaft und die Produktgestaltung muss sich also an beide Käufergruppen wenden. Im Rahmen der Produktgestaltung sollen daher sowohl die Verpackung als auch die Seife selbst eine eckige, kantige Form erhalten. Die Farbgebung soll kräftig, die Duftnote männlich-herb sein. Bei der Werbung will man sich besonders an die weiblichen Kundinnen als die Träger der Kaufentscheidung wenden mit der Aussage: *„Kaufen Sie ihm Omega – bevor es eine andere tut!"*

Von der Produktidee zum Markt

Dabei soll die Verpackung jedoch nicht zu teuer (zu luxuriös) aussehen. Vielmehr soll der Eindruck erweckt werden, dass es sich um eine täglich zu verwendende Seife handelt.

Nach Abschluss der Produktentwicklung geht die Seife – zunächst in einer kleinen Serie (Stückzahl) – in Produktion. Da man kein Risiko eingehen will, möchte man das Produkt auf zweifache Weise testen. Zunächst soll untersucht werden, ob das Produkt tatsächlich den gesetzten Normen (z. B. Duftnote, Farbe) entspricht **(Produkttest).** Zum anderen soll in Erfahrung gebracht werden, wie die neue Omega-Seife bei den Kunden „ankommt". Zu diesem Zweck beliefert die Seifenfabrik Gabriele Schwarz e. Kfr. einen Großhändler, der seinerseits einige wenige Einzelhandelsgeschäfte an bestimmten Orten beliefert **(Testmärkte).**

Da die Omega-Seife den gesetzten Normen entspricht und auf den Testmärkten ein Umsatzplus von 30 % gegenüber dem Umsatz der „alten" Seife zu verzeichnen ist (das Ergebnis der **Erfolgskontrolle** also positiv ist), entschließt sich die Geschäftsleitung, die neue Seife allgemein einzuführen.

(3) Marketingmix

Die Seifenfabrik Gabriele Schwarz e. Kfr. unterscheidet sich nicht nur durch das von ihr hergestellte Produkt von ihren Konkurrenzunternehmen, sondern auch durch den ergänzenden individuellen Einsatz weiterer Marketinginstrumente wie z. B. Preispolitik, Distributionspolitik und Kommunikationspolitik.

Beispiel:

Marketingmix zweier Seifenfabriken (Ausschnitt)

Marketing-instrumente	Marketingmix der Seifenfabrik Schwarz e. Kfr.	Marketingmix der Seifenfabrik Weiß GmbH
Produktpolitik (einschließlich Gestaltung der Verpackung)	Form: kantig; Farbe: kräftig; Duft: herb; Verpackung: Karton.	Form: weich, gerundet; Farbe: pastell; Duft: zart; Verpackung: Plastikdose.
Preispolitik	Durchschnittspreis	Preis überdurchschnittlich
Distributionspolitik	Einschaltung des Großhandels	Direktbelieferung des Einzelhandels
Kommunikationspolitik	▪ Großhandel stellt Display-Material zur Verfügung; ▪ nur Zeitschriftenwerbung; ▪ Hinweise auf die männliche Note der Seife.	▪ Rundfunk-, Fernseh- und Zeitschriftenwerbung; ▪ Hinweise auf Eignung der Seife für die Schönheitspflege.

Übungsaufgaben

140 Erstellen eines Marketingkonzepts

Eine von der Soester Büromöbel AG durchgeführte Marktforschungsaktion für einen neuen, noch vielseitiger verstellbaren elektrischen Schreibtisch ergab, dass eine relativ große Nachfrage vorhanden wäre. Aus diesem Grund soll die Marketingabteilung eine Marketingkonzeption mit geeigneten Marketinginstrumenten entwickeln und der Geschäftsleitung vorlegen.

Aufgabe:

Erstellen Sie ein Marketingkonzept für das neue Schreibtischmodell „e-Desk Vario+“!

Vorgaben bzw. Informationen, die Sie für Ihr Marketingkonzept berücksichtigen müssen, sind:

- Die Zielgruppe für den Schreibtisch „e-Desk Vario+“ sind Unternehmen, die anspruchsvolle Büromöbel benötigen.
- Die Produktgestaltung ist frei, es werden aber nur hochwertige Materialien verwendet.
- Die Herstellkosten betragen maximal 500,00 EUR.
- Der eigene Marktanteil des alten Schreibtischmodells „e-Desk“ beträgt 9,2 %, der relative Marktanteil (bezogen auf den Marktanteil des Hauptkonkurrenten) 2,7 %.
- Das Werbebudget, das zur Verfügung steht, wurde mit Umsatzzahlen des alten Schreibtischmodells bestimmt und beträgt 480 000,00 EUR.
- Die Distribution des alten Schreibtischmodells erfolgt über einen Online-Shop und Vertragshändler.
- Die Kommunikationspolitik muss die Zielgruppe berücksichtigen (Business-to-Business).

141 Marketingkonzept für ein neues Produkt

Der Forschungs- und Entwicklungsabteilung der MicroTex Technologies GmbH, Hersteller von technischen Garnen, Alfred-Nobel-Straße 42, 59494 Soest, ist eine bahnbrechende Entwicklung gelungen. Sie entwickelte ein Garn, welches die UV-Strahlung der Sonne umwandelt in Wärme. Zudem hat das Garn die folgenden Eigenschaften.

- Es kann beliebig durchgefärbt werden.
- Es lässt sich zu großflächigen Bahnen weben.
- Die Herstellung sowohl von ganz feinen als auch von sehr festen Tuchen ist möglich.
- Die Tuche können sowohl genäht als auch verklebt werden.

Das Garn wurde patentrechtlich geschützt. Eine intensive Analyse der Marktsituation führte zu dem Ergebnis, dass mit diesem Produkt nicht nur eine Unternehmensneuheit, sondern auch eine absolute Marktneuheit entwickelt wurde.

Zwei interessante Kundengruppen konnten definiert werden:

1. Das **Bauhauptgewerbe,** insbesondere jene Gewerke, die im Freien den Wetterbedingungen ausgesetzt sind. Mit den hergestellten Tuchen können die Baugerüste vollständig verkleidet werden. Daraus ergibt sich folgender Nutzen:
   - In der kalten Jahreszeit können die Arbeiten an den Bauten im Außenbereich fortgesetzt werden.
   - Die Bauzeit wird verkürzt.
   - Das Unternehmen hat keine Stillstandszeiten.
   - Die Arbeitskräfte können das ganze Jahr über beschäftigt werden und haben damit ein gleichmäßiges Einkommen.
   - Schlechtwettergeld muss nicht in Anspruch genommen werden.
2. Die **Outdoorausrüster.** Das Gewebe eignet sich zur Herstellung von Zelten, Biwakschachteln und -säcken ebenso wie für Funktionskleidung wie Hosen, Jacken und Handschuhen. Der Nutzen des Gewebes im Outdoorbereich:
   - Ein Teil der erforderlichen Innenwärme von (Not-)Unterkünften wird (gratis) durch die Sonne erzielt.
   - Die Wärmedämmung der Bekleidung kann verringert werden. Dadurch wird Gewicht eingespart, das ansonsten getragen werden muss.

Die geschäftsführenden Gesellschafter der MicroTex Technologies GmbH beauftragen Sie mit der Entwicklung und Präsentation eines Marketingkonzeptes für die Neuentwicklung.

Aufgaben:

1. Bilden Sie Arbeitsgruppen!
2. Entscheiden Sie sich innerhalb der Gruppe für eine der beiden Kundengruppen, für die Sie das Marketingkonzept entwickeln wollen!
3. Entwickeln Sie ein Marketingkonzept aus Kommunikations- und Preispolitik!

   Nehmen Sie innerhalb Ihres Marketingkonzeptes zu folgenden Themen Stellung:

   - Alleinstellungsmerkmal Ihres Produktes
   - absatzpolitische Ziele
   - Marketingstrategie, mit der Sie Ihre Ziele erreichen wollen
   - Preisstrategie für Ihr Produkt
   - kommunikationspolitische Entscheidungen, wie Zielgruppe, Werbemittel usw.
   - verkaufsfördernde Maßnahmen wie Sponsoring, Salespromotion, Eventmarketing, Public Relations usw.
   - begründete Entscheidung in Bezug auf einen Unternehmensauftritt innerhalb sozialer Netzwerke
   - preispolitische Entscheidungen
4. Erarbeiten Sie Kriterien, anhand derer Sie die Präsentationen der anderen Arbeitsgruppen beurteilen wollen!
5. Bereiten Sie die eigene Präsentation vor und tragen Sie diese vor!
6. Bereiten Sie für jede der anderen Gruppen ein Feedback vor und geben Sie ihnen dieses!

7 After-Sales-Prozesse

7.1 Begriff und Ziele von After-Sales-Prozessen

Die durch die Kundenanalyse gewonnenen Daten müssen ständig aktualisiert werden. Dies geschieht am zweckmäßigsten durch das Einrichten einer **Kundendatei,** die die gesamte Kommunikation mit dem Kunden dokumentiert. Im Idealfall wird die Kundendatei mit anderen Dateien des Unternehmens (z.B. Produktdatei, Finanzbuchhaltung, Kostenrechnung u.a.) verbunden und zu einer **Kundendatenbank (Customer Data Warehouse)** ausgebaut. Dadurch lassen sich jederzeit Daten wie Produktpalette des Kunden, Wachstumspotenzial des Kunden, Mutter- und Tochtergesellschaften, Verhalten bei Reklamationen, Zahlungsmoral, besondere Qualitätsansprüche, Kontakte zu Konkurrenzunternehmen u.Ä. abrufen.

- **After-Sales-Prozesse** sind alle Marketingmaßnahmen, die **nach einem erfolgreichen Verkaufsabschluss** eingesetzt werden, um den Kunden an das Unternehmen, das Produkt oder die Marke zu binden.
- Die Marketingmaßnahmen haben das **Ziel,** dem Kunden den Verkaufsabschluss zu bestätigen, und ihn zu Wiederholungs- und Zusatzkäufen anzuregen. Zwischen den Geschäftspartnern soll eine **Win-win-Situation** aufgebaut werden.

7.2 Kundenbindungskonzepte

7.2.1 Kundenkarte

Ein wichtiges Mittel, um die Geschäftstreue und das Kaufverhalten der **Endkunden** zu erfassen, ist die Kundenkarte. Mithilfe der Kundenkartennummer kann nämlich beim Kassiervorgang die eingekaufte Ware problemlos dem betreffenden Kunden zugeordnet werden. Werden anschließend diese Daten mit den erhobenen personen- und haushaltsspezifischen Daten verknüpft, so kann damit ein **Kundenprofil** erstellt werden. Im Zeitablauf entsteht dadurch eine **Kunden-Bilanz,** die im Rahmen des Customer Relationship Managements[1] zur Steuerung und Kontrolle der Kundenkontakte genutzt werden kann. Diese Vorgehensweise bezeichnet man auch als **Individualmarketing**.

Die nachfolgende Tabelle zeigt die Daten auf, die ein Unternehmen im Rahmen des Customer Relationship Managements erfassen möchte:

Stammdaten	Geografische Daten	Soziale und ökonomische Daten	Verkaufsdaten
■ Name ■ Vorname ■ Straße ■ Wohnort ■ Telefonnummer ■ E-Mail	■ Wohnort ■ Entfernung zur Einkaufsstätte	■ Alter ■ Geschlecht ■ Beruf ■ Haushaltsgröße ■ Haushaltsnettoeinkommen	■ Einkaufsfrequenz[2] ■ Kaufmenge ■ Kaufwert ■ bevorzugte Warengruppe ■ Einkaufszeitpunkte ■ Kundenreaktionen (z. B. Reklamationen)

7.2.2 Direktmarketing

(1) Begriff Direktmarketing

Direktmarketing umfasst alle Maßnahmen, die ein Unternehmen einsetzt, um mit dem Empfänger einen Kontakt herzustellen.

Wird mit dem Kunden direkt Kontakt aufgenommen, so spricht man von **Direktwerbung.** Zu den Formen der Direktwerbung zählen **Direct Mailing** (z. B. Zusendung einer Nachricht per Post, per Fax oder per E-Mail), das **Telefonmarketing** (z. B. der Kunde wird von einem Callcenter angerufen) oder die Zusendung einer **Kundenzeitschrift.**

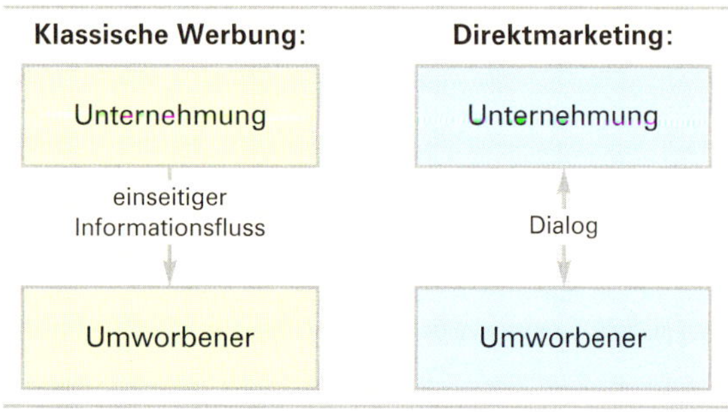

1 Vgl. hierzu S. 379 f.

2 **Frequenz:** Häufigkeit.

Wird der Kunde beispielsweise über Anzeigen in Zeitschriften mit Rückantwortcoupons[1] oder durch die Angabe einer Telefonnummer oder E-Mail-Adresse in einem Werbespot zur Kontaktaufnahme mit dem Unternehmen aufgefordert, so spricht man von einer **Direct-Response-Werbung.**

In beiden Fällen ist es das **Ziel des Unternehmens,** mit den Kunden in einen Dialog einzutreten, um eine **individuelle Beziehung** herzustellen.

(2) Formen des Direktmarketings

Die nachfolgende Abbildung gibt einen Überblick über wichtige Formen des Direktmarketings.

Direktmarketing	Werbebotschaft	Werbemittel	Werbeträger
Mailing	Was steht im Package?	Package(teile)	direkt
Telefonmarketing	Was sagt Telefonist/in?	Telefonskript	Telefon
Teleshopping	Was sagt TV-Präsentator?	Direktreaktionswerbespot oder Infomercial	TV-Sender
Radiowerbung	Was sagt Radiosprecher?	Direktreaktionswerbespot	Hörfunksender
Videotext	Was steht auf der Videotextseite?	Videotextseite mit Kontaktaufforderung	Videotextanbieter
Electronic Advertising	Was steht in der Website?	Website mit E-Mail-Angabe oder Bestellmenü oder Hinweis auf Website durch Banner	Internet
Printwerbung	Was steht in der Anzeige/Beilage?	Anzeige mit Coupon oder Karte, Beilage	Zeitung, Zeitschrift

Quelle: Ramme, I.: Marketing, Stuttgart, 2004, S. 226.

7.3 Customer Relationship Management

(1) Begriff

Die konsequenteste Form, Kundendaten zu erfassen, zu verwalten und zu nutzen, stellt das Customer Relationship Management (CRM)[2] dar. Grundlage des Customer Relationship Managements sind Programme von Softwareanbietern zur Erfassung, Bereinigung, Verdichtung, Analyse und Verteilung von Kundendaten. Voraussetzung für den Einsatz von CRM-Softwareprodukten ist eine Kundendatenbank.

1 **Coupon:** abtrennbarer Zettel.

2 **Customer** (engl.): Kunde. Relationship (engl.): Beziehung. Management (engl.): Verwaltung, Leitung. Customer Relationship Management kann man daher mit „Verwaltung von Kundenbeziehungen" übersetzen.

- **Customer Relationship Management (CRM)** zielt darauf ab, mithilfe entsprechender Datenbanken und zugehöriger Softwareprogramme dauerhafte und profitable Beziehungen zwischen sich und den Kunden aufzubauen und zu pflegen.
- Durch CRM sollen einem **bestimmten Kunden,** dessen Kaufverhalten und Präferenzen durch die Kundendatenbank bekannt sind, möglichst viele **passgenaue Angebote** unterbreitet werden.
- CRM basiert auf einer **Database.**

(2) Ziele des Customer Relationship Managements

Wichtige Ziele des Customer Relationship Managements sind in der nachfolgenden Tabelle zusammengestellt:

Ziele	Erläuterungen
Ermittlung möglichst vieler Kundeninformationen	Es wird angestrebt, möglichst viele Daten über die einzelnen Kunden zu sammeln, um sich ein genaues Bild über deren Kaufverhalten zu verschaffen.
Ausbau der individuellen Kundenberatung	Aufgrund der erfassten Kundendaten können für die einzelnen Kunden individuelle Angebote erstellt werden.
Aufbau langfristiger und profitabler Kundenbeziehungen	Über einen regelmäßigen Kontakt zum Kunden (z.B. Hinweise auf Sonderangebote, auf Produktneuheiten, auf lange gesuchte Artikel; Einladungen zu Veranstaltungen; Glückwünsche zu bestimmten Anlässen) lassen sich langfristige, Gewinn bringende Kundenbeziehungen aufbauen.
Reduzierung von Kosten	Durch die zentrale Erfassung der Daten und durch die Bereitstellung von Zugriffsmöglichkeiten auf die Daten für die Mitarbeiter des Unternehmens können Mehrfacherfassungen (Mehrfachrecherchen) und damit Kosten eingespart werden.
Gezielte Zuordnung von Serviceleistungen auf die einzelnen Kunden	Durch die Kenntnis der Kundendaten können den einzelnen Kunden gezielt Serviceleistungen angeboten werden.
Erhöhung des Marktanteils	Kundenbindung, Kundenzufriedenheit und Vertrauen in das Unternehmen führen über Wiederkäufe und Weiterempfehlungen zu einer Ausweitung des Marktanteils.

(3) Bildung von Kundensegmenten[1] als ein Instrument des Customer Relationship Managements

Aufbauend auf der Kundendatenbank erstellen Industrieunternehmen für ihre **gewerblichen Kunden** Kundeneinstufungen (Kundensegmente). Die zur Bildung der Kundensegmente verwendeten Kriterien sind von Betrieb zu Betrieb unterschiedlich.

1 Wiederholen Sie hierzu das Kapitel 1.3.4 Marktsegmentierung, S. 266ff.

Beispiel: Kundeneinstufung bei einer Maschinenfabrik

Kunden-nummer	Firma (Kurzbezeichnung)	Stellung in der ABC-Analyse	Liefer-Priorität	Bonität	Zahlungs-moral	Kreditlimit (EUR)	...
K-1720	Metallwerke Kunze AG	A	sehr hoch	hoch	gut	180 000,00	
K-1721	Gutmann GmbH	C	ohne Priorität	mittel	mittel	40 000,00	
K-1722	Peter Mehrle OHG	A	hoch	sehr hoch	gut	240 000,00	
K-1723	Plastikwerke Schmitz OHG	B	mittel	hoch	gut	150 000,00	

Zusammenfassung

- Als **After-Sales-Prozesse** werden alle Marketingmaßnahmen eines Unternehmens bezeichnet, die nach einem erfolgreichen Verkaufsabschluss erfolgen, um den Kunden an das Produkt bzw. das Unternehmen oder die Marke zu binden.
- Gegenüber den **Endkunden** sind die Kundenbindungskonzepte **Kundenkarte** und **Direktmarketing** von besonderer Bedeutung.
- Für **gewerbliche Kunden** ist das **Customer Relationship Management** von besonderer Bedeutung.
- **Customer Relationship Management (CRM)** ist der englische Begriff für die **Verwaltung von Kundenbeziehungen.**
- Customer Relastionship Management ist eine Form der Geschäftsführung, die das Ziel hat, mit den einzelnen Kunden **dauerhafte und profitable Beziehungen** aufzubauen und zu pflegen. In der Regel setzt die Geschäftsführung hierfür ein entsprechendes CRM-Softwareprogramm ein.
- Wichtige **Zielsetzung des Customer Relationship Managements** sind:
  - Ermittlung möglichst vieler Kundeninformationen
  - Ausbau der individuellen Kundenberatung
  - Reduzierung von Kosten
  - Verbesserung der Serviceleistungen
  - Erhöhung des Marktanteils
  - Erhöhung der Effizienz von Marketingmaßnahmen
- Ein wichtiges Instrument des Customer Relationship Managements im Bereich der gewerblichen Kunden ist die **Bildung von Kundensegmenten.**

Übungsaufgabe

142 After-Sales-Prozesse

1. Vergleichen Sie die persönliche Kommunikation mit der Massenkommunikation!
2. Stellen Sie die Besonderheit des Direktmarketings dar!
3. Bewerten Sie, warum die Ermittlung und Nutzung von Kundendaten ein Wettbewerbsvorteil für ein Unternehmen sein kann!
4. Erläutern Sie den Begriff „Customer Relationship Management"!
5. Nennen Sie die Ziele des „Customer Relationship Management"!
6. Erklären Sie, warum die Kundenkarte ein wichtiges Instrument des „Customer Relationship Managements" ist!

8 Absatz-Controlling

8.1 Aufgaben und Gegenstand des Absatz-Controllings

Beim Absatz-Controlling geht es um zweierlei: zum einen geht es um **Überwachung** und **Beaufsichtigung** und zum anderen um **Planung** und **Steuerung**.

(1) Überwachung und Beaufsichtigung

Um wettbewerbsfähig zu bleiben, ist es für jedes Unternehmen von grundsätzlicher Bedeutung zu erfahren, ob das **erreicht wurde,** was man sich im Rahmen der **(Absatz-)Planung vorgenommen hatte**.

Beispiel:

Es ist zu überprüfen, ob sich Umsatz, Gewinn, Marktanteil, Bekanntheitsgrad der Produkte der Planung entsprechend entwickelt haben.

Da sich zwischen Planung und den tatsächlich erzielten Ergebnissen immer Abweichungen ergeben, muss analysiert werden, worauf die erfassten Abweichungen zurückzuführen sind.

Völlig unabhängig davon, ob die gesetzten Ziele erreicht wurden oder nicht, ist zu prüfen, mit welchem Aufwand versucht wurde, die Absatzziele zu erreichen, d.h., das Absatz-Controlling hat die **Wirtschaftlichkeit der Absatzaktivitäten** zu überprüfen. Dabei zeigen sich in aller Regel automatisch Schwachstellen im Konzept oder bei dessen Umsetzung.

Die Überwachungs- und Kontrollaufgaben des Absatz-Controllings sind überwiegend kurz- und mittelfristig angelegt. Man spricht daher auch von **operativem Absatz-Controlling.**[1]

1 Beim **operativen Absatz-Controlling** gibt es messbare und überprüfbare Zahlen, d.h., alle Soll-Größen sind zahlenmäßig in der EDV festgehalten und können mit den Ist-Werten verglichen werden.

(2) Planung und Steuerung

Ergebnisse, die sich aus der Überwachung der Absatzaktivitäten ergeben, sind anschließend mit dem Prozess der Planung zu verknüpfen. Es gilt zu überprüfen – insbesondere dann, wenn das erwartete Ergebnis nicht eingetreten ist –, ob der **gewählte Weg** untauglich ist, ob ein **falsches Ziel** gesetzt wurde, oder ob die vorhandene **Datenbasis unzureichend** war. Der Schwerpunkt des Absatz-Controllings liegt somit in der **Koordination von Kontrolle, Planungsprozess und Versorgung mit absatzausgerichteten Informationen.**

Die Maßnahmen des Absatz-Controllings, die die Planung und Steuerung betreffen, sind überwiegend langfristig angelegt. Man spricht daher auch vom **strategischen Absatz-Controlling.**[1]

Absatz-Controlling ist die Zusammenführung von Planungsprozessen, Kontrolle und Marketinginformationen mit dem Ziel, die Unternehmensprodukte optimal zu verwerten.

8.2 Instrumente des Absatz-Controllings

8.2.1 Überblick

Beim Absatz-Controlling werden geplante Standards, Normen oder sonstige Vorgaben zur Aufdeckung von Problemen und Chancen im Absatzprozess überprüft. Im Kern bedeutet das Absatz-Controlling damit eine ständige **Abfolge von Soll-Ist-Vergleichen,** die alle in einem Unternehmen getroffenen strategischen und operativen Maßnahmen überprüfen und bewerten.

Beispiel:

Der erzielte Gewinn im laufenden Geschäftsjahr wird mit dem geplanten Gewinn verglichen. Steigt der Gewinn wie geplant um 5 % an, während sich die Konkurrenten mit einem Minus abfinden müssen, dann waren die Marketingaktivitäten offensichtlich erfolgreich.

Bei Über- oder Unterschreiten der Planungswerte werden neue Steuerungsmaßnahmen erforderlich und es müssen die Entscheidungsprämissen, wie z.B. vorausgesetztes wirtschaftliches Umfeld, geprüft werden. In der Praxis gibt es eine Vielzahl von Instrumenten des Absatz-Controllings. Im Folgenden beschränken wir uns auf zwei Instrumente:

- die Werbeerfolgskontrolle und
- die Kennzahlenanalyse.

1 Beim **strategischen Absatz-Controlling** gibt es in der Regel keine messbaren und überprüfbaren Zahlen, sondern nur Potenziale (Leistungsfähigkeiten), Stärken, Schwächen, Chancen, Risiken, Pläne. Es kann daher nur überprüft werden, ob die Tatbestände plausibel und logisch sind. Im Folgenden wird – aufgrund des Bildungsplans – nicht näher auf das strategische Absatz-Controlling eingegangen.

8.2.2 Werbeerfolgskontrolle

8.2.2.1 Begriff Werbeerfolgskontrolle

Die **Werbeerfolgskontrolle** überprüft,

- in welchem Umfang die gesetzten Werbeziele durch die eingesetzten Werbemittel und Werbeträger erreicht wurden und
- ob sich die Werbemaßnahmen gelohnt haben.

Gegenstand der Werbeerfolgskontrolle:

- Die **wirtschaftliche Werbeerfolgskontrolle** möchte den mithilfe der Werbung erzielten Gewinn feststellen.
- Die **nicht wirtschaftliche Werbeerfolgskontrolle** fragt danach, wie die Werbung bei den Umworbenen „angekommen" ist.

8.2.2.2 Verfahren zur Kontrolle des Werbeerfolges

Messverfahren zur Beurteilung der Marketingmix-Entscheidungen können sowohl vor als auch nach dem geplanten Einsatz der Instrumente durchgeführt werden.

(1) Pre-Test-Verfahren

Pre-Test-Verfahren[1] lassen sich vergleichen mit Produkttests im Rahmen der Produktentwicklung wie sie z.B. aus dem Automobilbau bekannt sind. Sie werden durchgeführt, **bevor** die Marketinginstrumente auf dem Gesamtmarkt eingesetzt werden. Dabei wird an einer repräsentativen Stichprobe der Zielgruppe die geplante Werbemaßnahme durchgeführt und danach der Werbeerfolg gemessen. War der Test erfolgreich, wird die Marketingmaßnahme auf der ganzen Marktbreite durchgeführt. Andernfalls können erforderliche Korrekturen zur Steigerung der Effektivität noch vor der marktbreiten Durchführung der Kampagne vorgenommen werden. Durch die Pre-Test-Verfahren werden zwar keine Kosten eingespart, sie tragen jedoch dazu bei, dass das verfügbare Werbebudget mit der höchstmöglichen Wirksamkeit eingesetzt wird.

(2) Post-Test-Verfahren

Post-Test-Verfahren beurteilen die Ergebnisse der Werbemaßnahmen **nach** Durchführung der Werbemaßnahme auf dem Gesamtmarkt.

8.2.2.3 Durchführung der Post-Test-Verfahren

(1) Wirtschaftliche Werbeerfolgskontrolle

Die Feststellung des Werbegewinns ist in der Praxis sehr schwierig. Die Gründe liegen darin, dass es einerseits nicht immer möglich ist, die Werbeaufwendungen für eine Periode genau abzugrenzen, und dass andererseits Umsatzsteigerungen nicht unbedingt auf die Werbung zurückzuführen sind.

Neuerdings zeigt allerdings die moderne **Marktforschung** Mittel und Wege auf, mit deren Hilfe eine brauchbare Werbeerfolgskontrolle durchgeführt werden kann. Dazu muss man

1 **pre**: englisch für „vor".

wissen, dass die Befragung einiger 1000, manchmal sogar weniger Personen ausreicht, um zu zuverlässigen Ergebnissen zu kommen.

Beispiel:

Mithilfe der Marktforschung soll die Wirkung einer Plakataktion („Trinkt mehr Milch!") festgestellt werden. Es werden eine Versuchsgruppe und eine Kontrollgruppe gebildet. Die Versuchsgruppe wird von der Werbung berührt, die Kontrollgruppe erhält von der Werbung keine Kenntnis.

Nach Abschluss der Werbekampagne ergeben sich folgende Zahlen:

Zeitpunkt	Milchverbrauch pro Kopf	
	Versuchsgruppe	Kontrollgruppe
Vor Beginn der Werbekampagne Nach Beendigung der Werbekampagne	0,32 Liter 0,40 Liter	0,32 Liter 0,35 Liter
Verbrauchsänderung	0,08 Liter	0,03 Liter

Die Versuchsgruppe hat ihren Verbrauch um 0,08 Liter je Person erhöht. Daraus kann nicht der Schluss gezogen werden, dass die gesamte Veränderung auf die Werbung zurückzuführen ist. Das Ergebnis der Kontrollgruppe zeigt, dass der Pro-Kopf-Verbrauch auch ohne Werbung um 0,03 Liter gestiegen wäre. Die durch die Werbung hervorgerufene Verbrauchsänderung beträgt also lediglich 0,05 Liter.

Betrug nun bei dem werbenden Unternehmen der **zusätzliche** Milchabsatz im untersuchten Zeitraum 160 000 Liter, so sind davon nur 100 000 Liter auf die Absatzwerbung zurückzuführen.[1] Wenn die Kosten der Werbeaktion 2100,00 EUR und der Reingewinn je Liter 0,05 EUR betragen, lässt sich der wirtschaftliche Werbeerfolg, also der Werbegewinn, folgendermaßen errechnen:

	Auf die Werbekampagne zurückzuführender Ertrag (100 000 · 0,05 EUR)	5000,00 EUR
–	Werbeaufwand	2100,00 EUR
	Werbegewinn	2900,00 EUR

Der Werbegewinn erhöht sich, wenn der Milchverbrauch in Zukunft auf dem einmal erreichten Niveau verharrt.

Mit den gewonnenen Informationen lässt sich z. B. die **Wirtschaftlichkeit** der Werbemaßnahmen ermitteln.

$$\text{Wirtschaftlichkeit der Werbung} = \frac{\text{Umsatzzuwachs}}{\text{Werbeaufwand}}$$

Legt man die Zahlen des obigen Beispiels zugrunde ergibt sich:

$$\text{Wirtschaftlichkeit der Werbung} = \frac{5000{,}00\ \text{EUR}}{2100{,}00\ \text{EUR}} = 2{,}38$$

Dies besagt, dass für jeden EUR Werbeaufwand ein werbebedinger Umsatz von 2,38 EUR erzielt wurde. Die Werbekampagne war also kostendeckend und es wurde ein Wertzuwachs erzielt.

1 $\frac{0{,}05\ \text{l (Verbrauchsänderung durch Werbung je Person)} \cdot 100}{0{,}08\ \text{l (Verbrauchsänderung gesamt je Person)}} = \underline{\underline{62{,}5\,\%}}$

$\frac{160\,000\ \text{l (Verbrauchsänderung gesamt)} \cdot 62{,}5}{100} = \underline{\underline{100\,000\ \text{l}}}$

25 Speth u.a. - ISBN 978-3-8120-0576-0

(2) Nicht wirtschaftliche Werbeerfolgskontrolle

Während die wirtschaftliche Werbeerfolgskontrolle im eigenen Unternehmen in Geld, Stückzahlen oder Prozentsätzen (z.B. Umsatz, Absatz, Marktanteil) gemessen werden kann, lässt sich der nicht wirtschaftliche Werbeerfolg nur am Umworbenen selbst messen, z.B. in der Änderung seiner Haltung gegenüber dem Produkt oder dem Hersteller.

Um diese verborgenen Daten zu gewinnen, werden spezielle Verfahren eingesetzt, wie z.B. Wortassoziationstests oder Satzergänzungstests. Auf indirekte Art und Weise erhält man dadurch Informationen über folgende Personengruppen:

Werbegemeinte (Adressaten)	Es handelt sich dabei um die Umworbenen, die durch die Werbung angesprochen werden sollen. Ihre Zahl ist die **Adressatenzahl.**
Werbeberührte	Darunter versteht man die Umworbenen, bei denen eine Sinneswirkung erzielt wird. Ihre Zahl ist die **Perzeptionszahl** (lat. perceptio: Wahrnehmung).
Werbebeeindruckte	Damit sind diejenigen Umworbenen gemeint, die nicht nur von der Werbung „berührt" worden sind, sondern bei denen die Werbung eine Aufmerksamkeitswirkung erzielt hat. Die Zahl der Werbebeeindruckten ist die **Aperzeptionszahl** (lat. aperceptio: Verarbeitung von Eindrücken).
Werbeerfüller	Hier handelt es sich um die Umworbenen, die den Werbezweck erfüllen, die z.B. das Produkt kaufen, für das geworben worden ist. Ihre Zahl ist die **Akquisitionszahl** (lat.: die Hinzugeworbenen).

Beispiel:

Ein Industrieunternehmen möchte seinen Kunden (Händlern) ein neues Produkt vorführen. Dabei soll ein Werbefilm gezeigt werden. Darüber hinaus werden Prospekte ausgelegt. Die Einladung ergeht an 80 Händler.

Von den eingeladenen Händlern (also den Werbegemeinten) erscheinen 60 Personen (Werbeberührte). Daraus lässt sich eine Kennzahl (Streuzahl) ermitteln, nämlich der **Berührungserfolg.**

Er errechnet sich wie folgt:

$$\text{Berührungserfolg} = \frac{\text{Zahl der Werbeberührten}}{\text{Zahl der Werbegemeinten}}$$

In unserem Beispiel ergibt sich:

$$\text{Berührungserfolg} = \frac{60}{80} = \underline{\underline{0{,}75}}$$

Das bedeutet, dass $^3/_4$ der Werbegemeinten von der Werbung berührt worden sind.

Haben von den 60 erschienenen Personen 48 einen Prospekt mitgenommen, zeigt das, dass diese Personen zumindest von der Werbung beeindruckt worden sind. Der **Beeindruckungserfolg** kann daher folgendermaßen berechnet werden:

$$\text{Beeindruckungserfolg} = \frac{\text{Zahl der Werbebeeindruckten}}{\text{Zahl der Werbegemeinten}}$$

In diesem Beispiel beträgt der Beeindruckungserfolg $= \frac{48}{80} = \underline{\underline{0{,}60}}$

Die Zahl bedeutet, dass 60 % der Werbegemeinten von der Werbung beeindruckt waren.

Angenommen, 20 der erschienenen Personen haben das neue Erzeugnis nach der Veranstaltung gekauft. Der **Erfüllungserfolg** (Akquisitionserfolg) kann dann wie folgt ermittelt werden:

$$\text{Erfüllungserfolg} = \frac{\text{Zahl der Werbeerfüller}}{\text{Zahl der Werbegemeinten}}$$

In diesem Fall lautet das Ergebnis:

$$\text{Erfüllungserfolg} = \frac{20}{80} = \underline{\underline{0{,}25}}$$

Die Kennzahl sagt aus, dass $^1/_4$ der Werbegemeinten den Werbezweck erfüllt haben.

Allgemein lässt sich also sagen, dass der (nicht wirtschaftliche) Werbeerfolg umso größer ist, je höher die ermittelte Kennzahl ist.

Weitere Kennzahlen, mit deren Hilfe der nicht wirtschaftliche Erfolg einer Werbekampagne beurteilt werden kann, sind z. B. der Marktanteil, der Bekanntheitsgrad und die Kundenbindung.[1] Diese Werte werden jeweils vor und nach Durchführung der Werbekampagne ermittelt und zur Beurteilung des Werbeerfolges miteinander verglichen.

8.2.3 Kennzahlenanalyse

8.2.3.1 Aufgaben der Kennzahlenanalyse

Kennzahlen sind ein wichtiges Instrument, diese beiden Bereiche zu kontrollieren.

Kennzahlen sind Verhältniszahlen oder absolute Zahlen, die in verdichteter Form einen Überblick über die Leistung des gesamten Unternehmens oder einzelner Teilbereiche geben.

Durch die Verwendung von Kennzahlen im Absatz-Controlling soll die Vielzahl der Daten, die im Rahmen des Rechnungswesens sowie bei der Erhebung von Marktinformationen anfallen, zu wenigen zentralen Größen zusammengefasst werden. Die Auswahl der Kennzahlen hat dabei so zu erfolgen, dass diese die Entwicklung des Unternehmens in zentralen Bereichen aufzeigen.

Die Auswahl geeigneter Kennzahlen stellt eines der Zentralprobleme des Absatz-Controllings dar. Grundsätzlich lassen sich nach der Erfassbarkeit der Kennzahlen zwei Gruppen unterscheiden:

Ökonomische (quantitative) Kennzahlen	Ökonomische Kennzahlen geben messbare Sachverhalte aus Unternehmens- oder Marktdaten wider. Beispiele hierfür bilden die Umsatzentwicklung, der Marktanteil, die Marketingkosten oder die erzielten Deckungsbeiträge.
Psychografische (qualitative) Kennzahlen	Psychografische Kennzahlen möchten nicht quantifizierbare Marktentwicklungen erfassen. Hierzu zählen beispielsweise die Einstellung der Kunden, die Kundenzufriedenheit, die wahrgenommene Produktqualität, das festgestellte Beschwerdeverhalten gegenüber dem Unternehmen oder Dritten (z. B. Medien, Verbraucherschutzeinrichtungen), die Markentreue oder die Wiederkaufsrate.

1 Zur Berechnung dieser Kennzahlen siehe Kapitel 1.2.2 Marketingziele, S. 258ff.

8.2.3.2 Erfolgskennzahlen als Beispiel für Kennzahlen des Absatz-Controllings

Es handelt sich um Kennzahlen, die die Erfolgsfaktoren eines Unternehmens aufzeigen und kontrollieren sollen. Diese Kennzahlen sind breit gestreut. Sie erstrecken sich über alle Unternehmensbereiche und erfassen auch die für das Unternehmen bedeutsamen Marktdaten. Die Auswahl der Erfolgskennzahlen ist betriebsindividuell.

(1) Kennzahlen im Entscheidungsfeld Preispolitik

Der Vorteil preispolitischer Maßnahmen liegt darin, dass sie sich zumeist ohne zeitliche Verzögerung einsetzen lassen und auch die Reaktionszeit der Marktteilnehmer sehr zeitnah erfolgt. Aus diesem Grund ist die Preispolitik das zentrale und wirkungsvollste Instrument zur Steuerung von Umsatz, Gewinn und/oder Marktanteil.

Beispiele:

Kurzfristige Preisuntergrenze:

$$\text{Stückerlös (e)} = \text{variable Kosten je Einheit } (k_v)$$

Langfristige Preisuntergrenze:

$$\text{Stückerlös (e)} = \frac{\text{Gesamtfixkosten } (K_{fix})}{\text{erzeugte Menge}} + \text{variable Kosten je Einheit } (k_v)$$

$$\text{Produktdeckungsbeitragssatz} = \frac{\text{Deckungsbeitrag (DB)} \cdot 100}{\text{Umsatz des Produkts}}$$

(2) Kennzahlen im Entscheidungsfeld Produktpolitik

Der Controllingbereich unterstützt hier unternehmerische Entscheidungen, indem er z. B. Auskunft gibt über Auftragseingang, Auftragsreichweite, Marktanteil, relativer Marktanteil.

Beispiele:

$$\text{Auftragseingangsquote} = \frac{\text{Auftragseingang Ist} \cdot 100}{\text{Auftragseingang Plan}}$$

$$\text{Auftragsreichweite} = \frac{\text{Auftragsbestand} \cdot 100}{\text{Jahresumsatz}}$$

$$\text{Marktanteil} = \frac{\text{Absatzvolumen} \cdot 100}{\text{Marktvolumen}}$$

$$\text{Relativer Marktanteil (Wettbewerbsposition)} = \frac{\text{Marktanteil des Unternehmens} \cdot 100}{\text{Marktanteil des stärksten Konkurrenten}}$$

(3) Kennzahlen im Entscheidungsfeld Kommunikationspolitik

Problematisch in diesem Entscheidungsfeld ist, dass sich z. B. das Ergebnis einer Werbekampagne einer ausschließlich quantitativen Messung entzieht. Der Zusatzumsatz ist zwar im Betrieb messbar, nicht jedoch die Bewusstseinsänderung im Kopf des Umworbenen.

Daher muss sich das Controlling in diesem Entscheidungsfeld darauf beschränken, kommunikationspolitische Entscheidungen anhand von Kennzahlen zu beurteilen.

Beispiele:

$$\text{Werbeaufwandsatz vom Umsatz} = \frac{\text{Werbeaufwand je Periode} \cdot 100}{\text{Umsatz je Periode}}$$

$$\text{Markterschließungsgrad} = \frac{\text{Umsatz} \cdot 100}{\text{potenzieller Umsatz}}$$

$$\text{Neukundenanteil} = \frac{\text{Neukunden} \cdot 100}{\text{Gesamtkunden}}$$

$$\text{Umsatz je Außendienstmitarbeiter} = \frac{\text{Umsatz}}{\text{Anzahl der Außendienstmitarbeiter}}$$

Diese **funktionsbezogenen Kennzahlen** lassen sich ergänzen durch **prozessbezogene Kennzahlen,** wie z. B.:

$$\text{Angebotsgrad} = \frac{\text{Anzahl der ausgeführten Aufträge} \cdot 100}{\text{Anzahl der abgegebenen Angebote}}$$

$$\text{Servicegrad} = \frac{\text{Anzahl der termingerecht ausgeführten Aufträge} \cdot 100}{\text{Anzahl aller zu erfüllenden Aufträge}}$$

(4) Kennzahlen im Entscheidungsfeld Distributionspolitik

Im Vordergrund der Betrachtung stehen hier Informationen darüber, wie wirtschaftlich die Vertriebswege sind. Die Datenbasis hierfür entstammt der betrieblichen Kosten- und Leistungsrechnung.

Beispiele:

$$\text{Vertriebskostenquote} = \frac{\text{Vertriebskosten} \cdot 100}{\text{Umsatz}}$$

$$\text{Aufwand Außendienst} = \frac{\text{Aufwand Außendienst} \cdot 100}{\text{Umsatz}}$$

$$\text{Umsatzmarktanteil} = \frac{\text{Umsatz des Unternehmens} \cdot 100}{\text{Branchenumsatz}}$$

$$\text{E-Commerceanteil} = \frac{\text{Umsatz E-Commerce} \cdot 100}{\text{Umsatz}}$$

Zusammenfassung

- Durch die **Werbeerfolgskontrolle** wird überprüft, ob die Werbeplanung plangerecht umgesetzt und der angestrebte Werbeerfolg erreicht wurden.

- **Gegenstand der Werbeerfolgskontrolle** kann der wirtschaftliche Werbeerfolg oder der nicht wirtschaftliche Werbeerfolg sein.
  - Die **wirtschaftliche Werbeerfolgskontrolle** möchte den mithilfe der Werbung erzielten Gewinn feststellen.
  - Die **nicht wirtschaftliche Werbeerfolgskontrolle** fragt danach, wie die Werbung bei den Umworbenen angekommen ist.
- **Kennzahlen** fassen Daten so zusammen, dass sie einen Überblick über die Leistung des gesamten Unternehmens oder einzelner Teilbereiche geben.
- **Kennzahlen im Absatz-Controlling** überprüfen insbesondere die **Liquidität** und die **Erfolgsfaktoren** eines Unternehmens.

Übungsaufgaben

143 Werbeerfolgskontrolle

1. Grenzen Sie die Begriffe Pre- und Post-Test-Verfahren voneinander ab!
2. 2.1 Erklären Sie, wodurch sich die wirtschaftliche von der nicht wirtschaftlichen Werbeerfolgskontrolle unterscheidet!

   2.2 Erläutern Sie, ob und wenn ja, worin Sie den Sinn der nicht wirtschaftlichen Erfolgskontrolle sehen!
3. Die Lorenz OHG, ein Hersteller von Haushaltsgeräten in Wuppertal möchte den Erfolg einer geplanten Werbung kontrollieren. Unterbreiten Sie einen Vorschlag, wie eine Werbeerfolgskontrolle durchgeführt werden könnte!
4. Ein Hersteller von Kaminöfen, die Kamino GmbH, hat einen Werbefeldzug in Funk und Fernsehen durchgeführt. Vor und nach der Durchführung des Werbefeldzugs hat die Kamino GmbH folgende Zahlen ermittelt:

	vor der Werbung	nach der Werbung
Umsatz	31750000,00 EUR	40980000,00 EUR
Gesamtumsatz des Marktes	476250000,00 EUR	609500000,00 EUR
Werbeaufwand		635000,00 EUR
Produktions- und Vertriebskosten	1108000,00 EUR	1428000,00 EUR

Aufgaben:

4.1 Berechnen Sie die Wirtschaftlichkeit der Werbung!

4.2 Berechnen Sie vor und nach der Werbung in Prozent

4.2.1 die Umsatzsteigerung,

4.2.2 die Steigerung des Gesamtumsatzes des Marktes,

4.2.3 die Steigerung der Produktions- und Vertriebskosten,

4.2.4 den Marktanteil vor und nach dem Werbefeldzug!

4.3 Erläutern Sie den ökonomischen Werbeerfolg!

4.4 Beurteilen Sie die Aussagekraft der ermittelten Kennzahlen!

5. Ein Fahrradhaus veröffentlicht im Wochenblatt ein Preisausschreiben mit einem Mountainbike als Hauptpreis. Am Preisausschreiben haben 4600 Personen teilgenommen; aufgrund des Preisausschreibens haben sich 1140 Personen für das Fahrradprogramm im Fahrradhaus interessiert; 80 Kunden haben sich zu einem Fahrradkauf entschlossen. Das Wochenblatt hat eine Auflage von 7500 Exemplaren.

   Aufgabe:

   Führen Sie mithilfe von Kennzahlen eine nicht wirtschaftliche Werbeerfolgskontrolle durch!

144 Kennzahlenanalyse

1. Nennen Sie die Aufgaben, die Kennzahlen im Absatz-Controlling übernehmen!
2. Erklären Sie, wodurch sich die ökonomischen Kennzahlen von den psychografischen unterscheiden!
3. Beschreiben Sie die Zielsetzung, die die Kennzahlen des Absatz-Controllings verfolgen!
4. Dem Controller eines Industrieunternehmens liegen folgende Daten zur Auswertung vor:

Jahresumsatz des Unternehmens:	8 670 000,00 EUR
Potenzieller Jahresumsatz des Unternehmens:	11 560 000,00 EUR
Gesamtmarktumsatz pro Jahr:	42 500 000,00 EUR
Jahresumsatz des Produkts Werkbänke:	1 040 000,00 EUR
Auftragsbestand:	1 257 150,00 EUR
Auftragseingang Plan:	940 800,00 EUR
Auftragseingang Ist:	777 456,00 EUR
Deckungsbeitrag des Produkts Werkbänke pro Jahr:	270 540,00 EUR
Marktanteil des Marktführers:	54,5 %

Aufgaben:

4.1 Berechnen Sie folgende Kennzahlen:

4.1.1 Marktanteil,
4.1.2 Relativer Marktanteil,
4.1.3 Auftragseingangsquote,
4.1.4 Auftragsreichweite,
4.1.5 Produktdeckungsbeitragssatz Werkbänke,
4.1.6 Markterschließungsgrad.

4.2 Nennen Sie Maßnahmen, die dazu geeignet sind, den Marktanteil, den Markterschließungsgrad sowie die Auftragseingangsquote zu verbessern

145 Analyse von Werbeanzeigen

Achten Sie eine Woche lang verstärkt auf die Werbung, die Ihnen begegnet. Picken Sie zwei Werbebotschaften pro Tag heraus und betrachten Sie diese intensiver unter folgenden Fragestellungen:

1. Welche Unternehmung wirbt für welches Produkt bzw. Dienstleistung?
2. Welche Informationen über das Produkt bzw. über die Dienstleistung ist in dieser Werbung enthalten?
3. Haben Sie diese Informationen verstanden?
4. Hätten Sie dadurch genügend Information über das Produkt gewonnen, um eine Kaufentscheidung zu treffen?
5. Welche Zielgruppe wird mit dieser Werbung angesprochen?
6. Welche Stilmittel (Bildmotiv, Farbwahl, Text, verwendete Adjektive) wurden in der Werbung benutzt?
7. Passen die Stilmittel zur angesprochenen Zielgruppe?
8. Welche Emotionen wurden durch die Werbung angesprochen (Freude, Attraktivität, Bewunderung, Spaß, Genuss, ...)?
9. An welche Wertvorstellungen des Betrachters wird appelliert (Sicherheit, Qualität, Umweltverträglichkeit, ...)?
10. Werden durch diese Werbung die Interessen von Anspruchsgruppen außerhalb der Zielgruppe berührt? Wenn ja – welche Anspruchsgruppe, wodurch, positiv oder negativ?
11. Hat diese Werbung in weiterer Entfernung Einfluss auf die Gesellschaft? Wenn ja – welchen, positiv oder negativ?

Notieren Sie Ihre Ergebnisse und berichten Sie über eine Ihrer Analysen in der Klasse.

Kursthema: Investition

1 Investition

1.1 Begriff Investition

- **Investitionen** sind die Verwendung von Kapital zur Beschaffung betrieblichen Vermögens.
- Investitionen gehen mit **größeren Anschaffungsauszahlungen** und **langfristiger Kapitalbindung** einher.

1.2 Investitionsziele

Unternehmen investieren aus verschiedenen Gründen. Wichtige Investitionsziele sind:

Investitionsziele	Beispiele für Investitionen
Ökonomische Ziele	■ Ersatz verbrauchter und veralteter Maschinen durch neue, im Wesentlichen identische Maschinen **(Ersatzinvestitionen)**. ■ Ersatz einer technischen Anlage durch eine leistungsfähigere und kostengünstigere Anlage zur Erhöhung der Leistungsfähigkeit und des Ertrags **(Rationalisierungsinvestitionen)**. ■ Umstellung der vorhandenen Produktionsanlage zur Anpassung an eine neue Absatzlage bzw. zur Erschließung neuer Märkte mit neuen Produkten **(Umstellungs- bzw. Diversifikationsinvestition)**. ■ Erwerb einer zusätzlichen Produktionsanlage zur Kapazitätserhöhung **(Erweiterungsinvestitionen)**. ■ Ausbau der Forschungs- und Entwicklungsabteilung, Aus- und Weiterbildung von Mitarbeitern u.Ä. **(immaterielle Investitionen)**. ■ ...
Soziale Ziele	■ Investitionen in Sicherheitsmaßnahmen zur Verringerung von Unfallgefahren. ■ Erwerb von Beteiligungen, Ausweitung des Produktprogramms u.Ä. zur Sicherung der Arbeitsplätze. ■ Einrichten einer Kinderkrippe, Aufbau einer Betriebsrente, Betrieb einer Kantine, eines Freizeitheims u.Ä. zur Erhöhung des Sozialstandards der Mitarbeiter. ■ ...
Ökologische Ziele	■ Einbau von Abgasfiltern, Kauf von recycelbaren Produktionsanlagen, Ausbau des Lärmschutzes u.Ä. zur Vermeidung von Umweltbelastungen. ■ Nutzung von Maschinen und Produktionsanlagen, die zu einer Verringerung des Ressourcenverbrauchs führen. ■ ...

1.3 Investitionsarten

(1) Gliederung der Investitionsarten nach Motiven

Es gibt unterschiedliche **Motive** in einer Unternehmung, Investitionen zu tätigen. Die nachfolgende Übersicht zeigt die Zusammenhänge zwischen den wichtigsten Investitionsmotiven und den entsprechenden Investitionsarten auf.

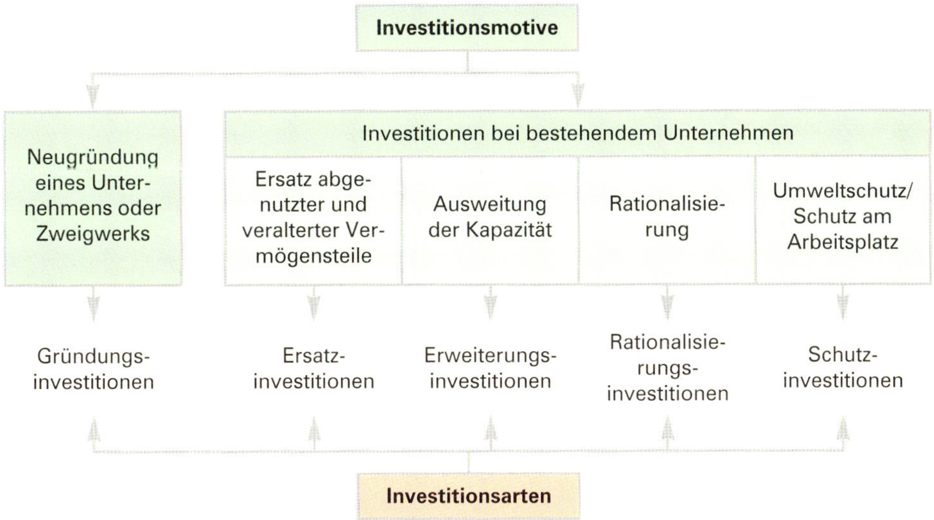

Erläuterungen:

Gründungsinvestitionen (Erstinvestitionen)	Hierunter versteht man alle Investitionen, die anlässlich der Gründung eines Unternehmens erforderlich sind. Dazu gehören die Anlageinvestitionen, Vorratsinvestitionen und die Finanzinvestitionen (z.B. Bankguthaben, Mindestkassenbestand).
Ersatzinvestitionen (Reinvestitionen)[1]	Sie dienen dazu, ausscheidende Vermögensteile zu ersetzen. Die **Kapazität des Betriebs** – gleichbleibenden technischen Stand vorausgesetzt – wird **nicht verändert.**[2] **Beispiele:** Vier ausgediente Maschinen werden durch vier neue Maschinen ersetzt. – Ein alter Lkw wird für einen neuen Lkw in Zahlung gegeben.

1 **Reinvestieren**: wieder investieren.

2 Die Reinvestitionen sind aus einer Bilanz nicht ersichtlich, weil sich Preise und Qualitäten der Investitionsgüter ändern. Um dennoch bestimmte Aussagen über die Investitionstätigkeit eines Unternehmens oder der Volkswirtschaft machen zu können, behilft man sich damit, dass man die **Abschreibungen** als Ausdruck für die Abnutzung der Investitionsgüter den Reinvestitionen gleichsetzt.

Erweiterungs-investitionen	Hierbei handelt es sich um Investitionen, die über die Ersatzinvestitionen hinausgehen. Die **Kapazität des Betriebs wird** (falls die Nettoinvestitionen größer bzw. kleiner als null sind) **verändert.** **Beispiel:** Es scheiden 4 Werkzeugmaschinen zum Anschaffungspreis von je 100000,00 EUR zum Jahresende aus. Gleichzeitig werden 6 Werkzeugmaschinen zum Anschaffungspreis von je 100000,00 EUR gekauft.[1] Die Ersatzinvestition beträgt dann 400000,00 EUR, die Zusatzinvestition (Erweiterungsinvestition) 200000,00 EUR.
Rationalisierungs-investitionen	In der Regel beinhalten sowohl Ersatz- als auch Neuinvestitionen technische Verbesserungen (z.B. mehr Leistung bei gleichen Kosten oder geringere Kosten bei gleicher Leistung oder bessere Produktqualität usw.). Man spricht daher auch von **Verbesserungsinvestitionen (Rationalisierungsinvestitionen).**
Schutzinvestitionen	Andererseits können Investitionen Schutzinvestitionen sein (Umweltschutz, Schutz am Arbeitsplatz), die die Kapazität des Betriebs nicht unmittelbar verändern.

Die **Summe aller Investitionen** (Ersatz- und Zusatzinvestitionen) ist die **Gesamtinvestition (Bruttoinvestition).**

In der Praxis fällt eine Investition in der Regel unter mehrere Investitionsarten.

Beispiel:

Der Ersatz einer Fräsmaschine, die bisher von einem Mitarbeiter bedient wurde, durch einen leistungsstärkeren Automaten ist eine Sach-, Ersatz-, Erweiterungs- und Rationalisierungsinvestition.

(2) Gliederung der Investitionsarten nach der Form der Anlage

Nach der Form der Anlage unterscheidet man zwischen Sachinvestitionen, Finanzinvestitionen und immateriellen Investitionen.

Anregung und Vorbereitung der Investitionsentscheidung

Sachinvestitionen	Finanzinvestitionen	Immaterielle Investitionen
Sie liegen vor, wenn in Grundstücke, Maschinen, Werkzeuge, Vorräte u.Ä. investiert wird.	Hier erwirbt das Unternehmen Forderungs- und Beteiligungsrechte (z.B. Obligationen, Aktien).	Hierzu zählen z.B. Forschungs- und Entwicklungsinvestitionen, Werbeinvestitionen, Ausbildungsinvestitionen, Sozialinvestitionen.

Zusammenfassung

- **Investitionen** sind die **Beschaffungen von betrieblichem Vermögen,** die
  - mit **größeren Anschaffungsauszahlungen,**
  - einer **längerfristigen Bindung von Finanzmitteln**
  - und einer **nachfolgenden Kapitalfreisetzung**

  einhergehen.

1 Es werden konstante (gleichbleibende) Preise unterstellt.

- Mit einem Investitionsprojekt können
  - **ökonomische,**
  - **soziale** und
  - **ökologische**

  Ziele verfolgt werden.
- **Motive für eine Investition** sind
  - **Ersatz abgenutzter und veralteter Vermögensteile,**
  - **Ausweitung der Kapazität** und
  - **Rationalisierung.**
- Nach der Form der Anlage unterscheidet man in
  - **Sachinvestitionen,**
  - **Finanzinvestitionen** und
  - **immaterielle Investitionen.**

Übungsaufgabe

146 Grundbegriff Investition

1. Skizzieren Sie den Begriff Investition!
2. Erläutern Sie die nachfolgende Abbildung!

Aktiva — Bilanz zum 31.12.20.. — Passiva

Aktiva	Passiva
Investitionsbereich	Kapitalbereich
Zahlungsbereich	

3. Erklären Sie den Begriff Desinvestition!
4. Die Sport-Burr KG gewährt dem F.C. Grün-Weiß Siegen e.V. einen zinslosen Kredit in Höhe von 10000,00 EUR.

   Aufgabe:

   Überprüfen Sie, ob eine Investition vorliegt!
5. Gliedern Sie Investitionsarten:

   5.1 nach der Form der Anlage,

   5.2 nach dem Zweck der Investition!
6. In einem Betrieb wurden im vergangenen Jahr 10 Fräsmaschinen zu je 160000,00 EUR angeschafft. Ausgeschieden sind 7 Fräsmaschinen zu je 160000,00 EUR Anschaffungwert.

   Aufgaben:

   6.1 Berechnen Sie die Brutto-, Netto- und Reinvestition in Stück und in Euro!

   6.2 Erläutern Sie, warum mit konstanten Preisen gerechnet werden muss, wenn die reale (wirkliche) Höhe von Brutto-, Netto- und Reinvestitionen berechnet werden soll!

7. Die Metallwarenfabrik Haller GmbH fertigt Auspuffanlagen für die Autoindustrie auf zwei Spezialmaschinen mit einer Monatskapazität von jeweils 400 Stück.

   Die Haller GmbH möchte in das Geschäft mit dem Zubehörhandel einsteigen. Deshalb soll eine alte Maschine durch eine computergesteuerte Universalmaschine ersetzt werden. Die neue Maschine hat die doppelte Kapazität der alten Maschine bei sinkenden Kosten.

   Aufgaben:

   7.1 Erläutern Sie je drei Argumente, die für und die gegen die Einführung einer anlageintensiven Fertigungsmethode sprechen!

   7.2 Nennen Sie die vorliegende Investitionsart und formulieren Sie das zugrunde liegende Investitionsziel!

8. Nennen Sie für die nachfolgenden Investitionsentscheidungen die Investitionsart!

   8.1 In der Kantine der Clean-Tec OHG ist die Frischhaltetheke nach einer Nutzungsdauer von 6 Jahren ausgefallen. Die Geschäftsleitung entschließt sich, die Frischhaltetheke durch das gleiche Modell mit einem geringeren Energieverbrauch zu ersetzen.

   8.2 Die Kramer GmbH erwirbt für ihre Buchhaltung ein neues Softwareprogramm für 26800,00 EUR zur Bearbeitung der immer umfangreicheren Daten.

   8.3 Die MicroTex Technologies GmbH gründet in China ein Zweigwerk. Die Garnproduktion beliefert die asiatischen Länder.

   8.4 Aufgrund einer technischen Neuerung, muss die MicroTex Technologies GmbH ihre Garnmaschinen im Stammwerk umrüsten. Die Umrüstung verursacht Kosten in Höhe von 300000,00 EUR.

2 Anregung und Vorbereitung der Investitionsentscheidung

2.1 Investitionsplanung

Soll ein neues Zweigwerk eröffnet werden oder soll in einem bestehenden Betrieb eine technisch und wirtschaftlich verbrauchte Anlage ersetzt werden, so muss solchen Maßnahmen eine genaue Investitionsplanung vorausgehen. Hauptproblem hierbei ist die Abstimmung der Investitionsplanung mit den übrigen Teilplänen.

Die Investitionsplanung ist vor allem mit folgenden **Teilplänen** verknüpft:

- **Finanzierung.** Der Finanzbereich hat die Mittel zur Durchführung von Investitionen zur Verfügung zu stellen. Eine Investitionsplanung ohne laufende Abstimmung mit der Finanzplanung ist daher sinnlos.
- **Produktion.** Die Produktions- und Produktprogrammplanung ist abhängig von deren Finanzierbarkeit. Häufig wird erst bei der Erstellung des Produktionsplans bzw. der Produktprogrammplanung der Bedarf an Investitionen festgestellt.
- **Absatz.** Über den Produktionsprogrammplan ist der Investitionsplan auch mit dem Absatzplan verbunden. Schließlich kann – ausgenommen die Handelswaren – nur das verkauft werden, was zuvor produziert wurde.

Die **Investitionsplanung** muss mit der Planung in den Bereichen Finanzierung, Produktion und Absatz abgestimmt werden.

2.2 Investitionsentscheidungsprozess

Der Entscheidungsprozess für eine einzelne Investition (Investitionseinzelplanung) kann in folgende Schritte gegliedert werden:

(1) Feststellung eines Investitionsbedarfs

Die Feststellung eines Investitionsbedarfs erfolgt in der Regel durch den zuständigen Abteilungsleiter bzw. die Unternehmensleitung. Gleichzeitig wird festgestellt, ob es sich um eine **notwendige** oder um eine **erwünschte Investition** handelt. Außerdem muss die **Zielsetzung der Investition** festgelegt werden.

Beispiel:

Eine voll abgeschriebene Spritzgussmaschine soll durch eine neue Anlage ersetzt werden (Ersatzinvestition). Gründe hierfür: altersbedingt steigende Reparaturkosten, Kosten für altersbedingte Produktionsausfälle, Kosten für altersbedingt höheren Werkstoffverbrauch, Kosten für altersbedingt steigende Bedienungsintensität, Preiseinbußen wegen altersbedingter Minderqualität.

(2) Festlegung der technischen, wirtschaftlichen, sozialen und rechtlichen Kriterien für die Investitionsentscheidung

Steht der Investitionsbedarf fest, muss festgelegt werden, welche **technischen, wirtschaftlichen, sozialen** und **rechtlichen Bewertungskriterien** an die Investition zu stellen sind. Die Bewertungskriterien sind möglichst genau zu präzisieren. Dabei ist zu unterscheiden, ob es sich um **quantitative** oder um **qualitative Kriterien** handelt.

Quantitative Bewertungskriterien

Es handelt sich um **zahlenmäßig erfassbare Daten.** Sie bilden die Grundlage für die **Investitionsrechnung.**[1] Innerhalb des Entscheidungsprozesses hat die Investitionsrechnung die Aufgabe, alle zahlenmäßig erfassbaren Faktoren der Investition zu beurteilen. Damit wird die Investitionsentscheidung auf eine rationale Grundlage gestellt und einer Kontrolle zugänglich gemacht.

Beispiel für quantitative Bewertungskriterien:

- Kosten und Erträge
- Ausgaben und Einnahmen
- Anschaffungskosten
- Nutzungsdauer
- Energieverbrauch
- Produktivität
- angestrebte Mindestrendite
- Kapitalrückflusszeit
- Kapazität z. B. je Stunde, Monat, Jahr
- ...

Qualitative Bewertungskriterien

Es handelt sich um **zahlenmäßig nicht erfassbare Daten.** Es sind **technische, wirtschaftliche** und **soziale Eigenschaften** der Investitionsgegenstände, die in die Investitionsentscheidung mit einfließen. Die Investitionsentscheidung wird somit nicht allein durch die Investitionsrechnungsverfahren „errechnet". Diese sind vielmehr nur eine, wenn auch wichtige, Entscheidungshilfe.

1 Siehe Kapitel 3, S. 407 ff.

Beispiel für qualitative Bewertungskriterien:

technische Kriterien	wirtschaftliche Kriterien	soziale Kriterien
- Bedienungsfreundlichkeit - Betriebssicherheit - Ausbaumöglichkeit zur Produktdifferenzierung - leichtes Anlernen neuer Mitarbeiter - Umweltverträglichkeit (Lärm, Gerüche, Luft- und Wasserverschmutzung, Recycelfähigkeit) - ...	- Eigenschaften der Lieferer (Zuverlässigkeit, Service ...) - notwendige Mitarbeiter (Anzahl, Qualifizierung) - Änderung der Arbeitsorganisation - Garantie, Kulanz - Raumbedarf - ...	- Minderung der Belastung für die Mitarbeiter - Möglichkeit leistungsabhängiger Lohndifferenzierung - Möglichkeit zur Aufgabenerweiterung für die Mitarbeiter - Auswirkungen auf das Betriebsklima - Minderung der Umgebungseinflüsse - ...

Um die qualitativen Daten vergleichbar zu machen, versieht man die einzelnen Kriterien entweder mit Bewertungszahlen, die anschließend addiert werden **(Stufenwertzahlverfahren)** oder man ordnet den einzelnen Merkmalen Rangplätze zu, die anschließend ebenfalls addiert werden **(Rangreihenverfahren).**[1]

(3) Ermittlung von Investitionsalternativen

In dieser Entscheidungsphase beginnt die Suche nach geeigneten Lieferern und alternativen Modellen für das Investitionsgut. Es werden Angebote eingeholt und verglichen. Außerdem wird geprüft, ob die Eigenfertigung (z.B. eines Werkzeugs, einer Maschine) kostengünstiger ist als ein Fremdbezug.

Nach Abschluss dieser Phase liegt eine kostengeprüfte Zusammenstellung der Investitionsalternativen vor, deren Durchführung technisch, wirtschaftlich, sozial und rechtlich möglich ist.

(4) Auswahl der besten Alternative (Investitionsentscheidung)

Die Investitionsentscheidung wird zugunsten des Angebots getroffen, das die quantitativen und qualitativen Bewertungskriterien am besten erfüllt. Handelt es sich um ein notwendiges Investitionsprojekt, so wird die beste Investitionsalternative auf **jeden Fall** in das Investitionsprogramm aufgenommen. Handelt es sich nur um eine erwünschte Investition, so wird entschieden, ob die beste Investitionsalternative zur Aufnahme in das Investitionsprogramm **empfohlen** werden soll.

(5) Zusammenstellung des Investitionsprogramms

Nach Abschluss der Einzelbeurteilung der Investitionsprojekte erfolgt die Entscheidung über die Zusammenstellung des Investitionsprogramms. Dabei muss eine sorgfältige Abstimmung mit den übrigen Teilplänen erfolgen. Insbesondere muss die Finanzierung des Investitionsprogramms gesichert sein. Erst danach wird das Investitionsprogramm für den betrachteten Planungszeitraum festgelegt. Die ausgesonderten Investitionsprojekte werden für die nächste Planungsperiode zurückgestellt.

1 Auf die Darstellung dieser Verfahren wird im Folgenden nicht eingegangen.

Ablauf des Investitionsplanungs- und -entscheidungsprozesses

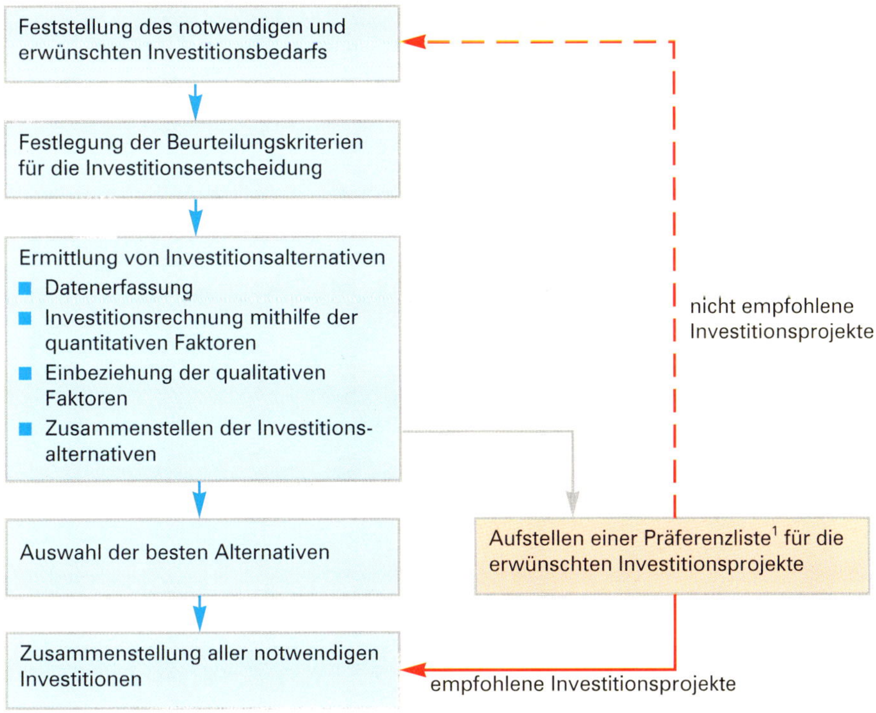

2.3 Nachhaltiges Investment

(1) Konzept der nachhaltigen Entwicklung

Ökonomie und Ökologie sind untrennbar miteinander verbunden. Zwangsläufig müssen bei der industriellen **Herstellung** von Gütern die Ressourcen der Umwelt genutzt werden. Rohstoffe werden der Erde entnommen, Energie wird verbraucht, Emissionen werden in Luft, Boden und Wasser geleitet, Produktionsrückstände werden, sofern nicht wiederverwertbar, entsorgt. Auch die **Verwendung** der hergestellten Güter ist in der Regel nicht möglich ohne Beeinträchtigung der Umwelt (Beispiel Kraftfahrzeug: Abgase, Energieverbrauch, Landschaftsverbrauch, Lärm und Entsorgung).

Beispiele:

- Stetiger Abbau nicht ersetzbarer Rohstoffe,
- Zerstörung der natürlichen Umwelt durch Verbauung und Verschmutzung,
- Entstehen von Krankheiten durch Lärm, Schmutz und Unfälle.

1 **Präferenz**: Vorrang, Vorzug.

Jene Kosten, die nicht vom Verursacher im Rahmen der Produktion bzw. der Nutzung der Güter übernommen werden, führen zu negativen **„externen Effekten" (Social Costs)**. Sie werden zum Beispiel in Form von Umweltschäden der Allgemeinheit aufgebürdet.

Nachfolgende Grafik macht das Ausmaß der weltweiten Umweltzerstörung deutlich, die sich tagtäglich wiederholt.

Andererseits stehen Ökonomie und Ökologie auch in einem Konflikt zueinander, denn sie verfolgen unterschiedliche Zielsetzungen. Die **Ökonomie strebt nach Wachstum.** Betriebswirtschaftlicher Erfolg wird häufig daran gemessen, wie viel an „Mehr" gegenüber der vorherigen Periode erzielt worden ist. Wachstum ist in der Ökologie hingegen eher negativ besetzt und oft ein Zeichen von Krankheit, z.B. wuchert ein Tumor. **Ökologie strebt** in der Regel **nach Stabilität,** nach Gleichgewicht.

- Ökonomie und Ökologie **prallen aufeinander,** weil die Ökonomie die Umwelt als Ressourcenlieferant und als Aufnahmemedium für Emissionen und Abfälle in Anspruch nimmt. Somit werden die **Umwelt belastet** und das **ökologische Gleichgewicht gestört.**
- Das **Ziel** besteht darin, Ökonomie und Ökologie so zusammenzubringen, dass die Nachhaltigkeit als Wachstumsmotor dient und daraus eine Wertschöpfung erzielt werden kann. **Gewinn** soll also **nicht trotz**, sondern **gerade durch Nachhaltigkeit** erzielt werden.
- **Nachhaltige Entwicklung (Wirtschaften**) erfordert, dass wir heute so leben und handeln, dass künftige Generationen überall eine lebenswerte Umwelt vorfinden und ihre Bedürfnisse befriedigen können.

Der Begriff der Nachhaltigkeit stammt ursprünglich aus der Forstwirtschaft und wurde erstmals Anfang des 18. Jahrhunderts von *Hans Carl von Carlowitz* verwendet. Die vom Bergbau ausgelöste Holzknappheit veranlasste ihn zur Erarbeitung eines **Nachhaltigkeitskonzepts**[1] zur Sicherung des Waldbestands als natürliche Ressource für die Holzwirtschaft, wonach immer nur so viel Holz geschlagen wird, wie durch Wiederaufforstung nachwachsen kann. Auf heutige Verhältnisse übertragen ist außerdem dafür zu sorgen, dass dem Wald nicht die **natürlichen Lebens- und Wachstumsvoraussetzungen** entzogen werden, z. B. durch Schadstoffe im Boden und in der Luft (saurer Regen, Waldsterben), durch Klimawandel (Treibhauseffekt) oder durch Schädigung der Erdatmosphäre (Ozonloch).

Nicht zuletzt vor dem Hintergrund der nachhaltigen Entwicklung stellt sich die Frage: **Was und wie viel soll produziert werden?**

(2) Agenda 21

Auf der UNO-Konferenz „Umwelt und Entwicklung" in Rio de Janeiro im Jahre 1992 wurde die Resolution[2] **Agenda 21** beschlossen, die bis heute von 179 Staaten (darunter auch Deutschland) unterzeichnet wurde. Die Agenda 21 ist ein Handlungsprogramm für das 21. Jahrhundert. Sie fordert als Leitziel eine **nachhaltige Entwicklung** (engl.: **sustainable development**).

Die **Agenda 21** fordert, dass Industrienationen und Entwicklungsländer zukunftsfähige, dauerhafte und tragfähige Konzepte erstellen, die

- ökologisches Gleichgewicht,
- ökonomische Sicherheit und
- soziale Gerechtigkeit

schaffen **(„Magisches Dreieck" der Nachhaltigkeit)**.

Damit die Agenda 21 ihre Ziele erreicht, müssen insbesondere die reichen Industrienationen ihre ressourcenfressende und umweltschädigende Produktions- und Lebensweise umstellen.

Im Sinne einer **nachhaltigen Entwicklung** sollen insbesondere die **Industrieländer** durch eine veränderte Wirtschafts-, Umwelt- und Entwicklungspolitik die Bedürfnisse der heutigen Generation befriedigen, ohne dabei jedoch die Chancen künftiger Generationen zu gefährden oder gar zu zerstören.

1 **Konzept**: Entwurf, Plan.

2 **Resolution**: Beschluss, Entschließung.

26 Speth u.a. - ISBN 978-3-8120-0576-0

(3) Nachhaltiges Investment im Industriebetrieb

Die Forderung zur Nachhaltigkeit ist auch für das Investment in den Industriebetrieben von Bedeutung. Wichtige Ziele nachhaltiger Investitionen sind:

Ausgleich zwischen Ökonomie und Ökologie bei einer Investition	■ Nur umweltverträgliche Investitionen vornehmen. ■ Bei Investitionen in Anlagegüter auf Recyclingfähigkeit achten. ■ Produkte entwickeln, die besonders umweltverträglich sind. ■ Nachwachsende Rohstoffe für die Produktion einsetzen. ■ ...
Förderung der Ökologie durch eine Investition	■ Steigerung der Energieeffizienz durch Nutzung von Abwärme zur Stromerzeugung. ■ Nutzung regenerativer Energien. ■ Recycelbare Abfälle aussondern. ■ ...
Auf die Sozialverträglichkeit einer Investition achten	■ Nur Investitionen vornehmen, die die Gesundheitsgefährdung der Mitarbeiter verringert. ■ Sozialverträgliche Arbeitszeitmodelle anbieten. ■ Nur Rohstoffe aus Ländern verwenden, in denen die Sozialstandards eingehalten werden. ■ Soziale Einrichtungen unterstützen (z.B. durch die Weitergabe überzähliger Kleidung, Lebensmittel). ■ ...

Beispielhaft wird im Folgenden auf ein Unternehmen des Automobilbaus Bezug genommen, das auf **Ökologie im Rahmen des Herstellungsprozesses** und auf die **umweltverträgliche Verwendung seiner Produkte** über den gesamten Lebenslauf achtet.

Ansatzpunkte im Rahmen des Herstellungsprozesses

- **Montagegerechte Konstruktion** spart Energie im Rahmen der Herstellungsprozesse.
- **Moderne Werkzeugmaschinen** mit **CNC-Steuerung** sind vielseitig einsetzbar (ersparen damit mehrere Spezialmaschinen), arbeiten sehr präzise (weniger Arbeitsgänge sind notwendig), haben geringere Anlauf- und Umrüstzeiten und senken damit die Stückkosten.

- **Energieeffiziente Gestaltung der Fertigungsprozesse** (z.B. Nutzung der Restwärme, Energierückgewinnung) und **des Gebäudes** (z.B. Lichter werden durch Bewegungsmelder eingeschaltet und automatisch wieder ausgeschaltet, Verwendung von LED-Lampen).
- **Vorbeugende Instandhaltung** und **Werkzeugpflege** verringert das Risiko von Materialausschuss und störungsbedingten Ausfallzeiten.
- Die **traditionellen Fertigungsorganisationen** beruhen noch auf der Denkweise vom **Gesetz der Massenproduktion,** also: Große Produktionsmengen eines einheitlichen Erzeugnisses über einen längeren Zeitraum an einem zentralen Ort bringen Kostenvorteile. Dies führt zu starker Abhängigkeit von Auslastungsschwankungen, weiten Transportwegen zum Kunden und hohen Energieverbrauchen.

Um effizient, flexibel und Ressourcen schonend zu produzieren, ist ein Umdenkprozess erforderlich. Eine Lösung ist möglicherweise die **Schaffung von** kundennahen, zwischenbetrieblich **vernetzten Fertigungsorganisationen** (gegenseitiger Austausch von Arbeitskräften und Fertigungskapazitäten je nach Auslastung).

Ansatzpunkte im Rahmen der Produktnutzung

- Einrichtungen von **Abgasrückführung, Katalysatoren** und **Partikelfiltern** verringern die Emissionen in die Luft.
- Der **Einbau von Dämmstoffen** mindert die Lärmbelastung fahrender Fahrzeuge.
- Besondere **Sicherheitssysteme** (zur Spur- und zur Abstandshaltung, intelligente Lichtsysteme, ABS usw.) senken das Unfallrisiko und verringern die Verletzungsgefahr von Menschen.
- Die Ausstattung mit einer Vielzahl von **Sensoren, Computern** und einem **Auto-Diagnose-Speicher** unterstützt einerseits den Kundendienst in einer zielgerichteten, werterhaltenden Wartung, andererseits auch den Fahrer (z. B. Warnung vor Reifendruckverlust) und bewahrt ihn so vor dem Risiko eines Schadens.

Quelle: TÜV SÜD

- Eine **hohe Recyclingquote** der verwendeten Materialien schont den Rohstoffeinsatz.
- **Gewichtsreduzierung** durch Leichtbau, aerodynamische Karosserie, **Start-Stopp-Automatik** und gezielte **Fahrerinformationen zur energiesparenden Fahrweise** (momentaner Benzinverbrauch) führen zu geringerem Energieverbrauch.

(4) Nachhaltigkeit auf der Ebene des Unternehmensmanagements

Immer mehr Unternehmen verpflichten sich dem Leitbild der Nachhaltigkeit, um öffentliche Kritik der Stakeholder[1] (vor allem Medien, Naturschutzorganisationen) zu vermeiden und den Erwartungen ihrer Kunden in ökologisch und ethisch einwandfreie Produkte nachzukommen.

Unternehmen, die im Bereich Nachhaltigkeit aktiv sind, werden national und international ausgezeichnet (z. B. Investing in the Future Award) und zum Vergleich mit anderen Unternehmen in Nachhaltigkeitsrankinglisten (z. B. Oekom Research Ranking) eingeordnet.

Nachhaltiges Handeln eines Unternehmens könnte z. B. zu folgendem **Leitbild** führen:

- „Wir tragen Verantwortung für die wirtschaftliche Leistungsfähigkeit und den dauerhaften ökonomischen Erfolg unseres Unternehmens.
- Wir stellen uns der Verantwortung für die Schonung der Ressourcen unseres Planeten und die Bewahrung einer intakten Umwelt für heutige wie für kommende Generationen.
- Wir nehmen unsere Verantwortung gegenüber den Menschen wahr, die an der Geschäftstätigkeit unseres Unternehmens beteiligt oder von deren Auswirkungen betroffen sind, sowie gegenüber der Gesellschaft, als deren mitgestaltender Teil sich unser Unternehmen versteht."

1 Vgl. Band 1, Jahrgangsstufe 11, S. 25f.

Zusammenfassung

- Die **Investitionsplanung** muss mit der Planung in den Bereichen Finanzierung, Produktion und Absatz abgestimmt werden.
- **Nachhaltigkeit** bedeutet, dass wir heute so leben und handeln, dass künftige Generationen überall eine lebenswerte Umwelt vorfinden und ihre Bedürfnisse befriedigen können.
- Das Konzept der Nachhaltigkeit verpflichtet, Ökonomie und Ökologie so zusammenzubringen, dass die **Nachhaltigkeit zum Wachstumsmotor** wird. **Gewinn** soll **nicht trotz,** sondern **gerade durch Nachhaltigkeit** erzielt werden.
- Die **Agenda 21** ist ein Handlungsprogramm für das 21. Jahrhundert und fordert als **Leitziel** eine **nachhaltige Entwicklung.**
- Das **„magische Dreieck“** der Nachhaltigkeit will
  - **ökologisches Gleichgewicht,**
  - **ökonomische Sicherheit** und
  - **soziale Gerechtigkeit**

  in ein zukunftsfähiges, dauerhaftes und tragfähiges Konzept einbetten.
- **Nachhaltiges** Handeln ist in **vielen Bereichen des Unternehmens** möglich, z. B.
  - im Bereich der Investitionen,
  - in der Beschaffung,
  - im Rahmen des Herstellungsprozesses,
  - in der Produktgestaltung und
  - im Bereich des Unternehmensmanagements.

Übungsaufgabe

147 Investitionsplanung, Nachhaltigkeit

1. Zeigen Sie an einem Beispiel auf, warum Investitionspläne immer mit den Teilplänen Produktion, Finanzierung und Absatz abgestimmt werden müssen!
2. Beschreiben Sie, auf welche Weise Ökonomie und Ökologie zwangsweise verknüpft sind!
3. Begründen Sie den Zielkonflikt zwischen Ökonomie und Ökologie!
4. Definieren Sie den Begriff externe Effekte (Social Costs)! Nennen Sie hierfür zwei Beispiele!
5. **Beispiel 1:**

   „Die Erdbeeren stammen aus Polen, die Bakterien aus Schleswig-Holstein, die Aluminiumdeckel werden aus dem Rheinland nach Stuttgart gekarrt: Bis so ein simpler Fruchtjoghurt im Supermarkt-Regal landet, fahren Lastwagen durch halb Europa, mehr als neuntausend Kilometer weit.“[1]

1 Quelle: http://altes-kurfuerstlilches-gym.bensheim.schule.hessen.de/lkpw/mat-11.2/ein_joghurt_kommt_in_fahrt.pdf“; 22.04.2016.

Beispiel 2:

Aus dem Umweltbericht der adidas-Salomon AG:[1]

Transportkilometer für die Beschaffung von Rohstoffen, für die Serienfertigung der Fußballschuhe und für die Ballproduktion sowie die Verlagerung der Schaftproduktion und des Ballnähens:

Rohstoffeinkauf Fußballschuhe:	179.633 km
Rohstoffeinkauf Fußbälle:	22.075 km
Schaftproduktion:	69.163 km
Ballnähen:	164.416 km

Aufgaben:

5.1 Erklären Sie, welche Konsequenzen die Globalisierung für den Standort Deutschland hat!

5.2 Erläutern Sie die weltweiten ökonomischen, ökologischen und sozialen Auswirkungen des Global Sourcings!

6. Erläutern Sie die Begriffe Nachhaltigkeit und Agenda 21.

7. Beschreiben Sie kurz die Möglichkeiten eines Industriebetriebes zu umweltverträglichem Handeln

   7.1 im Rahmen des Herstellungsprozesses,

   7.2 bei der späteren Nutzung seiner Produkte!

8. Schauen Sie auf Ihren privaten Lebensbereich. Überlegen Sie, durch welche Maßnahmen in der Lebensführung und durch welche Güter Ihres täglichen Bedarfs Sie Ihren persönlichen Beitrag zu einem nachhaltigen Wirtschaften erbringen könnten!

9. Gehen Sie auf folgende Web-Site:

   http://www.wwf.ch/de/aktiv/besser_leben/footprint/; Stand: 22.04.2016.

   Informieren Sie sich, was ein ökologischer Fußabdruck ist und bestimmen Sie Ihren persönlichen ökologischen Fußabdruck!

   Bereiten Sie eine kurze Stellungnahme zu Ihrem Ergebnis vor und machen Sie Vorschläge zur Verbesserung!

10. Siehe Schema auf S. 406!

    Aufgabe:

    Erläutern Sie die vorgegebene Abbildung!

1 Vgl. adidas-Salomon AG (Hrsg.): Umweltbericht 2001, S. 16.

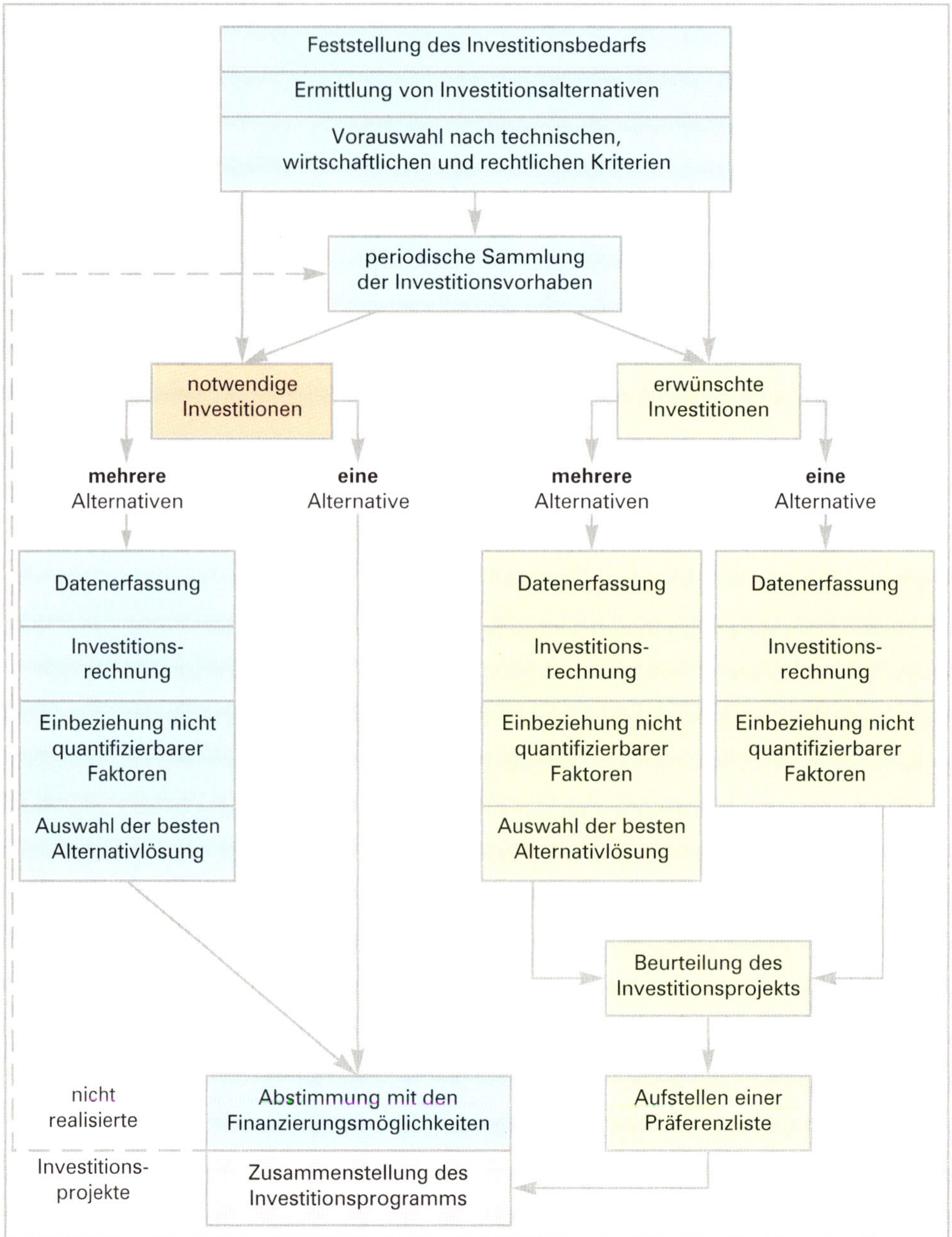

Quelle: Heinhold, M.: Investitionsrechnung, 8. Aufl., München 1999, S. 22

3 Investitionsrechnung als Entscheidungsinstrument

3.1 Grundlegendes

Ein Investor wird sich dann für die Durchführung einer Investition entscheiden, wenn sich das gebundene Kapital in einer Höhe verzinst, die er im Vergleich zu alternativen Anlagemöglichkeiten als ausreichend ansieht.

- Eine Investition ist z.B. als lohnend anzusehen, wenn über den Nutzungszeitraum die aus der Investition fließenden **Einzahlungen**[1] **höher** sind als die damit verbundenen **Auszahlungen.**[2]
- Zudem muss der **Überschuss der Einzahlungen** eine **angemessene Verzinsung** des eingesetzten Kapitals ermöglichen.[3]

Die Schwierigkeit für den Planer liegt in der Unsicherheit begründet, dass die durch das Investitionsobjekt bedingten zukünftigen Einzahlungen und Auszahlungen nicht exakt einzuschätzen sind.

- Die **Investitionsrechnung** hat die Aufgabe, alle **zahlenmäßig erfassbaren Daten** eines Investitionsobjekts zu sammeln und daraus eine **Beurteilung des Investitionsobjekts** abzuleiten.
- Die **wichtigsten Daten** für die Erstellung einer Investitionsrechnung sind die aus den Investitionsobjekten zu erwartenden **Einzahlungen** und **Auszahlungen** bzw. die zu erwartenden **Kosten.** Die Daten sind umso unsicherer, je weiter die Planung in die Zukunft weist.

Ziel der Investitionsrechnung ist es, die **Investitionsentscheidung** auf stabile Beine zu stellen. Man möchte wissen, welches von mehreren sich gegenseitig ausschließenden Investitionsobjekten das vorteilhafteste ist.

Um die Vorteilhaftigkeit von Investitionen zu bestimmen, haben Theorie und Praxis Rechenverfahren entwickelt. Man unterscheidet **statische** und **dynamische Investitionsrechnungen**.

Statische Verfahren	Dynamische Verfahren
■ Sie beurteilen eine Investition aufgrund der anfallenden **Kosten,** des **Gewinns,** der **Rentabilität** oder der zu erwartenden **Einzahlungen** und **Auszahlungen.** ■ Unterschiede im Hinblick auf den **Zeitpunkt der Ein- und Auszahlungen** werden **nicht berücksichtigt.**	■ Hier spielt nicht nur die **Höhe** der Ein- und Auszahlungen eine Rolle, sondern auch der **Zeitpunkt,** zu welchem dieser Vorgang stattfindet. ■ **Einzahlungen** sind umso **weniger wert,** je **weiter** sie in der **Zukunft liegen.**

1 **Einzahlungen** führen zu einer Zunahme des Zahlungsmittelbestands.
2 **Auszahlungen** führen zu einer Abnahme des Zahlungsmittelbestands.
3 Man nennt die Investitionsrechnung deshalb auch **Wirtschaftlichkeitsrechnung.**
Das Kapitel stützt sich auf folgende Literatur:
Heinold, Michael: Investitionsrechnung, Studienbuch, 8. Aufl., München 1999.
Wöhe, Günter: Einführung in die Allgemeine Betriebswirtschaftslehre, 24. Aufl., München 2010.
Olfert/Reichel: Investition, 11. Auflage, Ludwigshafen 2009.

3.2 Statische Verfahren der Investitionsrechnung

Im Folgenden werden vier Verfahren vorgestellt:

- die **Kostenvergleichsrechnung,**
- die **Gewinnvergleichsrechnung,**
- die **Rentabilitätsvergleichsrechnung** und
- die **Amortisationsrechnung.**

Für die Darstellung der einzelnen Verfahren verwenden wir das nachfolgende Investitionsvorhaben.

Beispiel:

Ausgangssituation:

Die Hohenlimburger Kaltstahl AG möchte eine moderne Presse zur Produktion von Formteilen beschaffen. Es liegen zwei Angebote vor, die von der Abteilung Controlling ausgewertet werden:

Angebot 1 (vollautomatische Presse)

Anschaffungskosten 162000,00 EUR, geplante Nutzungsdauer sechs Jahre, Restwert 12000,00 EUR, geplante Leistungsmenge pro Jahr 18000 Teile, Kapazitätsgrenze 28000 Teile, Fixkosten pro Jahr: lineare Abschreibung, kalkulatorische Zinsen (Zinssatz 10%) und sonstige Fixkosten in Höhe von 41100,00 EUR, variable Kosten je Stück 9,50 EUR.

Angebot 2 (halbautomatische Presse)

Anschaffungskosten 90000,00 EUR, geplante Nutzungsdauer vier Jahre, kein Restwert, geplante Leistungsmenge pro Jahr 18000 Teile, Kapazitätsgrenze 27000 Teile, gesamte Fixkosten (einschließlich Abschreibungen und Zinsen [Zinssatz 10%]) pro Jahr 29000,00 EUR, variable Kosten je Stück 12,00 EUR.

Der Verkaufspreis für ein Formteil liegt zurzeit bei 14,00 EUR. Die Hohenlimburger Kaltstahl AG schreibt linear ab.

3.2.1 Kostenvergleichsrechnung

(1) Grundlegendes

Die Kostenvergleichsrechnung beurteilt Investitionsalternativen ausschließlich nach den von ihnen **verursachten Kosten.** Dabei soll sich der Investor für das Investitionsobjekt mit den geringsten Kosten entscheiden. Der Entscheidung können die **Jahreskosten** oder die **Stückkosten** zugrunde gelegt werden.

Die Kostenvergleichsrechnung verwendet nur die Rechengröße **Kosten.**

Die zur Beurteilung heranzuziehenden Kosten setzen sich zusammen aus den fixen[1] und variablen[2] Kosten.

$$K = K_{fix} + k_v \cdot x$$

- Zu den **variablen Kosten** zählen z.B. die Fertigungslöhne und die Materialkosten.
- Die **fixen Kosten** umfassen insbesondere die kalkulatorische Abschreibung und die kalkulatorischen Zinsen.

1 **Zur Erinnerung: Fixe Kosten** sind Kosten, die sich bei Änderung der Produktionsmenge in ihrer **absoluten Höhe nicht verändern.**

2 **Zur Erinnerung: Variable Kosten** sind Kosten, die sich bei Änderung der Produktionsmenge in ihrer **absoluten Höhe verändern.**

Mithilfe der **kalkulatorischen Abschreibung** wird der Werteverzehr des Investitionsobjekts erfasst. Dabei wird im Folgenden von einer linearen Abschreibung ausgegangen.

$$\text{kalkulatorische Abschreibung} = \frac{\text{Anschaffungskosten} - \text{Restwert}^{1}}{\text{Nutzungsdauer}}$$

Die **kalkulatorischen Zinsen** werden vom durchschnittlich gebundenen Kapital berechnet.

$$\text{kalkulatorische Zinsen} = \frac{\text{Anschaffungskosten} + \text{Restwert}}{2} \cdot \frac{\text{Zinssatz}}{100}$$

Da der Restwert (RW) erst am Ende der Nutzungsdauer (ND) zurückfließt, ist für die Ermittlung des durchschnittlich gebundenen Kapitals der Restwert zu den Anschaffungskosten (AK) hinzuzurechnen.

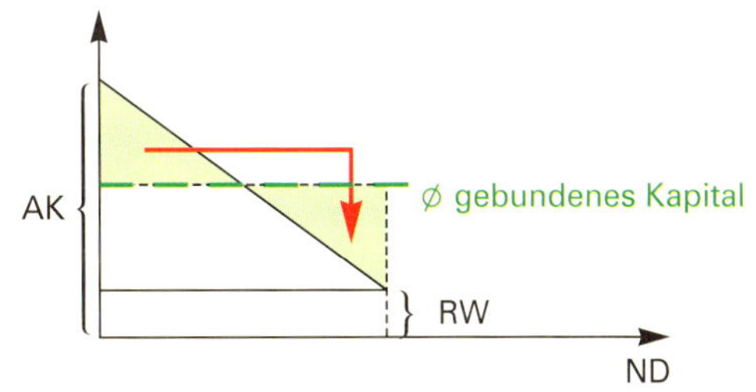

- Bei der **Kostenvergleichsrechnung** vergleicht der Investor die **investitionsbedingten Kosten** der verschiedenen Investitionsalternativen in **einer Nutzungsperiode**.
- Für die **Investitionsentscheidung** sind folgende Einflussgrößen zu berücksichtigen:
  - Stückzahl,
  - Kosten (auf der Basis von Gesamt- und Stückkosten).
- **Entscheidungsregel**:
  Bevorzugen Sie die Alternative mit den geringsten Gesamt- bzw. Stückkosten!

(2) Beispiel zur Kostenvergleichsrechnung

Beispiel:

Siehe **Ausgangssituation** von S. 408!

Aufgaben:

1. Werten Sie die beiden Angebote für das erste Wirtschaftsjahr mithilfe der Kostenvergleichsrechnung aus!
2. Bestimmen Sie die kritische Produktionsmenge!

1 Ein **Restwert** wird angesetzt, wenn am Ende der Nutzungsdauer ein Liquidationserlös (z.B. Schrottwert) anfällt.

Lösungen:

Zu 1.: Auswertung mithilfe der Kostenvergleichsrechnung

	Angebot 1	Angebot 2
Fixkosten + variable Kosten	74800,00 EUR 171000,00 EUR	29000,00 EUR 216000,00 EUR
= Gesamtkosten	245800,00 EUR	245000,00 EUR

Nebenrechnungen zu Angebot 1:

$$\text{kalkulatorische Abschreibung} = \frac{162000{,}00 - 12000{,}00}{6} = 25000{,}00 \text{ EUR/Jahr}$$

$$\text{kalkulatorische Zinsen} = \frac{162000{,}00 + 12000{,}00}{2} \cdot \frac{10}{100} = 8700{,}00 \text{ EUR/Jahr}$$

$$\text{gesamte Fixkosten} = 25000{,}00 + 8700{,}00 + 41100{,}00 = 74800{,}00 \text{ EUR}$$

Ergebnis:

Unter dem Gesichtspunkt der Gesamtkosten hat die halbautomatische Presse (Angebot 2) bei einer Produktionsmenge von 18000 Stück einen jährlichen Kostenvorteil von 800,00 EUR.

Zu 2.: Berechnung der kritischen Produktionsmenge

Ist es unbestimmt, ob die angenommenen Absatzmengen erreicht werden können, muss die kritische Ausbringungsmenge (kritische Auslastung) ermittelt werden. Die **kritische Produktionsmenge** gibt diejenige Absatzmenge an, bei der die **Kosten für beide Anlagen gleich hoch** sind.

$$\begin{aligned} \text{Gesamtkosten Angebot 1} &= \text{Gesamtkosten Angebot 2} \\ 74800{,}00 + 9{,}50x &= 29000{,}00 + 12x \\ 2{,}5x &= 45800 \\ x &= 18320 \end{aligned}$$

Ergebnis:

Die kritische Produktionsmenge beträgt 18320 Stück. Werden weniger Teile produziert, lohnt sich unter Kostengesichtspunkten die halbautomatische Presse (Angebot 2); werden mehr Teile hergestellt, lohnt sich die vollautomatische Presse (Angebot 1).

Probe: Angebot 1: 74800,00 EUR + 174040,00 EUR = 248840,00 EUR
Angebot 2: 29000,00 EUR + 219840,00 EUR = 248840,00 EUR

(3) Kritische Anmerkungen zur Kostenvergleichsrechnung

- Die Kostenvergleichsrechnung lässt die **Erlöse außer Betracht.**
- Die Kostenvergleichsrechnung gibt nur die **absolute Höhe der durch die Investition verursachten Kosten** an. Da die Kosten nicht in Beziehung zum eingesetzten Kapital gesetzt werden, lassen sich **keine Vergleiche mit alternativen Kapitalanlagen** anstellen.
- Mithilfe der Kostenvergleichsrechnung lassen sich nur **sachlich ähnliche bzw. identische Investitionsprojekte** (z.B. Ersatzinvestitionen oder gleichartige Erweiterungsinvestitionen) **vergleichen.**
- Wer eine Investitionsentscheidung aufgrund der Kostenvergleichsrechnung trifft, geht ein **erhebliches Risiko** ein, denn er kennt zwar das kostengünstigste Investitionsobjekt, weiß aber nicht, ob die erzielbaren Umsatzerlöse zur Kostendeckung ausreichen.

3.2.2 Gewinnvergleichsrechnung

(1) Grundlegendes

Ein grundlegender Mangel der Kostenvergleichsrechnung ist, dass nur die Kosten und die Produktionsmenge berücksichtigt werden. Diesen Mangel versucht die Gewinnvergleichsrechnung zu beheben, indem sie die Erlöse mit in die Rechnung einbezieht.

Die Gewinnvergleichsrechnung verwendet die Rechengrößen **Kosten** und **Erlöse.**

- **Beurteilungsmaßstab** für eine Investitionsentscheidung ist der durch die Investition erzielte **Gewinn einer Nutzungsperiode**.
- Für die **Investitionsentscheidung** sind folgende **Einflussgrößen** zu berücksichtigen:
  - Stückzahl,
  - Kosten und
  - Erlöse.
- **Entscheidungsregel:**
  Bevorzugen Sie die Alternative mit dem höchsten Gewinn!

(2) Beispiel zur Gewinnvergleichsrechnung

Beispiel:

Siehe **Ausgangssituation** von S. 408!

Aufgabe:
Werten Sie die beiden Angebote mithilfe der Gewinnvergleichsrechnung aus!

Lösung:

Auswertung mithilfe der Gewinnvergleichsrechnung

	Angebot 1	Angebot 2
Erträge	252 000,00 EUR	252 000,00 EUR
– Gesamtkosten[1]	245 800,00 EUR	245 000,00 EUR
= Gewinn	6 200,00 EUR	7 000,00 EUR

Ergebnis:
Die halbautomatische Presse (Angebot 2) hat bei einer Produktionsmenge von 18000 Stück einen jährlichen Gewinnvorteil von 800,00 EUR.

1 Vgl. S. 410.

(3) Kritische Anmerkungen zur Gewinnvergleichsrechnung

- Es wird unterstellt, dass sich die **Gesamtproduktion** zum **geplanten Verkaufspreis** absetzen lässt.
- Die Gewinnvergleichsrechnung gibt nur die **absolute Höhe des durch die Investition erzielten Gewinns** an. Da der Gewinn nicht in Beziehung zum eingesetzten Kapital gesetzt wird, lassen sich **keine Vergleiche mit alternativen Kapitalanlagen** anstellen.
- Solange sich die Erzeugnisse beider Alternativen nur zum gleichen Preis verkaufen lassen, bedeutet der **Kostenvorteil** einer Alternative einen **Gewinnvorteil** in derselben Höhe.
- Anders wird die Situation, wenn die Produkte der einen Anlage sich zu einem anderen Preis verkaufen lassen als jene der anderen Anlage.

Die Rentabilitätsvergleichsrechnung verwendet die Rechengrößen **Gewinn** (Erlöse – Kosten) und **Kapitaleinsatz.**

3.2.3 Rentabilitätsvergleichsrechnung

(1) Grundlegendes

- **Beurteilungsmaßstab** der Rentabilitätsvergleichsrechnung ist die **Verzinsung des durchschnittlichen Kapitaleinsatzes**.

$$\text{Gesamtrentabilität} = \frac{(\text{Gewinn} + \text{kalkulatorische Zinsen}^{1}) \cdot 100}{\text{durchschnittlicher Kapitaleinsatz}}$$

$$\text{durchschnittlicher Kapitaleinsatz} = \frac{\text{Anschaffungskosten} + \text{Restwert}}{2}$$

- **Entscheidungsregeln:**
  - Eine Investition ist vorteilhaft, wenn deren Rentabilität eine vorgegebene Mindestrentabilität zumindest erreicht.
  - Erreichen mehrere Alternativen diese Vorgaben, dann erhält jene mit der größten Rentabilität den Vorzug.

Beachte:

Da die ermittelte Rentabilität die **Rentabilität des Gesamtkapitals** ausdrückt, müssen die kalkulatorischen Zinsen für das Fremdkapital zum Gewinn hinzugezählt werden.

(2) Beispiel zur Rentabilitätsvergleichsrechnung

Beispiel:

Siehe **Ausgangssituation** von S. 408!

Aufgabe:

Werten Sie die beiden Angebote mithilfe der Rentabilitätsvergleichsrechnung aus!

---

1 Um das Investitionsobjekt zu finanzieren, waren ggf. Zinsaufwendungen erforderlich. Diese haben den Gewinn gemindert. Damit die Rentabilität unabhängig von der Art der Finanzierung bestimmt werden kann, werden die Zinsen hinzuaddiert.

Lösung:

Auswertung mithilfe der Rentabililtätsvergleichsrechnung[1]

	Angebot 1	Angebot 2
Rentabilität	$\frac{(6200 + 8700) \cdot 100}{87000^{2}} = \underline{\underline{17{,}13\,\%}}$	$\frac{(7000 + 4500^{3}) \cdot 100}{45000} = \underline{\underline{25{,}56\,\%}}$

Ergebnis:

Die Rentabilität der halbautomatischen Presse (Angebot 2) ist höher als die der vollautomatischen Presse (Angebot 1). Unter dem Gesichtspunkt der Rentabilität sollte die Hohenlimburger Kaltstahl AG das Angebot 2 annehmen.

(3) Kritische Anmerkungen zur Rentabilitätsvergleichsrechnung

- Gegenüber der Gewinnvergleichsrechnung stellt die Rentabilitätsvergleichsrechnung eine Verbesserung dar, da sie auch den **Vergleich mit verschiedenartigen Investitionsprojekten ermöglicht.**
- Die Rentabilitätsvergleichsrechnung hat allerdings die **gleichen Schwächen wie die Kosten- und Gewinnvergleichsrechnung,** da sie auf diesen Verfahren aufbaut.

3.2.4 Amortisationsrechnung

(1) Grundlegendes

Die Amortisationsrechnung[4] prüft, ob sich der Kapitaleinsatz für die Investition und ein Gewinn in dem vom Investor gewünschten Zeitraum erwirtschaften lässt oder nicht. Hierzu ermittelt sie, wie viele Perioden es dauert, bis die **Anschaffungsauszahlung** (der Kapitaleinsatz) des einzelnen Investitionsobjektes durch den **Einzahlungsüberschuss (Einzahlungen – Auszahlungen)** zurückfließt. Die Investitionsentscheidung hängt folglich von der Zeitdauer **(Amortisationszeit, Wiedergewinnungszeit, Pay-off-Periode)** ab, über die die Anschaffungsauszahlung (Anschaffungskosten) wieder zurück in das Unternehmen fließen wird.

Die Amortisationsrechnung verwendet die Rechengrößen **Einzahlungen** und **Auszahlungen.**

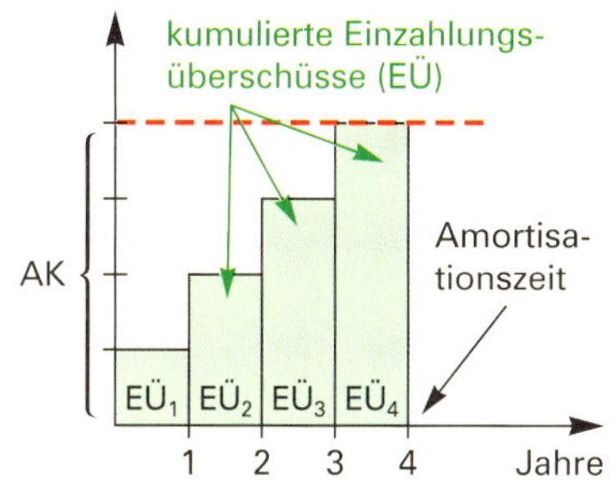

Die Investition hat sich amortisiert, sobald die **Einzahlungsüberschüsse** die **Anschaffungsauszahlung** und die **laufenden Betriebskosten (auszahlungswirksame Kosten)** decken. Das Investitionsobjekt mit der kürzesten Amortisationszeit ist das vorteilhafteste.

1 Der nicht getätigte Kapitaleinsatz in Höhe von 36000,00 EUR bei Angebot 2 müsste eigentlich in die Betrachtung der Alternativen einbezogen werden. Auf diese sogenannte Differenzinvestition wird an dieser Stelle nicht eingegangen.

2 Durchschnittlicher Kapiteleinsatz $= \frac{162000 + 12000}{2} = \underline{\underline{87000{,}00\text{ EUR}}}$.

3 Kalkulatorische Zinsen $= \frac{90000 \cdot 10}{2 \cdot 100} = 4500{,}00$ EUR.

4 **Amortisation:** Tilgung, Abzahlung.

Der **Einzahlungsüberschuss**, durch den sich das eingesetzte Kapital amortisiert, setzt sich aus zwei Faktoren zusammen:

- den **kalkulatorischen Abschreibungen (auszahlungsunwirksame Kosten)** und
- dem **Gewinn.**

- Die Amortisationsrechnung beurteilt ein Investitionsobjekt nach der **Amortisationszeit.**

$$\text{Amortisationszeit} = \frac{\text{Anschaffungsauszahlung} - \text{Restwert}}{\text{jährlicher Gewinn} + \text{jährliche Abschreibungen}^{1}}$$

- Die **Einzahlungsüberschüsse** setzen sich zusammen aus den **Kosten,** denen **keine Auszahlungen** gegenüberstehen (Abschreibungen) und dem **Gewinn.**
- **Entscheidungsregeln:**
  - Eine Investition ist vorteilhaft, wenn deren Amortisationszeit nicht länger ist als eine vorgegebene Mindestamortisationszeit.
  - Die Amortisationszeit darf die Nutzungsdauer nicht überschreiten.
  - Erreichen mehrere Alternativen diese Vorgaben, dann erhält jene mit der kürzestens Amortisationszeit den Vorzug.

(2) Beispiel zur Amortisationsrechnung

Beispiel:

Siehe **Ausgangssituation** von S. 408!

Aufgabe:

Werten Sie die beiden Angebote mithilfe der Amortisationsrechnung aus!

Lösung:

Auswertung mithilfe der Amortisationrechnung

	Angebot 1	**Angebot 2**
Amortisationszeit	$\frac{162\,000 - 12\,000}{6\,200 + 25\,000} = \underline{4{,}81 \text{ Jahre}}$	$\frac{90\,000}{7\,000 + 22\,500} = \underline{3{,}05 \text{ Jahre}}$

Ergebnis:

Die Amortisationszeit der halbautomatischen Presse (Angebot 2) ist deutlich geringer als die Amortisationszeit der vollautomatischen Presse (Angebot 1). Unter dem Gesichtspunkt der Amortisationsdauer sollte die Hohenlimburger Kaltstahl AG das Angebot 2 annehmen.

1 Abschreibungen mindern zwar den Gewinn, sie führen aber nicht zu Ausgaben. Daher sind die Mittelzuflüsse um den Betrag der Abschreibungen größer als der Gewinn.

(3) Kritische Anmerkungen zur Amortisationsrechnung

- Die Amortisationsrechnung will das Risiko einer Investition berücksichtigen. Die Amortisationszeit ist jedoch ein **sehr grober Risikomaßstab.**
- Da die Gewinnentwicklung eines Investitionsprojekts nur während der Amortisationszeit betrachtet wird, erlaubt die Amortisationsrechnung **keine Aussage über die Rentabilität eines Investitionsprojekts.** Vielmehr ist es möglich, dass eine Alternative mit der höheren Rentabilität die längere Amortisationszeit hat.
- Die Schätzung der Einzahlungsüberschüsse ist schwierig. Außerdem ist die **Zurechnung** der **kalkulatorischen Kosten** bzw. des **Gewinns** auf ein bestimmtes Investitionsobjekt oft nur **schwer möglich.**
- Die alleinige Berücksichtigung des **Kriteriums Risikominimierung** kann unter dem Gesichtspunkt der Rentabilität zu Fehlentscheidungen führen.
- Der **Zeitpunkt der Kapitalrückflüsse** wird nicht berücksichtigt.
- Auch die **Kapitalrückflüsse nach Ablauf der Amortisationszeit** werden nicht berücksichtigt, sodass unter Umständen Investitionsalternativen nicht genutzt werden, die langfristig höhere Rückflüsse erzielen.

Zusammenfassung

- **Aufgabe der Investitionsrechnung** ist es, die Vorteilhaftigkeit einer unternehmerischen Investitionsentscheidung zu beurteilen.
- Zu den **statischen Verfahren der Investitionsrechnung** gehören
  - die **Kostenvergleichsrechnung,**
  - die **Gewinnvergleichsrechnung,**
  - die **Rentabilitätsvergleichsrechnung** und
  - die **Amortisationsrechnung.**
- Die **statischen Verfahren** beurteilen ein Investitionsobjekt aufgrund der **Kosten**, des **Gewinns**, des **Kapitaleinsatzes** bzw. der **Einzahlungen** und **Auszahlungen**, **ohne hierbei den Zeitpunkt** einer Einzahlung oder Auszahlung zu berücksichtigen.

Übungsaufgaben

148 Statische Verfahren der Investitionsrechnung

Die Aggregatebau Herford GmbH beabsichtigt eine neue Anlage anzuschaffen, um die Kapazität zu erweitern. Für die vorliegenden Angebote: Halbautomat (Angebot 1) bzw. Vollautomat (Angebot 2) liegen die nachfolgenden Daten vor.

	Angebot 1	Angebot 2
Anschaffungskosten	130 000,00 EUR	364 000,00 EUR
geplante Nutzungsdauer	6 Jahre	8 Jahre
geplante Leistungsmenge	20 800 Stück/Jahr	20 800 Stück/Jahr
Kapazitätsgrenze	26 000 Stück/Jahr	26 800 Stück/Jahr
gesamte Fixkosten/Jahr	41 600,00 EUR	101 400,00 EUR
variable Kosten je Stück	11,40 EUR	8,90 EUR
Verkaufspreis je Stück	14,20 EUR	14,20 EUR

Aufgaben:

1. Führen Sie eine Kostenvergleichsrechnung mit Gesamtkosten durch!
2. Berechnen Sie die kritische Menge und geben Sie an, innerhalb welcher Mengenbereiche der Halbautomat bzw. der Vollautomat kostengünstiger wäre!
3. Führen Sie eine Gewinnvergleichsrechnung und eine Rentabilitätsvergleichsrechnung durch!
4. Ermitteln Sie die Amortisationsdauer der beiden Angebote! (Die kalkulatorische Abschreibung erfolgt linear von den Anschaffungskosten!)
5. Beurteilen Sie die Kostenvergleichsrechnung sowie die Rentabilitätsvergleichsrechnung!

149 Kostenvergleichsrechnung

1. Die Hans Seifritz OHG möchte für ihre Werkzeugfabrik eine kleine Presse beschaffen. Es liegen drei Angebote vor.

	I_1	I_2	I_3
Anschaffungskosten	115 000	230 000	140 000
Liquidationserlös	15 000	30 000	20 000
Nutzungsdauer	10	10	10
Leistung je Periode (Teile)	20 000	24 000	24 000
kalk. Abschreibung (linear)			
kalk. Zinsen (10 %)			
sonstige fixe Kosten	250	500	400
Summe fixe Kosten			
Lohnkosten Materialkosten sonstige variable Kosten	27 000 2 500 3 900	11 200 3 000 1 800	24 000 3 000 3 000
Summe variable Kosten			
variable Kosten pro Leistungseinheit			
Gesamtkosten			
Kosten pro Leistungseinheit			

Aufgabe:

Berechnen Sie die in der Tabelle fehlenden Kostenbestandteile und entscheiden Sie sich für ein Investitionsobjekt!

2. Der Fritz Weishaupt GmbH möchte eine alte Druckmaschine durch eine neue Anlage ersetzen. Der Liquidationserlös für die alte Druckmaschine liegt im laufenden Geschäftsjahr bei 20 000,00 EUR und im folgenden Geschäftsjahr bei 10 000,00 EUR. Die Betriebskosten belaufen sich auf 10 000,00 EUR.

   Die Anschaffungskosten der neuen Anlage betragen 100 000,00 EUR, die Nutzungsdauer 10 Jahre. Der Liquidationserlös am Ende der Nutzungsdauer wird mit 10 000,00 EUR angenommen. Die Betriebskosten belaufen sich auf 8 000,00 EUR. Die Abschreibung erfolgt linear.

   Es wird mit einem Zinssatz von 10 % gerechnet. Die Auslastung der alten Druckmaschine und der neuen Anlage ist gleich hoch.

Aufgaben:

2.1 Berechnen Sie die Kosten für die alte und die neue Druckmaschine im laufenden Geschäftsjahr!

2.2 Begründen Sie, ob es sinnvoll ist, die alte Druckmaschine im laufenden Geschäftsjahr durch die neue Anlage zu ersetzen!

150 Statische Verfahren der Investitionsrechnung

In einem Betrieb soll eine neue Produktionsmaschine eingesetzt werden. Zur Auswahl stehen zwei Anlagen.

	Anlage 1	Anlage 2
Anschaffungskosten	600000,00 EUR	750000,00 EUR
Nutzungsdauer	5 Jahre	5 Jahre
Wiederbeschaffungskosten	720000,00 EUR	920000,00 EUR
Restwert nach Ende der Nutzungsdauer	30000,00 EUR	35000,00 EUR
übrige Fixkosten (Raumkosten, Wartung usw.)	16000,00 EUR	18000,00 EUR
kalkulatorische Zinsen	10 %	10 %
maximale Kapazität	60000 Stück	80000 Stück
Fertigungsmaterial bei 100 % Kapazitätsauslastung	450000,00 EUR	511000,00 EUR
Fertigungslöhne bei 100 % Kapazitätsauslastung	360000,00 EUR	385000,00 EUR
übrige var. Kosten bei 100 % Kapazitätsauslastung	5400,00 EUR	5900,00 EUR

Mit der Anlage sollen künftig 50000 Stück hergestellt werden.

Aufgaben:

1. 1.1 Berechnen Sie die Gesamtkosten und die Kosten je Stück, wenn die geplante Produktionsmenge hergestellt wird! Da diese Art von Produktionsmaschine auch zukünftig in der Produktion eingesetzt werden soll, hat die Geschäftsleitung entschieden, die kalkulatorische Abschreibung von den Wiederbeschaffungskosten zu berechnen.

   1.2 Ermitteln Sie, ab welcher Produktionsmenge die Herstellung auf Anlage 2 günstiger als die Herstellung auf Anlage 1 ist!

   1.3 Veranschaulichen Sie diesen Sachverhalt grafisch!

   1.4 Treffen und begründen Sie Ihre Investitionsentscheidung!

2. Wir gehen aus von der vorherigen Aufgabenstellung. Angenommen, die Erzeugnisse, hergestellt auf Anlage 1, haben optisch einen anderen Charakter. Sie wirken handwerklicher, natürlicher und vermitteln weniger den Eindruck der Massenware als jene, die auf Anlage 2 hergestellt wurden. Die Kunden sind bereit, dafür einen höheren Preis zu bezahlen.

   Erlöse der Produkte von Anlage 1: 28,00 EUR je Stück
   Erlöse der Produkte von Anlage 2: 26,00 EUR je Stück.

   2.1 Berechnen Sie den Gesamtgewinn und den Stückgewinn für beide Alternativen, wenn die geplante Produktionsmenge hergestellt wird!

   2.2 Ermitteln Sie jeweils die Gewinnschwelle!

   2.3 Stellen Sie für Anlage 1 den Sachverhalt grafisch dar!

   2.4 Treffen und begründen Sie Ihre Investitionsentscheidung!

27 Speth u.a. - ISBN 978-3-8120-0576-0

3. Ein Industriebetrieb steht vor der Notwendigkeit, ein weiteres Kopiergerät anzuschaffen. Zur Alternative stehen zwei Geräte, für die folgende Annahmen gelten:

	Kopierer 1	**Kopierer 2**
Anschaffungskosten	20 000,00 EUR	24 000,00 EUR
Nutzungsdauer	5 Jahre	5 Jahre
Restwert	0,00 EUR	0,00 EUR
Jährliche Betriebskosten	8 000,00 EUR	10 000,00 EUR
Jahresbedarf	200 000 Kopien	200 000 Kopien
Verkaufspreis je Kopie	0,10 EUR	0,12 EUR (Gerät hat höhere Feinauflösung)

Die Geräte werden voll finanziert zu 8 % Zins. Tilgung linear über 5 Jahre.

3.1 Berechnen Sie den durchschnittlichen jährlichen Gewinn!

3.2 Berechnen Sie den durchschnittlichen Kapitaleinsatz!

3.3 Ermitteln Sie für beide Alternativen die Rentabilität!

3.4 Treffen und begründen Sie Ihre Investitionsentscheidung!

4. Wir gehen aus von der obigen Aufgabe 3

4.1 Ermitteln Sie den durchschnittlichen jährlichen Mittelrückfluss!

4.2 Berechnen Sie die Amortisationszeit!

4.3 Treffen und begründen Sie Ihre Investitionsentscheidung!

3.3 Dynamische Verfahren der Investitionsrechnung

3.3.1 Grundlagen der dynamischen Investitionsrechnungsverfahren

(1) Abgrenzung der dynamischen von den statischen Investitionsrechnungsverfahren

Den dynamischen Methoden der Investitionsrechnung ist gemeinsam, dass sie nicht nur – wie die statischen Verfahren – die Einzahlungen und Auszahlungen einer Nutzungsperiode berücksichtigen, sondern darüber hinaus auch die **zeitlichen Unterschiede im Anfall von Einzahlungen und Auszahlungen.** Das geschieht mithilfe von **finanzmathematischen Methoden**.

Die **dynamischen Investitionsrechnungsverfahren** beurteilen ein Investitionsobjekt über **alle Nutzungsjahre** hinweg und berücksichtigen hierbei den **Zeitpunkt einer Einzahlung oder Auszahlung.**

(2) Begriffe der dynamischen Investitionsrechnungsverfahren

Den Wert einer Einzahlung oder Auszahlung zum Zeitpunkt ihrer Entstehung bezeichnet man als **Zeitwert.** Möchte der Investor die Vorteilhaftigkeit einer Investition beurteilen, muss er alle Einzahlungen und Auszahlungen, die während der gesamten Nutzungsdauer der Investition anfallen, einander gegenüberstellen. Da die Einzahlungen und Auszahlungen während der Nutzungsdauer jedoch zu unterschiedlichen Zeiten anfallen, sind die Zeitwerte für den Investor nicht vergleichbar.

Eine Einzahlung, die im ersten Nutzungsjahr anfällt, ist höher zu bewerten, als die gleiche Einzahlung, die erst ein Jahr später eingeht, da der Investor im ersten Fall den Betrag für ein Jahr zinsbringend anlegen kann.

Beispiel:

Beträgt die Einzahlung am 1. Februar des 1. Jahres 1 000,00 EUR und hat der Investor die Möglichkeit, den Betrag zu 4 % anzulegen, so haben die 1 000,00 EUR jetzt für den Investor den gleichen Wert wie 1 040,00 EUR in einem Jahr.

In gleicher Weise hängt die Bewertung einer Auszahlung vom Zeitpunkt des Entstehens ab. Wird eine Ausgabe mit Fremdmitteln finanziert und beträgt der Darlehenszinssatz z. B. 8 %, so bedeutet dies, dass bei einer Auszahlung von 1 000,00 EUR, die, statt am 1. Februar des ersten Jahres, ein Jahr später anfällt, Zinsen in Höhe von 80,00 EUR vermieden werden.

Die Vergleichbarkeit der Zeitwerte bei den dynamischen Investitionsrechnungsverfahren wird hergestellt durch Abzinsen der Zeitwerte auf den **Anschaffungszeitpunkt.** Den Wert einer Einzahlung oder Auszahlung zu diesem Zeitpunkt nennt man **Barwert.**

- Wird der **Beginn der Investition** als **Bezugszeitpunkt** angenommen, so müssen alle später anfallenden Einzahlungen und Auszahlungen **abgezinst** werden. Den Wert einer Einzahlung oder Auszahlung zu diesem Bezugszeitpunkt nennt man **Barwert.**
- Rechnerisch erfolgt die Bestimmung des Barwerts durch **Multiplikation des Zeitwerts** mit dem **Abzinsungsfaktor.**
- Die **Höhe des Barwerts** hängt neben der **Höhe des Zeitwerts** und der **Zeitdifferenz zwischen Entstehungs- und Bezugszeitpunkt** von der **Höhe des Zinsfußes** ab.

Nachfolgend werden zwei Formen der dynamischen Investitionsrechnungsverfahren vorgestellt: die **Kapitalwertmethode** und die **interne Zinssatzmethode.**

3.3.2 Kapitalwertmethode[1]

3.3.2.1 Kapitalwertmethode ohne Vergleich von Investitionsalternativen

(1) Aufbau der Kapitalwertmethode

Die Kapitalwertmethode wählt als **Bezugszeitpunkt** den **Beginn der Investition,** d. h., alle zukünftigen Einzahlungen und Auszahlungen, die während des Investitionszeitraums anfallen, werden auf den Beginn der Investition abgezinst. Der **Kapitalwert einer Investition** ergibt sich dann aus der Differenz zwischen der Summe der Barwerte

	Abgezinste Einzahlungsüberschüsse (Barwertsumme)
–	Anschaffungsauszahlung
=	Kapitalwert

1 Synonym (gleichartig) zu dem Begriff Kapitalwertmethode werden die Begriffe **Diskontierungsmethode** oder **Barwertmethode** verwendet.
Diskontieren: eine später fällig werdende Forderung unter Abzug von Zinsen ankaufen.

aller Einzahlungen[1] und der Summe der Barwerte aller Auszahlungen,[2] die mit dieser Investition zusammenhängen, abzüglich der Anschaffungsauszahlung. Die Abzinsung erfolgt mit einem **vom Investor** festgelegten **Zinssatz (Kalkulationszinsfuß).** Der Kalkulationszinsfuß stellt die Renditeerwartung (Zinserwartung) dar, die der Investor mit seiner Investition mindestens erzielen möchte. Er wird bestimmt durch

- den derzeit gegebenen Zinssatz am Kapitalmarkt zuzüglich eines Risikozuschlags,
- das zukünftig zu erwartende Zinsniveau,
- die gegenwärtige Verzinsung des vom Unternehmen bereits investierten Eigen- oder Fremdkapitals,
- die alternativen Kapitalanlagemöglichkeiten,
- das Risikoverhalten des Investors.

Je höher der Kalkulationszinsfuß angesetzt wird, desto stärker wird eine zukünftige Zahlung durch den Barwert abgezinst. Daraus folgt: Mit steigendem Kalkulationszinsfuß verringern sich die Barwertsummen und somit auch der Kapitalwert.

- Bei der **Kapitalwertmethode** werden alle Einzahlungen und Auszahlungen, die während des Investitionszeitraums anfallen, auf den **Beginn des Investitionszeitraums abgezinst.**
- Der **Kapitalwert** ist der **abgezinste Einzahlungsüberschuss** (Barwertsumme) nach **Abzug der Anschaffungsauszahlung.**
- $$\textbf{Kapitalwert einer Investition} = -\,\textbf{Anschaffungsauszahlung} + \left(\textbf{Barwert aller Einzahlungen} - \textbf{Barwert aller Auszahlungen}\right)$$
  $$= -A_0 + \sum_{t=1}^{n} \frac{(E_t - A_t)}{(1+i)^n} = -A_0 + \sum_{t=1}^{n} \frac{EZÜ_t}{q^n}$$
- Der **Kalkulationszinsfuß** drückt die Rendite aus, die der Investor durch seine Investition mindestens erzielen möchte.

(2) Bedeutung des Kapitalwerts

Kapitalwert > 0 → vorteilhaft
Kapitalwert = 0 → neutral
Kapitalwert < 0 → unvorteilhaft

Ist der **Kapitalwert gleich null,** so wird gerade die vom Investor erwartete Mindestverzinsung erreicht, d.h., die Einzahlungsüberschüsse reichen aus, um das investierte Kapital zu tilgen sowie die geplanten Zinsen zu erwirtschaften. Bei einem **positiven Kapitalwert** übersteigt die erzielbare Rendite der Investition den Kalkulationszinsfuß. Ein **negativer Kapitalwert** besagt, dass nur eine unter dem Kalkulationszinsfuß liegende Verzinsung erreichbar ist, also die Kapitalkosten des Investors nicht gedeckt werden können.

1 Die **Einzahlungen** setzen sich zusammen aus den **laufenden Einzahlungen** (z.B. Umsatzerlöse) sowie dem **Liquiditätserlös.**

2 Die **Auszahlungen** umfassen lediglich die **ausgabewirksamen Kosten.** Ausgabeunwirksame Kosten, wie z.B. die Abschreibungen, gehören nicht zu den Auszahlungen.

Über den **Vergleich der Kapitalwerte** ist auch die **Bewertung von Investitionsalternativen** möglich. Es gilt: Die Investition mit dem größten Kapitalwert ist die vorteilhafteste. Diese Alternative ist allerdings nur dann auch absolut gesehen vorteilhaft, wenn ihr Kapitalwert größer oder gleich null ist.

- Ein **positiver Kapitalwert** gibt den **Reinvermögenszuwachs** in Bezug auf den Investitionszeitpunkt an. Es ist der Betrag, der dem Investor zum Investitionszeitpunkt als **Ausgleich** für den **Verzicht auf die Investition** gezahlt werden müsste.
- Ein **negativer Kapitalwert** gibt den Betrag an, der dem Investor zum Investitionszeitpunkt als **Subvention** gezahlt werden müsste, um ihn gerade noch zur Investition zu veranlassen.

(3) Berechnung des Abzinsungsfaktors

Bei der Abzinsung (Diskontierung) wird danach gefragt, wie viel eine Zahlung, die z.B. am Ende des Jahres **n** anfällt, zu Beginn des Investitionszeitraums wert ist. Wird ein positiver Kalkulationszinssatz ($p > 0$) angenommen, so ist der gesuchte Barwert stets kleiner als der Zeitwert der Rechnung. Der Barwert wird mithilfe des Abzinsungsfaktors berechnet.

Beispiel:

Am Ende des zweiten Investitionsjahres beträgt der Einzahlungsüberschuss 30000,00 EUR. Die Investitionsdauer beträgt 5 Jahre. Es wird mit einem Kalkulationszinsfuß von 10 % gerechnet.

Aufgabe:

Berechnen Sie den Abzinsungsfaktor und den Barwert des Einzahlungsüberschusses!

Lösung:

$$\text{Abzinsungsfaktor}^{1} = \frac{1}{\left(1 + \frac{p}{100}\right)^n} = \frac{1}{(1+i)^n} = \frac{1}{q^n} = q^{-n}$$

$$\text{Abzinsungsfaktor} = \frac{1}{\left(1 + \frac{10}{100}\right)^2} = \underline{\underline{0{,}8264}}$$

$$\text{Barwert} = \text{Einzahlungsüberschuss} \cdot \text{Abzinsungsfaktor}$$

$$\text{Barwert} = 30\,000 \cdot 0{,}8264 = \underline{\underline{24\,792{,}00 \text{ EUR}}}$$

1 Die Abzinsungsfaktoren können den Abzinsungstabellen entnommen werden.

Abzinsungstabelle:

		Zinssatz (p)								
		8 %	9 %	10 %	11 %	12%	13 %	14 %	15 %	16 %
Jahre (n)	1	0,926	0,917	0,909	0,901	0,893	0,885	0,877	0,870	0,862
	2	0,857	0,842	0,826	0,812	0,797	0,783	0,769	0,756	0,743
	3	0,794	0,772	0,751	0,731	0,712	0,693	0,675	0,658	0,641
	4	0,735	0,708	0,683	0,659	0,636	0,613	0,592	0,572	0,552
	5	0,681	0,650	0,621	0,593	0,567	0,543	0,519	0,497	0,476
	6	0,630	0,596	0,564	0,535	0,507	0,480	0,456	0,432	0,410
	7	0,583	0,547	0,513	0,482	0,452	0,425	0,400	0,376	0,354
	8	0,540	0,502	0,467	0,434	0,404	0,376	0,351	0,327	0,305
	9	0,500	0,460	0,424	0,391	0,361	0,333	0,308	0,284	0,263
	10	0,463	0,422	0,386	0,352	0,322	0,295	0,270	0,247	0,227

(4) Behandlung eines Liquidationserlöses

Erzielt das Unternehmen aus dem Investitionsobjekt am Ende der Nutzungsdauer einen Liquidationserlös, so muss dieser – abgezinst auf den Bezugszeitpunkt – zur Barwertsumme hinzugezählt werden.

  Barwertsumme
– Anfangsauszahlung
+ Liquidationserlös (abgezinst)
= Kapitalwert

(5) Beurteilung eines Investitionsprojekts[1]

Beispiel:

Die Industriewerke Düsseldorf AG erwägen den Kauf einer neuen Abkantmaschine. Die Anschaffungsauszahlungen hierfür betragen 650000,00 EUR.

Mit dieser Maschine lassen sich in den kommenden 5 Jahren nebenstehende Einzahlungsüberschüsse erzielen:

Jahr	Einzahlungsüberschüsse
1	120000,00 EUR
2	180000,00 EUR
3	210000,00 EUR
4	190000,00 EUR
5	160000,00 EUR

Aufgaben:

1. Ermitteln Sie, ob die Geschäftsleitung diese Investition befürworten soll, wenn sie bei anderen Investitionen üblicherweise 8 % erwirtschaften kann!
2. Berechnen Sie den Kapitalwert der Investition unter der Annahme, dass mit einem Kalkulationszinsfuß von 12 % zu rechnen ist und am Ende der Nutzungsdauer ein Liquidationserlös in Höhe von 12000,00 EUR erzielt werden kann!

1 Die Kapitalwertmethode geht davon aus, dass der Investor jederzeit beliebig hohe Beträge zu dem von ihm gewählten Kalkulationszinssatz verzinslich anlegen oder als Kredit beschaffen kann **(vollkommener Kapitalmarkt).**

Lösungen:

Zu 1.: Berechnung des Kapitalwerts mit einem Kalkulationszinsfuß von 8 %

Ende des	Einzahlungsüberschüsse	Abzinsungsfaktor	Barwert
1. Jahres	120 000,00 EUR	0,926	111 120,00 EUR
2. Jahres	180 000,00 EUR	0,857	154 260,00 EUR
3. Jahres	210 000,00 EUR	0,794	166 740,00 EUR
4. Jahres	190 000,00 EUR	0,735	139 650,00 EUR
5. Jahres	160 000,00 EUR	0,681	108 960,00 EUR
Barwertsumme			680 730,00 EUR
– Anschaffungsauszahlung		1,000	650 000,00 EUR
= Kapitalwert			30 730,00 EUR

Ergebnis:

Der Kapitalwert der gesamten Investition ist positiv. Die Investition lohnt sich bei einem Kalkulationszinsfuß von 8 %, da die auf den Barwert abgezinsten Einzahlungsüberschüsse größer sind als die gegenwärtigen Anschaffungsauszahlungen. Der Investor erhält sein eingesetztes Kapital zurück, erzielt eine Verzinsung in Höhe des Kalkulationszinssatzes sowie einen zusätzlichen Überschuss, dessen Barwert 30 730,00 EUR beträgt.

Zu 2.: Berechnung des Kapitalwerts mit einem Kalkulationszinsfuß von 12 %

Ende des	Einzahlungsüberschüsse	Abzinsungsfaktor	Barwert
1. Jahres	120 000,00 EUR	0,893	107 160,00 EUR
2. Jahres	180 000,00 EUR	0,797	143 460,00 EUR
3. Jahres	210 000,00 EUR	0,712	149 520,00 EUR
4. Jahres	190 000,00 EUR	0,636	120 840,00 EUR
5. Jahres	160 000,00 EUR	0,567	90 720,00 EUR
Barwertsumme			611 700,00 EUR
– Anschaffungsauszahlung		1,000	650 000,00 EUR
+ Liquidationserlös (12 000,00 EUR)		0,567	6 804,00 EUR
= Kapitalwert			– 31 496,00 EUR

Ergebnis:

Der Kapitalwert der gesamten Investition ist negativ. Die Investition lohnt sich unter diesen Bedingungen nicht, da die Barwertsumme sowie der abgezinste erzielbare Liquidationserlös nicht ausreichen, um die Anschaffungsauszahlungen auszugleichen.

3.3.2.2 Kapitalwertmethode mit Vergleich von Investitionsalternativen (Differenzinvestition)

Die Kapitalwertmethode kann auch zum Vergleich von Investitionsalternativen genutzt werden. Dabei ist das Investitionsobjekt mit dem größten Kapitalwert das vorteilhafteste (sofern der Kapitalwert größer oder gleich null ist).

Die betrachteten Alternativen müssen vollständig vergleichbar sein, d.h., sie dürfen sich hinsichtlich des Kapitaleinsatzes und der Nutzungsdauer nicht unterscheiden.

Unterschiedlichkeiten lassen sich auf folgende Weise lösen:

- Unterschiedliche Anschaffungsauszahlungen lassen sich durch eine **Differenzinvestition** berücksichtigen.
- Eine unterschiedliche Nutzungsdauer lässt sich berücksichtigen durch die Bildung von **Investitionsketten**.

(1) Differenzinvestition bei unterschiedlichen Anschaffungskosten

Unterscheiden sich die Anschaffungsauszahlungen von zwei Investitionsalternativen, so kann die gesparte Anschaffungsauszahlung der günstigeren Alternative im Rahmen einer Differenzinvestition berücksichtigt werden.

Eine **Differenzinvestition** ist eine zusätzliche (fiktive) Investition, mit der die beiden Investitionsalternativen in Bezug auf ihre Anschaffungsauszahlungen auf gleiche Höhe angepasst werden.

Da sich in der Realität selten eine konkrete Investitionsmöglichkeit mit den passenden Bedingungen (Laufzeit, Anschaffungsausgabe in Höhe der erforderlichen Differenz) bietet, unterstellt man in der Regel als **Differenzinvestition eine fiktive Finanzinvestition** (z.B. Kauf von Unternehmensanleihen), deren Verzinsung dem Kalkulationszinsfuß entspricht.

Beispiel 1: Differenzinvestition als Finanzinvestition zum Kalkulationszinsfuß

Die Werkzeugbau Schmied GmbH hat sich entschlossen, die bisher manuell durchgeführten Stanzarbeiten zu automatisieren.

- Der Stanzautomat I hat einen Anschaffungswert von 130000,00 EUR, eine Nutzungsdauer von fünf Jahren und einen Liquidationserlös von 15000,00 EUR.
- Der Stanzautomat II hat einen Anschaffungswert von 90000,00 EUR und ebenfalls eine Nutzungsdauer von fünf Jahren. Ein Liquidationserlös kann nicht erzielt werden.

Das Unternehmen erwartet von ihren Investitionen eine Verzinsung von 9%.

Im Fall des Stanzautomaten II wird die Differenz von 40000,00 EUR zwischen den beiden Anschaffungsauszahlungen auf dem Kapitalmarkt in einer Unternehmensanleihe zu ebenfalls 9% investiert.

Folgende Einzahlungsüberschüsse werden erwartet (in EUR):

	1. Jahr	2. Jahr	3. Jahr	4. Jahr	5. Jahr
Stanzautomat I	35000,00	40000,00	48000,00	37000,00	20000,00
Stanzautomat II	25000,00	32000,00	38000,00	20000,00	18000,00

Die Anschaffungsauszahlungen in Höhe von 40000,00 EUR für die Differenzinvestition wird am Ende des 5. Jahres in voller Höhe zurückgezahlt, d.h., der Liquidationserlös der Differenzinvestition entspricht nominell der Anschaffungsauszahlung. Die Einzahlungsüberschüsse der Differenzinvestition in Form von Zinsen betragen jeweils 9% aus 40000,00 EUR = 3600,00 EUR.

Aufgabe:

Vergleichen Sie die beiden Investitionsalternativen

- **Alternative 1:** Stanzautomat I mit der höheren Anschaffungsauszahlung
- **Alternative 2:** Stanzautomat II zuzüglich Finanzinvestition zum Kalkulationszinsfuß

und stellen Sie das Ergebnis tabellarisch (auf ganze EUR gerundet) dar.

Lösung:

Jahr	Abzinsungsfaktor	Alternative I		Alternative II			
		Stanzautomat I		Stanzautomat II		Differenzinvestition	
		Überschuss	Barwert	Überschuss	Barwert	Überschuss	Barwert
1	0,91743	35000	32110	25000	22936	3600	3303
2	0,84168	40000	33667	32000	26934	3600	3030
3	0,77218	48000	37065	38000	29343	3600	2780
4	0,70843	37000	26212	20000	14169	3600	2550
5	0,64993	20000	12999	18000	11699	3600	2340
+ Liquidationserlöse	0,64993	15000	9749	0	0	40000	25997
= **Barwerte + Liquidationserlöse**			151802		105081		40000
– **Anschaffungsauszahlung**			130000		90000		40000
= **Kapitalwert (einzeln)**			21802		15081		0
= **Kapitalwert (gesamt)**		21802		15081			

Ergebnis:

Der Stanzautomat I ist die vorteilhaftere Alternative, da der Kapitalwert um 6721,00 EUR (21802,00 EUR – 15081,00 EUR) höher ist als bei der Alternative II.

Wird die Differenzinvestition als **Finanzanlage zum Kalkulationszinsfuß** getätigt, dann ist deren **Kapitalwert = 0**. Das heißt, sie spielt für die Investitionsentscheidung **keine Rolle.** Die Investitionsentscheidung kann ohne Berücksichtigung der Differenzinvestition durchgeführt werden.

Besteht für die Differenzinvestition eine konkrete andere Anlagemöglichkeit, dann ist der Kapitalwert der realen Differenzinvestition zu berücksichtigen.

Beispiel 2: Differenzinvestition in eine reale Investition

Wir gehen aus von dem Beispiel 1 auf S. 408 und übernehmen unverändert die Daten für die Stanzautomaten I und II.

Die Differenz von 40000,00 EUR kann konkret anderweitig investiert werden. Diese Differenzinvestition hat ebenfalls eine Nutzungsdauer von fünf Jahren, erbringt keinen Liquidationserlös und führt zu folgenden Einzahlungsüberschüssen:

	1. Jahr	2. Jahr	3. Jahr	4. Jahr	5. Jahr
Einzahlungsüberschüsse der Differenzinvestition	9000,00	13000,00	18000,00	15000,00	8000,00

Aufgabe:

Vergleichen Sie die beiden Investitionsalternativen

- **Alternative 1:** Stanzautomat I mit der höheren Anschaffungsauszahlung
- **Alternative 2:** Stanzautomat II zuzüglich realer Differenzinvestition

und stellen Sie das Ergebnis tabellarisch (auf ganze EUR gerundet) dar.

Lösung:

Jahr	Abzinsungs-faktor	Alternative I		Alternative II			
		Stanzautomat I		Stanzautomat II		Differenzinvestition	
		Über-schuss	Barwert	Über-schuss	Barwert	Über-schuss	Barwert
1	0,91743	35000	32110	25000	22936	9000	8257
2	0,84168	40000	33667	32000	26934	13000	10942
3	0,77218	48000	37065	38000	29343	18000	13899
4	0,70843	37000	26212	20000	14169	15000	10626
5	0,64993	20000	12999	18000	11699	8000	5199
+ Liquidationserlöse	0,64993	15000	9749	0	0	0	0
= **Barwerte + Liquidationserlöse**			151802		105081		48933
– **Anschaffungsauszahlung**			130000		90000		40000
= **Kapitalwert (einzeln)**			21802		15081		8933
= **Kapitalwert (gesamt)**		21802		24014			

Ergebnis:

Unter Berücksichtigung der realen Differenzinvestition erzielt die Alternative II einen um 2212,00 EUR (24014,00 EUR – 21802,00 EUR) höheren Kapitalwert und ist daher vorzuziehen.

(2) Differenzinvestition bei unterschiedlichen Nutzungsdauern

Sind die Nutzungsdauern von zu vergleichenden Investitionsobjekten verschieden, so können die Überschüsse des Objekts mit der kürzeren Nutzungsdauer erneut investiert werden (Differenzinvestition). In der Regel wählt man für den rechnerischen Vergleich wieder das Investitionsobjekt mit der kürzeren Nutzungsdauer.

Beispiel:

Die Werkzeugbau Schmied GmbH will ferner die Kapazität der Fräserei vergrößern. Es stehen zwei Angebote zur Wahl: Der Fräsautomat I hat einen Anschaffungswert von 100000,00 EUR, eine Nutzungsdauer von 6 Jahren.

Der Fräsautomat II hat ebenfalls einen Anschaffungswert von 100000,00 EUR, aber eine Nutzungsdauer von nur 3 Jahren, da mit höherer Geschwindigkeit gefräst werden kann.

Ein Liquidationserlös ist bei beiden Anlagen nicht zu erwarten. Beide Objekte sollen eine Mindestverzinsung von 8 % erzielen.

Nach Ablauf der Nutzungsdauer von Fräsautomat II wird dieser durch eine identische Anlage ersetzt (Differenzinvestition).

Folgende Einzahlungsüberschüsse werden erwartet (in EUR):

	1. Jahr	2. Jahr	3. Jahr	4. Jahr	5. Jahr	6. Jahr
Anlage I	25000,00	30000,00	30000,00	30000,00	30000,00	25000,00
Anlage II	45000,00	45000,00	45000,00	0,00	0,00	0,00
Differenzinvestition	0,00	0,00	0,00	45000,00	45000,00	45000,00

Aufgabe:
Vergleichen Sie die Kapitalwerte der beiden Investitionsobjekte unter Einbezug der Differenzinvestition und stellen Sie das Ergebnis tabellarisch (auf ganze EUR gerundet) dar!

Lösung:

Jahr	Abzinsungsfaktor	Fräsautomat I Überschuss	Fräsautomat I Barwert	Fräsautomat II Überschuss	Fräsautomat II Barwert	Differenzinvestition Überschuss	Differenzinvestition Barwert
1	0,92593	25 000	23 148	45 000	41 667		
2	0,85734	30 000	25 720	45 000	38 580		
3	0,79383	30 000	23 815	45 000	35 722		
4	0,73503	30 000	22 051			45 000	33 076
5	0,68058	30 000	20 417			45 000	30 626
6	0,63017	25 000	15 754			45 000	28 358
Barwerte			130 905		115 969		92 060
– Anschaffungsauszahlung			100 000		100 000	100 000 (Ende 3. J.)	79 383
= Kapitalwert (einzeln)			30 905		15 969		12 677
= Kapitalwert (gesamt)			30 905			28 646	

Ergebnis:
Der Fräsautomat I ist vorteilhafter als der Fräsautomat II, da er einen in etwa doppelt so hohen Kapitalwert erzielt. Auch unter Berücksichtigung der Differenzinvestition erzielt der Fräsautomat I immerhin noch einen um 2 259,00 EUR höheren Kapitalwert. Die Schmied GmbH sollte sich für Fräsautomat I entscheiden.

Um Investitionsobjekte mit unterschiedlichem Kapitaleinsatz und unterschiedlichen Nutzungsperioden vergleichen zu können, muss der **Kapitalwert der Differenzinvestition** berechnet und dem Investitionsobjekt mit dem **kleineren Kapitaleinsatz** zugerechnet werden.[1]

3.3.2.3 Bedeutung der Kapitalwertmethode

Die Kapitalwertmethode als ein dynamisches Verfahren stellt gegenüber den statischen Verfahren eine Verbesserung dar, da sie Einzahlungen und Auszahlungen **aller Nutzungsperioden** erfasst und **zeitliche Unterschiede** im Anfall der Einzahlungen und Auszahlungen durch Abzinsen **berücksichtigt.** Damit wird eine Investitionsentscheidung, die auf der Kapitalwertmethode beruht, sicherer.

Gegen die Kapitalwertmethode werden insbesondere **folgende Argumente** eingewendet:

- Es wird unterstellt, dass die künftigen Einzahlungen und Auszahlungen bekannt sind. Dies ist nicht der Fall. In der Realität ist man auf mehr oder weniger **grobe Schätzungen** angewiesen, da zukünftige Ereignisse nie mit Sicherheit vorhergesehen werden können.

1 Auf eine Berücksichtigung der Differenzinvestition kann verzichtet werden, wenn deren Verzinsung dem Kalkulationszinsfuß entspricht, da sich dann für die Differenzinvestition ein Kapitalwert von null ergibt.

- Es gibt **keinen „richtigen" Kalkulationszinsfuß.** Vielmehr hängt die Höhe des Kalkulationszinsfußes stark von subjektiven Zielvorstellungen des Investors ab. Seine Festlegung unterliegt somit einer gewissen Willkür. Dies ist insofern ein Nachteil, da wegen der Abhängigkeit des Kapitalwerts vom Kalkulationszinsfuß das Ergebnis der Rechnung in einem gewissen Rahmen willkürlich ist.
- Es wird unterstellt, dass alle Einzahlungen und Auszahlungen den jeweiligen Investitionsprojekten zugerechnet werden können. Dies ist unrealistisch, denn z.B. die Umsatzerlöse **(Einzahlungen)** können **nicht unmittelbar einem Investitionsprojekt zugerechnet werden,** sondern sind das Ergebnis einer Vielzahl gleichzeitig zusammenwirkender Faktoren (z.B. Werbung, Modetrend, technische Neuheit usw.).

3.3.3 Methode des internen Zinsfußes

(1) Grundüberlegung

Diese Methode gibt **keinen Kalkulationszinsfuß (keine Mindestverzinsung) vor,** mit dessen Hilfe man den Kapitalwert errechnet, sondern man sucht den **Kalkulationszinsfuß, der zu einem Kapitalwert von null führt,** d.h. bei dem die Summen der Barwerte von Einzahlungen und Auszahlungen gleich groß sind **(interner Zinsfuß).**

Der **interne Zinsfuß** gibt denjenigen Zins an, bei dessen Verwendung als Kalkulationszinsfuß der Kapitalwert null wird.

Die Vorteilhaftigkeit einer einzelnen Investition kann man jedoch nur dann ermitteln, wenn man **zusätzlich** noch den **gewünschten Kalkulationszinsfuß** kennt. Eine Investition ist danach dann als vorteilhaft anzusehen, wenn der interne Zinsfuß **nicht kleiner** als der Kalkulationszinsfuß ist.

(2) Ermittlung des internen Zinsfußes

Beispiel:

Wir führen das Beispiel von S. 408 fort. Bei einem Kalkulationszinsfuß von 8% war die Investition noch attraktiv, da die auf den Bezugszeitpunkt abgezinsten Einzahlungen höher waren als die abgezinsten Auszahlungen. Bei einem Kalkulationszinsfuß von 12% ist die Investition in jedem Fall unattraktiv, weil sie zu einem negativen Kapitalwert führt.

Aufgabe:

Ermitteln Sie durch grafische Interpolation und rechnerisch den Prozentsatz (internen Zinsfuß), der zu einem Kapitalwert von null führt!

Lösung:

Ermittlung des internen Zinsfußes durch grafische Interpolation

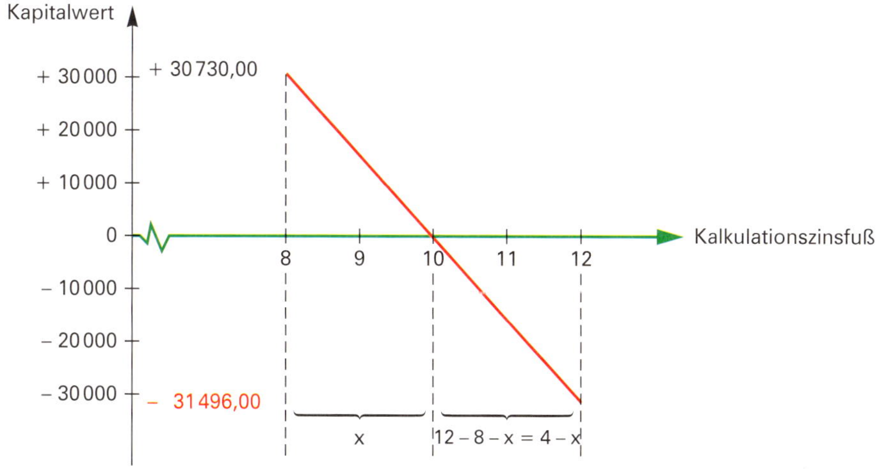

Ergebnis:

Die Verbindungslinie zwischen dem Kapitalwert von 8 % (+ 30 730,00 EUR) und dem Kapitalwert von 12 % (– 31 496,00 EUR) schneidet die X-Achse bei etwa 10 %. Dies ist ein Näherungswert für den internen Zinsfuß.

Rechnerische Ermittlung des internen Zinsfußes (Strahlensatz):

Bezeichnet man die Strecke von 8 bis zum Schnittpunkt als x, dann ergibt sich:

$$\frac{x}{30\,730} = \frac{4 - x}{31\,496}$$

$$31\,496\,x = 30\,730 \cdot (4 - x)$$

$$31\,496\,x = 122\,920 - 30\,730\,x$$

$$62\,226\,x = 122\,920$$

$$x = \underline{\underline{1{,}98}}$$

Ergebnis:

Der interne Zinsfuß ergibt sich aus 8 + 1,98 = $\underline{\underline{9{,}98\,\%}}$

Zusammenfassung

- Die **dynamischen Investitionsverfahren** beurteilen ein Investitionsprojekt über **alle Nutzungsjahre** hinweg und berücksichtigen hierbei den **Zeitpunkt einer Einzahlung oder Auszahlung.**
- Wichtige **Begriffe der dynamischen Investitionsrechnung:**
  - Der **Zeitwert** einer Einzahlung oder Auszahlung ist der Wert zum Zeitpunkt des Entstehens.

- Der **Barwert** einer Einzahlung oder Auszahlung ist der auf den Beginn des Investitionszeitraums abgezinste Wert der Zahlung.
- Der **Abzinsungsfaktor** wird nach folgender Formel berechnet: $\frac{1}{\left(1+\frac{p}{100}\right)^n}$

- Der **Kapitalwert einer Investition** ergibt sich als Differenz zwischen der Summe der Barwerte aller Einzahlungen und der Summe aller Auszahlungen, die mit dieser Investition zusammenhängen.
- Der **Kalkulationszinsfuß** drückt die Rendite aus, die der Investor durch seine Investition mindestens erzielen möchte.
- Ist der **Kapitalwert null oder positiv,** so ist die Investition **vorteilhaft.**
- Ein **negativer Kapitalwert** ist ein Zeichen dafür, dass die Kapitalkosten des Investors nicht gedeckt werden können.
- Der **interne Zinsfuß** gibt denjenigen Zins an, bei dessen Verwendung als Kalkulationszinsfuß der Kapitalwert null wird.
- Die Kapitalwertmethode kann auch zum **Vergleich von Investitionsalternativen** genutzt werden. Dabei ist die Investitionsalternative mit dem **größten Kapitalwert** die **vorteilhafteste.**
- Ist bei den Investitionsalternativen sowohl die **Höhe des Kapitaleinsatzes** als auch die **Anzahl der Nutzungsperioden unterschiedlich,** so ist ein Vergleich nur möglich, wenn
  - die **Differenzinvestition berücksichtigt** oder
  - der Kapitalwert der **Differenzinvestition mit null** angenommen wird.

Übungsaufgaben

151 Amortisationsrechnung, Kapitalwertmethode

1. Ein Industriebetrieb will in einen Maschinensatz zu 238000,00 EUR Anschaffungswert zur Betriebserweiterung investieren. Die laufenden Einzahlungen und Auszahlungen werden für die Nutzungsdauer von 6 Jahren wie folgt geschätzt:

Jahre / Geldvorgang	1. Jahr	2. Jahr	3. Jahr	4. Jahr	5. Jahr	6. Jahr
Einzahlungen in EUR	138000,00	155000,00	165000,00	150000,00	135000,00	180000,00
Auszahlungen in EUR	85000,00	105000,00	140000,00	130000,00	125000,00	25000,00

Aufgaben:

1.1 Ermitteln Sie den Überschuss als Saldo zwischen Einzahlungen und Auszahlungen ohne Berücksichtigung der Zeit!

1.2 Beurteilen Sie die Zweckmäßigkeit der Investition, wenn Sie die Einzahlungen und Auszahlungen auf den Zeitpunkt zu Beginn der Investition mit einem Kalkulationszinsfuß von 11 % abzinsen! Zu den Abzinsungsfaktoren vgl. Tabelle S. 422.

1.3 Erläutern Sie, worin die eigentliche Problematik jeder Investitionsrechnung liegt!

1.4 Erörtern Sie, welche Vorteile die Methoden der dynamischen Investitionsrechnung gegenüber der Kostenvergleichsrechnung haben!

2. Die Holzfabrik Reutlinger GmbH in Ratingen prüft die Anschaffung einer vollautomatischen Fertigungslinie zur Holzbearbeitung.

Anschaffungswert	6000000,00 EUR
Wiederbeschaffungswert	6400000,00 EUR
Voraussichtliche Nutzungsdauer	8 Jahre
Variable Kosten pro Stunde	1500,00 EUR
Übrige Fixkosten pro Jahr	580000,00 EUR
Betriebsleistung in m^3 Holz pro Stunde	20 m^3
Verkaufserlös pro m^3 Holz, bearbeitet	130,00 EUR
Maschinenlaufzeit/Jahr	1900 Stunden

Die Abschreibung erfolgt linear von den Wiederbeschaffungskosten.

Aufgaben:

2.1 Die Geschäftsleitung der Holzfabrik Reutlinger GmbH setzt eine Soll-Amortisationszeit von 3,5 Jahren voraus. Prüfen Sie, ob unter dieser Voraussetzung die Investition befürwortet werden kann!

2.2 Bestimmen Sie rechnerisch, welcher Verkaufserlös sich am Markt durchsetzen lassen müsste, damit die Investition ihre Soll-Amortisationszeit gerade erreicht!

2.3 Die Geschäftsleitung möchte ihre Investitionsentscheidung auch noch mithilfe der Kapitalwertmethode überprüfen.

Eine sorgfältige Marktanalyse berechtigt zu der Annahme, dass die Marktnachfrage nach Holz während der gesamten Lebensdauer der Investition kontinuierlich steigen wird und daher ab dem 2. Jahr eine Erhöhung der Verkaufserlöse um jährlich 5% berechtigt ist. Für die ersten vier Jahre ist davon auszugehen, dass die laufenden Ausgaben 85% der erwarteten Einnahmen betragen. Am Ende des 4. Jahres ist eine Generalüberholung der Anlage fällig, wobei bereits jetzt abzusehen ist, dass gesetzliche Vorgaben zum Emissionsschutz den Einbau einer verbesserten Filteranlage verlangen werden. Für diese einmaligen Aufwendungen werden 160000,00 EUR veranschlagt. Im 5. und im 6. Jahr sinken durch die Reparatur die laufenden Ausgaben auf 75% der erwarteten Einnahmen, um in den letzten beiden Jahren wieder auf 80% anzusteigen.

Nach Ablauf der Nutzungsdauer ist mit einem Liquidationserlös von 40000,00 EUR und Abbruchkosten in Höhe von 25000,00 EUR zu rechnen.

2.3.1 Überprüfen Sie unter Verwendung der Kapitalwertmethode, ob sich die Investition bei einem Kalkulationszinsfuß von 8% lohnt (zu den Abzinsungsfaktoren vgl. Tabelle S. 422)!

2.3.2 Weisen Sie nach, um welchen Betrag sich der Einbau der verbesserten Filteranlage am Ende des 4. Jahres verteuern dürfte, damit die Verzinsung von 8% gerade noch erreicht wird!

152 Kapitalwertmethode

Bei einem Unternehmen stehen zwei Investitionsalternativen zur Auswahl. Folgende Planungsdaten stehen für die Investitionsprojekte zur Verfügung:

Jahr	Geschätzte Einzahlungen in EUR	Geschätzte Auszahlungen in EUR
2016	2640000,00	2160000,00
2017	2640000,00	2280000,00
2018	3060000,00	2160000,00
2019	3060000,00	2160000,00
2020	3120000,00	2280000,00
2021	3120000,00	2160000,00

Der Kalkulationszinssatz beträgt beim Investitionsprojekt I 9 % und beim Investitionsprojekt II 14 %. Die Anschaffungsauszahlungen betragen beim Investitionsprojekt I 2960 000,00 EUR und beim Investitionsprojekt II 2740 000,00 EUR. An Ende der Nutzungsdauer erzielt der Investor beim Investitionsprojekt II einen Liquidationserlös von 16500,00 EUR.

Aufgaben:

1. Führen Sie einen Vergleich der beiden Investitionsprojekte nach der Kapitalwertmethode durch und beurteilen Sie die Ergebnisse!
2. Untersuchen Sie, unter welcher Voraussetzung ein Vergleich der beiden Investitionsprojekte in dieser Form sinnvoll ist! Begründen Sie Ihre Meinung!
3. Beschreiben Sie zwei Nachteile der Kapitalwertmethode!
4. Erläutern Sie zwei Faktoren, die bei der Festlegung der Höhe des Kalkulationszinssatzes von Bedeutung sein können!
5. Ein Konkurrenzunternehmen, das ein ähnliches Investitionsvorhaben plant, rechnet mit einem Kalkulationszinssatz, der 1,5 % höher liegt.
   - 5.1 Erläutern Sie zwei Gründe, die das Unternehmen zu dieser Maßnahme veranlasst haben!
   - 5.2 Beschreiben Sie die Auswirkungen eines höheren Kalkulationszinssatzes auf den Kapitalwert!
6. Ein Getränkehersteller plant eine Investition in eine neue Abfüllanlage. Es wird mit folgenden Investitionskosten gerechnet: Anschaffungskosten: 1800 000,00 EUR, Nutzungsdauer 8 Jahre. Die Kosten im 1. Nutzungsjahr werden wie folgt angenommen: Fertigungslöhne 180 000,00 EUR, Gehälter 85 000,00 EUR, Fertigungsmaterial 220 000,00 EUR, fixe Kosten 370 000,00 EUR, sonstige variable Kosten 45 000,00 EUR. Die zu erwartenden Umsatzerlöse belaufen sich auf 850 000,00 EUR. Die Abschreibung erfolgt linear. Der Kalkulationszinssatz wird vom Investor mit 8 % festgelegt.

   Berechnen Sie nach der Kapitalwertmethode den Einzahlungsüberschuss und den Barwert für die erste Nutzungsperiode!

Hinweis: Entnehmen Sie die Abzinsungsfaktoren aus der Tabelle auf S. 422!

153 Kapitalwertmethode, interner Zinsfuß

1. Bei der Brenner Metallbau GmbH muss über die Anschaffung einer Plasma-Schneidmaschine entschieden werden. Die Anschaffungskosten einschließlich Schulung der Mitarbeiter betragen 450 000,00 EUR.

   Mit dieser Maschine könnten völlig neuartige Kundenaufträge erfüllt und in den nächsten acht Jahren folgende Zusatzerträge erwirtschaftet werden:

1. Jahr	60 000,00 EUR	5. Jahr	95 000,00 EUR
2. Jahr	75 000,00 EUR	6. Jahr	90 000,00 EUR
3. Jahr	80 000,00 EUR	7. Jahr	85 000,00 EUR
4. Jahr	90 000,00 EUR	8. Jahr	80 000,00 EUR

   Nach Ablauf des 8. Jahres hat die Maschine noch einen voraussichtlichen Schrottwert von 20 000,00 EUR.

   Aufgaben:

   1.1 Berechnen Sie, ob die Brenner Metallbau GmbH diese Anschaffung tätigen soll, wenn sie ihr Kapital anderweitig mit

   1.1.1 7 %

   1.1.2 10 %

   verzinsen muss!

   1.2 Ermitteln Sie durch grafische Interpolation den internen Zinsfuß der Investition!

2. Die geschäftsführenden Gesellschafter der Schnabel und Weber GmbH haben sich völlig zerstritten. Herr Weber hat die Nase voll und will das Unternehmen liquidieren. Da Herr Schnabel in dem Unternehmen sein Lebenswerk sieht, will er es unbedingt weiterführen. Herr Weber, Mitte 50 und allerbester Gesundheit, stellt ihn vor die Alternative: entweder 500 000,00 EUR sofort oder 10-mal eine jährliche Rente von 80 000,00 EUR. Die erste Zahlung ist sofort fällig.

Aufgaben:

2.1 Ermitteln Sie rechnerisch, für welche Lösung sich Herr Schnabel entscheiden soll, wenn er mit 8 % kalkuliert!

2.2 Berechnen Sie die interne Verzinsung dieser Alternative! Benutzen Sie 12 % als zweiten Prozentsatz.

3. Die Westfälische Kies- und Schotterwerke AG haben ein begrenzt großes Abbaugebiet für Nasskies erschlossen. Erste Berechnungen ergaben, dass bei einer Investition von 5 Mio. EUR über 10 Jahre hinweg ein jährlicher Ertrag von 1 500 000,00 EUR erwirtschaftet werden könnte. Würde das Unternehmen weitere 2 Mio. EUR investieren, dann könnte jährlich die doppelte Menge abgebaut werden. Die Erträge würden sich verdoppeln, allerdings würde sich die Nutzungsdauer des Abbaugebietes auch halbieren.

Aufgaben:

3.1 Prüfen Sie, ob Sie der Unternehmensleitung raten können, diese Investition zu tätigen, wenn diese gegenüber der Muttergesellschaft mit 10 % kalkulieren muss!

3.2 Berechnen Sie den internen Zinsfuß der zweiten Alternative! Verwenden Sie als weiteren Kalkulationszinsfuß 20 %.

4. Ein Tennisprofi möchte einen Teil seines letzten Preisgeldes in die Zukunftsvorsorge investieren. Sein Finanzmanager rät ihm zu einer stillen Beteiligung und bietet ihm an:

5 Einzahlungen in Höhe von 200 000,00 EUR, 250 000,00 EUR, 300 000,00 EUR, 350 000,00 EUR und 400 000,00 EUR. Die erste Einzahlung ist sofort fällig, die folgenden jeweils im Abstand von einem Jahr. Somit ist die letzte Rate in vier Jahren fällig. Daraufhin ruht die Investition ein Jahr. Ab dem siebten Jahr erhält der Tennisprofi drei Jahre lang jeweils 750 000,00 EUR ausbezahlt.

Aufgaben:

4.1 Prüfen Sie, ob Sie dem Profi zu dieser Beteiligung raten können, wenn ihm seine Hausbank in Monte Carlo üblicherweise die Einlagen zu Sonderkonditionen von 8% verzinst!

4.2 Ermitteln Sie die interne Verzinsung dieser Investitionsrechnung mithilfe der grafischen Interpolation!

154 Differenzinvestition

1. Bei der AuWe AG stehen zwei Investitionsobjekte zur Auswahl:

	Investitionsobjekt I	Investitionsobjekt II
Anschaffungsausgaben (EUR)	140 000,00	84 000,00
Nutzungsdauer (Jahre)	5	5
Liquidationserlös	12 000,00	0,00
Kalkulationszinssatz	8 %	8 %
Einzahlungsüberschüsse		
1. Jahr	42 000,00	25 000,00
2. Jahr	56 000,00	25 000,00
3. Jahr	42 000,00	25 000,00
4. Jahr	28 000,00	25 000,00
5. Jahr	28 000,00	25 000,00

28 Speth u.a. - ISBN 978-3-8120-0576-0

Aufgaben:

1.1 Ermitteln Sie tabellarisch die Kapitalwerte der beiden Investitionsobjekte!

1.2 Der Differenzbetrag wird in eine Anlage investiert mit einer Nutzungsdauer von 5 Jahren. Der Kalkulationszinssatz beträgt 8 %. Für diese Ergänzungsinvestition (Differenzinvestition) wird mit folgenden Einzahlungsüberschüssen gerechnet: 1. Jahr: 28000,00 EUR, 2. Jahr: 14000,00 EUR, 3. Jahr: 14000,00 EUR, 4. Jahr: 14000,00 EUR, 5. Jahr: 14000,00 EUR.

Berechnen Sie den Kapitalwert der Differenzinvestition!

1.3 Beurteilen Sie, welches Investitionsobjekt das vorteilhaftere ist!

2. Das unter 1. beschriebene Investitionsobjekt II lässt sich nicht realisieren. Alternativ ist folgendes Investitionsobjekt III möglich:

	Investitionsobjekt III
Anschaffungsausgaben (EUR)	140 000,00
Nutzungsdauer (Jahre)	3
Liquidationserlös	0,00
Kalkulationszinssatz	8 %
Einzahlungsüberschüsse	
1. Jahr	60 000,00
2. Jahr	60 000,00
3. Jahr	60 000,00
4. Jahr	0,00
5. Jahr	0,00

Aufgaben:

2.1 Berechnen Sie den Kapitalwert von Investitionsobjekt III!

2.2 Am Ende der Nutzungsdauer von Investitionsobjekt III werden die Anschaffungsausgaben erneut in eine solche Anlage investiert. Die Anschaffungsausgaben werden wiederum mit 140 000,00 EUR angenommen. Der Kalkulationszinssatz beträgt 8 %. Für diese Ergänzungsinvestition (Differenzinvestition) wird mit folgenden Einzahlungsüberschüssen gerechnet: 4. Jahr: 60 000,00 EUR, 5. Jahr: 60 000,00 EUR. Ferner ist am Ende des 5. Jahres mit einem Liquidationserlös in Höhe von 50000,00 EUR zu rechnen.

Berechnen Sie den Kapitalwert der Differenzinvestition!

2.3 Beurteilen Sie, welches der beiden Investitionsobjekte I und III das vorteilhaftere ist!

Stichwortverzeichnis

Bilddatenverzeichnis

S. 19: © Nataliya Hora – www.colourbox.de

S. 36: © www.colourbox.de

S. 49: © GNU Lizenz – Tasma 3197 – https://de.wikipedia.org/wiki/Zeitstudie#/media/File:Time_study_stopwatch.JPG

S. 54: © Kadmy – Fotolia.com

S. 258: © Bäckers Junge – Fotolia.com

S. 361: © KaDeWe Presseabteilung, Berlin

S. 402: © Ingo Bartussek – Fotolia.tif